KB099175

요한 하위징아(1872~1945) 네덜란드의 역사가. 문화사·정신사 연구

▲흐로닝언대학교 네덜란드
하위징아는 이대학과 라이프치히대학에서 공부한 뒤, 흐로닝언대학과 레이덴대학에서 역사교수를 지냈다.

◀레이덴대학에 있는 하위징아의 명판
이름과 함께 초상이 부조로 새겨져 있다.

얀 반에이크(1395?~1441) 벨기에. 플랑드르 화파 창시자
《중세의 가을》에서 하위징아가 마음속에 둔 이미지의 중심에는, 중세 끝 무렵을 장식한 불후의 화가 반에이크의 그림이 있었다. 그는 14~15세기 사회를 '부르고뉴의 세기'로 그리고자 했다.

J. HUIZINGA

HERFSTTIJ
DER MIDDELEEUWEN

《중세의 가을》(초판, 1919) 표지

세계사상전집088
Johan Huizinga
HERFSTTIJ DER MIDDELEEUWEN
중세의 가을
요한 하위징아/이희승 맑시아 옮김

동서문화사

중세의 가을
차례

1장
격렬한 생활의 사상

세계가 좀 더 젊었던 5세기 전에는, 인생에서 일어나는 일이 지금보다 훨씬 뚜렷한 모습을 보이고 있었다. 기쁨과 슬픔 사이, 행복과 불행 사이의 틈은 우리시대보다 더 컸던 것 같다. 모든 사람의 체험에는 기뻐하고 슬퍼하는 어린아이의 마음에서 엿볼 수 있는 천진성과 절대성이 사라지지 않았다. 사건이나 행위는 명확하고 어마어마한 형식에 둘러싸여 뚜렷이 정해진 생활양식의 높이로 강요되었다. 탄생, 결혼, 죽음과 같은 주요 사건들은 성스러운 의식에 따라 신비롭게 빛나고 있었으며, 그에 비하면 대수롭지 않은 여행, 직무, 방문과 같은 사건들조차도 축복과 틀에 박힌 말의 되풀이, 무수한 의식과 서식에 사로잡혀 있었다.

재앙이나 가난을 누그러뜨릴 수 있는 방법은 거의 없었다. 역겨울 만큼 가혹했던 것이다. 질병은 건강과 반대되는 극에 있었고, 겨울의 혹독한 추위와 무서운 암흑은 재앙 그 자체였다. 부와 영예에 집착하여 탐욕에 사로잡힌 것도, 가난이 지금보다 너무나 비참하여 그 차이가 마치 명예와 불명예의 대조처럼 극명했기 때문이다. 모피 코트, 따뜻한 난롯불, 한껏 유쾌한 농담, 부드러운 침대 등은 지금도 영국 소설에서 인생의 기쁨을 그려내는 생생한 쾌락과 행복의 증거다. 삶의 갖가지 모습은 잔인하리만치 드러나 이것뿐이랴 할 만큼 남김없이 공개되었다. 나병환자들이 댕그랑댕그랑 종을 울리며 떼 지어 돌아다녔고, 거지들은 교회에서 불구 행세를 하며 구걸하고 애원했다. 지위, 신분, 직업은 옷차림으로 구별되었다. 귀족들은 갑옷이나 새로 지은 화려한 옷을 차려입고 하인들을 거느리면서 위엄을 세워 부러운 시선을 끌지 않으면 밖으로 나가려 하지 않았다. 처형을 비롯한 법 집행, 결혼과 장례 행렬, 큰 소리로 외치는 행상과 같은 것들은 소리 높이 예고되어, 그 뒤로 행렬, 외침, 애도의 울음, 그리고 음악이 따랐다. 사랑에 빠진 남자는 옷에 애정 표시를 장식했고, 길드의 동료끼리는 굳은 약속의 기장을 달았으며, 당파에 속하는 사람도 그 수장의 문장과 휘장을 달았다.

대조적이고 다채로운 모습은 도시와 농촌의 겉모습에도 뚜렷이 나타났다. 중세의 도시는 우리 눈에 익숙하듯이 살풍경하고 허술한 공장과 오두막이 무질서하게 뻗어 교외로 맥없이 사라져 버리는 일은 결코 없었다. 도시는 사면이 벽으로 둘러싸여 말끔히 정비되었고, 수많은 첨탑이 하늘 높이 솟아 있었다. 귀족과 거상(巨商)의 돌로 지은 저택이 제아무리 높고 웅장해도, 여전히 날아오를 듯한 기상의 석조 교회당이 경관의 중심이 되어 도시를 압도하고 있었다.

우리 경험으로는 도저히 상상할 수 없을 만큼 강렬한 여름과 겨울의 대조처럼 빛과 어둠, 고요함과 소란스러움이 대비되었다. 현재 도시에 사는 사람들은 진정한 암흑과 진정한 침묵이 무엇인지 모른다. 깜빡이는 등불 하나, 멀리서 들려오는 한순간의 외침이 어떤 느낌인지도 모른다.

모든 것이 다채로운 형태로 끊임없는 대조를 보이면서 사람들의 마음을 짓누른다. 그러므로 일상생활은 푹푹 찌르는 듯한 정열의 암시로 넘치고, 마음의 움직임은 방자한 기쁨, 잔인함, 아니면 조용한 마음의 아늑함 등의 극단으로 옮아간다. 이같이 불안정한 기분 속에서 중세의 삶은 극단을 오가며 흔들리고 있었던 것이다.

이런 바쁜 일상의 술렁임을 누르고 거듭 들려오는 소리가 있으니, 아무리 울려도 절대 흐트러짐 없이, 이 세상 모든 것을 질서의 영역으로 높이 끌어올리는 종소리이다. 종소리는 일상생활에서 마치 경고하는 듯한 선한 영혼이었다. 귀에 익은 음색으로 장례나 축하, 때로는 안식이나 위험을 알린다. 어떤 때는 사람들을 불러들이거나 사람들에게 주의를 주기도 한다.

종에는 애칭이 있어서 '뚱보 자클린(la grosse Jacqueline)'이라든가, '롤랑의 종(la cloche de Roland)'이라 불리기도 하는데, 짧게 한쪽을 치고, 느슨하게 양쪽을 치는 것이 무엇을 의미하는지 사람들은 잘 알고 있었다. 여러 세기에 걸쳐 계속된 종소리가 너무 자주 울린다고 무디어지는 일은 없었다. 1455년, 발랑시엔(Valenciennes)시와 부르고뉴(Bourgogne) 궁정을 이상한 흥분으로 뒤덮어 두 부르주아[1] 사이에 싸움이 벌어진 그 유명한 결투가 계속되는 동안에도 큰 종이 맹렬하게 울려댔는데, 조르주 샤틀랭[2]의 말을 빌리면, '듣기만 해도 소름이 끼칠' 정도였다고 한다. 앙베르[3]의 노트르담 성당에는 1316년에 만들어진 오래된 경종이 있는데, '무서운 종'이라는 뜻의 '오리다(orida)'로 불렸다. 경종을 울리는 것을 '소네 레프루아(sonner l'effroi 공포를 울린다)', '페르 레프루아(faire l'effroi 공포를 일으킨다)'라고 에둘러 말한 것이다. 여기에서 에프루아(Effroi)라는 말은 원래 라틴어 '엑스프레두스'로 불화라는 뜻인데, 뒷날 이 상황을 종으로 알리는 일, 즉 경보를 뜻하다가 마침내 공포를 의미하게 되었다. 교황이 선출되어 오랫동안 심화된 교회의 분열이 끝났다거나 부르고뉴파와 아르마냑파가 화해했다고 알리느라, 파리의 모든 교회와 수도원은 아침부터 저녁까지도 모자라 밤새도록 종을 울려댔다고 하는데, 이때 아마 파리 사람들의 청각은 심하게 마비되었을 것이다.

성체행렬[4]도 사람들의 마음을 깊이 움직였으리라. 난세에는 더욱이—그렇지 않을 때는 거의 없었지만—날마다 몇 주일이나 계속 거리를 누볐다. 오를레앙(Orléans) 가문과 부르고뉴 가문의 숙명적인 다툼이 드디어 공공연한 내전으로 번지고, 영국과 결탁하여 프랑스를 배반한 아르마냑파와 싸우려고 샤를 6세가 용맹공 장[5] 후작과 함께 깃발을 높이 들었을 때도, 왕이 적지에 발을 내딛는 순간부터 파리에서는 포고령에 따라 매일 성체행렬이 거행되었다. 5월 끝 무렵에서 7월에 접어들 때까지, 잇따라 여러 그룹, 새로운 수도회, 조합이 차례차례로 새로운 성유물(聖遺物)을 받들고 거리를 바꿔가며 성체행렬을 이어나갔다. 파리의 한 부르주아가 말했듯이 '실제로 세상 사람들의 기억에 있는 한, 가장 경건한 성체행렬'이었다. 고등법원의 법관이나 가난한 백성을 비롯한 모든 사람이 금식하며 맨발로 행렬에 참여했다. 수많은 어린아이들까지도 늘 행렬에

---

1) 시민계급((프)bourgeoisie) : 13세기 무렵부터 일상에 쓰이기 시작한 성곽도시(bourg)의 주민을 뜻하는 말로, 중세 도시 상공업자인 시민을 가리킨다.
2) Georges Chastellain(1405/1415~1475) : 《부르고뉴 공작 연대기 Chronique des ducs de Bourgogne》의 작가.
3) Anvers : 안트베르펜(Antwerpen)의 프랑스 이름. 현재 벨기에 북부지방.
4) 성체거동, 성체를 모시고 성당 밖을 행렬하는 행사.
5) Jean sans Peur(1371~1419) : 부르고뉴의 용맹공. 두려움이 없어 용맹공이라 불렸는데, 젊은 시절에는 느베르(Nevers) 백작이었다. 아버지는 필립 2세, 아들은 선량공 필립(필립 3세).

섞여 있었다. 경제적 여유가 있는 사람들은 촛불이나 횃불을 손에 들었고, 가난한 마을 사람들은 파리 주변의 마을까지 먼 데서 찾아와 맨발로 성체행렬에 합세했다. '불타는 신앙심에서 솟아오르는 눈물을 참지 못하고, 울음을 터뜨리며' 사람들은 함께 걷거나 행렬을 지켜보았다. 게다가 날마다 세찬 비가 쏟아졌다. 그런가 하면 되도록 화사하게 장식하고 도시로 들어서는 귀족도 있었다. 그리고 처형은 끊임없이 집행되었다. 처형장은 잔인한 감정을 자극하고, 거친 연민을 유발하며, 대중의 정신생활에 지대한 영향을 미쳤다. 도덕적 선도라는 명목의 잔인한 광경은 무서운 범죄를 막기 위해 더 무서운 형벌을 고안해 냈다. 브뤼셀에서는 방화와 살인을 저지른 어느 젊은이가 불타는 섶나무 가지에 둘러싸여 말뚝에 박힌 쇠사슬에 매달려 빙빙 돌아가는 형벌을 받았다. 그는 가슴을 에는 듯한 소리로 자기와 같은 전철을 밟지 않도록 사람들에게 호소했다. 샤틀랭은 말한다. "그의 말에 사람들의 마음은 몹시 누그러져, 동정의 눈물을 흘리지 않은 사람이 없었다. 그래서 그의 최후는 이제까지 본 것 중 가장 아름다웠다고 칭찬받은 것이다." 1411년, 부르고뉴파의 공포정치 아래, 파리에서 목이 잘린 아르마냐크파의 망사르 뒤 부아(Mansart du Bois)는 관례에 따라 용서를 구하는 단두대 집행인을 기꺼이 용서했을 뿐만 아니라, 입을 맞추게 해달라고까지 청했다고 한다. 그 광경을 본 장 주베날 데 위르상(Jean Juvénal des Ursins, 1388~1473)은 전한다. "수많은 사람들 중 뜨거운 눈물을 흘리지 않은 사람이 없었다." 희생자가 명문 귀족인 경우도 적지 않았다. 대중은 정의의 엄격한 집행을 눈앞에서 직접 보고 만족하며, 이것을 이 세상의 권세가 허무하다는 경고로 받아들였다. 이는 그림 한 장이나 '죽음의 무도'[6]보다 훨씬 충격적인 효과를 가져왔다. 그래서 당국은 그 본보기 효과가 조금도 손상되지 않도록 신경 썼다. 귀족들은 자신의 지위에 맞는 옷차림으로 휘장을 달고 단두대의 이슬로 사라진 것이다. 왕가의 집사였던 장 드 몽테귀(Jean de Montaigu)는 용맹공 장의 노여움을 사 희생될 때, 수레 위에 높이 앉아 두 나팔수를 앞세운 채 처형대로 끌려갔다. 그는 관복을 입고, 예모를 쓰고, 모피 코트를 걸치고, 한쪽은 희고 다

---

6) [프]danse macabre : 중세 종말관인 '죽음을 기억하라(Memento mori)'의 표현 형식. 14세기 중반 페스트 및 영국과 프랑스의 백년전쟁으로 인해 죽음의 공포가 극대화된 데서 비롯되었다. 이는 뒷날 회화, 문학, 음악의 소재가 된다.

른 한쪽은 붉은 긴 양말을 신고, 발에는 황금 박차를 달았다. 그는 이 빛나는 황금 박차를 단 채 목이 잘린 시체가 되고 말았다.

1416년, 아르마냐크파의 보복에 희생된 부유한 주교좌교회의 사목위원 니콜라 도르주몽(Nicolas d'Orgemont)은 헐렁한 보랏빛 망토와 두건 차림으로 청소차에 실려 파리 시내를 끌려다녔다. 두 동료의 교수형을 참관하고 얼마 뒤, 그 자신도 '겨우 연명할 빵과 가까스로 목을 축일 물'[7]이라는 종신금고형에 처해졌다. 고등법원 법관이 되기를 거부했던 우다르 드 뷔시(Oudart de Bussy)는 루이 11세의 특별명령으로 무덤이 파헤쳐졌고, '고등법원 법관의 관례에 따라' 모피 안감의 진홍색 두건을 씌워 에당 광장에서 목이 베어져 높은 곳에 매달려 있게 되었다. 여기에 왕이 직접 잔혹한 조롱으로 사건을 설명한 운문을 덧붙였다고 한다.[8]

성체행렬이나 처형만큼 자주 일어나지는 않았으나, 순회 설교자들의 설교도 대중의 마음을 움직였다. 신문을 읽는 데 익숙한 우리는, 늘 무엇인가에 잔뜩 굶주려 있던 무지한 대중의 마음에 설교자들의 말이 얼마나 크게 작용했는지 이해하기 어려울 것이다. 대중 설교자 리샤르(Richard)는 뒷날 고해신부로서 잔 다르크의 곁에 있게 되는데, 1429년 파리에서 열흘이나 쉬지 않고 설교를 했던 인물이다. 그는 새벽 5시부터 10시나 11시까지 '죽음의 무도'가 그려진 회랑으로 유명한 이노샹(Innocent) 묘지 안 봉안당을 배경 삼아 설교했다. 열린 봉안당의 아치 아래 언덕같이 드높게 쌓인 해골이 청중의 시야에 들어왔다. 열 번째 설교를 마친 그가 더 이상 설교 허가를 받지 못하여 이것이 마지막이라고 말하자, "사람들은 마치 사랑하는 아버지를 장사 지내는 양 어른 아이 할 것 없이 슬피 울었으며, 설교자도 따라 울었다." 마침내 그는 파리에서 사라졌는데, 대중은 그가 일요일에 생드니(Saint-Denis)에서 다시 한번 설교할 것으로 여겼다. 파리의 한 부르주아에 의하면, 토요일 밤 6천 명이나 되는 사람들이 무리 지어

---

7) 이사야 30장 20절.

8) 1477년 1월, 호담공(豪膽公) 샤를이 죽은 뒤, 루이 11세는 곧 플랑드르를 탐내어 3월에 아라스를, 4월에 에당을 함락시켰다. 이때 샤를의 유복자 마리 드 부르고뉴의 뒤를 따라 플랑드르로 가려고 한 아라스의 부르주아 18명이 에당 광장에서 처형되었다. 우다르 드 뷔시는 그중 한 명으로, 아르투아 백작 영지의 검찰 장관이었다. 고등법원 법관의 관례를 운운한 것은 루이왕의 통제에 대한 우다르의 거절과 그에 대한 루이왕의 보복을 말한다.

마을에서 빠져나와 좋은 자리를 맡으려는 일념으로 들판에서 하룻밤을 지새웠다고 한다.

또 프란체스코 수도회의 앙투안 프랑댕(Antoine Frandin)은 폭정에 대하여 가차 없이 비판했다 하여 파리에서의 설교가 금지되었으나, 바로 그 때문에 대중에게 사랑받았다. 대중은 코르들리에 수도원에 들어온 그를 밤낮으로 지켰으며, 여인들은 재와 돌멩이를 준비하여 경계에 나섰다. 이런 불온한 행동을 금하는 포고령이 내려지자, 사람들은 비웃으며 왕이 간섭할 일이 아니라고 말했다 한다. 그러나 끝내 프랑댕이 파리에서 추방되자, 대중은 '그가 떠나게 된 것을 몹시 슬퍼하면서' 배웅했다고 장 드 로아는 전한다.

도미니크 수도회의 성 뱅상 페리에(Saint Vicent Ferrier)가 설교하러 오면, 대중은 물론 관리들과 주교 및 성직자를 포함한 도시의 모든 사람이 성가를 부르며 그를 마중 나와 서로 자신들의 마을로 데려가려 했다. 가는 곳마다 그의 여행에 뒤따르는 자가 헤아릴 수 없이 많았고, 그들은 해가 지면 행렬 지어 기도문을 외며 자기 몸을 채찍질하면서 마을을 돌았다. 거리마다 새로운 추종자들이 떼 지어 몰려들었다. 그는 아무도 반대하지 않을 사람을 골라 우두머리로 삼고, 이들의 식사와 숙박을 챙기도록 했다. 여러 수도회의 많은 수사들이 함께 여행을 하며, 고해성사에 참여하거나 미사를 올릴 때에도 늘 그의 곁에 있었다. 이 성덕을 갖춘 설교자는 가는 곳마다 분쟁을 조정했는데, 그를 따르는 공증인 몇 명이 그 자리에서 증서를 작성했다고 한다.

에스파냐의 오리우엘라(Orihuela)시의 장관은 뮈르시(Murcie) 주교에게 보낸 편지에서, 그가 이곳에서 해결한 123건의 분쟁 중 67건이 살인사건이었다고 밝히고 있다. 뱅상 페리에가 설교할 때는 그의 손이나 옷에 입 맞추려고 몰려드는 사람들로부터 그와 일행들을 지키기 위해 나무 울타리로 막아야 했다. 그가 설교하는 동안 그곳 사람들은 일손을 놓았다. 청중은 매번 감동의 눈물을 흘렸다. 최후의 심판과 지옥의 고통, 그리스도의 수난에 이야기가 미치면, 그 또한 목이 메어 청중과 함께 울었으며, 눈물이 그칠 때까지 설교를 멈춰야만 했다. 죄를 지은 이는 땅에 엎드려 눈물 흘리며 군중이 보는 앞에서 자신의 죄를 낱낱이 고백했다고 한다.

1465년, 이름 높은 올리비에 마이야르(Olivier Maillard)가 오를레앙에서 사순절 설교를 했을 때, 수많은 사람이 주위에 있는 집들의 지붕 위까지 올라가는 바람에 설교가 끝난 뒤에는 지붕을 이는 기술자들이 64일 동안의 지붕 수리 작업 대금을 청구했다.

마치 영미 사회의 종교부흥운동이나 구세군을 연상케 하지만, 그 분위기는 훨씬 색다르고 개방적이었다. 페리에의 설교 효과에 대한 서술에는 전기 작가의 경건한 마음에서 우러난 과장이 섞였다고 생각할지 모르나, 그렇게 생각해야 할 이유는 조금도 없다. 냉정하고 침착한 앙게랑 드 몽스트를레(Enguerrand de Monstrelet, 1390?~1453)조차도, 같은 어조로 토마스라는 수사의 활동 모습을 적고 있다. 토마스 아무개라는 사람은 자칭 카르멜 수도회 소속이라 말하고 다녔다가 뒷날 거짓으로 들통났지만, 1428년 프랑스 북부와 플랑드르 지방에 설교를 다니며 세상을 떠들썩하게 했다. 그 또한 도시의 관리들이 마중 나왔고, 귀족들은 그가 탄 노새의 고삐를 잡았다. 몽스트를레가 거명하는 높은 사람들을 포함한 많은 이들이 가정도 버리고 그가 가는 곳은 어디든 따라나섰다. 상류 부르주아들은 그를 위하여 높은 설교대를 설치하고, 구할 수 있는 한 가장 비싼 직물로 다채롭게 장식했다고 한다.

수난과 최후의 심판 이야기 다음으로 대중의 마음을 사로잡은 것은, 부와 허식에 집착하는 일에 대한 공격이었다. 몽스트를레에 따르면 대중이 수사 토마스 아무개를 특별히 사랑한 이유는, 그가 허영과 사치를 배척하고, 귀족과 성직자를 통렬히 비난했기 때문이다. 상류계급의 부인이 원뿔형 모자인 에냉[9]을 높이 쓰고 청중 사이에 나타나면, 그는—몽스트를레의 말로는 '면죄부를 주겠다'고 약속하여—언제나 어린아이들을 부추겨 "에냉이다, 에냉이다" 외치게 했다. 그래서 상류층 부인들은 얼마간 에냉을 쓸 엄두가 나지 않아, 베긴회 수녀[10]처럼 두건을 머리에 쓰고 다녔다고 한다. '그러나' 하고 이 유쾌한 연대기 작가 몽스트를레는 덧붙인다. "그러나 여인들은, 사람이 가까이 가면 뿔을 움츠리고

---

9) hennin : 15세기 프랑스의 부르고뉴 궁전에서 애용한 원뿔형 모자. 높이가 40센티미터에서 1미터나 되었다. 이는 그 무렵 고딕건축의 첨탑을 반영한 것으로 여겨진다.

10) Beguines : 수녀라고는 하지만 실은 속인이다. 베긴회는 12세기 끝 무렵 랑베르 베그(Lambert Begue)가 창설했다는 벨기에 리에주 지방을 중심으로 퍼진 여성의 공동생활단체. 복종의 서원에만 제약받았다. 여기에서 착용한 두건이 일반화되어 '베긴'이라 불렸다.

인기척이 사라지면 뿔을 내미는 달팽이같이, 이 설교자가 외국으로 떠난 지 얼마 되지도 않아 그의 가르침을 깨끗이 잊고 조금씩 원래 옷차림으로 되돌아갔을 뿐만 아니라, 전보다 더 대담한 의상을 입게 되었다."

설교자 리샤르와 토마스는 사치품을 산더미같이 쌓아놓고 불태웠다. 그로부터 60년 뒤 사보나롤라(Savonarola)도 의지에 따라 피렌체에서 훨씬 큰 규모로 사치품을 불태워, 돌이킬 수도 없이 온갖 막대한 예술품을 잃게 된다. 1426년과 1429년에 파리와 아르투아에서는 카드, 놀이판, 주사위, 가발, 장신구 등이 문제가 되어 남녀 모두 서둘러 이런 물건들을 가지고 모여들었다. 이러한 번제(燔祭)는 설교자가 대중의 격정을 유발한 15세기 프랑스와 이탈리아에서 자주 되풀이된 행사였다. 요컨대 이것은 허영과 쾌락에 빠진 생활을 회개하고, 이를 증오하는 마음을 잘 나타내는 의식이었다. 이는 깊은 내적 감동을 장중한 공적 행위로 양식화하려는 노력으로, 결국 모든 것에서 의식을 만들어 내던 그 무렵의 시대정신과 일치하는 것이었다.

이 시대의 삶이 어떠한 색채를 보여 주는지 알기 위해서는 격해지기 쉬운 감정, 흔한 눈물, 변하기 쉬운 마음의 동요, 예민한 성향을 생각해야 한다.

공적인 애도 표현은 마치 재해를 당할 때와 같은 광경이었다. 샤를 7세의 장례 행렬을 지켜본 대중은 격한 감정에 사로잡혀 넋을 잃었다고 한다. 장 드 로아나 장 샤르티에는 이렇게 말했다. "그 장례 행렬에는 궁정 고관들 모두가 고뇌의 상복 차림이었고, 어쩐지 깊은 슬픔을 자아내는 광경이었다. 주군의 주검 앞에 그들이 품은 큰 슬픔과 비탄은 온 도시에 격렬한 탄식과 통곡이 울려 퍼지게 했다." 왕의 시동 여섯이 검은 벨벳을 덮은 말을 타고 장례 행렬에 함께하고 있었다. "누가 알랴, 군주의 죽음을 애도하는 그들의 고뇌와 가슴 시리도록 슬픈 마음을." 그 미소년 가운데 한 명은 슬픔에 겨워 나흘 동안 음식을 입에 대지 않고 물 한 모금도 마시지 않았다며, 사람들은 가엾다는 듯 소곤거렸다.

그러나 눈물을 자아내는 것은 대상(大喪 : 임금의 상사(喪事))이나 설교, 신앙의 성스러운 의식에 따른 격한 감정만은 아니었다. 세속적인 의식이나 엄숙한 행사에서도 눈물이 솟아난다. 선량공 필립[11]을 접견한 프랑스 왕의 한 사신은, 눈

---

11) Philippe le Bon : 선량공(善良公) 필립. 부르고뉴 필립 3세.

물 때문에 왕의 인사말이 여러 번 끊겼다고 한다. 부르고뉴 궁정을 떠나는 포르투갈 왕자 장 드 코임브라(Jean de Coimbra)와의 작별이나 프랑스 황태자 영접, 영국 왕과 프랑스 왕이 아르드르에서 회동할 때에도 사람들은 소리 내어 울었다고 한다. 루이 11세가 아라스(Arras) 입성 때 눈물 흘리는 것을 사람들이 보았고, 또 황태자 시절 부르고뉴 궁정에 머무는 동안 자주 목메어 울었다고 샤틀랭은 말한다. 당연히 거기에는 어느 정도 과장은 있었을 것이다. 지금의 신문 기사에도 '눈물을 흘리지 않은 사람은 없었다'는 문장을 흔히 볼 수 있지 않은가. 1435년 아라스 평화 회담 때, 사신의 열변에 너무 감동한 나머지, 사람들은 마룻바닥에 엎드려 말없이 탄식하고 흐느껴 울며, 신음 소리만 낼 뿐이었다고 장 제르맹(Jean Germain) 주교는 쓰고 있다. 실제로 그 정도는 아니었을 것이다. 그러나 샬롱(Châlons)의 이 주교가 이것을 사실이라고 생각한 것을 보면, 과장은 있을지언정 어느 정도 진실이 반영되어 있음을 짐작할 수 있다. 결국은 18세기 감상주의자들이 흘린 눈물과 똑같을 것이다. 흐르는 눈물은 사람들의 마음을 북돋운다. 눈물은 아름답다. 게다가 현대인이라도 입성식을 보며 무의식중에 느끼는 벅찬 감동을 누가 모른다고 하겠는가. 화려하다는 말과 어울리는 군왕의 모습에 감동하는 것은 아니더라도, 몸이 떨리고 눈물이 흐른다. 이처럼 가슴에 와닿는 감동은, 그때의 장려함과 장대함에 대한 종교적 정서가 깃든 경외심에 가득 찬 마음이 순수한 눈물이 되어 흐르는 것이다.

눈물이 흔했던 점에 대해서, 15세기와 현재 사이에 예민성의 정도 차이를 인정하지 않는 사람이라도, 다른 점에 대해서는 어떨까. 화를 잘 내는 점에 대하여, 이를테면 우리는 실제로 체스만큼 평화롭고 조용한 놀이는 없다고 생각한다. 하지만 올리비에 드 라 마르슈(Olivier de La Marche, 1426~1502)는 이렇게 말한다. "더없이 현명한 사람도 인내심을 잃게 된다." 한창 체스가 진행되면 자주 공방전이 일어났다. 체스에서 비롯된 왕자들의 다툼은, 무훈시(武勳詩, Chanson de geste)에서 보듯 15세기에도 유행하던 이야기의 주제였다.

일상생활 속에서도 불타는 정열과 천진한 환상이 들어갈 여지는 늘 충분히 남아 있었다. 흔히 연대기를 믿을 수 없다며, 공식 자료를 선호하고 되도록 그에 의존하려는 과학으로서의 중세 사학은, 바로 이와 같은 취향 때문에 자칫 심각한 오류에 빠질 우려가 있다. 문서는 우리 시대와 중세 시대의 생활 사상 차이에 대해서 거의 아무것도 가르쳐 주지 않는다. 중세의 삶에 넘치던 격렬한 파토스[12]를 우리가 제대로 보지 못하게 만든다. 중세의 삶을 다채롭게 물들이던 정열 중에서, 문서는 오직 물욕과 분쟁의 선호, 이 두 가지만을 말하고 있을 뿐이다. 이 시대의 재판 기록을 보면 탐욕, 투쟁욕, 복수욕이 이해하기 어려울 만큼 격렬하고 완강한 데에 놀랄 수밖에 없을 것이다. 이와 같이 언뜻 이해할 수 없는 징후는, 모든 생활에 생명을 불어넣고 있던 격정과 관련지을 때에야 비로소 이해가 되는 법이다. 따라서 연대기 작가의 기록이 현실 파악에 피상적이고 오류가 많더라도 그 시대를 이해하기 위해서는 빼놓을 수 없는 부분이다.

중세의 삶은 여전히 많은 점에서 옛이야기의 색채를 띠고 있었다. 궁정 기록관이라고 하면, 교양이 풍부한 유명인사이다. 이런 사람마저도 늘 가까이 모시는 군주의 인품을 묘사하는 데 조금 고풍스럽고 성스러운 종교적인 이미지밖에 가지지 못했던 것이다. 그리고 보면 군왕이라는 자의 마법과도 같은 빛이 소박한 백성의 상상력에 얼마나 엄청난 작용을 했겠는가. 샤틀랭이 이야기한 동화 같은 예를 하나 들어 보자. 그즈음 아직 젊어 샤롤레(Charolais) 백작으로 불리던 호담공 샤를[13]은, 레클뤼즈(L'Écluse)를 떠나 호르큄(Gorkum)에 도착하고 나서야 부왕이 그의 연금과 지배권을 모두 몰수했다는 사실을 알았다. 그래서 그는 요리 담당 소년에 이르기까지 모든 신하를 한 자리에 불러 놓고 여전히 마음을 움직이는 어조로 자기가 처한 불행을 전한다. 자신을 오해하고 있는 부왕에 대한 변함없는 존경과 사랑을 표한 뒤, 자신이 식구들의 안위를 얼마나 생각하며 또 그들을 얼마나 사랑하는지를 역설한 것이다. "나름대로 살 길이 있는 사람은 곁에 남아 행복이 돌아오는 날을 기다리시오." 백작은 간절하게 말한다. "가난한 자는 자유롭게 떠나시오. 그리고 내게 다시 행복이 찾아왔다는 소식이 들리면 그때는 돌아오시오. 여러분은 예전의 자리를 되찾고, 나는 그대들을 기꺼이 환영할 것이오. 여러분이 나를 위해 참고 견딘 인내의 보답을 받을 것이오." 그러자 목소리가 높아지고 울먹이는 소리가 들리며, 모두 큰 소리로 외쳤다. "우리는 주군과 함께 살고 함께 죽겠나이다." 깊은 감동을 받은 샤를은 그들의 충정을 받아들였다. "좋소. 그렇다면 고난을 함께 이겨냅시다. 여

---

12) pathos : 한때의 격정이나 열정. 또는 예술에서의 주관적·감정적 요소를 나타내는 철학용어.
13) Charles le Téméraire : 부르고뉴의 담대공 샤를. 선량공 필립의 아들.

러분이 가난하여 괴로움을 겪기 전에, 내가 먼저 고통을 견디겠소." 그러자 귀족들이 앞다투어 가진 재산을 내어 놓았다. 어떤 자가 말했다. "나는 천(千)이 있소." 그러자 다른 자가, "나는 만(万)이 있소" 했다. 또 다른 자는 말했다. "이러이러한 것들이 있습니다. 주군께 바칩니다. 주군의 앞날에 대비하겠습니다." 그래서 모든 것은 예전대로 유지되었다. 주방의 암탉 한 마리도 부족한 일이 없었다.

이 정경 묘사는 물론 샤틀랭의 방식이다. 따라서 그의 이야기가 실제로 일어난 일을 어느 정도 나타낸 것인지는 알 수 없다. 그러나 중요한 점은, 그가 군주를 동화에 나오는 단순한 모습으로 보고 있다는 것이다. 그가 이 사건의 바탕으로 삼은 것은 서사시처럼 고지식한 가운데 발휘된 군신 상호 간의 신뢰와 충정의 원래 모습의 발로에 있었다.

사실 통치구조는 이미 복잡한 형태를 띠게 되었으나, 대중의 마음에 비친 정치구조는 고정되고 단순한 모양을 취하고 있었다. 사람들이 품고 있던 정치이념은 민요나 기사 이야기의 이념이었다. 말하자면 사람들은 그 시대의 왕들을 발라드[14]나 모험담의 제재에 대응시켜 정해진 몇 가지 유형으로 바꾸어 버렸던 것이다. 고결하고 정의로운 군주, 흑심을 품은 중신에게 속는 군주, 가문의 오명을 벗는 군주, 역경에 처해도 충신들의 지지를 받는 군주, 이런 식이었다. 중세 끝 무렵의 부르주아들은 무거운 세금에 시달리면서도 그 사용처에 대해 아무런 발언을 할 수 없었으므로, 자기들이 낸 돈이 낭비되고 있지나 않은지, 국익으로 이어지는지 아닌지 끊임없이 염려하고 있었다. 국정에 대한 이 같은 불신은 매우 단순한 형태로 나타난다. 왕이 탐욕스럽고 약아빠진 측근들에게 둘러싸여 있다던가, 나라가 잘 다스려지지 않는 것은 궁정에서 사치와 낭비를 일삼기 때문이라던가. 이처럼 백성들이 보기에 정치문제는 이야기의 영역으로 환원되는 것이다. 선량공 필립은 대중에게 어떤 말로 어떻게 이야기해야 하는지 잘 아는 사람이었다. 1456년 라에(La Haye)에서 열린 축제에 즈음하여, 그는 은 3만 마르크에 상당하는 화려하고 아름다운 그릇들을 응접실 옆 작은 방에 진열하도록 했다. 위트레흐트(Utrecht) 주교령을 정복하기 위한 자금이 부족

---

14) ballade : 영웅 또는 비련을 주제로 한 자유로운 형식의 짧은 서사시.

한 게 틀림없다고 미심쩍어하는 홀란트주와 프리슬란트주 사람들에게 강렬한 인상을 심어주기 위해서였다. 그래서 그들로 하여금 이 방을 마음대로 드나들게 했다. 거기에는 릴(Lille)에서 가져온 금화 20만 개가 가득 든 사자 무늬 상자 2개도 있었다. 사람들이 구경하면서 직접 무게를 가늠해 볼 수 있게 했지만, 도저히 들어 올릴 수 없었기 때문에 헛수고였다. 축제의 즐거운 분위기 속에서 통치자의 지불 능력을 확실히 증명하며 대중을 가르치려던 것이 아니었을까?

군주의 생활과 행동에는 환상적인 취향이 많아서 《천일야화》에 나오는 칼리프를 연상케 했다. 군주는 가장 냉정해야 할 정치계획의 수행 중에도 무모하고 성급한 행동을 하며, 제멋대로 변덕을 부려 자기 생명과 사업을 위험에 빠뜨리곤 했다. 프루아사르[15]에 따르면, 에드워드 3세는 문제 삼을 것도 없는 하찮은 해적 행위에 보복하려고 에스파냐 상선을 노리다가 자신과 황태자를 비롯한 국가 전체를 위험에 빠뜨릴 뻔했다. 필립 르 봉은 부하인 궁수(弓手) 한 명을 릴의 부유한 양조장 딸과 결혼시키려 했는데, 그 아버지가 이를 승낙하지 않아 파리고등법원까지 개입하게 되었다. 중요한 나랏일로 홀란트를 떠날 수 없었던 공작은 화가 난 나머지 그 일을 내팽개쳤다. 마침 부활절을 앞둔 성 주간이었는데도 끝까지 자기 뜻을 관철시키려고 로테르담(Rotterdam)에서 레클뤼즈까지 위험하기 짝이 없는 항해를 감행한 것이다. 한번은 아들과 다투고 화가 난 필립 공작이 분별력을 잃었을 때였다. 학교를 탈출한 학생처럼 아무에게도 말하지 않고 빠져나와 말을 타고 브뤼셀로 간 그는 그날 밤 숲속에서 길을 잃고 만다. 이윽고 그가 있는 곳이 알려졌고, 그를 모셔오는 어려운 역할이 기사 필립 포(Philippe Pot)에게 맡겨졌다. 이 노련한 신하가 참으로 교묘하게 이렇게 말했다고 샤틀랭은 전한다. "평안하셨습니까, 전하. 무슨 일이십니까? 전하께선 지금 아서왕 역을 하고 계신가요, 랑슬로 역을 하고 계신가요?"

이것도 또한 칼리프를 연상시키는 이야기인데, 의사들의 처방에 따라 머리를 박박 깎아야 했던 필립 공작은 모든 귀족에게 자기처럼 하라고 명한다. 그리고 피에르 드 하겐바흐(Pierre de Hagenbach)에게 머리를 밀지 않고 버티는 귀족을 발

---

15) Jean de Froissart(1337?~1405?) : 프랑스 시인, 연대기 작가. 그의 《연대기(전4권)》는 중세 봉건시대에 관한 기록으로 궁중연애의 기사도적 이상을 보여 주며, 그 밖에 시편 《사랑스러운 시계》, 사랑과 모험의 운문소설 《멜리아도르》 등의 작품이 있다.

견하면 그 머리를 밀어도 되는 권한을 주었다고 한다.

또 젊은 프랑스 왕 샤를 6세는 변장을 한 채 친구와 함께 한 마리의 말을 타고 자기 약혼녀 바비에르의 이사보(Isabeau de Bavière)가 입성하는 것을 보러 갔는데, 북적이는 사람들 틈에서 하급 관리에게 얻어맞았다고 한다.

마르탱 르 프랑(Martin Le Franc)은 부르고뉴의 '어릿광대 코키네(Coquinet)'처럼 제후들이 광대와 악사를 보좌관이나 장관으로 출세시켰다고 비난한다.

국정이 관료제도와 문서류의 틀에 완전히 갇혀 버리지는 않았다. 제후는 언제든지 그 구속에서 벗어나, 어디에서나 마음대로 정책의 지침을 구할 수 있었다. 그래서 15세기의 제후들은 환상을 보는 고행자나 열광적인 대중 설교자들에게 자주 나랏일에 대해 자문하곤 했다. 카르투지오회 수도사 드니와 뱅상 페리에가 정치 조언자로 알려졌고, 설교자 올리비에 마이야르는 궁정 간의 은밀한 교섭계획에도 참여했다. 이와 같이 고위층 정계에서도 종교적 압력과 영혼의 긴장이 활기차게 움직였던 것이다.

14세기 끝 무렵부터 15세기 초에 걸쳐 사람들은 유럽 여러 나라의 정치무대 위에서 제후들의 행동과 모험을 지켜보며, 예전에는 미처 몰랐던 깊은 상념에 사로잡혔음에 틀림없다. 위용과 영예로부터 너무나도 선명하게 실추되는 모습은 사람들의 마음을 술렁이게 했다. 온갖 비극이 '낭만적인 분위기'라는 피투성이 속에서 얼마나 격렬하게 벌어졌던가.

1399년 9월, 웨스트민스터에서 열린 영국 의회는, 랭커스터 가문의 사촌에게 패해 포로가 된 리처드 2세가 왕위를 빼앗겼다는 소식을 들었다. 바로 같은 달, 독일의 선제후[16]들이 마인츠(Mainz)에 모여 룩셈부르크 가문의 벤체슬라우스(Wenceslaus Ier de Luxembourg) 국왕을 폐위시켰다. 그는 영국에 있는 여동생의 남편 리처드 2세[17]처럼 마음이 불안정하고 지배력이 약하며 변덕이 심했다. 하지만 그 최후는 리처드보다 덜 비극적이었고, 폐위 뒤에도 오랫동안 보헤미아 왕이었다. 폐위된 리처드는 감옥 안에서 수수께끼 같은 죽음을 맞았는데, 이는

---

16) 選帝侯 : 신성로마제국에서 1356년 황금문서에 의해 독일 황제 선거권을 가졌던 7명의 제후. 성직자 3명과 제후 4명으로 이루어졌으며, 이들에게는 여러 특권이 있었다.

17) 벤체슬라우스는 독일 국왕(1376~1400)이기는 했으나, 신성로마제국의 황제는 되지 못했다. 그의 이복 여동생 안나는 1382년에 리처드 2세와 결혼했다.

70년 전 그의 증조할아버지 에드워드 2세의 죽음을 떠올리게 했다. 이 시대의 왕위는 슬픔과 위험으로 가득 찬 것이 아니었을까.

그리스도교 세계에서 세 번째로 큰 나라 프랑스에서는 미치광이 샤를 6세가 왕위에 있었다. 이윽고 극심한 권력 싸움으로 내전에 휘말리게 되었다. 1407년, 오를레앙과 부르고뉴 두 가문은 공공연하게 적대감을 표현했다. 먼저 국왕의 동생 루이 도를레앙(Louis d'Orléans, 1372~1407)이 사촌인 용맹공 장이 고용한 자객들의 손에 쓰러진 것이다. 12년 뒤인 1419년에 보복을 당하는 용맹공 장은 파리 외곽 몽트뢰(Montereau) 다리 위 모임 자리에서 속임수에 넘어가 죽고 만다. 이 두 사건으로 복수와 투쟁이 끝없이 되풀이되어, 한 세기 내내 프랑스 역사에 음울한 증오의 그림자를 드리웠다. 대중은 프랑스를 덮친 모든 불행을 이 엄청나게 극적인 동기에 비추어 보았다. 그들은 역사적 사건의 모든 것이 개인 간의 열정적인 다툼에서 비롯된다고 보았으며, 그 밖의 다른 원인은 상상하지 못했다.

여기에 더하여 서서히 터키의 압박이 다가오고 있었다. 터키는 이보다 몇 년 앞선 1396년 니코폴리스(Nicopolis) 전투에서, 그때 느베르(Nevers) 백작이던 용맹공 장의 지휘 아래 저돌적으로 계속 투입되는 화려한 프랑스 기사군을 무찔렀다. 그런가 하면 벌써 4반세기나 계속된 교회 분열로 그리스도교계 또한 여러 갈래로 나뉘고 있었다. 교황을 자처하는 대립된 두 인물이, 저마다 서방 세계의 각국, 각 지방에 열광적인 확신에 찬 지지층을 가지고 있었다. 1409년 피사 종교회의(Council of Pisa)에서 교회의 통일을 시도했으나 어이없이 실패하여, 이번에는 교황권을 둘러싸고 세 인물이 다투게 되었다.[18] 그중 한 사람이 아비뇽(Avignon) 교황 베네딕투스 13세(Benoît XIII)로서, 아라곤(Aragon) 출신의 완고한 피에르 드 루나(Pierre de Luna)였다. 프랑스에서는 그를 '달의 교황(Le Pape de la Lune)'이라 불렀는데, 이 '달의 교황'이라는 호칭은 어딘지 모르게 소박한 백성들의 마음을 어수선하게 만드는 어조를 띠고 있지는 않았을까.

---

18) 피사 종교회의는 로마 교황 그레고리우스 12세와 아비뇽 교황 베네딕투스 13세의 정통성 분쟁 해결을 위해 열렸다. 두 교황을 파면하고 밀라노 대주교인 페트루스 피랄리기스가 교황 알렉산더 5세로 선출되었으나, 회의가 반교황적이라는 이유로 결국 교황 세 사람이 대립하게 된다.

이 세기 동안 왕위에서 쫓겨난 왕들은 대부분 먹을 양식도 없는 처지였으면서도, 마음속에 품은 계획은 원대해서, 지난날 그들의 연고지인 경이로운 동방의 영화를 간직하고 있는 아르메니아(Arménie), 키프로스(Chypre), 얼마 뒤에는 콘스탄티노플(Constantinople)까지, 제후의 궁정을 여기저기 떠돌아다녔다. 왕들은 모두 홀을 들고 왕관을 썼으나, '운명의 수레바퀴'에서 굴러 떨어져 버림받은 몰락한 모습은 그 하나하나가 살아 있는 실례였다. 비록 자리를 빼앗긴 같은 왕이었어도 르네 당주[19]는 꽤 형편이 나았다. 그는 넉넉한 영토를 가졌는데, 특히 앙주와 프로방스에 좋은 땅이 있었다. 그러나 이 프랑스 왕가의 주인은 덧없이 바뀌는 제후의 운명을 실감 나게 보여 주는 듯하다. 매번 최상의 기회를 놓친 그는 헝가리, 시칠리아, 예루살렘의 왕좌를 노렸지만, 그가 얻은 것은 패배와 고난의 도주, 긴 포로생활뿐이었다. 전원시와 세밀화(細密畫)[20]를 즐겼던 이 왕관 없는 시인이 쓰라린 경험을 하고도 도무지 생활 방식을 바꾸지 못한 것을 보면, 원래 사람됨이 경박했을지도 모른다. 그는 자식들이 모두 몰살당하는 참변을 겪었다. 오직 하나 남은 딸인 마르그리트 당주(Marguerite d'Anjou, 1429~1482)는 그보다 더 비참한 운명을 견뎌야 했다. 야심과 정열을 타고난 지혜로운 그녀는 16세에 어리석은 영국 왕 헨리 6세와 결혼했다. 영국 궁정은 증오로 가득 찬 생지옥이었다. 왕의 근친에 대한 시기, 측근 권세가에 대한 신하들의 고발, 자신의 목숨을 지키려는 당파 싸움이 빚어낸 공공연하거나 은밀하게 벌어지는 살인 등, 이 무렵 영국만큼 정치적 관행에 어두운 그림자가 드리워진 곳은 없었다. 오랫동안 마르그리트는 늘 뒤쫓기는 듯한 불안한 분위기 속에 살아왔다. 마침내 그녀의 남편 가계인 랭커스터(Lancaster) 가문과 시끄러웠던 수많은 사촌과 조카의 가계인 요크(York) 가문과의 사이에서 벌어진 싸움이 피비린내 나는 싸움 단계로 접어들었다. 마르그리트는 폐위당하고 재산도 몰수되었다. 장미전쟁은 그녀를 이리저리 끌고 다녔지만, 그녀는 무서운 위험과 빠

---

19) 르네 당주(René d'Anjou, 1409~1480)의 증조할아버지는 프랑스 왕 장 2세(Jean II de France, 1319~1364)인 선량공(Jean le Bon)에 해당한다. 대대로 앙주 후작 영토를 계승한 왕가의 분파이다.

20) 아직 인쇄술이 발달하지 않은 시대였으므로 손으로 책을 직접 베껴 적었는데, 이 사본에 그리는 그림인 수사본 채식화(手寫本彩飾畫)를 말한다. 삽화, 여백 장식, 머리글자 장식 등에 쓰였으며, 미술용어로는 미니아튀르(miniature)이다.

듯한 생활을 견디어 냈다. 겨우 부르고뉴 궁정에 몸을 의탁하게 된 그녀는, 심금을 울리는 불행하고 정처 없는 나그네 신세였던 자신의 이야기를 궁정 연대기 작가인 샤틀랭에게 직접 들려주었다. 그녀와 어린 자식들은 강도들에게 얼마나 자비와 동정을 구걸해야 했던가. 또 미사를 드릴 때에는 헌금할 잔돈을 빌려달라고 스코틀랜드인 궁수에게 얼마나 애걸해야 했던가. "그자는 떨떠름한 표정으로 아깝다는 듯이[21] 지갑에서 스코틀랜드 그로트 은화[22] 한 닢을 꺼내 그녀에게 건네주었다." 샤틀랭은 그녀의 이야기를 이렇게 적어두고 있다. 이 마음씨 좋은 사관(史官)은 이처럼 크나큰 깊은 슬픔을 겪은 데에 마음이 움직여, 그녀를 위로하려고 〈변덕과 배신의 본성 위에 선 운명에 대한 소론〉을 써서, 《보카치오의 사원 *Temple de Boccace*》이라는 제목을 붙여 그녀에게 바쳤다. 그는 호되게 고생한 왕비를 격려하려면, 그 무렵의 확실한 처방에 따라 제후들의 갖가지 불행에 대한 자기 생각을 써 보이는 것이 제일 좋겠다고 판단했으리라. 하지만 최악의 상황이 그녀를 기다리고 있으리라고는, 두 사람 다 꿈에도 생각지 못했다. 1471년, 튜크스베리(Tewkesbury) 전투에서 랭커스터 가문이 결정타를 맞았다. 그녀의 아들은 전사했거나 전투가 끝난 뒤 처형당했고, 남편도 은밀히 살해되었으며, 그녀 자신은 5년이나 런던탑에 감금된 끝에, 에드워드 4세에 의해 프랑스 왕 루이 11세에게 팔리게 되었다. 그녀는 풀려난 대가로 아버지 르네왕이 남긴 영토를 포기해야만 했다.

이렇듯 왕의 정통 후손인 왕자와 왕비까지도 운명의 장난에 희롱당했으니, 관심과 동정을 끌려고 방랑자들이 제멋대로 꾸며낸, 제후가 자리를 빼앗긴 이야기나 추방당한 이야기를 파리 부르주아들이 곧이곧대로 믿은 것도 무리는 아니었다. 1427년, 파리에 로마(Roma)인[23]들 한 무리가 스스로 개전자라 일컬으며 나타났다. "후작 1명, 백작 1명, 거기에 시종 10명까지 모두 말을 타고 있었다." 120명 남짓 무리 지어 시외에 머물고 있다는 그들은 이집트에서 왔다고 했

---

21) 스코틀랜드인은 예부터 완고하고 인색하다고 여겨졌다.

22) groat : 영국 에드워드 1세 때 만들어져 14~17세기 무렵에 쓰였던 4펜스 은화. 푼돈이란 이미지가 있다.

23) '로마인'은 서유럽 쪽에서 '집시'라고 불렸던 민족이다. '집시'는 이집트인을 나타내는 '이집프션'이 와전된 이름이라고 이해되고 있다.

다. 그리스도의 신앙을 배반했기 때문에, 회개하기 위하여 7년 동안 침대에서 편히 쉬지 말고 유랑생활을 하도록 교황의 명령을 받았다는 것이다. 이들은 원래 1천200명쯤 있었으나 도중에 왕과 왕비를 비롯해 많은 사람이 죽었다고 했다. 교황이 단 하나 허락한 것은 각 주교, 수도원장이 그들에게 투르화[24] 10리브르를 주라는 명령이었다. 파리 사람들은 이 독특한 집단을 보려고 잇따

〈운명의 수레바퀴〉 그림. 이탈리아 피렌체 국립도서관 소장.

라 몰려들었다. 그들은 한 여인에게 손금을 보았는데, 그녀는 '마술인지 무엇인지 귀신같은 솜씨를 발휘해' 구경꾼 지갑에 든 돈을 자기 지갑 속으로 옮겨 담았다고 한다.

　모험과 열정의 분위기가 넘쳤던 제후의 삶은 대중의 상상력에 따른 것만은 아니었다. 대부분의 현대인은 절도를 모르고 자유분방하며 흥분하기 쉬운 중세의 마음을 충분히 이해하지 못하고 있다. 오로지 문서 사료에만 의존한다면, 그것이 제아무리 올바르게 연구되는 어떤 역사인식에 있어서 가장 믿을 수 있는 자료라고 해도, 거기에 그려진 중세 역사 모습만 가지고서는 각부의 장관이나 대사가 활약하던 18세기 정계에 대한 서술에서 받는 이미지와는 아무런 본질적인 변화를 느끼지 못할 것이다. 여기에는 중요한 요소가 하나 빠져 있다. 대중에게, 그리고 제후들에게 생명을 불어넣는 격렬한 정열의 선명한 색채를 빠뜨린 것이다. 물론 열정이라는 요소는 오늘날의 정치에도 존재한다. 그러나

24) 투르화(貨). 리브르는 1266년 루이 9세가 처음 만들어, 대부분 루아르(Loire)강 남쪽에서 통용되던 화폐이다. 이에 비해 북프랑스에서는 파리화 리브르가 유통되었다. 두 통화 모두 1리브르는 20수이다.

혁명이나 내란이라면 모르지만, 언제나 제동이 걸리고 장애물로 앞길이 막혀 있다. 사회생활의 복잡한 체제를 통하여 다양한 방법으로 이미 정해진 수로에 열정의 세찬 흐름이 나뉘어 흐르도록 되어 있는 오늘날과 달리 15세기에는 그렇지 않았다. 열정적 요소가 자유로이 정치에 스며들었고, 열정의 충동은 바로 정치행동으로 나타나서 이해타산이 무시되는 일이 잦았다. 권력욕과 겹치면 이 충동은 한결 더 격렬해진다. 샤틀랭은 장중하면서도 간결한 표현으로 이것을 설명한다. 제후들이 늘 누군가와 서로 적대관계에 있는 것은 하나도 이상하지 않다는 것이다. "왜냐하면 제후들도 남자이며, 그들의 일은 고결하고 위험하기 때문이다. 그들의 본성은 다양한 열정, 증오, 질투에 쉬이 사로잡힌다. 그들의 마음은 군림하려는 영광에 대한 열정의 진정한 안식처이다." 바로 이것이야말로 부르크하르트[25]가 말하는 '지배자의 열정(das pathos der Herrschaft)'과 가깝지 않을까.

지금까지 부르고뉴 후작 가문의 역사를 쓰려는 사람은 좋든 싫든 복수라는 주제를 끊임없이 문장에 요란스레 올려놓고 있었다. 그것은 관 안치대처럼 무거운 주제이며, 회의나 전쟁터에서의 행동 하나하나로 명예에 상처를 입고, 어두운 복수를 갈망하는 사람들의 자존심에 쓰디쓴 맛이 느껴지는 것이다. 확실히 15세기 역사를 쓰면서 그 시대 사람들이 바라보던 대로 너무나도 단순하게 시대를 보는 것은 조금 어리석은 짓이다. 오랜 세월에 걸쳐 프랑스와 오스트리아의 합스부르크 가문의 다툼을 낳게 한 이해관계와 첨예한 권력대립 구조를 발루아(Valois) 가문의 두 갈래인 오를레앙과 부르고뉴 사이의 골육상쟁[26]으로만 설명하려고 해도 통하지 않는다. 그러나 한 가지만은 잊어서는 안 된다. 보통은 정치적이고 경제적인 원인들을 찾는 데도 힘겨워 자칫 잊어버리기 쉽지만 늘 의식하고 있어야만 하는 것은, 방관자든 관련된 큰 다툼의 당사자이든 간에 이 시대 사람들에게는 가까운 혈족끼리의 싸움이야말로 제후와 국가의

---

25) Jacob Burckhardt(1818~1897) : 스위스 역사가·문화사가. 근대 문화사학, 미술사학의 기초를 쌓았으며, 미적(美的) 관점에서 르네상스 문화를 연구했다. 대표작으로 《이탈리아 르네상스의 문화 *The Civilization of the Renaissance in Italy*》(1860)가 있다.

26) 벤데타(vendetta) : 살해나 상해의 복수가 가해자 가문 전체로 퍼져 거듭되는 것을 뜻하는 이탈리아어. 지중해 서쪽 코르시카섬을 비롯하여 사르데냐, 시칠리아 및 발칸반도 지역에서 행해졌다.

행동 및 운명을 좌우하는 확실한 계기가 되었다는 사실이다. 이 시대 사람들에게 선량공 필립은 무엇보다도 '장 후작 본인이 당한 모욕을 앙갚음하기 위하여 16년을 계속 싸운' 복수심에 불타는 사람이었다. 라 마르슈가 보기에 필립은 복수를 신성한 일로 받아들였다. "죄나 죽음도 두려워하지 않을 분노로, 신이 용서하는 한 죽은 아버지의 복수를 위해 나아가려고 했다. 몸과 마음을 바쳐 모든 재산과 영토를 운명의 모험에 내맡겼다. 운명을 저버리는 것보다 운명에 맡기는 편이 훨씬 유익하며, 또한 그것이 신의 뜻을 이루는 일이라고 생각했다." 1419년, 어느 도미니크회 수사는 살해된 장 후작의 장례 때 설교를 통해서 복수하지 말라는 그리스도 교도의 의무를 감히 말했다고 하여 매우 심한 비난을 받았다. 라 마르슈에 따르면, 명예와 복수의 의무는 제후나 모든 사람의 정치적 쟁점이었다. 그는 이 나라 모든 계층의 사람이 함께 복수를 부르짖었다고 기록하고 있다.

1435년, 프랑스와 부르고뉴 사이에 평화가 찾아올 듯 보이던 아라스 평화협정서는, 몽트뢰 다리에서 장 후작을 살해한 사건에 대한 응징의 배상책임 규정으로부터 시작하고 있다. 맨 처음 장 제후가 묻힌 몽트뢰 교회에 예배당 하나를 더 세워 영원히 매일 진혼미사를 올릴 것, 또한 그 동네의 카르투지오회 수도원은 사건이 일어난 다리 위에 십자가를 세울 것, 역대 부르고뉴 후작들이 묻혀 있는 디종(Dijon)의 샹몰(Champmol) 수도원 예배당에서 미사를 드릴 것 등을 정했다. 이 벌칙성 규정은 대법관 롤랑이 죽은 장 후작을 위해 요구한 공적 보상으로, 프랑스로서는 불명예에 대한 일부분에 지나지 않았다. 부르고뉴 측은 몽트뢰 마을뿐만 아니라 로마, 강(Gand), 디종, 파리, 산티아고 데 콤포스텔라(Santiago de Compostela), 예루살렘에도 사목회 교회당을 짓고, 저마다 사건의 경위를 쓴 비석을 세우라고 요구했다.

이런 복수심은 온갖 형태를 갖추어 마음속에 제(祭)의 자리를 차지했음에 틀림없다. 이 증오와 복수라고 하는 원시적인 주제야말로, 대중이 제후의 정치를 가장 쉽게 이해할 수 있는 것이 아니었을까?

제후를 사모하는 대중의 마음은 어린아이 같은 충동과 비슷했다. 그것은 성실성과 동료의식이 직접 마음에 전달되는 감정이고, 원고에게는 선서 보조인을, 주군에게는 시종을 연결하는 강렬한 의식이며, 사사로운 다툼이나 분쟁 때에는 평소 잊고 있던 모든 정열을 불타오르게 하는 강렬한 의식의 지속을 나타내는 것이었다. 이는 당파 감정이지 정치의식은 아니었다. 중세 끝 무렵은 대단한 당파 싸움의 시대였다. 이탈리아에서는 13세기에 이미 여러 당파로 굳어졌고, 프랑스와 네덜란드에서는 14세기에 이르러 두각을 나타냈다. 당파 대립을 근대의 역사연구 방식처럼 단순히 정치와 경제의 여러 원인에서 해명하려 들면 그다지 효과가 없다. 이 시대의 역사를 연구하는 사람이라면 누구나 한 번쯤 이 벽에 부딪친 적이 있을 것이다. 흔히 경제적 대립이 당파 대립의 기초라고 하지만 이는 일반적인 도식에 지나지 않으며, 자료에서 그 근거를 해독하기란 매우 어렵다. 누구나 당파 형성에 경제적 요인이 작용한다는 것을 정면으로 부정하려는 사람은 없을 것이다. 하지만 요즘 들어 지금까지 나온 해답에 만족하지 못하고 중세 끝 무렵 당파 싸움을 좀 더 구체적으로 해명하기 위해서는 먼저 정치학이나 경제학의 관점보다 사회학의 관점에 서는 편이 훨씬 풍부한 성과를 낼 수 있지 않느냐고 묻는 경향이 나타나고 있다.

당파 형성에 대한 자료가 실제로 보여 주고 있는 것은 이런 식이다. 순수 봉건제 시대에는 곳곳에서 국지전이 있었다. 여기에서 볼 수 있는 경제 요인은 한쪽이 다른 한쪽 재산을 탐내는 것과 서열 다툼 말고는 달리 설명할 길이 없다. 하지만 재산뿐만 아니라 영예도 그에 못지않을 만큼 격렬한 시기의 대상이 되었던 것이다. 가문의 긍지, 복수심, 열정에 넘치는 지지자들의 충성 등이 이 세계에서 가장 마음을 움직이게 하는 행동의 직접적인 동기가 되었다. 국가권력이 강해지고 확장됨에 따라 집안끼리의 사사로운 결투까지 극렬해져 영주들의 권력과 결합하여 당파가 형성되었다. 그 당파 자체는 자기 당파가 다른 당파와는 다르다는 근거를 연대의식과 공동의 명예심이 아니고서는 구하지 않았다. 우리라면 경제 대립을 상정하여 근거를 더 깊이 탐지할 수 있다고 말할 수 있겠는가?

그 무렵 안목이 뛰어난 토마스 바쟁(Thomas Basin)도 후(Houx)파와 카비요드(Cabillauds)파 사이의 증오심[27]을 설명하는 합리적 이유와 원인을 찾을 수 없다

---

27) 1345년, 홀란트 백작 빌렘 4세가 자식 없이 죽은 뒤, 빌렘의 누나이자 독일 국왕 루드비히 4세(바이에른)의 부인인 마가레타를 지지하는 일파와, 마가레타의 아들 빌렘을 세우려는 일파가 대립한다. 이때 마가레타는 독일 국왕인 남편에게서 홀란트(Holland), 젤란트(Zeeland),

고 했는데, 그렇다고 그를 멸시하거나 그보다 똑똑해지겠다고 자만해서는 안
될 것이다. 실제로 왜 에흐몬트(Egmont) 가문이 후파가 되고 바세나르(Wassenaer)
가문이 카비요드파가 되었는지 제대로 설명하지 못했다. 두 가문을 갈라놓은
경제적인 대립을 거론해도 소용없는 일이다. 왜냐하면 서로 대립하는 두 당파
각각의 구성원으로서, 그 우두머리인 제후를 둘러싼 이들의 위치와 상황의 소
산이었기 때문이다.[28]

　제후에 대한 충성이 얼마나 격렬한 감정의 움직임으로 작용했던가. 이는 중
세사의 어느 페이지를 펼쳐 보아도 알 수 있다. 어느 시인의 기적극[29] 《니우메
겐의 마리켄 Mariken van Nieumeghen》에는 아놀드 드 겔드르(Arnold de Gueldre)와
아돌프 드 겔드르(Adolphe de Gueldre)의 격렬한 싸움에 대한 이야기가 실려 있다.
이 부자 간의 싸움을 놓고 이웃 여자들과 크게 다툰 마리켄의 고약한 숙모는
홧김에 조카딸을 내쫓는데, 그 뒤 늙은 제후가 포로 신세에서 벗어났다는 말
을 듣고 억울한 나머지 자살하고 만다는 내용이다.[30] 이처럼 작가가 노린 것은

에노(Hainaut)의 지배권을 받게 되어 있었다. 전자를 후(Houx, 호랑가시나무)파, 후자를 카비
요드(Cabillauds, 대구)파라 불렸는데, 1354년에 당파가 마무리되어 빌렘 5세가 권리를 인정받
았다. 바이에른 비텔스바흐 가문의 지배가 확정된 것이다. 하지만 이 사건은 그 뒤 부르고뉴
가문의 지배(1428년 이후)와 합스부르크 가문의 지배(1482년 이후)로 동요하는 홀란트 백작
영토에 탄탄한 정치 동기가 되었다.

28) 작가 주 : 이러한 견해는 이른바 경제적 역사관에 항의하려는 역사에서 경제 요인을 무시하
　　려는 것이 아니다. 이는 장 조레스(Jean Jaurès)의 《프랑스혁명의 사회주의적 역사》(1901~1908)
　　4권에도 분명히 나타나 있다. "하지만 역사에는 계급투쟁뿐만 아니라 당쟁도 나타난다. 즉
　　경제적인 친분관계와 대립관계 말고도 정열적인 모임 활동, 자존심이나 군림에 기초한 이해
　　관계가 형성되어, 역사의 표면에 떠오르려 서로 경쟁하고, 그것이 역사의 커다란 변동에 결
　　정적 요인이 되기도 한다고 나는 주장한다."

29) 奇跡劇 : 중세 유럽에서 유행한 종교극. 대부분 구약성경의 내용을 간략히 극화한 것으로,
　　주로 예수와 성자들이 행한 기적이나 사적(事跡) 따위를 다루었다.

30) 1423년 레이날트 4세가 아들 없이 죽자, 증손인 아놀드 판 에흐몬트가 도시 세력의 지지를 얻
　　어 겔드르 제후의 영토를 잇는다. 독일 국왕 지기스문트는 이를 간섭하여 대립 제후를 세운
　　다. 지배를 잘하던 아놀드에게 부르고뉴 제후가 끼어들어 정세는 혼란해진다. 이윽고 1465년,
　　아놀드는 부르고뉴 편으로 돌아선 그 아들 아돌프에게 붙잡히고, 아돌프는 그 뒤 호담공 샤
　　를에게 반기를 든다. 샤를은 1471년에 아돌프를 붙잡아 아놀드를 해방시키고 그의 손에서 제
　　후령을 빼앗아, 1473년부터 1477년까지 겔드르 제후령은 부르고뉴가 지배하게 된다. '아놀드
　　와 아돌프의 분쟁 이야기'란, 이 겔드르 부자 간의 싸움을 가리킨다. 더욱이 《니우메겐의 마
　　리켄》은 뒤에 나오는 1500년 무렵의 '수사가 집단과 관계있던' 시인의 작품으로 보인다.

'당파심'의 위험성을 경고하려는 데 있었다. 그래서 어느 정도 위험수위에 이른 당파심 때문에 자살했다는 극단적인 예를 든 것이다. 물론 과장된 이야기이지만, 오히려 이로 말미암아 시인이 얼마나 당파 의식 속에서 격렬한 열정을 느꼈는지 알 수 있다.

한편 마음을 훈훈하게 하는 이야기도 있다. 어느 날 아브빌(Abbeville)시 사목회는 한밤인데도 종을 울리게 했다. 샤롤레 백작인 샤를로부터 사자가 와서, 아버지의 병이 낫기를 기도해달라고 부탁했기 때문이다. 놀란 시민들은 교회로 몰려와 밤새도록 몇백 자루나 되는 초에 불을 밝히고 땅에 무릎 꿇거나 엎드려 눈물 흘리며 기도했는데, 그때 종이 쉬지 않고 울렸다고 샤틀랭은 전한다.

1429년, 여전히 영국 부르고뉴 쪽으로 기울고 있던 파리의 대중은, 얼마 전까지 감동적인 설교를 하던 리샤르 수사가 사실은 아르마냐크파로, 편을 모으기 위해 여러 마을에 은밀히 설교하러 다녔다는 사실을 알게 되었다. 그래서 그들은 신과 성자들의 이름으로 그를 저주하며, 그에게서 받은 예수 이름을 새긴 주석 메달을 버리고, 대신 부르고뉴가의 표지인 성 앙드레 십자가(Croix de Saint -André)[31]를 목에 걸었다. 그들은 리샤르가 그토록 비난한 도박까지 다시 시작했다며, 파리의 한 부르주아는 "그에 대하여 눈 하나 깜짝 안 한다"고 말했다.

아비뇽과 로마 사이의 교회 분열은 교리문제 때문이 아니었다. 이 두 지역은 적어도 양 극점에서 멀리 떨어져 있어 아는 것이라고는 교황의 이름뿐이었고, 분열 난리에 직접 휘말리지 않았던 지방이라 신앙의 격정도 이 때문에 환기되는 일은 없을 거라고 누구나 생각할 것이다. 그러나 그렇지 않았다. 멀리 떨어진 두 지역에서도 교회 분열은 당파 싸움의 매서운 쟁점이 되어, 마침내 신심파와 불신심파로 갈려 날카롭게 대립하기에 이르렀다. 브뤼주(Bruges)[32]시가 로마 교황쪽에서 아비뇽 교황 지지로 돌아서자, 많은 사람들이 직업과 집을 버리고 거리로 나와 자신이 지지하는 교적[33]으로 옮겼다. 왜냐하면 그들은 위트레흐트나 리에주(Liege), 그 밖에 로마 교황 우르바누스 6세를 받드는 교구에서 같

---

31) 예수의 제자인 앙드레가 매달려 죽었다는 X자 모양의 십자가. 크룩스 데쿠사타(crux decussata)라고도 한다. 앙드레는 부르고뉴의 수호성자.
32) 브뤼헤(brugge)라고도 한다. 프랑스어로는 브뤼주, 플랑드르어로는 브뤼헤.
33) 은대지제도(恩垈地制度 〔라〕 beneficium).

은 당파 사람들과 생활하려 했기 때문인데, 이는 브뤼주 근처의 디크스뮈데의 주민 얀이 전하는 말이다.

1382년, 루즈베크 전투[34]를 앞둔 프랑스군 지휘관은 성스러운 전투에서만 사용하는 국왕의 신성한 주홍색 깃발을 플랑드르 반란군 앞에서 나부끼게 해야 하는지 고민했다. 드디어 깃발을 들어도 좋다는 결정이 내려졌다. 플랑드르인들은 우르바누스 교황파라서 불신자이기 때문이라는 이유였다.

프랑스 정부 대리인이었던 저술가 피에르 살몽(Pierre Salmon)이 위트레흐트를 찾아왔을 때, 그를 위해 부활절 미사를 드려 주는 사제가 한 사람도 없었다. "그가 신앙을 버리고 사이비 교황인 베네딕투스를 받들고 있기 때문이었다." 할 수 없이 그는 홀로 어느 교회당으로 가서 마치 사제 앞에서 하듯 고해성사를 하고, 카르투지오회 수도원에서 미사를 올렸다고 한다.

당파 감정, 주군에 대한 뜨거운 충성은 더 나아가서 여러 당파의 표지, 의복 색깔, 휘장, 구호, 암호 따위가 빚어내는 강한 암시 작용으로 한층 높아졌다. 이들 당파의 표지는 다채로운 변화를 거듭했는데, 대부분의 변화에는 죽음과 살인이 뒤따랐으며 행복한 사건은 극히 드물었다. 1380년 파리에 입성하는 어린 왕 샤를 6세를 보려고 모여든 2천 명이 넘는 사람들은 모두 녹색과 흰색이 반씩 섞인 옷을 입었다고 한다. 파리 사람들이 모자나 옷깃에 다는 장식을 한꺼번에 바꾼 일이 1411년부터 1413년 사이에 세 번이나 있었다. 성 앙드레 십자가가 그려진 보랏빛 두건에서 하얀 두건, 그리고 다시 보랏빛 두건으로 바뀌었다. 성직자를 비롯한 여인과 아이들까지도 이것을 썼다. 1411년, 부르고뉴파의 공포정치가 기승을 부리던 파리에서는 교회가 주일마다 종소리에 맞추어 아르마냐크파 사람들을 파문했다. 사람들은 성상(聖像)을 성 앙드레 십자가로 꾸몄을 뿐만 아니라, 몇몇 사제들은 미사나 세례 때에도 올바르게 성호 긋기를 무시하고 비스듬하게 그었다고 한다.

당파에 치우치고 주군을 따르며 자신의 일에 전념할 때 이 시대 사람들이 보인 맹목적인 정열은 바위처럼 튼튼하고 돌처럼 단단한 중세 특유의 권리의식 표현이었으며, 어떠한 행위도 결국에는 응보를 받는다는 확고한 신념의 표

---

34) Bataille de Roosebeke : 플랑드르 백작 루이 2세에 대한 강(Gand)의 반란—필립 판아르테벨데 (Philippe van Artevelde) 지휘—을 프랑스 왕 샤를 6세가 진압한 전투.

시였다. 정의감의 4분의 3 정도는 아직도 이교적인 감정이었다. 즉 복수심이었던 것이다. 확실히 교회는 온유·평화·용서를 강조하고 이 권리행사의 풍조를 완화하려 노력하고는 있었으나, 권리의식 자체를 변하게 할 수는 없었다. 도리어 교회의 가르침은 행위의 응보를 구하는 마음에 죄에 대한 증오심을 연결하는 결과가 되어 권리의식을 조장하고 말았다. 과격하고 충동적인 자들에게 죄악이란, 적의 행위를 일컫는 다른 말일 뿐이었다. 정의감은 차츰 눈에는 눈, 이에는 이라는 야만적인 사고방식과 죄에 대한 종교적인 두려움이라는 양극단의 격렬한 긴장감으로 변해 버리고 있었다. 이에 따라 국가는 점점 더 엄격한 처벌을 해야 한다는 의무감에 시달렸다. 불안정한 마음과 죄에 대한 두려움 때문에 중세 끝 무렵의 위기에 처한 국가권력은 공포정치를 할 수밖에 없다는 생각이 널리 퍼지게 되었다.

그리하여 과오를 용서받을 수 있다는 생각은 차츰 후퇴하여 온화한 옛 흔적으로만 남았고, 이에 따라 범죄는 이제 사회에 대한 위협이며, 존엄한 신에 대한 도전이라는 생각이 점점 강해졌고, 처벌은 더욱더 강화되었다. 따라서 중세 끝 무렵은 엄격한 정의와 사법의 잔혹함에 도취된 피의 시대였다. 죄인은 벌을 받아 마땅하다는 것을 조금도 의심하지 않았다. 백성들은 제후가 직접 재판하는 형벌에 매우 만족했다. 당국은 생각이 나기라도 한 듯이 가끔 엄격한 정의의 계몽운동을 벌였다. 때로는 강도나 불온한 패거리, 때로는 마녀와 마술사, 또는 남색가를 대상으로 했다.

중세 끝 무렵 사법의 잔혹함이 우리를 놀라게 하는 것은 그 범죄의 병적인 도착 성향 때문이 아니다. 대중이 그 속에 품은 짐승처럼 무디고 둔한 쾌락과 잔학성으로 가득한 축제 같은 소란 때문이었다.

몽스(Mons)의 백성들은 어느 도적 두목의 몸값이 굉장히 비싼데도 굳이 사들였다. 그 사나이가 갈가리 찢기는 것을 구경하려는 잔학성 때문이었다. "대중은 죽은 성자의 시체가 다시 살아난다고 하더라도 이만큼 기뻐하고 좋아하지 않았을 것이다." 장 몰리네[35]의 증언이다. 1488년, 막시밀리안 1세가 브뤼주

---

35) Jean Molinet(1435~1507) : 시인이자 연대기 작가. 조르주 샤틀랭의 비서로, 그의 사후에 후임자가 되어 연대기를 계속 편찬했다.

에서 포로로 잡혔을 때의 일이다. 붙잡힌 왕[36]의 거실에서 잘 보이는 광장 한 가운데 발판을 높이 엮은 고문대가 설치되어, 배신한 혐의가 있는 도시 사목회원들이 여러 차례 고문당했다. 좀처럼 만족하지 못한 대중은 빨리 처형해달라는 사목회원들의 간청에도 아랑곳하지 않고, 그들의 고통을 더욱 즐기려고 형집행을 늦추었다고 한다. 이것도 장 몰리네의 증언이다.

신앙심과 복수심이 뒤섞이고 극단으로 흘러 그리스도교와 어울리지 않은 사태까지 이르렀다. 사형선고를 받은 자는 임종 전의 병자성사는 말할 것도 없고, 고해성사마저 거부당하는 관습이 프랑스와 영국에 널리 퍼졌다. 그들의 영혼을 구원받지 못하게 하여 지옥에 가서 엄청난 고통을 받을 것이라는 생각을 심어줌으로써, 그들의 고통이 더하기를 바란 것이다. 1311년, 교황 클레망 5세(Clément V, 1264~1314)가 최소한 고해성사만이라도 허락하는 교칙을 내렸지만 소용이 없었다. 그 뒤 이상주의적인 정치가 필립 드 메지에르(Philippe de Mézières)가 먼저 프랑스 왕 샤를 5세와 샤를 6세 시대에 이 관습을 고치도록 강력히 주장했다. 메지에르의 말로는, 맷돌보다 더 상대하기 힘든 '냉혹한 머리'를 가진 피에르 도르주몽(Pierre d'Orgemont) 대법관이 끝까지 반대했다고 한다. 결국 현명하고 온화한 샤를 5세도 재위 중에 이 관습을 철폐할 생각이 없다고 선언했다. 장 제르송[37]이 악습에 대한 비판 다섯 편을 써서 메지에르의 주장에 힘을 실어줌으로써, 마침내 사형수에게도 고해성사를 허락한다는 1397년 2월 12일자 칙령이 떨어졌다. 이를 위해 애쓴 피에르 드 크라옹(Pierre de Craon, 1345~1409)은 파리 교수대 옆에 돌 십자가를 세워, 회개한 죄인이 처형당할 때 프란체스코회 수사가 입회하는 장소로 쓰도록 했다. 하지만 오래된 관습은 끈질긴 생명

---

36) 합스부르크 가문의 막시밀리안은 1477년에 호담공 샤를의 딸 마리와 결혼하여 네덜란드 부르고뉴 지역의 권리를 얻었는데, 1482년에 마리가 죽자 그 사이에 태어난 필립의 후견인으로서 권리를 유지하려 했다. 그러나 헨트를 비롯한 네덜란드 도시들은 합스부르크의 통치를 반기지 않아서, 막시밀리안은 프랑스와 싸우면서 이 지역 세력 확장을 위해 애썼다. 그러다가 1488년 1월 브뤼주로 간 그는, 그곳에서 5월까지 감금되고 만다. 또한 막시밀리안은 1486년 독일 국왕으로, 1493년 신성로마제국 황제로 선출되었으므로 이 무렵은 아직 '붙잡힌 왕'의 신세였다.

37) Jean Gerson(1363~1429) : 프랑스 신학자. 파리와 콘스탄츠의 두 공의회(1413~1418)를 통하여 분열된 가톨릭 교회의 통일을 실현시켰다.

력을 이어갔다. 따라서 1500년을 조금 넘긴 16세기에 이르러서도, 파리의 주교 에티엔 퐁시에(Étienne Ponchier)는 클레망 5세의 교칙을 재확인해야만 했을 정도였다. 1427년, 파리에서 한 탐욕스러운 종기사(從騎士)가 교수형에 처해지기 직전이었다. 파리 시민은 이 모습을 이렇게 전한다. 막상 처형하려 하자, 한 섭정의 부하인 재무관이 쫓아와 이 불쌍한 사나이에게 몹시 화를 내며 욕설을 퍼부었다. 그는 고해성사를 하고 싶다는 죄인의 염원이 허락되는 것을 방해했고, 뒤에 달라붙어 욕을 하면서 사다리를 올라가 지팡이로 때렸으며, 더 나아가서는 죄인에게 영혼구원을 권했다 해서 집행관에게도 덤볐다. 겁이 난 집행관이 당황하여 서두르다 밧줄이 끊어졌다. 불쌍한 죄인은 바닥에 떨어져 다리와 갈비뼈 몇 대가 부러졌다. 그는 부러진 다리를 이끌고 다시 교수대로 올라가야만 했다.

재판이라는 것을 생각하면 오늘날에는 왠지 겁쟁이가 되어 마음이 불안해지지만, 중세에는 전혀 그렇지 않았다. 책임 능력의 배려, 재판관의 오판 가능성, 개인의 과오에는 사회도 책임이 있다는 생각, 죄인에게 고통을 주는 대신 바로잡을 수는 없을까 하는 의문 등은 결코 문제가 되지 않았다. 오히려 이렇게 말했어야 했을 것이다. 그런 감각이 없었던 것은 아니고, 분명하게 그렇다고 말로 표현하지는 못한 채, 연민과 용서가 격렬한 정서와 하나가 되어 생생한 형태로 표현되어 있었던 것이다. 형벌의 집행을 즐기며 보고 싶다는 잔인한 욕망이, 죄와 상관없이 죄인을 불쌍하게 여겨 그를 용서하고 싶다는 감정의 폭발을 물리쳤던 것이다. 오늘 같으면 망설임 끝에 죄책감을 느끼고 되도록 가벼운 형을 내릴 만한 사건이라도, 중세 재판에서는 극단적인 두 판결 중 하나이다. 가장 잔학한 형벌 아니면 완전한 사면이었다. 사면을 할 때도 오늘날과 달리 죄인이 어떤 특별한 이유로 은혜를 받을 만한지는 고려되지 않았다. 아무리 죄가 뚜렷하더라도 무조건 무죄 방면이 되었다. 실제로는 사면 결정이 늘 순수한 동정에서 비롯된 것은 아니다. 어떤 죄인은 막강한 친척의 중재로 사면장을 얻기도 했는데, 사람들이 이를 너무 자연스럽게 여기는 데에는 놀라지 않을 수 없다. 하지만 대부분 사면장은 신분이 높은 사람보다 유력한 중재자 하나 없는 가난한 사람들에게 돌아갔다.

잔인함과 동정심의 첨예한 대조는 사법 분야뿐만 아니라 생활 여러 모습에서도 뚜렷이 나타난다. 한편에서는 가난한 자나 불구자에 대한 무시무시한 잔인함이, 다른 한편에서는 연민과 마음을 울리는 다정함이 있다. 오늘날 러시아 문학이 우리에게 가르쳐 주는, 병자나 가난뱅이, 마음을 앓고 있는 사람에 대한 저 마음 깊은 데서 우러나는 연대의 감정이 있다. 어쨌든 권리 감정을 충족시킨다는 대의명분이 있으므로 처형을 보며 즐거워하는 것은 인정할 수 있다. 그러나 믿기 힘들 만큼 소박한 잔혹함, 천하고 잔인한 못된 장난, 불쌍한 사람들의 불행을 보

〈마르가리타 공주의 초상화〉 벨라스케스 작

고 기뻐하는 한심한 근성에는 권리 감정의 충족이라는 고상한 요소는 찾아볼 수 없다. 연대기 작가 피에르 드 페냉(Pierre de Fenin)은 약탈을 일삼은 어느 패거리의 최후를 이런 말로 맺고 있다. "사람들은 떠들썩하게 웃었다. 왜냐하면 그들은 모두 천한 신분이었기 때문이다."

1425년 파리에서 무장한 맹인 넷이 새끼돼지 한 마리를 걸고 싸운다는 '특별한 행사'가 열렸다. 그 전날 그들은 무기를 들고 시내를 행진했다. 피리를 부는 자와 새끼돼지가 그려진 큰 깃발을 든 사나이의 인도를 받으면서 마을을 돌았다.

벨라스케스(Vélasquez)가 난쟁이 소녀들의 슬픔에 찬 얼굴을 그렸을 무렵, 에스파냐 궁정에서는 어릿광대 소녀들이 대접을 받았다. 그녀들은 15세기 제후 궁전 곳곳에서 서로 데려가려는 놀이 도구였다. 궁정 큰잔치의 취향을 살린 '여흥'에서 그녀들은 기형적인 모습으로 재주를 부렸다. 부르고뉴 제후 필립의 금발 난쟁이 도르 부인도 유명했는데, 그녀는 곡예사 한스와 격투를 벌여야만 했다. 1468년, 호담공 샤를과 마르그리트 도요크(Marguerite d'York)와의 결혼 축

〈궁녀들〉 벨라스케스 작

하연에는 '마드무아젤 드 부르고뉴의 난쟁이'인 마담 드 보그랑이 양치기 여인 옷차림으로 변장하고 말보다도 큰 황금 사자를 타고 나타났다. 이 사자는 입을 벌리고 다물 수 있었으며 환영의 노래까지 불렀다. 양치기 여인은 젊은 후작 부인에게 바쳐진 선물처럼 탁자 위에 놓였다고 한다. 이것은 라 마르슈가 전하고 있다. 이들의 운명에 대한 탄식은 거의 전해지지 않는다. 그녀들은 회계장부의 기록에 몇 번 등장할 뿐이다. 어떤 후작 부인이 여자 난쟁이 하나를 데려왔는데, 그 부모는 가끔 딸을 보러 와서 사례금을 받아 갔다. 회계장부에는 이렇게 적혀 있다. "딸을 만나러 온 어릿광대 블롱(Belon)의 아비에게 얼마." 그 아비는 딸이 궁중에 있다는 사실에 만족하여 신바람이 나서 돌아갔을까. 같은 해, 블루아의 한 열쇠공이 쇠로 만든 목걸이 2개를 납품했다. "하나는 어릿광대 블롱에게 채우고, 다른 하나는 후작 부인의 암컷 원숭이의 목에 채우려고."

보통 사람들과는 다른 사람이 어떤 취급을 당했을지는, 왕의 신분이라서 훨씬 정중하게 모시기는 했겠지만 샤를 6세에 대한 보고로도 추측할 수 있다. 이 가엾은 미치광이에게 옷을 갈아입힐 때는 악마가 그를 마중 나온 것처럼 온통 검은 차림의 열두 사나이가 그를 위협했다. 이보다 더 나은 방법을 사람들은 알지 못했던 것이다.

　하지만 이 시대의 무정함에는 어딘가 '순진한' 데가 있어서 우리는 그만 비난을 참고 만다. 파리에 페스트가 창궐하고 있는데도 부르고뉴와 오를레앙 두 제후는 기분 전환을 위해 궁정풍연애(宮廷風戀愛, La cour d'amour)[38]의 개최를 제안했다고 한다. 1418년, 아르마냐크파에 대한 잔혹한 학살이 잠시 멈췄을 때, 파리의 대중은 생외스타슈(Saint-Eustache) 교회에 모여 성 앙드레회(會)를 결성했다. 파리의 한 부르주아의 말에 따르면, 사제나 평신도 모두 붉은 장미로 된 화관을 쓰고 있었다. 교회는 꽃에 파묻혀 '마치 장미수(水)로 씻은 듯' 장미향이 가득했다고 한다. 1461년, 지옥의 전염병처럼 아라스시(市)를 휩쓴 마녀 소동이 겨우 가라앉고, 이제까지의 마녀 심문이 모두 무효라고 선언되었을 때, 부르주아들은 정의의 승리를 축하하며 '교훈적인 익살극' 경연 대회를 개최했다. 1등 상은 은으로 만든 백합꽃, 4등은 거세된 닭 한 쌍이었다. 그들은 고문의 희생자들을 까마득히 잊고 있었다.

　피비린내와 장미향을 함께 머금고 있었던 삶은 매우 다채로웠다. 대중은 마치 아이의 머리를 한 거인처럼 지옥의 공포와 순진한 어린아이 같은 장난, 잔인무도함과 눈물짓는 다정함 사이를 오가고 있었다. 지상의 쾌락을 완전히 경멸하거나 부와 환락에 끝없이 집착하거나, 음험한 증오와 웃음이 그치지 않는 즐거운 기분 사이를 오가고 있었다. 대중은 극에서 극으로 치닫거나 흔들리며 살고 있었던 것이다.

　중세 시대 삶의 밝은 부분을 전하는 보고는 거의 남아 있지 않다. 마치 기

---

38) 11세기 끝 무렵 생겨난 상류사회 연애 관념. 단순한 성적 본능의 충족 또는 원초적 충동과는 달리 고도로 승화된 선정적인 사랑의 규범으로, 기사도 정신과 함께 중세 사회를 대표하는 관념이다. ①대상은 상류 귀족 계급의 부인에 한하며(부부 사이에는 이런 사랑이 존재하지 않으므로) ②플라토닉한 사랑이 아닌 관능적인 사랑이 되지만 쉽게 충족되면 안 되고 ③질투심 많은 남편 등 여러 가지 장애로 도리어 사랑이 강화되어야 하며 ④비밀스러운 사랑이므로 특히 여성의 이름을 밝혀서는 안 된다는 등의 엄한 조건이 있었다.

쁘고 다정하며 조용한 15세기의 영혼은 회화 속에 가라앉고, 고귀한 음악 속에 투명하고 순수한 결정체로 한데 엉긴 것 같다. 게다가 이 세대의 웃음은 들리지 않지만, 방자한 혈기와 거리낌 없는 기쁨은 그때의 민요나 소극(笑劇)으로 전해져 고스란히 살아 있다. 이것만으로도 충분하지 않은가. 지난날의 사라진 아름다움에 대한 향수와, 반에이크 형제[39]의 예술 속에서 시대의 밝은 빛을 찾고 싶은 마음은 충분히 채워진다. 그러나 이 시대를 깊이 탐색하려는 사람은, 이 밝은 측면을 파악하는 데 언제나 어려움을 느낀다. 왜냐하면 예술의 영역 말고는 모두 암흑천지였기 때문이다. 협박하듯이 경고하는 설교, 지친 듯 탄식하는 고급 문학, 연대기, 그리고 문서 사료의 단조로운 기록과 이야기, 곳곳에서 죄악이 소리 지르며 비참함이 우글거린다.

피가 몰려 시뻘게진 얼굴로 뻔뻔스럽게도 교만, 분노, 탐욕이라는 큰 죄는 15세기 인간들 사이를 배회했으나, 종교개혁 이후의 시대에는 그 위세가 흔적도 없이 사라졌다.

부르고뉴 가문의 교만을 생각해 보자. 이 가문의 역사는 바로 거만한 영웅 서사시가 아니었던가? 초대 필립[40]의 세력이 나날이 커갈 수 있도록 행운의 계기가 된 기사도는 화려한 무훈, 용맹공 장의 씁쓸한 질투심과 그의 죽음이 남긴 어두운 복수욕, 또 한 사람의 마니피코였던[41] 선량공 필립의 무성한 긴 여름, 그리고 꿈이 컸던 호담공 샤를의 병적인 고집으로 마침내 멸망한다. 그 비옥한 땅에서 나는 포도주처럼 활력 넘치는 부르고뉴 지방, 성마른 피카르디 지방, 탐욕스럽고 부유한 플랑드르 지방은 서유럽에서도 생명력이 넘치는 땅이다. 또한 회화, 조각, 음악을 찬란하게 꽃피운 곳, 치열한 복수의 정의가 지배하고 귀족과 부르주아를 가리지 않고 폭력 행사의 야만성이 방임된 곳이 부르고

---

39) 얀(Jan van Eyck, 1387~1441)과 후베르트(Hubert van Eyck, 1366~1426) 형제는 초기 플랑드르 화가이자 네덜란드화파의 시조로, 함께 유채기법을 연구했다.

40) 필립 르 아르디(Philippe le Hardi, 1342~1404) : 담대공(膽大公) 필립 2세. 부르고뉴 통치권을 상속받은 선량공 장(프랑스 왕 장 2세)의 막내아들로, 부르고뉴 초대 영주이다. 부르고뉴 가계는 다음과 같다. 장(선량공)》필립(담대공)》장(용맹공)》필립(선량공)》샤를(호담공)》마리(부귀공).

41) 피렌체, 메디치 가문의 15세기 끝 무렵의 로렌초 영주는 보통 '로렌초 일 마니피코(위대한 로렌초)'로 불린다. 하지만 이는 로렌초에 그치지 않고 메디치 집안의 영주들을 일컫는 말이었다. 여기서는 '부르고뉴 가문의 영주'를 말한다.

뉴 제후국이었다.

이 시대는 탐욕만큼 나쁜 것은 없다고 여겼다. 교만과 탐욕을 대조시켜 낡은 시대의 죄악과 새로운 시대의 죄악으로 볼 수도 있다. 교만은 소유와 재물이 동산(動産) 형태를 갖추지 않은 봉건 계급 시대의 죄이다. 이 시기의 권력 의식은 무엇보다도 인간 그 자체에 뿌리를 내린 것으로, 부와 그렇게 단단히 결합된 상태가 아니었다. 좀 더 개인적인 권력을 두루 과시하려고 수많은 시종, 값비싼 장식품, 당당한 행동거지로 자신을 분명히 드러내려 했다. 봉건제 계층 사회의 사고는 모든 것을 능가하고 있다는 권력 의식에 신선한 먹이를 끊임없이 제공해 왔다. 무릎 꿇는 충성 서약, 제후로 봉할 때 내리는 어마어마한 상징물, 장엄한 의식 따위가 현실적인 형태로 탁월성을 또렷이 나타내고, 그 권세를 적법한 것으로 여기게 했다.

교만은 상징적인 죄이면서 신학적인 죄이다. 아우구스티누스는 인생관과 세계관에 깊이 뿌리내리고 있는 교만을 모든 악의 근원으로 보았다. 그는 사탄 루시퍼의 교만이야말로 파멸의 시작과 원인으로 생각했고, 다음 세대도 이와 똑같이 여겼다. 모든 죄는 그 뿌리이자 가지인 교만에서 싹트고 성장한다. 위그 드 생빅토르[42]도 그렇게 말하고 있다. 하지만 성서는 이 생각을 뚜렷이 표현한 "교만은 파멸과 큰 혼란을 가져온다[43]"와 아울러 이렇게 말한다. "돈을 사랑하는 것이 모든 악의 뿌리이다.[44] 이에 따르면 탐욕 또한 모든 악의 근원으로 볼 수 있다. 재물욕 자체가 큰 죄는 아니지만 탐욕이라고 볼 수 있으며, 중세학자들도 이를 탐욕으로 보고 있다. 13세기 이후, 제멋대로인 탐욕 때문에 세계가 파멸했다는 확신이 널리 퍼지고, 이때까지 가장 큰 죄였던 교만은 탐욕에게 그 자리를 내주었다고 보아도 좋을 것이다. 그때까지 신학에서 우위를 차지하고 있던 교만은, 더욱더 널리 퍼지고 점점 고조되는 탐욕 앞에 그 자리를 내주고만 것이다. 즉 단테가 말한 '맹목적인 탐욕'이라고 저주할 만하지 않았을까. 탐

---

42) Hugues de Saint-Victor(1096~1141) : 작센 출신의 12세기 신비주의 창시자. 저명한 스콜라 신학자. 아우구스티누스(Aurelius Augustinus, 354~430)의 영향을 강하게 받았으며, 파리 생빅토르 수도원에 정착하여 생빅토르 학파를 일으켰다.

43) 작가 주 : 토빗기 4장 13절.

44) 작가 주 : 디모데 전서 6장 10절.

욕에는 교만의 속성인 상징적이고 신학적인 성격이 없다. 그것은 자연의 물질에 뿌리박은 죄, 진정한 지상의 정열인 것이다. 탐욕은 화폐 유통이 권력 증대를 위한 여러 조건을 다시 쓰고 권력을 풀어 준 시대의 죄이다. 인간의 가치 평가는 간단한 산술계산 문제가 되어버렸다. 재물을 긁어모아 마음껏 욕망을 채울 기회가 크게 열려 있었다. 게다가 부는 근대 신용경제에서 말하는 자본이나, 환상처럼 알아채기 어려운 재물은 아니었다. 자본이라는 이미지는 황금 그 자체였다. 재물을 사용하는 방법도 자동적, 기계적으로 계속 투자하는 것은 아니었다. 극단적으로 인색하든가 낭비하지 않으면 만족하지 않았다. 낭비를 통해 탐욕과 낡은 교만이 하나가 된다. 교만은 아직 억세게 살아 있었다. 봉건 계층사회의 사고는 활짝 핀 꽃 하나 흐트러지게 하지 않았다. 성대한 의식, 아름다운 옷으로 감싼 의례에 대한 갈망은 아직도 붉게 단장하고 있었다. 바로 이 원시적인 교만과의 결합이야말로, 중세 끝 무렵의 탐욕에 직접적인 격정 과도의 특성을 부여한 것이다. 중세 이후 시대의 탐욕에는 이런 특성의 그림자조차 볼 수 없다. 프로테스탄티즘과 르네상스는 탐욕에 윤리적 근거를 제공했고, 탐욕은 여기에서 번영을 낳기 위해 필요한 것으로 합법화되었다. 재산을 버리는 것은 칭송받을 일이라는 흔들리지 않은 확신이 뒤로 물러서는 바람에 탐욕에 찍힌 죄의 낙인은 희미해졌다. 중세 후기의 정신은 탐욕이라는 죄에 대한 관대와 청빈이라는 풀기 어려운 대립을 그대로 받아들일 수 있었던 것이다.

이 시대의 문학, 연대기, 속담을 비롯하여 종교 관련 소책자에 이르기까지, 곳곳에서 들리는 것은 부자들에 대한 격심한 증오의 목소리, 거물들의 탐욕을 한탄하는 불평이다. 때로는 막연한 계급투쟁 의식이 분노라는 도덕 감정의 형태로 나타나는가 싶기도 했다. 이야기 사료와 마찬가지로 공식적인 문서 사료 또한 이에 대한 사람들의 감정을 후대에게 전하고, 이 시대의 생활모습을 알려준다. 곳곳의 소송 기록에서 파렴치하기 짝이 없는 탐욕이 번쩍번쩍 빛을 발하고 있었다.

1436년에는 파리에서, 교인이 많기로 1, 2등을 다투는 한 가톨릭교회가 22일이나 미사를 중단한 적이 있었다고 한다. 두 거지가 몸싸움을 벌이다가 긁혀 피를 조금 흘렸는데, 자크 뒤 샤틀리에(Jacques du Châtelier) 주교는 교회를 더럽혔다며 그들이 배상금을 몇 푼이라도 내놓지 않는 한, 교회 정화의식을 하지 않겠다고 선언했다. 이 불쌍한 자들은 한 푼도 가진 것이 없었다. 그즈음 이 주교는 '신분에 어울리지 않는 거만하고 탐욕스러운 속물'로 한창 이름을 날렸다. 그런가 하면 그 주교의 후임자 드니 드 물랭(Denys de Moulins)이 재임하던 1441년에는 이보다 한 술 더 뜬 사건이 일어났다. 파리에서도 유명하여 수요도 가장 많은 교회 부속 이노샹 묘지에서 넉 달 동안이나 매장이 금지되었고 장례도 치르지 못했다. 그가 교회에서 받는 보수를 더 올려달라는 것이 화근이었다. 파리의 한 부르주아는 그를 평하여 인정이라고는 전혀 없는 인물이었다고 말한다. 돈이나 그에 상당한 물품을 받는 경우에도 그랬다. 실제로 사람들이 말하기를 그는 쉰 번이나 소송당했는데, 재판을 걸지 않으면 그에게서 아무것도 받아 낼 방법이 없었기 때문이었다. 이 시대 '벼락부자들', 이를테면 비열하고 인색한 오르주몽 가문처럼 소송하기 좋아하는 내력을 더듬어 보면, 부자에 대한 대중의 격렬한 증오와 설교자나 시인의 분노가 어떠했는지 헤아리고도 남는다.

대중의 눈에는 그들의 운명과 이 시대에 일어난 일들이 가혹한 정치와 착취, 전쟁과 약탈, 물가상승과 가난, 그리고 역병이 한없이 이어지는 재앙으로 비쳤다. 계속되는 전쟁, 온갖 위험분자들에 의한 도시와 농촌에서 벌어지는 소동, 믿음이 가지 않는 사법당국의 가혹하고 끊임없는 협박, 게다가 지옥 같은 모진 괴로움, 악마나 마녀에 대한 공포에 더하여 막연한 불안감이 빚어낸 모든 것이 삶에 온통 어두운 그림자를 드리웠다. 신분이 낮거나 가난한 자들의 생활만 불안정하고 위기에 처한 것은 아니었다. 귀족과 관리들의 운명도 격렬하게 바뀌었으며, 끊이지 않는 위험으로 가득 차 있었다. 피카르디 출신 마티외 데쿠쉬(Mathieu d'Escouchy, 1420~1482)는 15세기 숱한 역사가 중 한 사람이었는데, 그가 기록한 연대기는 단조로웠지만 정확했으며 편협하지도 않았다. 기사도 이상에 대한 예찬은 지금까지 들었던 예처럼 교훈이 넘쳤다. 그가 자신이 가진 모든 자료를 정성스레 기술하는 데 평생을 바친 존경할 만한 작가임을 쉬이 짐작할 수 있다. 그러나 사료에 자세히 탐색의 빛을 비추어 보니, 작가의 운명이 어찌 이리 기구한지! 마티외 데쿠쉬는 1440년부터 1450년 사이에 페론(Péronne)시의 사목회원을 시작으로, 참심원(參審員), 재판관, 대사의 지위까지 올랐다. 그런데 그는 이 도시 장 프로망(Jean Froment) 검찰관 집안과 '벤데타(vendetta : 대를 잇는 반목' 관계에 있었다. 검찰관이 데쿠쉬를 위조, 살인, 그리고 불법과 폭행미수 혐의로 고소하자, 이번에는 데쿠쉬가 마녀 심문을 이용하여 상대 집안 과부를 함정에 빠뜨린다. 그녀에게 마녀 혐의를 씌웠지만, 그녀는 지혜롭게 고등법원 명령서를 받아냈다. 데쿠쉬는 사법부에 심문을 넘겨야만 했고, 마침내 파리 고등법원에서 이 문제를 심리한 결과, 데쿠쉬는 처음으로 감옥에 갇히게 되었다. 그 뒤에도 그는 여섯 번이나 더 감옥에 갇혔으며, 또 한 번은 전쟁 포로가 되었다. 어쨌든 모두 중대한 형사사건으로, 무거운 쇠사슬에 묶인 게 한두 번이 아니었다. 프로망과 데쿠쉬 두 집안의 고발 싸움은 결국 폭력으로 번져, 프로망의 아들이 데쿠쉬를 다치게 한 사건마저 일어난다. 두 집안은 상대편을 죽이려고 불량배를 고용하기에 이른다. 기나긴 벤데타가 겨우 끝나는가 싶더니 또 다른 소동이 일어났다. 이번에는 한 수도사가 데쿠쉬에게 상해를 입혀, 다시 소송을 주고받았다. 이윽고 1461년, 데쿠쉬는 넬(Nesles)로 이사를 가지만, 고발은 그 뒤로도 되풀이되었다. 그는 자신의 행적이 공식 기록에서 사라질 때까지 평온한 삶을 누리지 못했다. 아마 무슨 범죄 혐의를 받았을 것이다. 하지만 이런 소동은 그의 출세에 전혀 방해되지 않았다. 그는 리베르몽(Ribermont) 행정장관, 대사, 생캉탱(Saint-Quentin) 검찰장관을 역임하고 마침내 작위를 받는다. 또 다시 상해, 금고, 벌금형이 되풀이된 뒤, 그는 군대에 들어가 1465년 몽트레리(Montlhéry)에서 왕을 따라 호담공 샤를과 싸우다 포로가 된다. 계속되는 전투로 불구가 되어 돌아온 그는 이내 결혼을 하는데, 이로써 그가 평온한 생활에 접어들었음을 뜻한 것은 아니었다. 다음에는 인장 위조죄로 '도적이나 살인자처럼' 파리로 압송되는 장면이 나타난다. 콩피에뉴(Compiègne) 어느 마을 관리를 심문하려다 일으킨 새 '벤데타'의 결과였다. 그는 파리에서 고문당하고 자백을 강요받았으나, 상소가 기각되어 형을 받고 복권되었다. 그러다 다시 유죄 판결을 받았는데, 증오와 박해로 가득한 그 발자취는 이 무렵 기록에서 사라지고 만다.

이 시대 사료에서 사람들의 운명을 더듬어 보면, 이런 가혹한 생애가 곳곳에서 나타난다. 프랑수아 비용[45]은 자신의 《유언집 *Le Testament*》에 굳이 이름

---

45) François Villon(1431~1463?) : 15세기 프랑스의 시인. 살인과 절도로 투옥되는 등 방랑생활을 했다.

을 대지 않아도 알 만한 사람들에 대해 밝히고 있는데, 비용 연구가 피에르 상피옹(Pierre Champion, 1880~1942)이 모은 기록을 하나하나 읽어 보거나,《파리의 한 부르주아 일기 *Le Journal d'un bourgeois de Paris*》발행자인 튀테(Tuetey)가 붙인 주석만 봐도 알 수 있다. 이런 소송, 범죄, 분쟁, 그리고 그칠 줄 모르는 박해가 모든 곳에서 계속된다는 느낌을 준다. 게다가 이것은 재판이나 교회 관련 자료 등에서 보이는 대로 우연히 포착된 삶과 사람들에 대한 기록에 지나지 않는다. 범죄기록만 모아 놓은 듯한 자크 뒤 클레르크(Jacques du Clercq)의 몇몇 연대기나, 메츠(Metz) 출신 부르주아 필립 드 비뇔(Philippe de Vigneulles)의《일기 *Le Journal*》등은 암울한 이미지를 지나치게 드러내고 있는지도 모른다. 사면장도 일상생활을 생생하고 정확하게 보여 주고는 있지만, 범죄를 다룬 자료이므로 한결같이 어두운 면만 비춘다. 어떤 자료를 찾아도 증거는 모두 이 암흑시대의 이미지만 굳어지게 할 뿐이다.

참으로 악한 세계였다. 증오와 폭력의 불은 높이 솟아오르고, 부정이 매우 심했으며, 악마의 검은 날개가 지상을 뒤덮었다. 머지않아 세상의 종말이 다가오고 있었지만, 인류는 태도를 고치지 않았다. 교회는 다투었으며 설교자, 교사, 시인은 설득하고 경고했다. 그러나 아무 소용이 없었다.

2장
아름다운 생활을 바라는 마음

　어느 시대나 아름다운 세상을 동경한다. 현재의 절망이 불안정한 생활에 깊이 타격받을수록 그 동경도 깊어지게 마련이다. 중세 끝 무렵 삶의 중심 가락은 지독히도 구슬펐다. 15세기 프랑스 부르고뉴 세계에서는 르네상스나 계몽주의 시대를 관통하는 대담한 삶의 기쁨을 느낄 수 없었으며, 위대한 행위를 이룩해 내는 능력을 신뢰하는 가락도 울리지 않았다. 그러면 이 시대 사람들은 다른 시대에 비해 실제로 더 불행했을까? 사람들은 그렇다고 생각한 게 분명하다. 뒷날 이 시대가 전한 기록을 더듬어 보면 역사 서술, 시인의 저작, 설교 또는 교회 관련 소책자를 비롯한 모든 공식문서가 싸움, 증오, 악의, 탐욕, 야만, 그리고 비참한 기억으로 가득 차 있다. 따라서 이런 의문이 생긴다. 이 시대의 사람들은 잔학, 교만, 방종의 쾌락밖에 몰랐는가. 그 밖의 다른 즐거움, 온화한 기쁨, 조용한 생활에서 느끼는 행복은 어디에도 없는 것인가. 하지만 어느 시대나 행복한 기억보다는 슬픈 발자취가 더 많이 전해지고, 불행한 일들만 역사로 기록되는 법이다. 왜 그런지 설명할 수 없지만, 인간에게 할당된 삶의 행복, 한가로운 기쁨, 달콤한 휴식의 총무게는 시대에 따라 별 차이가 없으리라는 확신이 든다. 게다가 중세 끝 무렵의 빛나는 행복이 완전히 사라진 것도 아니다. 민요, 음악, 풍경화의 조용한 지평선, 초상화의 자못 심각한 얼굴 속에 그 빛이 아직 남아 있다.

　15세기는 인생과 세계를 큰 소리로 칭송하는 데 익숙하지 않았다. 아니, 오히려 점잖지 못한 일이었다. 신중한 사람은 나날의 생활에서 일어나는 사건을 진지하게 관찰하고, 인생에 대해 판단하며, 늘 고뇌와 절망에 대해서만 이야기했다. 종말이 가까워진 이 세상은 파멸로 향한다고 말했다. 르네상스에 생겨난 꽃봉오리가 18세기에 찬란한 꽃을 피운 낙관주의는, 15세기 프랑스인들이 미처 알지 못하던 꽃이었다. 자신이 살던 시대에 희망과 만족을 표현하기 시작한 최초의 사람들은 누구였을까? 그들은 시인도 아니고, 종교사상가나 정치가도 아닌, 학자와 인문주의자들이었다. 그들은 고대 지혜를 재발견하여 다시 자신의 것으로 삼았다는 자부심으로 기쁨의 탄성을 질렀다. 곧 이것은 지성의 승리에 지나지 않았다. "오, 세상이여! 오, 학문이여! 삶의 기쁨이여!" 후텐[1]의 이 유명한 환희의 부르짖음은 너무 폭넓게 해석된 듯하다. 이는 인간 예찬이라기보다는 지식인 예찬이

에라스뮈스(1466~1536)

다. 16세기에 들어서면 시대의 탁월함을 노래한 수많은 찬사를 발견할 수도 있지만 이 모든 것은 다시 깨달은 정신문화에 대한 것이지, 디오니소스 축제처럼 인생의 쾌락을 드러낸 것은 아니다. 인문주의자의 삶에는 여전히 세상을 버리고 세속을 피하는 분위기가 남아 있었다. 그것은 지나치게 인용되던 후텐의 말보다, 1517년 무렵의 에라스뮈스[2] 편지에서 잘 드러난다. 그 뒤의 편지에서는 찾아볼 수 없다. 그가 이렇게 기쁨에 넘쳐 낙관적으로 한 말은 그야말로 눈 깜짝할 사이에 사라져 버렸기 때문이다. 에라스뮈스는 1517년 첫 무렵 볼프강 파브리시우스 카피토(Wolfgang Fabricius Capito, 1478~1541)에게 보낸 편지에 이렇게 썼다. "나는 그다지 인생에 집착하지 않습니다. 50 고개에 들어선 지 1년, 이미 충

---

1) Ulrich von Hutten(1488~1523) : 루터의 종교개혁을 지지한 독일 인문주의자·풍자시인. 1522년에 기사 전쟁에 참여했다가 추방되었다. 저서에 《우매한 사람들의 편지》가 있다.

2) Desiderius Erasmus(1466~1536) : 네덜란드 인문학자. 대표작으로 철학자와 신학자의 공허한 논의와 성직자의 위선 등을 예리하게 풍자한 《우신예찬(愚神禮讚)》(1511)이 있다. 교회의 타락을 비판하고 성서의 복음정신으로 돌아갈 것을 주장한 그의 제자 중에서 많은 종교개혁가가 나왔다. 그는 근대자유주의의 선구자일 뿐 아니라 프랑스 문예사조에도 큰 영향을 끼쳤다.

분하고도 남을 만큼 오래 살았습니다. 게다가 제 인생에 누구나 열망할 정도로 특별하고 훌륭한 기쁨이 있을 것 같지도 않습니다. 그리스도에 의지하여 자신의 신앙을 굳게 지키는 사람들은 내세에 더 행복한 생활이 약속되어 있다고 진실로 믿으니까요. 그런데 요즈음은 다만 얼마만이라도 다시 젊어졌으면 좋겠다고 생각합니다. 그 이유는 곧 황금시대가 열릴 것만 같은 느낌을 지울 수 없기 때문입니다." 그는 유럽 곳곳에서 제후들이 얼마나 한마음으로 평화를 바라는지 쓰고 있다. 에라스뮈스에게 평화보다 소중한 것은 없었다. 그는 말을 잇는다. "내게 확실한 희망을 안겨주는 것이 있습니다. 올바른 도덕이나 그리스도교 신앙뿐 아니라, 순수하고 진정한 문예와 오염되지 않은 학문도 다시 살아나 꽃피울 것입니다." 물론 제후들의 보호 아래 그렇게 되는 것이다. "그들의 경건한 마음에 크게 힘입어, 마치 신호라도 떨어진 듯 곳곳에서 뛰어난 재능이 눈뜨고, 서로 대화하며, 진정한 문예부흥을 볼 수 있을 것입니다."

이에 감수성은 16세기 낙관주의를 확실하게 표현하고 르네상스와 인문주의의 틀을 잡는다. 르네상스 특징으로 여기는 분방한 혈기에서는 감수성의 그림자도 느낄 수 없었다. 에라스뮈스의 삶에 대한 긍정은 조심스럽고 어색하지만 매우 지적이다. 이것은 새로운 소리였다. 15세기 이탈리아에서 말고는 이만큼 내밀한 소리조차 들을 수 없었다. 1400년 무렵 프랑스 부르고뉴 지방 사람들은 인생과 시대 헐뜯기를 즐겼다. 바이런 숭배 열정[3]처럼 다른 시대에 비슷한 예가 없지는 않았지만, 주목해야 할 것은 이들이 세속 생활에 가까워질수록 울적해했다는 점이다. 중세 특유의 지나친 우울을 강하게 드러낸 자들은 수도원이나 상아탑에 틀어박혀 세상을 등진 자들이 아니라, 궁정연대기 작가와 유행시인들이었다. 이들은 교양도 높지 않았고 지성의 기쁨을 더 누리려는 마음도 없었으므로, 언제나 세계가 쇠퇴하고 있다고 슬퍼했으며 평화와 정의에 절망했다.

외스타슈 데샹(Eustache Deschamps, 1346~1406)만큼 오랫동안 탄식한 시인도 없

---

3) George Gordon Byron(1788~1824) : 영국 낭만파의 대표 시인. 지중해 여러 나라를 여행한 뒤 쓴 《차일드 해럴드의 편력(1·2편)》(1812)이 큰 인기를 끌어, "아침에 일어나니 유명해졌다"는 말로 더 이름이 알려졌다. '바이런 숭배 열정'은 삶의 권태에 번민하면서 자유를 동경하는 작품 속 해럴드 모습이 이국적 정서와 어우러져 바이런을 단번에 시대의 총아로 만든 일화를 나타낸다.

을 것이다. 그는 모든 선(善)이 세상에서 사라졌다고 말한다.

> 고뇌와 유혹의 때,
> 눈물과 질투와 고통의 시대,
> 초췌함과 저주의 때,
> 종말로 향하는 동요의 시대,
> 거짓이 판치는 공포의 때,
> 교만과 질투로 가득 찬 위선의 시대,
> 명예도 진실한 심판도 없는 때,
> 생명이 오그라드는 비탄의 시대.

그는 이런 식으로 많은 발라드를 지었다. 이 서사시는 어느 것이나 음울한 주제의 단조롭고 따분한 변주에 지나지 않았다. 높은 신분을 가진 이들은 이 울적함에 강하게 지배당했음이 분명하다. 귀족들은 질리지도 않고 저속한 시인으로 하여금 거듭 소리내게 했기 때문이다.

> 모든 환락이 사라지고,
> 모든 마음은
> 비애와 우수에 사로잡힌다.

장 메쉬노(Jean Meschinot, 1420~1491)는 데샹보다 70여 년 뒤에도 여전히 같은 풍으로 노래한다.

> 아, 비참하고도 서글픈 인생이여!
> 우리에겐 전쟁과 죽음과 기근만이 남아 있구나.
> 추위와 더위, 낮과 밤이
> 우리를 초췌하게 만들고,
> 벼룩과 진드기와 수많은 벌레들이
> 우리에게 달려드니,

결국은 비참함이
우리네 미천한 육신을 괴롭힌다.
그나마 사는 날은 또 얼마나 짧은가.

그 또한 이 세상에서는 잘되어가는 게 하나도 없다는 확신을 되풀이한다. 정의는 어디에서도 찾아볼 수 없고, 강자는 약자를 착취하며, 약자는 서로 못살게 군다. 그는 하마터면 우울증으로 거의 자살할 뻔했던 자신을 이렇게 묘사한다.

나, 이 가엾은 작가는
서글프고, 나약하며, 허허로운 마음으로
저마다에게서 죽음의 슬픔을 보니,
불안에 손 쓸 겨를 없이
눈에는 눈물 마를 틈도 없이,
나도 죽음밖에 바라는 것 없어라.

상류생활에 가득하던 분위기를 나타내는 목소리는, 그들이 우수에 젖은 검은 의상으로 영혼을 꾸미고 싶어 하는 감상적인 소망에 사로잡혀 있었음을 드러낸다. 그들은 인생에서 비참함만 보았고, 더 나쁜 사태를 각오하고 있었으므로, 지난 길은 다시 걷고 싶지 않다고 말한다. 샤틀랭은 자기소개를 이렇게 한다. "나는 슬픈 사나이, 어둠의 먹이, 비탄의 짙은 안개 속에서 태어났다." 호담공 샤를의 궁정시인이자 연대기 작가였던 라 마르슈는 "라 마르슈, 언제나 고뇌하다"를 자신의 표어로 삼았다. 인생의 쓴맛을 다 겪었다는 뜻이다. 그래서인지 그의 초상은 성미가 까다로운 듯한 얼굴을 하고 있다. 이는 그 시대 초상화들 특유의 얼굴로 우리의 시선을 끈다.
  이즈음 선량공 필립만큼 현세의 냄새를 물씬 풍기는 교만과 화려한 명예욕으로 둘러싸여 성공을 거둔 인생은 없으리라. 하지만 그 영광 속에도 이 시대만의 특별한 삶의 고뇌가 숨어 있었다. 몽스트를레에 의하면, 생일을 갓 지난 어린 아들이 죽었다는 소식을 듣자 이렇게 탄식했다고 한다. "신의 뜻에 따라나도 그렇게 어린 나이에 죽었더라면 행복했을 텐데."

이 시대의 울적함이라는 말에 슬픔, 성찰, 공상, 이 세 가지 뜻이 포함되어 있었음은 주목할 만하다. 이런 진지한 정신활동은 음울함에 빠져들 수밖에 없었을 것이다. 어떤 소식을 듣고 깊은 생각에 잠긴 필립 판아르테벨데(Philippe van Artevelde, 1340~1382)에 대해서, 프루아사르는 이렇게 말한다. "그는 잠시 울적해 (성찰)하다가 프랑스 왕의 사자에게 답장을 쓰기로 결심했다." 데샹은 너무 추해서 도저히 붓으로 표현할 수 없는 인물을 언급하면서, 그것을 그릴만큼 '울적(공상)한' 화가도 없을 거라고 말한다.

이처럼 삶에 질리고 환멸과 권태를 느끼는 비관주의에는 종교적인 요소도 포함되어 있다. 하지만 아주 작은 부분에 지나지 않는다. 그들의 권태감에는 이 세상에 곧 종말이 다가온다는 예감이 어른거리며 모습을 드러내고 있었다. 탁발수도회 대중 설교가 다시 유행하면서, 환상의 색채가 점점 짙어지고 날카롭게 위협하여, 사람들의 마음속에 이 종말 예감을 깊이 불어넣었다. 게다가 어둡고 어지러운 세상과 계속되는 전쟁의 황폐 등은 이 사상을 강조하기에 딱 알맞았다. 14세기 끝 무렵 교회가 분열되자, 이제는 아무도 천국에 갈 수 없다는 믿음이 백성들 사이에 퍼졌을 것이다. 궁정 생활의 허영에 대한 혐오와 실망은 이 세상을 버리려는 마음을 품는 데까지 저절로 높아졌다. 하지만 제후에게 봉사하는 신하들이 입을 모아 한 말을 들어보면, 그 실망은 종교와는 별 상관이 없었다. 기껏해야 원래 있던 권태감에 색채를 조금 곁들인 정도에 지나지 않았다.

인생과 세계에 욕설을 퍼붓고 싶은 기분, 그것은 진정한 종교의식과는 완전히 동떨어진 것이었다. 데샹은 세계가 늙어빠진 노인 같다고 말한다. 처음에 세계는 티 없이 깨끗했다. 그 뒤 오랫동안 현명하고 올바르며 덕이 높고 용기가 있었다.

그런데 이제는 겁 많고, 쇠약해져,
늙고, 심술궂으며, 욕지거나 지껄이는,
어리석은 여자와 멍청한 사내밖에 보이지 않아……
진실로 종말이 다가오니……
모든 것이 나빠진다……

단순히 이 비관주의를 그저 권태감이라고만 하는 것은 옳지 않다. 이는 삶에 대한 두려움이기도 했다. 살면서 늘 따라다니는 피하기 어려운 근심으로 말미암은 삶에 대한 망설임, 불교 인생관에 기초가 되는 정신자세, 곧 일상생활에서 일어나는 근심거리가 두려워 이를 피하려고 걱정, 질병, 노쇠를 꺼리는 마음인 것이다. 철저하게 세상을 피하여 결코 속세의 유혹에 넘어가지 않았던 이들도, 생활에 싫증난 사람들과 마찬가지로 삶에 대한 두려움을 품고 있었다. 데샹의 시는 인생에 대한 욕지거리 같은 글로 가득하다. 자식이 없는 자는 행복하나니, 어린아이는 울고 떼쓰며 지저분하고 귀찮은 걱정거리에 지나지 않는다. 게다가 입히고 신기고 먹여야 한다. 언제 어디서 상처 입을지 모르며, 병들어 죽을 수도 있다. 커서는 못된 짓이나 하고 교도소를 드나들지도 모른다. 이는 슬프고 무거운 인생의 짐이다. 키우는 고생과 비용은 보상받지도 못한다. 부모에게 장애를 가진 자식이 있는 것보다 더 큰 불행은 없다. 시인은 장애아에게 따뜻한 말 한마디조차 하지 않는다. 오히려 성서의 권위를 빌려 장애가 마음의 죄악이라 말한다.[4] 결혼하지 않은 자는 행복하나니, 못된 아내와 사는 것은 지옥이다. 어쩌다 좋은 아내를 얻어도 잃을까 봐 걱정한다. 불행에서 꽁무니를 빼는 것만큼 행복에서도 멀어진다. 또한 시인은 노인을 어떻게 보는가. 그의 눈에 띄는 것은 비뚤어진 마음, 혐오감, 몸과 마음의 노쇠에 따른 비참함, 우스꽝스러움, 따분함뿐이다. 사람은 빨리 늙는다. 여자는 30세, 남자는 50세에 늙기 시작해 60세면 인생은 끝이 난다. 단테[5]는 《향연 *Il Convivio*》(1304~1307)에서 고귀한 노년의 존엄성을 해맑고 이상적으로 묘사하면서도 어쩌자고 그렇게 멀리 나가 버렸을까.

　데샹의 경우는 논외이지만, 삶의 권태와 마찬가지로 삶에 대한 두려움에

---

4) 율법을 중요시하던 구약시대에는 하느님의 말씀에 따라 흠 없이 거룩하게 사는 것이 가장 큰 목표였다. 장애를 흠이나 부정함으로 여겨 그에 따른 정결의식 규정이 성서에 많이 나타나는데, 이것이 장애에 대한 부정적 표현으로 잘못 인식되어 장애인에 대한 편견과 차별의 원인이 되었다. 이는 중세 마녀사냥이나 면죄부의 경우처럼 인간의 악함과 무지에서 비롯된 것으로, 성서에서 장애를 부정적으로 다룬 것이 아니다.

5) Alighieri Dante(1265~1321) : 이탈리아 시인. 피렌체의 정쟁에 관여했다가 추방되어 평생을 유랑하며 지냈다. 시를 통하여 중세의 정신을 종합했으며, 르네상스의 선구가 되었다. 작품에 《신곡》, 《신생》, 《향연》 등이 있다.

도 경건한 마음이 있었을지 모른다. 하지만 근본적인 삶의 공포는 의기소침한 절망으로, 진정한 경건이라고는 할 수 없다. 성스러운 삶을 진지하게 권할 때 현세를 부정하는 목소리가 자주 들리는데, 이는 성스러움에 대한 참된 의지라 할 수 없다. 덕망 있는 파리대학 학장이자 신학의 대가장 제르송은 누이들을 훈계하려고 처녀성의 소중함에 대한 글을 쓰면서, 결혼에 따르는 온갖 불행과 슬픔과 재난을 하나하나 들어 논증을 뒷받침했다. 남편이라는

알리기에리 단테(1265~1321)

자가 술꾼, 방탕한 사람, 수전노일지도 모른다. 남편이 정직하고 착하더라도 흉작이 들거나 가축이 죽거나 배가 난파되어 재산을 모두 잃을 수도 있다. 또한 임신이란 얼마나 비참한 일인가, 얼마나 많은 여인들이 산고로 죽어 가는가. 젖을 물린 어머니는 편히 잠들 수도 없는데, 과연 기쁘고 즐거운 일이 얼마나 있을까. 자식들은 장애를 입기도 하고 속을 썩이기도 한다. 남편이 죽으면 과부가되어 고통과 가난 속에 남겨진다.

순수한 기쁨과 맹목적인 향락에서 정신을 차리고 생각에 잠기면, 세상의 비참함에 대한 깊은 절망이 영혼을 차지한다. 그 마음가짐이 날마다 현실을 바라보는 그들의 시선을 고정시킨다. 모든 시대와 모든 사람이 동경하는 가장 아름다운 세계는 어디에 있는가.

좀 더 아름다운 세계를 바라는 마음은 어느 시대나 먼 목표를 바라보며 이상적 삶에 이르는 세 갈림길을 찾아냈다. 첫째는 밖으로 통하는 속세를 버리는 길이다. 아름다운 생활이란 오로지 피안의 이름을 의미하며, 이는 속세로부터의 해방이라 할 수 있다. 세상에 대한 관심은 공연히 시간만 낭비하고 약속된 구원을 늦출 뿐이다. 수준 높은 위대한 문명들은 모두 이 길을 걸었다. 그리스

도교 세계에서는 이것이 사람들의 마음에 강하게 각인되어, 개인생활을 규정하고 문화 창조의 원리가 되었다. 따라서 이 첫 번째 세계에서, 세계의 개선과 완성을 목표하는 두 번째 길로 접어드는 것은 오래도록 막히고 말았다. 중세는 이를 거의 알지 못했다. 세계는 선하다고도, 악하다고도 할 수 있었다. 곧 신이 바라는 모든 제도와 관습은 선했지만, 인간의 죄가 세계를 비참하게 만들었다. 이 시대에는 사회와 국가의 모든 제도를 개혁하려는 뚜렷한 의지가 아직 존재하지 않아서, 사고와 행동이 재빠르게 움직이지 못했다. 정해진 직무를 다하는 것만이 세계를 유익하게 하는 유일한 길이었으며, 그 끝에는 피안의 세계가 있었다. 새로운 사회제도가 만들어지면, 사람들은 오래된 좋은 법이 부활했다거나, 대중을 보호하기 위해 공권력을 위임받아 악습을 없애는 것으로 보았다. 사실 새로운 기구 창출을 노리고 무언가를 제정하는 일은 매우 드물었다. 성왕 루이[6] 이후 프랑스 왕권에 의해 계속되어 왔고, 또 부르고뉴 제후들이 자신의 땅에서 열심히 모방한 법률제정 작업도 마찬가지였다. 그들은 이 작업을 통해 목적에 꼭 맞는 형태를 목표로 국가조직이 좀 더 발전되고 있다는 것을 의식하지 못했다. 미래는 사람들의 시야에 들어오지 않았다. 그들은 때에 따라 일반 복지를 위하여 권력을 행사하고 작업을 수행하며, 먼저 해결해야 할 문제에 칙령을 공포하고 담당 기관을 정하는 것이었을 뿐, 미래를 마음속에 둔 행동은 아니었다.

더 훌륭하고 좀 더 행복한 세상을 만들려는 굳은 의지가 없는 상황은, 삶의 불안과 미래에 대한 절망을 더욱 부채질했다. 세계는 아무것도 약속하지 않았다. 한결 나은 세계를 바라면서도 현세를 버리지 못하고, 아직도 이 세상의 훌륭한 면에 미련을 가진 자는 절망에 빠질 수밖에 없었다. 희망과 기쁨은 어디에서도 찾아볼 수 없었다. 이 세상에 잠깐이라도 더 머물러 보려 했지만 그를 기다리는 것은 슬픔뿐이었다. 결국 적극적인 세계 개선의 새 시대가 열릴 때,

---

6) Louis Saint Louis(1214~1270) : 깊은 신앙심으로 나라를 다스려, 왕에게서부터 농부에 이르기까지 모든 계층의 권리를 보호했다. 프랑스 군주 중 유일하게 성인으로 추대되어, 성왕(聖王)이라는 별명이 붙었다. 오랫동안 이어진 영국·프랑스 사이의 분쟁을 비롯한 여러 다툼을 중재하고, 법제도의 개혁을 단행했으며, 문화사업도 진행하여 파리를 서유럽 문화의 중심지로 만드는 등 많은 업적을 남겼다.

삶에 대한 불안은 용기와 희망에게 자리를 내준다. 이 의식은 18세기에 들어서야 겨우 나타났으므로, 르네상스 시대는 아직 이 의식을 몰랐고 왕성한 삶에 대한 긍정은 온갖 욕망 충족에서 나오는 것에 지나지 않았다. 18세기는 인간과 사회의 완성 가능성이라는 생각을 시대의 기본 교리[7]로까지 끌어올렸다. 이 소박한 믿음은 다음 세기로 이어지는 세계경제와 사회 지향에서는 찾아볼 수 없었지만 그 믿음이 낳을 용기와 낙관주의는 잃지 않았다.

더 아름다운 세계로의 세 번째 길은 꿈을 꾸는 일이다. 이것은 가장 손쉬운 길이지만, 그 목표는 언제나 먼 곳에 있다. 현실은 절망스러울 만큼 비참하고 현세를 버리는 길도 험난하다. 하다못해 겉치레라도 아름다운 삶을 꾸미자. 밝은 공상의 꿈나라에서 살며, 이상의 매력으로 현실을 중화시키자. 마음을 황홀하게 하는 푸가를 울리는 데는 단순한 주제와 화음 하나만 있으면 된다. 아름다웠던 지난날 행복을 은밀히 떠올리기만 해도 충분하다. 영웅담, 시대의 미덕, 자연의 삶, 자연에 걸맞은 생활에서 느끼는 기쁨에 겨운 햇빛을 한번 보기만 해도 족하다. 고대 이래 문화와 문명은 영웅, 현자, 양치기 같은 몇몇 주제 위에 세워졌다. 중세, 르네상스, 18세기, 19세기 모두 옛날 노래에 새 변주를 잇댄 것에 지나지 않는다.

그러나 아름다운 삶에 이르는 세 번째 길, 준엄한 현실에서 아름다운 겉치레로의 도피가 그저 문화와 문명에만 국한된 것일까. 아니다. 거기에서 멈추지 않을 것이다. 다른 두 길과 마찬가지로 공동생활의 형식과 내용에 관계가 있으며, 문명이 원시적일수록 세 번째 지향은 강하게 나타난다.

세 정신 자세가 현실 생활에 어떻게 작용하는지는 저마다 꽤 큰 차이가 있다. 살기 위한 노동과 꿈꾸는 이상 사이에 변함없이 밀접한 접촉이 이루어지는 것은, 사고가 세계의 개선과 완성을 향해 나아가기 때문이다. 거기에 왕성한 힘과 용기가 물질 노동에 주입되어 현실 자체가 에너지로 가득 찬다. 사람들은 저마다 맡은 일을 하며, 이상보다 더 좋은 세계에 함께 다다르려 노력한다. 그러고 보면 여기에서도 사람들의 마음을 붙잡아 움직이는 동기는 행복한 꿈이다. 어떤 문화든지 어느 정도까지는 사회생활 형태를 개조하여, 현실의 틀 안에서 꿈

---

7) dogma : 종교적 신조, 교의, 교조, 교리. 독단적 신념이나 학설.

의 세계를 실현하려 노력한다. 사물의 사고방식을 바꾸어 마음에 그린 완전한 세계를 미숙한 현실로 대치하는 것이 아니다. 이 경우 현실 자체가 꿈의 대상이다. 사람들은 현실을 개조하고 순화시켜, 더 훌륭하게 되기를 바라며 일을 계속한다. 그때 세계는 이상으로 향하는 도중에 있는 듯 느껴진다. 이상으로 삼는 생활 형태와 노동하는 나날들로부터의 거리가 그다지 멀지만은 않다. 현실과 꿈 사이에 긴장은 거의 존재하지 않는다. 많은 재화의 생산과 공평한 분배에 만족하는 사회는 번영, 자유, 문화를 이상으로 생각하는 사회에서 추구하는 생활기술이 필요 없다. 인간을 어딘가 높은 데로 추켜세워 영웅이나 현자 또는 우아한 궁정인으로 눈에 띄게 하려는 욕구도 찾아볼 수 없다. 그에 비하면 첫 번째, 속세를 버리는 방법은 현실 생활에 끼치는 영향이 완전히 다르다. 영원한 구원에 대한 향수는 세상의 생활 방향과 형태에 대하여 사람을 무관심하게 만든다. 세상에서야말로 덕을 기르고 덕이 유지되도록 해야 하는데, 생활 형태와 사회 구조는 그대로 내버려 두고, 오히려 초월적인 덕을 쏟아붓는 데에만 힘쓴다. 세상에 대한 혐오라고 해도 현실을 부정하거나 외면하는 것은 소극적으로 밖에 보이지 않는다. 오히려 세상에 유익한 일이나 자선 행위가 현실을 뒷받침 해주는 것이다. 그렇다면 더 아름다운 삶을 동경하여 이상적인 꿈을 추구하는 세 번째 자세는 현실에 어떻게 작용할까. 그 자세는 생활 형태가 예술 모습으로 재창조됨으로써 이루어진다. 예술 작품에 아름다운 꿈을 표현하는 것만이 아니라 생활을 아름다움으로 높이고, 사회를 놀이와 형태로 채우는 것이다. 그러 므로 여기에서 개인 생활 기술이 가장 많이 요구된다. 생활을 예술의 수준까지 높이려는 요구에 부응할 수 있는 이는 선택받은 몇 사람뿐이다. 영웅과 현자의 삶을 모방하는 것은 누구나 할 수 있는 일이 아니다. 영웅이나 목가의 그림도구로 삶을 채색하는 것은 값비싼 즐거움이다. 게다가 그리 쉬이 되는 일도 아니다. 아름다운 꿈을 공동생활 형태로 실현하려는 노력에는, 그래서 마치 원죄와 비슷한 귀족주의 낙인이 찍혀 있다. 이제야 우리는 고찰하기에 적합한 관점에 겨우 도착했다. 중세 끝 무렵 문명은 이 시각으로 다가가야 하는 문화이다. 이 상적으로 꾸며진 귀족 계급의 삶, 그 삶을 비추는 기사도의 낭만적인 인공조명, '원탁의 기사' 이야기로 모습을 바꾼 세계까지, 삶에서 양식과 현실 사이의 긴장 감은 격렬하다. 빛은 모조품으로 번쩍거린다.

아름다운 생활을 바라는 마음은 르네상스 고유의 특징이다. 이 시대의 아름다움에 대한 갈망은 예술 작품으로 해소되었으며, 실생활에서도 미적으로 표현되어 그 사이에 완전한 조화가 있었다. 예술은 인생을 섬기고, 인생은 예술을 섬겼다. 예전에는 없던 일이었다. 하지만 중세와 르네상스 경계를 긋는 방식은 지나치게 예리했다. 생활을 아름답게 꾸미려는 열렬한 마음, 세련된 생활 술책, 인생의 이상을 끝까지 성취하려는 마음은 사실 이탈리아의 15세기 콰트로첸토[8]보다 훨씬 예전부터 있었다. 피렌체인들이 추구한 삶에 대한 미화 동기는 다름 아닌 중세의 것이었다. 메디치 집안 로렌초는 호담공 샤를의 고풍스러운 기사도 이상을 고귀한 생활양식으로 받들었다. 샤를의 거칠고 촌스러운 취향은 취미에 맞지 않을 텐데도, 그를 본보기로 삼았다. 물론 이탈리아가 삶의 아름다움이라는 새 지평을 발견하여 새 가락에 맞추었지만, 르네상스 고유의 특징으로 여기는 삶에 대한 마음가짐, 곧 과장하며 내세우지 않고 자기 삶을 예술의 형태로까지 완성하는 노력은 사실 르네상스에서 처음 나타난 것이 아니었다. 삶의 아름다움에 대한 사고방식은 르네상스와 그보다 새로운 시대 사이에 좀 거리가 있다. 조류가 바뀔 때는 삶과 예술이 분리되었다. 예술은 이미 삶 '가운데' 있어서, 기쁘고 고귀한 삶의 일부로서는 즐기지 못하게 되었다. 생활 밖에서 마음을 수양하거나 휴식을 취할 때 가끔 시선을 보내는 대상, 뭔가 높이 우러러봐야 할 대상처럼 여겨졌다. 동시에 신과 세계를 나누던 낡은 이원론이, 예술과 인생의 분리라는 다른 형태로 다시 나타났다. 인생의 즐거움 한가운데 한 줄기 선이 그어지면, 천한 즐거움과 고급스러운 즐거움으로 나뉘었다. 중세인에게 인생의 즐거움은 죄였다. 이제는 모두 허용된다고 여기지만, 정신 수준이 높은가 낮은가에 따라 가치에 큰 차이가 있다고 생각하게 되었다. 삶의 즐거움은 예나 지금이나 변하지 않는다. 독서, 음악, 미술, 여행, 자연 감상, 운동, 유행, 사회적 허영, 그리고 오감의 도취. 사회적 허영은 기사단, 명예직, 여러 모임에 대한 즐거움이다. 오늘날 고급과 저급의 경계선은 자연 감상과 운동 사이에 그어진 듯하다. 그러나 이 경계는 고정된 것이 아니다. 운동이 몸과 마음으로 표현하는 힘의 예술인 한, 다시 고급스러운 즐거움으로 널리 비춰질 것임에 틀림없

---

8) quattrocento : 숫자 400을 뜻하는 이탈리아어. 1400년대, 즉 15세기 르네상스를 꽃피운 이탈리아의 문예부흥기를 일컫는다.

다. 중세의 경계선은 독서 다음에 그어지는 것이 고작이었다. 독서의 즐거움도 덕이나 지혜를 구하는 노력이라서 겨우 허락된 것으로, 음악이나 예술은 오직 신앙으로 섬길 때만 받아들여졌으며, 그 자체를 즐거워하면 죄로 여겼다. 인생의 즐거움을 배척하는 사고방식을 뿌리친 르네상스는, 고급이나 저급으로도 구별하지 않고, 삶을 통째로 자유로이 즐겼다. 르네상스와 청교도 정신[9]이 타협한 결과로 삶의 즐거움이 새롭게 구분되었는데, 이 타협이야말로 현대의 마음가짐을 결정지었다. 이는 말하자면 서로 책임지는 협약으로, 한쪽은 아름다움의 구제를, 다른 한쪽은 죄의 유죄 판결을 의미했다. 중세와 마찬가지로 엄격한 청교도 정신은, 모든 분야의 생활 미화가 신앙을 분명히 따르지 않거나 성스러운 신앙목적과 직접적으로 연결되는 것이 아니면, 모두 죄로 여겨 속되다고 단정 지었다. 그런데 청교도적 세계관이 쇠퇴하자, 이윽고 다시 르네상스식으로 인생의 쾌락을 긍정하는 풍조가 널리 퍼지게 되었다. 더욱이 옛 시대에 비해 훨씬 대담했다. 18세기 이후 자연스러움 속에서 윤리적 선을 찾으려는 경향이 강해졌기 때문이다. 오늘날 윤리 의식에 따라 삶의 즐거움에 고급과 저급의 경계선을 그으려는 자는, 예술과 감각의 즐거움을 나누거나 자연 감상과 체력 단련을 고상함과 자연스러움으로 나누지 않는다. 오로지 이기적이고 거짓되며 허무한 것에서 순수함을 구별하려 한다.

　중세 끝 무렵, 조류는 새 정신으로 바뀌어 가는데 사람들은 여전히 신이냐 세상이냐 하는 낡은 선택 앞에 서야만 했다. 세상의 쾌락과 아름다움을 모두 버릴 것인가, 무턱대고 받아들여 영혼 파멸의 위험을 무릅쓸 것인가. 죄가 무겁다는 단정은 세상의 아름다움에 대한 매력을 더했다. 유혹에 넘어가자, 사람들은 끝을 모르는 열정으로 즐거움을 맛보았다. 하지만 아름다움 없이는 살 수 없다며, 속세에 몸을 굽힐 생각을 하지 않는 이들은 아름다움을 고귀하게 높여야 했다. 원래 미술이나 문학은 그들에게 칭송의 대상이었다. 그들은 이 모든 것을 통해 신앙을 섬김으로써 거룩해질 수 있었다. 회화나 세밀화 애호가들이 색과 선에 매료되었다 해도, 성화의 제목이 이 예술을 받아들였으므로 죄의

---

9) puritanism. 청교도(puritan)는 16세기 끝 무렵 영국 국교회에 반대하여 생겨난 개신교의 한 교파이다. 칼뱅주의를 바탕으로 모든 쾌락을 죄악시하고 사치와 성직자의 권위를 배격, 철저한 금욕주의를 주장했다. 이들은 정치·경제적으로 근대사회 형성에 크게 이바지했다.

낙인을 지운 셈이 되었다.

그러나 육체 숭배에 가까운 기사 경기와 궁정의 유행, 관직과 명예에 얽힌 교만, 탐욕, 헤아릴 수 없는 사랑의 매력 등, 그 죄가 너무 커서 신앙에 의해 단죄되고 추방당한 아름다움을 어떻게 승화해 어떻게 고귀하게 만들 수 있을까. 여기에 지난날의 꿈나라로 이어지는 넓은 길이 준비되어 있었다. 그 답변은, 이상적인 이미지를 옛 시대라고 상상하고 아름다운 꿈으로 모두 감싸 안음으로써 가능했다. 이상적인 영웅이라는 땅에 아름다운 삶을 풍성하게 기르는 것, 바로 이것이 12세기 이후 프랑스 기사 문화가 르네상스와 연결되는 특성이다. 자연 숭배는 아직 미약했으며, 사람들은 일찍이 그리스 정신이 모범을 보인 것만큼 세속적인 알몸의 아름다움을 넘치는 확신으로 섬기지는 못했다. 그러기에는 죄의식이 너무 강했다. 덕이라는 옷을 몸에 걸쳐야만 비로소 아름다움은 문화가 될 수 있었다.

중세 끝 무렵 귀족 생활은 프랑스, 부르고뉴, 그리고 피렌체에서도 모두 꿈을 재현해 내려는 노력이었다. 언제나 옛날 영웅이나 현자의 꿈, 기사와 아가씨 꿈, 소박하고 즐거워하는 양치기 꿈뿐이었다. 프랑스와 부르고뉴가 여전히 고풍스러운 스타일을 나타내고 있었다면, 피렌체는 같은 주제를 좀 더 새롭고 깨끗하게 노래했다.

귀족과 제후의 화려하게 꾸며진 삶은 말로 다 표현할 수 없었다. 모든 생활 형태는 성스러운 의식에 이끌려 화려한 색채로 꾸며졌고, 덕의 옷을 입었다. 인생에서 일어나는 사건과 이를 느끼는 마음은 어느 정도 심성을 높이는 아름다운 형식의 틀에 박혀 있었다. 물론 우리는 이것이 중세 끝 무렵에 한정된 이야기가 아님을 알고 있다. 이미 원시문화 단계에서도 이 경향은 강하게 나타났다. 중국 취향이라 이름 붙여도 무방하고 비잔틴식이라고도 할 수 있다. 게다가 중세에서 끝났다는 말도 아니다. 태양왕 루이 14세[10]가 그 증거이다.

궁정이라는 땅은 이 같은 생활양식의 미학을 마음껏 꽃피울 수 있는 환경이

---

10) Louis ⅩⅣ(Louis Quatorze, 1638~1715) : 프랑스 부르봉 왕조 제3대왕(재위 1643~1715). 중앙집권 강화, 영토 확장에 힘쓴 절대왕정의 절정. 절대권력이라는 뜻에서 태양왕(太陽王)으로 불렸으며 "짐은 곧 국가다"라는 유명한 말을 남겼다. 베르사유 궁전 증축으로도 알 수 있듯이, 권력을 위해 화려함을 최대로 이용했다.

었다. 역대 부르고뉴 제후가 자신의 궁정을 호사스럽게 꾸미는 데 얼마나 까다로웠는지는 잘 알려져 있다. 사람들은 전쟁의 명예 다음으로 궁정에 눈길을 주었으므로, 이를 정리하고 바르게 관리하는 것이야말로 가장 중요한 일이라고 샤틀랭은 말한다. 호담공 샤를을 섬기던 의식 담당 장관 라 마르슈는 영국 왕 에드워드 4세의 요구에 따라 부르고뉴 제후 가문의 궁정 생활에 대한 글을 한 편 썼는데, 이는 왕에 대한 예의범절 본보기를 제시하기 위해서였다고 한다. 이처럼 훌륭하게 완성된 부르고뉴 제후 가문의 궁정 생활은 합스부르크 집안으로 이어져, 에스파냐와 오스트리아에도 영향을 주었다. 두 나라는 완성된 궁정 생활의 마지막 보루였던 것이다. 그만큼 부르고뉴는 가장 부유하고 번영하여 잘 정비된 궁정으로 널리 알려졌다. 특히 호담공 샤를 때 유명했는데, 질서와 규칙에 엄격했던 그가 죽은 뒤에는 무질서밖에 남지 않았다. 이 사나이는 절차를 따르는 생활에 대한 정열로 살았던 것이다. 가난한 자와 신분이 미천한 자의 상소를 제후가 직접 듣고 곧바로 판결을 내려줘야 한다는 고풍스러운 환상을 갖고 있었던 그는, 이 환상을 훌륭하게 이행했다. 일주일에 두세 번은 식사를 마친 뒤 공개 심문회를 가졌다. 누구든지 청원서를 들고 그에게 가까이 갈 수 있었다. 귀족들은 반드시 출석해야 했는데, 감히 빠지려는 자도 없었다. 그들은 저마다 지위의 높낮이에 따라 제후 자리가 보이는 복도 양쪽에 차례대로 죽 늘어앉았다. 제후의 발치에는 두 청원관, 법정관리, 서기가 무릎 꿇고 앉아서 제후의 명령대로 청원서를 읽었고, 그 처리를 맡았다. 대연회장 둘레 난간 뒤쪽에는 하급 궁정인[11]들이 나란히 서 있었다. 이는 언뜻 보기에 '장대하고 칭송할 만한 일'이었지만 억지로 끌려온 구경꾼들은 따분하여 못 견뎌 했다고 샤틀랭은 말한다. 그는 이 재판 행사가 많은 결실을 맺었는지에 대해 회의를 나타내고 있지만, 어쨌든 이즈음 다른 제후들에게서는 볼 수 없는 일이었다.

호담공 샤를은 오락도 절차를 갖춰야 한다고 생각했다. "그는 태도와 행동을 분별하는 데 하루에도 몇 시간을 할애했다. 놀이와 왁자지껄한 웃음 속에서, 웅변가다운 교묘한 말재주로 신하들에게 덕행을 권하며 즐겼다. 그럴 때 그는 높은 등받이가 있는 편한 의자에 느긋이 앉아, 신하들을 앞에 두고 경우에 따

---

11) 궁정 신하.

라 충고와 훈시를 늘어놓았다. 모든 이의 우두머리요 제후로서 언제나 가장 사치스럽고 훌륭한 옷을 입었다." 이렇듯 의식적인 생활예술은 어색하고 소박한 형태를 취하고 있었지만, 분명히 말해 이것은 완벽한 르네상스였다. 호담공 샤를에게는 '무언가 보통 사람과는 다른 행동으로 사람들의 이목을 끌고 싶어 하는 화려한 마음가짐'이 있다고 샤틀랭은 말한다. 이는 부르크하르트가 말한 르네상스인의 가장 두드러진 특징이다.

루이 14세(1638~1715)

행사, 식사, 주방에 대하여 제후가 집안을 다스리는 위계질서는 그야말로 팡타그뤼엘식[12] 활기에 넘쳐 있었다. 호담공 샤를의 식사는 미사처럼 엄숙하게 빵 담당, 고기 담당, 술 담당 하인들이 조리사들을 따라다녀서, 마치 진지한 연극의 한 장면을 보는 듯했다. 궁정인들은 10명씩 무리 지어 다른 방에서 식사하며 주군과 같은 대접을 받았고, 모두 위계에 따라 정성들인 배려를 아끼지 않았다. 식사 코스는 철저하게 정해져 있어서, 모두 식사가 끝나면 아직 식탁에 앉아 있는 주군에게 다가가 '그를 칭송하며' 경의를 표했는데, 그 시간은 어긋나는 법이 없었다. 페레트(Ferrette) 백작 영토를 접수하러 간 부르고뉴 사절단은 1469년 6월 21일 참회 화요일,[13] 오스트리아 지기스문트 대공(Sigismond d'Autriche)에게 저

---

12) pantagruel : '목이 마르다'는 뜻으로, 프랑스 설화작가 프랑수아 라블레(François Rabelais)의 연작 소설 《가르강튀아와 팡타그뤼엘 *Gargantua et Pantagruel*》(1532~1564)에 나오는 주인공 이름. 거침없고 과장되며 풍자적인 언행에 대한 묘사와 유머가 풍부하다.

13) '참회 화요일 Mardi gras'은 '재의 수요일 Mercredi des Cendres' 전날, 즉 부활절 47일 전이다. 부활절은 춘분이 지나고 첫 보름날 뒤 일요일이므로, 참회 화요일은 2월이 된다. 본문처럼 6월이 될 수는 없는데, 이는 저자 하위징아의 착오인 듯하다.

녘 식사 대접을 받았다. 이를 보도한 무명 기자는 그 자리에서 독일인의 식사 예절을 업신여기며 이렇게 말했다. "구운 생선이 나왔는데, 오스트리아 대공이 이것을 식탁 위에 흐슬부슬 흘리고 말았다. 게다가 요리를 식탁에 놓자마자 달려들어 먹기 시작하는 것도 눈에 거슬렸다. 신분이 가장 낮은 자가 먼저 손대기도 했다." 현재 디종(Dijon) 궁정에 딱 하나 남아 있는 주방은, 거대한 굴뚝이 7개나 붙어 있어서 굉장한 규모를 짐작케 한다. 주방장은 큰 화덕과 배식대 사이에 놓인 의자에 앉아 주방을 감독하면서, 큰 나무 국자를 들고 있어야 한다. "국자는 두 가지 용도가 있다. 하나는 수프나 소스 맛을 보는 것이고, 다른 하나는 허드렛일 하는 심부름꾼 소년들을 주방에서 내보내 일을 시키는 것이며, 필요에 따라 매로 쓰기도 한다." 매우 드물기는 했지만, 송로버섯이 맨 처음 나온다거나 막 들여온 청어를 내놓는 특별한 날에는 주방장이 직접 횃불을 들고 식탁을 차릴 때도 있었다.

이런 일들을 글로 남겨 우리에게 이야기하는 제후 집안 궁정인 라 마르슈에게는 그것이 마치 종교 비밀의식 같았을 것이다. 그는 황송해하며 스콜라 학파의 학자 같은 말투로, 자신이 아직 어린 사동이었을 무렵에는 자리배치권이라든가 예의범절을 이해하기에 너무 어렸다고 말한다. 그는 먼저 독자에게 자리배치와 예의에 대한 어렵고도 중요한 문제를 던지고는, 풍부한 지식으로 풀어나간다. 어째서 제후 곁에서 주방 시종이 아닌 주방장이 식사 시중을 드는가. 주방장이 없으면 그 역할을 누가 맡는가. 고기 담당인가, 수프 담당인가. 그는 슬기롭게 말한다. 궁정에서 주방장을 뽑을 때, 집사들이 주방 시종과 주방에서 일하는 자들을 하나하나 불러내 묻는다. 저마다 맹세한 뒤, 엄숙한 투표에 따라 주방장을 임명하는 것이다. 두 번째 질문에 대한 답은, 고기 담당도 수프 담당도 아니다. 주방장 대리는 선거로 결정한다. 어째서 빵 담당과 술 담당이 거드름을 피우는 요리사보다 서열이 높은 제1, 제2의 위치에 있는가. 그 까닭은 그들이 맡은 일이 성스러운 의식에 쓰이는 신성한 빵과 포도주와 밀접한 관계가 있기 때문이다.

여기에서 신앙과 궁정예법에 대한 사고영역이 한데 더해지는 것을 볼 수 있다. 아름답고 고귀한 생활 형태라는 장치에는, 종교의식 요소가 숨어 있다 해도 지나친 말이 아니다. 그래서 이런 생활 형태에 대한 평가가 종교적 태도를 떠올릴 정도로 높아진 것이 아닐까. 이렇게 생각하자 비로소, 도대체 왜 자리배치권이니 예의니 하는 문제가 중세 끝 무렵뿐만 아니라 늘 이상할 정도로 중시되어 왔는지 그 이유를 알 것 같았다. 로마노프 왕조 이전 러시아 옛 왕국에서는, 왕좌를 잇는 순서 싸움에서 발전하여 관직 구분이 정해졌다. 이는 중세 서방 국가에서는 볼 수 없던 일인데, 순서를 둘러싼 질투심은 여기에서도 크게 작용했다. 예를 들자면 끝이 없을 것이

크레시 전투 1346년에 영국군과 프랑스군 사이에 일어난 전투. 백년전쟁의 시초가 되었다.

다. 여기서는 그저 아름답고 고상하게 꾸며진 생활의 놀이로 바뀌어 형식이 지나치게 번성하고, 공허한 구경거리로 타락해 버린 경우를 두세 가지 밝히는 데 그치기로 한다. 훌륭한 절차를 바라는 마음이 오히려 목적에 들어맞는 행동을 밀어내는 경우가 있다. 형식을 지나치게 우선시하여 내용의 중요성을 잊는 것이다. 크레시 전투[14] 직전에, 프랑스 기사 4명이 영국군 포진의 정찰에 나섰다. 보고를 기다리다 지친 왕은 애태우며 천천히 말을 몰고 마중 나가다가, 그들이 돌아오는 것을 보고 멈추었다. 그들은 전사들의 대열을 빠져나와 왕 앞에 섰다. 상황이 어떤지 왕이 물었다. 프루아사르는 생기 넘치는 필체로 적는다. "그들은 아무 말 없이 서로 얼굴만 쳐다보았다. 아무도 동료보다 먼저 입을 열고 싶지 않았다. '경이 먼저 왕께 말씀드리시오, 제가 어찌 경보다 먼저 말씀드리겠습니까.' 그들은 서로 권하며 잠시 다투었다. 아무도 '명예를 걸고' 먼저 말을 꺼내려

---

14) Bataille de Crécy(1346. 8. 26.) : 백년전쟁(1337~1453) 무렵 북프랑스 크레시에서 일어난 싸움. 프랑스군이 영국군보다 몇 배 더 많았으나, 전술로 무장하고 기다리던 영국군은 오랫동안 추격하느라 미처 정비되지 못한 프랑스군과 싸워 크게 이겼다.

하지 않았던 것이다." 결국 왕은 그들 가운데 한 사람에게 보고하도록 명했다.

합목적성이 훌륭한 절차에 자리를 양보한 더 완벽한 예는, 1518년 파리 순찰대장이던 골티에 랄라르(Gaultier Rallart) 경의 경우다. 그는 즐거이 나팔을 부는 악사 3, 4명을 앞세우지 않고서는 순찰에 나서지 않았다. 파리 어느 부르주아에 따르면, 마치 악당들에게 내가 왔으니 도망치라고 미리 알리는 것이나 다름없다며 백성들이 수군거렸다고 한다.

그뿐만이 아니었다. 1465년, 에브뢰(Évreux) 주교 장 발뤼(Jean Balue, 1421~1491)는 야간 순찰에 나팔, 트럼펫 같은 악기를 동원했다. 이는 "야간 순찰자가 할 행동이 아니었다"고 장 드 로아는 비판한다. 처형대 위에서도 위계신분에 따라 명예는 착실히 고려되었다. 프랑스 왕립군 총사령관 생폴 백작[15]이 처형된 단두대는 백합 문장을 짜 넣은 호사스러운 직물로 감쌌으며, 기도할 때 무릎 꿇는 방석과 눈을 가리기 위한 천은 진홍 벨벳으로 만들었다. 형 집행인 또한 한 번도 처형을 해본 적이 없는 사람이었다. 수형자치고는 참으로 의아한 특권 아닌가.

이제는 소시민적 성격을 띠게 된 예절에 대한 경쟁은 원래 15세기 궁정 생활에서 지나칠 정도로 발전한 풍속이었다. 높은 사람에게 자리를 양보하지 않는 것은, 자신의 명예를 더럽히는 참을 수 없는 치욕으로 여겼다. 역대 부르고뉴 제후들은 프랑스 왕족 혈통을 가진 이들에게 자리를 양보하려고 세심한 주의를 기울였다. 용맹공 장은 어린 며느리 미셸 드 프랑스[16]에게 언제나 지나치게 경의를 표했다. 그는 그녀를 마담이라 부르고, 그 앞에 무릎 꿇었으며, 섬기고 싶다고도 했다. 하지만 그녀는 그것을 받아들이지 않았다고 한다. 선량공 필립의 경우도 마찬가지였다. 그의 처조카 프랑스 황태자가 부왕과의 불화 끝

---

15) 생폴 백작 및 리니 백작. 루이 드 뤽상부르. 일반적으로 생폴(Saint Pol)로 알려져 있다. 1418년에 태어나 1465년부터 프랑스 왕립군 총사령관을 지냈으나, 프랑스 왕 루이 11세와 부르고뉴 제후 호담공 샤를 사이에 끼어 애매한 존재가 되었다. 이를테면 루이왕의 측근이던 필립 드 코뮌은 그를 경계하고 있었다. 영국 왕 에드워드 4세와 밀약을 맺었으면서도 가장 중요한 순간에 배신하여, 부르고뉴 제후로부터 버림받았다. 마침내 1475년, 대역죄로 루이왕에 의하여 처형되었다.

16) Michelle de France(1395~1422) : 프랑스 왕 샤를 6세의 딸. 1409년 용맹공 장의 아들 선량공 필립과 결혼했다.

에 브라반트로 피신해 망명한 적이 있었다.[17] 그 소식을 듣고 제후는 프리슬란트를 지배 아래 두려는 원정 계획의 서막이라고 할 데벤테르의 포위진을 바로 풀고, 이 귀빈을 맞이하기 위해 서둘러 브뤼셀로 돌아왔다. 만날 시간이 점점 가까워오자, 서로 먼저 예의를 갖추려고 경쟁하게 되었다. 황태자가 자신을 맞으러 나오지 않을까 몹시 신경이 쓰인 필립은, 전속력으로 말을 달리면서 잇따라 사자를 보내 기다려달라고 부탁했다. 만약 황태자가 마중 나온다면 되돌아가겠다고, 그대로 멀리 말을 달려 황태자가 그를 다시는 못 보게 될 것이라고 맹세했다. 어디를 가더라도 그에게는 영원히 비웃음과 비난이 따를 터이기 때문이었다. 필립은 관례인 입성식도 치르지 않고 조용히 브뤼셀로 들어갔다. 궁전 밖에서 황급히 말에서 뛰어내려 걸음을 재촉한 그는 드디어 황태자를 발견하고, 황태자는 제후 부인과 함께 거실에서 나와 안뜰에 서서 두 팔을 벌리고 그를 맞이한다. 이때 늙은 제후는 모자를 벗고 무릎을 꿇었다. 제후 부인은 황태자가 제후를 말리기 위해 다가가지 못하도록 몸을 꽉 붙잡았다. 황태자는 제후가 무릎을 꿇지 않도록 껴안으려고 했으나 소용없었다. 그를 일으켜 세우려던 것도 헛수고였다. 두 사람은 감격에 겨워 눈물을 흘렸으며, 주위 사람들도 울었다고 샤틀랭은 말한다. 머지않아 왕에 오르면 자신의 가문에 가장 끔찍한 원수가 될 이 사나이가 머무는 내내, 필립은 중국인처럼 자기를 낮추는 겸손한 태도를 보였다. 자신과 아들을 '천한 것들'이라 부르며, 60세 노인은 모자도 쓰지 않고 머리에 비를 맞기도 했다. 끝내 그는 모든 영지를 황태자에게 바쳤다고 한다. "고귀한 사람 앞에서 자신을 낮춤은 자기 명예를 드높이고, 선량함으로써 얼굴을 빛나게 한다." 이어 샤틀랭은 다음과 같은 일화를 들며 글을 마무리지었다. 필립 제후의 아들 샤롤레 백작, 뒷날 호담공 샤를은 식사 전에 영국 왕비 마르그리트(Marguerite d'Anjou)나 그 어린 아들과 함께 손 씻기를 완강히 거부했다. 귀족들은 온종일 이것을 화제로 삼았다. 끝내 늙은 제후가 알게 되어, 그는 두 귀족에게 샤롤레 백작의 태도에 대한 찬반 논쟁을 벌이도록 명령했다.

---

17) '처조카'란 선량공 필립의 첫 번째 부인 미셸 드 프랑스의 조카 루이를 말한다. 뒷날 루이 11세가 되는 프랑스 황태자 루이는, 1446년부터 이미 부왕 샤를 7세와 관계를 끊고 자기 영토 도피네(Dauphiné)에 틀어박혀 있었다. 1456년 샤를은 대군을 거느리고 도피네를 포위하여 루이에게 복종을 강요했다. 이때 루이는 부르고뉴 제후에게 망명, 브라반트에 정착하게 된다.

봉건시대 명예 감정은 아직 살아 있었다. 사람들은 이 일을 중요하게 생각했으며 아름답고 고상한 행동으로 보았다. 그렇지 않았다면 서로 윗자리에 앉기를 사양하는 데 15분이나 걸렸다는 사실을 어떻게 이해할 수 있겠는가. 사양하면 할수록 곁에 있는 이들은 큰 감명을 받았다고 한다. 손에 입맞춤을 받기에 마땅한 사람조차도 영예를 피하려고 손을 숨겼다. 에스파냐 여왕 이사벨라도 젊은 미남공 필립[18] 앞에서 손을 감췄지만 그는 잠시 기다리다 기회를 놓치지 않고 재빠르게 여왕의 손을 붙잡아 입 맞췄다. 여왕은 완전히 의표를 찔렸다. 점잖은 에스파냐 궁전도 이때만은 웃음소리가 가득했다고 장 몰리네는 전한다.

교제 상대에 대한 우아한 태도 또한, 예의범절의 틀이 잡혀 있었다. 궁정의 귀부인이 손을 잡고 걸어도 되는 상대가 누구라는 것까지 분명히 정해져 있었고, 누가 누구에게 친밀함을 나타내야 하는지, 모든 게 규정되어 있었다. 나이든 시녀 알리에노르 드 푸아티에르(Alienor de Poitiers)는 이런 권유, 함께 가자는 신호, 서로 부르는 이름 등 부르고뉴 궁정의례에 대한 문서를 남겼는데, 그야말로 전문적인 지식이 필요한 사항들이었다. 돌아가려는 손님에게 무례할 정도로 더 머무르도록 청하는 예절도 더욱 심해져 마침내 궁극의 경지에 이른 느낌이었다. 루이 11세 왕비가 며칠 동안 부르고뉴 제후 필립의 손님으로 와 있었을 때, 루이왕은 왕비가 돌아와야 할 날을 정해 놓았는데도 제후가 그녀를 보내지 않았다. 수행원들은 왕비가 왕의 노여움을 살까 두려워한다고 목숨 걸고 하소연했지만 소용없었다.

괴테는 말한다. "깊은 도덕적 근거를 갖지 않은, 겉치레뿐인 예의범절은 있을 수 없다." 에머슨(Ralph Waldo Emerson, 1803~1882)은 의례를 '도에 지나친 미덕'이라 불렀다. 15세기 사람들이 예절의 윤리적 가치를 의식하고 있었다 하면 지나

---

18) Philippe le Beau(1478~1506) : 합스부르크 막시밀리안(Maximillian I)과 마리 드 부르고뉴(Marie de Bourgogne) 사이에 태어났다. 빼어난 외모로 미남공(美男公) 필립이라 불렸다. 1482년 어머니 마리가 죽자 네덜란드 부르고뉴 집안 영지에 잠재주권을 물려받았으며, 18세가 된 1495년부터 직접 다스렸다. 1496년, 아라곤 국왕 페르난도(Ferdinand II d'Aragon)와 카스티야의 이사벨라(Isabelle de Castille) 사이에 난 딸 후안나(뒷날 '미치광이 후안나 Juana la Loca'가 됨)와 결혼한다. 1504년 이사벨라가 죽은 뒤 카스티야 왕(Philippe de Castille)에 오른다. 따라서 에스파냐 카스티야 왕으로서는 필립(펠리페) 1세이며, 네덜란드 지배자로서는 증조할아버지인 부르고뉴 제후 필립 3세(선량공 필립)의 뒤를 이어 필립 4세가 된다.

친 말일 것이다. 하지만 적어도 예절의 심미적 가치는 확실히 느끼고 있었다. 이 시대는 한결같은 정감 표현이 겉치레뿐인 사교 의례로 시들어갔다.

이같이 한가로운 삶을 풍부하게 미화하려는 작업 무대가 제후 궁정임은 당연하다. 이곳에서는 시간과 공간을 넉넉하게 쓸 수 있기 때문이다. 하지만 이 풍조는 대중에게도 널리 퍼졌는데, 현재 예의범절들이 궁정에는 물론 소시민 계층에도 남아 유지되었다는 사실로도 알 수 있다. 손님에게 같은 음식을 한 그릇 더 드시라며 끈질기게 권하거나, 좀 더 오래 머무시라고 청하거나, 먼저 가는 것을 막는 관습은, 최근 반세기 동안 상류 부르주아 계층 사교 의례에서 거의 사라져 버렸다. 15세기 예의범절은 그야말로 전성기였다. 세심하게 준수해야 하는 반면, 비난의 화살을 정면으로 받는 비웃음 대상이기도 했지만. 이 우아하고 장황한 의례 무대로는 무엇보다 교회가 적합했다. '봉헌'할 때, 어느 누구도 다른 사람보다 먼저 헌금을 제단에 바치려 하지 않았다. 데샹은 노래한다.

> 앞으로 가셔요—아니에요, 저는—어서요, 앞으로,
> 먼저 하셔야지요, 자매님.
> —아니에요, 저는—곁에 계신 자매님을 먼저 가게 하셔요.
> 형제님이 먼저 내게 하셔요.
> —사양하시면 안 됩니다.
> 옆에 있는 부인이 말한다.
> 제가 먼저라니, 당치도 않아요.
> 형제님 탓이에요, 어서 먼저 내셔요.
> 사제님들이 곤란하시겠어요.

결국 신분이 가장 높은 사람이 앞장섰는데, 이것도 다툼을 잠재우기 위해서라는 선언을 하고 나서야 가능했다. 그런데 이번에는 '평화의 입맞춤'[19]에서 옥신각신한다. 이것은 나무, 은 또는 상아로 만든 작은 판자인데, 미사 때 성가 '아

---

19) 가톨릭 미사 주기도와 영성체 사이에 하는 평화예식 가운데 하나로, 평화의 인사라고도 한다. 현대 미사에는 저마다 나라 문화에 따라 입맞춤, 포옹, 악수, 인사 등을 나눈다.

뉴스 데이'[20] 다음으로 행하는 '평화의 입맞춤'에 이르면, 실제로 서로 입 맞추는 대신 이곳에 입 맞추는 것이 중세 끝 무렵 유행이었다. 서로 사양하며 처음으로 입 맞추기를 꺼리던 귀부인들은 한동안 손에서 손으로 판자를 옮겼는데, 이는 미사 집행에 방해가 되었다.

젊은 아가씨, 이렇게 대답하세요.
—자, 받으세요, 부인, 저는 받지 않겠어요.
—아니에요, 받으세요, 귀여운 자매님.
—절대, 절대, 받지 않겠어요.
어리석은 여자로 여겨지는걸요.
—입 맞추세요, 자매님.
—아니에요, 저는 그럴 순 없어요, 예수님 성물을.
에르망가르 부인께 드리세요.
—부인, 받으십시오.
—성모마리아여,
장관 부인께 평화를 주소서.
—오, 아니에요, 총독 부인께 드리세요.

총독 부인이 받고 나서야 겨우 끝났다. 심지어 프랑수아 드 폴(François de Paule, 1416~1507)같이 세상을 저버린 성자까지도 우아한 관습에 따르는 것이 의무라고 믿고 있었다. 신앙심 두터운 그의 숭배자들은 이를 참으로 겸손한 성자의 증거라고 보았다. 형식에 집착하는 윤리 개념이 완전히 사라지지 않았던 것이다. 같은 교회 안에서 상석권을 둘러싸고 그토록 정중히 서로 양보하는 뒤편에 끈질긴 투쟁이 있었음을 생각하면, 비로소 예절의 진정한 의미를 올바르게 이해할 것이다. 곧 예절의 실천은 귀족과 부르주아의 삶에 생생하게 작용하던 교만을 스스로 부인하는, 아름답고 칭찬할 만한 방법이었다.

더불어 미사드리는 이들은 마치 미뉴에트(menuet)를 추는 듯 보였다. 예절 경

---

20) Agnus Dei : 평화예식 때 화답하는 말. '주의 어린양'이라는 뜻.

쟁이 되풀이되면서 교회를 나설 때도 말썽이 생겼고, 돌아가는 길에 높은 사람을 오른쪽으로 가게 하려다 물의를 일으켰다. 비좁은 나무다리를 건널 때나 오솔길을 걸을 때, 서로 먼저 가라며 양보하기 시작했다. 지금도 에스파냐 관습에서 자주 보는 광경이지만, 집에 다다르면 주인은 함께 온 사람들에게 들어가서 차라도 한잔 마시고 가도록 권하지 않으면 안 되었다. 같이 온 사람들은 무슨 핑계를 대서라도 완곡히 거절해야 했다. 그러면 주인은 그들의 반대를 무릅쓰고 예절대로 그들을 안으로 청한다.

기질이 강하고 정열적인 이 세대가 자신의 교만과 분노를 바로잡으려던 진지한 싸움 속에서 쓸데없는 형식들을 아름다운 예절로 꽃피웠다. 여기에는 무언가 감동적인 면이 있다. 때로는 이 싸움에서도 밀려 곳곳에서 아름답게 꾸민 예절의 겉치레를 뚫고 촌스럽고 거친 얼굴이 드러난다.

장 드 바비에르[21]가 파리에 머물 때의 일이다. 제후가 그를 위해 개최한 연회에서, 이 리에주 주교 당선자가 노름으로 돈을 모두 따고 말았다. 제후 가운데 한 사람이 참다못해 큰 소리로 외쳤다. "악마 같은 주교가 아닌가. 이 무슨 짓이오. 우리 돈을 몽땅 훑어갈 셈인가." 이에 장은 대답했다. "나는 주교가 아니오. 당신들 돈 따위 관심 없소."

리에주의 어느 연대기 작가는 전한다. '그는 딴 돈을 그 자리에서 모두 뿌렸다. 그 시원스러운 기백에 사람들은 그저 놀랄 뿐이었다.' 위 드 라노이(Hue de Lanoy)는 부르고뉴 제후 앞에 무릎 꿇고 탄원하던 사나이를 쇠팔찌로 때린 적이 있었다. 드 바르(de Bar) 추기경도 왕 앞에서 한 설교자를 거짓말쟁이라 꾸짖고 비열한 개라고까지 욕설을 퍼부었다.

절차를 존중하는 감정이 너무 강해 예의범절을 어기고 조금만 결례를 범해도, 치명적인 모욕으로 명예에 깊은 상처를 입는다. 절차를 무시하는 것은, 드

---

21) Jean de Bavière(1374?~1425) : 바이에른 제후(이며 홀란트, 젤란트, 에노 백작) 알프레히트의 막내아들. 수도원에 들어가 캉브레(Cambrai) 교회 사목회원, 이어 1390년 리에주(Liège) 주교좌 사목회에 의하여 주교로 선임되어, 독일 황제와 로마교황도 이를 승인했으나, 그는 서임을 받지 않고 스스로 '당선자(미취임 주교)'라고 했다. 그 뒤 리에주 부르주아와 분쟁을 일으켜, 1406년에는 다른 주교가 선출되고 장은 시에서 추방되었다. 또한 그는 홀란트 백작의 영토상속으로 옥신각신하던 끝에 갑자기 죽는다. 하위징아가 든 일화가 이때인지 확실하지는 않지만, 장은 1405년 파리에 있었다.

러난 현실 앞에 그저 몸을 굽힐 수밖에 없는 높고 순수하며 독특한 생활이라는 아름다운 환상을 무참하게 무너뜨리기 때문이다. 용맹공 장은 동료와 함께 말을 타고 돌아다니던 파리의 단두대 관리 카플뤼슈(Capeluche)와 마주치자, 그를 귀족으로 잘못 알고 인사하며 악수했는데, 이는 그에게 씻을 수 없는 치욕이 되었다. 오직 이자의 죽음으로써만 그 치욕을 씻을 수 있다고 말한다.[22] 1380년, 샤를 6세 대관식 축하연 때, 수석 귀족인 부르고뉴 제후 대담공 필립(Philippe le Hardi, 1342~1404)은 자신에게 어울리는 자리를 요구하며 왕과 앙주 제후 사이에 억지로 끼어들었다. 두 제후의 시종들은 모두 아우성치고, 당장이라도 다툼이 일어날 기세였다. 끝내 왕이 부르고뉴 제후의 요청을 받아들여 소란은 가라앉았다. 전쟁터의 중대 상황에서도 절차 무시는 결코 용인되지 않았다. 영국 왕 헨리 5세는 릴라당(L'Isle-Adam) 경이 '회백색(blanc-gris)' 군복을 입고 나타나 그의 얼굴을 빤히 쳐다보았을 때 화를 내며, 교만한 태도로 여겼다. 한 영국 지휘관은 상스(Sens)가 완전히 포위된 상황에서도 휴전 교섭을 하러 온 사자에게 수염부터 깎고 오라며 쫓아냈다.

그 무렵 사람들이 칭송하던 부르고뉴 제후의 질서 정연한 궁정은, 오랜 역사를 지닌 프랑스 궁정의 혼란과 무질서에 비교하여 비로소 진정한 의미를 갖는다. 데샹은 비참한 궁정 생활을 한탄하며 많은 발라드를 노래했는데, 뒤에서 다루겠지만, 이는 궁정인의 생활 방식에 대한 흔해빠진 비난을 담은 변주가 아니라 독특한 여운을 담은 것이었다. 그는 변변찮은 식생활, 나쁜 생활 환경, 끊임없는 소음과 혼란, 저주와 투쟁, 시기와 질투, 모욕과 비웃음 등, 그야말로 궁정은 죄의 수렁이며 지옥의 문이라 노래한다. 왕위에 대한 존경심과 성대한 의식에 따른 높은 뜻에는 변함이 없었지만, 슬프게도 가장 장엄해야 할 때 예의범절은 땅에 떨어지곤 했다. 1422년, 샤를 6세가 생드니 수도원에 묻힐 때 일이다. 수도사들과 파리의 소금계량인 길드 사이에 왕의 시신을 덮은 예복과 운구를 둘러싸고 다툼이 일어났다. 정당한 소유권을 주장하며 서로 갖겠다고 양쪽

---

22) 이를 전한 사람은 주베날 데 위르상과 토마스 바쟁이다. 《파리의 한 부르주아 일기》에는 카플뤼슈의 죄목을 임신한 여인을 살해한 것으로 들었다. 현대 역사가는 이를 파리를 억누르던 부르고뉴 제후가 취한 치안유지 조치로 보았다. 카플뤼슈는 아르마냐크파에 대한 재판 지연과 식량난으로 고통받는 백성이 일으킨 폭동의 주모자였다고 한다.

에서 천을 잡아당겨, 막 싸움이 벌어질 기세였다. 마침내 베드포드(Bedford) 후작이 법관에게 분쟁을 맡기고 나서야 겨우 '시신이 묻힐 수' 있었다. 1461년, 샤를 7세 장례식 때도 비슷한 일이 벌어졌다. 생드니로 가다가 라 크루아 드 피엥(la Croix de Fiens)에 이르자, 운구하는 소금계량인 길드 무리가 생드니의 수사들과 말다툼 끝에, 당연한 권리라며 파리 화폐로 10리브르씩 주지 않으면 더 이상 왕의 시신을 나르지 않겠다고 한 것이다. 장례 행렬은 길 한복판에 관을 놔둔 채 오랫동안 움직이지 않았다. 생드니 부르주아들이 그 일을 대신 맡으려 나섰으나, 궁정 마구간 담당 관리가 길드 무리에게 자기 돈으로 지불하겠다고 약속해 겨우 행렬이 움직이게 되었다. 이 소동 때문에 밤 8시가 되어서야 교회에 도착했는데, 소동은 이것으로 끝나지 않았다. 시신을 매장하고 나서 또 다툼이 일어났다. 이번에는 왕의 예복을 둘러싸고 수사들과 마구간 담당 관리 사이에 생긴 다툼이었다. 장례에 쓰인 물건들의 소유권을 둘러싼 이 같은 소동은 어느 정도 정해진 의식 절차처럼 비일비재했다. 엄숙한 의식을 침해하는 것 자체가 또 하나의 절차처럼 되어버린 것이다.

왕의 삶에서 일어나는 중요한 일들은 일반인에게 널리 알려야 했다. 이 풍토는 17세기까지 변함없었다. 그 때문에 엄숙해야 할 의식이 한창일 때 엉망이 되기 일쑤였다. 1380년, 대관식 축하연에는 구경꾼, 참석자, 하인들이 너무 많이 몰려들어서, 왕을 섬기는 프랑스 왕립군 총사령관 올리비에 드 클리송(Olivier de Clisson)과 사령관 루이 드 상세르(Louis de Sancerre) 같은 사람도 손수 말먹이를 주거나, 말을 타고 군중을 헤치며 요리를 날라야 할 지경이었다. 1431년, 영국 왕 헨리 6세가 파리에서 프랑스 왕 대관식을 올릴 때, 파리 한 부르주아는 그 광경을 이렇게 전한다. 아침 일찍부터 궁궐은 축하연회장이 될 곳을 구경하고 슬쩍 훔치기도 하며 실컷 먹으려는 사람들로 북새통을 이루었다. 그 엄청난 인파로 고등법원이나 대학의 명사들과 파리 장관 및 법관들은 연회장에 다가갈 수조차 없었다. 가까스로 연회장에 도착해도 이미 그들에게 주어진 테이블에는 온갖 장인들이 자리를 차지하고 있었다. 무리를 내보내려 해도 '1, 2명을 내쫓는 사이 반대편에서 6, 7명이 앉았다.' 1461년, 루이 11세 대관식 때는, 미리 랭스(Reims) 성당의 문을 닫고 망보는 사람을 두었다고 토마스 바쟁은 전한다. 이것이 효과를 거두어 성당 안에는 여유 있게 받아들일 수 있는 인원밖에 들어오지 않았다. 그런데 왕에게 기름을 붓는 성스러운 의식을 거행할 때 사람들이 제단 주위로 몰려들어, 대주교를 보좌하는 고위 성직자들을 옴짝달싹 못하게 만드는 한편, 왕자들도 자리에서 꼼짝도 못 할 만큼 큰 불편을 겪었다고 한다.

1622년까지 파리 교회는 상스 대주교 소속이라는 데에 불만을 품고 온갖 수단을 다 동원하여 대주교의 권위에 개의치 않는다는 의사 표시를 했는데, 그때마다 교황에게 면제장[23]을 요청했다. 1492년 2월 2일, 상스 대주교가 파리 노트르담에서 국왕을 맞아 미사를 집전할 때의 일이다. 대주교는 왕이 교회 문을 나서기도 전에 주교 십자가를 앞세우고 신자들을 축복하며 자리를 떴다. 그러자 교회 사목회원 두 사람이 하인 한 무리를 데리고 뛰어나와, 주교 십자가를 박살내고, 십자가를 든 사람의 팔까지 꺾었다. 그 와중에 대주교 시종의 머리카락을 쥐어뜯는 난동이 벌어졌다. 이 사건의 재판 기록은 이렇다. 대주교가 이 소동을 진정시키려 하자, "잠자코 그에게 다가온 사목 회장 뤼일리에(Lhuillier)가 그의 배를 팔꿈치로 때리고, 다른 무리는 주교 모자를 장식 끈과 함께 잡아 찢었다." 다른 사목회원은 대주교를 쫓아가 "얼굴에 삿대질을 하면서 욕설을 퍼붓고, 팔을 잡아 드세게 끌어당기다가 주교복을 찢어버렸다. 대주교가 손으로 막지 않았다면 얼굴에 주먹질도 했을 것이다." 결국 이 소동을 둘러싼 소송 사태는 그 뒤 13년이나 이어졌다.

격렬하고 열정적이며, 완고하고 눈물이 많으며, 세계에 대해 절망하면서도, 다채로운 아름다움에 대한 탐닉 사이에 끊임없이 흔들리는 마음은, 엄격한 형식주의가 필요할 수밖에 없었다. 갖가지 충동이 공인된 형식이라는 단단한 틀에 잡혀 있어야 했다. 그래야 비로소 공동생활의 질서를 유지할 수 있었기 때문이다. 그러므로 자기에게 일어나는 일들이나 다른 사람의 사건은 모두 아름다운 구경거리로 비쳤다. 기쁨과 슬픔에 인공적인 빛을 흠뻑 쬐어 격정의 매무새를 가다듬었다. 감정을 그대로 자연스럽게 표현하기에는 방법이 모자랐다. 감정은 오직 미적 표현에 의해서만 그 시대가 갈망하던 높은 단계의 표현에 이를 수 있었다.

물론 예로부터 성스럽게 여기던 탄생, 결혼, 죽음 같은 사건을 장식하는 형

---

23) 대주교나 주교 소속이 되지 않는 특권을 면제(免除)라 한다. 이것은 교황의 특별 인가를 받아야만 했다.

식까지 같은 목적으로 꾸몄다는 말은 아니다. 의식에 대한 관습은 원시 신앙과 예배의식에서 나온 것이다. 그러나 의식과 관습에 생명을 불어넣었던 원래 의미는 이미 오래전에 사라졌고, 대신 어느새 새로운 미학적 가치가 사람들의 의식을 채우게 되었다.

감동을 암시가 가득한 형태로 숨기는 방식은 장례에서 많이 활용되었다. 한계를 모르는 슬픔의 과장은 궁정 축제에서나 볼 수 있는 기쁨의 과장과 같은 맥락이었다. 여기에서 검은 상복을 전시하거나, 제후의 장례에 따르는 장중한 행렬에 대한 예를 자세히 묘사하기란 불가능하다. 이는 중세 끝 무렵에서만 볼 수 있었던 것도 아니다. 오늘까지도 군주제 나라들이 지켜온 이런 의례가 전해 내려온다. 부르주아들의 호화로운 영구차는 여기에서 비롯한 관습의 잔재이다. 제후가 상을 당하면 궁정인들뿐 아니라, 말단 관리들과 길드 및 백성들도 검은 옷을 입었다. 중세 도시생활이 다양한 색채로 넘쳐 있었던 만큼, 이런 검은 상복은 더 강렬했을 것이다. 살해당한 용맹공 장의 장례는 강렬한 효과를 노렸음이 분명하다. 정치적 목적도 없지 않았다. 프랑스 왕, 영국 왕을 영접하러 나가는 그 아들 선량공 필립이 거느린 호위대는 검은 창과 깃발 2천 개를 내걸고, 검은 비단 술로 테두리를 둘렀다. 검은 천에 금빛 문장을 빠짐없이 수놓거나 그려넣은 기다란 군기를 앞세워 대열이 길게 이어졌다. 이 장례에 대비하여 제후의 마차나 고관을 위한 의자도 모두 검게 칠했다고 한다. 트루아(Troyes) 대회합에 즈음하여, 필립은 말 등에서 땅까지 끌리는 검은 벨벳으로 된 긴 상복을 입고 프랑스 왕비와 영국 왕비를 뒤따랐다. 필립과 시종들은 그 뒤로도 오랫동안 검은 옷을 입었다고 한다.

가끔 화려한 색 하나가 검은 무리와 대조를 이루면서 검은색의 효과를 강조하기도 했다. 모든 궁정을 비롯하여 심지어 왕비마저 검은 옷을 입었는데, 프랑스 왕은 붉은 상복을 입었다. 1393년, 망명한 곳에서 죽은 아르메니아(Arménie) 왕 레옹 드 뤼지냥[24]의 장례가 온통 하얀색으로 꾸며져 파리 사람들은 무척

---

24) Léon VI de Lusignan(1342~1393) : 12세기 끝 무렵, 소아시아반도 타우르스(Taurus)산맥 남쪽 타르수스(Tarsus, 다소)를 포함한 소아르메니아에 세운 아르메니아 왕국은, 알렉산드리아와 함께 동방무역의 근거지로서 번영했는데, 14세기 중반에 프랑스 서부 푸아투(Poitou)의 뤼지냥 집안 출신이 왕에 오를 무렵에는 터키의 압박이 심해졌다. 마지막 왕 레옹 드 뤼지냥 시대

놀랐다고 한다.

검은색이 꾸밈없는 격렬한 비애의 정으로 뒤덮일 때도 자주 있었다. 죽음에 대한 깊은 혐오, 강한 혈연의 정, 진정으로 주군을 그리워하는 감정 등은 제후의 죽음에 진심으로 뒤흔들린 마음을 나타낸다. 1419년, 살해의 마수가 부르고뉴 제후에게 미쳤을 때가 바로 그와 같은 경우였다. 자랑스러운 가문의 명예는 무너지고, 복수야말로 신성한 의무인 양 부르짖는다. 이때 성대한 장례로써 드러나는 과장된 슬픔은 슬픈 마음과 참으로 잘 어울리는 것이었다. 이때 샤틀랭은 그야말로 죽음이 전하는 미학에 빠져 있었다. 그는 매우 길고 엄숙한 수사를 능숙하게 사용했다. 마침 강(Gand)에 있던 투르네(Tournai)[25]의 대주교는, 끝내 이 무서운 소식을 알게 된 필립과 그 부인 미셸 드 프랑스가 위엄을 잃지 않고 한탄하며 받아들일 마음의 준비를 시키려고 긴 연설을 늘어놓았다. 대주교의 장광설에 대한 샤틀랭의 수사가 확실히 지나치기는 했지만, 이 소식을 들은 필립이 얼마나 신경 발작을 일으켰는지, 또 그 부인이 어떻게 실신했는지를 전하는 데 글의 핵심이 있다. 온 궁정이 혼란에 빠지고 온 도시가 애통한 가운데 여기저기에서 들려오는 슬픈 외침은 깊어만 간다. 소식을 들은 자들이 유별나게 슬퍼하는 샤틀랭의 묘사를 내용까지 의심할 이유는 조금도 없었다. 1467년 필립의 죽음 앞에서, 마찬가지로 샤틀랭은 이번에도 호담공 샤를이 한탄하는 모습을 거짓 없이 전한다. 이때 충격은 그다지 크지 않았다. 제후는 오래전부터 이미 늙고 쇠약했으며, 그 말년에는 아들과도 사이가 좋지 않았다. 그래서 샤틀랭은 샤를이 아버지의 임종을 지키며 곁에 서서 눈물 흘리고, 통곡하며, 손을 쥐어짜고, 쓰러지듯 주저앉는 모습을 보고 사람들이 놀라워했다며 자세히 기록한다. "예법과 절도를 지키지 않은, 도를 넘은 슬픔으로 사람들을 깜짝 놀라게 했다." 늙은 제후가 숨을 거둔 브뤼주에서는 "모든 이들이 외치고, 울부짖고, 저마다 비탄하며 통곡하고 흐느껴서 애처로움을 불러일으켰다."

여기 이 서술에서 어디가 떠들썩하게 슬픔을 나타내는 부분이고, 이 시대 사람들이 어디서 궁정 행동양식을 아름답다고 느끼는지, 또한 중세 특유의 격렬

인 1375년, 끝내 수도 시스(Sis)는 함락되고 왕이 붙잡힌다. 1382년 몸값을 주고 풀려난 왕은, 1393년 망명지 파리에서 숨을 거둔다.

25) 현재 벨기에 서부지역. 스헬데강을 사이에 두고 프랑스 릴과 마주하고 있다.

한 정서를 느끼는 것이 어느 정도 허용되었는지를 알아내기란 쉽지 않다. 확실히 여기에는 원초적인 의식 요소가 강하게 작용한다. 결국 죽은 자를 애도하여 울부짖는 여인들 곡비(哭婢)로 양식화되고, 예술에서는 이 시대 '우는 자들—곡반(哭班)'의 모습이 분묘 조각으로 새겨져 보는 사람에게 감동을 주지만, 이는 낡은 문화 가운데 하나였다.

원시적 요소, 격렬한 정서, 세련된 예법, 이 세 가지는 모두 죽음에 대한 소식 듣기를 몹시 두려워하는 데서 나왔음을 알 수 있다. 호담공 샤를이 샤롤레 백작이던 시절에 그 장인이 죽었을 때는, 마침 백작부인이 뒷날 마리 드 부르고뉴가 될 아이를 배고 있어서 오랫동안 사실을 숨겼다고 한다. 병상에 있는 선량공 필립에게 조금이라도 마음을 상하게 하는 불길한 이야기나, 누가 죽었다는 말을 아무도 꺼내지 않았기 때문에 아돌프 드 클레브(Adolphe de Clèves)는 아내가 죽었어도 상복을 입을 수 없었다. 그런데 이 늙은 제후의 귀에도 대법관 니콜라스 롤랭(Nicolas Rolin, 1376~1462)이 죽었다는 소문이 들려왔다. 샤틀랭의 표현으로는 "죽음의 냄새가 바람에 희미하게 감돌고 있었다." 제후는 마침 문병 온 투르네의 주교를 붙잡고 그게 사실인지 물었다. 주교는 대답했다. "전하, 그는 사실 죽었다고도 할 수 있습니다. 이미 늙었고 몸도 매우 약합니다. 그리 오래 살지는 못합니다." 제후가 말했다. "그것참, 그런 걸 묻는 게 아니야. 그가 죽어서 이 세상을 떠났는지 묻고 있는 거야." "글쎄올시다. 죽은 것은 아닙니다. 그저 몸 한쪽이 마비되어서 아마 죽었다고 여기는 것 같습니다." 주교의 말에 필립은 화를 냈다. "무책임한 소리는 그만두게. 그가 죽었는지 분명히 말하라고!" 주교는 마지못해 대답했다. "예, 전하. 그는 죽었습니다." 이렇게 이상하게 죽음을 알리는 방식은 환자에 대한 배려라기보다 낡은 미신에서 나온 것이 아닐까. 이래서는 환자를 더 불안하게 할 뿐이다. 루이 11세 또한 비슷하게 행동했다. 그는 한 번 나쁜 소식을 들으면 그때 입었던 옷은 두 번 다시 걸치지 않았고, 타고 있던 말도 다시는 타려 하지 않았다. 그뿐 아니라 장 드 로아에 따르면, 그는 로슈(Roche)의 숲을 남김없이 없애 버리라고도 했는데, 거기서 갓 태어난 아들이 죽었다는 말을 들었기 때문이었다. 그는 1483년 5월 25일자 편지에 다음과 같이 썼다. "대법관님, 편지는 감사합니다. 하지만 앞으로는 내게 그 소식을 가져온 사내에게 편지를 맡기지 말아 주십시오. 요전에 만났을 때에 비해 그의 얼굴이 무섭게 변했습니다. 맹세코 그는 나를 몹시 두려움에 떨게 했소. 그럼 안녕히."

　낡은 터부 개념을 고수하는 장례 관습은 아직도 문화 가치로서 작용하는데, 다시 말하면 형식을 갖춘 슬픔을 아름다움과 숭고함으로 승화시키는 것이다. 비탄에 리듬을 부여하는 장례의식은 비극을 연출하여 현실 생활이라는 무대에 올린다. 원시적인 문화에서는 아일랜드를 예로 들 수 있는데, 장례의식과 장송곡은 늘 함께한다. 부르고뉴 시대 궁정의 장례행사도 엘레지[26]와 관련지으면 비로소 이해가 된다. 장례의식은 죽음의 재앙을 당한 자가 몹시 슬픈 나머지 완전히 기력을 잃은 상태를 아름답게 나타낸다. 높은 신분일수록 애도는 더 영웅적으로, 비탄에 젖은 모습이어야 한다. 프랑스 왕비는 남편이 죽었다는 소식을 들은 그 방에서 꼬박 1년을 틀어박혀 있어야 했다. 공주들은 6주 동안 바깥출입을 해서도 안 되었다. 샤롤레 백작부인 이사벨 드 부르봉[27]은 아버지의 부고를 듣자, 먼저 코웬베르그(Cauwenberg)성 장례에 참석한 다음 6주 동안 자기 방에 틀어박혔다. 잠을 잘 때도 방석에 기댄 채 베일과 모자를 쓰고 망토를 입은 모습 그대로였다고 한다. 방과 대기실은 온통 검은 천으로 덮였고, 마루에는 부드러운 주단 대신 검은 천이 깔렸다. 귀족 부인은 남편이 죽으면 6주를 홀로 침대에 누워 지내야 했다. 부모가 죽으면 9일 동안 침대에 누워 있다가, 나머지 날짜를 세어 6주가 될 때까지 침대 앞에 크고 검은 주단을 깔고 그 위에 앉아서 지낸다. 큰오빠가 죽었을 때도 6주 동안 방에서 지내며 모습을 드러내지 말아야 했지만 침대에 누워 있을 필요는 없었다.

　이렇게 의식이 존중되던 시대이다 보니, 1419년 살해당한 용맹공 장이 조끼와 긴 양말 차림에 구두만 신은 초라한 모습으로 묻힌 사건이 터무니없다며 두고두고 문제가 된 것도 이해될 만하다. 아름답게 꾸며 틀에 맞추고 나면 오히려 감동은 쉬이 사라진다. 극적인 삶을 바라면 그 속사정이 더욱 숨김없이 드러나고, 고귀하게 자리 잡은 열정도 배신당한다. '성대한 의식'과 현실 생활은 참으로 소박하게 구별된다. '성대한 의식'을 숭고하고 성스러운 의식인 양 존중하는 고참 시녀 알리에노르 드 푸아티에르가 남긴 글에도 이것이 명백히 나타난

---

26) Élégie(elegy) : 죽음이나 불행, 이 세상의 무상함을 탄식하는 시. 비가(悲歌).

27) Isabelle de Bourbon(1437~1465) : 부르봉 제후 샤를 1세의 딸. 1457년 샤롤레 백작(호담공 샤를)과 결혼했고, 슬하에 딸 마리 드 부르고뉴(Marie de Bourgogne)만을 남겼다.

다. 알리에노르는 이사벨 드 부르봉이 참석한 화려한 장례에 대해 이렇게 덧붙였다. "부인은 방에 혼자 계실 때 늘 누워만 있지는 않았으며, 방 안에 틀어박혀 있지만도 않았다." 여기서 방은 '하나의 방'이라고 적혀 있지만, 결코 '하나뿐인 방'이라는 뜻은 아니다. 방이라는 뜻의 '샹브르(chambre)'는 벽걸이, 침대보, 융단 같이 방을 꾸미는 데 쓰이는 모든 것, 곧 특별히 설치한 의례공간을 뜻한다. 백작부인은 언제나 의례공간에서 손님을 맞아야 했지만, 이는 어디까지나 아름답게 여긴 절차에 지나지 않았다. 또 알리에노르는 말했다. '적어도 재혼을 하지 않는 한' 2년은 상복을 입어야 한다. 그러기에 상류층 사람일수록, 특히 제후들은 빨리 재혼했던 것이다. 이를테면 어린 헨리 6세의 프랑스 섭정 베드포드 경은 아내가 죽은 지 불과 5개월도 안 돼서 재혼했다.

장례 다음으로 엄격한 의식과 신분에 따라 색상의 폭이 지정되는 곳은 분만실이었다. 계급에 따라 색깔까지 정해지는데, 그중에서 초록색은 19세기까지 부르주아 가정의 분만실 침대와 요람에 알맞은 색깔이라 여겼다. 예전에는 흰색이었던 데 비해, 15세기에 초록색은 왕비나 공주의 특권이었다. 프랑스 왕비의 분만실 벽은 초록 비단으로 팽팽하게 꾸며졌고, 백작부인이라 해도 '초록색 방'을 가질 수는 없었다. 이불, 침대보의 재료, 무늬, 빛깔에 이르기까지 모두 규정되어 있었다. 장식장 위의 은촛대에는 큰 초 두 자루가 밤새도록 불을 밝혔다. 분만실 가리개는 2주가 지나야 걷을 수 있었기 때문이다. 여기에 더 눈에 띄는 것은 침대 장식이다. 에스파냐 왕의 장송 마차와 마찬가지로 늘 텅텅 비어 있었다. 젊은 산모 이사벨 드 부르봉은 난로 앞 소파에 누웠고, 갓난아이 마리 드 부르고뉴는 어린이방 요람에 잠들었다. 그런데도 분만실에는 머리를 짜내어 멋지게 두른 초록색 휘장 그늘 아래 커다란 침대 2개가 놓여 있었다. 마치 자러 올 사람을 기다리는 듯이 휘장도 걷힌 상태였다. 게다가 어린이방에도 큰 침대 두 채가 초록색과 보라색으로 싸여 있었다. 그뿐 아니다. 대기실에도 커다란 침대 하나가 진홍색 비단 휘장을 둘렀다. 이 대기용으로 '꾸민 방'은 일찍이 위트레흐트(Utrecht) 부르주아들이 용맹공 장에게 선물한 것으로, 이를 기념하여 '위트레흐트 방'이라 불렀다. 이 다섯 침대는 세례식 때 의식용으로 쓰였다.

형식주의 미학은 도시나 농촌의 일상생활에까지 영향을 끼쳤다. 옷의 재료와 색깔, 모피 종류까지도 엄격한 계층 구분을 두어 신분 이동을 제한했는데,

이 제한이 신분 의식을 높이거나 자긍심을 보호하기도 했다. 출생, 결혼, 죽음에서 기쁨과 슬픔은 마땅히 의식을 따름으로써 떳떳하게 공개되고 겉치레가 불가피했지만 감동의 미학이 여기에만 국한된 것은 아니었다. 도덕도 사람들 눈에 기꺼이 훌륭하게 틀이 잡혀 비치게 되었다. 성자의 겸손한 자기 부인, 겸양과 고행, 죄인의 회개에 대한 백성의 감탄을 통해서도 엿볼 수 있었는데, 예를 들면 아녜스 소렐[28]이 말한 '나의 죄에 대한, 참으로 아름다운 회개' 같은 것이다.

삶 속에서 모든 인간관계는 나름의 형식을 갖추게 되었다. 근대인의 경우, 사적인 친밀한 관계나 격렬한 애정은 어떻게든지 눈에 띄지 않게 숨기려 하지만, 형식이 잘 갖추어지면 곧 남에게 드러내려 애쓴다. 15세기 삶에서는 우정 또한 아름답고 세련된 형식을 갖추고 있었다. 예부터 귀족들과 백성들도 혈맹을 소중하게 여겼으며, 전쟁터에서의 전우애도 이에 못지않았다. 이와 나란히 어떤 감상적인 우정의 형태가 나타났는데, 이를 미뇽(Mignon)이라 불렀다. 제후의 미뇽은 공식적인 제도로서 16세기 내내 이어졌고, 17세기에 들어와서도 계속 존재했다. 영국 왕 제임스 1세(James VI&I, 1566~1625)와 로버트 카르(Robert Carr, 1587~1645)나 조르주 빌리에(George Villiers, 1592~1628)와의 관계가 이에 해당한다. 카를 5세(Karel V, 1500~1558)의 퇴위에 즈음하여 오란예 공작 빌렘(Willem van Oranje, 1533~1584)의 퇴진이 거론된 것도 이 시각에서 봐야 한다. 《12야(夜)》[29]는 공작과 세자리오의 우정을 마음속에 두어야 비로소 이해할 수 있다. 사람들은 이 관계를 궁정풍연애와 대등하게 여겼다. 샤틀랭은 말한다. "그대에게는 사랑

---

28) Agnès Sorel(1422?~1450) : 샤를 7세의 정부. 보테 쉬르 마른(Beauté-sur-Marne)의 영지를 받아 보테 부인(madame de Beauté, 아름다운 부인)이라는 별명이 생겼다. 1444년부터 정치에 관여, 뒷날 루이 11세가 되는 황태자와 사이가 벌어진다. 샤를 7세와의 사이에 딸 넷을 두었다.

29) 셰익스피어의 희극. 풍랑을 만나 쌍둥이 오빠 세바스찬이 죽었다고 생각한 바이올라는 남장을 하고 세자리오라는 가명으로 일리리아공 오시노의 시동(侍童)이 된다. 그녀는 공작이 사모하는 올리비아에게 연애편지를 전하는 명령을 받는데, 올리비아가 그녀를 남자로 오해하고 사랑하게 되는 데서 벌어지는 이야기이다. 이 작품은 이탈리아 오시노 공작의 방문을 기념하여 1601년 1월 6일 초연된 것으로 추측된다. 원제 《Twelfth Night》은 크리스마스 밤부터 12일째가 되는 밤을 말한다. 동방박사가 찾아와 아기예수를 경배했음을 기념하는 주현절(주님공현 대축일, 1월 6일)은 원래 성탄절보다 큰 의미를 지녔는데, 유럽 여러 나라에서는 여전히 이날을 기념하여 공휴일로 정하고 축제를 벌인다.

도 미뇽도 없소." 하지만 이런 관계를 그리스의 우정과 비견할 만한 암시는 전혀 없다. 사람들이 미뇽을 순수하고 솔직하게 받아들였고, 이 시대가 남색을 비난하던 시대였음을 감안할 때 그 점은 의심의 여지가 없다. 시에나의 성 베르나르디노(Bernardino da Siena, 1380~1444)는 소돔[30]의 풍습이 퍼진 이탈리아 동포들에게 그것을 모르는 프랑스와 독일을 본받으라고 한다. 다만 몹시 비난을 받은 제후가 그 총애를 받는 신하와 도리에 어긋난 관계로 누명을 쓰는 일은 있었다. 영국의 리처드 2세와 로버트 드 베르(Robert de Vere, 1362~1392)의 경우가 유일하다. 하지만 보통은 그렇게 의혹을 살만한 관계가 아니라[31] 총애받는 자에게 명예를 보증하는 것이었으며, 그는 그것을 자랑으로 여겼다. 코민[32]은 홀로 루이 11세의 총애를 받는 영광을 누렸으며, 심지어 왕과 똑같은 옷차림을 하고 다녔다고 말한다. 이는 분명하다. 왕은 자신과 같은 차림의 미뇽 한 사람을 늘 데리고 다니면서 회견할 때에도 그의 어깨에 몸을 기댔다는 기록이 몇 군데 더 있었기 때문이다. 때론 나이는 비슷하나 신분이 다른 두 친구가 똑같은 옷을 입고 한 방에서 심지어는 같은 침대에서 잠이 들기도 한다. 이렇게 끊으려야 끊을 수 없는 우정의 관계는, 예를 들면 젊은 가스통 드 푸아(Gaston de Foix, 1331~1391)와 그의 서출 동생 사이, 뒷날 루이 도를레앙(Louis d'Orléans)이 되는 투렌(Touraine) 백작과 피에르 드 크라옹(Pierre de Craon) 사이를 들 수 있다. 마찬가지로 제후 부인들도 마음이 맞는 여자 친구가 있었다. 똑같은 옷을 입은 이들을 미뇬(Mignonne)이라고 불렀다.

---

30) 창세기 18~19장에 나오는 이스라엘 사해 근처 도시. 죄악이 가득하여 하느님의 심판을 받아 고모라와 함께 유황과 불로 멸망한 뒤, '소돔과 고모라'는 죄악의 도시를 빗대는 말이 되었다. 당시 소돔에 살던 아브라함의 조카 롯이 천사를 맞이할 때, 주민들은 자신을 벌하러 온 천사인 줄도 모르고 성관계를 갖겠다며 내놓으라고 한다. 이로서 죄악이 특히 남색과 같은 성적 타락이었음을 추측할 수 있는데, 본문에서 말하는 '소돔의 풍습'도 이를 가리킨다.

31) 단, 프랑스 왕 앙리 3세는 음란한 미뇽 관계에 빠졌다는 의문이 짙었다. 하지만 이것은 16세기 끝 무렵이 되어서의 일이다.

32) Philippe de Commynes(1447?~1511) : 플랑드르 출신 프랑스 연대기 작가이자 정치가. 17세 때 부르고뉴 집안에 봉직하다가 프랑스 궁전으로 옮겼다. 루이 11세와는 마음이 통하여 중용되었으며, 그가 죽은 뒤 섭정과 대립하여 한때 투옥되었다. 1493년 샤를 8세의 부름을 받아 외교관으로 활약, 루이 12세 때는 이탈리아 전쟁에 종군했다. 《회상록(8권)》(1489~1498)은 루이 11세와 샤를 8세의 사적(事績, 1464~1498) 기록으로, 6권까지 루이왕의 정치 수완을 서술한 부분(1524)은 생트뵈브로부터 '근대적인 최초의 저술가'라는 평가를 받았다.

아름답게 양식화된 다양한 삶의 형태는 거친 현실을 고귀한 조화의 영역으로 끌어올렸다. 저마다 모여들고 어울려 하나의 거대한 생활예술을 이루었으나, 순수예술에 기여하지는 못했다. 겸양과 이타주의가 자연스럽게 마음을 움직여, 예의 바르게 대하려는 겉치레 사교 예절, 계층에 엄숙함과 성실함으로 일관하는 성대한 궁정 의식과 예법, 결혼 축하연, 분만실의 화려한 장식 등에 살아 있는 아름다움은, 예술과 문학에 희미한 발자취도 남기지 않고 사라져버렸다. 따라서 공통 표현 수단은 예술이 아니라 형식이었다. 형식이라고 해도, 흔히 학구적인 미학에서 말하는 것만큼 예술에서 그리 동떨어지지는 않았다. 갖은 방법으로 머리를 짜내어 몸매의 아름다움과 팔다리의 움직임을 강조한다는 점에서 양식은 예술의 하나이며, 무용과도 깊이 연관된다. 게다가 15세기에서는 양식보다 복식 분야가 예술에 훨씬 더 가까웠다. 보석 세공을 널리 사용한 점이나 무구(武具) 제작에 금속 가공 기술이 필요했다는 점이 수공예라는 요소를 복식 분야로 끌어들였기 때문은 아니다. 양식과 예술이 공유하는 그 본질적인 특성으로, 예술과 마찬가지로 형식에서도 스타일과 리듬이 빠져서는 안 되었다. 중세 끝 무렵에는 삶의 양식을 복식으로 표현했다. 복식이 삶의 한 양식을 헤아리는 척도라고 할 수도 있었다. 그 번성한 모습을 오늘날 알 수는 없다. 성대한 대관식이라고 해도 우리에게는 어슴푸레한 그림자를 전달받는 것에 지나지 않는다. 일상생활 속에서 모피의 종류, 색깔, 모자나 두건의 차이가 엄격한 신분 질서를 나타내고 위계를 드높여서, 기쁨과 슬픔, 서로 믿으며 사랑하는 이들의 다정한 관계를 강조해주었다.

삶의 모든 관계에는 가능한 한 표현력이 풍부한 방식으로 다듬어진 나름의 미학이 있었다. 미적 내용이 깊고 정신적 가치가 클수록, 인간관계의 표현은 순수예술에 가까워졌다. 예의범절은 의상이나 의식, 즉 생활 자체 속에서밖에 아름다움을 표현하지 못했다. 하지만 장례는 그렇지 않았다. 저 힘찬 예술 형식인 묘비에 확실한 표현을 찾아내어 다음 시대에 남겼다. 장례는 종교와 관련되어 높은 문화적 가치를 지녔던 것이다.

그러나 이보다도 더 흐드러지게 꽃을 피운 미학은 바로 삶의 3요소, 용기·명예·사랑의 미학으로 길이 빛나고 있었다.

3장
계층 사회 개념

18세기 끝 무렵 사람들이 새로운 삶의 가치로서 중세 문화를 받아들이기 시작했을 때, 곧 낭만주의의 막이 열리자 중세 기사도에 주목했다. 갓 피어난 낭만주의는 중세와 기사 시대를 똑같이 여겨, 투구 위에 나부끼는 깃털 장식을 중세라고 생각했다. 매우 역설적으로 들리더라도, 어떤 점에서는 그 견해가 옳았다. 그러나 좀 더 철저한 연구를 통해, 기사도는 중세 문화의 일부에 지나지 않으며 정치 사회 발전은 기사도 밖에서 이루어졌다는 사실이 밝혀졌다. 기사도가 꽃피던 순수한 봉건주의 시대는 이미 13세기에 끝났다. 그 뒤를 이은 것은 도시와 귀족 시대로, 부르주아의 상업 세력이 귀족의 재력을 지탱하며 국가와 사회를 움직이는 원인이 되었다. 따라서 후세 사람들은 곳곳에서 '날개를 잘려' 힘을 잃은 귀족 계급에게 눈을 돌리기보다는, 강(Gand)이나 리옹, 아우구스부르크 같은 도시에 막 탄생하던 새로운 국가 형태를 찾는 데에 익숙해졌다. 낭만주의 시대부터 역사학 자체가 민주화되어 온 것을 보면 그것도 당연하다 할 것이다. 하지만 중세 끝 무렵을 정치경제 관점에서만 보는 사람들도 역사, 특히 이야기 사료가 귀족과 그들의 업적을 기술하는 데 생각보다 훨씬 폭넓게 이용되었다는 사실에 깜짝 놀랄 것이다. 이는 중세 끝 무렵뿐 아니라 17세기까지 유행했다. 사회 계층으로서 귀족의 우월함을 상실했다고 하더라도 그 생활양식은 오랫동안 일반사회에 영향을 끼쳤기 때문이다. 15세기 정신 속에서 귀족 계급은 여전히 가장 좋은 자리를 차지하는 사회 구성원이어서, 사람들은 귀족을 과대평가한 데 비해 부르주아는 과소평가했다. 그들은 사회 발전의 진정한 원동력이 전쟁을 일삼는 귀족 생활과 행동이 아니라 다른 데에 있음을 깨닫지 못했다. 이 시대 사람들은 잘못 알았고, 낭만주의 또한 비판 없이 그 견해를 따랐으므로 옳지 않으며, 근대 역사학이야말로 중세 끝 무렵 삶의 진정한 관계를 제대로 밝혀냈다고 주장하는 이가 있을지도 모르겠다. 이는 정치와 경제 분야에는 맞는 말이지만, 한 시대의 문명을 이해하려면 사람들이 열을 올리며 착각했던 부분까지도 진실의 가치를 지니고 있음을 깨달아야 한다. 귀족 생활양식이 삶의 표면에 덧칠한 에나멜에 지나지 않는다 해도, 삶을 에나멜 광택으로 덧입힌 채 관찰하는 것은 역사학에 필수적인 일이다.

이것은 관점에 따라 그 이상이 될 수 있다. 사회가 계층들로 나뉘어 있다는 관념은 중세 신학과 정치사상에 뼛속까지 박혀 있다. 이는 성직자·귀족·제3계급, 곧 세 계층에만 국한된 것이 아니라 훨씬 깊은 의미와 넓은 개념을 지닌다. 그룹, 담당 직무, 직업은 저마다 하나의 '신분'이 된다. 그 결과 사회는 세 계층으로 나뉘는데, 한 계층은 또 열두 계층쯤으로 나눌 수 있다. 결국 신분은 '상태'를 말하며, 프랑스어로 에스타(estat), 라틴어로 오르도(ordo)라는 말에는 신이 바란 현실이라는 사상이 담겨 있다. '에스타(estat)'[1]와 '오르드르(ordre)'는 중세시대 큰 무리에게 붙여졌는데, 저마다 전혀 유사성이 없어 보이는 서로 다른 그룹에 적용되었다. 계층·직업·부인·처녀·죄인 état가 있었다. 궁정의 '신체와 입에 관련된 네 신분(estats de corp et de bouche)'은 빵 담당·술 담당·고기 담당·주방장이었으며, 또 성직자 ordre는 사제·부사제·보조사제, 또는 수도회·기사단 등이었다. 결국 중세적 사고의 틀로 보면 état나 ordre 개념으로 나뉘는 그룹들은 하느님이 정한 배치를 나타냈다. 그룹들은 천사 9계급[2]의 위계와 권력에 상응하며, 계층에 따라 존중되어야 마땅한 지상계급이라는 것이다.

사람들의 국가나 사회 이미지에서 계층은 저마다 역할이 나뉘어 있었다. 하지만 이는 실제 유용성에 따른 것이기보다는 성스러운 광채와 그 정도에 따른 것이었다. 그러므로 사람들은 성직자의 타락을 한탄하고 기사도 정신의 쇠퇴를 슬퍼하면서도 그 이상적 이미지를 포기할 수 없었다. 인간의 죄악이 이상 실현을 방해하고 늦출 수는 있지만, 이상은 여전히 사회의 바탕에서 움직임을 멈추

---

1) état의 중세어. '상태'라는 뜻.

2) 에녹서를 비롯한 성서 외경을 바탕으로 한 가설. 천사들의 계급 질서를 성질(聖秩)이라 한다. 치천사(熾天使)·지천사(智天使)·좌천사(座天使)를 상위 3천사대(隊), 주천사(主天使)·역천사(力天使)·능천사(能天使)를 중위 3천사대, 권천사(權天使)·대천사(大天使)·천사(天使)를 하위 3천사대라고 하며, 모든 천사를 천군9천사대라 한다.

지 않고 방향을 잡는다. 따라서 중세 사회는 역동적이라기보다 정적인 이미지를 풍겼다.

조르주 샤틀랭은 선량공 필립과 호담공 샤를 2대에 걸쳐 정식으로 임명된 사료편찬관이었다. 그의 광범위한 저술은 시대의 사상을 가장 잘 반영한 거울로 남아 있는데, 그는 자기 시대의 사회상을 기이한 빛에 비추어 보았다. 샤틀랭은 플랑드르에서 태어나 조국 네덜란드에서 부르주아 세력이 눈부신 발전을 이룩하는 것을 보면서도, 부르고뉴 궁정의 화려하게 빛나는 겉모습에 눈이 멀어 기사도 정신과 미덕만을 모든 힘의 근원으로 보았다.

평민은 땅을 갈고 부지런히 일하여 생활에 필요한 물건을 만드는 일, 성직자는 신앙의 임무를 수행하는 일, 귀족은 덕과 정의를 유지하며 자신을 바르게 하여 그 행동거지가 다른 사람들의 본보기가 되는 일로써 이 세상 삶을 얻는 것이 하느님의 섭리였다. 샤틀랭은 국가의 가장 고귀한 임무를 귀족 계층에 부여했다. 교회를 지키며 신앙을 돈독히 하여 선포하고, 포악한 정치에서 백성을 구제하고 공공복리를 유지하며, 폭력과 폭정에 맞서 싸우고 평화를 굳건히 지키는 것을 비롯한 진실·용기·도덕·관용이 귀족 계급 고유의 특질이라는 것이다. 이 과장된 예찬자는 프랑스 귀족이야말로 이상적인 이미지에 꼭 들어맞는다고 말한다. 샤틀랭은 여러 저술에서 이 같은 색안경을 끼고 그 시대의 사건들을 본다.

부르주아가 멸시당하는 이유는, 사람들의 머리에 떠오르는 제3계급 유형이 이미 굳어져 버려서 현실에 맞게 바뀌지 않은 데 있다. 그 유형은 계절에 맞추어 일하는 모습을 그린 달력이나 돋을새김에서 볼 수 있는데, 비 오듯 땀 흘리는 부지런한 농부, 솜씨 좋은 장인(匠人), 활동적인 상인처럼 단순하고 엉성했다. 돌에 새겨진 돋을새김에서는 귀족을 그 지위에서 쫓아낼 정도로 힘 있는 상류 부르주아나, 이들에게 끊임없이 혈통과 재력을 보조받아 가까스로 지위를 유지해 나가는 귀족은 찾아볼 수 없었다. 투쟁하는 길드 조합원의 자유로운 이상도 마찬가지였다. 제3계급이라는 개념에서 부르주아들과 노동자들은 전혀 나뉘지 않았고, 이 같은 현상은 프랑스혁명 때까지 이어졌다. 가난한 농민 이미지와 호사스럽고 느긋한 부르주아 이미지가 번갈아 드러나기도 했지만, 이 제3계급은 아직 그들이 이룩한 경제와 정치 성과에 어울리는 정의를 전혀 얻지 못했다.

1412년 아우구스티누스파의 한 수도사가 개혁안을 내놓는다. 그는 진지한 어조로 프랑스에 사는 귀족 신분이 아닌 자들은 수공업 또는 농업에 종사해야만 하며 그렇지 않을 경우 나라에서 추방해야 한다고 주장하는데, 이도 어찌 보면 마땅하다 할 것이다.

따라서 샤틀랭처럼 도덕적 환상에 젖어 정치 문제에 대해서는 순진하기 그지없는 사람이 귀족 계급을 가장 고귀한 성품으로 묘사하면서 제3계급은 열등한 노예근성으로밖에 표현하지 않는 것도 이해할 수 있게 된다. "왕국 대부분을 차지하는 제3계급은 선량한 도시 주민, 상인, 노동자로 구성된 계급으로, 다른 계급만큼 길게 설명하는 것은 당치도 않다. 이들에게 높은 평가를 내리기는 불가능한데, 이는 그들이 노예 같은 상태에 있기 때문이다." 이들이 말하는 제3계급의 미덕이란 오로지 겸손·근면·왕에 대한 복종·영주를 기쁘게 하는 순종뿐이었다.

어쩌면 부르주아의 자유와 능력의 시대가 다가오고 있음을 간파하지 못한 샤틀랭 같은 이들이 그저 귀족에게만 구원을 바라며 시대를 더 어둡고 우울하게 한 것은 아닐까?

샤틀랭은 부유한 부르주아를 '상것'이라 부르며, 그들의 체면은 조금도 배려하지 않았다. 선량공 필립은 권력을 남용하여 부유한 부르주아 과부나 딸을 자신의 하급 귀족 궁수나 하인과 결혼시키려고 했다. 그래서 부모들은 말썽이 없도록 가능한 한 빨리 딸들을 결혼시켰고, 과부들도 남편을 장사 지내기가 무섭게 바로 재혼했다고 한다. 어느 날, 딸에게 그런 결혼은 시키지 않으려 애쓰는 릴의 부유한 맥주 양조업자의 완강한 거절에 부딪힌 제후는 자신의 보호 아래 그 딸을 가두었다. 이에 분노한 부르주아는 전 재산을 챙겨 투르네로 이사했는데, 제후의 사법권 밖으로 나가서 파리고등법원에 손쉽게 이 사건을 제소하려 했던 것이다. 그러나 마음고생만 하게 된 그는 급기야 너무 슬펐던 나머지 병들고 만다. 선량공 필립의 충동적인 성격을 잘 말해주는 이런 사건은 아무리 생각해도 그의 명예에 도움이 되는 일은 아니었다. 어쨌든 사건이 마무리되어 제후는 간청하는 어미에게 딸을 돌려주지만, 이는 탄원을 받아들인 것일 뿐, 욕설이나 모욕적인 말은 잊지 않았다. 샤틀랭은 주군의 행동이 못마땅할 때에는 비난을 서슴지 않는 사람임에도, 여기서는 전적으로 공감하며 주군의 편에

섰다. 그는 피해자인 그 아비를 표현할 때 '버르장머리 없는 촌구석 양조업자'니, '고약한 상놈'이라는 말만 사용했다.

샤틀랭은 《보카치오의 사원》에서, 귀족의 영광과 불운이 공허하게 메아리치는 이 전당에 위대한 부르주아 재무관 자크 쾨르[3])를 어쩔 수 없이 등장시키는 데 비해, 무시무시한 악행을 저지른 꺼림칙한 질 드 레[4])는 오직 고귀한 태생이라는 이유로 활개치며 버젓이 지나가게 한다. 그는 또 강(Gand)의 대전투에서 도시를 지키려다 무참히 쓰러진 부르주아의 이름은 기록으로 남길 필요도 없다고 했다.

이렇게 제3계급을 멸시하면서도, 기사도 이상(理想)은 평민에 대한 동정을 귀족이 의무적으로 지켜야 할 미덕으로 보았다. 이는 오만한 귀족주의적 대중 멸시와는 정반대 요소인 것이다. 플랑드르의 시집 《상것들의 노래 Kerelslied》와 속담집 《평민들의 격언집 Proverbes del vilain》에 전해져 내려오는 것처럼 마을 사람에 대한 증오와 경멸에 가득 찬 비웃음이 있는가 하면, 그와 함께 삶에 시달리는 가련한 백성에 대한 연민도 들려온다. 외스타슈 데샹은 노래한다.

> 죄 없는 사람들은 배고픔으로 죽어 가는데,
> 커다란 이리들은 그들을 착취하여 날마다 배불리 먹고
> 수천수만의 부정한 재물을 긁어모으니

---

3) Jacques Cœur(1395?~1456) : 광범위한 무역활동과 제조업으로 막대한 부를 축적한 상업자본가이다. 모피 상인의 아들로 태어나 화폐주조 소장을 지내다가 1432년부터 동방 나라들과 대규모 무역을 벌였다. 1436년부터는 샤를 7세의 재정고문으로 프랑스 왕실 재정을 담당했으며, 영국과의 백년전쟁에서 프랑스 군사비용을 조달하기도 했다. 무역 말고도 제조업의 필요성을 느껴 광산을 개발하고 모직물·보석·향수 등을 생산하면서 프랑스 곳곳에 여러 기업을 경영했다. 1441년 귀족 칭호를 얻었고 백년전쟁 뒤에는 왕을 도와 프랑스 경제부흥에 힘썼으나, 1451년 정치적 음모로 반역 혐의를 받고 체포되어 모든 재산을 몰수당했다. 로마로 도피한 뒤 그곳에서 죽었으나 루이 11세 때 명예가 회복되었다.

4) Gilles de Rais(1404~1440) : 군사령관. 잔 다르크와 함께 백년전쟁에 참가하여 전투를 승리로 이끌기도 했다. 그러나 마술에 심취했으며, 수많은 아이들(주로 소년)을 데려다가 잘 먹이고 입혀 말끔해지면 잔인하게 살해했다. 전설에는 300명의 어린이를 죽였다고도 한다. 재판에서는 범행을 부인했지만, 결국 죄를 인정하고 화형당했다. 민간에서 전해 내려오는 이야기를 모아 《신데렐라》, 《잠자는 숲속의 미녀》를 비롯한 많은 동화를 쓴 샤를 페로(Charles Perrault, 1628~1703)는 그의 이야기를 《푸른 수염》의 소재로 삼았다고 한다.

그 곡식 낟알, 그 보리는
땅을 일군 가난한 자들의 피와 뼈로다.
그들의 영혼은 절규한다.
하느님께 복수를, 영주에게 저주를 내리소서.

　언제나 같은 고통이 되풀이된다. 전쟁의 재앙과 세금 징수에 시달리는 백성
은 빈곤과 비참함 속에 살아간다. 영주의 먹잇감인 농민들은 참을성 있게 그저
견딜 뿐이다. 가끔씩 "영주님은 아무것도 모르시지" 투덜거리며 궁정을 비난하
다가도, 제후의 "가련하고 불쌍한 양 떼들, 어리석은 백성이로다" 한마디로 소
동은 진정되고 그들은 평상시 상태로 되돌아간다. 백년전쟁의 거듭되는 전투
로 프랑스 전국은 점점 황폐되고 불안에 휩싸였다. 그 가운데 유달리 눈에 띄
는 것은 헐벗고 굶주린 농민의 비참함에 대한 하소연이었다. 농민은 적군은 물
론 아군에게까지 약탈당하고 강요받고 학대당하여, 가축을 빼앗기고 집에서
쫓겨나기까지 했다. 이에 신세를 한탄하는 소리가 그칠 줄을 몰랐다. 1400년 무
렵 개혁을 주장하던 저명한 성직자도 하소연했다. 니콜라스 드 클레망주(Nicolas
de Clamanges, 1360~1437)는 《정의의 실추와 그 회복에 대하여 *Liber de lapsu et
reparatione justitiae*》에서, 또 장 제르송(Jean Gerson)은 1405년 11월 7일, 섭정과 궁
정인들이 모인 자리였던 파리의 왕비 궁에서 《왕이여 만세 *Vivat Rex*》라는 주제
로 용감하고 감동적인 정치 설교를 통해 다음과 같이 호소했다. "가난한 자들
은 먹을 빵도 없이 굶주리고 있습니다. 가끔 호밀이나 보리만 조금 있어도 그나
마 다행일 것입니다. 가엾은 부인은 아이를 가져서 누워 있고, 불 때는 게 더
어색한 화덕 옆에는 4, 5명이나 되는 아이들이 모여 있습니다. 굶주림을 못 이
겨 빵을 달라고 울부짖는 아이들에게 가엾은 어머니가 먹일 것이라고는 소금
묻힌 작디작은 빵조각뿐입니다. 그 이상 더 비참할 수는 없습니다. 그런데도 침
략자들이 쳐들어와 모든 것을 빼앗아 가고 남김없이 쓸어갈 것입니다. 이래도
더 치를 것이 남아 있습니까?" 보베의 주교 장 주브넬(Jean Jouvenel, 1388~1473)도
1433년에는 블루아 궁정에서, 1439년에는 오를레앙 삼부회(三部會)[5]에서 백성들

---

5) 성직자, 귀족, 평민 출신 의원으로 구성된 프랑스의 신분제 의회. 1302년에 성립되어 절대 왕
　정의 확립에 따라 1614년에 폐쇄되었다. 1789년에 재개되었으나, 토의 형식을 둘러싸고 분규

이 겪는 참상을 강력히 호소했다. 다른 계층의 불평불만과 함께, 토론 형식으로 쓴 알랭 샤르티에(Alain Chartier, 1385?~1433?)의 《4인의 비난 Quadriloge invectif》(1422), 그리고 이에 영감을 받은 로베르 가갱(Robert Gaguin, 1433~1501)의 《농부와 사제와 경찰의 토의 Débat du laboureur, du prestre et du gendarme》에서도 백성의 비참함을 다뤘다. 연대기 작가들도 거듭 같은 주제를 다뤘다. 현실이 이미 그 주제를 품고 있어 다루지 않을 수 없었다. 장 몰리네는 〈힘없는 백성의 의지할 것 Ressource du petit peuple〉이라는 시를 썼고, 진지한 장 메쉬노는 처참한 백성을 돌보지 않는 귀족과 제후들에게 끊임없이 경고했다.

> 오 하느님, 헐벗은 백성을 살피소서.
> 간구하오니 이제 은혜를 베풀어 주소서.
> 아아! 굶주림과 추위, 두려움과 슬픔에 떨고 있나이다.
> 저들이 죄를 범하고 하느님을 만홀히 여겼더라도
> 자비를 간절히 바라나이다.
> 모조리 빼앗긴 저들이 딱하지도 않습니까.
> 풍차를 돌려 빵을 곡식도 없고
> 양털과 리넨까지도 모두 약탈당하여
> 먹을 것이라곤 물밖에, 아무것도 남지 않았습니다.

1484년 투르(Tours)에서 삼부회가 열렸을 때 왕에게 올린 진정서는 이런 백성의 비참함에 대한 호소가 정치적 항의 성격을 띠었다. 그러나 이 또한 여전히 판에 박힌 소극적인 동정에 지나지 않아서, 뾰족한 대책 방안도 없었고 사회 개혁에의 욕망은 그림자조차 찾아볼 수 없었다. 결국 비참한 백성이라는 주제는 아무 변화없이 라 브뤼예르[6]나 페늘롱[7]을 거쳐 18세기까지 이어진다. 늙은

가 일어나 프랑스혁명의 실마리가 되었다.

6) Jean de La Bruyère(1645~1696) : 프랑스 작가·모럴리스트. 테오프라스토스의 《성격론 Les Caractères》(1688)을 번역했는데, 그 부록으로 출판된 《사람은 가지가지》는 여러 인간상을 묘사하여 당대의 귀족 사회를 풍자했다.

7) François de Salignac de La Mothe-Fénelon(1651~1715) : 프랑스 종교가·소설가·모럴리스트. 루이 14세 손자 부르고뉴 공의 가정교사로 있으면서 《텔레마크의 모험 Les aventures de Télémaque》

미라보[8]의 탄식 '인간의 벗'이 반란을 예고하는 내용이었지만, 세월이 흘러도 크게 달라지지 않았던 것처럼 말이다.

중세 끝 무렵 기사도 이상 예찬론자가 덩달아 백성에게 표현하는 연민도 충분히 예상되는 일이다. 약자를 보호한다는 기사의 의무 실천이 요구하는 바이기 때문이다. 마찬가지로 진정한 고귀함은 오로지 덕목에서만 존재했으므로, 근본적으로 인간은 모두 평등하다는 관념 또한 기사도 이상에 뿌리를 둔 틀에 박힌 이론에 지나지 않았다. 이런 사고방식이 문화사에서 차지하는 역사적인 의미는 분명 과대평가되었다. 마음속에서 진정한 귀족이라고 생각하는 심정적 귀족이라는 자각이야말로 르네상스에서 얻은 승리라고 여겼다. 그래서 사람들은 《고귀함에 대하여 De nobilitate》(1440)에서 포조 브라치올리니[9]가 표현한 사상들을 인용하곤 한다. 인간이 모두 평등하다는 사상은 원래 오래전부터 있었는데도, 사람들은 존 볼(John Ball, ?~1381)의 다음과 같은 혁명적 문장을 평등주의의 첫 신호로 여기고 싶어 한다. "아담이 밭을 갈고 이브가 베를 짤 때는 누가 귀족이었겠는가?"[10] 사람들은 이 말에 귀족이 벌벌 떨었음이 분명하다고 믿었다.

이 두 사상은 오래된 궁정문학의 흔해빠진 주제로, 그동안의 사정은 대혁명 이전 앙시앵레짐[11] 사교계의 경우와 똑같았다. "고귀함은 정결한 마음에서 나

(1699)을 썼다. 우아하고 섬세한 문체로 쓰인 이 작품은 고전주의문학의 걸작으로 꼽히는데, 여기에 전개되는 루이 14세의 전제정치 비판은 계몽사상의 형성에 많은 영향을 미쳤다.

8) Victor Riquetti de Mirabeau(1715~1789) : 프랑스 중농주의파 경제학자·계몽사상가. 프랑스혁명기 정치가 미라보 백작(Honoré-Gabriel Riquetti de Mirabeau 1749~1791)의 아버지이다. 《인간의 벗 또는 인간론 L'Ami des hommes, ou Traité de la Population》(1756)을 저술했는데 이것이 성공하자 그를 '인간의 벗'이라고 불렀다. 그 뒤 같은 중농주의자 F. 케네의 숭배자가 되어 그의 사상 보급에 힘썼다. 《조세 이론 Théorie de l'Impôt》(1760)에서 통제경제 체제와 징세청부 제도를 신랄하게 비판하여 한때 투옥되기도 했다.

9) Gian Francesco Poggio Bracciolini(1380~1459) : 이탈리아 고전학자. 고전 번역 말고도 모두 라틴어로 쓴 《피렌체사 Histoire de Florence》, 《반(反)위선론 Contra hypocritas》, 《농담 이야기 Facéties》 등 여러 저술을 남겼다.

10) 존 볼은 요크의 사제로, 1381년 농민반란(와트 타일러의 난)까지 20년 동안 농민에게 원시 공산주의적인 사상을 설교했다. 감옥에 갇혀 있던 그는 반란군이던 켄트주 농민에게 구출되어 런던으로 가서 다시 설교했지만 이는 이미 여러 사람들에게 오르내리던 주제였다. 그는 그해 7월 교수형을 당했다. 프루아사르는 그를 '켄트의 미친 사제'라 불렀다.

11) Ancien Régime : 1789년 프랑스혁명 이전의 정치·경제·사회 상태를 가리키는 말. '구제도', '구체제'를 뜻함. 16세기 초부터 시작된 절대 왕정 시대의 체제를 가리키나, 넓은 의미로는 근대

온다." 이는 자코브 판마를란트[12]의 말인데, 이 사고는 이미 12세기 라틴어 시나 트루바두르[13] 시에도 유행했다. 하지만 단순한 내면 고찰에 머물렀을 뿐, 사회에는 아무런 영향을 끼치지 못했다.

　　사람을 가리지 않는 순수의 고귀함은
　　다 어디에서 나오는 것일까?
　　고상한 품성을 갖춘 온화한 마음에서 나오는 것
　　그 마음이 바르면 천민이 아니리.[14]

　　평등 개념은 초대교회 교부들이 키케로와 세네카에게서 빌려온 것이다. 대교황 그레고리우스 1세(Gregorius I, 540?~604)도 "우리는 모두 평등한 인간이다 (Omnes namque homines natura aequales sumus)"라는 잠언을 중세 유산으로 남겼다. 그 뒤 이는 여러 언어로 되풀이되었지만, 기존 현실의 불평등을 바꿀 어떤 의도도 들어 있지 않았다. 중세 사람들은 죽은 뒤 누리는 평등이 사상의 요점이라 보았다. 살아 있는 동안의 평등은 절망적일 만큼 불가능한 먼 미래의 일로 여겼기 때문이다. 외스타슈 데샹은 이 삶의 불의를 위로하기 위해 '죽음의 무도' 이미지와 연관지었다. 중세 끝 무렵, 사람들은 올바르지 않은 세상에 대한 위로를 이 이미지에서 찾았을 것이다. 인류의 조상 아담이 후손에게 말한다.

　　자녀들이여, 하느님 다음으로 첫 아비인
　　나 아담에게서 나온 자녀들이여,

　　사회 성립 이전의 사회나 제도를 가리키기도 한다.
12) Jacob van Maerlant(1230?~1288?) : 13세기 네덜란드 작가. 《알렉산더 대왕 이야기 *Alexanders geesten*》 말고도 라틴어, 프랑스어 로망스(romance)의 옛 네덜란드어 번역, 라틴 문헌에 의거한 《역사의 모범》의 저작이 알려져 있다. 여기에 인용된 말은 그가 지은 많지 않은 종교시에 속한 대화시 《무장한 마르티누스》 제1부 제43장에 나온다.
13) Troubadour : 중세 남부 프랑스의 음유시인을 통틀어 이르는 말. 이들이 무훈(武勳)과 기사도를 소재로 하여 지은 연애시는 서정성이 강한 것이 특징이다.
14) 작가 주 : 이는 데샹의 시로, 이런 평등사상과 심정적 귀족이라는 사상의 결합은, 이미 보카치오의 《데카메론》 넷째 날 첫째 이야기에서 기스몬다가 그의 아버지 탕크레디에게 한 말에 훌륭히 표현되어 있다.

너희는 모두 하느님께 지음받아 마땅히
내 갈비뼈, 너희 어미 이브에게서
나온 자손들이라. 그런데 어찌하여
너희 형제 중 어떤 자는 천민이고
어떤 자는 귀족 이름을 갖는단 말이냐.
그 귀족이 어디에서 나왔는가?
나는 알 수 없도다. 덕에서 말미암지 않았다면,
천민이 온갖 악을 범하는 비열함을 가리키는 게 아니라면,
너희는 모두 그저 가죽 하나로 싸여 있을 뿐이다.

하느님은 진흙으로 나를 빚으셨다.
무르고, 둔하고, 허무하게 죽을 수밖에 없는 인간
내게서 이브를 만드셨을 때, 우리는 벌거벗은 채였다.
하지만 우리에게 영원한 넋을 가득 불어넣으셨지.
그 뒤 목마름과 배고픔을 알게 되고,
일하고 괴로워하며, 슬픔 속에 자식을 가진다.
우리 죄 때문에 여인은 고통 속에 아이를 낳는다.
너희는 더럽고 탁하게 잉태되었다.
천민이라는 그 애처로운 이름은 어디에서 나왔는가?
너희는 모두 그저 가죽 하나로 싸여 있을 뿐이다.

막강한 왕과 백작과 후작,
백성의 주권자와 통치자,
그들이 태어날 땐 무얼 입고 있었는가?
피로 얼룩진 살가죽뿐이었다.
—제후들이여, 가엾은 백성을 업신여기지 말고,
죽음이 올가미를 치고 있음을 생각하라.

장 몰리네와 장 르메르 드 벨주[15] 같은 기사도 이상의 열렬한 숭배자들이 농민 출신 영웅의 업적을 부각시키고 기록한다. "천민 취급받는 백성 출신 영웅들이 때로 더 큰 용맹을 떨친다"는 사실을 귀족에게 가르치려는 의도가 깔려 있었다.

　어째서 심정적 귀족이나 인간 평등을 거듭 말하며 백성의 용기를 칭찬했느냐 하면, 귀족은 기사도 이상을 준수하여 세계를 지탱하고 정화할 의무가 있다고 부르짖고 싶어서였다. 귀족의 올바른 생활과 바른 덕이야말로 악한 세상을 구할 수 있다고 샤틀랭은 말한다. 교회와 국가의 안녕, 정의 실현은 그들의 손에 달려 있다. 장 드 뷔에이(Jean V de Bueil, 1406~1477)는 《르 주방셀 Le Jouvencel》에서 이렇게 말한다. "카인·아벨과 함께 나타난 전쟁이 이 세상에 손을 뻗어 선한 사람과 악한 사람을 집어삼켰다. 전쟁을 일으키는 것은 옳은 일이 아니다. 기사라는 귀하고 높은 신분이 생긴 것은 전쟁을 일으키기 위해서가 아니다. 전쟁의 재앙에 가장 큰 피해를 받기 마련인 백성을 보호하고, 평온한 삶을 지켜주기 위해서이다." 중세 끝 무렵 기사도 이상을 짊어지는 이를 대표하기에 가장 알맞은 부시코(Jean Ⅱ Le Meingre Boucicaut, 1366?~1421)는 그의 전기에서 말한다. "신과 인간의 법질서를 지탱하도록, 신은 두 기둥을 이 세상에 두셨다. 이것이 없으면 세상은 혼돈만 가득할 뿐이다." 그 두 기둥이란 '서로 덕을 세우는 기사도와 학문'이다. 학문·신앙·기사도, 이것이야말로 필립 드 비트리(Philippe de Vitry, 1291~1361)의 《백합꽃 제단 Chapel des fleurs de lis》(1335)이 말하는 세 송이의 백합이다. 저마다 세 계층에 대응하고 있는데, 기사도에는 학문과 신앙을 도우며 지킬 의무가 있다.

　기사도와 학문에 부여된 대등한 품격, 즉 기사라는 칭호에 따르는 권리와 똑같은 권리를 박사의 칭호에 부여하려는 경향은, 기사도 이상의 도덕 수준이 매우 높음을 나타낸다. 박식한 지적 능력과 더불어 용감한 성취욕 또한 칭송받았다. 사람들은 풍부한 잠재능력을 가진 존재이기를 바랐고, 그 능력에 이 두 가지 확실한 형식을 부여하기를 원했다. 높고 원대한 삶의 과제에 대한 헌신이라

---

15) Jean Lemaire de Belges(1473~1524) : 시인이자 역사학자. 장 몰리네의 조카로 추정된다. 장 몰리네와 함께 발랑시엔에서 지내며 시에 대해 배웠다. 여러 나라를 다니며 군주들을 섬겼고, 그의 화려한 문체와 사상은 르네상스 시대에 영향을 끼쳤다.

는 점에서는 서로 동등했지만, 기사도 이상이 더 멀리 강한 영향을 끼쳤다. 왜냐하면 기사도 이상에는 도덕적 가치 말고도, 사람들의 마음을 사로잡을 수 있는 누구나 알기 쉬운 미적 가치가 풍부했기 때문이다.

4장
기사도 관념

일반적으로 중세 사상은 신앙적인 사고방식이 구석구석까지 스며들어, 말하자면 소금에 절여진 상태와 마찬가지로 제한된 영역, 즉 궁정과 귀족 사회의 사상에 기사도 이상이 흠뻑 녹아 있었다. 신앙적 사고방식 자체가 기사도 관념의 매력에 푹 빠져 있었던 것이다. 예를 들어 대천사 미카엘의 무훈은, '무훈을 세운 최초 기사의 전투와 용맹'이다. 대천사에서 유래한 기사도는 '지상의 군대, 인간의 기사단'으로서, 하느님의 높은 보좌를 둘러싼 천사의 군대를 이 땅에 본뜬 것이다. 기사 작위 수여는 종교 사상과 깊이 연관되어 있어서, 말하자면 사제를 임명하는 '서품(敍品)'처럼 여겼다. 그것은 콜라 디 리엔조[1]가 전하는 기사 목욕 의식에서 뚜렷이 나타난다. 14세기 첫 무렵 에스파냐 시인 후안 마누엘 (Juan Manuel, 1282~1348)도 기사 목욕을 성스러운 의식이라 부르며, 세례나 혼인 미사에 견주었다.[2]

귀족이 의무 수행에 거는 기대는, 현실 정치와 관련된 어떤 이념을 귀족이 해야 될 과업으로 정할 만큼 높았던가. 그렇다. 국왕들의 연합을 바탕으로 한 세계 평화 추구, 예루살렘 정복과 터키인 축출이 그러했다. 지칠 줄 모르는 계획

---

1) Cola di Rienzo(1314?~1354) : 이탈리아 정치가. 1347년 로마에서 폭동을 일으켜 고대 로마 공화정의 부흥을 선언하고, 스스로 호민관의 지위에 앉았다. 이탈리아 다른 도시들에게도 협조를 요청했으나, 그해에 로마에서 쫓겨났다.

2) 기사 서임과 교회 의식의 결합은 오래전에 이루어졌으며, 13세기 끝 무렵에 망드(Mende)의 주교 기욤 뒤랑(Guillaume Durand)이 쓴 주교 전례서는 교회 주교에 의한 기사 서임 예식 차례를 자세히 규정하고 있다. 14세기에 들어서면 기사 서임을 받을 사람은 그 전날 밤에 철야기도를 해야만 했다. 이때 몸을 정결하게 하는 의식이 기사 목욕이다. 일반적인 방법으로 서임받은 기사와 달리, 이런 방식으로 서임을 받은 기사를 '목욕기사'라 불렀다. 예를 들면 영국 왕 헨리 4세는 1399년 46명의 '목욕기사'를 서임했다.

가 필립 드 메지에르(Philippe de Mézières, 1327~1405)는 템플 기사단이나 호스피탈 기사단[3]의 세력을 뛰어넘는 새 기사단을 꿈꾸었다. 그는 《늙은 순례자의 꿈 Songe du vieil pélerin》에서 가까운 장래에 세계를 구원할 거창한 계획을 세운다. 이는 1388년 무렵, 샤를 6세 스승이던 메지에르가 이 불행한 국왕에게 많은 희망을 기대하며 쓴 것이다. "프랑스의 젊은 국왕은 영국 왕 리처드와 쉽게 화친할 수 있을 것이다. 그와 마찬가지로 리처드도 젊어서 옛 싸움에 책임이 없으니까. 그들은 우호적으로 이 평화를 유지해야 하고, 알려진 신비로운 계시 하나하나를 서로 이야기해야 한다. 이 협상을 성직자·법학자·군사령관이 알게 되어 분쟁을 일으킬 작은 이해관계 따위는 포기하는 게 낫다. 프랑스 국왕에게 국경의 몇몇 도시 또는 성 두세 곳 정도는 양보를 권유하자. 그러면 화친이 이루어지고 십자군 원정이 준비될 것이다. 곳곳의 해묵은 싸움과 숙원은 해결될 터이고, 지역마다 폭정도 없어질 것이다. 그리고 설교로 타타르인·터키인·유대인·사라센인을 개종시킬 수 없다면, 모든 종교회의에서 그리스도교 제후들을 설득해 전쟁에 나서도록 할 것이다." 심지어 파리 첼레스티누스파 수도원에서 메지에르가 젊은 루이 도를레앙과 친하게 지낼 때도 이 엄청난 계획이 화제에 오르지 않았을까? 있을 수 없는 일은 아니었다. 오를레앙 제후가 메지에르에 비해 실용적이고 공리적인 정치 성향이 강하게 느껴진다 하더라도, 그 또한 평화와 십자군의 꿈에서 벗어나지 못했던 것이다.

기사도 이상에 기초한 사회 이미지는 현실 세계를 불가사의한 빛깔로 물들였지만 그 빛은 오래 가지 않았다. 금세 퇴색하고 말았다. 날카로운 프루아사르, 지루한 몽스트를레, 데쿠쉬(d'Escouchy), 장중한 샤틀랭, 우아한 라 마르슈, 요란스러운 장 몰리네 같은 14~15세기 프랑스 연대기 작가는, 코민과 토마스 바쟁

---

3) 두 기사단은 제1차 십자군 원정 때 팔레스티나에서 만들어졌으며, 제3차 십자군 원정의 독일 기사단과 함께 3대 기사단으로 불린다. 호스피탈 기사단(Ordre des l'hospitaliers)이라는 별명의 성 요한 기사단(Ordre de Saint-Jean de Jérusalem)은, 뒷날 키프로스섬, 14세기에는 로도스섬, 16세기에는 몰타섬으로 옮겨갔다. 템플 기사단(Ordre du Temple)은 1291년 이스라엘 아코(Akko) 항이 함락된 뒤 본거지를 프랑스로 옮겨, 많은 기부를 받아 부유해졌다. 프랑스 왕 필립 4세(Philippe le Bel, 1268~1314)는 이에 주목해, 아비뇽 초대 교황 클레멘스 5세(Clément V)를 이용하여 기사단을 해체하고 재산을 몰수했다. 끝내 1314년, 기사단장 자크 드 몰레(Jacques de Molay)는 처형되고 기사단은 해체되었다.

을 제외하고는 모두 기사의 미덕과 명예로운 무훈을 찬양하기 위해 글을 쓴다고 소리를 높였다. 그러나 그들의 호언대로 실행한 자는 아무도 없었다. 샤틀랭이 그 좋은 예이다. 매우 낭만적인 기사도 서사시를 그대로 옮겨놓은 듯한《멜리아도르 *Méliador*》작가 프루아사르도 이상적인 '용맹'과 '눈부신 무예'로 머릿속이 꽉 차 있었다. 그럼에도 이 저널리스트의 펜은 배신, 잔인무도, 교활한 사리사욕, 권력 남용, 철저하게 이익을 계산한 무공을 부지런히 기록했다. 장 몰리네는 자주 기사도적 의도를 까맣게 잊고 단순한 사건만을 생생하게 나열했다. 그의 독특한 어휘나 문체는 별개 문제로 제쳐둔 이야기이지만, 그는 가끔 생각난 듯 몸에 밴 고귀한 품성으로 되돌아왔다. 몽스트를레는 기사도 취지를 더욱 표면적으로 다루었다.

사람들이 천박하게 볼지도 모르지만, 작가들은 손에 잡히지 않는 세상을 이해하려고 마치 기사도 허구라는 조제약을 처방하는 셈이었다. 그들은 기사도 형식 속에 들어가서야 비로소 잇따라 일어나는 사건을 이해할 수 있었던 것이다. 이 시대 현실에서는 전쟁이나 정치가 전혀 형태를 갖추지 못했으며, 서로 연관성을 갖고 움직이는 것으로도 보이지 않았다. 광대한 영역 곳곳에서 지리멸렬하게 일어난 전쟁으로, 흩어진 채 각각 고립되어 침입과 습격이 만성화되었다. 외교는 복잡하게 뒤얽혀 아무런 도움이 되지 못했고, 너무 일반화된 전통적인 온갖 이념에 얽매이기도 했는데, 복잡하기 짝이 없는 특수하고 자질구레한 권리 문제와 관련되는 까닭이었다.

역사는 현실을 사회 발전이라는 관점에서 구별할 준비가 되어 있지 않았기 때문에 기사도 이상이라는 허구를 역사 서술에 이용했다. 그 힘을 빌려 모든 것을 말끔히 정리하고, 제후의 명예와 기사의 미덕이라는 이미지를 묘사하고, 고귀한 규율에 묶인 훌륭한 놀이 형태를 나타내면서, 질서의 환영(幻影)을 만들어 냈다. 투키디데스[4] 같은 역사 서술가가 갖춘 통찰력에 빗대어 보면, 이런 역사학은 비교도 안 될 만큼 수준이 낮았다. 말라비틀어진 역사학은 기껏해야 겉보기에만 아름다운 무훈과 장중한 의식에 대한 단순한 진술로 끝나고 말았

---

4) Thucydides : 고대 그리스의 역사가(BC 460?~BC 400?). 기원전 5세기 후반 아테네에서 활동한 사람으로 교훈적·실용적 역사학의 시조로 불린다. 저서에《펠로폰네소스 전쟁사》,《역사》등이 있다.

중세의 기사 서임식

던 것이다. 그렇다면 이 관점에서 역사의 진정한 증인이라 할 수 있는 사람들은 누구일까. 프루아사르는 군사(軍使)[5]와 문장관(紋章官)[6]이라 보았다. 의식을 집행할 때마다 늘 참석하여 직권으로 그 시작과 끝을 비판했던 이들은 영광과 명예의 숙련된 전문가였으며, 또 이 영광과 명예야말로 역사 서술의 주제였던 것이다.

황금양털 기사단[7] 규약은 기사 무공의 행적과 기록을 명령하고 있다. 황금양털 기사 장 르 페브르 드 생레미(Jean Le Fèvre de Saint-Remy, 1395~1468)나, 군사(軍使) 베리(Berry)라 불렸던 질 르 부비에르는 문장관 형식의 전형적인 역사 서술가라 할 수 있을 것이다.

기사도 개념은 아름다운 삶의 이상에 있어서 매우 특별한 유형이다. 원래 이는 미학적 이상으로, 다채로운 공상과 마음에 쌓인 감동에서 나오는데, 중세 사고에서는 여기에 종교와 미덕을 관련지어 더 윤리적인 이상을 실현하고자 한다. 이로써 삶의 이상이 고상한 위치를 차지하기 때문이지만, 기사도는 언제나 여기에서 발목이 잡힌다. 그 죄 많은 기원이 윤리적 이상의 높이까지 이를 수 없게 끌어내리는 것이다. 왜냐하면 이상의 본질은 아름다움으로까지 높여진

---

5) le héraut : 전시·교전 중에 있는 상대방과 교섭하기 위해 파견되는 사절(使節).

6) 기사 문장을 확인하는 관리. 중세에는 수많은 귀족 집안의 문장이 있었으며, 한 집안에서도 대를 이으면서 문장이 변형·추가되기도 했다. 문장관은 이 문장을 문장록에 기록하여 위조 여부를 확인했으며, 특히 기마 시합의 사회와 심판을 보기도 했다.

7) Ordre de la Toison d'or : 부르고뉴 제후 선량공 필립(필립 3세)과 포르투갈 공주 이사벨라 (Isabelle de Portugal, 1397~1471)의 결혼을 기념하여 만든 기사단. 그리스 신화에 나오는 이야기에서 유래한 이름이지만, 성모마리아와 성 앙드레(부르고뉴의 수호성인)에게 바쳐진 기사단이다. 뒷날 혼인으로 합스부르크 왕가의 오스트리아 및 에스파냐와 제휴했다.

자부심이기 때문이다. 이를 충분히 이해한 샤틀랭은 말한다. "제후의 영예는 자부심을 위해 무리하게 위험을 무릅쓰는 데에 달려 있다. 모든 힘의 원천은 자부심이라는 한 점으로 모이는 것이다." 양식화되고 높아진 자부심에서 명예가 나온다. 그것이 귀족 생활이 지향하는 극점이다. 이폴리트 텐(Hippolyte Taine, 1828~1893)은 《현대 프랑스의 기원 Les Origines de la France contemporaine》에서, 중류계층 또는 하층민의 인간관계에서는 이해관계가 주된 원동력인 데 비해, 귀족사회에서는 자부심이 원동력이 된다고 말한다. "인간의 깊은 감정들 가운데 자부심만큼 성실·애국심·양심으로 변하기에 알맞은 것은 없다. 자부심이 강한 인간은 자신에게나 남에게 존중받지 못하는 것을 참지 못해서, 합당하게 존경받을 가치가 있는 사람이 되려고 애쓰기 때문이다." 텐은 귀족을 지나치게 미화하려는 경향이 있다. 실제로 묘사된 것을 보면 귀족의 역사에는 파렴치한 사리사욕과 결합된 교만이 곳곳에 겹쳐 있다. 그럼에도 그의 설명이 귀족 생활의 이상에 대한 좋은 정의라는 사실은 여전하다. 이는 부르크하르트가 《이탈리아 르네상스의 문화 Die Kultur der Renaissance in italien》에서 르네상스 명예심에 관하여 내린 정의와 밀접한 관련이 있다. "명예심은 양심과 이기심의 기이한 혼합물이며, 근대인은 아직도 이를 잃지 않았다. 앞 세대로부터 이어받은 신앙·사랑·희망 같은 감정이 자기 탓인지 아닌지는 묻지 않으며, 모든 것을 잃었다고 하더라도 이 감정만은 근대인의 마음에 남아 있다. 명예심은 심한 이기주의나 수많은 악행과 함께 성립하고 조화를 이루어 터무니없이 남을 속여도 아무렇지 않다. 하지만 한 인간의 품성에 남아 있는 고귀함도 명예심과 관련이 있어서, 이를 원천으로 새 힘을 길어 올릴 수 있는 것이다."

부르크하르트는 르네상스인의 두드러진 특징으로서, 어떤 때는 고상한 명예심으로 표현하고, 어떤 경우에는 천성인 자부심에서 나온 듯한 개인적 명예욕으로 묘사한다. 그는 계층의 명예욕과 보편적·인간적 명예욕을 대립시켜 전자는 이탈리아를 제외한 중세 사회에 활기를 불어넣은 감정이고, 후자는 고전적인 고대 모범의 강한 영향 아래 단테 이후 이탈리아 정신이 추구한 감정이라 했다. 하지만 이는 부르크하르트가 중세와 르네상스, 서유럽과 이탈리아 사이의 거리감을 지나치게 과장한 것 같다. 영예를 선호하고 명예심을 드높이는 르네상스의 핵심에는 앞 시대의 기사도 정신이 있다. 이는 원래 프랑스가 그 기원이다. 봉건시대의 감정을 떨쳐 버리고 고대의 사상을 품은, 활동무대를 넓힌 계층의 확대된 명예심인 것이다. 후세로부터 칭찬받으려는 열정적인 마음은, 이탈리아 15세기 재인(才人)들과 마찬가지로, 12세기 궁정 기사, 14세기 프랑스·독일의 용병대장들과도 인연이 없지는 않았다. 1351년 3월 27일 '30인 전투(Combat des Trente)'를 앞두고, 장 드 보마누아르(Jean de Beaumanoir)와 영국인 대장 로버트 뱀버러(Sir Robert Bamborough) 사이에 체결된 협정에 대해 프루아사르는 다음과 같은 말로 끝맺고 있다. "그리고 우리 후세에 넓은 홀, 궁정, 거리광장을 비롯한 전 세계 곳곳에서 사람들의 이야깃거리가 되도록 힘쓸 것이다." 기사도 이상을 존중하고 평가하는 데에는 완벽하게 중세적인 샤틀랭도, 다음과 같이 노래할 때는 르네상스적이다.

> 명예는 온갖 고귀한 마음을 품으라 권하고
> 고결한 모든 것을 사랑하라 말한다.
> 고귀함은 이에 올바른 마음을 더하도다.

다른 곳에서 샤틀랭은 이렇게 말한다. "유대인과 이교도들은 명예를 훨씬 소중하고 엄격하게 지켜야 할 것으로 믿었는데, 명예 자체를 현세의 칭찬으로 여기고 기대했기 때문이다. 그리스도교에서는 명예가 신앙의 빛을 통하여 주어지는 것으로 보았으며, 이는 내세의 보답을 약속할 따름이었다."

프루아사르는 용맹을 신앙과 윤리에 근거한 원동력으로 보지 않고 오로지 영광과 명예를 추구하는 것, 더 나아가서 '앙팡테리블'[8]이 경력을 만들기 위한 것이라 칭송하고 있다.

기사도의 명성 추구는 영웅 숭배와 떼려야 뗄 수 없는 관계이다. 이는 중세적인 동시에 르네상스적인 것이다. 기사의 삶은 하나의 모방이었다. 그 대상들이 아서왕 이야기 속 영웅이든, 고대 영웅이든 상관없었다. 이미 기사도 이야기(Roman courtois, 궁정식 기사담)가 유행하기 시작했을 때부터, 알렉산더 대왕은 기

---

8) Enfant terrible : '무서운 아이' 또는 '겁 없는 신예'라는 뜻. 장 콕토(Jean Cocteau, 1889~1963)의 소설 《무서운 아이들 Les Enfants terribles》(1929) 제목에서 비롯되었는데, 기성세대에 도전하는 젊은 세대를 가리키는 말로 널리 쓰이게 되었다.

사도의 사고영역에 포함되었다. 공상의 고대 세계와 뒤섞인 경이로운 원탁의 기사 세계는, 이때 아직 구별되지 않았던 것이다. 르네(René)왕은 어떤 시에서 랑슬로(Lancelot), 카이사르, 다윗, 파리스(Paris), 트로일로스(Troïlus)[9]의 모습과 문장으로 장식된 묘비가 그야말로 무질서하게 뒤섞여 있는 광경으로 묘사되고 있다. 기사도 자체는 로마에서 비롯된 것으로 여겨졌다. 르 페브르 드 생레미는 영국 왕 헨리 5세를 이렇게 평가한다. "그는 기사도 규율을 잘 지켰다. 일찍이 로마인들이 그랬던 것처럼." 성장하던 고전주의는 이런 경향에 어느 정도 정화작용을 하여, 고대 역사의 실상을 밝히려 했다. 포르투갈 귀족 바스코 데 루세나(Vasco de Lucena)는 호담공 샤를을 위해, 퀸투스 쿠르티우스 루프스(Quintus Curtius Rufus)의 《알렉산더 대왕의 역사 *Historiae Alexandri Magni*》[10]를 번역하고 이렇게 말했다. "요즈음 돌아다니는 알렉산더 대왕전은 대부분 사실과 다르게 역사를 왜곡했다. 150년 전 자코브 반 마를란트의 번역처럼, 허구를 남김없이 없앤 진정한 알렉산더를 이 책에서 보여주고 싶다." 따라서 호담공 샤를에게 《알렉산더 대왕의 역사》를 본보기로 보여주려는 그의 의도를 알아챌 수 있다. 그는 위대하고 찬란한 업적으로 고대인과 어깨를 나란히 하려는 의욕에 불타던 제후들 가운데 샤를을 첫째로 꼽았다. 라 마르슈에 따르면, 샤를은 젊은 시절부터 가웨인(Gawain)이나 랑슬로[11] 같은 영웅담을 낭독시켜서 즐겨 들었다고 한다. 그러다가 고대인들을 더 좋아하게 되었고, 잠자리에 들기 전, 으레 두세 시간씩 '고대 로마 역사책'을 소리 내어 읽게 했다. 그 가운데서도 카이사르·한니발·알렉산더를 좋아하여 '그들을 본받고, 그 삶을 본뜨고 싶어 했다.' 그즈음 사람들

9) 파리스와 트로일로스는 트로이 왕 프리아모스(Priamos)와 그 부인 헤카베(Hekabe)의 아들이다 (호메로스 《일리아드》). 파리스는 스파르타에서 미녀 헬레네를 데리고 트로이로 도망쳐서, 트로이 전쟁의 원인을 제공한 인물이다. 트로일로스는 처음부터 죽은 자로 등장하는데, 아킬레스에게 죽임을 당했다고 전한다. 중세에는 오히려 '트로일로스와 크레시다'의 전설 형태로 알려졌다. 셰익스피어는 이 제목으로 5막짜리 유쾌한 희곡 《트로일로스와 크레시다 *Troilus and Cressida*》를 썼다.

10) 기원전 1세기 중반 무렵 쓰인 이 책은 모두 10권인데, 그중 처음 2권은 없어져서 8권만 전해진다. 클라우디우스 1세 통치하에 살았던 로마 역사가 퀸투스 쿠르티우스 루프스는 《켄트-퀴르스 *Quinte-Curce, de La Vie Et Des Actions D'Alexandre Le Grand*》에서 알렉산더 대왕의 생애와 업적을 다루었다.

11) 둘 다 아서왕 전설의 기사. 가웨인은 아서왕의 외가 쪽 조카이다.

알렉산더 대왕

은, 샤를을 행동으로 이끈 원동력이 이 같은 의도적인 모방이라 생각했다. 코민은 말한다. "그는 위대한 영광을 갈망했다. 이것이야말로 그를 무엇보다도 먼저 전쟁터로 내몰았다. 그는 죽은 뒤에도 늘 사람들의 입에 오르내리는 고대의 제왕과 제후들을 닮고 싶었던 것이다." 샤틀랭은 샤를이 고대인들의 위대한 업적과 아름다운 행동거지를 따르는 마음을 처음으로 실천에 옮기는 것을 지켜보았다. 1467년, 부르고뉴 제후로서 말린(Malines)에 처음 입성할 때의 일이다. 그는 한 반란 사건을 진압해야 했는데, 사건을 속속들이 조사했고, 이미 법정에서는 주모자에게 사형, 나머지는 영구 추방이라는 판결이 내려졌다. 처형대가 광장에 설치되었고, 제후는 앞자리에 앉았다. 죄인은 벌써 끌려 나와 꿇어앉아 있었다. 사형 집행자가 칼을 뽑았다. 그러자 지금껏 속내를 드러내지 않던 제후가 갑자기 소리쳤다. "멈춰라! 눈가리개를 벗기고 그자를 일으켜라."

이에 샤틀랭은 말한다. "그때 나는 그가 고상하고 독특한 행동을 함으로써 후세에 영광과 명성을 얻으려 한다는 것을 알아챘다."

호담공 샤를의 일화는 고대 이미지에 어울리는 아름다운 삶을 추구하는 마음이 기사도 이상에 직접 뿌리내린 르네상스 정신을 보여 주는 매우 적절한 예이다. 그를 동시대 이탈리아 고대 애호가들과 비교해 보아도, 둘의 차이는 고작해야 독서량과 취미뿐이다. 샤를은 번역된 고전을 읽었고, 그가 선호한 양식이 플랑부아양(flamboyant) 고딕[12]에 속했던 것이다.

기사도와 르네상스의 긴밀한 결합은 이른바 '아홉 용사' 숭배에도 잘 나타난다. 아홉 용사는 기사도 이상의 세계에 나타난 이교도 3인, 유대인 3인, 그리스도교 3인으로 이루어진 영웅 그룹이다. 이들은 1312년 무렵 쓰인 자크 드 롱기용(Jacques de Longuyon)의 《공작새의 맹세 Vœu du paon》에서 처음으로 모습을 드러낸다. 영웅을 선택하는 방법부터 기사도 이야기와 밀접한 관련이 있었는데, 뽑힌 이들은 헥토르[13], 카이사르, 알렉산더 3인과 여호수아,[14] 다윗, 유다스 마카베우스[15] 3인, 그리고 아서, 샤를마뉴, 고드프로이 드 부이용[16] 3인이었다. 외스타슈 데샹은 그의 스승인 기욤 드 마쇼(Guillaume de Machaut)에게서 이 사상을 이어받아 수많은 시를 바쳐 아홉 영웅을 노래했다. 중세 끝 무렵 매우 특징적인 균형의 요구에 맞추어, 아홉 용사들에게 아홉 여걸을 짝지은 것도 그였을 것이다. 유스티누스[17]를 비롯한 다른 작가의 고전 작품을 통해 그는 팡테실레

---

12) 프랑스 15세기 고딕건축 양식. 타오르는 불꽃 같은 골조 모양이라는 뜻. 파리 샤르트르 대성당의 북쪽 새 첨탑이 플랑부아양 고딕 양식. 참고로 남쪽 옛 첨탑은 로마네스크 양식.

13) 트로이 왕 프리아모스와 그 아내 헤카베의 장남. 헥토르(Hektor)는 지탱한다는 뜻으로, 그가 트로이의 기둥임을 나타낸다. 호메로스의 서사시 《일리아드》에서 그리스의 아킬레우스와 함께 중심인물이었던 헥토르는 트로이의 으뜸가는 용사이자, 모든 면에서 무장의 본보기가 될 훌륭한 성격의 소유자로 그려졌는데, 아킬레우스와 싸우다 죽고 만다.

14) 이스라엘의 가장 훌륭한 지도자 모세의 부관이었으며, 모세가 죽자 뒤를 이어 이스라엘의 지도자가 되었다. 이집트를 탈출하여 40년 동안 광야생활을 하던 이스라엘 백성과 함께 하느님이 약속한 땅인 가나안으로 들어간다. 구약성서 모세 5경(모세가 기록한 율법서) 바로 뒤에는 이 정착 과정을 기록한 역사서 여호수아가 이어진다.

15) 시리아 왕이 유대인을 약탈하고 종교적으로 탄압하여, 유대인은 마카비 항쟁(BC 168)을 일으키는데, 유다스 마카베우스는 이 전쟁의 지도자 가운데 한 사람이다. 유대 독립은 실패로 돌아갔지만, 그는 예루살렘을 되찾고 성전을 개축하여 많은 존경을 받았다. 먼 훗날 헨델(George Frideric Handel, 1685~1759)은 이를 바탕으로 오라토리오 《유다스 마카베우스 Judas Maccabaeus》(1746)를 작곡하는데, 이는 종교음악의 정수 《메시아 Messiah》(1741) 다음으로 헨델의 걸작으로 꼽힌다.

16) Godefroy de Bouillon(1058?~1100) : 블로뉴 백작 가문 출신. 1082년, 하(下)로렌 제후의 영토를 얻어 로렌 제후 고드프로이가 되었다. 제1차 십자군원정에 참가하여 예루살렘의 초대 수호자로 뽑혔다. 예루살렘 왕으로 불리는 것을 거부하여 '성묘수호자(Advocatus Sancti Sepulchri)'라는 명칭으로 불렸다.

17) Justinus(100?~165?) : 초대교회 전도자. 팔레스타인 출생. 스토아 철학·아리스토텔레스 철학·

이아,[18] 토미리스,[19] 세미라미스[20] 등 색다른 고대 여성들을 그러모았다. 주저 없이 이들의 이름을 바꾸어 누가 누구인지 알기 어려웠지만, 그 때문에 이 착상의 유행에 방해되지는 않았다. 뒷날 《르 주방셀》 같은 작품 등에 용사와 여걸은 다시 나타난다. 그 모습은 벽걸이 양탄자에도 등장하고 저마다 문장까지 고안하게 된다. 1431년, 영국 왕 헨리 6세는 18명 모두를 앞세워 파리에 입성했다고 한다.[21]

15세기를 거쳐 그 뒤에도 이 착상이 얼마나 생생하게 유행했는지는 다음과 같은 패러디가 널리 퍼진 데서도 알 수 있다. 예를 들면 장 몰리네는 9명의 '대

피타고라스 철학을 섭렵하고, 플라톤에 이르러 철학의 극치를 이루었다. 그 뒤 에페수스에서 한 노인을 만난 것이 계기가 되어 그리스도교로 개종하고 전승신앙과 지식을 연관시켜 그리스도교를 그리스 철학의 이상으로 보았다. 그리스도교 진리를 알리는 데 힘썼으며, 165년 무렵 로마에서 순교했다. 저서로 《역대 필립스 사전(史傳) 44권 *Historiarum Philippicarum libri XLIV*》 및 그리스도교 변증서 등이 있다.

18) Penthesileia : 그리스 신화에 나오는 아마존의 여왕. 전쟁신 아레스와 오트레레의 딸이다. 트로이 전쟁 때 헥토르가 죽은 뒤 트로이를 구하러 여군을 이끌고 전쟁에 가담하여 많은 그리스군을 쓰러뜨렸으나, 아킬레우스의 창에 찔려 전사했다. 아킬레우스는 그녀의 아름다움과 젊음이 아까워 탄식했다 한다.

19) Tomyris : 마사게타에(Massagetae)의 여왕. 고대 그리스 역사가 헤로도토스(Herodotos)는 카스피해 동쪽의 초원 민족을 모두 마사게타에라 불렀다. 페르시아뿐만 아니라 다른 뭇 나라들에서도 위대한 군주로 칭송받던 키루스 2세(Cyrus II)는 그녀에게 죽임당했다. 루벤스는 이를 〈토미리스와 키루스 *Queen Tomyris before the Head of Cyrus*〉를 통해 그려냈다.

20) Semiramis : 바빌론의 전설적인 여왕. 시리아의 여신 데르케트와 카유스트로스의 딸이었으나 버려져 비둘기와 양치기 손에 자랐다. 커서는 아시리아의 신하 온네스와 결혼하여 지혜롭게 남편을 도왔으나, 그녀의 군략과 미모에 반한 아시리아 왕 니누스가 빼앗아 아내로 삼았다. 아들 니뉴아스를 낳고 얼마 뒤 왕이 죽자, 그녀가 왕위를 이어 오랫동안 바빌론을 지배했다. 그녀는 바빌론을 재건하여 도시·도로·하수도 공사를 벌였는데, 그 가운데 특히 세계 7대 불가사의 '바빌론의 공중정원(Hanging Gardens of Babylon)'이 유명하다(공중정원은 세미라미스가 아니라 신바빌로니아의 네부카드네자르(느부갓네살)가 만들었다는 설도 있다).

21) 작가 주 : 15세기 하를렘(Haarlem) 도시법 관계의 다양한 수사본(手寫本)에 이 아홉 용사를 노래한 9절 시가 있다. 이에 대하여는 내가 편집한 《하를렘의 법의 기원》(1911) 서론을 참고하라. 세르반테스(Miguel de Cervantes Saavedra, 1547~1616)도 '이름 높은 아홉 영웅들' 《돈키호테》 5편 제5장에 언급한다. 영국에서는 아홉 위인(the nine worthies)이 17세기까지 널리 알려져 있었다. 영국 극작가 토머스 헤이우드(Thomas Heywood, 1574?~1641)는 《이 세상에서 가장 고귀한 아홉 여성을 삶의 모범으로 삼아 기억해야 할 행동》이라는 글에서, 아홉 번째 여인으로 엘리자베스 여왕을 들었다.

잔 다르크의 처형을 그린 삽화 1429년 잔 다르크는 프랑스군을 이끌고 영국군을 물리쳤다. 이듬해 부르고뉴군에 잡혀 영국군에 인도된 그녀는 화형에 처해졌다.

식가(大食家) 용사들'을 익살맞게 표현했다. 또 프랑수아 1세는 때때로 고대의 옷차림을 하고 아홉 용사 가운데 한 명을 연기했다.

앞서 말한 것처럼, 데샹은 이렇게 짝을 이루는 여성 그룹을 찾아내 아홉 용사의 착상을 완성한 셈인데, 이와 다른 방식으로 이미지를 넓히기도 했다. 그 무렵 프랑스 사람인 베르트랑 뒤 게스클랭(Bertrand du Guesclin, 1320~1380)을 아홉 용사에 이은 열 번째 용사로 삼아, 옛 영웅의 덕행에 대한 숭배를 현재와 자연스럽게 연결지어, 성장하기 시작한 프랑스 군대의 애국심에 옮겨 심은 것이다. 이 착상도 성공을 거두었다. 루이 도를레앙은, 쿠쉬(Coucy)성의 대연회 홀에 열 번째 용사로 용맹스러운 왕립군대 총사령관 게스클랭을 조각하도록 명령했다. 오를레앙 제후가 그를 기념하기 위해 남보다 갑절이나 배려를 하는 데는 그만한 이유가 있었다. 총사령관은 그가 세례받을 때 시중을 들었으며 그의 작은 손에 검을 쥐어 준 사람이었다. 사람들은 여성 그룹에서 열 번째로 기대되는 존재로 마땅히 잔 다르크를 꼽는다. 15세기에는 그녀에게 그만한 위치를 부여하려는 의도가 분명 있었다. 게스클랭의 손자뻘이 되는 루이 드 라발(Louis de Laval, 1411~1489)은 잔 다르크 전우의 동생이었는데, 그는 집안에 속한 교회 사제 세바스티앙 마메로(Sébastien Mamerot)에게 게스클랭과 잔 다르크를 열 번째 용사로 하여 아홉 용사와 아홉 여걸의 역사를 쓰도록 의뢰했다. 그런데 원고로 남아 있는 마메로의 작품에 두 이름은 빠져 있다. 결국 잔 다르크에 대해 이 착상으로 인기를 얻은 흔적은 어디에서도 찾아볼 수 없었던 것이다. 15세기 프랑스에서 성장하기 시작한 국가적·군사적 영웅 숭배의 대상은 용감하고 타산적인 브르타뉴 군인이라는 인간상에서 찾아내었다. 그 무렵 사람들은 동레미(Domrémy) 출신 농부 딸인 잔 다르크보다, 그녀와 함께 또는 그녀의 적이 되어 싸운 장관들을 훨씬 중요한 사람으로 여겼다. 그들이 영예에 더 어울리는 지위를 차지하고 있었던 것이다. 잔 다르크에 대해 이야기하는 사람들은 감동받아서가 아니라 단순히 호기심 때문이었고, 그녀에게 경의를 표하지도 않았다. 샤틀랭은 원래 부르고뉴 당파심을 제쳐 두고 프랑스 왕가에 대한 열렬한 충성심을 나타낼 줄 알았던 사람이었는데, 샤를 7세가 세상을 떠날 무렵, 시 〈비밀스러운 종교의식〉을 지었다. 거기에는 왕을 따라 영국군과 싸운 모든 지휘관이 등장한다. 용사들의 명예 전시장이라 할 만한 이 시에는, 1절씩 자신의 공로를 노래하는 대목이 있었다. 뒤누아(Dunois), 장 뒤 뷔에이(Jean V du Bueil), 생트라유(Xainrailles), 라 이르(La Hire)를 비롯하여, 이름이 알려지지 않은 이들도 많았다. 마치 나폴레옹 휘하 장군 행렬 같은 느낌이었지만, 잔 다르크에 대해서는 한마디도 없었다.

역대 부르고뉴 제후는 보물창고에 낭만적인 취미로 가득한 영웅들의 진기한 유물을 많이 갖고 있었다. 이를테면 성 조르주(Saint Georges)의 문장으로 장식된 '베르트랑 드 클레켕(Bertran de Claiquin)'은 베르트랑 뒤 게스클랭이 사용했다는 검(劍)이었다. 가랭 르 로에랭[22]의 멧돼지 이빨, 성왕 루이가 어렸을 때 배운 시편 등, 기사도적 환상과 종교적 상상력이 자연스럽게 어울리고 있었다. 여기서 한 걸음 더 나아가면 르네상스가 된다. 교황 레오 10세는 베네치아 부르주아가 보낸 로마 역사가 리비우스의 위팔뼈라는 별난 물건을 성스러운 유물이라도 된 듯이 엄숙하게 여기지 않았던가.

---

22) Garin le Loherain : '로렌(Lorraine) 일족의 익살'이라 불리는 연작 무훈시의 주인공. 3대 익살 연작시 가운데 하나인 '동 드 마양스(Doon de Mayence)의 익살'에 등장하는 라울 드 캉브레도 로렌 일족으로 나오지만, 이는 3대 익살 연작시에는 포함되지 않은 독자적인 연작시이다.

중세 끝 무렵 영웅 숭배는, 완벽한 덕을 갖춘 기사들의 전기 형태로 문학에 나타났다. 그 가운데 질 드 트라즈니(Gilles de Trazegnies, 1199~1276)처럼 전설적인 인물도 있었다. 하지만 좀 더 흥미로운 부시코와 같은 동시대 사람의 전기를 더 중요하게 여겼다. '부시코' 사령관으로 불린 장 르 멩그르(Jean le Meingre, 1366?~1421)는 곤경에 처한 조국을 구하기 위해 충성을 바쳤다. 1396년, 그는 이때 느베르 백작이던 용맹공 장과 함께 니코폴리스(Nicopolis) 전투에 출전한다. 터키 군대를 유럽에서 몰아내려 했던 프랑스 기마대는 술탄 바예지드 1세(Bayezid Ier, 1360~1403)에게 대패하고, 대부분 포로가 되었다. 1415년, 아쟁쿠르(Azincourt) 전투에서 또 포로가 된 그는 풀려나지 못한 채 6년 뒤 죽고 만다. 그가 아직 살아 있었던 1409년, 어느 숭배자가 그의 업적을 책으로 만들었다. 정확한 자료에 근거했다 하나 그것은 시대사를 기록한 책이 아니라, 오직 이상적인 기사의 완벽한 초상이었다. 파란만장한 이 사나이의 참모습은 기사의 이상적이고 아름다운 표면 뒤로 숨어버렸던 것이다. 니코폴리스 전투의 무시무시한 파국도 전기 《부시코 무훈담 *Le livre des faits du mareschal Boucicaut*》에서는 희미한 색채만을 띠고 있었다.

부시코는 성실하고 경건하면서도 궁정식 교양을 갖춘 모습으로 묘사되었다. 부시코 아버지의 입을 빌려, 진정한 기사라면 마땅히 한마디 하고 넘어가는 재물에 대한 경멸을 그린다. 그는 물려받은 영지를 늘리려고도 하지 않았지만, 그렇다고 영지가 줄어들어도 좋다는 인물은 아니라며 이렇게 말한다. "내 자식들이 올바르고 용감하면 그것으로 충분하다. 만약 그들이 하찮은 인간이라면 많은 재물을 남긴 것이 오히려 해가 될 것이다." 부시코의 경건한 신앙생활은 청교도를 떠오르게 한다. 아침에 일찍 일어나 세 시간씩 기도하는 그는 아무리 바빠도 반드시 매일 두 번씩 무릎 꿇고 미사를 드렸다고 한다. 금요일에는 검은 옷을 입었고, 주일과 축일에는 걸어서 교회를 가거나, 성인(聖人) 전기(傳記) 또는 '로마인과 그 밖에 고인이 된 용사' 이야기의 낭독을 경청했다. 그도 아니면 신앙에 대하여 사람들과 이야기를 나누었다. 절도 있고 성실한 그는 늘 말을 아꼈으며 화제도 하느님·성인·덕·기사도가 대부분이었다. 모든 하인에게도 신앙과 예의를 가르쳤으며, 남을 저주하지 않도록 일렀다고 한다. 그는 여성에 대한 품위 있고 성실한 숭배에 열정적인 옹호자였다. 그는 한 여성을 위해 모든 여성을 존중하고, 여성을 지키기 위해 '초록 방패 하얀 귀부인(l'écu vert à la dame blanche)' 기사단을 창설하여, 크리스틴 드피상[23]에게 칭송받았다. 1401년, 샤를 6세의 명령으로 제노바를 대신 다스리기 위해 머물던 때의 일이다. 어느 날 그는, 길에서 우연히 마주친 두 여성의 인사에 정중하게 답례했다. "전하, 전하께서 매우 정중하게 인사를 건넨 두 부인이 누구인지 아십니까?" 시종이 물었다. 그가 "제길, 모르겠다" 대답하자, 시종이 말했다. "전하, 그들은 창부랍니다." "뭐야, 창부라고?" 그는 말했다. "제기랄, 나는 품행이 단정한 부인 한 사람에게 결례를 범하는 것보다 창부 10명에게 깍듯이 인사를 하는 편이 낫다고 생각하네." 그의 좌우명은 '당신이 원하신다면(Ce que vous voudrez)'이었다. 명언이 흔히 그러하듯이, 그는 의도적으로 이것을 비밀이나 되는 것처럼 은밀히 여겼다. 그것은 자신이 충성을 맹세한 귀부인에 대해 자발적이고 무조건적인 헌신을 뜻하는 것일까, 아니면 기나긴 삶에서 고달픔을 참고 견디는 일을 말하는 것일까. 이 명언에서 그 의미를 읽어낸 것은, 그로부터 훨씬 뒤의 일이 아니었을까.

경건과 겸손, 진정과 성실이라는 색채로 이상적인 기사도 이미지는 아름답게 묘사되었다. 현실의 부시코는 어떤 점에서 보더라도 이와 딱 들어맞지는 않았으리라. 아무도 들어맞기를 기대하지 않았다. 폭력과 탐욕은 그의 계층에서는 당연했으며, 이 고귀한 기사 이미지와도 낯설지 않았다.

그런데 이와 완전히 다른 분위기를 풍기는 기사 유형이 나타났다. 장 드 뷔에이의 전기적 이야기로 부시코 전기보다 반세기쯤 뒤에 쓰인 《르 주방셀》이다. 먼저, 이 시기적 차이는 사고방식의 차이를 보여준다. 장 드 뷔에이는 잔 다르크의 깃발 아래 싸웠으며, 프라그리(Praguerie) 반란[24]과 '공익 동맹' 전쟁[25]에도 참

---

23) Christine de Pisan(1365?~1430?) : 베네치아 출신의 프랑스 시인이자 작가. 우의적(寓意的) 방법으로 전통적 주제를 다루면서 신선한 감성을 나타내는 수많은 서정시 말고도, 사랑·종교·도덕·역사·정치 등에 관한 좀 더 야심적인 저작 《부녀(婦女)의 나라》(1405), 《삼덕(三德)의 글》(1405), 《현왕(賢王) 샤를 5세 선행의 글》(1404) 등이 있다. 특히 여성의 지위를 둘러싸고 그녀가 시인 장 드 묑을 공격한 일로 시작된 《장미이야기 논쟁》은 수많은 인문주의자를 휩쓸리게 한 논쟁으로 발전했다.

24) 1440년 2월, 샤를 7세에 대항하여 황태자 루이와 부르봉 제후가 이끈 반란. 푸아투(Poitou)에서 왕립군대에 패한 주모자들이 7월에 왕에게 복종한다. 프라그리라는 호칭은, 프라그(프라하)를 중심으로 한 후스파 반란에서 나온 말이다.

25) 1461년 왕위에 오른 루이 11세는 부왕인 샤를이 중용한 제후를 국정에서 멀리하려 했다. 뒤

가한 장군이었다. 왕의 노여움을 산 1465년 무렵, 그는 세 부하에게 지난 인생 담을 들려주었는데, 이 기록이 《르 주방셀》이다. 낭만주의를 사실적인 형태로 나타낸 부시코 전기와는 대조적으로, 《르 주방셀》은 허구의 형태를 띠고 있지 만 실제로는 매우 사실적인 면을 보인다. 적어도 제1부에서는 그러했다. 제2부 에서는 달콤한 낭만주의가 눈에 띄는데, 이는 필자가 한 사람이 아니었기 때문 인 듯하다. 1444년, 프랑스군은 스위스령으로 들어가 처절할 정도로 추격하여, 생자크 쉬르 라 비르스(Saint-Jacques-sur-la-Birse) 전투에서 바젤 지방 농민들을 요 격했다. 저 유명한 테르모필레 전투[26]를 자신들의 것으로 만든 농민들의 치열한 싸움을 양치기의 사랑 같은 느긋한 전원시로 여긴 것이다.

이와 대조적으로 《르 주방셀》 제1부는, 이 전쟁의 실상을 달리 비교할 수 없 을 만큼 냉정하고 정확하게 그려내지만, 글쓴이 또한 잔 다르크에 대하여는 한 마디도 하지 않았다. 글쓴이의 주인이 잔 다르크의 전우였을 텐데도 글쓴이가 찬양하는 것은 주인의 무훈담뿐이다. 아마 이 주인공은 자기 무공을 글쓴이인 부하들에게 매우 교묘하게 이야기했을 것이다. 여기에서 뒤에 부르봉 왕가의 기마병과 나폴레옹 휘하의 근위병, 그리고 제1차 세계대전의 병사들을 탄생시 킨 군국 프랑스의 정신이 이미 예고된 것이나 다름없다. 이 책에서 머리말은 젊 은이들에게 기사 생활이 어떤지 배우라고 권하며, 확실히 기사도를 활용하여 교만·질투·탐욕을 경계하고 있지만, 《르 주방셀》 제1부에서는 부시코 전기 같 은 경건한 말투나 사랑에 대한 토론이 빠져 있다. 여기서는 전쟁의 처참과 가난, 피곤과 결핍을 견디고 위험에 대항하는 새로운 용기를 볼 수 있을 뿐이다. 어 느 성주가 수비대를 소집한다. 그런데 말은 15필밖에 없었다. 게다가 말라빠진 짐말이었고, 편자도 박지 않은 상태였다. 그런 말 1필에 병사가 2명씩 탔는데, 그

누아 백작, 부르봉 후작, 브르타뉴 후작, 동생인 페리 후작 샤를 드 프랑스까지도 이에 불만 을 품는다. 이들은 1465년 '공익 동맹'을 결성하고 샤롤레 백작 샤를(부르고뉴 제후가 되는 시 기는 1467년부터임)이 이를 지지했다. 7월, 몽 르 엘리의 싸움에서 제후 연합군의 공세를 잘 견딘 루이 11세는, 10월에 샤를과 화친을 맺어 동맹을 무너뜨린다. '공익(Bein public) 전쟁'이라 고도 한다.

26) 이 전투는, 제3차 페르시아 전쟁에서 스파르타 왕 레오니다스 지휘 아래 그리스 연합군이 테르모필레(Thermopylae)의 험준한 곳에 잠복했다가, 남하하는 페르시아 대군을 요격하여 전 멸시킨 싸움이다. 그래서 '글자 그대로 전멸하고 말았다'는 의미가 된다.

들은 거의 애꾸눈에 절름발이였다. 그들은 대장의 옷에 바대를 대려고 적의 빨래터를 습격하러 간다. 겨우 빼앗은 암소도 적장이 요구하면 정중하게 돌려준다. 들판을 가로지르는 심야 행군 장면에서는 향기로운 밤공기가 감돌고 정적에 휩싸인다. 《르 주방셀》에서 기사 유형은 국민군의 유형으로 넘어간다. 곧 주인공은 겨우 잡은 포로들을 훌륭한 프랑스인이 된다는 조건 아래 자유롭게 풀어주고 만다. 높은 자리에 오른 장 드 뷔에이는 모험과 자유로운 옛 생활을 그리워한다.

《르 주방셀》 전편이 처음부터 끝까지 현실감이 있지는 않았지만, 이처럼 사실적인 기사 유형이 부르고뉴 문학에 자주 나타나는 것은 아니었다. 프랑스 문학과 비교하여 부르고뉴 문학은 유행에 뒤지고 쓸데없이 엄숙하며 봉건사회 사고방식에 얽매어 있었다. 15세기 에노(Hainaut) 지방의 전형적인 기사로 부르고뉴의 영웅인 자크 드 랄랭 같은 이들은 《르 주방셀》의 주인공에 비하면 낡아빠진 골동품보다 더 낡았다. 질롱 드 트라즈니처럼 고풍스러운 방랑 기사 유형에 열중한 《자크 드 랄랭 무훈담》은 실제 전쟁보다 낭만적인 기마 시합으로 가득하다.

다음은 《르 주방셀》 가운데 한 구절로, 이만큼 솔직하게 전투 심리를 묘사한 감동적인 문장은 예전에도 없었고 앞으로도 볼 수 없을 것이다.

"전쟁은 즐거운 일……. 전쟁터에서 사람들은 서로 사랑한다. 아군의 대의(大義)를 굳게 믿고, 자신의 혈족이 훌륭히 잘 싸우는 광경을 보면 눈물이 저절로 고인다. 창조주의 명령을 실행하고 따르기 위해서 용감하게 몸 바쳐 나아가는 동료를 보면, 성실과 연민의 달콤한 감정으로 마음이 벅차오른다. 그리하여 그와 더불어 생사를 같이하고 싶은 마음이 든다. 그를 사랑하여 절대 떨어지지 않겠다고 생각하는 것이다. 이를 느껴본 적이 없는 자는, 그것이 얼마나 상쾌한 기쁨인지 결코 알 수 없다. 이 쾌락을 맛본 자가 죽음을 두려워하리라 생각하는가? 절대 그런 일은 없다. 왜냐하면 그는 자신이 어디에 있는지를 모를 만큼 용기에 넘치고 마음 깊은 곳에서부터 기뻐하기 때문이다. 참으로 그는 아무것도 두려워하지 않는다."

이는 15세기 기사가 한 말이지만, 근대 병사의 말 같기도 하다. 이 말은 특별히 중세 기사도 이상이랄 게 없다. 용맹심이 생생하게 그 감정을 드러낼 뿐이다.

생명의 위험 한가운데서 자신의 좁고 이기적인 틀을 깨고, 힘을 내어 앞으로 한 걸음 내딛는 그 감정의 움직임, 동료의 용감한 모습에 마음 깊이 느끼는 안도감, 성실과 자기희생으로 느끼는 기쁨, 이런 원시적 금욕주의야말로, 기사도 이상을 쌓아 올려, 남성적 완성이라는 이미지로까지 승화되는 것이다. 그리스의 칼로카가티아[27]가 말하는 아름다운 삶을 추구하는 격렬한 열망으로서, 여러 세기에 걸쳐 사람들의 마음에 활력을 불어넣은 것이다. 그러나 동시에 사리사욕과 폭력을 뒤에 숨긴 가면이기도 했다.

---

27) Kalokagathia : 칼로스($K\alpha\lambda\acute{o}\varsigma$: Kalos, 美)와 아가토스($A\gamma\alpha\theta\acute{o}\varsigma$: agathos, 善) 두 단어를 접속사 카이(kai, 그리고)로 연결한 합성어이다. 칼로스와 아가토스가 하나가 된 상태, 아름다우면서도 선한 것을 추구하는 그리스인의 삶의 지향성을 표현한 말이다.

5장
사랑에 빠진 영웅의 꿈

기사도 이상(騎士道理想)이 뚜렷하게 드러나면 언제나 금욕주의적 요소가 강조된다. 십자군 시대에 이 이상은 종교와 결합한 기사단처럼 필연으로 여겨질 정도로 매우 자연스럽게 수도 생활과 관련되어 먼저 꽃을 피웠다. 현실에 배신당할 때마다 기사도 이상은 점점 상상의 세계로 도피하여, 현실 사회에서는 결코 볼 수 없는 고귀한 금욕의 모습들을 지켜내려 했다. 방랑 기사도 템플 기사단처럼 세상과 인연을 끊고 가난하게 살았다. 심리학자 윌리암 제임스(William James, 1842~1910)는 《종교적 경험의 다양성 *The Varieties of Religious Experience*》(1902)에서, 가진 것 하나 없는 고귀한 전사의 이상에 대해 말한다. "현실적으로 이렇다 저렇다 하지는 않아도, 심정적으로는 여전히 전사적이고 귀족적인 인생관을 지배하고 있다. 우리는 기사가 무엇에도 얽매이지 않는 자유로운 사나이이기 때문에 찬미한다. 오직 생명 말고는 무엇 하나 가진 게 없어도 필요하다면 언제고 자기 생명을 기꺼이 내던질 각오가 되어 있는 그는, 이상을 목표로 하며 거침없이 자유를 실천하는 사람이다."

그러므로 기사도 이상이 동정·충성·정의 같은 수준 높은 윤리적 요소들과 관련되어 있음도 결코 인위적이고 피상적인 겉치레가 아니다. 하지만 그렇다고 해서 그런 감정들이 특별히 뛰어나 기사도에 아름다운 삶의 형식이 드리워진 것도 아니며, 그 근원적인 충동과 남성적인 투쟁심이 이를 잘 이루어낸 것도 아니다. 만약 사랑이 열정으로 불타올라 이 감정과 이념의 복합체에 삶의 온기를 부여하지 않았다면, 기사도가 삶의 한 형식으로까지 드높아지는 일은 없었을 것이다.

기사도 이상에서 가장 고유한 특징인 금욕주의와 용감한 '희생정신'은, 기사 생활 자체를 결정짓는 기본 감정인 애욕(愛慾)과 밀접한 관계가 있다. 이는 어쩌면 채울 수 없는 욕망의 도덕적 변신에 지나지 않는다. 사랑을 표현하고 그에 양식을 부여하는 욕망이 단순히 문학이나 조형미술에 한정되는 것은 아니다. 사랑에 고상한 양식이나 형식을 갖추려는 욕구가 품위 있는 교제, 게임, 정다운 이야기, 스포츠를 비롯한 삶의 온갖 형태 속에서 충족되고 날개를 펼칠 공간을 찾아낸다. 사랑은 여기서도 끊임없이 순화되어 낭만적인 경향이 강해지는 것이다. 삶은 문학을 따른다. 하지만 결국 문학도 삶에서 모든 것을 배운다. 기사도에 나타난 사랑은 원래 문학이 아니라 삶에서였다. 기사와 그가 가장 사랑하는 연인이라는 기본 줄거리도 실제 삶의 인간관계에서 먼저 나타났다.

기사와 연인, 사랑에 빠진 영웅이야말로 변함없이 가장 낭만적이며, 앞으로도 곳곳에서 끊임없이 늘 새로운 모습으로 나타날 주제이다. 그것은 꿈틀거리는 관능에 아무것도 섞지 않은 채, 윤리 또는 윤리의 탈을 쓰고 자기부정으로 베껴 쓴 데에 지나지 않는다. 여성이 지켜보는 앞에서 용기 있게 위험을 무릅쓰며, 강해 보이려고 괴로움을 참으며 피를 흘린다. 이는 16세 소년이라면 누구든지 알고 있는 열망의 직접적인 표현이다. 소망하지만 도무지 감당할 수 없는 꿈처럼 보이던 염원도, 사랑 덕분에 영웅적으로 행동하면 이뤄질지도 모른다. 다만 이를 위해서는 죽음도 각오해야 한다. 말하자면 소망을 채우려면 이중으로 보장받아야 하는 것이다.

그렇지만 그리운 연인의 마음을 사랑으로 채울 '영웅 행동'을 둘러싼 꿈은, 시시각각 무성한 초목처럼 성장하고 퍼져간다. 이 단순한 첫 주제는 금세 힘을 잃는다. 사람들은 같은 주제에서 새 이미지를 찾는다. 정열은 고뇌와 단념의 꿈에 보다 강렬한 색채를 내리친다. 다가올 급박한 위험에서 여성을 구하고 해방시키는 영웅 행동으로 여겨질 것이다. 그리하여 주제에 더 강렬한 자극이 보태졌다. 첫 주제에는 주인공 자신이 여성을 위해 고뇌를 찾고 있었는데, 이제는 사랑하는 이를 괴로움에서 구하려는 소망이 재빨리 첫 주제와 어깨를 나란히 하게 되었다. 이 젊은 영웅의 처녀 구출은 알고 보면 다른 모든 남자를 물리치고 마침내 처녀성을 독점하는 데에 그치는 것인가. 어쨌든 여기서 눈에 띄게 드러난 주제는, 처녀를 구하는 젊은 영웅이라는 기사도 애욕이었다. 덫을 놓은 것이 아무리 악의 없는 용이라 해도, 그곳엔 언제나 성적 원인이 숨겨져 있었다. 번 존스(Sir Edward Coley Burne Jones, 1833~1898)의 유명한 그림은 얼마나 소박하고 솔직하게 이를 말해 주는가. 근대식 귀부인으로 그려진 처녀는 청순한 묘사만큼 더 관능적이고 신비한 기운을 피부로 직접 느끼게 한다.

처녀 구출은 매우 독창적이어서 늘 젊은 느낌을 주는 낭만적인 주제이다. 그런데 새삼 낡아빠진 신화 해석학이 이 주제에서 자연 현상적 표현을 보았다는 것은 도대체 어찌 된 일일까. 이것이 인간성에서 직접 나온 사상이라는 점은 누구나 알 수 있다. 문학에서는 이 주제가 너무 자주 반복되어 한때 꺼려지기도 했지만, 카우보이 로맨스 영화처럼 모습을 바꾸어 거듭 나타났다. 게다가 이 주제는 문학 말고도 사람들의 사랑에 대한 추억에 끊임없이 강한 영향력을 미쳤다. 영웅, 즉 연인 이미지에서 남성적이거나 여성적인 사랑 모습이 어느 정도 인정될 수 있는지 헤아리기란 매우 어렵다. 사랑 때문에 괴로워하는 남자는, 남성들이 그렇게 보이고 싶어 하는 모습일까, 아니면 여성이 바라는 남성상일까. 아마 전자일 것이다. 사랑을 문화 형식으로까지 드높이는 상상력에는 사실 남성적인 사고만 드러나고 표현되었다. 적어도 얼마 전까지는 그러했다. 사랑에 대한 여성의 견해는 늘 베일에 싸여 있고, 좀 더 미묘하며, 깊은 비밀에 갇혀 있는 것이다. 여성은 사랑을 영웅 이야기식으로까지 낭만적으로 승화시킬 필요가 없다. 원래 헌신이란 여성의 본성이라, 여성은 모성을 떼어놓고 생각할 수 없기 때문이다. 여성의 사랑은 굳이 용기나 희생을 상상하지 않아도, 스스로 자신의 욕망과 애욕 위에 설 수 있다. 문학이 여성에 의한 사랑 표현을 하지 않음은 대부분 남성이 문학을 주도한 탓이지만, 그게 다는 아니다. 사랑에 빠진 여인은 그 사랑을 문학으로 표현하지 않아도 되기 때문이다. 사랑하는 사람 때문에 괴로워하며 싸우는 고귀한 구원자는, 분명 처음에는 남성 자신이 바라는 모습을 그린 이미지였다. 그런데 이 구원자의 꿈은, 그가 이름 없는 사람으로 등장하여 영웅적인 행동을 한 뒤에 비로소 이름을 알린다는 줄거리로 점점 박진감을 더한다. 영웅의 무명성은 확실히 여성이 상상한 사랑 묘사에 뿌리내린 낭만적인 주제가 표현된 것이다. 말을 탄 전사로 표현된 남성의 힘과 용기에 대한 더없는 존경심, 참으로 여기에는 여성의 소망인 힘에 대한 예찬과 남성의 육체적인 자부심이 결합되어 있다.

중세 사회는 이처럼 젊은이의 채울 수 없는 탐욕으로 근원적이고 낭만적인 주제를 길러냈다. 이를테면 서정시 같은 고상한 문학 분야에서는, 인간의 욕망을 그리는 방식이 점점 절제된 세련미를 더했으며, 때로는 치밀하고 착실하게, 때로는 풍부한 재치로 넘치는 짜릿한 표현을 추구하게 되었다. 하지만 기사도 문학은 언제나 새로운 젊음을 되찾아 변함없이 낭만적인 내용을 끝도 없이 되풀이했는데, 그러면서도 우리로서는 이해하기 힘든 어떤 매력을 지속해 나갔다. 우리는 자칫 14세기라는 시대가 이런 유치한 환상에서 이미 빠져나왔다고 생각하기 쉽다. 그래서 때늦은 기사도 로망,[1] 즉 프루아사르의 《멜리아도르》나, 《페르스포레스트 *Perceforest*》(1340?)[2] 등을 시대착오라 평가하는 경향이 있지만, 오늘날 대중소설과 마찬가지로 시대착오가 아니었다. 다만 엄격한 의미에서 순수문학으로 보기는 어려워서, 응용예술에 가깝다고 할 수 있을 것이다. 이런 문학이 늘 생명을 유지하며 새롭게 변할 수 있었던 까닭은 선정적인 상상에는 모델이 필요했기 때문이다. 르네상스 전성기에 나온 이 모델들은 《아마디스 드 골 *Amadis de Gaule*》[3]이었다. 16세기 중반 무렵, 프랑수아 드 라 누[4]는 르네상스와 인본주의로 단련된 세대임에도, 아마디스 이야기가 '갈피를 못 잡고 헤매게' 만든다며 분명히 말하고 있다. 그러니 마음의 균형을 잃은 1400년대 세대들에게 낭만적 감수성이 얼마나 극심했을지 짐작할 수 있을 것이다.

사랑이 낭만주의에 도취되는 경험은 언제나 먼저 독서의 형태로만 오는 것이 아니다. 놀거나 보는 것 또한 도취를 불러일으킨다. 이 유희는 두 가지 형식이 있는데, 바로 연극 상연과 운동경기이다. 중세는 운동경기가 훨씬 더 중요했다. 대체로 연극은 종교를 소재로 삼아서, 낭만적인 내용을 다루는 것은 지극히

---

1) roman : 그리스어나 라틴어가 아닌 중세시대 속어였던 로망어(프랑스어)로 쓴 장편 소설. 주로 운문으로 쓰이기도 했으며, 애정담과 무용담을 중심으로 한 전기적(傳奇的)이고 공상적인 요소가 많은 것이 특징이다. 로망은 오늘날 '소설'과 거의 같은 의미로, 영국에 건너가 로맨스(romance)가 되었다.

2) 작자 미상. 아서왕 전설집에 포함됨. 알렉산더 이야기 등, 고대 영웅담이 많이 들어 있다. 베티스(Bétis)라는 영웅이 어느 '숲(Forêt)'에 걸려 있던 주술을 풀어, 숲을 '헤쳐 나가는(percer)' 이야기이다.

3) 1508년 에스파냐에서 간행된 기사도 이야기. 13세기 끝 무렵의 작품을 손보아 출판한 것으로 보인다. 1540년에 프랑스어로 번역했다. 브르타뉴 이야기와 비슷함. 골(Gaul ; 옛 프랑스) 왕 페리옹(Perión)과 소브르타뉴(England) 공주 엘리세나(Elisena)의 아들 아마디스가 덴마크 공주 오리아나(Oriana)를 위해 모험하는 내용이다.

4) François de la Noue(1531~1591) : 브르타뉴 귀족. 1558년 신교로 개종했으며 군인으로 일생을 보냈다.

예외였다. 그에 비해 중세 운동경기는 특히 기마 시합5)을 첫째로 꼽았는데, 경기 자체가 고도로 극적이면서도 선정적인 요소를 풍부하게 갖추고 있었다. 운동경기는 어느 시대에서나 극적인 요소와 선정적인 요소를 갖추기 마련이다. 따라서 오늘날 조정(漕艇) 경기나 축구 시합은, 경기자나 관중이 그다지 강하게 의식하지 않더라도 중세 기마 시합과 느낌이 매우 비슷하다. 하지만 근대 스포츠가 자연스레 그리스적인 단순함으로 향하는 데 비해, 중세 운동경기, 특히 중세 끝 무렵 기마 시합은 풍성한 장식과 호화로운 장막으로 둘러싸였다. 극적인 요소와 낭만적인 요소가 의식적으로 더해져, 그 자체로 드라마의 기능을 다하는 스포츠였다.

대체로 중세 끝 무렵에는, 상류계층 문화생활이 하나의 사회적 유희로 두루 변해가는 쇠퇴기였다. 현실은 무섭고 냉혹하며 잔인했다. 사람들은 기사도 이상이라는 멋진 꿈속에 현실을 끌어들여, 그곳에 놀이 세계를 구축했다. 사람들은 랑슬로 가면을 쓰고 연기했다. 이는 끔찍한 자기기만으로, 마음을 찌르는 허위가 비웃음을 자아내고 자신과 그 거짓을 부정함으로써만 겨우 견딜 수 있는 간교한 속임수였다. 15세기 기사도 문화는 언제나 감상적인 충직함과 어렴풋한 빈정거림 사이에 불안정하게 서 있었다. 명예·충성·고귀한 사랑 같은 기사도 덕목은 매우 진지하게 다뤄지는 한편, 때로는 찌푸렸던 엄숙한 얼굴도 가끔 웃음으로 주름졌다. 이 균형이 깨지고 확실하게 의식된 패러디가 나타난 곳은 이탈리아였다. 풀치(Luigi Pulci, 1432~1484)의 《모르간테 *Morgante*》(1483)와 보이아르도(Matteo Maria Boiardo, 1440?~1494)의 《사랑하는 오를란도 *Orlando Innamorato*》(1483)가 그러했다. 하지만 이러한 기사도 낭만주의의 감수성은 새로운 승리를 거둔다. 아리오스토6)는 노골적인 조롱을 없애고 빈정거림과 진지함의 균형을 잡아, 놀라운 숭고함을 나타냈기 때문이다. 기사도에 익숙한 상상력은 여기서

---

5) 11세기 프랑스 기사 투르누아(tournoi)에게서 비롯되어 기마 시합을 '토너먼트'라 부른다. 두 편으로 나뉘어 상대를 말에서 떨어뜨리는 방식으로, 말에서 떨어진 수가 적은 편이 이긴다. 이것이 점차 시합 승부를 뜻하는 경기방식을 나타내게 되었는데, 오늘날 운동경기 방식인 토너먼트는 여기에서 나온 것이다.

6) Ludovico Ariosto(1474~1533) : 이탈리아의 시인. 르네상스 끝 무렵 대표적 서사 시인으로 서사시 《광란의 오를란도 *Orlando Furioso*》(1516)로 유명하다.

더 고전적인 표현을 찾아냈던 것이다.[7]

16세기 이탈리아도 마찬가지였다. 도대체 1400년 무렵 프랑스 사회에서 기사도 이상의 진지함을 누가 의심할 수 있겠는가? 문학에서 모범적 기사의 전형으로 표현된 고결한 부시코의 경우, 그가 바치는 기사도 이상의 바탕을 이루는 낭만주의는 어느 누구보다 강렬했다. 그는 젊은이들의 가슴속에 기사에게 걸맞은 고상한 싸움을 추구하는 무훈의 갈망을 품게 하는 것은 다름 아닌 사랑이라 말한다. 부시코는 고풍스럽고 우아한 예절로 그 마음에 담은 사람을 섬긴다. "그는 오직 한 여성에 대한 사랑 때문에 모든 것을 바쳤고, 모든 사람을 섬기고 존경했다. 사랑하는 사람 앞에서 그의 말씨는 우아하고 예의 발랐으며 조심스러웠다."

전형적인 문학 묘사에서나 볼 수 있는 부시코의 문학적 태도와 실제 그가 경험한 현실 사이에는, 우리가 거의 이해하기 어려운 대조가 엿보인다. 그는 언제나 행동하는 지도자로서 늘 시대의 격렬한 정치 분야의 전면에서 활동해 왔다. 1388년, 부시코는 공무수행을 위해 제1차 동방 여행에 나섰다. 그는 동료를 위로하려고 필립 다르투아(Philippe d'Artois), 그의 집사, 그리고 크레세크(Cresecque)와 함께 시를 지으며 즐거워했는데, 이는 완전한 덕을 갖춘 기사에게 어울리는 고귀하고 진실한 사랑을 옹호한다는 뜻이었다. 이 시들은 나중에 《100편의 발라드로 이루어진 책 *Le Livre des cent ballades*》으로 완성되어 그 시대를 요약하고 있다. 이 일은 그런대로 좋았다. 그러나 7년 뒤 부시코는 뒷날 용맹공 장이 될 아직 어린 느베르 백작의 조언자로서, 술탄 바예지드 1세에 맞서는 십자군 원정이라는 무모한 모험에 참가했다가 니코폴리스 전투에서 끔찍한 재앙을 겪는다. 함께 시를 지었던 세 사람은 이 전투에서 목숨을 잃었고, 포로가 된 젊은 프랑스 귀족들이 그의 눈앞에서 학살되었던 것이다. 사람들은 아무리 부시코라 해도 냉정한 군인이고, 경험도 그만큼 쌓았으니, 우아한 유희나 기사도 환상에 대

---

7) 루이지 풀치의 《거인 모르간테 *Morgante Maggiore*》(《모르간테》의 별칭)는 오를란도(롤랑)와 거인 모르간테의 여행을 묘사한 샤를마뉴 무훈시를 재편집한 작품으로, 1466년부터 썼는데 1481년에 출판되었다. 마테오 마리아 보이아르도의 《사랑하는 오를란도》는 1476년 이후 작품으로, 같은 샤를마뉴 무훈시에서 소재를 취하여 아서왕 전설을 덧붙였다. 보이아르도는 1492년 무렵 붓을 놓아, 이 시를 완성하지 못했다. 이를 이어 쓴 사람은 루도비코 아리오스토로, 바로 《광란의 오를란도》이다.

한 열정은 식었으리라 생각했다. 이 경험으로 색안경을 끼고 세상을 보는 것은 그만두자고 깨달았음이 틀림없다고. 사람들의 생각이 옳지 않을까? 그런데 그렇지 않았다. 그 뒤에도 그는 고풍스러운 기사도 수양으로 마음을 다졌다. 오히려 그는 억압당하는 불쌍한 여성들을 보호하기 위해 '초록 방패 하얀 귀부인' 기사단을 창설하는 한편, 1400년부터 기분 전환을 위한 세련된 유희로써 프랑스 궁정 사회를 열광케 했던, 혹독한 사랑이 이상적인지 가벼운 사랑이 이상적인지라는 문학 논쟁에 참가하여 여성의 관점을 대변했다.

모든 문학이나 사회생활이 고상한 사랑으로 완전히 뒤덮인 풍경은, 아무래도 우리 취향과는 맞지 않아서 자신도 모르게 웃음을 터뜨리게 만든다. 결국 이것이, 정열을 표현하는 낡아빠진 낭만 형식이 반드시 다다르게 될 운명이었다. 수많은 사람들의 작품, 기교를 부린 시구, 많은 돈을 들여 개최하는 기마 시합에서는 이제 더 이상 정열의 메아리를 들을 수 없었다. 그저 몇몇 진실한 시인의 아주 작은 소리만이 겨우 메아리칠 뿐이었다. 하지만 수많은 이름 모를 작품은 문학이나 예술로서는 가치가 낮을지 모르나, 그즈음 사람들의 삶의 치장과 감정 표현에는 커다란 의미가 있다. 그 중요성을 이해하려면 그때 살아 움직이던 정열을 그곳에 다시 불어넣어야 한다. 사랑의 시와 기마 시합의 묘사를 읽을 때, 하늘을 나는 갈매기처럼 보기 좋게 치켜 올라간 눈썹과 눌려서 좁아진 이마 아래서, 그즈음 사람들이 무엇인가를 바라보던 반짝이는 눈빛들을 상상하며 되살려내지 못한다면, 역사에서 일어난 사소한 지식과 떠들썩한 사건을 시시콜콜 늘어놓은 서술이 대체 무슨 쓸모가 있겠는가. 이미 수세기 전에 흙으로 돌아간 사람들이지만, 그 옛 눈빛이야말로 오늘날까지 살아남아 산더미같이 쌓여 있는 모든 문학과 기록보다도 훨씬 소중하다.

오늘날 우리는 이 시대가 낳은 문화유산에 의미 있는 정열의 파편을 아주 작은 우연의 섬광을 통해 슬쩍 엿보는 것에 지나지 않는다. 시 〈왜가리의 맹세 *Le Voeu du Héron*〉에서, 기사에게 어울리는 전투 맹세를 요청받은 장 드 보몽(Jean de Beaumont)은 이렇게 노래한다.

주점에서 독한 술을 들이켜자니
소녀가 우리를 찬찬히 바라보며 지나가고,

윤이 나는 저 피부와 새하얀 목덜미,

어여쁘고 눈부신 미소, 다람쥐 같은 눈,

아아, 본능이 우리에게 욕망을 가지라 권하누나.

······그렇다면 요몽(Yaumont)과 아굴랑(Agoulant)[8]을 정복하고,

누구라도 올리비에(Olivier), 롤랑(Rolland)을 무찌르리라.

허나 전쟁터에서 우리가 재빠른 군마에 올라타고서,

둥근 방패 목에 걸고, 창끝을 내려뜨리고,

매서운 추위가 우리를 얼어붙게 하며,

팔다리는 힘없이 무너지고 앞뒤로 떨며 흔들려도,

저 멀리 적들이 우리에게 달려들면

그럴수록 바라는 건 한 번도 본 적 없는 넓은 술 창고,

거기 숨는다면 아무도 모르리라.

"아아, 우리를 즐겁게 하고, 멋지게 행동하도록 격려해 주는구나, 표지와 표어로 투구를 장식하고, 어깨에 걸칠 비단을 전해줄 여성들은 어디 있는가." 이는 필립 드 크로이(Philippe de Croy, 1435~1511)가 호담공 샤를의 노이스(Neuss) 진영에서 샤틀랭에게 보낸 편지의 한 구절이다.

기마 시합에서 기사가 사랑하는 여성의 머리카락이나 그녀의 체취가 감도는 엷은 베일과 겉옷을 몸에 걸치는 습관은, 그 자체로 선정적인 요소를 매우 분명하게 드러낸다. 경기가 격렬해지면 여성들은 몸에 걸친 것을 하나씩 벗어 기사에게 던졌다. 따라서 경기가 끝나면 그들은 머리에 아무것도 쓰지 않은 채, 소매 없는 옷차림으로 앉아 있었다고 한다. 이런 짜릿한 방식은 13세기 끝 무렵 어느 북프랑스 음유 시인이 쓴 파블리오[9] 《세 기사와 샹즈 *Des trois chevaliers et del chainse*》에서 빠짐없이 펼쳐진다. 싸움을 좋아하지 않는 고상하고 관대한 남

---

8) 작가 주 : 《아스프르몽 이야기 *Aspremont*》(1190년 이전)에 나오는 이교도 둘. 아스프르몽은 《왕의 무훈시》에 속한 시 가운데 하나이다. 성립 연대는 《롤랑의 노래 *Chanson de Roland*》(1100년 무렵)보다 늦지만, 소재는 그보다 앞선 샤를마뉴(Charlemagne ; Carolus Magnus, 742~814) 전설을 다룬다. 이 시에 등장하는 롤랑은 적장 요몽을 쓰러뜨리고 그의 말과 검을 빼앗는다.

9) fabliau : 13세기 프랑스 북부에서 일상생활을 소재로 지은 풍자시.

편을 둔 어느 귀부인이 자신을 사모하는 세 기사에게 평소 몸에 걸치는 샤즈[10]를 보냈다. 그녀의 남편이 개최하기로 한 기마 시합에, 투구와 정강이 싸개 빼고 다른 갑옷은 입지 말고, 대신 그 샤즈만 입고 출전하기 바란다는 것이었다. 두 사람은 그 제안을 거절했지만 가난한 세 번째 기사는 그날 밤, 이 샤즈를 품에 안고 뜨거운 마음을 담아 입을 맞추었다고 한다. 경기가 열리는 날, 그는 갑옷을 입지 않고 귀부인이 보낸 샤즈 바람으로 출전했다. 기사는 큰 부상을 입고 샤즈는 갈기갈기 찢겨 피로 물들었다. 사람들은 그의 남다른 용기를 인정하고 그를 승자라 칭했다. 귀부인은 그에게 마음을 허락했다. 이번에는 사랑을 바친 기사가 그녀에게 보답을 요구할 차례였다. 그는 피투성이 샤즈를 돌려주며 기마 시합 행사를 마치는 축하연 자리에서 눈에 잘 띄도록 옷 위에 그 샤즈를 걸치고 나와달라고 했다. 그녀는 피로 물든 샤즈를 우아하게 힘껏 껴안고는, 그의 요청대로 샤즈를 걸치고 연회장에 나타났다. 많은 참석자 대부분이 그녀를 비난했으며, 남편은 당황스러워했다. 시인은 우리에게 다음과 같이 묻는다. "사랑하는 두 사람 가운데 누가 더 상대를 위해 희생했는가."

열정적인 분위기야말로 기마 시합을 의미 있게 만들지만, 이는 교회가 어째서 훨씬 전부터 이 풍습을 꺼려 반대하고 맞서왔는지에 대한 설명이기도 하다. 실제로 기마 시합은 몇 번이나 세상을 떠들썩하게 하는 간통 사건을 일으켰다. 1389년에 열린 기마 시합에 대하여 생드니의 수도사와 장 주베날 데 위르상도 이를 증언했다. 교회법은 예전부터 기마 시합을 금지해 왔다. 이미 1215년 라테랑 공의회는 원래 기마 시합이 전투에 대비하는 훈련을 위해 시작한 행사였으나 악용되어 더 이상 참을 수 없다고 결의했다.[11] 국왕들도 금지령을 되풀이했으며, 모럴리스트들 또한 비난했다. 페트라르카[12]는 현학적인 질문으로 부르주아들의 어깨를 움츠리게 했다. "대체 어디에 키케로나 스키피오가 기마 시합을 했다고 나와 있는가?" 한 유명한 기마 시합에 대해 파리 부르주아는 이렇게 말

---

10) chainse : 12세기에 착용한 흰색 속옷. 남녀 모두 입었으며, 발목 길이의 긴소매 원피스이다.

11) 작가 주 : 라테랑 공의회에 이어, 1279년 니콜라우스 3세는 이 금지령을 거듭 선포한다. 기마 시합에서 부상을 입은 위독한 사람에게 교회는 도움을 베풀지 않았는데, 기마 시합이 이교도에서 생겨난 것이 틀림없다고 여겼기 때문이었다.

12) Francesco Petrarca(1304~1374) : 이탈리아 시인. 단테의 《신곡》과 더불어 14세기 최고 걸작으로 꼽히는 《칸초니에레 Canzoniere》(1342)를 썼다.

한다. "그자들은 무슨 속셈인지 알 수 없는 싸움판을 벌인다."

하지만 귀족들은 기마 시합이나 기사 결투 등을 여전히 중요하게 여겼다. 여기에 쏟는 열정은, 요즈음 스포츠 열기와는 비교도 되지 않는다. 유명한 결투가 열렸던 곳에는 기념비를 세웠는데 이는 매우 오랜 풍습이었다. 이미 11세기에 신학자 아담 폰 브레멘(Adam von Bremen)은 홀슈타인과 바글리족 거주지 경계에서 이를 발견했는데, 일찍이 이 지역에서는 독일 전사가 웬드 인[13] 도전자를 쓰러뜨렸다고 전한다. 15세기

페트라르카(1304~1374)

에 들어서도 여전히 이와 비슷한 기념비를 세웠는데, 뒷날 유명한 결투 이야기가 전해 내려온다. 생토메르(Saint-Omer) 근처에서 '순례자 무예 시합(Pas d'armes)'이 열리자, 왕립군대 총사령관 생폴(Saint Pol)의 서자 오브르댕과 옛 에스파냐 기사의 결투를 기념하여 '순례자의 십자가(la croix Pélerine)'를 세웠다. 반세기 뒤, 기사 바이야르(Bayard)는 기마 시합을 앞두고 이 십자가에 참배했다. '눈물의 샘무예 시합(la Fontaine des Pleurs)'에서 쓰인 장신구와 옷들은 이 축제를 마친 뒤, 불로뉴(Boulogne)에 있는 노트르담 성당에 엄숙하게 기증되어 교회 안에 걸렸다.

이렇듯 그리스나 근대 운동경기와는 달리 중세 전투는 자연스러움이 부족할지 몰라도 단순하고 분명하다. 중세 전투에는 귀족의 자부심과 명예, 낭만주의와 에로티시즘이 교묘하게 얽힌 짜릿한 묘미가 있는데, 더 자극을 받아 결투

---

13) 프랑크·작센·바이에른 지역 독일인들은 동쪽 접경지역의 슬라브족을 웬드(Wend)인이라 불렀다. 바글리(Vagli) 부족도 그 일부인데, 엘베(Elbe)강 하류에서 발트해 연안에 살던 웬드인의 한 부족이었다. 현재 올덴부르크(Oldenburg)에 해당하는 바글리를 중심으로 정착했으나, 12세기에는 완전히 독일화되었다.

의 긴장감을 높이려 했을 것이다. 지나치게 엄숙하고 과도한 장식과 다양한 환상이 넘쳐났다. 단순 유희나 체력 단련에 그치지 않은 중세 전투는 참다운 응용문학이기도 했던 것이다. 시를 짓는 마음으로 희망을 꿈꾸며 추구한 것은 연극 상연, 즉 현실을 유희로 바꾸는 것이었다. 현실 생활은 결코 아름답지 않았다. 삼엄하고 냉정한 악의 세상이었다. 현실의 궁정이나 군대 생활은 사랑으로 용기를 샘솟게 하는 실질적인 기회를 제공하지 못했다. 하지만 사람들은 그런 용기에 마음을 빼앗겨, 그것을 경험하고 싶어 했으며, 값비싼 유희의 형태로 아름다운 생활을 창조해낸 것이다. 기사 기마 시합에서도 그리스 5종 경기 펜타슬론[14] 못지않게 진정한 용기가 중요하다. 이에 강조되고 있는 선정적인 성격 자체가 피 튀기는 격렬함을 요구하지 않는가. 주제가 비슷하다는 점에서, 기마 시합은 고대 인도 서사시에 묘사된 무술 시합과 가장 비슷하다. 《마하바라타 Mahābhārata》[15] 또한 여성을 위해 싸우는 것이 주된 내용이다. 이 투쟁 유희는 아서왕 이야기 세계에 나오는 환상으로 둘러싸여 있다. 어린아이 동화 같은 상상력이기도 하다. 차원이 어긋나서 거인이나 난쟁이가 등장하는 꿈같은 모험에 우아한 궁정풍연애의 감상주의가 동행하는 것이다. 15세기에는 무예 시합을 위해 낭만적인 허구적 사건을 꾸몄다. 그 안목은 로마네스크식 준비를 갖추었고, 여기에 '눈물의 샘', '샤를마뉴의 나무'와 같은 그럴듯한 이름이 붙었다. '눈물의 샘'은 실제로 만들어졌다. 1년 내내 매월 첫 무렵이면 이름 모를 기사가 샘터 주위에 천막을 친다. 그 안에는 방패 셋을 든 유니콘을 거느린 귀부인이 홀로 앉아 있는 그림이 있다. 방패를 건드리거나 사신에게 건드리도록 시킨 기사는 결투 신청을 받아들인 것이 된다. 결투 조건은 '조항(chapitres)'에 분명하게 명시되어 있어서, 이것이 도전장인 동시에 시합 규정서가 된다. 말에 탄 채 방패를 건드려야 하며, 따라서 기사들은 언제나 말을 쓸 수 있도록 준비해야만 한다.

'용의 결투(l'emprise du dragon)'라는 것도 있다. 기사 4명이 네거리를 지키고 있어서, 그 어떤 귀부인도 이곳을 그냥 지나갈 수 없다. 그녀를 위해 싸울 기사가

---

14) pentathlon : 달리기, 멀리뛰기, 원반던지기, 창던지기, 레슬링.
15) 바라타족의 전쟁을 주제로 한 산스크리트어 대서사시. 기원전부터 이야기로 전해지며 정리·수정·증보되어 지금의 형태를 갖춘 것은 4세기 무렵이라 여겨진다. 인도문화가 널리 퍼지면서 자바·말레이·타이 등에도 전해져 문화·예술에 영향을 미쳤다.

나타나 이 4명과 겨루어, 상대의 창을 두 동강 내야만 한다. 그러지 않으면 귀부인이 벌금을 냈는데, 지금도 아이들이 열중하는 '벌금 놀이'는 이 원시적 투쟁과 사랑의 유희가 세속화된 흔적인 것이다. '눈물의 샘' 가운데 기사도를 잘 드러내는 조항에 따르면, 결투하다가 말에서 떨어진 자는 1년 동안 자물쇠가 채워진 금팔찌를 끼고 있어야 한다. 기사가 열쇠를 갖고 있는 귀부인을 만나서 그녀를 섬기기로 맹세하면 그녀가 그를 자유롭게 풀어 주는 것이다. 그 밖에 황금나무, 거인을 둘 다 잡아온 난쟁이, '비밀의 섬 귀부인'에 얽힌 사건이라든가, '금발 가발을 쓴 세상에서 가장 아름다운 거대한 여인의 노예이자 하인인 고귀한 기사'에 대한 사건도 있다. 여기서도 기사의 익명성은 분명히 지켜진다. '하얀 기사', '이름 모를 기사', '방랑 기사' 등은 그들이 자신을 일컫는 이름이자 영웅 이야기의 등장인물이다. 예를 들면 '백조의 기사'[16]로 불리거나, 랑슬로, 트리스탄, 팔라메데스[17]의 문장(紋章)을 무구(武具)에 붙이는 것이다.

한편 각색된 줄거리는 대부분 우수의 그림자가 어른거린다. '눈물의 샘'이라는 이름부터가 그렇다. 흰색, 보라색, 검은색 바탕의 세 방패에는 한쪽에 하얀 눈물이 방울방울 맺혀 있었다. 사람들은 '눈물의 귀부인'에 대한 연민 때문에 그 방패를 건드렸다. 영국 왕비가 된 딸 마르그리트와 헤어질 때 거행된 '용의 결투'에서, 르네왕은 장례를 나타내는 검은 옷을 입었다고 한다. 그는 상복처럼 검은 천을 두른 검은 말에 올라, 검은색 창과 은빛 눈물방울이 아로새겨진 우울한 검은 방패를 든 흑기사 모습으로 나타났다. 또 '샤를마뉴의 나무'에서도 방패는 검정이나 보라색 바탕에 황금색 또는 검은 눈물방울이 그려져 있었다. 그렇다고 언제나 구슬픈 분위기만 있었던 것은 아니다. 아름다움이라면 사족을 못쓰는 르네왕은 소뮈르(Saumur)성에서 작별의 기회에 '즐거운 수비대(joyeuse garde)'라는 기마 시합을 개최했다. 그는 40일 동안 이 '즐거운 수비대' 숲의 성안에서 그의 아내와 딸, 그리고 뒷날 그의 두 번째 아내가 될 잔 드 라발(Jeanne de

---

16) 제1차 십자군 원정의 한 장수 고드프로이 드 부이용(Godefroy de Bouillon ; 로렌 후작 고드프로이 드 불로뉴) 집안의 전설에 따른 무훈시 〈백조의 기사 *Chevalier au cygne*〉(13세기 초)와, 이보다 조금 뒤에 만들어진 〈엘리옥스, 백조의 기사 탄생〉의 주인공 엘리아스(고드프로이의 할아버지에 해당한다고 함)를 말한다.

17) Palamedes : 트로이 전쟁의 그리스군 영웅. 호메로스는 오디세우스의 계략으로 죽었다고 노래했으나, 후대 전설에서는 등대·저울·주사위 등을 발명한 현자라고도 한다.

Laval, 1433~1498)과 함께 축제를 벌이며 매우 흥겨워했다. 이 축제는 그 여인들을 위해 은밀히 준비되었다. 축제를 기념하여 성을 세우고 벽화를 그리게 했으며, 직물로 짠 벽걸이가 장식되었다. 전체를 빈틈없이 빨간색과 하얀색으로 칠했다. 르네왕의 '양치기의 무예 시합(pas d'armes de la Bergère)'에서는 기사와 귀부인도 저마다 양치기의 지팡이와 피리를 들었고, 모든 사람이 양치기처럼 차려입었다. 모든 것이 황금과 은으로 아로새겨진 회색빛이었다.

6장
기사단과 기사 서약

고상한 명예와 용기, 충성스러운 기사도 이상은 성실한 꿈속에 머물려는 대규모 유희로 기마 시합이라는 형식만 사용한 것은 아니었다. 이에 못지않게 중요한 두 번째 형식으로 기사단이 있었다. 직접적인 연관성을 증명하기는 어려워도 원시민족의 관습을 조금이나마 아는 사람이라면 아무도 의심하지 않을 테지만, 대체로 기사단과 기마 시합 그리고 기사 서임식은, 아득한 먼 옛날의 종교관습에 깊이 뿌리박혀 있었다. 기사 서임식은 윤리적·사회적으로 완성된 성인식의 한 종류로, 젊은 전사에게 무기를 수여하는 행사였다. 토너먼트식 기마 시합도 기원이 오래된 신성한 의미가 있었다. 기사단은 이를 원시민족의 청년 집단과 떼어놓고 생각할 수 없다.

하지만 이런 관계는 그저 전제로서 언급할 따름이다. 여기에서 이를 증명하여 민족학적인 어떤 가설을 지지하려는 것이 아니라, 가장 발전한 기사도 이념의 가치를 분명히 밝히려는 것이다. 굳이 증명할 것도 없다. 이 가치 속에 원시적인 면이 남아 있음을 대체 누가 부인하겠는가.

분명 기사단 이미지는 그리스도교에서 유래된 부분이 아주 많다. 따라서 이를 교회나 정치 문제로 보고 순수하게 중세적이라는 사실에 기초한 설명 방식은, 그 나름대로 충분한 설득력이 있다. 하지만 그것은, 옛날에는 이와 비슷한 원시형태 조직이 곳곳에 널리 퍼져 있었고, 기사단의 유래를 설명할 때 아울러 생각해야 한다는 점을 사람들이 모를 때의 이야기이다.

초기 기사단, 즉 성지의 3대 기사단과 에스파냐 세 기사단[1]은, 이슬람에 대한

---

1) 에스파냐 세 기사단이란, 이슬람 사람에 대한 투쟁과 성지 순례자를 보호하기 위하여 창설된 칼라트라바 기사단(Orden de Calatrava, 1158), 알칸타라 기사단(Orden de Alcántara, 1154), 산티아고 기사단(Orden de Santiago, 1171)을 말한다.

싸움이 절박한 현실로 다가오던 바로 그 시점에서, 마치 중세의 정신을 순수하게 재현하듯 수도 생활의 이상과 기사도 이상이 결합하여 생겨났고, 차츰 막대한 재력을 가진 권력이 되어 거대한 정치·경제 조직으로 성장했다. 이렇게 되자 그 정치적 효용에 따라 원래 지녔던 종교적 성격이나 기사도적 기능은 뒤로 밀려나고 말았다. 그러고는 얼마 안 있어 정치적 효용이 경제적 요구에 의해 사라지고 만 것이다.

템플 기사단과 성 요한 기사단이 성지에서 활약하는 동안, 기사도는 현실에서 정치적인 기능을 잘 수행했다. 기사단이 신분 단체로서 중요한 의미를 띠었기 때문이다. 그런데 14, 15세기가 되자, 기사도는 고급 생활양식에 지나지 않게 되고, 그에 따라 새 기사단에서는 그때까지 감춰져 있던 고귀한 유희라는 요소가 다시 등장하게 된 것이다. 이는 단순 유희로 그쳤다는 말이 아니다. 기사도와 기사단은 언제나 높은 도덕적·정치적 지향을 이상으로 삼고 있었지만, 그 이상은 환상, 꿈, 탁상공론으로 끝나고 말았다. 유명한 이상주의자 필립 드 메지에르는, 시대를 구제하기 위해 새 기사단 창설이 필요하다고 보았다. 그 '수난 기사단(Militia passionis Jhesu Christi)'은 신분을 묻지 않았으며 가입도 자유로웠다. 실제로 십자군 대기사단은 오히려 이미 귀족이 아닌 이들의 가입을 이용했다. 귀족은 단장과 기사, 성직자는 감독과 감독 보좌관을 맡았고, 부르주아들은 단원, 농민과 장인은 시종이 되었다. 그리하여 기사단은 터키 정벌이라는 대의에 따르는 여러 계층의 견고한 연합체가 되었다. 네 가지 필수 서약 가운데 두 가지는 예부터 수도사나 기사단원에게 요구하던 청빈과 복종이었다. 메지에르는 세 번째로 독신 서약 대신 결혼생활에서 정절을 지키라고 했는데, 곧 결혼을 인정하는 매우 실제적인 이유에서였다. 그는 동방 기후에 꼭 있어야 한다거나 결혼생활에 충실한 게 기사단에 보다 바람직하다고 말한다. 네 번째 서약은 기존 기사단이 알지 못했던 '최고의 완성(Summa Perfectio)', 즉 개인으로서의 완성이었다. 이처럼 한 기사단의 다채로운 이미지에 정치적 계획에서부터 경제 지향에 이르기까지 온갖 이상이 흘러들었던 것이다.

'단(團 ; ordre)'이라는 말 속에는 다양한 의미가 들어 있다. 지고한 신성함에서부터 흔하디흔한 그룹의 개념에 이르기까지, 성직자 서품을 뜻하는가 하면 수도회, 기사단, 나아가 사회적 신분도 나타냈다. 실제로 기사단을 뜻하는 이 말에는 종교적 가치가 포함되어 있다. 수도회를 가리키던 것으로만 한정되던 '회 (會 ; Religion)'를 기사단을 가리키는 말로 대신 사용한 적이 있다는 사실을 보아도 알 수 있다. 샤틀랭도 수도회를 대할 때처럼 황금양털 기사단을 'Religion'이라 부르며, 마치 성스러운 의식에 참여하는 듯한 태도였다. 라 마르슈는 한 포르투갈인의 말을 전하며 그를 '아비회의 기사(Chevalier de la religion de Avys)'라 불렀다. 무게 잡던 폴로니아스[2] 즉 샤틀랭은 경건에 가득 찬 몸짓을 했는데, 황금양털 기사단의 종교적 성격을 증언한 것은 그만이 아니었다. 기사단이 개최하는 모든 의식에 앞서, 교회를 찾아가 미사 드리는 것이 가장 중요했다. 단원들은 안쪽에 자리를 잡았고, 죽은 단원을 위한 예배 의식도 교회 안에서 거행되었다.

그러므로 단원들이 서로 어떤 신성한 인연으로 맺어졌다고 느끼는 것도 당연했다. 프랑스 왕 장 2세의 '별 기사단(Ordre de l'Étoile)'은, 다른 기사단에 속해 있다면 거기서 탈퇴하라고 권유했다. 젊은 부르고뉴 제후 선량공 필립은 베드포드 경이 가터훈장[3]을 강요하며 제후와 영국의 유대를 더욱 굳히려 했을 때, 그 훈장을 받으면 앞으로 계속 영국 왕에게 얽매이리라 생각하여, 이 명예를 정중하게 사양하는 데 몹시 신경 썼다고 한다. 그러나 필립의 아들 호담공 샤를은 이 훈장을 받는다. 샤를이 훈장을 받았다는 말을 들은 루이 11세는 이로써 페론협정이 파기되었다고 보았다. 루이 11세의 동의 없이는 영국과 동맹을 맺는 것이 협정으로 금지되었던 것이다. 또한 영국인이 외국 훈장을 받지 않는 관습은 훈장을 받으면 그것을 수여한 군주에게 충성을 다해야 하는 전통적인 사고방식에서 비롯되었다.

이처럼 14, 15세기 군주들은 기사도의 열띤 분위기에 휩싸여 있었지만, 그런 그들 사이에서도 훌륭한 형태를 갖춘 새 기사단이 세상 사람들 눈에 헛된 유희로만 비치지는 않을까 하는 자격지심이 있었다. 그렇지 않다면 기사단 창설

2) 셰익스피어의 《햄릿 Hamlet》에 등장하는 완고한 신하.
3) Ordre de la Jarretière : 기사에게 수여되는 영국 최고훈장으로, 1348년 에드워드 3세가 기사도 실천과 국왕에 대한 충성을 강조하기 위해 제정했다. 이 훈장을 받은 사람은 가터 기사단의 단원이 되어 왼쪽 무릎 아래에 가터(양말대님)를 달았다. 춤 상대였던 귀부인이 떨어뜨린 가터를 왕이 자기 무릎 아래에 단 것에서 유래되었다.

의 고상하고 훌륭한 목적을 왜 몇 번이고 되풀이 강조했겠는가. 시인 미쇼 타이 유방(Michault Taillevent, 1390?~1448)은 부르고뉴의 고귀한 군주 필립이 황금양털 기사단을 창설했다며 노래한다.

> 유희를 위해서도 기분 전환 때문도
> 결코 아니라네, 오직 그 목적은
> 무엇보다 하느님을 받들고 찬양하는
> 선량한 이들에게 영광과 명예가 있으리.

또 기욤 필라스트르(Guillaume Fillastre, 1348~1428)도 황금양털 기사단에 대한 저서 머리말에서 앞으로 의의를 분명히 하겠다고 선언한다. 그는 책을 통해 기사단이 결코 헛되거나 그 일에 가치가 없는 것이 아님을 밝히며, 호담공 샤를에게 이렇게 말한다. "주군의 부친이 이 기사단을 만든 것은, 세상 사람들이 흔히 말하듯 허무한 일이 아니었습니다."

선량공 필립은 자신의 명예를 걸고 황금양털 기사단을 최고로 만들기 위해 무슨 일이 있어도 대의를 드높여야만 했다. 14세기 중반부터 기사단 설립이 매우 유행했기 때문이다. 군주들은 기사단이 없어서는 안 되었고, 대귀족 또한 뒤질세라 이를 따라했다. 예를 들면 우아한 사랑을 옹호하며 학대받는 여성을 지키기 위해 부시코가 설립한 '초록 방패 하얀 귀부인' 기사단이 있다. 1351년 장 2세가 창설한 '고귀한 저택의 성모(Notre-Dame de la Noble Maison)' 기사단은 그 표지를 보고 '별' 기사단이라 불렀다. 생드니 근처 생투앙(Saint-Ouen)의 '고귀한 저택'에는 '영예의 탁자(table d'oneur)'가 있었고, 엄숙한 의식을 거행할 때 가장 용감한 세 군주, 세 기사단장, 그리고 세 기사단원이 그 탁자 앞에 앉았다. 또 피에르 드 뤼지냥(Pierre de Lusignan)의 '검(劍)' 기사단(Ordre de l'Épée)은 순결한 생활이 필수였다. 그들은 무언가 의미심장한 상징으로 S자형 고리로 된 황금사슬을 달았는데, S자 모양은 침묵(Silence)의 머리글자를 나타낸 것이었다. 사부아 백작 아메데 6세의 '계시(l'Annonciade)' 기사단,[4] 부르봉 후작 루이 2세의 '황금방패(l'Écu

---

4) 옷의 취향 때문에 '초록 백작'이라는 별명이 붙은 아메데 6세가 1362년에 설립한 기사단은 '목걸이' 기사단이었는데, 1518년 샤를 3세 후작(사부아는 1416년 후작 칭호를 얻는다)이 이름을

기사 서임식 4세기 에스파냐 카스티야 왕국의 사본에 실린 삽화.

d'or)' 기사단과 '엉겅퀴(le Chardon)' 기사단, 왕위를 노리던 앙게랑 드 쿠시[5]의 '돌아온 왕관(une Couronne retournée)' 기사단, 그리고 루이 도를레앙의 '고슴도치(Porc-Épic)' 기사단도 있다. 또 홀란트–에노의 바이에른 가문 제후는 '성 안토니우스 훈장'을 달고 있었는데, 이는 방울이 달린 T자형 십자가로, 그 무렵 많은 초상화에 그려져 있어서 눈길을 끌었다. 귀족 클럽 같은 기사단 고유의 성격은, 슈바벤(Schwaben)의 기사 게오르그 폰 에인겐(Georg von Ehingen, 1428~1508)의 여행기로 잘 알 수 있다. 그가 군주를 알현하자 빠짐없이 그를 위해 '집회(gesellschaft)·기사집회·기사단 집회'를 열어주었다는데, 이런 집회들을 '오르드르(Ordre)'라 불렀다.

기사단은 때로 영국에 포로로 잡혀 있던 루이 드 부르봉이 돌아왔을 때처럼 중요한 행사를 기념하여 창설되었다. 또한 부르고뉴에 적대적인 오를레앙 제후

바꾸었다.

5) Enguerrand VII de Coucy(1339~1397) : 합스부르크 가문 오스트리아 대공 레오폴드 1세의 딸을 어머니로 둔 그는, 영국 왕 에드워드 3세의 딸을 아내로 맞는다. 스위스의 오스트리아 집안 영토를 노리고 출전했으나 실패했고(1375~76), 니코폴리스 전투에 참전했다가 포로가 되어, 1397년 터키에서 죽었다. 쿠시는 11세기부터 이어지는 오랜 가문으로, 랭스 북쪽 쿠시성(城)을 근거지로 했다. '왕이 아니라, 황태자가 아니라, 후작이 아니라, 백작도 아니라, 우리는 쿠시 성주가 되리'가 가문의 표어였다.

처럼 '고슴도치' 기사단에게서 정치 목적을 실현하기 위한 방책으로 만들어지기도 했다. 한편 기사단이 잊은 적 없었던 종교적 성격은 더욱 뚜렷하게 강조되었다. 이를테면 필리베르 드 몰랑(Philibert de Mollans)이 성 조르주의 성유물(聖遺物)을 가지고 동방에서 돌아왔을 때, '성 조르주' 기사단이 프랑슈콩테(Franche-Comté)에서 창설되었다.

단원들의 상호 보호를 위해 기사단이 설립된 경우는 매우 드문데, 유일한 예로 1416년 뒤셰 드 바르(Duché de Bar) 제후 영토의 귀족들이 설립한 '사냥개(Lévrier)' 기사단을 들 수 있다.

어째서 황금양털 기사단의 위세가 다른 기사단을 압도할 만큼 대단했을까? 말할 것도 없이 배후에 부르고뉴의 재력이 있었기 때문이다. 아마도 이 기사단을 눈에 띄게 호화롭게 꾸몄으며, 마침 유리한 상징이 그럴듯했다는 점도 여기에 힘을 실어주었을 것이다. 원래 황금양털 기사단은, 소아시아 콜키스(Colchis) 왕국의 황금양털을 용에게 지키게 했다는 전설을 떠올리게 한다. 왕위를 되찾기 위해 황금양털을 가지러 간 이아손(Iason)의 이야기는 잘 알려져 있다.[6] 프루아사르는 한 전원시에서 양치기의 입을 통해 노래하고 있다. 하지만 이아손은 서약을 어겼기 때문에 전설에 나오는 영웅치고는 믿음직스럽지 않은 인물이었다. 따라서 이 주제는 부르고뉴로서 그리 유쾌하지 않은 이야기였으며, 프랑스에 대한 부르고뉴 정책을 빗대어 비난하기에 걸맞았다. 알랭 샤르티에는 이렇게 노래한다.

> 하느님도 사람도 몹시 싫어하는 것은
> 거짓말과 배신이니,

---

6) 테살리아 이올코스(Iolcus)의 왕자 이아손은, 나라를 빼앗은 숙부 펠리아스(Pelias)의 계략에 빠져 황금양털을 가져 오겠다며, 부하들과 함께 아르고(Argo)호를 타고 콜키스 왕국으로 떠난다. 떡갈나무에 걸려 있는 황금양털은 잠들지 않는 용이 밤낮 지키고 있었다. 이아손은 콜키스 공주 메디아와 결혼 약속을 하고 그녀의 도움으로 황금양털을 손에 넣는다. 메디아를 데리고 고향으로 돌아와 숙부를 무찌르지만, 그 아들에게 쫓겨 코린트로 간 이아손은 얼마 뒤 메디아를 버리고 코린트 공주를 아내로 삼으려 한다. 메디아는 공주를 죽이고 이아손과의 사이에서 낳은 자기 자식도 죽이고는 하늘을 나는 용이 끄는 전차를 타고 아테네로 도망친다. 이는 호메로스도 옛이야기라 부르던 그리스 전설이다.

그러기에 이아손은
용사들의 대열에 오르지 못하네.
그는 콜키스의 황금양털 때문에
스스로 서슴없이 맹세를 깨뜨린 자이니,
날치기는 반드시 들통 나는 법.

    박식한 샬롱의 주교, 기사단 총재 장 제르맹은 기드온이 마당에 둔 양털에만
이슬이 내렸다는 이야기[7]를 선량공 필립에게 상기시켰다. 이는 참으로 훌륭한
생각이었다. 기드온의 양털이야말로 분명하게 동정녀 마리아 잉태를 암시하는
가장 의미심장한 상징들 가운데 하나였기 때문이다.[8]

    따라서 이 구약성서 영웅이 이교도 이아손을 쫓아내고 황금양털 기사단의
수호성인이 되었다. 자크 뒤 클레르크(Jacques du Clercq)는 주장한다. "필립은 원
래 이아손을 선택한 것이 아니다. 그는 어쨌든 서약을 깬 인물이기 때문이다."
호담공 샤를의 공덕을 기리는 어떤 작가는 황금양털을 '기드온의 상징'이라 불
렀다. 하지만 연대기 작가 테오도리쿠스 파울리(Théodoricus Pauli)처럼 여전히 '이
아손의 양털'이라고 하는 이들도 있었다. 장 제르맹에 이어 기사단의 총재가 된
기욤 필라스트르 주교는, 전임자를 뛰어넘어 성서에서 네 가지 새로운 양털을
찾아냈다. 야곱의 양털, 모압 왕 메사의 양털, 욥의 양털, 다윗의 양털이다.[9] 그

---

7) 작가 주 : 《사사기(판관기)》 6장 36~40절.

8) 기드온의 양털 이야기는, 사사(土師 ; 왕이 없던 시절에 하느님의 명령을 이스라엘 백성에게 알리
   는 자. 전시에는 군대를 이끌고 나가 싸우고, 평소에는 재판관과 제사장의 역할을 겸했다)가 되어
   미디안을 치라는 하느님의 사자의 말에, 겁을 먹은 기드온이 하느님께 확증을 요구하는 내용
   이다. 양털에만 이슬이 내리고 마당은 마르면 하느님 말씀을 믿겠다고 했는데, 양털은 마르고
   마당은 젖게 해달라는 그 반대의 기도가 이루어지자, 기드온은 군사 300명을 이끌고 나가 미
   디안과 싸운다. 마리아 수태와 직접적인 관련이 있는 내용은 아니며, 굳이 연관을 짓자면 하
   느님의 사자가 나타나 예언한 점을 들 수 있을 것이다.

9) 작가 주 : 창세기 30장 32절, 열왕기하 3장 4절, 욥기 31장 20절, 시편 71편 6절(네덜란드어 성서
   로는 72편 6절. 라틴어 불가타(Vulgata)역에서는 '양털'에 해당하는 부분이 '두 번 벤 풀'로 나온
   다). 역주 : 하위징아는 불가타역 성서로 출전을 밝히고 있다. 현재 한국 개역개정 4판은 '그는
   벤 풀 위에 내리는 비같이, 땅을 적시는 소낙비같이 내리리니'이다. 또한 나머지 세 부분에 직
   접적으로 '양털'이 나오는 것은 욥기뿐으로, 기드온의 경우와 마찬가지로 성서 내용과 관련은
   없는 듯하다.

는 네 가지 기본 덕목을 나타내게 하고 그 양털에 저마다 책 한 권씩을 써서 바치려 했다. 이는 분명 지나친 행동이었다. 필라스트르는 야곱의 '얼룩지고 흠 있는 양'을 정의의 상징으로 삼으려 했다. 그는 라틴어 공동성서(불가타 본)에서 '양털(vellus)'이란 단어를 무조건 찾아냈고, 손쉽게 알레고리를 꾸며 눈길을 끄는 본보기로 삼으려 했지만, 그 생각은 그리 성공을 거둔 것 같지 않다.

　모든 기사단의 공통된 관습에 대해 한 가지 짚고 넘어가야 할 점이 있다. 기사단에는 총재, 재무관, 서기와 그 군사(軍使) 및 부관을 거느린 문장관 등이 있었는데, 이는 기사단의 원시적이고 신성한 유희적 성격을 잘 드러내는 관습이다. 이 고귀한 기사도 유희를 섬기는 사람들의 상징적인 이름으로, 황금양털 기사단에서는 문장관을 '황금양털'이라고 불렀다. 장 르 페브르 드 생레미와, 1565년 네덜란드 귀족 연맹 결성 때 이름이 알려진 니콜라 드 암[10]도 그렇게 불렸다. 군사(軍使)는 보통 샤롤레·젤란트·페리·시실·오스트리아 등 군주의 영지 이름을 갖는다. 문장관의 수석부관은 부싯돌을 쳐서 불이 일어나게 하는 쇳조각인 '퓌지(Fusil)'라 불렸는데, 이는 황금양털 기사단 쇠사슬 장식에 붙이는 선량공 필립의 문장(紋章)인 부싯돌과 연관이 있었다. 그 밖의 부관들은 '몽레알(Montréal)' 같이 낭만적으로 들리는 이름[11]이나, '페르세베랑스(Persévérance 인내)'같이 덕성을 나타내는 이름으로도 불렸으며, 《장미 이야기》의 알레고리에서 따오기도 했다. 예를 들면 '윙블 리케스트(Humble Requeste 검소한 소망)', '두스 팡세(Doulce Pensée 달콤한 회상)', '레알 푸르쉬이트(Léal Poursuite 변함없는 구애)' 같은 것이다. 영국은 아직까지 '가터(garter 양말대님)', '노로이(Norroy 북쪽의 왕)'라는 문장관이 있으며, '루주 드라공(Rouge Dragon 붉은 용)'이라 부르는 부관도 있다. 스코틀랜드 문장관 이름은 '라이언(Lyon ; lion의 옛 철자)'이고 그 부관은 '리코른(Licorne 유니콘)'이었다.[12] 부관들은 큰 축제에서 이름을 지정받았다. 기사단장이 그들에게 포

---

10) 주17 참고.

11) 로망어 계통 언어들에서 '레알'은 '왕의'를 뜻한다. '몽레알'은 '왕의 산' 또는 '왕의 수도원'이다. 또 욘강 상류, 몰방 산지 북쪽 자락에 이 유명한 교회(12~13세기에 건립)가 있다. 하위징아는 이것도 마음속에 두었을지 모른다.

12) 하위징아의 설명은 조금 부정확하다. 영국 문장원(紋章院)에는 문장관이 3명 있었는데, 수석이 '가터', 그 아래 트렌트강을 경계로 남쪽을 관할하는 '클래런스', 북쪽을 관할하는 '노로이'가 있다. 스코틀랜드의 문장관은 '라이언', 아일랜드는 '얼스터(Ulster)'이다.

기사들의 마상 시합 15세기 《성 알바누스 연대기》에 실린 삽화.

도주를 따르며 엄숙하게 세례를 주었는데, 그들은 지위가 올라감에 따라 이름이 바뀌었다. 기사단에게 주어진 서약 의무는, 기사 한 사람 한 사람이 영웅적인 행동을 하겠다고 맹세한 개별적인 서약이 한데 모인 것이나 다름없었다. 이 서약이야말로 기사도 이상의 바탕을 드러냈는데, 이 이상은 역사적으로 분명한 흐름을 보였기 때문이다. 어떤 이는 기사 서임식, 기마 시합, 기사단을 원시적인 관습과 연관시키는 것은 그저 착상에 지나지 않느냐고 반문할지 모른다. 그렇더라도 기사 서약에는 야만적인 성격이 존재함을 부인할 수 없을 것이다. 이 서약은 '예부터 전해 내려오는 풍습'으로, 고대인도 '브라탐',[13] 이스라엘 '나지르인',[14] 아이슬란드 고대 이야기인 사가(Sagas)에서 이와 비슷한 관습을 볼 수 있다.

하지만 여기에서 알고 싶은 것은 민족학적 문제가 아니라, 중세 끝 무렵 정신

---

13) Vratam : 산스크리트어로 계약·규칙을 뜻함.
14) 구약성서 민수기 6장 참조. 나지르인(나실인)의 대표적인 예는, 사사기 13~16장에 나오는 삼손이다.

생활 속에서 서약이 도대체 어떠한 가치를 지녔는가 하는 것이다. 세 가지 가치가 있었던 기사 서약은 먼저 종교적이며 도덕적인 의미를 갖는다는 점에서 성직자 서원과 같은 위치에 놓았다. 다음으로 내용과 목적이 낭만적인 데다 때로 선정적이기도 했다. 그리고 기사 서약이 끝내 궁정 놀이로 전락하게 되었을 때는 여흥으로서의 의미밖에 남지 않았을 것이다.

하지만 이 세 가치는 서로 떼어놓기 어려울 정도로 함께하고 있었다. 서약 내용은 일정하지 않았다. 중대한 이상을 받드는 고귀한 헌신의 맹세를 들 수 있는가 하면, 용기, 사랑, 그리고 국가의 이해관계에도 상관없이 놀이로 삼아 엄청난 비용을 낭비했으며, 그 유희를 시치미 떼고 비웃는 소리도 들을 수 있었다. 유희적 요소가 우위를 차지하면서 점점 기사도 서약은 궁정 축하연의 장식품이 되고 말았지만, 에드워드 3세의 프랑스 침입과 선량공 필립의 십자군 원정 등 주요 전쟁과 연관되기도 했다.

기사 서약도 기마 시합과 마찬가지이다. 무예 시합을 장식하는 조작된 낭만주의는 어쩐지 우리의 취향에 맞지 않고 낡아빠진 듯 보인다. '꿩의 맹세', '공작새의 맹세', '왜가리의 맹세'라는 기사 서약도 이런 '맹세'를 충족시켰던 정열을 우리가 깨닫지 못하는 한, 허무한 거짓말처럼 들리는 것이다. 아름다운 삶에 대한 꿈이었다. 메디치 가문의 3대 주인인 코시모(Cosimo di Giovanni de' Medici, 1389~1464), 로렌초(Lorenzo de' Medici, 1449~1492), 줄리아노(Giuliano di Piero de' Medici, 1453~1478) 같은 피렌체인들이 축제에서 갖가지 생활 형태로 꿈을 표현한 것과 무엇이 다른가. 이탈리아에서는 영원한 아름다움으로 정착되었지만, 이곳에서는 그 이상한 아름다움도 꿈을 꾼 사람과 함께 사라져 버리고 말았다.

처녀를 구하고, 사랑하는 여인을 위해 피 흘린 영웅이라는 환상의 바탕에 있는 금욕과 애욕의 결합, 이 기마 시합 낭만주의의 주요 모티프는 다른 모습으로 정곡을 찌르듯이 기사 서약에 나타난다. 기사 라 투르 랑드리(La Tour Landry, 1320?~1391)는 딸들에게 교훈을 주기 위해 쓴 책에서, 그가 젊었을 때 푸아투를 비롯한 곳곳에서 보았다며 서로 사랑하는 귀족 남녀로 이루어진 기묘한 기사단에 대해 말한다. 그들은 스스로를 '갈루아·갈루아즈'[15]라 불렀으며, '매우 야

---

15) 작가 주 : 'Galois et Galoises'라는 호칭은 gale(오락), galer(유희를 즐기다)라는 단어에서 나왔다. 따라서 그 의미는 '들뜬 남녀'가 된다.

만스러운 규율'을 따르고 있었다. 그 야만스러움이란 대단해서, 여름에는 모피와 안감을 댄 두건으로 따뜻하게 몸을 감싸고, 난로에 불을 피워야만 했으며, 겨울에는 모피로 안을 대지 않은 얇은 겉옷 하나밖에 걸치지 않았다. 아무리 추워도 바람막이 망토나 모자, 장갑, 토시 따위는 입지 못하게 했다. 겨울에 그들은 마루에 푸른 잎을 깔았고, 난로는 작고 푸른 가지로 가렸다. 잘 때는 얇은 홑이불 한 장만 덮었다.[16] 놀랄 만큼 상식을 벗어난 이 행동은 너무 기발해서, 도저히 작가가 지어낸 말로밖에 볼 수 없다. 결국 금욕으로 사랑에 자극을 더하려는 것이라 봐야 한다. 이 말에는 분명하지 않은 점도 있고 과장도 없지 않겠지만, 그렇다고 이것을 말 지어내기 좋아하는 노인이 지은 이야기라고 여긴다면, 민족학 지식에 어두운 사람이라는 말을 들어도 별 수 없을 것이다. '갈루아·갈루아즈'의 원시적인 성격은 다음 규칙으로 한층 더 강조된다. 즉 남편은 자신의 손님인 갈루아에게 집과 아내를 내주고, 자신은 그의 애인인 갈루아즈에게 복종해야만 했다. 이를 어기면 그는 무척 수치심을 느꼈다. 기사 라 투르 랑드리에 따르면, 추위로 얼어 죽은 단원이 많았다고 한다. "이처럼 치정 끝에 죽어간 갈루아·갈루아즈 무리가 사랑의 순교자였다니 도저히 믿을 수 없다."

기사 서약의 원시적인 성격을 나타내고 있는 사례는 그 밖에도 여럿 있다. 예를 들면 로베르 다르투아(Robert III d'Artois, 1287~1342)가 영국 왕 에드워드 3세와 귀족들을 부추겨 프랑스에 대한 전쟁을 일으킬 적에, 모두에게 소리 높였던 서약에 대한 시 〈왜가리의 맹세〉가 있다. 역사적 가치는 없지만, 자연 그대로의 거친 정신이 잘 나타나 있어서, 이야말로 기사 서약의 본질을 가르쳐 주는 좋은 자료라 할 것이다. 축하연에서 솔즈베리(Salisbury) 백작은 사랑하는 여인의 발치에 꿇어앉아 있다. 맹세할 차례가 돌아오자 그는 연인에게 그의 오른쪽 눈 위에 손가락 하나를 얹어달라고 부탁한다. 2개라도 올리겠다고 대답한 그녀는 두 손가락으로 그의 오른쪽 눈을 누른다. "아름다운 이여, 눈을 꼭 감았습니까?" 기사가 묻는다. "네, 그럼요." 여인이 대답하자, 솔즈베리 백작이 말한다.

---

16) 작가 주: 데샹의 어느 발라드에 '꽃을 사랑하는' 기사단을 '잎을 사랑하는' 기사단이라 에두른 표현이 보이는데, 아마 이것은 이 기묘한 기사단을 가리키는 말 같다. 다른 발라드에서는 '꽃 위에 앉은 덕망 높은 공주여, 갈루아, 다노아, 모네, 피에르, 그리고 드 트레므이유, 자 칭송하자, 그대들의 커다란 행복을'이라 노래한다.

"그렇다면, 나는 이렇게 하리다. 전능하신 하느님과 자비로운 성모님께 맹세합니다. 아무리 슬프고 괴로운 일에도, 그 어떤 폭풍우와 박해에도 이 눈을 결코 뜨지 않겠습니다. 적지 프랑스를 모두 불태워, 용맹하다는 필립 군주의 군대와 싸움을 끝내기 전까지는."

어떻게든 이루어지리.
그러지 않을 수 없을 터이니.
—그러자 심성 착한 아가씨가 그 손가락을 떼었다.
그 눈은 계속 감겨 있었다. 사람들이 두 눈으로 똑똑히 보았듯이.

프루아사르에 따르면 이 문학적 주제가 어떻게 현실로 반영되었는지 잘 알 수 있다. 그는, 프랑스에서 혁혁한 무훈을 세울 때까지는 한쪽 눈으로만 보겠다는 서약을 지키려고 헝겊으로 한쪽 눈을 가린 영국 귀족들을 실제로 보았다고 한다. 〈왜가리의 맹세〉 가운데 장 드 포크몽(Jehan de Faukemont)의 서약은 야만스럽고 거친 옛 기질을 매우 잘 전하고 있다. 이 사나이는 에드워드왕을 위해서라면 수도원이고 제단이고 상관없이 자기 처자, 친구, 친척 할 것 없이 모두 버리겠다고 맹세했다. 끝내 왕비인 필립 드 에노(Philippe de Hainaut, 1311?~1369)까지 서약하게 해달라고 왕에게 부탁한다.

왕비가 분명히 말했다. 부정하지는 않겠나이다.
아이를 밴 지 벌써 오래라
내 몸도 아이를 느끼게 되었습니다.
바로 지금도 배 속에서 아이가 움직입니다.
그래도 나는 맹세합니다, 나를 창조하신 신에게……
내 아이는 내 몸 밖으로 나오지 못할 것입니다.
주군이 그 맹세를 이루기 위하여
나를 아득한 그 나라로 데려가기를 거절하신다면.
만약 이 아이가 나오려 하면
나는 커다란 강철 칼날로 내 몸을 찌를 것입니다.

그러면 내 영혼은 사라지고, 내 아이도 없어질 것입니다!

신을 두려워하지 않은 이 서약에, 사람들은 겁에 질려 할 말을 잃었다고 한다. 시인은 그저 이렇게 노래한다.

왕은 그 말을 듣자 깊고 깊은 생각에 잠긴다.
그리고 말한다, 이보다 더한 맹세는 어디에도 없으리.

오랜 세월 동안 사람들은 머리카락과 수염에 주력(呪力)이 있다고 믿었다. 중세 끝 무렵 서약에서도 예외가 아니었다. 사실상 아비뇽에 갇힌 교황 베네딕투스 13세(Benedictus XIII, 1649~1730)는 이를 슬퍼하는 표시로 다시 자유를 얻을 때까지 결코 수염을 깎지 않겠다고 서약했다. 또 뤼메(Willem II van der Marck Lumey, 1542~1578) 또한 1568년 이와 마찬가지 내용으로 서약을 하고 에흐몬트 백작을 위해 복수를 맹세했는데,[17] 이는 신성한 의의로 충만했던 아득한 옛 관습에서 비롯되었을 것이다.[18]

기사 서약은 맹세한 행동을 재촉하는 자극으로, 스스로 절제하는 데 그 목적이 있고, 절제는 식사와 많은 관련이 있다. 필립 드 메지에르가 창설한 수난 기사단에 첫 단원으로 입단이 허락된 어느 폴란드 기사는 그때까지 9년이나 편하게 앉아서 먹고 마셔본 적이 없었다고 한다. 베르트랑 뒤 게스클랭은 몹시 성급하게 이런 서약을 곧잘 했다. 어느 영국 전사가 그에게 도전했을 때, 그는 성

---

17) 네덜란드 독립전쟁 무렵의 일이다. 이미 1564년 이전, 오란예 제후 빌렘을 중심으로 대귀족 연맹이 성립되었는데 에흐몬트 백작은 그 가운데 한 사람이다. 점점 일반 귀족과 도시 부르주아들의 움직임이 활발해진 1566년 4월, 이들은 걸식을 가장한다는 취지 아래 '연회'를 열고, 에스파냐 관리가 멸시하며 내뱉은 '비렁뱅이들'을 그대로 모임 이름으로 삼았다. 뤼메도 그중 한 사람이다. 6월, 에흐몬트 백작이 에스파냐의 네덜란드 섭정 알바 공(Duque de Alba, 1507~1582)의 '피의 위원회'에게 죽임을 당한다. 앞에서 언급한(주10과 관련된 본문 참고) 니콜라 드 암도 르메이 일행과 동료로, '1565년 연맹결성'이라는 말은, 같은 해 스파(Spa ; 현재 벨기에 지역)에서 열린 모임을 일컫는다.

18) 작가 주 : 미발왕이라는 별명을 가진 노르웨이 정복자 하랄드 1세(Haraldr hinn hárfagri, 850?~933?)는 노르웨이를 모두 정복하기 전까지 머리카락을 자르지 않겠다고 맹세했다. 이는 《미발왕 하랄드의 사가(Sagas)》 4장에 나오는 이야기이다.

삼위일체[19]에 맹세코 도전자를 쓰러뜨릴 때까지 포도주가 들어간 스프 세 접시 말고는 먹지 않겠다고 선언했다. 또 어느 때에는 몽콩투르(Moncontour)를 점령하기 전까지 고기를 먹지 않고 옷도 벗지 않겠다고 했다. 그런가 하면, 영국군과 결투하기 전까지는 아무것도 먹지 않겠다고도 맹세했다.

이 14세기 귀족은 원래 단식 서약이 주술에서 나왔다는 점을 의식하지 못했다. 하지만 주술적 서약의 표시로 갖가지 쇠사슬이 사용되었다는 점에서 그 바탕이 우리에게 저절로 드러나는 셈이다. 1415년 1월 1일, 부르봉 제후 장은 '나태함을 피하고, 더 훌륭한 명성과 우리가 섬기는 아름다운 분의 은총을 얻으려는 마음에' 서약을 했다. 그 내용은 앞으로 2년 동안 일요일마다 기사 16명과 그 시종들과 함께 왼발에 포로의 '차꼬'를 차는 것이었다. 서열에 따라 기사는 금, 종자는 은으로 된 죄수용 쇠사슬을 매다는데, '목숨을 바친' 도보 시합에 주인과 부하를 쓰러뜨리기 바라는 기사 16명이 모일 때까지 계속하기로 결의한다. 1445년 자크 드 랄랭은 앙베르(Anvers)에서 한 시칠리아 기사 장 드 보니파스(Jean de Boniface)를 만나는데, 그는 아라곤 궁정에서 온 '모험 기사(chevalier aventureux)'였다. 노예같이 왼발에 찬 철로 된 차꼬에 금 사슬이 연결되어 있었다. 이는 그가 싸우고 싶어 한다는 뜻으로 앙프리즈(emprise, 용맹) 표식이었다.

《프티 장 드 상트레 *Le petit Jean de Saintré*》에 등장하는 기사 루이즈랑슈(Loiselench)는 팔과 다리에 각각 황금 고리를 하나씩 끼고 다녔는데, 두 고리는 금 사슬로 이어져 있었다. 이것은 그를 '앙프리즈' 표식으로부터 '해방시켜 줄' 기사를 찾는다는 뜻이었다. '해방'이라는 표현이 조금 독특하지만, 이것이 표어였다. '기사도에 따라' 도전하려는 자는 이 고리를 만져라. 단 생명에 관계되는 일로 번진다면, 그것을 비틀어 떼어버리라는 것이 '해방하라' 표어의 뜻이었다. 18세기에 라 퀴른 드 생트 팔레(Jean-Baptiste de La Curne de Sainte-Palaye, 1697~1781)는 옛 게르만의 카티 프랑크족[20]에게서 타키투스가 이야기한 관습이 보인다고

---

19) 성부(聖父), 성자(聖子), 성령(聖靈)의 세 위격이 하나의 실체인 하느님 안에 존재한다는 그리스도교 교리.

20) 프랑크족은 살리, 리부아리, 카티로 나뉜다. 카티는 라인강 상류를 차지하고, 남쪽인 아라만족과 인접하고 있었다. 카티 부족을 중심으로 하는 군소 부족을 통틀어 상 프랑크라 부르기도 했다.

지적한다. 순례의 속죄자나 신앙심 두터운 고행자가 차고 있는 쇠고랑도 중세 끝 무렵 기사의 앙프리즈와 떼어 놓고 생각할 수 없는 것이다.

1454년, 선량공 필립은 십자군 원정 행사로 릴의 궁정에서 축하연을 베푼다. 여기에서 그 유명한 축제 소동 서약 '꿩의 맹세(Le Vœu du Faisan)'가 열리는데, 우리는 궁정의 아름답고 세련된 형식밖에 볼 수 없다. 물론 위험에 처할 때나, 강한 감동을 느낄 때 맹세하는 습관은 사라지지 않았다. 그것은 마음 깊은 곳에 단단히 뿌리내려서 문명이나 신앙에 얽매이지 않았다. 하지만 삶의 장식으로까지 고양된 관습과 문학 형식으로서의 기사 서약은 부르고뉴 궁정의 화려한 겉모습 속으로 마지막 국면에 들어선다.

서약은 여전히 옛 격식을 따르고 있었다. 사람들은 축하연 자리에 늘어놓고 곧 먹어치울 음식, 예를 들면 새에 걸고 맹세하는 것이다. 노르망 사람들도 희생제물·제사·장례식에서 둘러앉아 술을 마시면서 서로 맹세하는 경우가 많았다. 그 방식의 하나로 이제부터 요리할, 아직 살아 있는 멧돼지를 가져와서 저마다 멧돼지에 손을 얹고 맹세했다.[21] 이런 방식은 부르고뉴 시대에 아직 남아 있었다. 이를테면 릴의 유명한 축하연에서는 멧돼지 대신 새가 그 역할을 맡았다. 먼저 하느님과 성모마리아에게, 그다음에 생각나는 사람과 새를 걸고 맹세했다. 이 경우 하느님이 맹세를 받아주지 않는다 하더라도 틀렸다고 할 수는 없지 않을까. 실제로 자신이 사모하는 사람과 새만을 걸고 맹세하는 사람이 많았다고 한다. 맹세 내용도 옛날과 그리 다르지 않았다. 절제 대상은 대부분 식사와 수면이었다. 이 자리에서 한 기사는 사라센 군대와 싸우기 전까지 토요일 밤에는 침대에서 자지 않겠다고 맹세했고, 같은 동네에서 2주일 이상 머물지 않겠다고도 했다. 어떤 이는 터키 황제의 깃발을 손에 넣을 때까지 금요일에는 고기를 먹지 않겠다고 했다. 그런가 하면 어떤 사람은 갑옷과 투구 따위는 절대로 착용하지 않겠다, 토요일에는 술을 마시지 않겠다, 침대에서 자지 않겠다, 식탁에서 식사를 하지 않겠다, 말총으로 만든 거친 옷을 입겠다며 여러 고행서약을 겹쳐

---

21) 작가 주 : 《헤임스크링글라 *Heimskringla*(세계의 운행)》(1225?)의 〈올라프왕의 사가 *Óláfs saga Tryggvasonar*〉 35장에 나오는 이야기. 헤임스크링글라는 12, 13세기에 걸쳐 이름을 떨치던 아이슬란드의 스노리 스툴루손(Snorri Sturluson, 1178?~1241)이 편찬한 노르웨이의 옛 전설집. 미발왕 하랄드에서 12세기 끝 무렵 마그누스왕의 사가까지 포함하고 있다.

서 맹세하기도 했다. 그리고 그 맹세를 어떻게 실행하는지에 대한 방법까지 세밀하게 묘사하여 적어 놓았다.

이 모든 것을 어디까지 진지하게 받아들여야 하는가. 터키 원정에 즈음하여 필립 포(Philippe Pot) 경이 오른쪽 어깨에 갑옷을 두르지 않겠다고 맹세할 때, 선량공 필립은 그 서약에 이렇게 덧붙였다. "우리 주군이 맹세한 성스러운 원정에 필립 포 경이 팔에 갑옷을 착용하지 않는 것은 우리 황공한 주군의 뜻에 맞지 않는다. 그 신분에 어울리는 충분한 무장을 갖추고 참여해야 만족하실 것이다." 분명히 진심이라고 생각하여 위험을 걱정한 것이다. 제후 자신이 서원하여 이 자리의 감동이 더 높아졌다. 조심스러운 조건부 서약을 하는 자도 있었는데, 거기에서 진정한 의도를 읽을 수 있었으며, 아름다운 겉치레에 대한 요구가 가득함을 나타내기도 했다. 이미 '필리핀 놀이'[22]에 가까워진 듯한 서약도 보였다. 이 놀이는 기사 서약의 빛바랜 형태에 지나지 않았다.

조롱의 목소리는 무시무시한 〈왜가리의 맹세〉에서도 들을 수 있다. 여기에 묘사된 에드워드왕은 전쟁에 별로 흥미가 없다. 그래서 로베르 다르투아는 왕에게 새 중에서도 겁이 많기로 유명한 왜가리를 선물한다. 에드워드가 서약할 때 웃지 않는 사람이 없었다고 한다. 〈왜가리의 맹세〉에서 장 드 보몽은, 조금 전에 소개한 맹세에 여인들만 보는 데서 술에다 걸고 맹세한 서약은 애욕에서 나왔다며 본성을 드러내어 교묘하게 조롱한다. 다른 이야기에 따르면, 그는 왜가리에 걸면서 돈과 물자를 가장 많이 기대할 수 있는 주군을 섬기겠다는 식으로 빈정거리며 맹세했다고 한다. 영국 여러 제후도 이를 듣고 크게 웃었다. 그토록 성대하고 장중하게 거행된 〈꿩의 맹세〉에서도 주네 드 르브르비에트(Jennet de Rebreviettes)가 서약하기를, 원정을 떠날 때까지 그가 사모하는 이의 마음을 얻지 못한다면, 동방에서 돌아오는 날 금화 2만 냥을 가진 여인과 '그녀가 원하기만 한다면' 가리지 않고 결혼하겠다고 맹세한다. 이 말을 들은 무리의 표정도

---

22) Philippine은 원래 독일어 Vielliebchen(아주 좋아하는 사람)를 뜻한다. 이것이 Philippchen이 되었다가 프랑스로 들어와 Philippine으로 바뀌었다. 자두를 먹다가 쌍둥이 씨가 나오면, 그 자리에 있는 이성에게 씨 하나를 준다. 그 뒤 처음 만난 사람에게 재빨리 '오늘은 필리핀'이라고 부르는 쪽이 상대에게 선물을 받는다. 이 놀이의 원형인 기사 서약이 어떤 것이었는지는 알수 없다.

짐작되지 않는가. 하지만 그런 르브르비에트 또한 '한낱 방패잡이'로 모험을 찾아 떠나며, 세우타(Ceuta)와 그라나다(Granada)에서 무어인과 싸웠던 것이다.

이처럼 권태에 빠진 귀족들은 자신이 찾는 이상을 스스로 비웃었다. 온갖 공상과 기교로, 돈의 힘을 이용하여 아름다운 삶이라는 정열적인 꿈을 장식하고 다채롭게 꾸며 풍만하게 살찐 꿈에 현실을 반영해도, 삶이 원래 그다지 아름다운 것이 아님을 그들도 알게 되었다. 그리고 스스로 비웃었다.

7장
전쟁과 정치에서 기사도의 이상

기사의 영광도 그 시대 양식과 의식 절차도 모두 허무한 망상이었다. 거짓투성이가 겉치레 유희에 지나지 않았다. 사료를 바탕으로 국가와 상공업 발전의 자취를 확인한 역사학자들은 거짓 기사도와 르네상스가 저물어가는 중세의 진실한 역사와는 아무런 관련이 없다고 말한다. 그것은 이미 윤기 잃은 에나멜 같은 의미였다. 실제로 역사를 이끌어온 것은 꿈꾸는 사람들이 아니었다. 꿈 같은 것은 꾸지 않았던 군주나 제후, 귀족, 성직자, 부르주아들은 결국 타산적인 냉정한 정치가이자 상인이었다. 하지만 문명사(文明史)는 인구나 세금의 숫자 따위가 아니라, 아름다운 꿈이나 고귀한 생활이라는 환상과도 관련이 있다. 현대 사회를 오로지 금융과 상업의 발전, 정치·군사의 대립 항쟁이라는 각도에서 연구하는 사람이 있다고 하자. 그는 작업을 마치고 이런 결론을 내릴지도 모른다. "나는 음악에 대해 알 필요가 없다. 음악은 분명 현대 문명에서 큰 의의를 갖지 않을 것이다." 중세 역사를 정치경제에 대한 사료로만 묘사하자면, 상황은 이와 비슷해진다. 사료가 연구자의 시야를 제한하는 것이라면 사태는 더 나쁘다고 할 수 있다. 기사도 이상이 아무리 작위적이고 진부하더라도, 중세 끝 무렵의 정치 현실에 생각보다 훨씬 막강한 영향을 끼쳐 왔기 때문이다.

귀족 생활양식에는 거부할 수 없는 강렬한 매력이 있어서, 부르주아들도 이를 따르는 데 온 힘을 기울였다. 아르테벨데(Artevelde) 집안[1] 사람들은 진정한 제

---

1) 강(Gand)의 모직물 상인 집안. 자코브(Jacob van Artevelde, 1290?~1345)는 백년전쟁이 시작되자, 영국과 친한 입장에 서서 플랑드르 여러 도시의 연합 정권을 세우려 하지만, 도시들의 분립주의에 가로막히고, 대중은 영국 왕 에드워드 3세의 야심을 두려워하여 자코브를 암살한다. 그 아들 필립(Philippe van Artevelde, 1340~1382)도 아버지의 뜻을 이어, 반(反)플랑드르 백작·반(反)프랑스 왕이라는 기치 아래, 강(Gand)·브뤼주(Bruges)·이프르(Ypres) 등의 도시 군대를 지휘한다. 1382년 플랑드르 백작 군대를 브뤼주 근교에서 격파했으나, 그 뒤 루즈베크(Roosebeke) 전

3계급[2]의 전형으로, 부르주아임을 자랑스러워하며 성실을 가장 으뜸으로 여겼지만, 필립 판아르테벨데는 그 생활에서 늘 군주나 귀족을 떠올리게 하는 점이 있었다. 그는 매일 식사하러 갈 때 저택 앞에서 악사들에게 연주를 시켰으며, 플랑드르 백작처럼 은그릇을 썼다. 브라반트 후작이나 에노 백작 못지않게 화려한 진홍색 옷에 '다람쥐 모피'를 걸쳤다. 말을 타고 갈 때는 군주라도 되는 양 은빛 모자를 세 겹 쓴 검은담비라는 가문의 문장이 그려진 깃발을 앞세웠다. 15세기, 샤를 7세의 유능한 재무관이던 대부호 자크 쾨르(Jacques Cœur)보다 더 근대적이라고 할 만한 사람이 누가 있겠는가. 그러나 자크 드 랄랭의 전기에 따르면, 이 대단한 금융업자도 에노 출신 영웅이 펼친 고풍스러운 방랑 기사도에 무척 흥미를 가졌다고 한다.

근대 부르주아 생활의 고급스러운 형식은 모두 귀족 생활양식을 모방한 것이다. 냅킨으로 싼 빵, 또 그 냅킨(Serviette)[3]이라는 말 자체가 중세 궁정에서 유래했고, 마찬가지로 부르주아의 고유 관습처럼 여겨진 결혼식 축제 소동도 근원을 밝히자면, 릴에서의 황송한 '여흥'에서 비롯된 것이다. 기사도 이상의 문화사적 의의를 완전히 이해하려면, 셰익스피어나 몰리에르 시대를 거쳐 근대 신사의 모습까지 추적해야 할 것이다. 하지만 여기에서는 이런 이상이 중세 끝 무렵 현실에 어떻게 작용했는가를 밝히는 것으로 범위를 제한할 것이다. 도대체 정치나 전쟁은 기사도 개념에 얼마나 지배받았을까. 그렇다. 그것은 의심할 여지없이 단점이었으나 장점은 되지 못했다. 국가에 대한 맹신과 자신들의 현대 문화야말로 지극히 높은 문화라는 교만을 통해 온갖 현대 비극이 생긴 것처럼, 중세의 과오 또한 기사도 사상이 그 원인인 것이다. 프랑스가 저지른 최악의 정

투에서 프랑스 왕립 군대와 싸우다 패하여 죽는다.

2) 제3계급 : 성직자와 귀족에 속하지 않는 평민 신분. 성직자와 귀족은 신분 특권과 영예를 누렸지만 이들은 그렇지 않았다. 중세 그리스도교 사회에서는 기도하는 사람(oratores)=성직자, 전쟁하는 사람(bellatores)=귀족, 일하는 사람(laboratores)=평민이라는 신분적 구분이 있어서, 일하는 사람인 제3계급은 재판관 및 재무관료, 도시시정관(都市市政官)에서부터 상인·장인에 이르기까지 여러 사회 및 직업군의 계층과 단체를 포함한다.

3) 프랑스어가 어원인 Serviette는 현대 영국 중산층이 쓰는 단어로, 상류층은 쓰지 않는다고 한다. 상류층은 napkin이라 했으며, 이것이 미국과 우리나라에까지 그대로 전해져 현재에 이른 것이다.

치적 과오 중 하나라 할 수 있는 신부르고뉴 제후국 창설도 기사도를 주제로 한 것이 아니던가. 기사도 때문에 머리가 이상해진 국왕 장은, 1356년 푸아티에 전투 때 형이 도망쳐 버렸는데도 그 곁에서 끝까지 행동을 같이한 동생의 아들에게 부르고뉴 후작 영토를 물려주었다.[4] 그 뒤 부르고뉴는 반(反)프랑스 정책을 취하게 되었는데, 기사도 명예를 지킨다는 명분을 지닌 몽트뢰 다리에서의 복수는 세상 사람들 눈에 당연한 일로 비쳤다. 물론 복수나 명예, 이 모두가 앞을 내다본 하나의 계산된 정책이라 설명할 수도 있을 것이다. 그렇다고 해서 1363년 사건이 기사다운 용기와, 군주가 이에 보답한다는 가치 있는 이미지로 사람들 눈에 비쳤음을 부정하는 것은 아니다. 몹시 빠르게 번창한 부르고뉴는 확실히 정치적인 숙고와 냉정한 계산을 거듭하여 세운 결과물이었다. 하지만 그런 부르고뉴 가문의 이념이라고 불러야 할 것은, 언제나 기사도 이상으로 몸을 감싸고 있었다. 역대 부르고뉴 제후들의 별명이 상 푀르(Sans Peur : 두려움 없음. 용맹공)나 르 아르디(le Hardi : 호기로운. 담대공)이든, 필립 3세가 르 봉(Le Bon : 정의로운. 선량공)으로 불리기 전에 붙여진 '누구에게 창피를 준들 상관없는 필립'이든 간에, 이는 모두 궁정 문필가들이 생각해낸 것이었다. 그들의 주군이 기사도 이상의 환한 빛 한가운데 있도록 하기 위해서 말이다.[5] 이 시대 정치에는 기사도 이상과 뗄 수 없는 커다란 뜻이 있었는데, 바로 십자군원정과 예루살렘이었다. 예루살렘은 이 무렵 모든 유럽 군주의 마음속에 가장 높은 정치이념으로 자리 잡고 있었다. 그들의 행동을 되풀이하게 만드는 사고를 상징적으로 부르는 이름이었다. 현실정치의 이해관계와 정치이념 사이는, 놀라울 만큼 대조적이었다. 14, 15세기 그리스도교 세계는 긴장감을 불러일으키는 동방 문제를 안고 있었다. 터키는 이미 1378년 아드리아노플(Adrianople)을 점령했고, 1389년에는 세르비아(Serbia) 왕국을 멸망시켰다. 발칸반도에 닥쳐오는 위기를 극복해야만 했다. 하지만 이에 대해 유럽 측이 어떻게 해서든 굳건히 다져야 할 대책은 여

---

4) 옛 부르고뉴 후작 카페 가문의 혈통은 1361년에 끊어져, 후작 영토는 한때 왕의 영토에 편입되어 있었다. 그런데 왕은 1363년 막내아들 필립에게 후작 영토를 주기로 약속하고, 1364년 6월 그 약속을 지킨다. 그러므로 정확히 말하면 발루아—부르고뉴 후작 가문은 1364년에 시작된 것이다.

5) 작가 주 : 내 논문 〈우리나라 국가의식 성립 이전의 역사〉(1912, 전집 제2권 수록)를 참조하라.

전히 십자군 이념의 제약에서 벗어날 수 없었다. 터키 문제는 선조 대대로 이루지 못했던 예루살렘 해방이라는 성스럽고 위대한 사업에 포함된 부수적인 문제로밖에 여기지 않았던 것이다. 예루살렘 해방에는 기사도 이상이 전면에 드러나게 되는데, 이때 기사도 이상이 강렬한 힘을 발휘할 수 있었다. 왜냐하면 기사도 이상은 종교를 바탕에 둔 것이기 때문이다. 예루살렘 해방은 신성하고도 고귀한 기사의 과제로서, 해방에 대한 약속이 이뤄질 것이라고 여겼다.

종교 이상으로서 지나치게 강조한 기사도 이상이 동방 정책 결정에 크게 작용함으로 말미암아, 터키와의 전쟁이 처참한 패배를 자초한 것도 어느 정도 설명이 가능하다. 원정에는 무엇보다 정확한 계산과 인내심 강한 준비가 필요한 법인데, 실제로는 매우 긴장된 정신 상태에서 계획과 실행이 이루어졌다. 이룰 수 있는 일을 냉정하고 침착하게 판단하지 못한 모든 계획이 그만 낭만적으로 꾸며져서, 탁상공론으로 끝나거나 치명적인 실패를 가져오는 결과를 낳게 되는 것이다. 1396년, 니코폴리스 전투에서의 비극적인 결말은, 아무리 필요한 원정이라도 호전적이고 두려운 적을 대하는 데 있어서 불쌍한 이교도 몇 명을 죽이려고 프로이센이나 리투아니아로 떠났던 거친 기사 같은 방식을 이용한 것이 얼마나 위험한 짓인지를 잘 보여 준다. 십자군 원정 계획은 도대체 어떤 이들이 세웠는가. 전 생애를 이 일에 바친 필립 드 메지에르 같은 몽상가들이었다. 교활하고 타산적인 선량공 필립같이 공상을 좋아하는 정치가들도 있었다.

이 시대 왕으로서 예루살렘 해방을 평생의 과제로 생각하지 않은 사람은 없었다. 1422년, 영국 왕 헨리 5세의 임종이 다가오고 있었다. 그는 루앙과 파리의 젊은 정복자[6]로, 프랑스를 온통 비탄에 빠뜨린 전쟁의 소용돌이 속에서 목숨을 잃게 된다. 의사들은 그에게 앞으로 두 시간밖에 살지 못한다고 알린다. 고해신부를 비롯한 성직자들이 나와서 속죄의 일곱 시편[7]을 외기 시작한다. "어진 마음으로 시온을 돌보시어 예루살렘 성벽을 다시 쌓게 하소서."[8] 여기까지

---

6) 1415년 아쟁쿠르 전투에서 승리한 헨리 5세는 노르망디 공격을 추진하다가 1419년 1월, 북프랑스 중심도시 루앙을 정복, 이듬해 1420년 부르고뉴 제후와 트루아(Troyes)에서 화친을 맺고 파리로 입성, 샤를 6세의 딸과 결혼하고 프랑스 왕위 계승권을 약속받는다.

7) 속죄를 주제로 한 일곱 시편. 시편 6, 32, 38, 51, 102, 130, 143편을 말한다.

8) 작가 주: 시편 50편 19절. 역주: 이는 불가타역으로, 개정 성서는 51편 18절에 해당함. 본문의 성경은 공동번역을 인용했다.

읊자, 왕은 시편을 멈추게 하고 또렷한 소리로 이렇게 말했다고 한다. 프랑스에 평화가 밝아오면 예루살렘 정복에 나갈 예정이었다. "그때까지 생명을 허락하는 것이 창조주의 뜻에 벗어나지 않는다면." 말을 마친 왕은 시편을 계속 낭독하게 하고, 속죄의 일곱 시편을 다 외자 곧 숨을 거두었다.

사실 십자군은 오랫동안 특별세를 거둬들이는 좋은 핑계가 되었다. 선량공 필립도 이 기회를 효과적으로 이용했다. 이것이 전적으로 그의 탐욕에서 나온 위선이라 단정 짓기는 어렵다. 아마 본심과 명예욕이 뒤섞여 있었을 것이다. 그에게 터키 정벌은 기사도에 대한 투철한 계획으로 그리스도교 세계의 구원자라는 영예를 손에 넣고, 경제적 이익도 얻을 수 있었다. 그는 상급 신분인 프랑스와 영국 국왕만큼 높아지고 싶었지만 '터키 원정'은 꺼내지 못한 비장의 카드로 그치고 말았다. 샤틀랭은 이것이 거짓이 아니라 후작의 진심이었음을 강조했다. 그는 진심이긴 했으나 장애가 너무 많았으며 아직 때가 되지 않았다고 말한다. 장로들은 고개를 저으며, 늙은 몸으로 위험을 무릅쓰고 제후가 직접 그런 위험한 원정에 나섰다가는 제후의 나라와 가문의 혈통을 위험에 빠뜨릴지도 모른다며 난색을 표했다. 이미 교황이 보낸 십자군 군기를 공손하게 받든 필립 제후는, 이를 앞세워 라에(La Haye : 현재의 헤이그) 거리에 어마어마한 성체행렬을 꾸몄다. 릴의 축하연에서, 그리고 그 뒤에도 원정 서약이 잇따랐다. 조프루아 드 투아지(Geoffroy de Thoisy)는 시리아의 항구를 조사했고, 투르네의 주교 장 슈브로(Jean Chevrot)는 헌금을 관리했으며, 기욤 필라스트르는 벌써 군비를 확충하고 원정용 선박을 징집했다. 사람들은 열심히 준비했지만, 원정을 못 갈지도 모른다는 막연한 우려가 그들 사이에 퍼져 있었다. 후작이 릴에서 한 서약부터가 몹시 신중했다. 하느님이 그에게 맡겨준 나라들이 평화로운 상태가 되면 떠나자고 했던 것이다.

이 시대에서는 그토록 세심하게 준비해 요란스럽게 선전하고도 실행으로 옮기지 않고, 실행하더라도 지극히 형식적인 원정 계획에 그치고 마는 것을 자주 볼 수 있다. 십자군 이상은커녕 정치적인 허세가 유행했다고밖에 생각할 수 없는 일들이었다. 예를 들면 1383년 플랑드르에 대한 영국의 십자군, 1387년 위풍당당한 함대를 바로 출격시키려는 듯 슬뤼이스항(港)에 정박했던 영국에 대한 담대공 필립의 원정군, 또 1391년 이탈리아에 대한 샤를 6세의 원정군 사정도

다르지 않았다.

기사도를 부르짖지만 사실은 정치적인 선전에 지나지 않는 특별한 예로, 늘 예고만 해놓고 한 번도 시행된 적 없는 군주의 결투가 있었다. 앞에서 얘기했듯이 15세기에는 국가 간의 분쟁을 당파싸움, 즉 개인적인 논쟁으로 여겼다. 이를테면 '부르고뉴가의 싸움(querelle des Bourguignons)'이었다. 명분을 세우려고 군주가 검을 들고 싸우는 것은 더없이 자연스럽고 지극히 당연한 일이지 않은가. 이런 해결책은 원시적인 정의감과 기사도 환상을 함께 만족시켰기 때문에 자주 주목되었다. 그렇지만 그때 기록에서 얼마나 주도면밀하게 군주들의 결투가 준비되었는지를 보면, 우리는 그만 의심스러워져 고개를 갸웃거리게 된다. 이 모든 것이 그저 열심인 체하는 깔끔한 유희인가. 끝내 여기서도 아름다운 삶을 바라고 있다고 보아야 할까. 그도 아니면 도전한 군주들이 실제로 싸울 의도를 갖고 있었을까. 하지만 이 무렵 역사가들은 싸움을 좋아하는 군주처럼 이를 매우 진지하게 생각했음이 분명하다. 1283년, 보르도에서는 샤를 당주와 아라곤 왕 페드로 3세의 결투가 만반의 준비를 갖추고 있었다.[9] 1383년, 영국 왕 리처드 2세는 숙부 존 랭커스터(John of Lancaster, 1389~1435)에게 프랑스 왕 샤를 6세와 평화교섭을 추진토록 명령했다. 이때 그는 두 국왕끼리의 결투나, 리처드와 그의 세 숙부 랭커스터, 요크, 글로체스터가 샤를과 그의 세 숙부 앙주, 부르고뉴, 베리와 함께 결투하는 것을 화친 성립에 가장 바람직한 수단이라고 제안했다. 몽스트를레는 연대기 첫머리에 많은 지면을 할애하여 루이 도를레앙이 영국 왕 헨리 4세에게 도전한 경위를 서술한다. 그에 따르면 1425년 선량공 필립은 험프리 드 글로체스터(Humphrey de Gloucester, 1390~1447)에게 결투를 신청했는데, 이 부르고뉴 제후 필립이야말로 재물의 힘으로 화려한 취향을 살려 이 찬란한 과제를 훌륭하게 처리하기에 알맞은 인물이었다. 이때 도전 동기도 뚜렷이 기록되어 있다. "그리스도교인의 피 흘림을 막고, 내가 긍휼히 여기는 내 백

---

9) 샤를 당주는 성왕 루이의 동생으로, 친왕령(親王領)으로서 앙주 백작령을 얻고 또 신성로마 제국의 일부였던 프로방스 백작령도 얻어, 지중해로 진출을 꾀한다. 먼저 시칠리아 왕으로서 시칠리아를 다스리는데, 이 무렵 마찬가지로 지중해 진출을 꾀하던 이베리아반도의 아라곤 왕 페드로 3세(Pedro III, 1239~1285)는 샤를의 움직임을 경계한다. 마침 1282년 시칠리아에서 일어난 섬사람들의 샤를 압제에 대한 반란(시칠리아의 만종 Vespro Siciliano)을 계기로 두 군주는 공공연히 적대하기에 이른다.

성을 파멸에 몰아넣지 않기를 나 필립은 소망한다. 전쟁으로 좌우되는 것이 아니라, 내 한 몸 희생하여 그 자리에서 다툼을 끝낼 수 있기를 바란다. 만일 전쟁으로 번진다면, 당신 군대나 내 군대와 함께 수많은 귀족과 뭇사람이 비참한 최후를 맞이하게 되기 때문이다." 결투를 위한 모든 준비는 철저했다. 제후가 입을 값비싼 갑옷과 웅장하고 화려한 의복을 비롯하여, 천막, 갑옷에 꽂을 작은 깃발, 군사(軍使)와 수행원이 입을 전투복 등을 특별히 제작했다. 여기에는 제후의 문장인 부싯돌과 성 앙드레 십자가 문양을 아로새겼다. 피에르 드 페닌 (Pierre de Fénin)은 필립이 '음식을 절제하며 의욕을 잃지 않도록 분발하면서' 훈련으로 밤을 지새우고, 매일 에스댕(Hesdin)의 저택 정원에서 그 방면 달인들의 지도를 받으며 기량을 연마한다고 말한다. 이런 준비에 들어간 비용은 정확한 계산서로 기록에 남아 있다. 이때 만들어진 값비싼 천막들은 1460년까지도 릴의 거리에서 볼 수 있었다고 한다. 그러나 결투는 끝내 이루어지지 않았다.

과연 제후는 그 뒤 몸조심을 했을까. 천만의 말씀이다. 뒷날 룩셈부르크 지방 때문에 작센 제후와 문제를 일으킨 필립은 또 결투를 신청했다. 릴의 축하연에서 그는 환갑 나이에도 십자군 서약을 하며 만약 상대가 원한다면 터키 황제와 1대 1로 승부할 용의가 있다고 호언했다. 선량왕 필립은 완고한 결투심에 불타서 그에게 자객으로 파견된 어느 귀족과 법도대로 싸우겠다며 고집부리는 바람에 그를 말리는 데 모두 얼마나 애를 먹었는지 모른다고 마테오 반델로[10]는 전한다.

이러한 관습은 이탈리아 르네상스 전성기에서도 활발했다. 프란체스코 곤차가(Francesco II Gonzaga, 1466~1519)가 체사레 보르자(César Borgia, 1475~1507)에게 도전한 것도, 무섭도록 증오하는 체사레의 폭정에서 검과 단도로써 이탈리아를 해방시키려는 의도였다. 결투에 앞서 프랑스 왕 루이 12세의 중재가 이루어졌다. 사건은 감동적인 화해로 마무리된 것이다. 황제 카를 5세도 프랑스 왕 프

---

10) Matteo Bandello(1485~1561?) : 이탈리아의 소설가. 그즈음 궁정·귀족 사회의 실상을 자세히 그린 단편집 《노벨레 *Le novelle*(전 4권)》는 16세기 서술체 문학에 새로운 조류를 형성했다. 본문에서 그가 선량공 필립에 대해 한 말은 《노벨레》 제1권 39화에 나온다. 《노벨레》 4권은 반델로가 이탈리아에서 프랑스로 가서 가스코뉴(Gascogne)의 아쟁(Agen) 주교가 된 뒤 1554년부터 간행되어 1559년에 프랑스어로 번역되었다. 셰익스피어의 《로미오와 줄리엣》이 반델로의 소설을 원작으로 하고 있음은 유명한 이야기이다.

랑수아 1세에게 두 번이나 정식으로 도전했다. 두 국왕의 결투로 양국 간의 다툼을 끝장내려는 것이었다. 한번은 프랑수아 1세가 포로에서 풀려나 귀국한 뒤에, 카를 5세의 입장에서 본다면 1526년 약속을 어겼을 때의 일이었고, 다른 한번은 1536년의 일이었다. 심지어 1674년 라인팔츠(Rheinpfalz) 선제후 카를 루드비히(Karl Ludwig)는 국왕 루이 14세가 아니라 프랑스 장군 튀렌 자작(Henri de La Tour d'Auvergne, vicomte de Turenne, 1611~1675)에게 도전했으나, 이 또한 여러 사례와 동일 선상에서 있었던 일이다.

〈**카를 5세와 프랑수아 1세**〉 타데오 추카리 작

한편 군주끼리는 아니었지만, 그와 비슷한 실제 결투 사례가 1397년 부르강브레스에서 있었다. 이 지역에서 기사이자 시인으로 유명한 대귀족 오통 드 그랑송(Otton III de Grandson, 1340?~1397)은 '붉은 백작' 사부아의 아메데 7세(Amédée VII de Savoie, 1360~1391) 백작의 살해 공범이라는 혐의를 받고, 기사 제라르 데스타바예(Gérard d' Estavayer)의 손에 쓰러졌다. 제라르가 보 지방[11]의 여러 마을을 대표하여 싸웠던 이 사건은 세상을 떠들썩하게 만들었다.

법적이든 사적이든, 결투는 부르고뉴 지방과 싸우기 좋아하는 북프랑스 사람들의 생활풍습에 아직 남아 있어서, 사물의 사고방식을 강하게 규제했다.

신분이 높고 낮음을 가리지 않고 사람들은 결투를 존중했으며, 이를 반드시 복종해야 할 명령으로 생각했다. 그러나 이 같은 사고방식은 원래 기사도 이상

---

11) 보(Vaud)는 로잔호 북쪽 기슭으로 사부아 백작령이었다. 현재는 스위스 지역이다. 또 부르강브레스(Bourg-en-Bresse)는 리옹의 북쪽으로, 그때 백작의 영토에 속했으며, 현재는 프랑스 지역이다.

에서 올곧게 나온 것이 아니라, 훨씬 더 오래된 기원을 두고 있었다. 기사도 문화는 결투라는 유행의 틀을 부여했을 뿐이었지만, 결투는 귀족 계급 밖에서도 성행했다. 귀족이 아닌 사람끼리 싸울 때에는, 이 시대의 야만스러운 모습이 그대로 유감없이 드러났다. 그래서 귀족들은 자신의 예절과 직접 관련이 없는 이 구경거리도 즐기곤 했다. 이에 대하여 주목할 만한 예는, 1455년 발랑시엔의 두 부르주아 사이의 법적 결투였다. 귀족과 연대기 작가들은 이 사건에 놀랄 만한 관심을 보였다. 이는 지난 100년 동안 일찍이 볼 수 없었던 사건이었다. 발랑시엔 부르주아들은 무슨 일이 있어도 이 결투를 꼭 벌이고 싶었다. 여기에는 그들의 옛 특권 가운데 하나를 계속 존속시키느냐 없애느냐 하는 문제가 달려 있었기 때문이다. 그런데 그즈음 선량공 필립이 독일에 머물 동안 빈자리를 대신해야 했던 샤롤레 백작, 뒷날 호담공 샤를은 이를 바라지 않았다. 판결 집행이 차일피일 미뤄지는 동안 당사자인 자코탱 플루비에(Jacotin Plouvier)와 마위오(Mahuot)는 값비싼 쌈닭처럼 갇혀 있었다. 이윽고 늙은 후작이 황제 방문에서 돌아와, 결투를 허락했다. 더욱이 필립은 어떻게든 이 결투를 자기 눈으로 보려고 브뤼주에서 루뱅(Leuven)[12]으로 가던 길을 멀리 돌아 발랑시엔을 거치기로 한 것이다. 샤틀랭이나 라 마르슈같이 기사도에 심취한 작가들은 기사와 귀족들의 축제 소동인 무예 시합을 묘사할 때는 상상력을 한껏 발휘하면서도 끝내 그 실상을 그려내지 못했으나, 이 '결투'를 서술할 때는 예리하게 눈여겨본 현실을 묘사하는 데 성공한다. 금빛과 붉은 석류석 모양을 한 화려한 망토 아래, 샤틀랭이 등장시킨 촌스러운 플랑드르 사람의 얼굴이 슬쩍 비친다. 샤틀랭의 시선은 이 '지극히 아름다운 의식'의 세밀한 부분까지도 놓치지 않았다. 결투장 경계를 두른 나무 울타리나 그 주위에 설치된 자리 배치에 대해서도 자세히 썼다. 가련한 희생자들에게는 저마다 지도자가 있어 필요한 훈련을 받았다. 소송인인 자코탱이 먼저 울타리 안으로 들어왔다. 머리를 짧게 깎고 모자도 쓰지 않은 얼굴이 창백했다. 코르도바산(Cordoba産) 가죽 한 겹으로 만든 옷에 온몸을 꿰맨 듯한 느낌으로, 그 속에는 아무것도 입지 않았다. 두 투사는 격자 구조물 뒤에 앉아 있는 늙은 제후에게 공손히 무릎을 꿇고 인사를 한 다음, 검은 천을 씌운

---

12) 원어명 Louvain. 벨기에 중부 브라반트(Brabant) 주(州)의 도시.

의자에 마주 보고 앉아 기다리고 있었다. 그 둘레에 나란히 앉은 귀족들은 서로 속삭이며 낮은 소리로 승부를 예측하고 있었다. 샤틀랭은 행여 무엇 하나 놓칠세라 뚫어지게 지켜보았다. 성서에 입 맞출 때 마위오의 얼굴색은 죽은 사람같이 창백했다고 한다. 이윽고 두 시종이 다가와서 저마다 투사들의 목덜미부터 발목까지 기름을 발랐다. 자코탱은 가죽옷에도 기름을 발랐는데, 마위오는 그렇게 하지 않았다. 이 맞대결은 어느 쪽에 행운이 돌아갈까. 그들은 손에 재를 묻혀 문지르고 입에는 볼이 미어지게 설탕을 넣었다. 곤봉과 방패가 주어졌다. 방패에는 성인상이 그려져 있었는데, 그들은 거기에 입을 맞췄다. 뾰족한 쪽을 위로 하여, 즉 방패를 거꾸로 붙잡아 자세를 취했다. 그들은 손에 '신앙심의 작은 깃발', 곧 신앙심을 나타내는 말을 적은 좁고 긴 천을 쥐고 있었다.

싸움이 시작되자, 몸집이 작은 마위오가 느닷없이 방패의 뾰족한 쪽 끝으로 모래를 떠서 자코탱의 눈을 향해 뿌렸다. 얼마 동안 서로 곤봉으로 치고받는 격투가 이어졌다. 마침내 마위오가 쓰러졌다. 자코탱은 쓰러진 마위오에게 뛰어들어 입이고 눈이고 할 것 없이 온 얼굴에 모래를 문질렀다. 마위오는 상대의 손가락 하나를 물고 늘어졌다. 자코탱은 그를 떼어내려고 마위오의 눈구멍에 엄지손가락을 처박았다. 그리고 살려달라는 절규는 듣지도 않고, 마위오의 등에 올라가 뒤로 팔을 꺾어 등골을 부러뜨리려 했다. 숨이 끊어질 듯한 마위오는 잘못을 뉘우칠 기회를 달라고 헛되이 울부짖으며 '부르고뉴 주군'께 호소했다. "아아, 주군이시여, 강(Gand)의 전투에서 저는 충성을 다했습니다. 아아, 자비를 베풀어주소서. 목숨만은 살려주소서." 샤틀랭의 이야기는 여기서 끝난다. 그의 연대기는 여기서부터 두세 장이 없어진 것이다. 다른 사료에 따르면, 초주검이 된 마위오는 집행관에게 교수형을 당했다고 한다. 샤틀랭은 이 처참한 광경을 열정적으로 서술한 다음, 고귀한 기사도를 바탕으로 생각을 마무리지었을까. 어쨌든 라 마르슈는 바로 그렇게 하고 있다. 그는 참관했던 귀족들이 수치스러워했다고 전한다. 이 도와줄 길 없는 궁정시인은 하느님이 이 결투를 허락하셨으며, 또 여기서 일어난 모든 일은 은혜롭게 무사히 끝났다고 쓰고 있다.

기사도 정신과 현실 사이의 충돌은, 전쟁이 한창일 때나 기사도 이상이 자기주장을 할 때 가장 뚜렷한 모습으로 나타난다. 확실히 기사도 이상이 전투 의욕에 형태와 힘을 부여한 것도 사실이지만 일반적으로 작전 수행에서는 방해만 될 뿐, 전혀 도움이 되지 않았다. 기사도 이상이 아름답게 살고 싶다는 마음에 희생되었기 때문이다. 국왕을 비롯한 최고 지휘관들조차도 낭만적인 모험을 찾아서 자주 위험천만한 일에 몸을 맡겼다. 에드워드 3세는 에스파냐의 호위함대에 무모하기 짝이 없는 공격을 감행하여 자칫하면 생명을 잃을 뻔했다. 장 2세의 '별' 기사단의 기사들은 전투를 할 때 절대로 4 '아르팡'[13] 이상은 퇴각하지 않겠다는 맹세를 해야 했다. 남은 선택은 죽거나 포로가 되는 것뿐이었다. 프루아사르에 따르면, 이 독특한 규칙 때문에 기사단 창설 초기에 벌써 90명이 넘는 기사가 목숨을 잃었다고 한다.

1415년, 영국 왕 헨리 5세가 아쟁쿠르(Azincourt) 전투를 앞두고 프랑스군을 쫓아 진군할 때의 일이다. 어느 날 밤 그는 군 보급 담당자가 숙영지로 정한 마을을 무심코 지나쳤다. 그런데 '칭송할 만한 명예로운 예법을 가장 잘 지키는 사람'인 왕은, 불과 얼마 전에 다음과 같은 포고령을 냈다. "정찰하러 가는 기사는 갑옷을 벗어야 한다. 왜냐하면 그렇게 해야 돌아올 때 군장을 갖춘 모습으로 퇴각하는 수치를 겪지 않아도 되기 때문이다." 정작 자신이 갑옷을 입은 채 너무 전진해 버리자, 그는 되돌아갈 수 없어서 하는 수 없이 그 지점에서 밤을 지새웠으며, 전위부대가 그에 맞추어 더 앞으로 나아갔다.

1382년, 프랑스의 대대적인 플랑드르 침입 작전을 결정하는 자리에서도, 기사도 정신이 줄곧 좋은 전략과 대립한다. 프루아사르에 따르면, 적의 의표를 찔러 멀리 돌아가는 길로 공격하자고 주장한 총사령관 올리비에 드 클리송(Olivier de Clisson)과 앙게랑 드 쿠시(Enguerrand VII de Coucy)에게 반대하던 사람들은 다음과 같이 주장했다. "정면으로 진격하지 않는다면 우리 스스로 정의롭지 못한 전사가 된다."

1404년, 프랑스군이 영국 다트머스(Dartmouth) 인근 해안에 상륙하려 할 적에도 비슷한 일이 있었다. 이는 생드니의 수사가 전한 말이다. 기욤 뒤 샤텔

---

13) 아르팡(arpent)은 보통 면적 단위로 쓰인다. 4 아르팡이라고 하면 표준값으로 1.7 헥타르가 조금 못된다. 하지만 중세에는 아르팡을 거리단위로 쓰는 일이 자주 있었다. 일찍이 프랑스문학 최대의 서사시로 11세기 말~12세기 초의 것으로 추정되는 《롤랑의 노래 Chanson de Roland》에서 그 예를 찾을 수 있다. 롱스보(Roncevaux, 778) 전투에서 대주교 장 튀르팽(Jean Turpin, ?~800)이 전사할 때, '1 아르팡 정도 가는 동안에 생명이 다했다'는데, 이 경우 실제 거리가 어느 정도인지는 정확히 알 수 없다.

(Guillaume du Châtel)은 영국군이 해안선에 참호를 파고 굳게 방어하고 있었기 때문에 측면에서 공격하자고 한다. 하지만 자이유(Jaille) 경은 해안선을 지켜선 영국군을 시골뜨기 집단이라 부르며, 이 따위 적을 피하는 게 창피하지도 않느냐고 말한다. 자이유 경에게 두려워하지 말라는 격려를 받은 기욤 뒤 샤텔은 자존심이 상해 이 말이 뼈에 사무친다. "브르타뉴 사람의 고결한 마음은 두려움을 모른다. 그렇다면 좋다. 승리는 어렵고 죽음도 예상한 것이지만, 망설이지 말고 죽을힘을 다해 운을 시험해 보자." 그는 절대 목숨을 구걸하지 않으리라 맹세하고는, 출격하여 싸우다 결국 죽음을 맞는다. 그 부하들 또한 무참하게 전멸하고 말았다.

플랑드르 원정 때는 서로 앞서려고 늘 경쟁하는 소동이 벌어졌다. 뒤쪽에 배치된 어떤 기사는 불만을 품고 반항했다고 프루아사르는 전한다.

기사도 이상이 전쟁에 적용된 가장 명확한 사례는 이른바 귀족들의 싸움, 정한 약속에 따라 두 전사나 같은 수의 적대적인 두 무리가 결투로 승부를 가리는 방식이다. 프루아사르는, 1351년 브르타뉴 플로에르멜(Ploërmel)에서 보마누아르(Jean de Beaumanoir, 1310~1367?)가 거느린 30명의 프랑스군과 영국, 독일, 브르타뉴인으로 이뤄진 연합군 사이에 벌어진 그 유명한 '30인 전투'를 매우 훌륭한 예로 들며, 마지막으로 한마디 덧붙이는 것을 잊지 않았다. "어떤 자는 이를 용맹의 증거로, 또 어떤 자는 만용의 표출로 보았다." 1386년의 일이다. 기 드 라 트레모이유(Guy de la Trémoïlle)와 영국 귀족 피에르 드 쿠르트네(Pierre de Courtenay)는 영국인이 우수한지, 프랑스인이 더 뛰어난지를 걸고 결투하려 했는데, 프랑스 섭정을 맡고 있던 부르고뉴 후작과 베리 후작이 금지하여 끝내 결투는 중단되고 만다. 장 드 뷔에이의 《르 주방셀》에서는 이 같은 용맹의 과시를 쓸모없다며 비난한다. 게다가 이 책에서는 기사도 정신을 군인 정신으로 대체하고 있다. 작가는 다음과 같은 이야기를 전한다. 베드포드 경이 12인 대 12인의 결투를 프랑스군에 제의했을 때, 프랑스 지휘관이 대답했다. "적의 선동에 휩쓸리지 말라는 말이 있다. 우리는 적을 몰아내려고 여기에 있는 것이며, 그것만으로도 벅차다." 그래서 도전은 받아들여지지 않았다. 또 작가는 이렇게 전한다. 그는 언젠가 한 부하가 결투하려는 것을 밀리며 이렇게 밀했다. "절대로 허락하지 않겠다. 이는 금지된 일이다. 이런 결투를 원하는 자는, 무가치하고 헛된 영광을 자기 것으로 만들려고 남에게서 명예를 가로채려는 것이다. 더욱이 그 때문에 그자는 국왕과 공공을 위한 봉사를 저버리고 돌아보지 않게 된다." 작가는 이 말을 전기의 마지막에서 거듭 강조한다. 이는 새로운 시대의 목소리가 메아리치는 것 같다. 하지만 최전방의 결투라는 습관은 중세를 지나도 사라지지 않았다. 이탈리아 원정 때는, 1503년 바를레타(Barletta) 거리에서 프랑스 군대와 이탈리아 군대가 저마다 13명씩 기사를 선별해 대결을 벌인 유명한 '바를레타의 싸움'이 있었다. 또 1501년 바이야르(Bayard)가 거느린 프랑스 군대와 소토메이요(Sotomayor)가 이끈 에스파냐 군대에서 11명씩 기사가 나와 대결했다. 80년 전쟁, 즉 네덜란드 자유전쟁 때는 1600년에 푸크트(Vught) 광야에서 브로테(Breaute)와 레켈바커의 대결이 있었고, 1591년 데벤테르(Deventer) 전방에서 로드뤽 판 데 케투레가 알바니아 대군 기병을 상대로 한 결투가 있었다.

전쟁의 이해관계나 전술은 기사도적 사고방식을 배경으로 밀려나게 했다. 야외 전투도 정정당당하게 협정하고 나서 권리를 위해 싸우는 방식이 되어야 한다는 주장이 있지만, 전술의 요구 앞에서 그 목소리에 귀를 기울이는 자는 거의 없었다. 뒷날 카스티야 왕 엔리케 2세(Enrique II de Castilla)가 되는 엔리케 드 트라스타마라(Enrique de Trastámara, 1333?~1379)는 무슨 일이 있어도 넓은 평원에서 적과 상대해야 한다며 스스로 유리한 위치를 포기한다. 끝내 그는 1367년 영국 흑태자 에드워드를 상대로 한 나헤라(Nájera) 전투에서 패하고 만다. 또 1333년에는 어느 영국인 부대가 스코틀랜드인들에게 더 나은 전투를 위해 현재 차지한 지형을 버리고 평원으로 나가자고 제안한다. 칼레(Calais) 시가를 구하려던 프랑스군이 아무리 해도 영국군의 포위망을 빠져나갈 수 없었을 때, 프랑스 왕은 영국군에게 만나서 싸울 다른 장소를 정하자고 정중하게 요청했다. 샤를 당주는 '로마인의 왕' 빌렘 반 홀란트[14]에게 이렇게 알린다.

---

14) Willem II van Holland(1228?~1256) : 1234~1256년까지 홀란트 백작으로 재위. 1247년, 프리드리히 2세에 대한 대립국왕으로서 교황 인노첸시오 4세(Innocentius IV ?~1254)의 추대를 받아, 다음 해인 1248년 '로마인의 왕' 왕관을 받았다. 하지만 1250년에 프리드리히 2세가 죽은 뒤에도 독일 제후들의 지지가 적어 '독일인의 왕' 즉 독일 국왕의 칭호는 얻지 못하고, 1256년 서(西)프리슬란트 정벌 중에 전사한다.

백작은 스스로 부하를 거느리고

아스 가까운 광야에서,

사흘 동안 왕의 일행을 기다리겠다.[15]

프루아사르에 따르면, 에노 백작 윌리엄은 더 극단적이었다. 그는 한술 더 떠서 프랑스 왕에게 사흘 동안 전투를 멈추고 다리를 놓아, 그 다리를 오가면서 싸우자고 제안했다. 이처럼 기사도적인 제안은 모두 거절당했다. 대신 전술은 언제나 우위에 있었다. 선량공 필립도 기사로서 명예를 걸고 어려운 싸움을 수행해야 할 경우에는 절대 머뭇거리지 않았지만, 어느 날은 하루 세 번씩이나 도전을 받았는데도 결코 거기에 응하지 않았다고 한다. 이때 그의 기사도적 명예는 이만저만 손상된 것이 아니었다.

이처럼 기사도 이상은 현실적인 이해관계에 어느 정도 길을 내줘야만 했다. 그렇지만 기회가 있을 때마다 전쟁을 미화하는 것도 가능했다. 색채가 풍성하고 화려한 싸움 장식이 감정을 고조시키며 마음을 북돋우는 일이 없어진 것은 아니었다. 아쟁쿠르 전투 전날 밤, 캄캄한 데서 대치한 두 군대는 서로 트럼펫과 트롬본을 불며 자기편 사기를 북돋았다. 하지만 프랑스 군대의 연주가 '자신들을 흥겹게' 하기에는 충분치 못했다며, 사기가 떨어진 것은 이 때문이라고 진지하게 항의했다는 것이다.

15세기 끝 무렵, 동방에서 전해온 큰북을 가진 용병들이 나타났다. 듣는 사람을 최면에 빠지게 하거나 도저히 음악이라고 할 수 없는 소리를 내는 이 악기는, 기사 시대에서 근대식 군대로 모습을 바꾸는 데 꼭 알맞았다. 북은 전쟁의 기계화를 촉진시킨 원인 중 하나이다. 그러나 1400년 무렵에는 여전히 화려하고 멋진 몸짓으로 평판과 명예를 건 1대 1 결투가 일반적이었다. 투구 장식이나 문장, 깃발과 전투의 외침 등으로 보면 싸움은 아직 집단 전투가 아니라 놀이

---

15) 작가 주 : 멜리스 스토크(Melis Stoke, 1235?~1305?)의 《홀란트사(史)》 중 한 구절. 1305년 우연히 만난 전투가 아니라, 정면 충돌을 영어로 Pitched battle이라 한다. 여기에는 싸울 장소를 말뚝이나 개암나무 가지로 둘러쌌다는 옛 노르웨이의 관습이 메아리치고 있는 것이다. 역주 : 멜리스 스토크는 홀란트 백작 빌렘 3세를 섬겼던 서기관이자 사제이다. 1305년이 되기 직전, 옛 네덜란드어 운문으로 《홀란트사(전 10권)》를 썼다.

에 가까웠다. 개인적인 싸움의 성격, 즉 운동 경기의 요소가 짙었던 것이다. 온종일 경합을 벌이는 다채로운 귀족들의 외침은 마치 자부심 경쟁처럼 들렸다. 싸움 전후에 거행되는 기사 서임식과 진급식이 이 유희를 봉인(封印)했다. 말하자면 놀이 의식인 셈이다. 예를 들어 평기사가 선두기사로 진급할 때는, 그 창 끝에 매달았던 깃발의 뾰족한 끄트머리를 잘라냈다. 노이스(Neuss) 앞에 진을 친 호담공 샤를의 유명한 야영부대는 그야말로 궁정식으로 화사하게 꾸몄다. '기분 전환을 위해' 천막을 성 모양으로 친 곳도 있었다고 한다. 주위에는 회랑을 두르고 정원도 만들었다.

전투 기록은 기사도를 이해하는 방식으로 틀을 짜야 했다. 이것은 회전(會戰), 저것은 조우전(遭遇戰) 등, 기술적 근거에 바탕을 두고 단순한 참전과 하나의 교전(交戰)을 구별하지 않으면 만족하지 않았다. 왜냐하면 영예의 문서에 확실한 위치를 차지하도록 각각의 전투 명칭을 적어놓을 필요가 있었기 때문이다. 몽스트를레는 말한다. "그래서 이날부터 이 사건을 몽 상 브뫼의 조우전(le rencontre de Mons-en-Vimeu)이라 부르게 되었다. 회전이라고는 부르지 않았는데, 두 군대는 그야말로 우연히 만났다가 흩어져 접전을 벌였으므로, 군기를 하나도 앞세울 수 없었기 때문이다." 영국 왕 헨리 5세는 대승리를 거둔 어느 회전을 엄숙하게 아쟁쿠르 전투라 명명했다. 몽스트를레는 설명한다. "모든 전투는 그 전쟁터와 가까운 성채 이름을 따야 하기 때문이다." 전쟁터에서 하룻밤을 머무르는 것도 승리의 확실한 표시였다.

전투 가운데 제후의 용감한 활약도 때로 너무하다 싶을 정도로 미화해서 표현하고 있다. 칼레의 전투에서 에드워드 3세와 프랑스 귀족의 결투를 서술한 프루아사르의 묘사는 진지한 결투라고 생각할 수 없을 정도이다. "왕과 외스타슈는 서로 지지 않으려고 한참을 싸웠는데, 그 광경은 참으로 흥미진진했다." 마침내 프랑스 귀족이 져서 포로가 되고, 왕은 그에게 저녁 식사를 베푸는 것으로 사건이 마무리되었다는 것이다.[16] 생리키에(Saint-Riquier) 부근 전투에서, 선

---

16) 칼레 전투에서 본문처럼 영국 왕과 귀족이 결투를 벌였는지는 확실치 않다. 현재 널리 알려진 칼레시 포위전을 둘러싼 일화는 다음과 같다. 영국과 프랑스의 백년전쟁이 한창이던 1347년, 식량 공급이 끊어진 채 11개월 동안 저항하던 칼레시는 결국 영국에 항복한다. 영국 왕 에드워드 3세는 칼레의 모든 사람을 죽이는 대신 주요 인물 6명만 처형하겠다는 조건을 거

량공 필립은 신변의 안전을 염려하여 자신의 호화로운 갑주를 신하에게 입힌다. 그러나 연대기 작가들은 이를 전사로서 마음껏 그 용맹을 발휘하고 싶었기 때문이라 쓰고 있다. 젊은 시절의 베리 후작과 브르타뉴 후작이 호담공 샤를을 따라 공익 동맹 전쟁(Bein public)에 종군했을 때의 일이다. 필립 드 코민이 어떤 이에게 들은 바에 따르면, 두 사람은 도금 세공한 징을 박은 공단으로 만든 갑옷을 입었다고 한다.

기사도 이상의 기사다운 화려한 장식의 틈새마다 거짓이 얼굴을 내밀었다. 이상은 현실과 끊임없이 부딪치며, 점점 문학·축제·유희의 세계로 도망쳤다. 이곳에서만 기사도에 따른 아름다운 삶이라는 환상이 살 수 있었다. 여기서는 동료들 사이에 자연스럽게 형성된 계급과 기사도 취향의 정감이 아무 거리낌 없이 순순히 받아들여졌다.

그러나 같은 신분이 아닌 하층계급 사람들을 상대하게 되면, 순식간에 기사도 열정이 식어버려 깜짝 놀랄 수밖에 없다. 곧 기사다운 사람에게나 어울리는 고결함을 신분이 낮은 자들에게 요구하는 희망 따위는 어디론가 완전히 사라져 버리는 것이다. 귀족인 샤틀랭은, 부유한 양조업자가 부르고뉴 후작의 부하와 자기 딸의 결혼을 거부하고, 후작에게 맞서는 데 생명과 재산까지 걸었던 완고한 한 부르주아의 명예 같은 것은 거들떠보지도 않았다. 프루아사르는 필립 판아르테벨데의 시체에 대하여 설명하면서 조금도 경의를 표하지 않았다. 샤를 6세는 그 시체를 몹시 보고 싶어 했다. "잠시, 사람들은 시체를 쳐다보다가,

는데, 그 6명은 거친 옷을 입고 목에 밧줄을 매고 성문 열쇠를 가지고 걸어와야 했다. 누가 가야 할지 고민하는 가운데, 부유한 지도자 중 한 사람이던 외스타슈 드 생피에르(Eustache de Saint Pierre)가 나서고, 위상 형제(Jacques de Wissant, Pierre de Wissant), 장 드 피엔(Jean de Fiennes), 앙드리외 당드르(Andrieu d'Andres), 장 데르(Jean d'Aire)가 자원한다. 죽음을 각오한 이 여섯 부르주아들은, 배 속 아이를 위해 처형하지 말아 달라는 에드워드 3세의 왕비 필리파 드 에노의 간청으로 목숨을 건진다. 사회적 지위에 상응하는 도덕적 의무를 나타내는 노블레스 오블리주(noblesse oblige)를 시행한 좋은 예로 꼽히는 이 사건은, 칼레시의 요청으로 로댕(François Auguste René Rodin, 1840~1917)이 1889년 석고로 조각하고 1895년 청동으로 제작했다. 독일 극작가 G. 카이저는 이 조각에 자극을 받아 같은 제목으로 3막 희곡을 각색·발표했다. 《칼레의 시민 Les Bourgeois de Calais》은 칼레시 청사에 첫 사본이 설치된 이래 코펜하겐, 마리몽(벨기에), 런던, 파리, 도쿄 등에 이어 100년 뒤인 1995년, 서울 로댕갤러리에 열두 번째 사본이 상설 전시되었다.

밖으로 옮겨 어떤 나무에 매달았다. 이것이 필립 판아르테벨데의 최후였다." 왕은 '그를 농노 취급하면서', 발로 시체를 걷어차는 행동도 서슴지 않았다고 한다. 1382년, 그 '필립 판아르테벨데'가 거느린 강(Gand)의 시민군과 프랑스 왕립군대가 싸울 때였다. 부르주아에 대한 귀족들의 무시무시한 잔학성은, 곡물선 선장 40명의 손발을 꺾고 눈을 도려내어 마을로 돌려보낼 정도였다. 그렇다고 기사도를 지키려던 프루아사르의 정열이 그 때문에 식어 버리는 일은 한순간도 없었다. 샤틀랭은 자크 드 랄랭 같은 사람들의 영웅 행위에는 완전히 마음을 빼앗기면서도, 그 랄랭을 혼자 습격한 강(Gand)의 이름 없는 한 하인의 용감한 행동에 대하여는 극히 냉담하게 사실만 언급할 뿐이다. 그래도 라 마르슈는 이 서민의 영웅 행위를 정직하게 평했다. "만일 그가 '혈통이 좋은 사람'이었다면 어쨌든 사람들의 이목을 끌었을 텐데."

현실은 다양한 방식으로 기사도 이상을 부정한 것으로 만들었다. 병법은 훨씬 전부터 이미 기마 시합이라는 식의 전술을 버렸다. 14, 15세기의 전쟁은 잠입하여 허를 찌르고 침입해서 약탈하는 싸움이었던 것이다. 전투할 때 기사도 말에서 내린다는 전법은 영국에서 먼저 시작하여 그다음 프랑스가 들여왔다. 외스타슈 데샹은 이 전법이 도망가지 못하게 막는 데는 유리하다고 비웃으면서 말했다. 프루아사르는 바다 위에서의 싸움은 달아날 수도, 물러날 수도 없기 때문에 두렵다고 했다. 《영국과 프랑스의 군사(軍使)들에 대한 논쟁 *Débat des hérauts d'armesde France et d'Angleterre*》은 참으로 솔직하게, 기사도의 사고방식이 병법 원리로 몹시 부적합하다는 것을 분명하게 밝히고 있다. 1455년 무렵에 쓰인 이 글은 토론 형식을 취하여, 영국에 대한 프랑스의 우월함을 주장하고 있다. 영국 군사(軍使)가 프랑스 군사에게 물었다. 프랑스 왕은 왜 영국 왕처럼 막강한 해군을 가지려 하지 않는가. 프랑스 군사가 대답했다. 왕이 그것을 필요하다고 여기지 않기 때문이다. 그뿐만이 아니다. 프랑스 귀족은 해상보다 육상에서 싸우는 것을 좋아한다. 요컨대, 여러 이유가 있다. "바다 위에는 목숨을 노리는 위험이 따른다. 태풍이 불면, 상상을 초월하는 비참한 일이 일어난다. 신만이 알겠지. 뱃멀미의 괴로움은 대체로 견딜 수 있는 것이 아니다. 거기에 또 참아야만 하는 가혹한 생활도 귀족에게는 전혀 어울리지 않는 모습이다." 또 영향력은 아직 크지 않아도, 대포는 이미 미래의 전술 변화를 알리고 있었다. '부르고뉴 풍' 방랑 기사의 전형인 자크 드 랄랭이 대포알에 맞아 목숨을 잃은 것은 참으로 얄궂은 운명의 아이러니가 아니겠는가.

군인 귀족이라는 직업에는 물론 중세 유럽의 그 누구도 피할 수 없는 재정적 측면이 있었다. 후기 중세 전쟁 기록의 어느 대목을 읽어 보아도 곧 알 수 있듯이, 저명한 인물을 포로로 잡는 것은 몸값을 받을 수 있으므로 대단히 중요한 일이었다. 프루아사르는 기습에 성공하여 적을 사로잡은 자가 그 일로 얼마나 벌어들였는가를 숨기지 않았다. 전쟁터에서의 짤짤하고 직접적인 수입뿐만 아니라 은급과 연금, 총독의 지위 또한 기사의 생활에 크나큰 부분을 차지했다. 진급이야말로 곧 목표라는 인식이 생겼다. 외스타슈 드 리브몽(Eustache de Ribemont)은 말한다. "나는 진급을 바라는 한심한 남자랍니다." 프루아사르가 기사들이 전쟁에서 세운 갖가지 훈공을 기록으로 남긴 것은, 무엇보다도 먼저, '무공으로 출세를 바라는' 수많은 용사들에게 모범이 될 수도 있다고 스스로 생각했기 때문이다. 데샹의 어떤 서사시에서는 부르고뉴 궁정의 기사, 시종, 하인들이 저마다 급료날을 몹시 기다린다. 그 시의 후렴은 이렇다.

한데, 경리담당은 언제 오려나.

샤틀랭은 무릇 세속의 영광과 명성을 추구하는 자가 탐욕스럽고 타산적이라 '큰돈이 된다면 은급이든 연금이든, 관직이든 적과의 내통이든, 모든 것에 눈치 빠른 것'이 당연하다고 말한다. 대체로 기사들의 귀감이 된 그 고상한 부시코조차도 남들보다 훨씬 더한 금전욕으로부터 결코 자유롭지 못했다. 적어도 《진정한 꿈 *Le songe véritable*》[17]은 그렇게 증언한다. 냉정한 코민은 모든 귀족을 그 급료로 평가하여 '20에퀴[18]를 받는 귀족' 등으로 불렀다.

기사도를 따르는 생활과 전쟁을 소리 높여 찬양하는 가운데, 가끔 기사도 이

---

17) 1406년, 궁정의 하급 관리로 추정되는 파리의 한 부르주아가 쓴 3,174행의 시. 이 무렵 샤를 6세의 왕비 이사보를 둘러싸고 부르고뉴 당과 오를레앙 당이 대립했는데, 부르고뉴당이던 글쓴이는 이 시를 왕비와 왕의 동생 오를레앙 후작에 대한 비난으로 가득 채웠다.

18) 에퀴(écu)는 성왕 루이 시대에 주조된 금화를 원형으로 하여, 그 뒤 프랑스를 비롯한 지역에서 주조된 금화의 호칭. 왕좌에 앉은 왕의 모습을 새긴 필립 6세의 '왕좌의 에퀴', 샤를 6세의 '왕관의 에퀴', 1475년 루이 11세의 '태양의 에퀴'가 유명하다.

상을 부정하는 소리가 또렷이 들려온다. 때로는 진지하게, 때로는 비웃듯이. 귀족 자신들이 전쟁과 기마 시합으로 지새는 이런 생활의 겉만 번지르르한 거짓과 비참한 실상을 의식하지 못했던 것은 아니다. 그래서 기사도에 대해 조소와 경멸밖에 품지 않았던 루이 11세와 필립 드 코민처럼 비아냥거리기 좋아하는 냉소적인 두 정신이 서로 통했다는 것도 결코 이상한 일이 아니다. 몽트레리(Montlhéry)에 대한 코민의 서술은 기사도 환상에서 깨어나 현실에 바탕을 둔 완전히 근대적인 것이다. 눈이 번쩍 뜨일 것 같은 영웅 행위나 극적으로 꾸민 사건 따위는 쓰지 않았다. 오직, 나아가는 것도 아니고 물러서는 것 같지도 않은 전투 과정, 머뭇거림과 두려움에 대한 가벼운 야유가 섞인 보고였다. 수치스러운 도주나 위험이 사라지면 되돌아오는 용기에 대하여 묘사할 때, 코민은 뭔가 즐거운 듯했다. 코민은 '명예'라는 단어를 극히 드물게 썼고, 명예를 뭔가 필요악이나 되는 것처럼 다루었다. "내 생각은 이렇다. 왕이 혹시 그날 밤 출발하기를 바랐다면 (중략) 무난히 갈 수 있었을 것이다. 그렇지만 문제는 이 일이 명예가 달린 일이라는 점이다. 왕은 확실히 겁쟁이라는 비난을 듣고 싶지 않았을 것이다." 유혈이 낭자한 조우전을 보고하는 경우에도, 코민의 기록에서는 기사도라는 어휘를 찾을 수 없다. 그는 용감이라든가, 기사다운 훌륭함이라는 말을 모르는 것이다.[19] 코민의 냉철함은, 젤란트(Zeeland) 출신인 그의 어머니 마가레타 폰 알네므이덴(Margaretha Von Arnemuiden)한테서 물려받은 것이었을까. 홀란트에도 경망스러운 모험가인 빌렘 4세(Willem IV) 백작 같은 사람이 없지는 않았으나, 아무튼 사람들은 기사도 정신이 오래전에 사라졌다고 생각했다. 빌렘 4세는 에노 출신이었는데, 그즈음 젤란트와 함께 홀란트에 합병된 에노라는 곳은 언제나 기사도 귀족이 세력을 떨치던 고장이었다. '30인 전투' 때, 영국 쪽에서 활약한 크로커트(Croquart)는 예전에 에노의 아르켈 영주 밑에 있던 하인이었다.

---

19) 《중세의 가을》이 출판된 지 5년쯤 되었을 때, 하위징아는, '칼메트 편주(編注) 《코민의 각서》 소개 비판'(전집 제3권 수록)에서, 코민에 대한 견해를 크게 보완·정정했다. 그 주요 내용은 여기에서 쓰고 있는 '각성한 현실주의(nuchter realisme)'가 반드시 코민의 근대성을 나타내는 말은 아니라는 뜻이고, 혹시 그런 오해를 줄 우려가 있다면, 하위징아는 이 형용을 코민에게서 박탈하려고 생각했던 것 같다. 또 《중세의 가을》을 출판한 이듬해 하위징아는 런던에서 '르네상스와 리얼리즘'에 대하여 강연했다. 다음에 이것을 고쳐 써서 1929년에 간행한 책 또한 이 문제를 생각하는 중요한 문헌이다(전집 제4권 수록).

그는 전쟁으로 큰돈을 벌었다. 금화 6만 냥에다 마구간을 가득 채울 만한 말 30필, 그리고 대단히 용감하다는 평판까지 얻었다. 프랑스 왕이 귀족 작위와 귀족의 딸을 선물로 약속할 정도였다. 크로커트는 명성과 부를 갖고 홀란트에 돌아와, 호사스러운 생활을 시작했다. 그런데 홀란트의 귀족들은 그의 출신을 잊지 않았고, 그를 철저히 무시하려 했다. 그래서 그는 기사도의 명성을 존중하는 풍습이 짙은 프랑스로 다시 돌아간 것이다. 뒷날 부르고뉴 후작 용맹공 장이 되는 느베르 백작이, 니코폴리스에서 파국을 맞을 운명에 있던 터키 원정을 계획하고 있을 때의 일이다. 프루아사르에 따르면, 그때 홀란트·세란트·에노 백작도 겸하고 있던 바이에른 후작 알브레히트는 그의 아들 빌헬름에게 이렇게 말했다고 한다. "기욤아, 너는 이 원정에 참가하여, 헝가리와 터키로 가서 우리에게 아무런 나쁜 짓도 한 적 없는 사람들과 싸우겠다고 하지만, 너는 원정에 가담할 이유가 조금도 없다. 결국은 이 세상의 허망한 영광에 현혹되고 있는 것이다. 그러므로 부르고뉴의 장이나 프랑스의 우리 사촌들의 일은 그들에게 맡겨라. 그리고 너는 네가 할 일을 하거라. 프리슬란트로 가서 우리 선조의 땅을 평정하거라." 앞서 말한 릴에서의 십자군 서약 때는 부르고뉴 공국 각지에서 귀족들이 모여들었는데, 홀란트 귀족들이 제일 적게 참석했다. 출전 뒤에도, 각 지역에서 서면으로 참가 서약이 들어왔다. 아르투아 27통, 플랑드르 54통, 에노 27통이었지만, 홀란트에서는 불과 4통밖에 오지 않았다. 더욱이 이 4통의 서약서는 명확히 조건부로, 몹시 조심스러웠다. 예를 들면 브레데로데(Brederode)가와 몽프루트(Montfoort)가는 공동 대리인을 보낸다고 서약했다.

만일 기사도가 사회 발전에 유익한 높은 가치를 포함하고 있지 않았다거나, 윤리적·미적 관점에서 필요로 하지 않았다면, 몇 세기 삶에 걸쳐 생활의 이상으로 이어졌을 리 없다. 기사도 이상은 삶을 아름답고 화려하게 장식한다. 그 요란한 과장이야말로, 일찍이 이 이상에 힘을 불어넣은 것이다. 난폭하리만큼 격렬한 중세 정신은, 이상을 더욱더 높이 내세워야만 그 피투성이의 격정을 겨우 제어할 수 있었던 것 같다. 그래서 교회는 목표를 멀리 두고, 기사도 사상과 그 이상을 드높였던 것이다. 에머슨(Ralph Waldo Emerson, 1803~1882)은 《자연 Nature》(1836)에서 이렇게 말한다. "고집불통, 완고한 자, 광신자 특유의 짜릿한 구석이 없으면 자극도 없고, 따라서 효과도 기대할 수 없다. 목표에 이르려면 목표보다 더 높은 지점을 겨냥해야 하는 것이다. 모든 행위는 그 속에 어느 정도 과장의 오류를 품고 있다."

그러나 어떤 문화 이상이 사람들에게 지고한 덕을 요구하는 정도가 강하면 강할수록, 그만큼 생활양식과 현실 사이의 불일치는 더 커져가는 법이다. 종교적인 내용이 절반도 넘는 기사도 이상을 받들 수 있었던 것은, 강렬한 현실 앞에 아직 눈감을 수 있었던 시대, 그런 까닭에 지순한 환상에 대해서는 감수성이 풍부한 시대였기에 가능했던 것이다. 새로 태어나는 시대는 이처럼 낡은 생활양식의 너무나 격조 높은 포부와 열망들을 모두 버렸다. 기사는 아직도 신분이니 명예니 하는 모든 관념을 소중히 간직하고는 있지만, 더 이상 신앙의 전사라든가 약자의 보호자라고 내세우지 않는 17세기 프랑스 귀족 '장티욤 (gentilhomme)'에게 자리를 내준다. 프랑스 귀족 대신 등장한 '젠틀맨'도 결국 옛날 기사의 직계로 이어지지만, 보다 절제되고 세련된 유형인 것이다.

결국 기사도 이상은 차츰 변하여, 그때마다 몸에 맞지 않게 된 거짓을 한 겹씩 벗어버리고, 덜 과장된 삶의 개념에 들어맞게 된 것이다.

8장
양식화된 사랑

12세기 프로방스 트루바두르[1]들이 채워지지 않는 갈망을 사랑의 마음으로 노래한 뒤로, 연가를 연주하는 비올(Viol)의 음색은 점점 높아져 알리기에리 단테(Alighieri Dante, 1265~1321)가 맑은 목소리를 울리는 데까지 이르렀다. 중세 정신은 이때 처음으로 부정적 바탕 위에 사랑의 이상을 발전시켰다. 고대 또한 사랑의 욕망과 고뇌를 노래했지만, 그것은 확실하게 보장된 사랑의 기다림이나 성취를 위한 자극제로 여겼다. 비극으로 끝나는 고대 사랑 이야기의 사상은 채울 수 없는 사랑이 아니라, 이미 몸과 마음이 하나가 된 연인들을 죽음이 갈라놓는 잔인한 이별이었다. 《케팔로스와 프로크리스 *Céphale et Procris*》나 《피라무스와 티스베 *Pyrame et Thisbé*》 같은 이야기가 그러했다.[2]

비탄은 채우지 못한 욕망이 아닌, 슬픈 운명이 자아내는 눈물이었다. 채워지지 않는 갈망이 처음 주제로 등장한 작품은 이런 남프랑스 음유시인들의 궁정 연가였다. 여인과의 사랑을 잃는 일 없이, 모든 본성의 윤리적 열망을 받아들이는 선정적인 양식이 만들어졌다. 관능적인 사랑으로 구원받으려는 고귀한 여성

---

1) 서유럽 서정시는 트루바두르(troubadour : 남프랑스 음유시인)의 시가에서 나왔다. 남프랑스와 오크어(Lenga d'òc)를 쓰는 지역 제후들이 궁정 모임에서 만든 문학 형식이라, 트루바두르는 대부분 영주와 귀족이었다. 가장 오래된 예로 푸아티에 백작 기욤 7세(아키텐 제후로서는 9세, 1071~1127)가 있다. 이들보다 몇 세대 뒤 북프랑스 제후들의 궁정에서도 서정시 형식이 나타나는데, 이들은 트루베르(trouvère)라 불렸다.

2) 사냥꾼 케팔로스는 새벽의 여신 에오스의 사랑을 받고 있었다. 케팔로스의 부인 프로크리스는 남편을 의심하여 사냥에 열중인 그를 뒤쫓다가 화살에 맞아 쓰러지고 만다. 피라무스와 티스베 이야기는 오비디우스(Ovidius, BC 43~AD 17)의 《변신이야기 *Metamorphoses*》에 나오는 바빌로니아의 고대전설이다. 뽕나무 아래 티스베의 베일 조각이 떨어져 있었는데, 피라무스는 티스베가 사자에게 잡아먹힌 것으로 오해하여 자살하고 만다. 돌아온 티스베도 이를 보고 자살한다. 그래서 뽕나무 열매가 빨갛게 되었다고 한다.

〈케팔로스와 프로크리스〉 한스 로이 작

숭배가 탄생한 것이다. 이제야 사람들은 이 사랑의 정원에서 아름다움을 가꾸고 덕성을 꽃피웠다. 고귀한 연인은 궁정풍연애의 교리를 따라 그 사랑에 덕과 순결을 드높였다. 이 사랑의 서정시에는 언제나 정신적 요소가 우위를 차지했다. 마침내 사랑은 단테의 《신생(新生) *Vita nuova*》에서 성스러운 인식과 경건이 숨 쉬는 경지에 이르렀다. 여기에 다다르자 새롭게 바뀔 수밖에 없었다. 단테와 동시대 사람들은 돌체 스틸 누오보(Dolce stil nuovo : 새로운 매혹적인 양식) 안에서 같은 결론을 내렸다.

페트라르카는 정신을 강조하고 선호하는 궁정의 이상적인 사랑과 새바람이 불어오는 고대의 영감 사이를 뒤흔든다. 그리하여 페트라르카로부터 로렌초 데 메디치에 이르기까지, 이탈리아 연가는 생생한 관능미로 되돌아간다. 육감적인 고대 시가를 본보기로 든 시인들에게 꾸며낸 궁정풍연애는 다시금 버림받는다. 한편 프랑스와 프랑스 정신의 영향 아래 있던 모든 나라는 사정이 조금 달랐다. 궁정풍연애의 서정시가 꽃피는 먼 훗날 애욕 사상의 전개는 좀 더 복잡했다. 궁정풍연애 체계의 틀은 그대로 옛 힘을 잃지 않았으나, 정신은 완전히 새로워졌다.

단테의 《신생》이 정화된 열정에서 영원한 조화를 찾아내기 전, 프랑스에서는 《장미 이야기》가 궁정이 선호하는 사랑 양식에 새로운 내용을 담았다. 1240년 이전부터 쓰기 시작하여 1280년이 되기 전에 완성된 기욤 드 로리스(Guillaume de Lorris)와 장 쇼피넬 드 묑 쉬르 루아르(Jean Chopinel de Meung-sur-Loire)의 작품은, 2세기 동안 귀족들의 연애 방식을 지배했을 뿐 아니라 그 사상이 미치는 모든 분야에 영향을 끼쳤다. 백과사전 같은 제재의 풍부함은 교양 있는 보통 사람에게 지식의 보고(寶庫)가 되어, 생생한 정신적 양식을 장만하도록 허락했다. 한 시대의 지배층이 처음부터 끝까지, 생활과 교양 지식을 연애 기술이라는 틀 안에서 받아들였다는 점은 주목할 만하다. 12세기부터 15세기에 걸쳐 이만큼 세속문화에 대한 이상이 여인에 대한 이상적인 사랑에 녹아든 시대는 없었다. 기독교 덕목, 사회 도덕, 생활 형태가 갖추어야 할 완전한 모습은 이 사랑 체계와 이어져 진실한 사랑이라는 틀로 짜여졌다. 아무리 고풍스러운 궁정 취향 스타일로 나타내거나 《장미 이야기》 형식으로 등장시켜도, 이 선정적인 인생관은 동시대 스콜라 철학과 나란히 놓여 같은 취급을 받는다. 어느 한 관점에서 모든 인생을 이해하려는 중세 정신의 대대적인 노력을 나타내는 것이다.

갖가지 사랑의 다채로운 묘사와 아름다운 삶을 추구하는 노력이 여기에 집중되어 있다. 아름다운 삶에 대한 꿈을 명예나 계급에서 찾거나 엄숙한 양식과 절차로 삶을 꾸미려는 사람, 즉 아름다움을 오만하게 추구하는 사람들은 자주 허무함을 느끼곤 했다. 하지만 사랑에서는 그렇지 않았다. 이 세상의 행복을 딱 잘라 거절했다면 모를까, 사랑을 좇고 사랑을 사랑답게 하는 것은 아름다움을 누리는 데 있다고 여겼다. 사랑에 특별히 우아한 절차를 고안하여 높은 신분에 걸맞은 삶의 아름다움을 제안할 필요는 없었다. 사랑 자체에 이미 심오한 아름다움과 행복이 존재하고 있었으므로, 그에 알맞은 형태와 색채를 부여하고 꾸밀 때가 오기만을 기다리고 있었다. 아름답다면 어떤 꽃이나 소리라도 사랑의 삶의 형식을 세우는 데 도움이 되었다.

사랑을 양식화하려는 노력은 허무한 유희를 뛰어넘는 것이었다. 정열의 불길이 중세 끝 무렵 급박한 삶을 사는 사람들에게 사랑의 삶을 살도록 명령하고, 고상한 규칙을 세워 아름다운 유희를 높였던 것이다. 무엇보다 정열의 격렬함을 분명한 형식과 규칙 안에 고정시켜야만 했는데, 이를 게을리하면 야만으로 타락하는 벌이 기다리고 있었기 때문이다. 교회는 신분이 낮은 사람들의 방종한 생활을 단속하는 역할을 맡았다. 사실 교회는 교회 조직이 그러라고 한다면 좋든 싫든 그 역할을 감당할 수밖에 없었지만 그것으로 충분치 않았다. 귀족들은 원래 교회와 상관없이 독자적인 문화를 이뤘다는 자부심이 있어서 교회에 의존하려는 마음도 없었던 만큼, 순화된 에로티시즘 안에서 자유분방함을 조여 매는 고삐를 찾아냈다. 곧 자신들만의 행동 규범으로 문학·양식·사교예절 등은 사랑의 생활에 제동을 걸고 규율을 세우는 작용을 하고 있었다. 오히려 그들은 문학이나 양식이라는 겉치레 현실을 만들어, 아름다운 삶이라는 환상 속에서 살았을지 모른다. 높은 계층의 사랑도 그 밑바닥은 말할 수 없이 천하고 거칠었기 때문이다. 실제로 이 생활풍속에는 후세가 알지 못하는 뻔뻔함이 남아 있었다.

샤틀랭에 따르면 부르고뉴 제후 선량공 필립은 발랑시엔에서 만나기로 한 영국 사절단을 위하여 마을 목욕탕에 철저한 준비를 하도록 지시했다. "사절 한 분 한 분과 데려온 시종들을 위해, 정사(情事)에 필요한 모든 것을 갖춘 목욕탕을 기호에 따라 자유롭게 선택할 수 있도록, 모든 비용은 제후들이 부담한다." 토마스 바쟁에 따르면, 그 아들 호담공 샤를의 이 같은 절제는 제후에 걸맞지 않은 행동이라며 많은 이들의 비난을 샀다고 한다. 부르고뉴 제후 에스댕 저택 정원에는 여러 오락 장치를 갖추고 있었는데, 회계장부 기록을 보면 그 가운데 '지나가는 귀부인들을 흠뻑 젖게 하는 장치' 같은 것도 있었다. 하지만 천박하다는 것이 이상과 동떨어진 것만은 아니었다. 세련된 사랑과 마찬가지로 자유분방한 사랑 또한 독특한 양식을 갖추고 있었으며, 축혼가 양식[3]이라 할 수 있는 그 양식은 매우 오래된 것이었다. 중세 끝 무렵에 나타난 세련된 사회에서도 사랑 표현에서는 옛 주제를 많이 계승하고 있어서, 세련됨과 천박함이라는 사랑의 두 형식은 서로 겨루며 하나로 녹아들었던 것이다. 이 에로티시즘의 원시적 형태야말로 옛 종족 공동체 축제에 깊이 뿌리내린 것이었다. 궁정풍연애 양식처럼 육체적인 의미를 지녔으며, 기독교 문화에 밀려 성스러운 의식이라는 자리에서 쫓겨난 채 여전히 생명을 유지하고 있었다. 감추지 않는 웃음, 남근의 상징, 결혼 축연에 쓰이는 모든 도구는 옛 혼인 의식이라는 성스러운 축제의 일부였다. 결혼 축연과 혼인 의식은 하나였던 것이다. 두 성의 결합을 핵심으로 하는 커다란 신비였다. 여기에 끼어든 교회가 그 신비로운 성격을 가로채고는 신비 대신 장엄한 결합 맹세라는 성스러운 의식을 거행했다. 옛 신비를 장식했던 결혼 축연 행렬, 노래, 축하 인사말 등은 세속적인 축하로 떠넘겼다. 하지만 이런 축하 소동은 그 성스러운 옷을 벗어던지고 점점 자유분방한 음란함으로 거리낌 없이 나타났다. 이를 확인할 길 없었던 교회가 아무리 자제하라고 설득해도, 히멘 오 히메나이에[4]라는 격렬한 생명의 외침을 잠재울 수 없었다. 부끄러운 줄 모르고 첫날밤을 공개하는 관습은 청교도 정신도 멈출 수 없었다. 17세기 네덜란드에서조차 이런 풍속이 유행했다. 두 연인의 일은 베일에 싸인 채 내버려두고 싶다는 근대 개인주의적 감정이 싹트고 나서야 겨우 이 관습은 사라졌다. 1641년, 오란예 제후 집안 자제와 영국 공주 메리의 결혼 축연 때도, 소년 신랑이 신방에 드는 것을 방해하려고 매우 노골적인 장난을 쳤다. 1400년 무렵 군주나 귀족의 결혼 예식은 부끄럽지도 않을까 하는 생각이 들 정도로 외설적인 축하가 일반적이었는데, 그리 놀라울 것도 없었다. 이를 증명하는 예로, 샤를 6세와 바이에른 제후의 딸 이사벨라의 결혼식을 묘사한 프루아사르의 외설

---

3) 축혼가(epithalamium)는 결혼을 축하하는 고대 그리스 가요이다. 현재까지 가장 오래된 것은 사포의 단편으로 알려져 있으나, 사포의 시나 로마시인 카툴루스의 시는 이미 전통 형식에 지적이고 섬세한 정감을 갖추고 있었다. 그러므로 여기서 말하는 '축혼가 양식'은 사포 이전, 원시 미개 세속 관습을 배경으로 한다고 폭넓게 정의내릴 수 있을 것이다.

4) 이는 축혼가의 후렴구이다. 언젠가부터 히멘(Hymen) 또는 히메나에오스(Hymenaeos)가 신격화되어, 아폴론과 칼리오페로 여겨지는 뮤즈 사이에서 태어난 자식이라는 설이 있고, 전승에서는 디오니소스와 아프로디테의 아이로 보기도 한다.

스럽고 능글맞은 이야기, 그리고 담대공 필립의 아들 앙투안 드 부르고뉴에게 데샹이 헌정한 축혼가를 들 수 있다. 《백 가지 새로운 이야기 Les Cent nouvelles nouvelles》는 매우 당연하다는 어조로, 새벽 미사를 거행하고 가볍게 식사한 다음 바로 잠자리에 들었다는 어느 신혼부부의 이야기를 싣고 있다. 혼례를 비롯한 애정행각에 대한 농담은 귀부인들의 화젯거리로도 알맞다고 여겼다. 선량공 필립이 편집했다는 《백 가지 새로운 이야기》는 비꼬는 말투가 섞여 있지만, '몹쓸 사람이 되는 훌륭한 책', '상류 모임에서 얘기할 때 매우 재미난 이야기'로 통했다. 진지한 '귀족' 시인 장 레니에(Jean Régnier)는 때로 부르고뉴 제후 부인들과 그 부인을 섬기는 궁정의 모든 귀부인과 시녀의 요청에 따라 음란한 발라드를 지었다. 하지만 이것이 명예와 절도(節度)라는 엄격하고 높은 이상이 빠진 음란함으로 인식되지는 않았다. 여기서 생기는 이 모순 때문에 사랑뿐 아니라 중세 생활의 다른 장면에서 나타나는 고상한 예의범절, 점잔 빼며 새침 떠는 듯한 행동을 위선이라 여길 것인가? 뻔뻔하고 부끄러운 줄 모르는 행동을 마치 사투르누스(Saturnus)의 축제 소동 같다고 해석하더라도 마찬가지이다.[5] 더구나 축혼가의 음란함을 17세기 네덜란드에서 나타난 어떤 퇴폐주의 출현이나 귀족 문화를 무르익게 만든 결과로 본다면 지나친 오해일 것이다.

여러 해석이 가능하도록 돌려하는 말, 외설스러운 이야기, 음란한 은어 등은 원래 축혼가 양식에 따른 것으로, 그 기원은 무척 오래되었다. 이를 이해하려면 민족학적인 배경을 고려해야만 한다. 데샹은 이런 동음이의 수사법 같은 것을 그의 시에서 미적지근한 사교 절차에 알맞도록 약하게 표현했으나, 이는 원래 원시적인 문화에서 남근상징주의의 흔적을 나타내는 것이었다. 즉 통용 가치를 잃어버린 성스러운 의식의 파편이었다. 아직 문화가 유희와 진지함을 뚜렷이 구별하지 못했던 무렵에는, 제례의식에 성스러움과 자유분방한 삶의 쾌락이 단단히 결합되어 있었다. 기독교 사회에서 성스러움을 빼앗긴 축혼가는 웃기려고 꾸민 일에까지 추락하고 말았다. 그러나 이제 성적인 사고는 경건과 쿠르투

---

5) 직역하면 '사투르누스적인 것이 구속을 벗어나 뛰쳐나갔다'가 된다. 사투르누스는 로마 신화에 나오는 농경의 신이다. 사투르날리아(Saturnalia)는 겨울 파종 시기와 관련하여 12월 17일부터 23일까지 계속되는 큰 축제이다. 이때 사투르누스 신의 다리를 묶고 있던 줄이 풀려, 노예는 자유를 얻었다. 모든 이가 '구속에서 벗어나 뛰쳐나가게 되는 것이다.

아지(courtoisie : 궁정예법)에 저항하여, 결혼 풍습에 그 원래 생명력을 유지하게 되었다.

짧은 풍자, 익살스러운 즉흥 촌극, 세속적인 노래 등 해학적이고 선정적인 문학 분야를 모두 축혼가라는 줄기에서 갈라진 가지로 본다면 과장이겠으나, 불가능하지만은 않다. 하지만 그 기원과 관계를 놓친 지가 오래되었다. 해학적이고 선정적인 문학은 한 갈래로 독립되어, 해학의 효과를 원래 목표로 삼기에 이르렀다. 이는 옛 축혼가 해학 그대로였다. 성적인 사물을 상징적으로 암시하는 것은 웃음을 불러일으켰고, 성적인 행위를 비꼬는 데 사회 행위 개념이 이용되었다.

직업에서 쓰는 말이 성적인 알레고리로 널리 퍼졌다. 여기에 사용되지 않았던 직업이 없을 정도였다. 이는 예전이나 지금이나 마찬가지이다. 14, 15세기에도 기마 시합, 사냥, 음악 등에서 빌려 온 상징들이 성적인 알레고리의 소재가 되었다. 마샬 도베르뉴(Martial d'Auvergne, 1420~1508)의 《사랑의 판결 Les Arrêts d'Amour》에서 사랑에 대한 문제를 재판처럼 다루는 방식도 해학 문학에 속할 것이다. 하지만 애욕 표현 가운데 가장 활발한 인용은 종교용어였다. 중세에는 성적인 내용을 표현하는 데 교회 용어를 공공연히 동원했다. 《백 가지 새로운 이야기》에서는 봉헌된(bénie), 고백하다(confesser) 등을 매우 외설적인 의미로 사용하고, 성자들(saints)을 유방(seins)과 같은 동음이의어로 나타내면서 질릴 정도로 되풀이한다. 교회 에로티시즘 알레고리가 더 세련된 형태로 발전하자, 그 자체로 독립된 하나의 문학 양식이 되었다. 섬세한 시인 샤를 도를레앙[6]을 비롯한 시인들은 사랑의 탄식을 수도원 고행 생활, 예배, 순교 등의 고통에 비유했다. 그들은 자신을 '사랑의 계율에 매인 순교자들(les amoureux de l'observance)'로 불렀는데, 이는 그보다 앞서 엄격한 계율 정신으로 돌아가자는 프란체스코 수도회 내부에서 일어난 개혁에서 본받은 것이었다. '돌체 스틸 누오보'파의 근엄함은 참으로 한결같다고 말할 수밖에 없다. 자칫하면 신성모독이 될 뻔했는데, 사랑하는 마음이 얼마나 깊은지를 겨우 속죄받게 된 꼴이었다. 샤를 도를레앙은 이렇게 노래를 시작한다.

---

6) Charles d'Orléans(1394~1465) : 프랑스 시인. 발루아 왕조 제4대 국왕 샤를 6세의 조카. 정쟁(政爭)에 휘말려 파란만장한 청춘을 보냈다.

이것이 십계명에 해당되니,
참된 사랑의 신……

그는 십계명을 모독하며 성서를 걸고 맹세한 약속을 노래한다.

그때 그녀는 나를 불러
손을 책 위에 올려놓고 맹세하게 했다.
참되고 성실한 마음으로 의무를 다하겠소,
모든 사랑에 대하여.

죽은 연인을 위해서는 이렇게 탄식한다.

나는 간절히 바랍니다, 사랑하는 이들의
낙원 높은 곳에, 지금 바로 자리를 마련해달라고.
순교자나 영예롭고 고귀한 성인처럼.

또 유명을 달리한 그의 연인에 대해서는 이렇게 탄식한다.

내 사랑하는 이의 장례를
사랑의 사원에서 치렀네.
그 넋을 달래는 진혼미사에
비통한 마음이 들었네.
슬픔에 찬 수백 개의 촛불이
반짝거리며 타올랐지.
그리고 무덤을 만들었다네,
슬프고 안타까운 마음으로…….

사랑을 잃어버린 연인이 사랑의 순교자들의 수도원으로 들어가 버리는 모습이 세밀하게 묘사된 순수한 시 〈사랑의 계율을 따르는 수도사가 된 연인

l'Amant rendu Cordelier de l'Observance d'Amour〉에서 느껴지는 달콤하고 해학적인 모든 효과는 교회를 소재로 한 비유 문학이 바라던 가장 높은 완성도를 보인다. 마치 연애시는 이렇게 뒤틀린 방식으로 반드시 어떤 대가를 치르더라도 어떻게든 아득한 옛날에 잃어버린 신성함과 다시 결합하려고 노력해왔다는 듯이. 문화의 한 요소인 이상, 연애시는 어떻게 해서든 형식을 취해야만 했다. 형식에 얽매인 어휘 선택이라는 옷을 입어야 하는 것이다. 어쩌다 형식을 가벼이 보고 외설스러운 알레고리에서 적나라한 성생활에 대한 묘사로 타락하는 듯한 모습을 보여도, 연애시는 양식의 속박에서 자유롭지 못했다.

남성들은 황폐한 마음으로 색을 탐하는 자연주의적 문학에 결코 질리지 않았으며, 여성들도 언제나 좋아했다. 더할 나위 없이 고상한 궁정연가 같은 낭만적인 허구 문학이었다. 사랑을 둘러싼 인간 본연의 갈등, 사회적인 형편 때문에 겁쟁이에게서 눈을 돌리는 경멸과 외면, 성생활의 허위와 이기주의, 비극 등을 끝없는 환락이라는 겉치레로 아름답고 넉넉하게 감싸려는 것이 낭만주의가 아니고 무엇이겠는가. 또 여기에는 아름다운 삶을 동경하는 강렬한 문화 충동이 나타난다. 이는 현실 대신 꿈꾸던 삶을 더 아름답게 보려는 소망으로, 거기에 사랑의 삶을 상상하여 무리하게 끼워 맞춰 묘사하려 한다. 게다가 이 경우 동물적인 측면을 강조하는데, 이는 음탕함과 이어지는 삶의 다른 이상이었다.

늘 모든 시대의 현실은 세련된 문학에서 이상적인 사랑이 지향하는 것보다 훨씬 더 나빴다. 우악스럽고 자연주의에나 걸맞을 정도로 속된 애정시 묘사보다는 정숙했지만, 몸에 딱 맞지는 않았다.

궁정 전속 시인 외스타슈 데샹은 직접 작품에 나와 노래하는데, 마치 자신이 이미 신세를 망친 듯한 발라드를 자주 지었다. 하지만 이런 아슬아슬한 이야기의 실제 주인공은 그가 아니었다. 그런 절박한 발라드 모음집 한가운데에, 세상을 떠난 어머니의 훌륭한 인품을 딸에게 가르치는 부드럽고 달콤한 시가 별안간 등장하기도 했다. 이렇게 줄기를 늘리고 가지를 뻗은 축혼가 양식도, 문학과 문화의 원천으로서는 결국 두 번째 의의에 그치고 만다. 그 첫 번째 주제는 욕망의 완전한 충족이며 에로티시즘을 드러내는 것이었다. 그런데 삶에 모습을 부여하고 생활을 장식하는 감춰진 에로티시즘의 주제는 충족된 가능성, 약속, 소망, 결핍, 그리고 다가오는 행복이었다. 어떤 것도 확실하게 장담하지 않았다.

기대라는 가벼운 베일에 싸여서, 마음이 채워지는 일은 끝내 없었다. 따라서 감춰진 에로티시즘은 호흡이 길었고 넓은 생활영역을 감쌌다. 자라나는 밝은 어조의 사랑, 웃음이라는 가면을 쓴 사랑 등을 노래하는 데 그치지 않고, 사랑의 슬픔이나 어두운 어조의 사랑으로도 아름다움을 나타냈다. 에로티시즘은 한없이 높은 생명력을 지녔을 것이다. 나아가 신뢰, 용기, 고결하고 온화한 마음이라는 윤리 요소를 포함하여 옛 사랑의 이상뿐 아니라, 다른 여러 이상을 바라는 소망과도 연결되어 있다.

그런데 《장미 이야기》는 머릿속으로 생각하는 모든 것을 미세하게 이미지로 그려내고 중세 끝 무렵 사람들의 마음에 동조하여, 에로티시즘 문화에 다채롭고 풍부한 내용과 주제에 알맞은 형태를 부여했다. 《장미 이야기》가 세속적인 예배문장, 교리, 전승의 보고(寶庫)가 된 것이다. 여기에는 기질과 사물을 생각하는 방식이 전혀 다른 두 시인의 성격이 큰 도움이 되었는데, 사람들은 《장미 이야기》를 에로티시즘 문화의 바이블로 여기고 그 속에서 다양한 문장을 활용했다.

기욤 드 로리스는 두 작가 가운데 시기적으로 앞선 시인으로, 옛 궁정풍 이상에 충성을 맹세하고 매력 넘치는 주제를 다룬다. 그는 이 무렵 자주 쓰이던 꿈을 소재로 밝고 감미롭게 그려낸다. 5월 어느 이른 아침, 시인은 휘파람새와 종달새가 지저귀는 소리를 들으러 집을 나선다. 실개천을 따라 발걸음을 옮기던 시인은 마침내 은밀히 꾸민 사랑의 정원이 있는 담벼락에 다다른다. 그곳에 그려진 온갖 그림, 증오·배신·천박·탐욕·질투·비애·노쇠·위선·가난은 궁정 문화에 맞서는 반궁정적(anti-courtois) 이미지들이다. 같이 어울려 즐기던 친구인 유한(有閑)부인은 문을 열어 시인을 맞이한다. 그 안에서는 환희가 춤을 이끌고 있으며, 사랑의 신이 미(美)의 손을 잡고 춤추는 원 안에는 부(富)·선(善)·솔직·예의·기쁨이 함께 춤추고 있다. 시인이 나르시스 샘터에서 장미꽃 봉오리에 마음을 빼앗기고 있을 때, 사랑의 신은 아름다움·솔직함·예의·동행·매력의 화살 5개를 쏜다. 화살에 맞은 시인이 사랑의 신에게 신하의 예를 갖추자, 사랑의 신은 시인의 마음을 열쇠로 단단히 잠그고, 사랑의 규율·재앙·은혜를 이야기한다. 사랑의 은혜는 곧 희망·달콤한 생각·달콤한 말·달콤한 눈빛이었다.

예의의 아들인 환대가 시인을 장미에게로 이끈다. 그러자 장미의 호위병들인 위험·욕설·공포·수치가 다가와서 그를 내쫓는다. 여기서 소동이 시작된다. 이성이 높은 탑에서 내려와 사랑의 노예가 된 시인을 위로한다. 사랑도 시인을 위로하고, 비너스는 순결에 덫을 놓고, 솔직함과 연민은 시인을 환대에게 데려간다. 환대는 시인이 장미에게 입 맞추는 것을 허락하는데, 욕설이 고자질하여 질투가 달려와서, 장미 주위를 옹골진 벽으로 둘러싼다. 환대는 탑에 갇히고, 위험과 그 무리가 문 곳곳을 지킨다. 기욤 드 로리스의 작품은 이 시인의 탄식 소리로 막을 내린다. 먼 뒷날, 장 드 묑은 속편을 써서 훨씬 더 이해하기 쉽게 《장미 이야기》를 완결한다. 사랑의 신과 그 동맹군은 궁정풍 미덕에 은폐와 겉치레까지 데려와서 장미의 성을 공격하고 점령한다. 이 속편의 줄거리는 탈선과 고찰과 이야기의 홍수에 잠긴다. 장 드 묑은 《장미 이야기》를 진정한 백과사전으로 만들어버린 것이다. 중요한 점은, 여기에서 장 드 묑이 굳건하며 냉정하고 회의적이며 인정머리 없고 냉소적인 정신을 이야기했다는 것이다. 중세에는 좀처럼 이런 정신을 볼 수 없었다. 게다가 다른 곳과 달리 프랑스어로 기록하고 있는데, 뛰어난 작가인 기욤 드 로리스의 솔직하고 밝은 이상주의는 장 드 묑의 부정적인 정신의 그림자에 가리고 만다. 영혼이나 마법사는 물론 진정한 사랑도 여인의 정절 따위도 믿지 않았던 그는 논리학 문제에 관심을 보였으며, 대범하게도 비너스와 자연, 정령의 입을 빌려 관능적 사랑을 옹호한다.

사랑의 신은 자신의 군대가 패하지는 않을까 두려운 나머지 어머니 비너스에게 솔직하고 부드러운 눈빛으로 호소한다. 비너스는 자식의 부탁을 듣고서는 비둘기 전차를 타고 도우러 온다. 사랑의 신이 비너스에게 상황을 설명하자, 비너스는 이제 여인에게만 순결함을 요구하는 것은 용서하지 않겠다고 맹세한다. 그녀는 모든 장수도 그녀와 같은 맹세를 하도록 사랑의 신에게 요구하여, 장수들은 이에 따른다.

한편 온갖 종족을 보존하며 영원히 죽음의 신과 대항하여 오랜 전쟁을 이어가야 하므로 대장간에서 바쁘게 일하던 자연은, 모든 피조물 가운데 인간만이 그 명령을 어기고 생식을 억제한다며 한탄한다. 자연의 사제인 정령은 의무에 대한 자연의 기나긴 사연을 들은 뒤, 자연의 명령을 받들어 사랑의 신 진영으로 향하고, 그 명령을 가벼이 여기는 이들에게 영원한 파문이라는 형벌을 내린다. 사랑의 신은 정령에게 미사 제복·반지·사제 지팡이·사제관을 주고, 비너스는 소리 높여 깔깔 웃으며 '순결한 밀랍[7]으로 만든 것이 아닌' 맹렬히 타는 초 하나를 그에게 건넨다. 처녀성을 단죄하는 파문은 대담한 상징주의에서부터 놀랄 만한 신비주의 영역에까지 이른다. 자연과 사랑의 명령에 따르지 않는 자들에게는 지옥이, 따르는 자들에게는 꽃이 활짝 핀 들판이 기다린다. 그 들판에는 동정녀의 아들이 하얀 어린양들을 키우고 있다. 어린양들은 영원한 기쁨 속에서 시들지 않고 계속 자라나는 초록 풀을 먹는다. 정령이 손에 든 초를 요새에 던지자, 온 세계가 불길에 휩싸이고 탑을 둘러싼 마지막 공격이 시작된다. 비너스도 자신의 횃불을 던진다. 수치와 공포는 도망치고, 환희는 애인에게 장미꽃을 꺾도록 허락한다.

이처럼 이미 끝난 듯 보이던 것이 여기서는 성적인 주제를 분명하게 의식하여 새롭게 자리 잡았다. 게다가 전체적으로 기교를 많이 부려 비밀스럽고 신성한 종교의식 형식을 취했다. 성스러움으로 둘러싸여 있어서, 교회에서 말하는 삶의 이상에 이보다 더 대담한 도전은 없을 정도였다. 완벽하게 이교도적인 《장미 이야기》는 르네상스로 한 걸음 더 다가가지만, 밖에서 보기에는 완전히 중세적이다. 감정과 사랑의 움직임을 철두철미하게 의인화하여 표현하는 것만큼 중세적인 것이 또 있을까. 《장미 이야기》에서는 환대·달콤한 눈빛·가장(假裝)·욕설·위험·수치·공포 등을 인간으로 묘사하는데, 이는 중세 특유의 방식과 같은 발상에서 나온 것이다. 미덕과 악덕을 대표하는 알레고리라는 말로도 어딘가 부족하다. 반신반의하는 신화의 세계라고 해야 할까. 하지만 이 형상이 님프와 사티로스 같은 르네상스 고대 신들에게서 갈라진 경계를 어느 곳과 연결해야 할까. 이것은 서로 전혀 다른 범주에서 나왔지만 같은 표현이다. 때에 따라 《장미 이야기》의 등장인물들은 환상적으로 꽃피운 보티첼리의 그림을 떠오르게 한다.

《장미 이야기》는 기교를 내세우면서도 옛 감정이 담긴 형식 속에 사랑의 꿈을 그려낸다. 알레고리를 구사하여 중세인의 모든 표현욕을 채웠다. 의인화라는 수단 없이 사람들이 온갖 감정의 움직임을 표현하고 경험하는 것은 불가능

---

7) '백랍(cire cierge)'은 불에 녹여 만드는 목랍과 달리 불을 거치지 않고 벌집에서 채취하는 납을 말한다. 하지만 이를 직역하면 '처녀의 납'이 되므로 주의하기 바란다.

했다. 이 비교할 수 없는 꼭두각시들의 다채롭고 우아한 색과 선은, 사랑의 개념 체계를 만드는 데 가히 필수적이었다. 이 세계에서야말로 이야기가 통했기 때문이다. 사람들은 위험·새로운 생각·욕설 등의 이미지를 마치 지금 우리가 심리학 용어에 나오는 유행어를 대하는 것처럼 다루었다. 그 중심 주제는 격정적 성격에 활력을 불어넣는 모습이었다. 음유시인들이 몸을 불태워 끝내 존경과 사랑으로 구원받지 못한 대상으로서 구름 속에 추어올려져, 이미 다른 남자의 아내가 된 귀부인 대신, 창백한 헌신이라는 주제로 바꾸어 등장한 것은 자연스러운 선정적인 주제였기 때문이다. 말하자면 장미로 상징된 처녀성의 신비라는 강렬한 자극이었으며, 기교를 더하고 인내를 덧붙여 이를 쟁취하려는 노력이었다.

《장미 이야기》에서 말하는 사랑은 이론적으로는 어디까지나 예절 바른 궁정풍의 고귀한 사랑이었다. 쾌락의 정원은 몇몇 선택된 자만이 다가갈 수 있었으며, 그것도 사랑에 의해서만 가능했다. 누구든지 여기에 들어가기를 바라는 이는 증오·불충실·천박·탐욕·질투·노쇠·위선을 버려야 했다. 그러나 이 부정적인 덕목과 반대로 버리면 안 되는 긍정적인 덕목을 보면, 이상적인 사랑이 옛 궁정 연가에서 나타나던 것과 다르게 더 이상 윤리적이라 할 수 없었다. 그저 귀족적이라고밖에 할 수 없는 성격이 되어버린 것이다. 말하자면 이 덕목들은 한가로움·즐거움·쾌활함·사랑·아름다움·부유함·너그러움·솔직함·예절 바름 등이다. 덕목은 이제 사랑하는 이를 비추고 그 인격을 높이는 게 아니라, 사랑하는 대상을 쟁취하기 위한 수단에 불과했다. 작품에 영감을 불어넣는 것도 더 이상 여성 숭배가 아니었으며, 여성 숭배를 가장하고 있지도 않았다. 기욤 드 로리스라면 모를까, 적어도 장 드 묑은 오히려 여성의 나약함에 대한 냉정한 경멸, 즉 사랑의 관능적 성격에 바탕을 둔 경멸을 나타냈다.

《장미 이야기》가 사람들의 정신을 폭넓게 지배했더라도 사랑에 대한 고풍스런 옛 사상을 완전히 몰아내지는 못했다. 단순히 즐기는 사랑에 대한 예찬에 저항하여 순수하게 기사도적인 헌신과 충실한 사랑도 발자취를 남기고 있었는데, 이는 무엇보다 기사도 이상의 핵심과 맞닿아 있었다. 이 문제는 바로 프랑스 왕과 그의 두 숙부인 베리 후작과 부르고뉴 공작을 둘러싼 사치에 겨운 귀족들의 화려한 모임에 논쟁을 일으켰다. 귀족에게 걸맞은 사랑이란 것이 한 귀부인에게만 성실을 맹세하며 그리워하는 진정한 예의를 갖춘 사랑인지, 아니면 성실함도 결국 여인을 차지하기 위한 수단에 지나지 않는 《장미 이야기》에 나타난 사랑인지에 대한 논쟁이었다. 1388년, 고귀한 기사 부시코는 동방 원정을 가던 중 기사도적 충실한 사랑을 옹호하면서 《100편의 발라드 모음집 *Livre des cent ballades*》으로 무료함을 달랬다. 그는 즐기는 경박한 사랑이 진정한 사랑인지 아닌지는 궁정의 '홀을 가진 분들'께 맡기자고 말한다.

몇 년 뒤 크리스틴 드 피장이 이 논쟁에 뛰어들면서 진지한 발언이 들려왔다. 여성의 명예와 권리를 용감히 변호한 그녀는 《사랑의 신에게 보내는 운문 편지 *Épistre au Dieu d'Amour*》로써 남성의 불성실과 방탕, 우유부단과 중상모략을 여성의 입장에서 낱낱이 항의했다. 그녀는 분개하며 《장미 이야기》에서 주장하는 바를 고발한 것이다. 몇몇이 그녀를 지지하기도 했지만, 열렬한 옹호자들이 있었던 장 드 묑의 작품은 결코 만만치 않았다. 그 뒤 이는 문학계의 논쟁으로 번져, 지지자와 반대자들은 저마다 열렬히 발언했다. 《장미 이야기》를 높이 평가한 이들은 호락호락한 자들이 아니었다. 릴의 대사 장 드 몽트뢰이유는 이들이 대부분 뛰어난 학자와 박식한 사람들이었다고 확신했다. 그들은 《장미 이야기》를 매우 높이 평가하여 경배해 마지않았으며, 이 책 없이 사느니 속옷 없이 지내는 게 낫다고 할 정도였다.

《장미 이야기》 옹호론이 어떤 사고방식과 감정을 지닌 풍토에서 나왔는지 이해하기란 결코 쉽지 않다. 그도 그럴 것이 옹호자들 가운데 천박하고 경솔한 궁정 도련님도 있었지만, 대부분이 성직자들을 포함한 근엄한 고관들이었기 때문이다. 앞서 말한 장 드 몽트뢰이유가 그중 한 사람이다. 그는 뒷날 부르고뉴 제후가 되는 황태자의 서기관이었는데, 친구 공티에(Gontier)와 피에르 콜(Pierre Col)과 함께 라틴어 시로 활발하게 편지를 주고받으며 이 문제에 의견 일치를 보였다. 또 그는 다른 친구들에게도 장 드 묑을 옹호하도록 호소했다. 여기서 주목할 것은, 이 떠들썩하고 음탕한 중세 시를 옹호하는 모임이 프랑스 인문주의가 처음으로 싹 틔울 토양이 되었다는 점이다. 장 드 몽트뢰이유는 키케로를 모방한 수많은 편지를 남겼는데, 여기에는 인문주의자적인 어휘 사용과 수사학, 인문주의자 특유의 허무함이 잘 나타나 있다. 그와 공티에와 피에르 콜은 교회 개혁론자였던 엄격한 신학자 니콜라스 드 클레망주(Nicolas de Clemanges)

와도 편지를 주고받았다. 자신의 문학관을 진지하게 고수했던 장 드 몽트뢰이유는 그 헤아리기 어려울 만큼 깊이 있고 유명한 장 드 묑의 저작과 《장미 이야기》를 공격한 어느 무명 법학자에게 편지를 보낸다. "나는 오묘한 불가사의의 중후함과 그 장엄한 신비를 알아갈수록 당신의 비난에 경악하지 않을 수 없습니다." 그는 마지막 숨을 거둘 때까지 《장미 이야기》를 옹호할 것이며, 그와 의견을 같이하여 서면이나 연설 또는 행동으로 보여줄 수 있는 사람들이 많다고 기술하고 있다. 그런데 《장미 이야기》를 둘러싼 논쟁이 결코 궁정 생활의 사교 유희라는 틀 안에 갇혀 있지만은 않았다는 증거를 남기려는 듯, 저명한 신학자이자 파리대학 학장인 장 제르송이 마지막으로 발언한다. 그는 오로지 높은 도덕성과 순수한 교양의 관점에서 말한다고 주장한다. 1402년 5월 18일 저녁, 장 제르송은 《장미 이야기》 공격문을 작성했다. 그가 《장미 이야기》에 대해 글을 쓴 것은 이번이 처음은 아니었다. 이는 그의 글에 피에르 콜이 반박문을 쓴 데 대한 재반박문이었다. 장 제르송은 이 글이 위험하기 짝이 없는 페스트와 같아서, 모든 악의 근원이라 생각했다. 따라서 그는 기회가 있을 때마다 공격했다. 그는 이 '사악한 《장미 이야기》'의 무서운 파괴력에 대해 거듭 방어진을 치며 말했다. "만약 내게 이 세상에 단 한 권뿐인 《장미 이야기》가 있고, 그것이 어마어마한 가치를 지닌다 해도, 그것을 팔아 세상에 알리느니 차라리 불태워 버리겠다."

장 제르송은 그가 맞서 싸우는 그 작품에서 논증 형식을 차용한다. 즉 환상으로 보이는 알레고리 세계라는 설정이다. 어느 날 아침, 잠에서 깬 그는 문득 자기 영혼이 몸에서 빠져나가는 것을 느낀다. "온갖 사색의 날개로 여기저기 날다가 마침내 신성한 그리스도교 성전에 이른다." 거기서 그는 정의·양심·지혜를 만나며, 순결이 늘어놓는 푸념, 곧 열렬히 사랑하는 자(장 드 묑)가 그를 지상에서 쫓아냈다는 푸념을 듣는다. 순결의 '선한 문지기들'은 《장미 이야기》에 나오는 못된 인물들이다. "수치심·공포·위험 등의 이 선한 문지기들은 무슨 일이 있어도 천박한 입맞춤은 물론, 방탕한 눈길, 유혹적인 웃음, 가벼운 농담 따위는 결코 허락하지 않았다." 순결은 열렬히 사랑하는 연인에게 비난을 퍼붓는다. "그는 그리스의 불(feu gregois)[8]이나 유황불보다 더 뜨겁고 악취를 풍기는 불

---

8) 7세기 끝 무렵에서 8세기 첫 무렵, 비잔틴 해군이 대공격을 퍼붓는 이슬람 세력을 격퇴하는 데 위력을 발휘했다고 전해지는데, '액체 불'이라고도 하는 이 무기는 유황을 주재료로 한 발

을 여기저기에 던지고 있다." 열렬히 사랑하는 자는 저주받은 노파들의 입을 빌려 "모든 소녀가 부끄러움이나 두려움 없이 되도록 빨리 비싼 값에 몸을 팔며, 사람들을 속이거나 거짓맹세 하는 것쯤은 아무렇지 않도록 가르친다." 이는 결혼과 수도원 생활을 비웃고, 상상력을 동원하여 육체적 쾌락을 부채질한다. 더욱더 나쁜 것은 비너스는 물론, 자연과 이성 부인(Dame Raison)의 입을 빌려 천국의 생각들을 비롯한 기독교 교리를 육체적 쾌락 개념과 뒤섞어 이야기한다는 것이다.

실상 위험은 이 속에 있었다. 이 압도적인 작품은 관능과 경멸적 냉소주의, 우아한 상징이 한데 섞인 관점으로, 사람들의 마음을 관능적 신비주의로 가득 채웠다. 이는 근엄한 신학자 눈에 죄악의 구렁텅이로 비춰졌음에 틀림없다. 그렇더라도 제르송의 논쟁 상대인 피에르 콜은 열렬히 사랑하는 자만이 정열의 진정한 가치를 알 수 있다고 감히 단정했다. 정열을 알지 못하는 이는 거울을 보듯 어슴푸레하게만 보기 때문에 그에게 정열은 수수께끼에 그칠 뿐이라는 대담한 발언이었다. 그는 지상의 사랑을 옹호하기 위해 고린도서 성서 구절[9]을 인용하여, 신비주의자가 그 황홀경에 대해 말하듯 세속적인 사랑을 이야기했다. 또 피에르 콜은 솔로몬의 《아가서》가 이집트 파라오의 딸을 찬미하기 위해 쓰인 것이라며, 《장미 이야기》를 중상모략하는 자들은 바알신 앞에 무릎 꿇은 자[10]라 말한다. 대자연은 한 남자가 한 여자에게만 만족하기를 원치 않으며, 자연의 사제인 정령은 신이라 주장한다. 그는 마침내 누가복음 2장 23절을 신성모독적으로 인용하기에 이른다. 여성의 성기, 곧 《장미 이야기》에서 '장미'는 신성하다며 성서의 권위로 증명하려고까지 한 것이다. 이렇듯 신을 두려워하지도 않고 자신이 뱉은 불경한 말을 확신했던 그는 《장미 이야기》 옹호자들에게 호소하며 증언을 모아 장 제르송을 위협했는데, 많은 다른 신학자들처럼 장 제르송도 미쳐 돌아가는 사랑 때문에 신세를 망칠 거라고 예언했다.

장 제르송의 공격에도 이 유명한 저서의 권위는 조금도 흔들리지 않았다.

화성 물질에 불을 붙여 적의 선박에 던지거나 액체를 직접 살포했다고 한다.

9) 《고린도전서》 13장 12절.

10) 바알신은 셈족 계열의 농경민족이 섬기는 자연신 중 하나인데, 성서에서는 우상을 대표하는 넓은 의미로 쓰인다. 따라서 '무릎 꿇은 자'는 우상숭배의 죄를 저질렀다는 뜻이다.

1444년 리지외의 주교좌교회 사목위원 에티엔 르그리(Estienne Legris)는 손수 쓴 《장미 이야기 색인 *Répertoire du Roman de la Rose*》을 파리 재무성 서기 장 르베그(Jean Lebègue)에게 증정한다. 15세기 끝 무렵 장 몰리네는, 사람들이 《장미 이야기》 인용구를 격언처럼 여기므로, 이 책에 주석을 달아 교훈시로 설명해야 할 사명을 느낀다. 그의 해석에 따르면, 이야기 첫 부분에 나오는 샘은 세례를 상징하고, 사랑을 외치는 나이팅게일은 설교자와 신학자의 목소리를 뜻하며, 장미는 곧 예수이다. 16세기에 클레망 마로(Clément Marot)는 이 책의 근대 개정판을 만들고,[11] 롱사르(Ronsard) 또한 그의 시에 환대와 뒤틀린 위험 같은 비유인격을 등장시키고 있다.

진지한 학자와 문인들은 펜을 들고 논쟁에 열중한 데 비해, 귀족들은 그 논쟁으로 성대한 유희를 즐길 구실을 찾았다. 부시코는 사랑에 있어서 기사도적 성실이라는 고풍스러운 이상을 높이 받들었다며 크리스틴 드 피장에게 칭송받은 것을 동기로 삼아 억압받는 여성들을 보호하기 위한 '초록 방패 하얀 귀부인' 기사단을 창설했다. 하지만 그가 부르고뉴 제후와 경쟁하기란 어려웠으므로, 그 기사단은 부르고뉴 제후가 1401년 2월 14일 파리 아르투아 저택에서 설립한 대규모 단체 '궁정풍연애'에 흡수되었다. 이는 눈부시도록 아름답게 꾸민 문학 사교모임이었다. 교활한 늙은 정치가 담대공 필립은 무슨 생각으로 이런 일을 벌였는지 의심스러운 인물이었는데, 그는 루이 드 부르봉과 함께 이 모임을 계획하여 왕에게 건의했다. 페스트가 파리를 휩쓰는 동안 기분 전환 삼아, '궁정풍연애'를 개최하자는 것이었다. 이는 '얼마간의 시간을 보다 우아하게 보내고 새로운 즐거움에 눈뜨기 위해서'였다. '궁정풍연애'는 겸손과 성실을 덕목으로, '모든 고귀한 여성을 숭배하고, 칭송하며, 추대하고, 여인들에게 봉사하기 위하여' 만들어졌다. 회원이 점점 늘어났으며 저마다 멋들어진 칭호를 받았다. 두 창립자와 샤를 6세는 '대콩세르바퇴르(grand Conservateur)', 용맹공 장과 그 동생 앙투안 드 브라방(Antoine de Brabant), 용맹공 장의 어린 아들 필립은 '콩세르바퇴르' 칭호를 받았다. 에노의 귀족 피에르 드 오트빌(Pierre de Hauteville)은 '사랑의 왕'으로 임명되었는데, 그 밖에 재상·법무관·명예기사·고문관·회계기사·수

---

11) 《큐피드의 신전》(1515)을 말한다. 마로는 1529년 《장미 이야기》 신판을 간행했다.

렵관·수종기사·청원관·서기관 등의 칭호가 있었다. 요컨대 궁정과 행정 체계를 본뜬 것이었다. 따라서 회원으로는 군주, 귀족, 고위 성직자와 함께 부르주아나 하위 성직자도 있었다. 모임의 활동과 의식은 규칙으로 엄격하게 정해져 있었다. 이는 흔한 수사학자 모임을 떠올리게 한다. 시를 지을 때 후렴구[12]가 주어졌는데, 회원들은 이를 '동음 반복 발라드', 샹송, 풍자시, 애가, 론도, 레(lais), 비를레(virelais) 등 다양한 시 형식으로 다루어야 했다. 논쟁은 '여러 의견에 귀 기울이기 위해 사랑의 소송 형식으로' 이루어졌다. 여인들이 상품을 나누어 주었으므로, 시에서 여성의 명예를 훼손하는 일은 금지되었다.

이 호화롭고 장엄하기까지 한 계획을 세우고, 이 세련된 유희를 위해 어마어마한 도구를 준비한 것이야말로 부르고뉴 방식이었다. 놀랍게도 프랑스 궁정은 고귀한 성실이라는 엄격한 이상에 충실했다. 하지만 그렇다고 이 모임이 유지되었던 15년 동안 회원으로 활동했다는 700명이 모두 부시코처럼 크리스틴 드 피장을 지지하는 《장미 이야기》 반대자들은 아니었다. 오히려 그 반대였다. 앙투안 드 브라방을 비롯한 군주들은 그 행동에서 보이듯 여성의 명예를 존중하는 이들로 보기 어려웠다. 회원 한 사람인 레뇨 다쟁쿠르(Regnault d'Azincourt)는 말 20필과 사제 1명까지 동원해 어느 상인의 젊은 과부를 유괴하려던 인물이었다. 다른 회원 토네르(Tonnerre) 백작도 이와 비슷한 범죄를 저질렀다. 또한 《장미 이야기》를 둘러싼 논쟁에서 크리스틴 드 피장의 반대편이던 장 드 몽트뢰이유, 공티에, 피에르 콜 같은 이들도 그 회원이었다. '궁정풍연애'가 우아한 사교 유희에 불과했음을 결정적으로 증명하는 것이다.

---

12) 14, 15세기 시가의 으뜸은 발라드이다. 이는 각 마지막 행에 후렴구를 둔 세 연으로 된 시에, 그 시를 바치는 상대에게 보내는 노래를 덧붙인 것으로, 외스타슈 데샹에 의해 널리 유행되었다. '동음 반복 발라드'는 같은 행에 같은 음을 가진 어미를 반복하는 형식이다. 론도 또한 데샹의 영향이 큰데, 이것은 13행이나 되는 반복 시이다. 레(lais)는 12세기 마리 드 프랑스 덕분에 알려진 레 이야기와 13세기 이후 레 시가 있는데, 본문은 후자를 말한다. 이것은 시의 행, 연의 개수, 압운 등에 규정을 두지 않았고, 다만 첫 행과 마지막 행이 같은 형식이거나 같은 압운이어야 하는, 말하자면 반(半)정형시이다. 비를레는 레의 변형 시이다. 알랭 샤르티에가 뛰어난 기교를 지녔다. 풍자시(시르방트 sirventes)는 트루바두르 시 형식 중 하나이다. 5~6연의 짧은 시를 덧붙인 양식으로, 사랑을 제외한 영웅, 정치, 도덕, 세상 풍자를 노래했다.

9장
사랑의 규범

그 시대의 사랑을 표현하는 여러 형태는 그때 문학 속에서 찾아볼 수 있지만, 그 시대의 삶 자체에서 다양한 형태의 이미지를 따라가려면 상상력이 필요하다. 이 무렵에는 사교모임에 참석하는 젊은 귀족들의 삶을 가득 채웠던 사랑의 규범과 사교 예의범절이 정해져 있었다. 다음 세대에 곧 버리게 될, 얼마나 많은 사랑의 상징과 표현들이 있었던가. 사랑의 신만으로는 부족한 이 시대에는 《장미 이야기》의 여러 신화 체계가 있었다. 환대, 달콤한 생각, 가장(假裝)을 비롯한 온갖 비유와 표현들이 문학작품 속에서 밖으로 나와, 사람들의 상상 세계에서 자유로이 살았다. 또한 의상, 꽃, 장식품의 색깔에도 저마다 의미가 있었다. 오늘날까지도 완전히 잊히지 않는 색채의 상징은 중세의 삶과 사랑에서 매우 중요한 위치를 차지하고 있었다. 색채 상징을 잘 알지 못하는 사람은 《색채의 문장 Le Blason des Couleurs》을 길잡이로 삼으면 되었다. 1458년 무렵 문장관 시실(Sicile)이 쓴 이 책은 뒷날 16세기에 운문으로 옮겨진다. 라블레(Rabelais)는 이 작품을 우스꽝스럽게 개작했는데, 이는 주제에 대한 경멸 때문이 아니라 그 또한 같은 주제로 뭔가를 써보고 싶어서였다.[1] 기욤 드 마쇼(Guillaume de Machaut)는 자기가 사랑하는 연인을 처음 만났을 때, 그녀가 초록색 앵무새를 수놓은 하늘색 두건에 하얀 드레스를 입은 모습을 보고 넋을 잃는다. 왜냐하면 초록색은 새로운 사랑의 빛깔이고 파란색은 성실을 의미하는 색이었기 때문이다. 하지만 뒷날 그녀를 포기하고 싶은 생각이 들자, 그는 침대 위에 걸린 연인의 초상화가 자신을 외면하는 모습을 꿈에서 보게 된다. 이때 '새로움을 의미하는' 초록색 옷을 입고 있던 연인에 대해 그는 다음과 같은 비난의 서사시를 쓴다.

---

1) 작가 주 : 《가르강튀아와 팡타그뤼엘》 제9장(프랑수아 라블레는 10장에서 하얀색과 파란색에 대한 지식을 모으는 데 열중하고 있다).

파란색 대신, 사랑하는 이여, 그대는 초록색 옷을 입고 있구려.

반지, 베일, 온갖 보석 등 연인의 선물은 저마다 특수한 기능이 있었다. 게다가 비밀 표식과 상징이 있어서, 이는 때로 지나치게 궁금증을 자아내어 복잡하고 까다로운 수수께끼처럼 변하고 말았다. 뒷날 샤를 7세가 되는 프랑스 황태자는 1414년 전투에 내건 깃발에 K자와 백조 한 마리, 그리고 L자를 금색으로 그려 넣었다. 이를 붙여 읽으면 그의 어머니 이사보의 시녀인 카시넬(Cassinelle)이 되었다. 100년 뒤 라블레는 문장 기록 명부에서 'sphère(球)'로 'espoir(희망)'을, 또는 'pennes d'oiseaux(새들의 꽁지깃털)'로 'peine(고뇌)'를, 'ancolie(매발톱꽃)'으로 'mélancolie(우수)'를 나타내는 '궁정의 거들먹거리는 자와 억지 부리는 자'를 비웃는다.

또 거짓말 하지 않는 왕(Le Roi qui ne ment), 사랑의 성(Le Chastel d'Amours), 사랑의 경매(Ventes d'Amours), 가게놀이(Jeux à Vendre) 등의 사랑에 대한 세련된 놀이도 있다. 소녀가 꽃이나 다른 사물의 이름을 대면, 젊은이는 그에 운율을 맞추어 은근하게 대답해야만 한다. 크리스틴 드 피장에 따르면 이런 식이다.

접시꽃 팝니다.
—아름다운 이여, 나는 감히 그대에게 말할 수 없다오,
사랑이 어떻게 나를 그대에게 이끄는지,
말하지 않아도 그대는 이미 알 것을.

'사랑의 성'은 《장미 이야기》의 알레고리를 빌려온 문답 놀이였다.

사랑의 성에 대해 묻겠어요.
밑바탕이 무엇인지 말씀하세요!
—충실한 사랑.

그러면 주된 장벽은 무엇인가요.
무엇이 성을 훌륭하고 강하고 견고하게 만드나요!

—지혜롭게 숨기는 것.

말씀해주세요, 총안, 창문,
그리고 유리창은 무엇이지요!
—매혹적인 눈길.

친구여, 문지기 이름을 말해보아요!
—헐뜯는 위험.

문빗장을 열 수 있는 열쇠는요?
—예의를 갖추어 애원하는 것.

프로방스 트루바두르 시대 이래로 궁정식 대화는 대부분 사랑에 대한 보편성을 개인 양심과 행동에 적용하게 되었다. 이는 말하자면 호기심과 험담을 문학 형식으로 문학의 위치까지 끌어올린 것이었다. 루이 도를레앙(Louis Ier d'Orléans, 1372~1407)의 궁정에서는 '멋진 책과 이야기와 서사시들'과 함께 '우아한 문답시'가 식사 막간의 흥을 돋우었다. 이 질문들은 시인들이 우열을 가렸으므로, 귀부인과 귀족 무리들은 '사랑과 모험의 운문 대화시'를 가지고 시인 마쇼에게 다가왔다. 그는 《사랑의 심판 Jugement d'Amour》에서, 연인과 사별한 여성이 성실하지 못한 애인을 사랑하는 여인보다 덜 슬프다는 주장을 폈다. 이렇듯 사랑에 대한 내용은 엄격한 규범에 따라 논의되었다. "전하, 어느 쪽을 택하시겠습니까. 사람들이 전하가 사랑하는 연인에 대하여 좋지 않게 평하더라도 전하께서 보시기에는 그녀에게 나쁜 점을 찾을 수 없는 게 좋습니까, 아니면 전하께서 만족하시지 못하더라도 사람들의 좋은 평가를 받는 게 낫습니까." 사랑하는 이의 사회적 명예를 지켜주어야만 한다는 형식적인 명예 관념과 강한 의무감에 따라 이 질문에는 이렇게 대답해야만 했다. "부인, 나는 그녀의 단점을 알게 되더라도 그녀가 세상에서 좋은 평가를 받았으면 좋겠소."

만약 연인에게서 버림받은 어떤 귀부인이 좀 더 성실한 다른 연인을 사귀게 된다면 사랑의 맹세가 깨지는 것인가? 어느 기사가 사모하던 귀부인을 질투심

많은 남편이 집에 가두어 그녀를 볼 수 있는 희망이 모두 사라졌다면, 그는 결국 새로운 사랑을 찾아 나서야 하는가? 사랑하는 연인을 버리고 지체 높은 집안의 여성에게 마음을 주었지만 거절당한 기사가 있다고 하자. 그가 옛 연인의 다정함이 그리워 돌아오고 싶어 한다면, 기사를 용서하는 것이 그녀의 명예에 걸맞은 것일까?

이 같은 결의법(決疑法)은 마샬 도베르뉴의 《사랑의 판결》처럼 소송 형식으로 사랑의 질문을 다룬 것과 종이 한 장 차이이다.

사랑에 얽힌 다양한 사교 형식들은 문학 속에서 이룬 결정체를 통해서만 전해진다. 하지만 이것들은 그즈음 실제 삶에 속한 것들이었다. 궁정 예법과 절차는 시에서만 쓰인 것이 아니라, 귀족 생활과 대화 속에서도 쓰였다. 시가(詩歌)라는 베일을 통해 그 시대의 생활을 알아차리기란 쉽지 않은 일이다. 실제 일어났던 진정한 사랑이 세세하게 묘사될 때조차 기존 이상을 좇는 사고에서 자유롭지 못했으니, 문학에서 양식에 얽매인 것도 당연했다. 이를테면 기욤 드 마쇼의 《진실한 이야기 *Le Livre du Voir-Dit*》가 그런 경우인데, 이는 늙은 시인과 14세기의 대담한 마리안네[2]의 사랑 이야기이다. 상파뉴 집안 후손으로 페로넬 다르멘티에르(Péronnelle d'Armentières)라는 18세 소녀가 1362년 시인에게 짧은 시를 써 보낸다. 소녀가 한 번도 만나본 적 없는 유명한 시인에게 자기 마음을 표현한 것은 시인의 나이 60세가 다 되어서였다. 그녀는 시인에게 시로 사랑의 편지를 나누자고 청한다. 병들어 한쪽 눈을 잃은 데다 통풍으로 괴로워하던 비참한 시인의 마음에 불꽃이 피어올라, 그녀의 짧은 시에 답장하며 편지를 주고받게 된다. 이런 문학적인 관계에 자부심을 느낀 페로넬은 처음부터 아무것도 감추지 않았다. 그녀는 자신들의 진실한 사랑 이야기를 한 권의 책으로 꾸며달라고, 그들의 소중한 시인에게 부탁한다. 그는 이 임무를 기꺼이 수행한다. "그대의 영예와 찬사를 위해 좋은 추억이 되도록 만들겠습니다." 또 그는 이렇게 쓴다. "나의 사랑스러운 연인이여, 그대는 우리가 너무 늦게 사랑한 것을 안타까워하시나요? (그녀가 어찌 이보다 더 일찍 사랑할 수 있었겠는가?) 하느님께 맹세코 나 또

---

2) 60세가 넘은 괴테의 시에 영감을 준 여성 마리안네 폰 빌레머(Marianne von Willemer, 1784~1860)를 말한다. 괴테는 16세 소녀와의 사랑을 기념하여 《서동시집(西東詩集) *Westöstlicher Divan*》(1819)을 지었다.

한 안타깝게 생각합니다. 하지만 여기 좋은 처방이 있습니다. 장소와 시간에 구애받지 않는 멋진 삶을 꾸려갑시다. 그러면 잃어버린 시간을 보상받을 수 있을 겁니다. 몇백 년 뒤에도 사람들은 우리의 순수한 사랑을 이야기할 것입니다. 왜냐하면 당신은 불행이 찾아와도 하느님께조차 털어놓지 않고 견딜 수 있는 사람이니까요."

마쇼가 편지와 시를 짜 맞추어 만든 이 이야기는, 명예에 걸맞은 사랑이 그 무렵 어떻게 이해되었는지를 알려준다. 시인은 소녀에게 간청한 초상화를 걸어놓고, 하느님을 숭배하듯 그 초상화를 진심으로 대한다. 그녀와 처음 만날 때 그는 자신의 병든 몸이 마음에 걸렸지만, 어린 연인이 그의 늙어빠진 외모에도 도망가지 않는 모습을 보고 한없는 행복에 잠긴다. 소녀는 벚나무 아래서 노인의 무릎을 베고 잠이 든다. 어쩌면 잠든 척했을지도 모른다. 그녀는 시인에게 더 큰 호의를 베푼다. 그들은 랑디(Lendit)에서 생드니로 가는 순례 행렬에 참석하여 며칠 동안 함께 지내기로 한 것이다. 몇 사람이 그들과 동행한다. 6월 중순 어느 오후, 일행은 떠들썩한 사람들과 더위로 몹시 지치고 만다. 사람들로 붐벼 숙소를 구하지 못하던 이들은 마침내 침대 2개가 있는 방 하나를 얻는다. 그들은 창문을 어둡게 가리고 낮잠을 청한다. 한 침대에는 페로넬의 올케가 잠들었고, 다른 침대에는 페로넬과 하녀가 누웠다. 그녀는 수줍음 타는 시인에게 자신과 하녀 사이에 누우라고 조른다. 시인은 그녀들의 잠을 방해할까 봐 감히 뒤척이지도 못하고 쥐 죽은 듯 누워 있었다. 이윽고 잠에서 깬 소녀는 시인에게 입맞춤을 요구한다. 여행이 끝날 무렵, 다가오는 이별에 슬퍼하는 시인에게 페로넬은 작별인사를 하기 위해 자신을 깨우러 와도 좋다고 말한다. 이런 상황에서도 시인은 '명예'니 '정숙함'이니 하는 말들을 계속 늘어놓는다. 하지만 이 거리낌 없이 솔직한 이야기에서도 페로넬이 그때까지 그를 거부할 수 있었을지는 확인할 길이 없다. 그녀는 시인에게 명예를 지키는 황금열쇠를 주며, 이 보물을 소중히 보관해달라고 말한다. 그러나 어쩌면 지켜야 할 것은 세상에 대한 그녀의 미덕이었는지도 모른다. 운명은 시인에게 더 이상의 행복을 허락하지 않아서, 일화는 여기에서 끝난다. 따라서 책의 후반부는 신화적인 이야기들로 장황하게 채워진다. 결국 페로넬은 노인에게 그들의 관계를 끝내야 함을 알린다. 아마도 소녀는 결혼을 한 것 같다. 그는 변함없이 그녀를 사랑하고 영원토록 그녀를 찬양하리라 결심한다. 그는 그들이 죽은 뒤에도 영광 속에서 그녀의 영혼을 완전한 아름다움이라 부를 수 있도록 허락해달라고 하느님께 요청할 것이다.

그 무렵 풍습과 감정에 대해 《진실한 이야기》만큼 많이 알려주는 연애 문학은 없다. 이 소녀가 거리낌 없는 감정을 누리면서도 좋지 못한 소문이 없었던 특별한 자유와, 올케·하녀·비서 등 누가 있어도 신경 쓰지 않고 내밀한 것까지 아무렇지 않게 드러내보이는 소녀의 천성적인 순진함 때문이 아닐까. 이는 다음과 같은 일화를 통해서도 알 수 있다. 두 연인이 벚나무 아래에서 만날 때, 비서는 한 가지 꾀를 생각해낸다. 잠든 소녀의 입술 위에 나뭇잎을 올려놓고 이 나뭇잎에 입 맞추도록 시인을 부추긴 것이다. 시인이 용기를 내어 입 맞추려고 고개를 숙인 순간, 비서는 두 입술이 맞닿을 수 있도록 나뭇잎을 가만히 빼낸다. 하지만 여기서 기억할 것은 애정 문제와 종교가 함께 성립하고 있었다는 점이다. 기욤 드 마쇼는 랭스의 사목위원으로, 성직자 계층에 속했다. 하지만 이 사실을 엄격하게 해석해서는 안 되는 것이, 하급 성직자도 주교좌교회 사목위원이 되기에 충분했으며 독신이 필수 의무는 아니었기 때문이다. 페트라르카도 사목위원이었다. 순례지가 밀애의 장소가 된 것도 그다지 놀랄 일은 아니다. 이 무렵 순례지는 사랑의 모험에 많이 이용되었다. 그렇다고 해서 순례의 경건함을 해치는 일은 없었다. 한번은 두 사람이 함께 미사를 드린 적이 있었다. 시인은 페로넬의 뒤에 앉는다.

> 사람들이 '신의 어린양(Agnus Dei)'을 읊는 소리가 들리면
> 나는 성 크레페(Saint Crepais)에게 믿음을 나타내고
> 교회 두 기둥 사이에서
> 그녀는 나에게 달콤한 '페(paix)'를 주었네.
> 나는 이 '평화의 입맞춤'에 굶주려
> 사랑에 빠진 나의 심장은
> 그녀가 너무도 빨리 멀어지자 당혹스러웠다네.

'평화'라는 뜻의 '페(paix)'는 평화의 입맞춤으로, 입술에 직접 입을 맞추던 옛 관습을 대신하여 사람들이 차례로 작은 조각에다 입 맞추는 예배의식인데, 여

기서는 페로넬이 시인에게 입술을 내밀었다는 의미로 해석된다. 그는 정원에서 기도서를 읽으며 그녀를 기다린다. 9일 기도(Novena)를 드리는 동안 그는 날마다 교회문을 들어서며 사랑하는 연인을 위해 시 한 편씩 쓰겠노라 맹세한다. 이런 맹세를 하면서도, 그는 경건한 기도 자세에 대하여 태연하게 말한다.

하지만 이런 일들이 천박하거나 세속적인 어떤 속뜻에서 나왔다고 생각해서는 안 된다. 기욤 드 마쇼는 모든 것을 고려할 때 진지하고 고결한 시인이었다. 이는 우리가 이해하기 어려운 부분도 있지만, 트렌트 공회의[3]가 있기 전에 드리던 종교 미사들은 일상과 뒤섞여 있어서, 사람들은 이에 별다른 편견을 갖고 있지 않았다. 이 문제에 대해서는 뒤에서 다시 다루기로 하자.

이 역사적으로 유명한 연애 사건에 대한 편지들과 사랑의 묘사에서 표현된 감정은 부드럽고 달콤하며 여리다. 감정 표현은 지루한 추론과 알레고리와 꿈으로 뒤섞여 있다. 하지만 백발 노시인의 마음 깊은 곳에는 우리를 감동시키는 무언가가 있었다. 그는 자신의 행복과 '지극히 아름다운 이'를 묘사하는데, 사실 그 '아름다운 이'는 그저 그와 자기 자신의 마음을 가지고 놀았을지도 모른다는 것을 시인이 의식하지 못했기 때문이다.

기욤 드 마쇼의 《진실한 이야기》와 같은 시대에 쓰여 그에 견줄 만한 것으로, 《기사 라 투르 랑드리가 딸에게 주는 교훈 Livre du chevalier de la Tour Landry pour l'enseignement de ses filles》이 있다. 마쇼의 페로넬 이야기처럼, 이 책도 귀족 사교모임을 통해 나타난 작품이다. 하지만 앞의 작품이 샹파뉴나 파리를 무대로 하는 데 비해, 기사 라 투르 랑드리는 우리를 앙주나 푸아투로 인도한다. 말하는 이도 이번에는 사랑에 빠진 늙은 시인이 아니라 젊은 날의 추억과 일화를 산문적으로 표현하는 아버지로서, 딸들에게 세련된 연애법을 가르치고 싶었을 것이다. 하지만 이 교육은 낭만적인 것이 아니었다. 이 신중한 아버지의 가르침은 문자 그대로 낭만적인 연애 놀음이 가져올 위험에서 딸들을 지키는 것이 목적이었다. "너희는 말이 많은 사람을 조심해야 한다. 그들은 사색에 가득 차 그

---

3) Tridentine Council : 16세기 중엽 이탈리아의 트렌트(또는 트리엔트)에서 열린 종교 회의. 1545년부터 1563년까지 18년 동안 세 차례에 걸쳐 진행되었으며, 가톨릭과 프로테스탄트 사이의 화해를 목적으로 열렸으나 신교 쪽이 참석하지 않았기 때문에 가톨릭 쪽의 결속이 이루어져 반종교 개혁운동으로 발전했고, 교황권의 승리로 끝났다.

옥하게 바라보는 거짓 눈길, 아련한 한숨, 깊은 감동을 받았다는 듯한 표정, 그리고 다른 이들보다 많은 말을 준비해놓고 있다.” 그는 또 너무 허물없이 굴어서도 안 된다고 가르친다. 젊었을 때 그는 아버지께 이끌려 어느 성에 들어가게 되었다. 그 성주의 딸과 결혼 이야기가 오가서 그녀를 만나러 간 것이었다. 그녀는 상냥하게 그를 맞이했다. 그는 그녀의 인품을 알고 싶어서 여러 주제로 많은 이야기를 했다. 대화가 포로에 대한 이야기에 이르자 그는 기회를 잡아 용기를 내어 찬사의 말을 보냈다. “아가씨, 나는 다른 누가 아닌 오로지 당신의 포로가 되고 싶습니다. 당신의 감옥은 영국 감옥만큼 혹독하지 않겠지요.” 그러자 그녀는 얼마 전에야 자기의 포로가 되어주었으면 하고 바라는 한 사람을 만났노라고 대답했다. 나는 그를 감옥에 넣어 괴롭게 만들 것이냐고 물었다. 그녀는 아니라고 대답하면서 그를 자기 몸처럼 소중히 대하겠다고 말했다. 나는 그녀에게 그렇게 부드럽고 고귀한 감옥에 들어가는 이는 참으로 행복할 것이라고 말했다. 여기서 어떻게 말했어야 할까? 그녀는 말솜씨가 좋았다. 그녀의 말투로 미루어 그녀는 아는 것도 많았다. 생기에 가득 찬 눈빛을 하고 있었다. 그들이 떠나갈 때 그녀는 그에게 또 와달라고 몇 번이나 당부했는데, 그 모습이 오랜 친구에게 대하는 듯했다. 우리가 출발하게 되자 아버지께서 내게 말씀하셨다. “지금 만나고 온 여인을 어떻게 생각하느냐? 네 의견을 말해 보아라.” 사실은 마치 기다리고 있었다는 듯한 소녀의 지나친 태도가, 더 가까이 다가가려던 젊은 이의 마음을 식어 버리게 했던 것이다. “아버지, 그녀는 아름답고 좋은 사람 같아 보이지만, 아버지만 괜찮으시다면 그녀와 더 가까워지고 싶지 않습니다.” 약혼은 이루어지지 않았고 기사는 그 뒤로도 이를 전혀 안타까워하지 않았다. 이렇듯 실제 있었던 추억에 대한 생생한 기록은, 이즈음 풍습이 이상과 어떤 대조를 보였는지 잘 나타낸다. 안타깝게도 우리가 다루는 시대에는 매우 드문 일이었다. 기사가 자신의 생애에 대해 조금 더 이야기했더라면 좋았을 텐데, 그의 저술은 대부분 일반적인 고찰에 그치고 말았다.

그가 딸들을 위해 생각한 좋은 결혼이란, 사랑과는 상관이 없었다. 그는 부인과 벌인 ‘논쟁’도 들려주고 있는데 연애, 즉 ‘사랑의 행동’이 딸들에게 걸맞은지에 대한 옳고 그름의 까다로운 논쟁이었다. 그는 딸이 ‘결혼을 소망하며’ 명예롭게 사랑할 수도 있다고 생각하지만, 그의 아내는 이에 반대한다. 사랑은 소녀로 하여금 진정한 신앙심에서 멀어지게 만들기 때문에 상대가 자신의 약혼자일지라도 사랑에 빠지지 않는 게 좋다는 것이다. "왜냐하면 내가 젊었을 적에, 사랑에 빠져본 많은 이들에게 들었어요. 교회에 가도 연애의 쾌락에 대한 달콤한 상상 때문에 하느님께 드리는 미사는 뒷전이래요. 아무리 사랑에 빠졌다고 해도 예배 시간인데 말이지요. 그래서 신부님이 제단 위에서 주님을 모시고 있을 때에도 어수선한 생각에 잠기곤 한데요." 참으로 깊은 심리학적 고찰이 아닌가! 마쇼와 페로넬도 이 말에 동의했을 것이다. 그렇더라도 시인과 기사의 생각 차이가 너무나 컸다. 기사의 생각이 엄숙하더라도 《백 가지 새로운 이야기》에 포함시켜도 좋을 아슬아슬한 외설스러운 내용인데, 아버지가 거듭 딸에게 권하는 짧은 만담들을 이 근엄함과 어떻게 조화시켜야 할까.

궁정풍연애의 이상을 비추는 아름다운 규범과 약혼이나 결혼이라는 현실이 그다지 긴밀하지 못했으므로, 세련된 애정 생활의 유희, 대화, 문학적 요소들은 아무런 제약 없이 자유로이 펼쳐질 수 있었다. 이상적인 사랑·충실함·희생이라는 아름다운 허구는, 결혼 특히 귀족 계층의 결혼을 지배했던 물질적인 사고 속에서는 발붙이지 못했다. 이 이상은 매혹적이고도 숭고한 유희 형태로밖에 경험할 수 없었다. 따라서 기마 시합은 낭만적 사랑의 유희에 영웅적 형식을 부여했으며, 목가적 개념은 이상적 사랑에 전원시 형식을 더한 것이었다.

10장
목가적인 삶의 꿈

기사도를 따르는 생활양식은 아름다움·미덕·유용성을 지나치게 강조했다. 필립 드 코민처럼 현실감각에 눈뜬 안목으로 보면 그 기사도도 속임수로 꾸며낸 구경거리나 우스꽝스러운 시대착오에 지나지 않았다. 사람들을 움직이며 국가사회의 운명을 결정짓는 현실적인 능력은 기사도적인 세계 밖에서 작용한다고 보았던 것이다.

기사도 이상이 갖는 사회적 유용성이 극히 약화됨에 따라, 그 이상이 나타내던 윤리적 가치와 미덕의 실천도 힘을 잃었다. 도덕적인 관점에서 보자면 귀족 생활은 한낱 죄악과 허영으로 가득 차 있을 뿐이었다.

미학적인 관점에서 보아도, 기사도 이상은 무너져가고 있었다. 이 이상을 본받은 생활 형식의 아름다움조차도 모든 면에서 거부당하기에 이르렀다. 기사도 생활이 부르주아에게는 멋지게 비춰졌을지 모르지만, 귀족들 사이에서도 이미 권태와 불만의 목소리가 높았다. 궁정 생활은 아름다운 유희로 변해버렸고, 지나치게 다채로웠다. 치켜세우는 것도 한두 번이지 성가신 것들이 너무 많았다. 심혈을 기울였던 이 생활예술에서 빠져나와 확실한 단순함과 안정과 휴식을 찾는 일이 무엇보다 시급했다.

이 기사도 이상에서 빠져나오는 데는 두 가지 길이 있었다. 하나는 적극적이고 현실적인 삶에 이르는 길, 곧 근대 탐구정신이었고, 다른 하나는 세속을 거부하는 길이었다. 두 번째 길은 피타고라스의 Υ[1]처럼 다시 둘로 갈라졌는데, 영적 생활과 직결되는 주된 길과 사교계와 세속의 가장자리를 돌면서 그 쾌락을 떠나지 못하는 부수적인 길로 이어져 있었다.

---

1) 정확히 말하면 그리스어 철자 Υ(윕시론)을 말한다. 피타고라스는 이 철자 모양을 빗대어 악덕과 선덕의 길에 빗대었다.

아름다운 삶에 대한 열망이 강렬해서, 사람들은 궁정 생활과 무훈을 세우는 투쟁 생활이 공허하고 번거롭기만 하다는 것을 충분히 알면서도 아직도 어딘가에 빠져나갈 길이 있고, 그 길은 밝고 감미로움을 꿈꾸는 세속의 아름다운 삶과 통한다고 생각하는 것이었다. 목동의 삶이라는 고풍스러운 옛 환상은 예전과 다름없이 자연의 행복을 약속이라도 하듯 테오크리토스[2] 시대부터 눈부시게 반짝이는 빛을 모아 찬란하게 빛나고 있었다. 위대한 평온함은 다투지 않아도 손에 잡힐 듯 보였다. 허무한 명예나 신분을 둘러싸고 벌어지는 증오와 질투심 가득한 싸움에서 멀리 벗어나, 부와 사치, 잔인하고 위험한 전쟁이 없는 곳으로 도피할 수 있으리라 여겼다.

단순하고 소박한 생활 예찬은 중세 문학이 이미 고대로부터 물려받은 주제였다. 하지만 언제나 이 주제에서 전원시가 태어난 것은 아니었다. 같은 감정도 긍정적으로 표현하거나 부정적으로 표현할 수 있는 것이다. 전원시에 묘사된 것은 궁정풍 생활과 귀족적 허식에 대한 부정과 거부였으며, 은둔과 칩거의 소극적인 표현이 바로 궁정 도피와 '중용(aurea mediocritas)'[3] 예찬이었다. 이는 학문, 고독한 휴식, 노동 등 어디로 어떻게 도피할 것인지 상관없이, 그저 귀족적 생활이상에서 등을 돌리는 것이었다. 물론 긍정적인 것과 부정적인 이 두 모티프는 끊임없이 교차된다. 12세기 존 솔즈베리(John of Salisbury, 1120~1180)와 월터 맵(Walter Map, 1140~1208?)은 궁정 생활의 비참함을 주제로 저마다 《궁정인의 소일거리》라는 책을 썼다.[4] 14세기에 프랑스 음악가이자 시인이던 모(Meaux)의 주교 필립 드 비트리(Phillippe de Vitri)가 페트라르카에게 《프랑 공티에 이야기 *Le Dit de Franc Gontier*》로 칭찬을 받았는데, 이 주제는 고전적인 표현이 되었다.

전원시와 모티프의 결합은 완벽했다.

---

2) Theokritos(BC 310?~BC 250) : 고대 그리스 시인. 시칠리아의 전원 풍경과 목자(牧者)를 노래하여, 목가의 창시자로 불린다.

3) 지나치거나 모자라지 아니하고 한쪽으로 치우치지도 아니한, 떳떳하며 변함없는 상태나 정도를 뜻하는 '중용(golden mean)'은 아리스토텔레스 덕론(德論)의 중심 개념이다.

4) 존 솔즈베리의 저작은 정확히 말해 《여러 정치가, 또는 궁정인의 소일거리와 철학자의 발자취에 대하여 *Policraticus, sive de nugis curialium et de vestigiis philosophorum*》(1159)이다. 헨리 2세의 궁정 서기를 지냈던 월터 맵은 말년에 옥스퍼드 교회의 부사제가 되었다. 저서 제목은 본문과 똑같은 《*De Nugis Curialium(Trifles of Courtiers)*》이다.

초록 잎새 그늘, 싱그러운 초원
졸졸 시냇물 따라 맑은 샘물가에
나는 안락한 초가집 하나를 보았네.
공티에는 아내 엘렌과 함께
신선한 치즈와 우유, 버터와 크림,
요구르트, 사과, 호두, 살구와 배,
마늘, 양파, 다진 대파를
구운 빵에 얹어 거친 소금을 곁들여
맛있게 먹고 물을 듬뿍 마신다네.

식사가 끝나자 그들은 '입술과 코, 아내의 매끄러운 곳과 남편의 수염이 많이 난 곳에' 서로 입을 맞춘다. 남편 공티에는 숲으로 나무를 베러 가고, 아내 엘렌은 빨래터로 향한다.

나는 들었네. 공티에가 나무를 찍으면서
자신의 평온한 삶을 하느님께 감사드림을.
그는 말했네.
'나는 알지 못한다오, 대리석 기둥과, 번쩍이는 칼자루,
그림으로 가득한 벽, 그것들이 무엇인지.
나는 두렵지 않다네.
겉보기 화려하나 뒤에서 꾸미는 배신과 음모,
황금그릇에 독이 들지는 않았는지.
나는 폭군 앞에서 모자를 벗지도 않고
무릎을 꿇지도 않는다네.
문지기의 채찍에 내쫓기는 일도 없지.
탐욕, 야심, 게걸스러운 아첨도
나를 궁정으로 유혹하진 못한다오.
노동은 자유의 기쁨으로 나를 채우고
나는 엘렌을 사랑하고, 그녀 또한 나를 사랑하네.

이것으로 충분하지.
우리는 죽음도 무섭지 않다오.'
그러자 내가 말했네.
'아아! 궁정에 매인 노예는 한 푼 값어치도 없으니,
프랑 공티에야말로 순금으로 세공한 진짜 보석이 아닌가!'

여기에 묘사된 생활에서 후세 사람들은 이상적인 단순한 삶의 고전적인 표현을 발견한다. 여기에는 안정감, 독립심, 절제, 건강, 노동, 자연스럽고 소박한 부부애의 기쁨이 있었다.

외스타슈 데샹도 그를 본받아 수많은 발라드에서 검소한 생활을 예찬하고 궁정 생활의 혐오를 노래했다. 그 가운데에는 《프랑 공티에 이야기》와 거의 흡사한 것도 있었다.

오랫동안 머물렀던
군주의 궁정에서 돌아와,
울창한 숲 그늘 한 샘터에서
나는 자유로운 로뱅을 만났다네.
그는 머리 위에 꽃으로 만든 화관을 두르고,
그가 사랑하는 마리옹은……

그는 이 주제를 전사(戰士)와 기사 생활에 대한 풍자로 확장시켰다. 그는 마음을 담아 진지하게 전쟁의 비참함과 잔혹함을 호소한다. 전사만큼 나쁜 신분은 없다. 그들은 날마다 일곱 가지 큰 죄를 저질렀으며, 전쟁의 본질인 탐욕과 헛된 명예를 품고 있었다.

이제부터 나는 평민의 삶을 살리라,
내 마음에 정한 것은 오직 그 삶이니,
전쟁을 버리고, 일하며 살리라.
전쟁은 오로지 파멸뿐이니.

또 어느 시에서 그는, 그에게 결투를 청한 사람을 조롱하고 저주한다. 또 다른 곳에서는 사랑하는 아내 때문에 벌어진 결투에 대해, 아내가 그런 결투에 나서지 말아 달라고 그에게 간청한다. 하지만 데샹이 좋아한 주제는 역시 소박한 '중용'이었다.

나는 오로지 하느님께 간구하노라.
이 세상에서 그를 섬기며 찬미케 해달라고.
그리고 삶의 독립을 허락하소서.
겉옷과 속옷 한 벌, 밭을 갈 말 한 필로 족하여
평범하게 살면서
하느님 은혜 아래 이웃을 시샘하지 않고,
소유에 욕심내지 않으며,
그렇다고 빵을 구걸할 일 없도록
오늘이라는 날이, 가장 안락한 삶일 터이니.

명예욕과 소유욕은 비참함만을 가져올 뿐이지만, 주어진 것에 만족하며 행복을 느끼는 가난한 사람은 마음 편하게 오래 산다.

······노동자, 가난한 마차꾼은 옷차림에 상관 않고
누더기를 걸치며 헌 신을 신거나 맨발이지.
하지만 일을 시작하면 기쁨을 느끼며
또 그것을 즐겁게 마친다네.
밤이면 단잠을 자고,
이처럼 맡은 일에 충성하는 자는
4대에 걸친 왕들의 태평한 세상을 보나니.

데샹은 소박한 노동자가 4대에 걸친 왕들의 태평한 세상을 본다는 착상을 매우 좋아해서, 이 말을 여러 번 반복한다.
이런 영감에서 나온 시들은 데샹의 시 가운데서도 좋은 작품에 속하는데,

데샹의 작품을 편집한 가스통 레이노(Gaston Raynaud)는 이것이 모두 그의 말년 작품이라 말한다. 관직에서 떠나 사람들에게 잊힌 그가, 환멸을 맛본 궁정 생활의 덧없음을 절실하게 깨달은 시기의 작품이었다. 그러므로 이는 어떤 회한의 시라는 것이다. 하지만 오히려 반동이나 권태 같은 것이 아니었을까? 귀족들이 지나치게 정열로 치닫는 생활 속에만 머물러서, 이런 시를 궁정 전속 시인에게 요구하며 즐기지는 않았을까. 어쩌면 재미를 좇는 귀족들의 거친 본성을 채워주기 위해, 데샹이라는 한 시인이 다른 취향의 시를 지어 그 재능을 싼 값에 팔았을지도 모른다.

14세기 끝 무렵 선구적으로 프랑스 인문주의를 발전시킨 사교모임도 궁정 생활에 대한 경멸이라는 주제를 길러낸 토양이었는데, 이 모임은 1414년에 시작된 콘스탄츠 공의회, 즉 교회 개혁회의에서 활약한 개혁파와 밀접한 관계가 있었다. 뛰어난 신학자이자 교회 정치가였던 피에르 다이이(Pierre d'Ailly)는 《프랑 공티에 이야기》에 견줄 만한 작품을 만들고자, 끊임없는 두려움 속에 노예와 다름없는 삶을 영위하는 폭군 이미지를 시로 노래했던 것이다. 피에르 다이이의 동료들은 이즈음 부활한 라틴 편지 형식을 이용하여 이 주제를 논한다. 예를 들면 니콜라스 드 클레망주와 장 드 몽트뢰이유는 서로 편지를 주고받았다. 오를레앙 제후 서기관이었던 밀라노 사람 앙브루아즈 드 밀리스(Ambroise de Miliis)도 이 사교모임의 회원이었다. 그는, 궁정을 섬기려는 친구를 만류하는 어느 궁정인이 공티에 콜 앞으로 라틴어 편지를 보내는 형식의 글을 쓴다. 이 편지를 쓴 궁정인은 점점 잊혀갔지만, 이 편지글은 뒷날 프랑스어로 번역되어 유명한 궁정시인인 알랭 샤르티에의 작품집에 〈궁정인 Le Curial〉이라는 제목으로 실렸다. 샤르티에가 이 작품을 직접 번역했는지는 확실치 않은데, 그 뒤 인문주의자 로베르 가갱이 라틴어로 다시 번역했다.

샤를 드 로슈포르(Charles de Rochefort)는 이 주제를 《장미 이야기》처럼 비유 시 형식으로 다룬다. 그의 시 〈궁정에서 속아 넘어간 자 L'Abusé en Court〉는 르네왕에게 바쳐졌다. 15세기 끝 무렵, 장 메쉬노(Jean Meschinot)도 선배 작가들처럼 노래하고 있다.

궁정은 바다라네.

교만의 물결과 질투의 폭풍이 몰아치고

분노가 거친 싸움과 모욕을 불러와

이따금 배를 뒤집는다네.

음모와 배신이 제 몫을 다하고 있으니

그대 즐기고 싶다면 멀리 다른 데서 헤엄치게나.

16세기에도 이 낡은 주제는 여전히 매력을 지녔다.

안정·휴식·독립 같은 주제가 나쁠 리 없었다. 이를 찾아 사람들은 궁정을 떠나 자연 속에서 노동과 절제의 소박한 삶을 살고자 한다. 이것이 바로 이상의 소극적인 면이다. 그러나 이상의 적극적인 면은 그저 노동과 검소한 생활에 머물지 않고, 자연 그대로 사랑을 즐기는 데 있었다.

전원시는 문학 분야를 뛰어넘는 어떤 의의가 있었다. 소박한 자연의 기쁨으로 세월을 보내는 목자 생활을 묘사하는 데 그치지 않고, 그 경험을 받아들이려는 지향성에 있었던 것이다. 곧 이는 '모방'의 욕구이다. 목자 생활이야말로 사랑의 원래 모습이 그대로 실현된 허구의 모습이었다. 현실적이지 못하더라도, 이 허구를 따라 목자 세계의 꿈으로 도망치려 했다. 목자 생활의 이상은 사람들의 마음을 그늘지게 하고 떨게 만드는 종교적 사랑의 가르침과 확대된 사랑의 공식 체계, 세속적인 현실의 구속으로부터 인간 정신을 자유롭게 하고 이를 다스리는 치료제로 처방되었음이 분명하다. 사람들은 성실과 봉사라는 숨막힐 듯한 기사도 개념과 다양한 알레고리라는 도구에서 벗어나고 싶어 했다. 또한 현실 사회의 사랑에서 나타나는 천박·사욕·죄악들에서 벗어나기를 바라기도 했다. 사람들은 오염되지 않은 순수한 자연의 기쁨에 둘러싸여 알맞게 채워진 소박한 사랑이 로뱅과 마리옹(Robin et Marion), 공티에와 엘렌(Gontier et Hélayne)의 삶이라고 생각했다. 이들이 얼마나 행복해 보이고 부럽던지, 여기에서는 천대받던 백성이 이상적인 모습으로 나타난 것이다.

하지만 중세 끝 무렵은 여전히 귀족주의 시대여서, 미의 환상을 대할 때는 참으로 맹목적이었다. 아름답게 꾸미지 않은 자연 그대로의 삶에 대한 열망도 끝내 강력한 사실주의에 이르지 못하고, 그저 기교를 부리고 궁정 풍습을 장식하는 데 그쳤다. 분명 15세기 귀족들은 목자·목녀 유희를 즐겼지만, 그 유희의 내용이 되어야 할 진실과 자연에 대한 존경·소박함·노동에 대한 찬미는 아직 미약했다. 3세기 뒤, 마리 앙투아네트(Marie Antoinette)가 베르사이유 궁정 정원 안에 있는 작은 트리아농(Trianon)에서 소젖을 짜고 버터를 만들었을 때는 이미 중농주의자들의 진실한 소망이 이 전원적 이상에 담겨 있었던 것이다. 자연과 노동은 아직 이 시대에 잠들어 있었지만 이미 위대한 신이었고, 귀족주의 문화는 이를 단순히 유희로 여겼다. 1870년 무렵 러시아 젊은 지식인들이 민중 속으로 들어가 민중을 위해 민중의 삶을 살려 했을 때, 이 이상은 매우 진지한 데까지 높아졌다. 그럼에도 이상 실현은 결국 또 하나의 환상에 지나지 않았다.

목가적 환상과 현실의 추이를 나타낸 것으로 '파스투렐(pastourelle)' 형식의 짧은 시가 있었는데, 이는 한 기사와 시골 소녀의 가벼운 사랑의 모험을 노래한 시였다. 이 시는 직접적인 에로티시즘을 신선하고 우아한 형식으로 감싸 저속함에 빠지지 않았으며 자연스러운 매력도 잃지 않았다. 기 드 모파상(Guy de Maupassant, 1850~1893)의 단편들과 비교할 만하다. 이른바 목가 속에서 연인은 스스로를 목동이라고 상상하며, 현실과의 모든 접촉을 잊는다. 그리하여 궁정풍연애 요소들이 전원시적인 틀 속에 그대로 옮겨진다. 태양이 밝게 비치는 풍경, 피리 소리와 새들의 노랫소리가 가득 들려오고, 사랑의 고뇌와 욕망까지도 거기서는 온화한 빛을 띤다. 진정으로 전원시의 감정 세계가 열리는 것은, 사랑하는 이가 자신을 양치기로 보았을 때이다. 이때 현실과의 연결이 사라진다. 궁정풍연애 관념의 모든 요소는 목가풍 연애관으로 바꿀 수 있다. 햇빛 쏟아지는 꿈의 땅, 플루트 가락, 지저귀는 새의 울음 속에 사랑의 두근거림을 감싸는 것이다. 이 얼마나 즐거운 분위기인가. 사랑의 슬픔, 버림받은 자의 탄식, 마음의 아픔도 이 달콤한 목소리 속에 녹아들어간다.

에로티시즘에 있어서 자연과의 접촉은 반드시 필요해서, 그 끊임없는 접촉점을 전원시가 제공해 왔던 것이다. 그렇기 때문에 전원시는 자연에 대한 감정 표현이 문학으로 발전하는 곳이기도 했다. 처음부터 자연미를 묘사했던 것은 아니다. 첫 단계에서는 여름·태양·나무 그늘 아래 흐르는 맑은 물·꽃·새들을 직접 느낀 기쁨을 그대로 그려내는 데 몰두했다. 자연의 관찰과 풍경 묘사는 다음 단계를 기다려야 했다. 매력적인 지연 묘사는 전원시의 부차적인 목표였을 뿐, 그 원래 목표는 사랑의 꿈을 기술하는 데 있었다. 크리스틴 드 피장이 〈전원 이야기 *Le dit de la Pastoure*〉 시에서 처음 묘사하는 전원생활은 한 문학 분야의 출현을 예고하는 것이었다.

먼저 궁정인의 이상으로 받아들여진 '양치기 사상'은 기사도 이념과 함께 궁정인의 가장무도회에서 또 하나의 가면이 되었다. 모든 것이 전원 익살극 스타일에 맞춰졌다. 전원시와 기사도 낭만주의라는 두 환상세계가 뒤섞여, 기마 시합도 어떤 양치기 가장무도회가 된다. 르네왕은 '양치기 소녀 기마 시합'을 연다.

하지만 이런 익살극에도 사람들이 그리 간단히 넘길 수 없는 무언가가 있지 않았을까. 샤틀랭은 《세상에서 가장 놀라운 일들 *Merveilles du monde*》에서 르네왕이 양치기인 척하는 생활을 불가사의로 꼽는다.

> 나는 시칠리아 왕이
> 목동 차림을 한 것을 보았네.
> 그 고귀한 부인도
> 남편과 같이
> 끼니가 든 자루를 허리에 두르고,
> 지팡이를 손에 쥐고, 두건을 쓰고,
> 광야를 집 삼아
> 양 떼 곁에 있었네.

전원시는 가장 독설적인 정치 풍자를 위해 문학적 형식을 제공해야 했다. 바로 이 〈라 파스토랄레 *La Pastorale*〉[5]보다 더 장황하고 이상한 작품은 좀처럼 보기 힘들 것이다. 부르고뉴파를 옹호하는 저자는, 전원시라는 풍자 형식을 빌려 루이 도를레앙의 살해사건을 묘사하고 부르고뉴 제후 용맹공 장의 결백을 변호한다. 그는 이로써 부르고뉴 쪽의 끓어오르는 증오를 드러내려 했던 것이다.

---

5) 작가 주: 전원시라는 형식과 정치적 의도가 결합되어 있다는 점에서, 이 시의 작가는 자신과 맞서는 자를 달리 찾지 못한다. 겨우 아리오스토(1474~1533)가 있을 뿐이다. 아리오스토는 1506년 알베르티노 보스케티의 반란 때, 그를 보호하던 추기경 이포리트 데스테를 변호하려고 전원시풍 작품 2, 3개를 썼다. 이 추기경의 입장이 용맹공 장보다 편했다고 할 수 없으며, 아리오스토의 태도는 이 이름 모를 한 부르고뉴 사람의 태도에 비해 동정적으로 보이지도 않는다.

양치기 레오네(Léonet)와 트리스티페(Tristifer)는 각각 부르고뉴 공작과 오를레앙 후작의 목가적 이름이다. 두 사람은 적대관계였는데, 춤과 꽃으로 꾸며진 환상이 멋지게 펼쳐지면서 아쟁쿠르 전투까지도 전원시풍으로 그려졌다.

전원시의 목가적 요소는 궁정 축제에서 빠지는 일이 없었다. 이는 축제에 흥을 돋우는 '여흥'으로서 가장무도회와 잘 어울렸다. 그 가운데 목가적 이미지는 정치적 알레고리에 딱 알맞았다. 군주는 목자요, 백성은 양이라는 성서적 개념을 사람들은 이미 알고 있었다. 초대교회 교부들은 국가 기원이 양을 기르는 제도에 있었다고 가르친다. 이스라엘 족장들은 양치기였다. 통치자들의 진정한 권한은 세속적이든 종교적이든, 지배하는 것이 아니라 유지해나가는 데 있다는 것이다.

> 영주여, 당신은 하느님의 목자이니,
> 하느님의 양 떼를 충실히 보살피고,
> 들판이나 목장으로 이끌되,
> 하지만 결코 하나도 잃어서는 안 된다.
> 잘 지키면 그 고생에 보답이 있으리라.
> 그렇지 않으면 당신은
> 하느님의 양치기로 일컬음 받지 못하리라.

이는 장 메쉬노의 시 〈제후들의 안경 *Les Lunettes des Princes*〉한 구절인데, 이른바 전원시풍의 가장 유희는 나오지 않는다. 하지만 관객의 눈에 띄려면, 이런 정치적 전원시도 가장극 형태를 나타냈다. 1468년 브뤼주에서 열린 결혼 축제[6]는 역대 부르고뉴 제후 부인을 '일찍이 이 땅의 양 떼를 기르고 지킨 고상한 양치기 여인들'로 찬미하며 축제를 시작해 흥을 돋우었다.[7] 1493년, 프랑스에서 귀

---

[6] 호담공 샤를이 영국 왕 에드워드 4세의 여동생 마르그리트 도요크를 세 번째 부인으로 삼은 결혼 축제이다.

[7] 작가 주: 이를 기록한 이는 올리비에 드 라 마르슈인데, 장 몰리네는 《이상한 일의 회상 막시밀리안왕이 브뤼주에서 포로가 된 일》 가운데 '양들이 울타리에 양치기를 가두었다'고 노래하고 있다.

국하는 마르그리트를 맞이하여[8] 발랑시엔에서는 어떻게 하면 황폐한 국토를 다시 일으키는가라는 주제로 가장극이 상연되었고, 몰리네는 '모두 전원시풍으로' 논평했다. 폰덜[9]은 베스트팔렌조약 체결을 축하한 정치 전원시를 지었다. 양치기 군주는 이미 낡은 이미지로, 《빌렘의 노래》[10]에서도 엿볼 수 있다.

> 나의 가엾은 양들에게 휴식을
> 그들은 괴로워 헐떡이고 있다
> 그대의 양치기는 잠들면 안 된다
> 아무리 그대 마음이 여기에 없더라도

양치기 이미지는 실제 전쟁에서도 사랑을 받았다. 그랑송(Granson) 포위진에 설치된 투석기는 '양치기와 양치기 여인'으로 불렸다. 몰리네에 따르면, 플랑드르 사람은 양치기에는 맞지만 전쟁에는 도움이 안 된다고 프랑스인에게 욕을 먹었기 때문에, 필립 드 라베스탱(Philippe de Ravestein)은 양을 모는 지팡이를 들고 끼니 자루를 허리에 찬 영락없는 양치기 모습의 귀족 24명을 이끌고 전장으로 갔다고 한다. 베들레헴 양치기를 주제로 한 종교극에서 전원시 모티프가 섞인 것은 당연하다고 할 수 있다. 아무튼 이는 신성한 주제였던 만큼 사랑을 강조하는 것을 삼갔으므로, 양치기 여인은 나오지 않고 양치기만 등장한다.

《장미 이야기》의 사고방식을 대하는데, 성실함과 기사도풍 연애가 고상한 문학 논쟁의 씨를 뿌린 것과 궤를 같이하여, 이른바 양치기 사상 또한 논쟁의 주제가 되었다. 하지만 여기서도 거짓이 신경을 자극하여 양치기 사상을 비웃음

---

8) 마르그리트 도트리슈(Marguerite d'Autriche)는 신성로마제국 황제 막시밀리안과 마리 드 부르고뉴(호담공 샤를의 딸) 사이에 태어났다. 1483년, 3세 때 샤를 8세가 되는 프랑스 황태자의 약혼녀로 프랑스에 가지만, 1491년에 약혼이 취소되어 1493년 네덜란드로 보내졌다. 그 뒤 1507년, 막시밀리안은 카를 5세가 아직 어렸으므로 네덜란드 섭정으로 그녀를 지명했다.

9) 요스트 판 덴 폰덜(Joost van den Vondel, 1587~1679) : 네덜란드 고전문학의 황금기를 대표하는 비극시인. 24편의 비극 가운데 13편은 성서를 소재로 했다. 대표작으로 《루시페르 Lucifer(1654)》가 있다.

10) 하위징아가 출전을 밝히지 않아 정확히 알 수는 없지만, 이 작품은 아마 '가랭 드 몽그라누의 제스트'에 속하는 〈기욤(빌렘)의 노래(12세기 전반)〉의 옛 네덜란드어판을 인용한 듯하다.

거리로 만들었다. 과장 위에 과장을 더한 인공적이며 요란스러울 정도로 다양한 중세 끝 무렵 귀족 생활과 자연 한가운데에서 단순하고 자유로워 아무에게도 구애받을 것 없는 진정한 사랑의 이상은 얼마나 거리가 먼가! 어딘가 균형이 맞지 않는 것 아닌가. 황금시대의 전형적인 소박함이라고 할 필립 드 비트리의 《프랑 공티에 이야기》는 수많은 변주를 탄생시켰다. 그 대부분은 프랑 공티에가 나무 그늘 아래에서 아내 엘렌과 함께 식사하는 것을 부러워하며 동경한다. 식단은 치즈, 버터, 크림, 사과, 양파, 검은 빵이었는데, 땔감 준비는 즐거웠으며 마음은 자유로워 거침이 없었다. 데샹은 이렇게 노래한다.

> 빵으로 족하다, 옷차림에 마음 쓸 필요도 없고
> 물이 맑아, 나도 모르게 마시고 싶어지네.
> 폭군도 독약도 나에게는 걱정 없으리.

그러나 때로는 주어진 역할을 그만두라는 비난도 들었다. 로뱅과 마리온의 생활을 노래하고, 자연 그대로의 단순함과 노동생활을 거듭 찬미하는 외스타슈 데샹부터도 온 궁정인들이 '짐승 같은 인간들이 쓰는 악기'라는 백파이프 소리에 맞추어 춤을 춘다고 탄식한 것이다. 하지만 이 아름다운 생활이라는 꿈같은 거짓을 꿰뚫어 보는 데에는, 프랑수아 비용(François Villon)의 뛰어난 깊은 감수성과 예리한 회의주의가 필요했다. 그의 발라드 〈프랑 공티에에 대한 이의(異議) Les Contrediz de Franc Gontier〉에는 가차 없는 비웃음이 들어 있다. 냉소적인 수법이긴 하지만, 비용은 '트림이 심하게 나는' 양파를 먹고 장미꽃 그늘에서 사랑을 속삭인다는 이상적인 전원 사람의 생활 방식을, 뚱뚱하게 살찐 주교좌교회 사목위원의 홀가분한 생활 방식에 대비시킨다. 따뜻한 난로, 맛있는 포도주, 부드러운 침대, 깨끗이 꾸민 방 안에서 마음껏 사랑을 즐긴다는 이상적인 생활 방식을 가져온 것이다. 프랑 공티에의 검은 빵에 생수를 마신다니, '여기에서 이집트 바빌론까지 모든 새가 모여 봤자' 이런 궁색한 음식으로는 하루도 비용을 붙잡아둘 수 없었다.[11]

---

11) 프랑수아 비용의 《유언집 Le Testament》 내용. '바빌론'은 이 경우 카이로를 말한다.

기사의 고집만 끝을 모르는 꿈은 아니었다. 사랑을 문화로까지 끌어올리려는 다른 몇 가지 꿈 또한, 결국 거짓이라는 단죄를 모면하지 못했다. 기사도의 고귀하고 성실한 이상적인 사랑을 맹신하는 《장미 이야기》는 엄하고 세련된 관능적인 사랑, 전원시의 달콤한 사랑의 환상, 현실 생활에서 불어오는 태풍에 이 몽상도 결국 견디지 못할 것이라 주장한다. 태풍은 곳곳에서 불어댔다. 성직자는 사랑이 세상을 멸망시키는 죄라고 저주했고, 도덕주의자는 《장미 이야기》의 웅장하고 화려한 술잔 밑바닥에 거무칙칙하게 고인 쓰디쓴 앙금을 보았다. 장 제르송은 부르짖었다. "도대체 이게 무슨 일인가. 사생아, 영아 살해, 낙태, 부부가 서로 미워하면서 죽이려 들다니." 여성들도 항의의 목소리가 높아졌다. 이런 인습적인 사랑의 형태는 모두 남성이 꾸민 것이다. 이상주의의 거푸집에 말려들었다고 해도, 실제 에로티시즘 문화는 모두 남성의 이기심 위에 쌓아 올려진 것이다. 결혼이나 여성의 약점 또는 불성실한 허영에 대해 거듭 여성을 모욕하는 남성의 언행은, 결국 자신의 이기심을 숨기는 망토가 아니고 무엇인가. 이 모욕에 대하여 크리스틴 드 피장은, 그저 이런 책은 여자가 만들지 않았다고 대답할 따름이라 말한다. 실제로 중세 에로티시즘 문학이나 종교 문학을 보아도, 여성에 대한 공감, 그 연약함, 사랑 때문에 그녀들을 덮치는 위험과 비탄에 대한 동정은 흔적조차 찾아볼 수 없다. 여성에 대한 동정은 처녀 구출이라는 기사도 이상의 한 주제에 정형화되어 있기는 하지만, 원래 이는 남성의 관능을 자극하여 스스로 만족하게 하는 주제에 지나지 않았다. 15세기 초 《결혼의 열다섯 가지 즐거움 Les Quinze joies de mariage》 저자는 품위 있게 억누른 풍자 속에 여성의 약점을 여럿 늘어놓은 다음, 그럼 이번에는 여성의 권리 침해에 대하여 쓰겠다고 말하고는 있으나, 결국 아무것도 쓰지 않았다. 부드러운 여성의 감정 표출을 언급하려면 크리스틴에게 물어볼 수밖에 없다. 예를 들면 이런 식으로 시작하는 시구로.

　　어수룩한 사람이여, 결혼은
　　몸소 확실히 알았습니다……

　그러나 이런 여성의 목소리는, 저속하고 거리낌 없는 행동과 설교가 장단을 맞추어 조롱하는 그 앞에서 어쩌면 이리도 가냘프게 들리는 것인가. 결국 설교에 설득당하여 여성을 경멸하는 것과 산문적인 호색으로 선술집에서 익힌 뛰어난 처세술을 휘두르며 이상적인 사랑을 격렬히 부정하는 것 사이에는 그리 큰 차이가 없는 것이다. 아름다운 사랑의 유희는 삶을 모방하는 형식으로 여전히 이어진다. 또는 기사도 스타일이나 전원시 방식으로, 그도 아니면 골똘히 궁리한 '장미'의 알레고리 무늬 속에서 사람들은 유희를 이어나갔다. 이를 인습이라며 멀리하려는 소리가 여기저기에서 나왔지만, 이 형식은 중세를 넘어 삶과 문화의 가치를 오랫동안 지속했다. 왜냐하면 한 시대에 이상적인 사랑 표현을 담당한 형식이 더할 나위 없이 드물었기 때문이다.

11장
죽음의 이미지

　15세기만큼 죽음에 대한 사상이 무겁게 짓누르고 강렬한 인상을 준 시대는 없었다. '죽음을 기억하라(Memento mori)'는 호소가 삶의 모든 곳에서 끊임없이 메아리치고 있었다. 카르투지오회 수도사 드니는 《귀족 생활 지침서 *Directoire de la vie des Nobles*》에서 귀족들에게 충고한다. "그대가 침대에 누울 때 늘 이것을 생각하라. 머잖아 남의 손으로 그대 자신이 묘 속에 이렇게 눕혀지리라." 일찍이 중세의 교회는 늘 죽음에 대하여 생각하라고 열심히 가르쳐왔다. 하지만 중세 첫 무렵 교회 관련 신앙서들은 이미 세상을 떠난 사람들에게만 영향을 미쳤다. 탁발수도회가 생긴 뒤에야 대중 설교가 활발해지면서, 그에 따라 죽음을 기억하라는 목소리가 차츰 높아졌다. 주위를 압도하는 우렁찬 성가대처럼 근엄한 푸가의 메아리가 울려 퍼졌다. 중세 끝 무렵에 이르면, 설교자의 연설 말고도 이 사상에 새로운 형태의 표현이 등장한다. 바로 목판화였는데, 이는 사회 여러 계층에 파고들었다. 대중을 사로잡은 두 표현 수단인 설교와 판화, 사람들 마음에 직접 작용하는 단순하고 소박하기 그지없는 이미지로서 죽음의 사상을 예리하고 강렬하게 표현할 수 있었다. 지금까지 수도사들의 죽음에 대한 모든 명상은 말 그대로 원시적이며 대중적인 것이 되었고, 비문 양식처럼 한 이미지로 압축되었다. 죽음의 사상은 이미지 속에 말과 형태를 취하여 대중 앞에 나타난 것이다. 이 죽음의 이미지는 무릇 죽음에 대한 여러 생각 가운데 인생무상을 표현하는 데 지나지 않았다. 마치 중세 끝 무렵 정신은 허무하다는 관점에서밖에 죽음을 생각할 줄 모르는 것 같았다. 세상 모든 영화에는 끝이 있다는, 영원히 그치지 않을 탄식을 연주하는 세 가지 멜로디가 두드러지게 되었다. 첫째 멜로디는 한때 지난 영광을 풍미했던 사람들이 지금 어디에 있을까라는 주제였다. 둘째 멜로디는 이 세상에서 아름답기로 소문난 모든 것이 썩어 무너져가는 모습을 보고 두려움에 떤다는 주제를 연주했다. 마지막 셋째 멜로디는 죽음의 무도(danse macabré, la danse des morts)가 주제였다. 이 세상 신분이나 나이와는 상관없이 죽음은 모든 사람을 끌고 다닌다는 것이다.

두 번째와 세 번째 주제의 가슴을 짓누르는 듯한 두려움에 비한다면, 첫 번째 주제 '옛 영화, 지금은 어디로'는 그저 슬픈 노래라는 가벼운 탄식에 지나지 않는다. 이 주제는 예부터 그리스도교 세계와 이슬람 세계에 널리 퍼져 있었다. 교회 교부들도 이를 알고 있었다. 14세기 페르시아 시인 하피즈(Hafiz)나, 뒤에 19세기 시인 바이런도 이를 다루었다. 아무튼 중세 끝 무렵 어느 시기에, 사람들은 이 주제를 이상할 정도로 좋아했다. 1440년 무렵, 클뤼니(Cluny)파의 수도사 베르나르 드 몰레(Bernard de Morlay)의 장중한 운을 띤 육각운 시[1]가 먼저 이 주제를 노래하기 시작했다.

> 바빌론 영화는 이제 어디로, 지금 어디에 있나?
> 그 무시무시한 네부카드네자르, 패기 넘치는 다리우스,
> 그 유명한 시리우스는?
> 힘에 밀려 돌아가는 수레처럼 그들은 사라졌지.
> 명성은 남아 있지만, 그들은 다 썩어갔지.
> 이제는 옛일이런가, 호사스럽던 쿠리아 율리아[2]는 어디에 있는가.
> 전쟁에서 이기고 돌아온 카이사르여, 그대도 떠났지.
> 몹시 거칠게 온 세계에 힘을 휘두른 위대한 몸이셨지만……
> 마리우스와 청렴한 선비 파브리키우스[3]는 지금 어디에 있나?

---

1) 육각운(六脚韻, hexameters) : 헥사미터는 호메로스 서사시의 운율이다. 한 장음절과 두 단음절로 된 단위 각(脚) 5개와 장음절과 장음 또는 단음절로 된 각(脚) 하나를 추가하여, 총 17음절을 한 행으로 하는 시 형식이다. 이런 모양의 각을 닥틸루스라 하며, 또 두 단음절을 한 장음절로 대용한 것, 즉 두 장음절에서 나온 절을 스폰데우스라고 하여 무거운 느낌을 준다. 호메로스는 닥틸루스를 많이 사용하여 그의 서사시는 경쾌하고 빠른 느낌을 주었다. 이런 형식을 답답한 베르길리우스 등 로마 라틴 서사시인은 스폰데우스를 남용하여 중후한 운율을 자랑한다. 중세 라틴 시인은 이 로마 형식의 운율을 좋아했다. 따라서 하위징아는 '장중한 운을 띤'이라는 수식어를 사용한 것이다.

2) Curia Julia : 율리우스 카이사르가 지은 원로원 의장 건물.

3) 가이우스 파브리키우스는 에피루스 왕 퓨로스와의 싸움에서 지휘를 했다는 로마 장군이다.

파울루스[4]의 고결한 죽음과 그 찬란한 무공은?
데모스테네스의 신의 목소리, 또 키케로의 천상의 소리는?
시민을 위한 카토[5]의 축복과 반역자에 대한 분노는?
레굴루스[6]는 지금 어디에, 또 로물루스와 레무스는?[7]
어제의 장미는 오직 그 이름뿐, 덧없는 그 이름만 우리에게 남았네.

버나드의 시보다 현학적인 데가 적고 그 형식도 단순하지만, 더 당당한 운을 띤 육각운 시보다 나으면 나았지 못하지 않은 여운을 전하는, 13세기 프란체스코파의 정신 풍토에서 태어난 시 〈왜 세상 사람은 덧없는 영광을 위하여 싸우는가 *Cur mundus militat sub vana gloria*〉에서도 같은 주제가 펼쳐진다. 이 시의 작가는 아마 모든 가능성으로 보아 뛰어난 취미를 가진 자코포네 다 토디[8]였으며,[9] 그는 하나로 이어지는 시구에 무상을 노래하고 있다.

기원전 280년, 헤라클레아 전투 끝에 퓨로스와 포로 교환 교섭을 했는데, 그때 퓨로스는 그 정직한 태도에 감동하여 대가를 받지 않고 포로를 풀어주었다고 한다.

4) 루키우스 아이밀리우스 파울루스(Lucius Aemilius Paullus, BC 229?~BC 160) : 고대 로마 공화정 시대의 정치가. 마케도니아와의 전쟁에서 이기고 그 지역을 차지했다(BC 168). '고결한 죽음 (mors nobilis)'으로 알려졌으나, 사실 병으로 죽었다.

5) 카토는 두 사람 있었는데, 이는 아마 마르쿠스 보리키우스 카토 우티켄시스(BC 95~BC 46)일 것이다. 그는 케사르, 폼페이우스, 크라수스의 이른바 제1회 삼두정치에 반대하여 공화제 전통을 끝까지 지키려 했다. 뇌물 정치를 몹시 증오하여 로마 시민들의 지지를 받았는데, 카이사르가 정권을 장악하자, 아프리카로 은퇴하여 그곳에서 자살했다. 키케로의 《카토 찬가》에 카이사르는 《반(反)카토론》으로 답했다.

6) 마르쿠스 아틸리우스 레굴루스(Marcus Atilius Regulus, BC 307~BC 250) : 제1차 포에니 전투 때, 아프리카 카르타고 군대와 싸운 로마 장군. 포로가 되어 평화 체결을 원로원에게 설득하기로 약속하고 로마로 돌려보내졌으나, 반대로 화평 거부·전쟁 유지를 주장하고 다시 카르타고에 포로로 돌아가서 죽임당했다는 전설이 있다. 그는 후세에 공화제 시기의 영웅으로 추대받는다.

7) 로마 건설 전설에 나오는 쌍둥이 형제 Romulus와 Remus. 이리에게 길러졌다고 전하는데, 형 로물루스에서 로마라는 이름이 나왔다고 한다.

8) Jacopone da Todi(1230~1306) : 인생의 후반기를 프란체스코파의 수도사로 보낸 이탈리아 시인. 교황 보니파시오 8세에게 반대하는 연설로 유명해짐. 몇 가지 《찬가》를 남겼는데, 그 가운데 대화형식의 것이 이탈리아 종교극의 효시로 주목받고 있다.

9) 작가 주 : 이 시는 예전에 베르나르 드 클레르보(Bernard de Clairvaux)의 작품으로 여겨졌는데, 월터 맵이 지었다고 말하는 비평가도 있다.

말하라, 그 옛날 고상한 솔로몬은 어디에 있는지.

무적의 장수 삼손은 어디에?

미모의 압살롬[10] 그 빼어난 얼굴은?

애정 깊고 다정한 요나단[11]은?

카이사르, 어디에 있는가, 그 고귀하던 제왕이여.

아침 식사를 호화롭게 베풀던 그 부호[12]와 사람들은?

아니, 어디에 있는가, 웅변가 툴리우스, 키케로는?

또 아리스토텔레스, 최고의 지성은?

데샹도 이 덧없는 주제를 여러 차례 노래했다. 장 제르송도 어느 설교에서 이를 말했으며, 카르투지오회 수도사 드니 또한 《사람의 네 가지 최후에 대하여 De Quator hominum novissimis》에서 이를 논했다. 샤틀랭의 장편시 〈죽음의 거울 Le Miroir de Mort〉은 오직 이 주제만을 발전시켜 장황하게 노래하고, 이것으로 끝을 맺는다.[13]

그리고 여기에 비용이 등장하여 이 주제에 새로운 악센트를 끌어들였다. 《옛 시대의 부인들에 대한 발라드 Ballade des Dames du temps jadis》는 부드러운 애수를 띤 후렴이 있다.

그렇기는 해도, 작년에 내린 눈은 지금 어디에?

---

10) 다윗의 아들. 반역을 일으키다 죽는다. '온 이스라엘에 압살롬만큼 발끝에서 머리끝까지 흠 잡을 데 없이 잘생긴 사람은 없다고 칭찬들이 자자했다(사무엘하 14장 25절)'

11) 사울의 아들. 다윗을 사랑하여 지켜주려 했으나 사울과 함께 전사했는데, 그 죽음을 슬퍼하며 다윗은 다음과 같이 노래했다. '나의 형, 요나단, 형 생각에 나는 가슴이 미어지오. 형은 나를 즐겁게 해주더니. 형의 그 남다른 사랑, 어느 여인의 사랑도 따를 수 없었는데.(사무엘하 1장 26절)'

12) 하위징아는 여기에 주석을 달아, 크라수스(Crassus ; 카이사르, 폼페이우스와 함께 첫 번째 삼두 정치에 참석한 로마 제일의 부자)를 암시하는 것이라 추측한다.

13) 작가 주 : 이 시는 죽음의 거울이지만, 〈죽음의 발자취 Le Pas de la Mort〉라는 제목도 갖고 있다. 피에르 미쇼(Pierre Michault)도 죽음의 발자취라는 시를 지었다. 그 시는 죽음의 귀부인이 멈추어 서 있는 눈물의 샘 곁에서 결투하는 장면이 나온다.

그런 그가 이와 아울러 행하는 《옛 시대의 군주들에 대한 발라드 *Ballade des seigneurs du temps jadis*》에서는 어느 정도 조롱을 섞어가며 이 고요한 정취에 찬물을 끼얹는다. 이때 국왕, 교황, 제후의 이름을 들면서 그에게 갑자기 떠오른 생각은 다음과 같다.

가엾어라, 에스파냐의 선한 왕
그 이름은 알 수 없지만[14]

이 해학적인 가락은 올리비에 드 라 마르슈가 〈귀부인들의 치장과 성공 *Parement et triumphe des Dames*〉에서 이미 고인이 된 왕비들에 대한 애도의 비가를 비슷한 주제로 노래했는데, 올곧은 궁정인으로서 그가 허용할 수 있는 정도를 벗어난 것이었다.

인간 세상의 아름다움과 영광에서 남는 것이 도대체 무엇이란 말인가. 기억과 이름뿐. 하지만 죽음 앞에서 몹시 전율하고 싶어 했던 이 시대 사람들의 소망을 충족시키려면 애수에 넘친 생각만으로는 부족했다. 그래서 이 시대는 눈에 보이는 공포, 요약하면 무상한 것 자체가, 즉 육체의 부패를 비추는 거울을 앞에 제시했던 것이다.

세속을 부정하는 고행자들은 일찍부터 재나 구더기라는 말을 곧잘 지껄여 왔다. 현세의 멸시를 주장하는 종교적인 논설은 훨씬 전부터 육체의 부패와 해체가 주는 공포를 사람들 마음에 떠오르게 했다. 하지만 세부 이미지는 그 표현을 후대로 미루었다. 14세기 끝 무렵이 가까워져서야 비로소 조형미술은 이 모티프에 몰두하기 시작했다. 조각이든 회화든 이것을 적절히 표현하려면, 그에 어울리는 어느 정도 사실주의적인 묘사 능력이 필요한데, 1400년 무렵에는 그 능력이 그럴 만한 수준에 이르렀던 것이다. 그와 함께 원래 사제 문학(littérature cléricale)에 속했던 이 모티프도 널리 보급되어 민중문학(littérature populaire)이 되었다. 16세기 직전까지, 무덤의 비석에는 벌거벗고 썩어가는 시체들의 무서운 모습이 갖가지로 그려졌다. 부패하여 문드러진 것이 있는가 하면,

---

14) 두 행 모두 출전은 비용의 《유언집》이다.

바싹 오그라진 것도 있었다. 손발은 경련이 일듯 경직되었고 입을 벌린 채 내장이 드러나 구더기가 득실거렸다. 이 시대의 죽음에 대한 사상은 마침내 공포 이미지에 사로잡힌 듯 보였다. 한 걸음 더 나아가, 부패 그 자체 또한 지나가는 현상이므로 언젠가는 흙이 되고 꽃을 피운다는 상상은, 이즈음 사람들이 알 만한 일이 아니었다. 이는 실로 이상한 일이 아닐까.

강한 집념으로 꺼려야 할 죽음의 현세적인 면에 이렇게 구애되는 것을 진정으로 경건한 신앙심의 표현이라 볼 수 있을까. 아니면 극도로 관능에 치우친 생활태도에 대한 반동일까. 삶의 충동을 마비시킨 관능도, 이렇게 함으로써 겨우 그 마력에서 벗어나는 것인가, 아니면 이 시대를 휩쓸고 사람들의 마음을 강하게 붙잡고 있던 삶의 불안이 드러난 것인가. 후회 없이 싸워 승리를 쟁취한 자만이 아는 진정한 체념을 지향하면서도, 살아 있는 인간의 정념에 바싹 달라붙은 감정, 환멸과 낙담을 여기에서 엿볼 수 있는 것인가. 죽음에 대한 생각들을 표현하는 이 이미지 속에는 모든 감정 요소가 하나로 되어 있다.

삶에 대한 불안과 공포는 아름다움과 행복을 부정하려는 마음이다. 거기에는 비탄과 고뇌가 따르기 때문이다. 이 감정을 표현하는 중세 기독교 방식은 고대 인도, 특히 불교 세계의 방식과 매우 흡사하다. 고대 인도에서도 노화·질병·죽음에 대한 두려움을 이야기했으며, 부패는 색깔도 독살스럽게 그려졌던 것이다. 오동 드 클뤼니[15]는 육체의 아름다움은 오직 표면적인 것에 지나지 않음을 지적하며 다음과 같이 말한다. 그는 물론 이를 적절한 발언이라 믿었다. "육체의 아름다움은 그저 피부 껍질에만 존재한다. 왜냐하면 마치 남자들이 보이오티아(Boeotia)의 스라소니처럼 투시 능력을 갖추어 몸속에 있는 것을 볼 수 있다면, 그들은 여자를 보고 무서워 떨지 않겠는가. 여자의 매력은 그저 점액과 혈액, 체액과 담즙에 존재할 뿐이다. 콧구멍 속에는 무엇이 있을지, 목구멍이나 배 속에는 무엇이 감춰져 있을지 생각해 보라. 오직 오물뿐이다. 가래니 똥이니 하는 것에 손끝 하나 닿기 싫어하는 우리가 어째서 오물 자루를 끌어안고 싶겠는가."

---

15) Odon de Cluny(878~942) : 클뤼니 수도원 2대 원장. 수도회의 실질적인 창립자. 본문은 《문집》 제3권. 이 모티프의 전개는 오래된 방식이어서, 요하네스 크리소스토무스(4세기 끝 무렵 콘스탄티노플 교회 대주교)의 《여인과 아름다움에 대하여》에서도 나타난다.

세상에 대한 경멸이라는 실망 가득한 후렴은 예부터 많은 논설에서 들었다. 특히 인노첸시오 3세(Innocentius III, 1161~1216)의 《세상에 대한 경멸에 관하여 *De contemptu mundi*》가 유명한데, 이것이 널리 보급된 것은 중세 끝이 가까워진 무렵이었다. 성 베드로의 보좌에 앉은 강력한 정치가로서 그토록 많은 일들과 현세적 이해관계에 얽혀 있던 그가, 젊은 시절에 다음과 같은 글을 쓴 장본인임을 생각하면 매우 놀라지 않을 수 없다. "여자는 오염과 악취 속에 아이를 배고, 슬픔과 고통 속에 낳으며, 곤궁과 노동으로 길러, 불안과 공포 속에서 아이를 지키다 늙어간다." 그렇다면 어머니로서의 기쁨은 어떠한가. 그런 것은 아무 값어치도 없다는 말인가. "그 누가 단 하루라도 완전한 기쁨을 누리며 즐거이 보냈을까. ……적어도 단 한 번의 눈길이나 소리나 충돌이 그것을 손상시키지 않고."

이것이 기독교의 지혜였던가. 오히려 토라진 아이의 응석과 핑계가 아니었을까. 이런 세상에 대한 경멸이라는 목소리에는, 의심할 여지없이 무서운 유물주의적 정신이 숨어 있다. 그것은 아름다움의 종말을 고하는 사상을 낳는 데 그치지 않고, 아름다움 자체까지도 의심할 수밖에 없게 한다. 이는 문학에서는 많이 나타나며 조형미술에서는 드문 경우지만, 어떻게 여성의 미에 대한 허무함을 한탄하는지 생각해 보자. 죽음을 기억하라는 종교의 경건한 훈계와 지상의 아름다움이 변하기 쉽다는 것을 기억하고 젊음을 아낌없이 누리라는 세속적 권고, 아름다움이 퇴색함을 알기에 애인에게 아름다움을 줄 수 없는 자신을 한탄하는 늙은 여인의 회한은 서로 거의 뒤섞여 그 사이에는 경계선을 그을 수 없는 것이다.

한 예를 들어보자. 여기서는 아직도 설교조의 경고를 전면에 내세우고 있다. 아비뇽의 첼레스티누스파 수도원[16]에는 프랑스 대혁명 때까지 전해져 온 그림이 있었다. 전해오는 말로는 수도원 기증자이자 모든 예술에 뛰어난 르네왕이 직접 그렸다고 한다. 그림에는 수의로 몸을 감싼 한 여성이 우아한 머리장식을 하고 서 있는데, 구더기가 그 여성의 몸을 갉아먹고 있다. 그림에 쓰여 있는 시

---

16) 뒷날 교황 첼레스티누스 5세가 되는 피에트로 앙겔레리(Pietro Angeleri)에 의해 1251년에 설립된 베네딕트파 수도회. 프랑스 왕 필립 르 벨에 의해 프랑스에 도입되어, '첼레스틴'이라는 호칭이 일반화되었다.

구의 처음 몇 행은 이렇게 시작된다.

> 나도 한때는 그 누구보다 빼어나게 아름다웠지.
> 하지만 죽음으로 이런 모습이 되고 말았네.
> 내 살결은 몹시도 매끄럽고 산뜻하며 부드러웠지.
> 그런데 이제는 모두 다 재가 되고 말았네.
> 내 몸은 매우 보기 좋았고 우아해서 사람들을 기쁘게 했는데…….
> 나는 비단옷을 즐겨 입었지.
> 그러나 이제는 이렇게 벌거벗은 채 뻣뻣하게 서 있을 운명이라네.
> 나는 예전에 작은 은회색 다람쥐 가죽으로 몸을 장식했고
> 소원대로 큰 궁전에 살았다네.
> 하지만 이제는 이 비좁은 관 속에 누워 있지.
> 지난날 내 방은 아름다운 휘장으로 꾸며졌으나
> 이제 내 묘는 거미줄만 그득히 둘러치고 있네.[17]

'죽음을 기억하라(memento mori)'는 경고가 적잖은 효과가 있었음은, 그 뒤 이와 얽혀 저절로 만들어진 다음과 같은 전설이 보여 준다. 즉 왕후 예술가인 르네왕, 유례없이 삶과 아름다움을 감탄하며 칭찬하는 왕 자신이, 사랑하는 사람을 묻은 지 사흘 만에 그 묘를 파헤쳐 시체를 보고 이 그림을 그렸다는 것이다. 그런데 이 경우처럼 꺼림칙한 남의 시체에 비추어 인생이 덧없음을 기억하라고 가르치는 것이 아니라, 현재 살아 있는 사람에 대하여 그 몸이 지금은 아름답지만 머지않아 구더기 먹이가 된다고 주장하는 경우에는, 그 말투에 미묘한 차이가 있어서 현세적 관능의 냄새가 느껴진다. 올리비에 드 라 마르슈는 여자 옷에 대한 교훈의 냄새가 물씬한 비유 시 〈귀부인들의 치장과 성공〉을 매듭짓는 데 죽음의 사자를 등장시켜, 아름다움의 덧없음을 비추는 거울을 지니게 했다.

---

17) 작가 주 : 5행과 8행 뒤에 1행씩 누락되어 있는 듯하다. 8행 뒤에는 '작은 은회색 다람쥐 가죽으로(menu vair)'에 각운을 맞추어, 아마도 '구더기에게 먹히고 말았다(mangé des vers)'가 있었을 것이다.

그 감미로운 눈빛, 기쁘게 하려고 만들어진 두 눈도,
잘 생각해 보라, 언젠가는 빛을 잃으리.
코도, 눈썹도, 잘 놀리는 입도,
언젠가는 모두 썩는다…….

여기까지는 아직 진지한 '죽음을 기억하라'이다. 그러나 어느새 시상이 바뀌어, 미련을 버리지 못해 현세에 집착하며 노화가 두려워 한탄한다.

그대가 하늘이 베푼 생을 끝까지 산대도,
그 60년은 몹시 길다.
그대의 아름다움은 추하게 변하고
그대의 건강은 음침한 질병으로 바뀌어
그대는 이 세상 장애물밖에 되지 않으리라.
딸이 있다면, 그대는 그녀의 걱정거리가 되리니,
딸은 청하고 원하겠지만
그 어미는 모두에게 버림받으리.

비용이 노래한 발라드 〈아름다운 올미에르의 회한 *Les Regrets de la belle Heaulmière*〉은 신앙이나 설교와는 거리가 멀다. 《유언집》 가운데 〈늙은 여인, 청춘의 나날이 아쉬워〉에서도, 노래 부르는 '아름다운 투구 장인의 딸'은 예전에 염문을 퍼뜨린 파리의 창녀였다. 뭇 남성의 애간장을 녹이던 젊은 시절의 매력과, 이제는 앙상해지고 추하게 늙어버린 자신의 슬픈 모습을 비교하고 있다.

어찌 된 일인가, 그 매끄럽던 이마와
금빛 머리카락, 초승달 같은 눈썹과
시원스러운 미간, 사랑스러운 눈매.
그 시선에 아무리 총명한 남자라도 사로잡혔다네.
높지도 낮지도 않은 맵시 좋게 오뚝한 콧날,
품위 있게 딱 맞는 자그마한 귀,

보조개 움푹 파인 귀여운 턱,
잘생긴 빛나는 얼굴.
그리고 그 아름답고 깨끗한 주홍빛 입술은 어디에?
……
이제는 다만 주름살 깊은 이마와 잿빛 머리칼,
다 빠져 듬성듬성해진 눈썹과 빛을 잃은 눈동자…….

죽음 뒤에 육체의 해체를 몹시 꺼리는 마음속에는, 이를테면 비테르보 (Viterbo)의 성녀 로사[18]의 경우처럼, 몇몇 성인(聖人)들의 시체는 썩지 않는다는 극단적인 중요한 사실을 대대적으로 높이 평가하려는 요청이 있었다. 성모마리아의 몸은 승천함으로써 지상의 부패에서 벗어날 수 있었다. 이야말로 성모의 가장 존엄한 은총의 한 표현이라고 장 몰리네는 생각했다. 이러한 생각은 결국 육체에 대하여 생각할 수밖에 없는 유물주의 정신이다.

때로는 이상할 만큼 세심하게 시체를 배려할 때가 있었는데, 그 속사정에도 이 정신이 작용하고 있음을 알 수 있다. 고귀한 사람이 죽으면 그가 죽자마자 얼굴선을 안료로 덧그려서, 매장할 때까지 부패한 모습이 보이지 않도록 하는 관습이 있었다. 피에르 드 뢱상부르(Pierre de Luxembourg)의 경우가 이를 증명하고 있다.

판결을 내리기 전에 파리 감옥에서 죽은 튀를뤼팽파[19] 이단의 어느 설교자의 시체는 14일 동안이나 석회통에 넣어 보관되었다. 어느 이단 여인과 함께 화형에 처하기 위해서였다고 한다. 이는 그 무렵 일반적으로 널리 퍼져 있던 풍습이었는데, 귀족이 사는 데서 멀리 떨어진 곳에서 죽으면, 시체를 토막 내어 살과 뼈가 분리될 때까지 바짝 졸였다. 그리고 뼈는 깨끗이 씻은 뒤 상자에 넣어

---

18) Saint Rosa de Viterbo(1240~1258) : 10세 때부터 프란체스코파 제3회 회원으로서 준(準) 수도 생활을 보냈다. 갖가지 기적으로 알려진 성녀로, 1457년 시성되었다. 제3회는 정규 수도서원을 하지 않은 남녀 신자 모임으로, 프란체스코 수도회의 외곽조직 기능을 수행했다. 1230년 무렵 정식으로 성립된 듯하다.

19) Turlupins : 13세기부터 14세기에 걸쳐 프랑스를 중심으로 퍼진 이단 가운데 하나. 자연적인 것은 조금도 수치로 여기면 안 된다고 주장했다. 1311년, 카트린파와의 관계에서 이단으로 단죄된 페갈파의 일파인 것 같다고 전한다.

고향으로 보내 엄숙하게 매장했다. 한편 내장과 끓인 물은 곧바로 그곳에 묻었다. 이 관습은 12, 13세기에 크게 유행하여, 국왕은 물론 주교도 자주 거행했다. 1299년과 그 이듬해에, 교황 보니파시오 8세(Bonifatius VIII, 1235~1303)는 공식적으로 이 풍습에 대해 엄격한 금지령을 내렸다. "적잖은 수의 신자들이 깊이 생각하지 않고 무시무시한 일을 저지르는데, 이는 버려야 할 야만적인 악습이다." 하지만 14세기에는 이 금지령에 대한 교황의 특별면제가 자주 있었고, 15세기에 들어서도 영국과 프랑스에서는 이 풍습이 여전히 퍼져 있었다. 아쟁쿠르 전투에서 쓰러진 영국의 덕망 높은 에두아르 도요크(Edouard d'York)와 서퍽(Suffolk) 백작, 미셸 드 라 폴(Michel de la Pole)의 시체는 이 같은 방식으로 처리되었다. 헨리 5세에게도 이 방법이 쓰였다. 잔 다르크의 오를레앙 해방 때 익사한 윌리엄 글라스달(William Glasdale), 1435년 생드니 공방전에서 전사한 존 파스톨프(John Fastolfe) 경의 조카도 그러했다.

'죽음' 그 자체의 모습은 몇 세기 전부터 조형미술과 문학에 다양한 형태로 묘사되어 왔다. 예를 들면 땅에 꿇어 엎드린 사람들 무리 위로 말을 타고 질주한 계시록 기사[20]나, 피사의 캄포산토(Campo Santo de Pisa) 수도원 묘지에서처럼 박쥐 날개를 한 복수의 여신 메가이라[21]의 이미지, 또는 큰 낫이나 화살을 가진 해골이 소가 끄는 수레를 타거나 때로는 수소나 암소를 탄 모습으로 표현되었다.[22] 하지만 이 시대 상상력은 이렇게 의인화된 '죽음'의 모습에 만족할 정도로 빈약하지는 않았다.

14세기에는 마카브르(macabre), 아니 본 발음으로는 마카브레(macabré)라는 이상한 말이 등장한다. "나는 죽음의 무도를 췄다(Je fis de Macabré la danse)." 1376년,

---

20) 요한계시록 6장 8절 참고.

21) Megaera : 그리스 신화에 나오는 복수의 여신 가운데 하나. 헤시오도스는 가이아와 우라노스의 딸로서, 아이스킬로스는 밤, 소포클레스는 어둠과 땅을 형용했다. 고대 그리스 비극 시인 에우리피데스(Euripides, BC 484?~BC 406?)는, 헬레니즘 시기에 들어와서 복수의 세 여신으로 알렉토(Alecto, 끝없는 분노), 티시포네(Tisiphone, 복수의 살해), 메가이라(질투)를 들었다.

22) 작가 주 : 수소에 올라탄 사신(死神)이라는 표현의 기원을 피에르 미쇼의 시 맹인들의 춤에서 찾는 사람들이 있는데, 이는 완전히 빗나간 생각이다. 이 이미지는 그보다 앞선 1323년의 아미앙 미사 전문, 그리고 1400년 무렵 농부(보헤미아의 요한 폰 테플의 시 보헤미아의 농부를 말함. 한 농부와 사신의 대화시)에 나타나 있기 때문이다.

장 르 페브르[23]는 이렇게 쓴다. 이 말의 어원에 대해서는 다른 의견이 분분했는데, 요컨대 이는 한 고유명사였다. 처음에 '당스 마카브레(danse macabré)', 즉 '죽음의 무도'라는 에두른 표현이 있었고, 다음에 '마카브르'라는 '섬뜩한' 형용사가 분리되어 미묘한 차이를 가진 말이 되었다. 그 뉘앙스는 매우 날카롭고 독특한 것이어서, 이 말만으로 중세 끝 무렵 죽음의 전망을 남김없이 표현할 수 있을 정도다. 죽음에 대한 마카브르 개념은 지금도 시골 묘지에 가면 그 최후의 흔적들을 볼 수 있다. 거기에는 아직도 묘비명과 상징, 그림이나 말에서 옛 여운이 메아리친다. 참으로 이는 중세 끝 무렵이라는 시대 문화가 낳은 위대한 생각이었다. 공상을 괴상하게 자극한 새로운 요소가 죽음의 이미지를 더욱 풍부하게 만들었다. 그래서 유령을 볼 때 등골이 오싹한 공포와 스산하고 음침한 경악에서 전율을 느끼게 되는 것이다. 모든 것을 규제하려는 종교적 사고는 이 마카브르의 착상도 그 윤리 속으로 끌어들여, '죽음을 기억하라'는 상념에 일치시키려 했다. 하지만 교회는 이 이미지의 기괴한 성격이 가져올 공포와 전율을 부르는 암시 효과를 충분히 이용하고 있었던 것이다.

'죽음의 무도' 말고도 죽음의 이미지를 중심으로, 위협과 윤리적 설교에 적합한 몇몇 개념들이 더 있었다. 어느 것이나 이와 마찬가지로 사람들의 마음에 두려움을 일깨워 경고하는 구실을 했다. 《3명의 죽은 자와 3명의 산 자 *Dit des trois morts et des trois vifs*》 이야기는 죽음의 무도 이미지보다도 빨리 만들어졌던 것이다.[24] 이 이야기는 이미 13세기 프랑스 문학에 등장했다. 젊은 귀족 3명이 우연히 무시무시한 죽은 자 셋을 만난다. 죽은 자는 젊은이들에게 덕망 높은 위치에서 누렸던 과거 이 세상에서의 찬란한 삶을 이야기하며, 머잖아 그들을 기다리고 있는 죽음에 대하여 경고한다는 내용이다. 피사의 캄포산토 수도원의 감동적인 프레스코 벽화에서 볼 수 있는 인상적인 군상은, 이 주제를 조형미술로 표현한 가장 오래된 사례다. 한편 파리 이노샹 묘지에 딸린 교회당 출입구의 돋을새김도 같은 주제였으나 현재는 남아 있지 않다. 이는 1408년 베리 후작

---

23) Jean Le fèvre(13?~1390) : 고문관으로서 샤를 5세를 섬긴 성직자. 1380년 이후 샤르트르 주교가 되어 《일기》를 남겼다.

24) 작가 주 : 에밀 말(Émile Mâle)의 《중세 후기 프랑스의 종교 미술 *L'Art religieux à la fin du moyen âge en France*》(1908) 제2부 제2장 사신(死神)을 참조하라.

이 만들게 한 것이다. 15세기에는 수사본 채식화와 목판화가 이 주제를 일반에게 보급시켜, 벽화도 자주 그려졌으며 사람들 또한 이 주제에 익숙해졌다. '3명의 죽은 자와 3명의 산 자'는 무시무시한 부패의 이미지로 '죽음의 무도'에 나타난 죽음 앞에서는 누구나 평등하다는 사상을 이어주는 연결고리 구실을 했다. 이 주제를 예술사에서 어떻게 전개하고 자리매김할 것인가는 앞으로 논의해야 할 문제이다. '죽음의 무도'처럼 그 기원이 프랑스인 것 같은데, 이 주제가 보통 어떻게 성립되었는지, 실제로 극(劇)으로 상연되었는지, 또는 회화에서 처음 나타났는지는 밝혀지지 않았다. 15세기에 유행한 회화 모티프들을 연극 상연에서 빌려온 것으로 생각한 에밀 말의 주장은, 보편타당성을 가진 진술로서 비판을 면할 수 없었다. 하지만 '죽음의 무도'에 대해서는 예외를 인정하는 것이 좋지 않을까. '죽음의 무도'는 연극 상연이 조형예술에 앞섰을 것임이 분명하기 때문이다. 그 전후에 대해서는 여기에서 묻지 않겠다. 어쨌든 '죽음의 무도'는 그림으로 그려지거나 목판화로 찍어내는 것과 마찬가지로 무대에서도 상연되었던 것이다. 예를 들면 부르고뉴 공작은 1449년 브뤼주 저택에서 이를 상연하게 했다. 잠깐이라도 좋으니 그 광경을 상상해보라. 그 색채와 움직임. 춤추는 사람들 위로 빛과 그림자가 교차한다. 그때 우리는 '죽음의 무도'가 사람들에게 불러일으킨 격렬한 공포를 이해하게 된다. 기요 마르샹(Guyot Marchant)과 홀바인(Holbein)의 목판화만으로는 도저히 이 무렵 사람들의 동요를 이해할 수 없기 때문이다.

1485년, 파리의 인쇄업자 기요 마르샹이 《죽음의 무도 Danse macabré》 초판본에 곁들인 목판화 장식은 1424년 이래 가장 유명하던 '죽음의 무도'였다. 파리 이노샹 묘지 회랑 벽을 장식한 것들에서 차용했음에 틀림없다. 이 벽화 아래쪽에 새겨진 시구도 1485년 판에 수록되어 있다. 지금은 전해지지 않는 장 르 페브르의 시를 기초로 한 것인데, 아마 어떤 라틴어 시를 모범으로 삼은 것 같다. 어쨌든 이노샹 묘지의 '죽음의 무도'는, 17세기에 회랑이 파괴되었기 때문에 다시 볼 방법이 없지만, 중세라는 시대가 낳은 가장 대중적인 '죽음'의 이미지였던 것이다.

수천 명이나 되는 사람들이 날마다 이 별난 죽음의 광장인 이노샹 묘지에 찾아온다. 이들은 뚜렷이 그려진 죽음의 군상을 보고, 유명한 격언으로 각운을 맞춘 이해하기 쉬운 시구를 읽으면서, 누구나 죽음 앞에서는 평등하다는 생각에 위로를 받고, 눈앞에 다가온 죽음을 두려워한다. 원숭이를 닮은 죽음의 그림이 이렇게 잘 어울리는 장소가 달리 또 있을까. 냉소적인 죽음은 키득키득 웃으며 나이 들어 몸이 굳어진 무용교사 같은 어색한 태도로, 교황·황제·귀족·날품팔이·수도사·어린아이·백치 할 것 없이 직업과 신분을 막론하고 이리 오라며 유혹하고 있었다.

앞에서 말한 1485년 판의 목판화 장식은, 이 유명한 벽화의 인상을 제대로 전하지 못한다. 인물의 옷차림부터 반세기 전 작품의 충실한 모사처럼 보이지 않았다.

《죽음의 무도》 초판 목판화 장식.

이노샹 묘지의 '죽음의 무도'가 사람들 마음에 어떤 인상을 주었는지 조금이라도 정확히 알고 싶다면, 차라리 라 셰즈 디외(La Chaise-Dieu) 교회의 벽화들을 보는 게 낫다. 이는 미완성으로 끝난 그림이지만, 그래서 오히려 더 요사스러운 분위기를 강조하는 효과가 두드러진다.

홀연히 나타나 산 자들을 데리고 사라지는 것을 40번이나 되풀이한 '죽음'의 이미지는 원래 사신(死神)이 아니라 죽은 자이다. 그림 아래에 적힌 '시구'에서는 이를 '죽은 남자(le mort)'로 부르고, 여인들의 '죽음의 무도' 그림에서는 '죽은 여자(la morte)'로 부른다. 따라서 이는 죽은 자들(les morts)의 춤이지, 사신의 춤이 아니다. 게다가 여기에서 죽음의 이미지는 부패 그림과 마찬가지로 해골이 아니며, 배가 터져 열린 채 살이 그대로 붙어 있는 시체이다. 1500년 무렵이 되어서야 죽음은 겨우 해골 형태를 취하게 되는데, 이는 홀바인의 판화를 통해 알 수 있다. 그러는 동안 현재 살아 있는 자의 머지않아 죽을 때의 모습을 닮아간다는 죽음의 이미지는 차츰 변했다. 요컨대 인간 모습을 하고 돌아다니며 사람의 생명을 끊는 자를 '사신'이라 여겼다. "나는 죽음의 신, 모든 살아 있는 자에게 임한다." 15세기 끝 무렵 에스파냐의 매우 인상적인 어느 '죽음의 무도'는 이렇게 시작한다. 이전의 춤들에서 지칠 줄 모르던 이 무용수는 원래 '사신'이 아니었다. 여전히 살아 있는 자가 가까운 앞날에 바뀔 끔찍한 모습이었다. 거울에 비치는 자신의 영상은 무시무시한 분신이며, 이미 죽어버린 계층, 같은 수준의 인간이라 생각하는 사람도 있을 것이다. 그러나 그렇지 않다. "이것이 바로 너 자신의 모습이다." 이 말, 이 상념이야말로 '죽음의 무도'라는 이미지에 그 모든 공포의 힘을 부여하여, 전율하게 한다.

앙제(Angers)의 교회당에, 르네왕과 그 아내 이사벨의 묘지를 장식한 둥근 천장에도 '죽음의 무도' 프레스코화가 있었는데, 분명 거기에는 르네왕이 그려져 있었다고 한다. 해골 하나가 긴 망토를 두르고 황금 옥좌에 앉아, 주교관·왕관·지구의·서적 등을 발로 차서 흩뜨리고 있었다. 그는 쭈그러든 팔에 머리를 기대고 손은 미끄러질 듯한 왕관을 붙들려고 애썼다. 이 해골 대신 시체가 그려져 있지 않았을까 하는 생각이 든다.

원래 '죽음의 무도'는 남자들로만 표현되었다. 이 이미지에는 이 세상의 덧없음과 공허함에 대한 경고와 사회적 평등의 교훈을 연결하려는 의도가 있었으므로, 그 성격상 사회에서의 위계와 직업을 담당하는 남성이 전면에 내세워졌던 것이다. '죽음의 무도'는 신앙심에서 나오는 무상의 경고였을 뿐 아니라, 사회 풍자이기도 했고, 그림에 곁들여 쓴 시구에는 어느 정도 빈정거리는 반어(反語)도 희미하게나마 느낄 수 있었다. 그런데 여기에 여성판 '죽음의 무도'가 나타났다. 앞에서 말한 기요 마르샹이 그 초판본에 이어 출판한 것으로, 마샬 도베르뉴가 목판화에 곁들인 시문을 맡았다. 원본을 그린 무명 화가는 이전 판을 본보기로 했다. 완성본은 아무리 해도 본보기 그림에 미치지 못했다. 그 스스로 궁리하여 더 무서운 해골로 보이려고 백골이 된 두개골에 여자 머리카락을 두세 가닥 기어가도록 그리는 게 전부였다. 여성판 '죽음의 무도' 시문에는, 이미 썩어 문드러진 미에 대한 탄식이라는 일관된 주제가 관능적 요소로 다시 나타났다. 이는 당연하지 않은가. 여성의 직업이나 지위라고 해봤자, 남성처럼 마흔 가지가 되지도 않는다. 먼저 왕비나 귀족의 아내 같은 고귀한 신분이 있고, 종교 관련 직무나 지위로 수도원장이나 수녀가 조금 있으며, 또는 장사치나 유모 같은 지극히 한정된 직업 말고는 없다. 이것만으로는 도저히 부족하므로 나머지는 여성이 일생 동안 지나치는 처녀·연인·신부·새댁·임산부 등 서로 다른 시기의 여러 단계를 다 늘어놓는 것이다. 따라서 지나간 옛 기쁨 또는 끝내 알지 못하던 삶의 기쁨을 아쉬워하며 아름다움의 덧없음을 한탄하는 소리를 듣는다. 그리고 그 탄식이 '죽음을 기억하라'는 곡조를 더 높은 소리로 강조하게 된다.

공포로 가득한 죽음의 이미지에서 사람들 마음에 보다 생생하게 임종의 공포를 상기시키는 데, 라자로(Lazarus, 나사로) 이야기만큼 적절한 것은 없다.[25] 그는 되살아난 다음, 한번 경험한 죽음의 공포만큼 무시무시한 두려움을 알지 못한다고 말했다. 라자로같이 올바른 사람도 그만큼 죽음을 두려워해야 했다면 죄인은 대체 어떻게 되는 것인가.[26]

죽음과의 싸움이라는 단말마, 임종은 '네 가지 최후' 중 첫머리에 두고 있다. 인간이 지속적으로 마음속에 두어야 할 '네 가지 최후'란 곧 죽음·심판·지옥·천국을 말하는데, 이를 끊임없이 생각함이 인간에게 유익하다는 것이다. 원래 임종의 괴로움이라는 사고는 내세 이미지 가운데 하나였지만 이 무렵 사람들의 마음은 오로지 육체의 죽음이라는 생각에 빠져 있었다. '네 가지 최후'의 주제와 밀접하게 관련된 것으로 '죽음의 예술'이 있다. 이는 '죽음의 무도'와 마찬가지로 15세기에 착상된 주제였는데, 인쇄술과 목판화 덕택에 널리 보급되어 어설픈 설교 따위는 도저히 따를 수 없을 만한 영향력을 발휘했다. '죽음의 예술'은 죽어가는 인간에게 악마가 부리는 유혹의 함정을 주제로 삼는다. 이는 신앙에 대한 의혹·자신의 죄로 인한 절망·이 세상 재물에 대한 집착·영혼 구제에 대한 회의·자신의 덕이 높다고 생각하는 교만이라는 다섯 가지 주제이다. 하지만 천사가 그 자리에 나타나 죽음을 맞이한 인간을 위로하고, 악마의 계략에 빠지지 않도록 지켜준다는 절차가 준비되어 있다. 임종에 대한 묘사는 예로부터 종교문학이 다루어온 주제였으며, '죽음의 예술'에서도 그 묘사에 대한 본보

---

25) 요한복음 11장 참고.

26) 이 부분은 성경에 나오는 내용이 아니다. 요한복음 11장의 일화에서 라자로는 죽음에 대해 얘기하지 않았으며, 이 일화의 주제는 죽음이 아니라 오히려 부활에 가깝다. 죽은 지 4일이 지난(유대인들은 영혼이 3일 동안 세상에 머문다고 믿었다) 나사로를 살린 이 사건으로, 예수가 인간의 삶과 죽음도 주관하는 것을 보고 그를 따르는 이가 더욱 많아진 반면, 그때 지도 계층이던 바리새인과 대제사장은 예수 처형을 서두르게 된다.

기를 여럿 지적할 수 있다.

이상으로 여러 죽음의 모티프를 살펴본 셈인데, 그 모티프를 한데 모은 것이 샤틀랭의 〈죽음의 거울〉이다. 샤틀랭 특유의 몹시 과장된 장황함에도 효과를 거두는 것은, 이 시가 감동적인 이야기에서 시작하기 때문이다. 임종의 고비에 있는 여인이 연인을 곁으로 불러 숨 가쁜 목소리로 호소한다.

사랑하는 그대, 내 얼굴을 보세요
비통한 죽음이 무슨 짓을 하는지
시간이 흐른 뒤에도 절대 잊지 마세요.
당신이 그토록 사랑하던 얼굴이랍니다.
당신의 것이었으나 이제는 불쾌하고 더러운 이 몸,
영원히 없어질 당신의 이 몸은,
악취 풍기는 대지의 먹이로
구더기들 한가운데 던져질 것입니다.
무정한 죽음이 모든 아름다움을 망가뜨리고 마네요.

이 일화를 인연으로, 시인은 드디어 〈죽음의 거울〉을 노래하기 시작한다. 먼저 최초의 주제는 '일찍이 세상에 있었던 위인들은 이제는 다 어디로 갔는가'이다. 그러나 이것은 너무 지루하고 현학적이다. 비용의 시에서 느껴지는 모난 데 없는 우수는 찾아볼 수 없다. 그런 밑그림 같은 '죽음의 무도'는 박력도 없고 상상력도 부족하다. 마지막에 '죽음의 예술'이 나오는데, 그는 이렇게 임종의 고민을 묘사한다.

썩어가는 마디와 관절, 손과 발,
온몸에 썩는 냄새가 진동한다.
영혼이 몸 밖으로 빠져나갈 때까지
몸속에서 터질 것 같은 심장은
가까스로 가슴을 들어올려
금세라도 등뼈에 들러붙을 지경.

―얼굴은 빛을 잃고, 새파래져

　두 눈은 푹 꺼지고

　말 한마디 할 수 없네,

　혀가 입천장에 달라붙었기에.

　맥박은 약하고, 숨도 헐떡이고

　……

　뼈는 모두 마디마디 어그러지고

　긴장하여 찢어질 신경조차 남아 있지 않을 지경.

　비용은 이를 반 소절로 모아서 더 깊은 감동을 준다. 같은 모델임은 누가 봐도 명백하다.

　죽음에 이르러 몸은 떨리고 새파래지네.

　코는 구부러지고 혈관은 부풀며

　목은 가누지 못하고 살은 처지며

　관절과 신경은 풀려 늘어지네.

　그리고 이어지는 시구에서는 또다시 이러한 전율의 이미지를 꿰뚫으며 모든 묘사 속에 한순간 관능의 상념이 반짝인다.

　여인의 육체여, 그토록 부드럽고

　매끄럽고, 달콤하고, 고귀한

　너마저도 이 재앙을 기다리는 신세란 말이냐.

　그렇다, 그러지 않으려면 산 채로 천국에 올라가야 하리니.[27]

　죽음을 생생하게 눈앞에 떠올리기에 파리 이노샹 묘지보다 알맞은 장소는 없다. 이곳에 찾아온 사람들은 죽음의 두려움을 뼛속까지 맛볼 수 있었을 것이

---

27) 작가 주 : 비용의 《유언집》 제41절.

다. 여기에서는 모든 것이 어둡고 신성한 느낌, 자신도 모르게 소름이 돋는 두려움을 가져왔다. 이 분위기야말로 저물어가는 중세가 한결같이 찾고 있던 것이었다. 원래 이 묘지와 교회는 그리스도를 대신해 헤롯왕에게 학살을 당했다는 '죄 없는 아이들(Les Innocents)'에게 봉헌되었다. 따라서 이곳의 수호성인들은 그 슬픈 순교로 말미암아 대중의 마음에 강한 감동과 공감을 불러일으켰으며, 또 시대의 감성에 호소하며 아주 친숙해졌다. 바로 이 15세기야말로, '죄 없는 아이들'에 대한 숭배가 앞으로 강하게 밀려나온 시대였다. 사람들은 '죄 없는 아이들', 즉 베들레헴 유아들의 유물을 적잖이 소장했다고 한다. 루이 11세는 유아들에게 바친 이노샹 묘지의 교회에, '죄 없는 아이 한 명을 통째로' 큰 수정 성골함에 넣어 봉납했다. 사람들은 다른 묘지보다 이노샹 묘지를 훨씬 더 좋아했다. 누구든지 여기에서 영원히 잠들기를 원했다. 파리의 어느 주교는 여기에 묻힐 수 없어서 자신의 묘 속에 이곳의 흙을 한 줌 넣게 했다고 한다.

가난한 자나 부자나 여기에 함께 잠들었으나 그 잠도 오래가지는 못했다. 20군데나 되는 교구가 이 묘지의 매장권을 갖고 있어서, 묘의 사용 빈도가 매우 높아 얼마쯤 시간이 지나면 뼈를 파내고 묘비마저 처분해 버리곤 했다. 이때 이곳에 묻힌 시체는 9일만 지나면 벌써 뼈만 남는다는 소문이 돌았다. 그리하여 두개골과 그 밖의 뼈들은 묘지의 세 면을 둘러싼 회랑 윗부분 납골 선반에 쌓였고, 뼈가 드러난 채 수천 명이나 되는 사람들 눈에 띄었다. 그런 데서 만인 평등의 가르침을 설교하고 있었다. 회랑 아래에는 '죽음의 무도' 그림과 시문이 걸려 있어서 사람들은 그 가르침을 그림으로도 보고 글로도 읽었다. 이 '아름다운 봉안당' 건립 때는 경건한 기사 부시코가 남보다 먼저 헌금했다. 이곳이 영원한 쉼터가 되기를 바란 베리 후작은 '3명의 죽은 자와 3명의 산 자' 이미지를 교회 출입구에 새기게 했다. 그 뒤 16세기에는 거대한 사신 상이 묘지에 세워졌다. 이는 현재 루브르 미술관에 소장되어 있는데, 일찍이 이 땅에 있었던 모든 것을 품는 유산이 되었다.

15세기 파리 사람들에게 있어서 이곳은 마치 1789년의 처절한 팔레 루아얄(Palais Royal) 같은 곳이었다. 매장과 발굴이 끊임없이 되풀이되었지만, 이 묘지는 공공 산책로이며 만남의 장소였던 것이다. 봉안당 옆에는 상점들이 있었고, 회랑에는 수상쩍은 여자들이 어슬렁거렸다. 교회당 곁에는 벽화를 둘러싸고 여

자 은둔자 모습이 보이지 않을 때가 없
었다. 가끔 탁발수도회 설교자가 찾아
와 설교할 때도 있었다. 이 장소 자체
가 중세식 설교의 장이라 해도 될 법한
풍경이었다. 성체행렬에 나가는 아이들
이 모이는 일도 있었다. 파리의 한 부르
주아는 그 수가 12,500명이었다고 보고
한다. 저마다 손에 초를 들고 '죄 없는
아이'를 받들어, 묘지에서 노트르담 사
원까지 갔다가 돌아오는 것이다. 축제
도 여기에서 열렸다. 이렇듯 여기에서
도 전율을 느끼는 것이 예삿일이었다.

　죽음을 직접 눈에 보이는 형태로 표
현하고 싶은 구체적인 욕구 아래서는,
눈에 보이는 형태로 표현할 수 없는 부
분은 잘라 버리고 다만 죽음의 가장 거
친 부분만이 강박적인 의식으로 남는
다. 죽음의 마카브르적 전망은 서정을

'죄 없는 아이들의 묘지' 중에서 '죽음의 신' 입상
프랑스 학파. 16세기.

알지 못하고, 비가(悲歌) 또한 이와 인연이 없다. 그 밑바닥에 있는 것은 죽음에
대한 더할 나위 없이 현실적이고 이기적인 관심이다. 사랑하는 이를 잃음을 한
탄하는 것이 아니라, 다가오는 자신의 죽음, 이제는 오직 무서운 재앙으로밖에
생각할 수 없는 자신의 죽음을 두려워하는 것이다. 죽음을 위로라고 생각한 적
도 없다. 고통의 끝이나 고대하던 안식이라 생각하지도 않았다. 생애의 임무를
마쳤거나 도중에 쓰러진 자의 체념도 없다. 이 죽음의 상념에는 달콤한 회상도
없고 어떠한 안식도 없는 것이다. 또 '슬픔의 거룩한 깊이'라는 것은 조금도 느
껴지지 않았다.

　오직 한 번, 조용히 속삭이는 소리가 우리 귀에 들려온다. 어느 '죽음의 무도'
시에서 죽음은 날품팔이에게 말을 걸어 이렇게 노래한다.

농부여, 그대는 불안과 고생 속에
이날까지 살아 왔다.
죽는다는 것은 명백한 일,
뒷걸음질도 부질없으니,
기꺼이 죽음을 맞이하라.
그것이 그대를 그 큰 근심에서 해방시키리니.

하지만 이 날품팔이로서는 가끔 죽고 싶다는 생각도 했겠지만, 삶에 대한 미련이 남기 마련이다. 마샬 도베르뉴는 여성판 '죽음의 무도' 시 가운데서, 죽음에게 이끌려가는 소녀로 하여금 어머니를 향해 이렇게 부르짖게 했다. "내 인형이랑 오슬레,[28] 그리고 내 예쁜 옷을 잘 보관해 주세요!" 하지만 이처럼 심금을 울릴 만큼 아이가 삶에 미련을 갖는 모습은 중세 끝 무렵에 문학에서는 매우 드물었다. 답답하고 어색하여 장대한 스타일의 그즈음 문학에는 어린이가 들어갈 틈이 없었던 것이다. 사제문학, 민중문학을 가리지 않고 이 무렵의 문학에는 아이에 대해 이야기할 상황이 마련되어 있지 않았다.

앙투안 드 라 살(Antoine de la Salle)은 《뒤 프렌 부인의 위로 *Le Réconfort de Madame du Fresne*》에서, 아들을 잃은 어느 귀부인을 위로하려고, 볼모로 잡혀 안타깝게 어린 생명을 잃은 더 가없은 소년 이야기를 들려주었다고 한다. 그것밖에 별다른 방도를 찾지 못하여, 그나마 위로가 되리라 생각한 것이다. 그가 그녀를 격려하며 슬픔을 극복하게 하려고 한 일은, 이 세상에 집착하지 말라 충고한 것이 고작이었지만 라 살은 이에 이어, 우리가 잘 알고 있는 말을 덧붙였다. 죽은 아들이 어머니를 찾아와서 부탁한다. "더 이상 울지 마세요, 수의가 마르지 않아요." 수의에 얽힌 민간 설화 이야기이다. 이때 우리는 마음의 소리에 귀 기울인다. 몇백 몇천의 소리로 반복된 '죽음을 기억하라'는 외침은 끝내 듣지 못했던 깊은 메아리였다. 민화나 민요야말로 이 무렵 문학이 알지 못했던 온갖 감정을 잘 지켜낸 것은 아닐까.

중세 끝 무렵 종교적 사고는 죽음에 대하여 두 가지 극단밖에 알지 못했다.

---

28) osselets : 공기놀이에 사용하는, 양의 발가락뼈로 만든 공깃돌.

권세·영예·향락·무상·아름다움 또한 덧없다는 탄식과 지극한 행복 속에서 구제받는 영혼을 생각하는 기쁨이었다. 이 양극 사이에 있는 중간적 감정은 모두 무시되었다. '죽음의 무도', 무시무시한 해골의 완벽한 이미지와 사실적 표현 속에 살아 있던 감동은 딱딱하게 경직되어 버렸다.

12장
성스러운 모든 이미지 형상화

죽음에 대한 이미지는 중세 끝 무렵의 사상을 나타내는 좋은 예이다. 사상이 그림 속으로 흘러갈 때 따라 들어간 모래처럼 사고를 메운 느낌이 든다. 마치 쇳덩이를 작고 얇게 펴듯이 사상을 이미지화하려는 것이다. 중세는 신성한 것이라면 모두 형상화하고 싶어 하며, 신앙과 관련된 모든 상념에 완결된 형태를 부여하겠다는 마음이 선명한 판화처럼 머릿속에 단단히 새겨져 있었다. 이 욕구는 통제가 불가능했다. 이미지 형성을 향한 집념 때문에 결국 모든 성스러운 것은 경직되었고, 과도하게 드러낸 겉모습으로 그칠 위험에 끊임없이 노출되어 있었다. 중세 끝 무렵 신앙심은 무슨 까닭으로 속이 텅 비게 되었을까? 이는 부르크하르트(Jacob Christoph Burckhardt, 1818~1897)가 더 이상 바랄 수 없을 정도로 간결하게 설명한 말로 요약된다. 《역사에 대한 고찰 *Weltgeschichtliche Betrachtungen*》(1905)의 한 구절이다. "강대한 종교는 삶에 속속들이 침투하여 정신 활동과 문화 요소를 종교로 물들인다. 하지만 세월이 흐름에 따라 이것이 종교에 반작용을 일으킨다. 종교 고유의 핵심이 사물의 여러 개념과 이미지에 갇혀 질식하기도 한다. 그 개념이나 이미지는 원래 종교가 자기 영역으로 끌어들인 것이련만. 삶의 여러 관계를 신성하게만 보는 것에는 어떤 숙명적인 측면이 있다."

더 나아가서는 이렇다. "종교는 민족이나 시대 문화와 완전하게 동떨어져서는 존재할 수 없었다. 종교가 곧이곧대로 성서에만 의지하여 시대에 군림하고 눈에 보이는 모든 것을 구속하면, 이른바 종교가 생활 전반을 옥죄게 되면 생활도 종교에 어김없이 영향을 끼쳐 종교에 얽혀든다. 그러면 문화와의 내적인 얽힘은 종교에 어떠한 이익도 가져다주지 않고 도리어 위험을 불러온다. 그런데도 종교는 현실에 작용할 힘이 있는 한 움직임을 멈추지 않는다."

중세 그리스도교 사회의 모든 일상생활은 종교적 관념이 배어 있는 정도가 아니라 이미 포화상태였다. 갖가지 사물과 행위가 그리스도교와 연관되었고, 제아무리 평범한 것이라도 신앙에 관련되었다. 사람들은 줄곧 모든 사물에 종교적 의미를 물었으며, 내면의 신앙을 유감없이 펼쳐 놀랍도록 풍성한 표현을 나타냈다. 하지만 이런 신앙의 포화 상태에서 영적 긴장, 진정한 초월, 세속에서 벗어남 등이 늘 있을 수는 없다. 긴장이 풀리면, 원래 영적 의식을 자극하던 힘이 사라져 처참하리만큼 속된 일상으로 추락하게 되고, 세상을 초월한 듯 보이지만 놀랍도록 세속적이 되고 만다. 하인리히 조이제[1]처럼 한시도 영적 긴장을 푼 적이 없었던 탁월한 성인마저도, 중세를 모르는 우리 같은 사람들이 볼 때는 숭고함과 우스꽝스러운 비속함의 차이가 별로 없다. 그는 동정녀 마리아를 향한 사랑 때문에 오직 사랑하는 한 여인의 뜻을 받아들이려고 몸 바친 기사 부시코처럼 모든 여성을 공경하고, 심지어는 진흙탕에서 오도 가도 못하는 거지 여인을 도울 만큼 숭고하다. 그는 세속적 사랑의 관습에 따라 생일이나 5월 초하루에는 자기 신부인 '지혜'를 축하하기 위해 화환을 엮거나 노래를 짓기도 한다. 또 사랑의 노래를 들으면 그것을 '지혜'의 찬가로 생각했다. 그래도 좋다. 하지만 이런 이야기를 대체 어떻게 받아들여야 할까? 식사 때면 조이제는 늘 사과 1개를 4등분하여, 세 조각은 성 삼위일체를 위해, 나머지 한 조각은 '하늘의 성모가 사랑하는 아들 예수에게 사과를 먹이신 그 사랑을 위해' 먹었다고 한다. 따라서 그는 4번째 조각은 껍질째 먹었다. 왜냐하면 어린아이들은 곧잘 사과를 통째로 먹지 않는가! 그는 크리스마스가 지나고 한동안 4번째 조각을 먹지 않았다는데, 성자가 사과를 먹기엔 너무 어렸기 때문이리라. 그는 그것을 자기가 먹지 않고, 아들에게 먹이라며 성모마리아에게 바쳤다고 한다. 음료를 마실 때에는 예수의 다섯 군데 상처를 본떠 다섯 모금으로 마셨다는데, 그 옆구리에서 피와 물이 흘렀으므로 마지막 한 모금은 2번으로 나누어 마셨다. '모든 생활을 신성시함'도 여기에서 나온 것이다.[2]

---

1) Heinrich Seuse(1295?~1366) : 독일의 신비주의자. 복자 헨리 수소(Henry Suso)라고도 함. 에크하르트의 제자로, 신비주의를 사변적으로 논하여 스승을 변호했다. 저서로는 《영원한 지혜》가 있다.

2) 저자 주 : 장미전쟁으로 피비린내를 풍겼던 에드워드 4세(Edward Ⅳ, 1442~1483)의 손끝과 영

이는 내면이야 어떠하건 오로지 겉으로 드러난 형식만을 두고 한 말로써, 중세 끝 무렵의 신앙심이 종교생활을 해칠 위험한 종양들로 가득 차기 시작했다는 느낌이다. 이 종양이라는 말은 종교개혁론 대 가톨릭 교리 대립이란 뜻으로 쓴 것은 아니다. 그때 교회에서는 의식 관습과 용어가 마구잡이로 늘어났는데, 그에 따른 질적 약화는 어찌 되었든 간에, 먼저 양적 증가가 성실한 신학자들을 위협했던 것이다. 15세기 교회 개혁론자[3]들은 새로 등장한 습관과 용어에 나타난 불신앙이나 미신에 맞선 것이 아니라, 신앙과 교회의 짐이 너무 무겁다고 비판한 것이었다. 신의 은총을 입은 성물(聖物)은 언제든 쓸모가 있다며 점점 더 그 수가 늘어났다. 성스러운 의식에는 어디에나 축복기도를 덧붙였다. 사람들은 유품에 질리지도 않고 부적 모으기에 열중했다. 기도의 힘은 묵주 속에 담겨 있다는 식으로, 성자들이 줄지어 서 있는 주랑(柱廊)은 점차 화려하고 거창해져 갔다. 신학자들은 성스러운 의식과 그에 준하는 의식을 엄격하게 구별해야 한다고 주장했다. 하지만 효험 있어 보이고 화려하게 꾸며져 있으면 이내 매달려 신앙심 때문에 자아도 잊는 대중의 심리를 이런 노력만으로 억누를 수 있었을까

장 제르송이 오세르(Auxerre)에서 만난 어느 사내는, 교회나 수도원에서 12월에 개최되는 바보축제[4]가 마리아 잉태 축하 행사만큼이나 신성함을 주장했다고 한다. 니콜라스 드 클레망주는 새로운 축일을 만들고 축하하는 일에 반대 논설을 썼다. 그는 대부분의 의식이 외경(外經)에서 유래되어 공인된 성서를

국 초기 인문주의자였던 우스터 백작 존 팁토프트(John Tiptoft, 1st Earl of Worcester, 1427?~1470)를 떠올려 보자. 백작은 목이 잘릴 때 성 삼위일체에 대한 경외심에서 3번으로 나누어 목을 쳐달라고 담당 관리에게 요청했다고 한다.

3) 1414년, 콘스탄츠 공의회가 열렸다. 이 공의회는 1417년 교황 마르티누스 5세를 선출함으로써 일단 '교회 분열' 사태를 수습했으나, 이른바 공회의주의(교회 문제의 최고 결정 기관은 주교회의인 공회의라는 개혁론)와 교황 지상주의 대립이 조정되지 않아 결국 이 문제는 다음 공의회로 넘어갔다. 교회 개혁론자란 이 시기 가톨릭교회의 조직과 제도의 개혁을 주장한 논객을 일컫는다.

4) 크리스마스와 주현절(1월 6일) 사이에 열리는 축제. 대중 가운데 '바보 주교'가 뽑혀, 교회 행사를 풍자한 명랑한 공연을 펼쳤다. 아마도 로마의 사투르나리아(Saturnalia : 농경신 사투르누스 축제)에서 나온 듯하다. 교황청은 이를 이미 8세기에 금지했지만 11세기부터 곳곳에서 유행했는데, 특히 상스(Sens), 보베(Beauvais) 지역이 유명했다. 끝내 16세기에 엄중히 금지되어 사라졌다.

바탕으로 하지 않았다고 주장했고, 달력에서 축일로 지정된 대부분을 없애버린 오세르 주교에게 찬성의 뜻을 표했다. 피에르 다이이는 《개혁에 대하여 De Reformatione》에서 교회, 축제, 성자, 안식일을 끝없이 늘리는 것에 반대했다. 성상(聖像)과 그림이 너무 많고, 예배의식이 지나치게 거창하며, 축제 예배문을 외전에서 따왔다고 비판했다. 그는 또 새 찬송과 기도문의 마구잡이 채택, 철야기도, 저녁예배와 말씀 봉독, 금식과 금욕 등 정진을 엄격히 하며 횟수를 늘리는 데 항의했다. 성모숭배의 모든 내용에도 특별한 예배의식을 결합하려는 경향이 있었다. 뒷날 교회가 이를 폐지하기는 했지만, 온갖 특별미사가 있었다. 예를 들면 마리아 신앙 미사, 마리아 일곱 가지 고통[5]미사, 모든 마리아축일 미사, 마리아의 자매인 야고보의 어머니 마리아와 마리아 살로메[6]의 미사, 대천사 가브리엘[7]의 미사, 예수 탄생 계보에 드는 모든 성자의 미사 등이다. 십자가의 길,[8]

---

5) 성모마리아가 예수 때문에 겪게 되는 일곱 가지 큰 고통(聖母七苦). 즉 괴로움을 당하리라는 시므온의 예언을 들었을 때(눅 2장 34~35절), 이집트로 피난 갈 때(마 2장 14절), 예수를 잃고 찾아 헤맬 때(눅 2장 46절), 십자가를 진 예수를 만났을 때(요 19장 17절), 못 박혀 죽은 예수 앞에 섰을 때(요 19장 25절), 십자가에서 예수의 주검을 내렸을 때(요 19장 40절)와 묻을 때(요 19장 42절) 겪은 고통을 이른다. 현대에는 본문에서처럼 미사를 따로 드리지는 않는 듯하며, 9월 15일을 고통의 성모마리아 기념일로 삼았다.

6) 야고보의 어머니 마리아와 살로메는 예수의 어머니 마리아, 막달라 마리아와 함께 예수가 십자가에 달리는 자리에 있었으며, 예수의 장례를 위해 향품을 사기도 했다. 현대 개신교에서는 본문의 '야고보의 어머니 마리아'를 성모마리아와 자매로 보지 않는다. 오히려 그 뒤에 나오는 살로메를 자매라고 보는데, 살로메는 세베대(제베대오)의 부인이며, (큰)야고보와 사도 요한의 어머니이다. 예수에게 자신의 아들들을 예수의 왼쪽과 오른쪽에 앉게 해달라고 부탁한 인물로도 유명하다(마 20장 20절). '야고보의 어머니 마리아'는 글로바(알페오와 동일 인물이라는 견해가 있음)의 아내이며, 아들로는 '작은 야고보와 요셉(요세)'이 있다(막 15장 40절). 가톨릭에서는 요한복음 19장 25절에 나오는 '이모'와 '글레오파(글로바)'의 아내'를 동일 인물로 봐서, 본문의 '야고보의 어머니 마리아'를 예수의 어머니 마리아와 자매로 보는데, 자매 이름이 같을 수는 없으므로 남편의 누이나 남편 형제의 부인으로 보기도 한다. 본문은 가톨릭교 입장을 따르고 있으나, 요한복음 19장 25절은 가톨릭교와 개신교 내부에서도 여전히 많은 해석과 의견이 있다.

7) 예수 잉태를 마리아에게 알린 천사(눅 1장 26절). 가톨릭 외경에 따르면 대천사(大天使)는 제8급 천사로, 신의 뜻을 전하는 임무를 맡는다.

8) 사형 선고를 받은 예수가 십자가를 지고 골고다 언덕에 이르러 십자가에 못 박혀 죽을 때까지 중요한 열네 장면을 묵상하며 드리는 기도. 십자가의 길(Via Crucis)은 비아 돌로로사(Via Dolorosa, 고난의 길)라고도 한다.

다섯 군데 상처,[9] 아침저녁 울리는 안젤루스의 종[10] 등의 신앙도 모두 중세 끝 무렵에 시작되었다. 피에르 다이이는 수도 단체가 너무 많다고 지적했다. 이 때문에 서로 다른 예배의식이 생겨났으며, 배타성과 자부심을 키운 수도회들이 저마다 우월함을 주장하는 쓸데없는 경쟁과 대립을 부추긴다는 것이다. 그는 특히 탁발수도회의 활동을 제한해야 한다고 주장한다. 탁발수도회의 나병환자를 위한 시설과 병원이 유용한지 의심하며, '진정으로 구걸할 자격과 권리를 가진 참으로 가난하고 불쌍한 사람들'에게 누를 끼친다고 말한다. 면죄부를 파는 설교자들을 교회에서 몰아내는 것 또한 피에르 다이이의 바람이었다. 그는 말한다. "그런 자들은 거짓말을 늘어놓아 교회를 더럽히고 웃음거리로 만든다." 그는 변변한 재산도 없는 여자수도원이 잇따라 세워지는 것을 통탄한다.

피에르 다이이가 공격한 것은 양적인 해악이지 질적인 해악은 아니었다. 면죄부 설교에 대한 조롱은 별문제로 하고, 그 나름의 경건한 신앙심에서 나왔는지 아닌지 모두 의심했던 것은 아니다. 하지만 그의 고민은 그것이 끝을 모르고 늘어난다는 점이었다. 그의 눈에 비친 교회는 사소한 일들의 무거운 짐에 짓눌려 질식 직전이었다. 알라누스 데 루페(Alanus de Rupe, 1428~1475)가 로사리오 신심회 결성을 제안했을 때 그가 맞닥뜨린 반대도 새로 모임이 결성된다는 점으로, 모임 성격에 대해선 그다지 문제 삼지 않았다. 반대자들은 이렇게 주장했다. 알라누스가 생각하는 그런 거창한 기도회를 만들면 백성들은 그 활동에 몰두하느라 참회의 의무를 소홀히 여길 것이고, 성직자들은 정각 기도를 무시하게 된다. 만약 이 모임을 프란체스코파나 도미니크파 교회에서만 모집한다면 교구의 교회는 텅 비게 될 것이다. 사람들이 모이면 당파 싸움이나 음모 소동이 일어날 수도 있다. 게다가 무슨 굉장하고 놀라운 계시라도 있는 듯 모임을 만들다니 어이가 없다며 목소리를 높였다. 이들은 부질없는 몽상이나 환상, 늙은이의

---

9) 십자가에 못 박힌 예수의 두 손과 발, 창에 찔린 옆구리에 난 상처.

10) 라틴어 Angelus Domini(주의 천사)라는 말로 시작되는 가톨릭 '고백의 기도'. 교회 기도에 신자를 모으기 위해 1246년부터 오전 6시, 정오, 오후 6시에 종을 쳤던 데서 유래한다. 종을 칠 때마다 인간으로 태어난 신의 아들과 성모마리아를 공경하는 기도를 드렸다. 그리스도교 국가에서는 시계가 드물던 시대부터 바른 시각을 알려주어 백성들에게 깊은 종교적 영향을 끼쳤다. 장 프랑수아 밀레의 만종, 폴 클로델의 마리아에의 고지(告知) 등에서도 그 영향을 볼 수 있다. 삼종(三鍾)기도라고도 하며, 명동대성당도 여전히 같은 시간에 종을 울린다.

잠꼬대는 그만하라며 비난했다.

엄격한 권위가 이를 단호하게 제압하려고 개입하지 않아서 종교적 관습은 거의 기계적으로 늘어났다. 가장 좋은 예는 매주 해야 하는 '죄 없는 아이들' 숭배 행사이다. 사람들은 12월 28일에 있었다는 베들레헴 유아 대학살[11]에서 무참한 순교에 대한 감상적인 동정을 느꼈다. 동지(冬至)가 관련되고, 이교적인 미신들까지 더하여 이날을 불길하게 여겼다. 관습은 15세기에 들어서자 이에 그치지 않고 지난해의 그날이 무슨 요일이었는지에 따라 1년 내내 매주 그 요일마다 불길하게 여기는 지경에 이르렀다. 기념일 이름을 따서 '죄 없는 아이들'이라 불린 그날은 아무도 일을 시작하지 않았으며 여행길에 나서지도 않았다. 루이 11세는 이 관습을 꼼꼼하게 지켰다. 에드워드 4세 대관식은 불길한 날에 시행했다는 이유로 다른 날 다시 거행되었다. 르네 드 로렌(René de Lorraine)은 1476년 10월 17일에 예정된 전투 개시를 포기해야만 했다. 그날이 '죄 없는 아이들'에 해당되어 용병들이 전투를 거부했기 때문이다.[12]

장 제르송은 이 관습을 통해 미신 비판 논설을 쓰게 된다. 그는 이런 망상적인 신앙이 무성해지면 교회가 위험해짐을 간파한 사람이었다. 그의 날카롭고 냉혹하기까지 한 정신은 이 망상이 가져오는 심리학적 기반을 꿰뚫고 있었다. 그것은 '오직 인간의 공상과 울적한 상상'에서 유래한다. 뇌의 장애에서 오는 상상력의 퇴폐 현상이라는 것이다. 악마가 씌었기 때문에 장애를 일으키는데, 여기서도 악마가 한 역할을 맡는다.

무한한 것을 유한으로 되돌리려고 끊임없이 시도하고, 기적을 그 구성 성분으로 분해하려는 과정이 나타난다. 배에 달라붙는 따개비처럼 모든 거룩한 성스러운 의식에 신앙의 외적 요소가 들러붙고 자라나 성스러운 의식 자체를 더럽힌다. 성찬식이 주는 깊은 감동도 겉면으로만 흘러서, 속이 들여다보이는 물질주의에 엉겨 붙은 미신으로 변질된다. 미사를 드린 날엔 눈이 멀거나 중풍 발

---

11) 이때는 메시아를 정치적 지도자로 여겨서, 이스라엘을 다스리던 헤롯은 메시아의 탄생에 위협을 느꼈다. 그는 메시아를 경배하러 온 동방박사에게 그가 누구인지 알려달라고 부탁하지만, 동방박사는 꿈에 본 지시대로 알리지 않은 채 돌아간다. 이에 메시아가 누구인지 알 수 없게 된 헤롯은 베들레헴과 그 주변에서 태어난 두 살 이하의 사내아이들을 모두 죽인다(마 2장 16절).

12) 작가 주 : 이 미신에 대하여는 내 논문 '불길한 날로서의 《죄 없는 자식들》(1926)'을 참조하라.

작도 일어나지 않고, 미사를 드리는 동안엔 나이도 먹지 않는다는 식이다.

교회는 하느님이 땅으로 추락하는 일이 없도록 끊임없이 경계해야만 했다. 따라서 "그리스도의 변용[13] 때 베드로, 요한, 야고보가 하느님의 모습을 똑똑히 보았으며 지금도 하늘에서 그렇게 하고 있다"는 주장은 이단이 분명하다고 말했다. 또 파리의 한 부르주아에 따르면, 잔 다르크를 모방한 어떤 소녀가 기다란 흰옷을 입고 그 위에 빨강 외투를 입은 하느님을 보았다고 주장했는데 이 또한 하느님을 모독하는 말로 여겼다. 하지만 신학적으로 결정된 자잘한 구별을 하지 못한다고 그것을 어떻게 대중의 잘못이라 하겠는가. 대중의 상상력에 많은 재료를 제공한 것은 교회가 아닌가.

장 제르송부터도 그렇다. 그는 자기가 싸우던 악습에서 완전히 자유롭지 못했다. 한 논설에서 호기심은 헛되다고 거듭 주장했는데, 여기서 호기심이란 자연을 가장 깊은 비밀에 이르기까지 캐내겠다는 탐구 정신이다. 하지만 그도 한없는 호기심을 발휘하여 신성한 것들에서 아무래도 상관없는 가장 하찮은 것들에 이르기까지 미주알고주알 파헤쳤다. 장 제르송은 성 요셉을 특히 숭배하여 그의 축제를 성대히 치르는 데 노고를 아끼지 않았으며, 그에 대한 모든 것을 알려고 했다. 그는 요셉과 마리아의 결혼생활에 대하여 하나부터 열까지 세세히 파고들었다. 그가 욕구를 얼마나 억눌렀고, 마리아의 잉태를 어떻게 알게 되었으며, 몇 살이었는지 등등. 이 무렵 예술은 요셉을 풍자하고 희화화하려는 위험한 경향이 있었는데, 장 제르송은 데샹이 노래하고 멜키오르 브뢰데를람[14] 이 그린 것처럼 마지못해 일하는 늙은 요셉의 이미지를 인정하지 않았다. 그는 요셉이 아직 쉰 살도 되지 않았다고 주장했다. 장 제르송은 다른 논설에서 감히 세례 요한의 체질까지 살펴본다. 그는 말한다. "몸을 만드는 바탕이 되는 정액은 그리 굳지 않았으며, 그렇다고 넘쳐흐를 정도로 지나치게 부드럽지도 않았다." 유명한 대중 설교자 올리비에 마이야르는 머리말을 꺼낸 다음 늘 '굉장한 신학적 문제'를 들어 청중의 관심을 끌었다고 한다. 예를 들면 이런 문제다. 동

---

13) 높은 산에서 예수의 얼굴이 빛나고 옷이 하얘진 일. 이때 모세와 엘리야가 나타나 예수와 이야기했으며, 이를 세 제자가 목격했다. 마태복음 17장 1~3절, 마가복음 9장 2~8절 참조.

14) Melchior Broederlam(1350?~1409 이후) : 초기 플랑드르 화가. 1381년부터 1409년까지 부르고뉴 필립 2세(담대공 필립)를 섬겼다.

정녀 마리아는 하느님의 어머니 '성모'라고 불릴 만큼 참으로 그리스도 잉태에 능동적으로 관여했는가?, 또 부활이 없었으면 그리스도의 육체는 재로 돌아갔을까? 성모의 원죄 없는 잉태(Immaculée Conception)에 대한 논쟁에는 거의 교화적이지 못한 신학적 토론과 태생학적 고찰이 뒤섞여 있다. 동정녀는 처음부터 원죄[15]가 없었다는 것이 대중의 자연스러운 의견이었는데 도미니크 교단은 이에 찬성하지 않았다. 어쨌든 신앙에 도움이 되는 토론은 아닌 듯하다. 그렇지만 근엄하기 짝이 없는 신학자들은 이 논쟁이 중요하다고 굳게 믿었으므로 아무런 망설임 없이 수많은 청중 앞에서 이런 주장을 펼쳤던 것이다. 근엄한 신학자들부터가 이런 식이었다. 그렇다면 세상 사람들이 신성한 사물을 하나하나 자세히 파고든 끝에 일상생활 가운데 풀어놓았다고 해도 어쩔 수 없는 일이지 않은가? 사람들이 일상과 동떨어진 기적에서 전율을 느끼는 것은 이제 어쩌다가 일어나는 발작 같은 것이 되었다.

일상생활에서 사람들이 하느님에게 친근함을 느꼈다는 점은 두 가지 측면에서 생각해 보아야 한다. 하나는 깊고 흔들림 없는 신앙심과 직접성이다. 하지만 이런 친근함이 풍속에 뿌리내리게 되면 위험해진다. 어느 시대나 있던 불신자는 말할 것도 없고, 신앙심이 돈독한 신자마저도 영적 긴장이 풀릴 때는 친근함에 너무 익숙해져서 많든 적든, 의식적이든 고의적이든, 신성모독에 이르게 마련이다. 심오한 성스러운 의식이나 성찬식마저도 이런 위험과 마주쳤다. 원래 가톨릭 신앙 정서상, 구별된 빵에 대한 하느님의 직접적이고 본질적 현존이라는 관념[16]만큼 강하고 깊은 효과를 주는 것이 없다. 중세는 물론이고 오늘날까지도 성찬이야말로 종교적 감동의 핵심이다. 그런데 중세의 소박한 대담함은 성

---

15) 인류의 시조인 아담과 하와가 선악과를 따 먹은 죄 때문에 모든 인간이 태어날 때부터 가지고 있다는 죄.

16) 성찬에서 나누는 떡과 잔이 우리 몸에서 실제 예수님의 살과 피로 변한다고 믿는 것을 화체설(化體說)이라 하는데, 1551년 트렌트 공회의에서 교의로 선포된 뒤 로마 가톨릭 교회가 인정하는 학설이다. 실제 예수님의 피를 바닥에 흘려서는 안 되므로 가톨릭 성찬에서는 떡만 나누는 경우가 많다. 가톨릭에서 성찬을 '재현'하는 데 비해, 개신교에서는 성찬을 '기념'한다. 스위스 종교개혁자 츠빙글리가 주장한 상징설(象徵說)에서 비롯된 예식으로, 성찬식 때 먹는 빵과 포도주가 예수의 몸과 피라고 말하는 것은 상징적 표현에 불과하다는 학설이다. 따라서 개신교의 성찬은 늘 빵과 포도주를 같이 나눈다.

스럽기 그지없는 사물조차 친숙하게 말한다. 성찬도 모독으로 보일 만큼 관용구 모티프로 삼았다. 나그네가 말에서 내려 '지나는 길에 하느님 좀 만나고 가려고' 마을의 교회로 들어간다. 사제가 성체(聖體)를 받들고 나귀를 타고 가면 이는 곧 '나귀에 탄 하느님'이다. 병석에 누운 여인에게 기사 라 투르 랑드리(La Tour Landry)는 말한다. "여인은 죽음이 닥쳤음을 깨닫고, 사랑스러운 그대, 하느님을 모셔오라고 조른다." '하느님을 본다(Voir Dieu)'는 말을 돌리는 데 자주 쓰였으며, 성체를 받들어 모시는 것을 본다는 뜻이었다. 이렇게 하느님이라는 단어를 습관적으로 사용하는 것 자체는 불경한 짓이 아니었지만 다른 말과 함께 쓰여 불경스러운 뜻을 나타내거나, 생각 없이 쓴 끝에 하느님을 욕되게도 했으며, 나아가서 더 이상 기적의 느낌도 맛볼 수 없게 되었다. 이런 습관적인 언어 사용은 어떠한 신성모독을 가져왔을까? 여기서 내려와 허물없이 구는 동안 지극히 미미한 추락밖에 없었음을 다음과 같은 속담에서 확인할 수 있다. "하느님이 뜻대로 하시게 놔둬라, 그도 나이가 들었다." 프루아사르도 이렇게 표현한다. "그에게 두 손 모아 부탁했다. 왜냐하면 하느님처럼 훌륭한 분이기 때문이다."

성체를 '하느님'으로 표현하기도 했다. 평소에는 생각할 수도 없는 일이지만, 이것이 신앙을 더럽히는 결과를 가져오기도 했다. 다음은 그 좋은 예로, 쿠탕스 (Coutances)지역 주교가 생드니 교회에서 미사를 집전하던 때의 일이다. 마침내 주의 몸, 즉 성체를 받들어 모실 단계가 되자, 사람들은 지금까지 미사를 보는 내내 교회당을 돌아다니던 파리 대사 위그 오브리오(Hugues Aubriot, ?~1391?)에게 예배에 집중하라고 주의를 주었다. 하지만 그 무렵 소문난 자유사상가였던 그가 이렇게 맹세하며 대답했다고 생드니 수도사는 말한다. "궁정에서 눌러사는 주교가 받드는 '하느님' 따윌 누가 믿겠소." 신성함에 너무 익숙하여 이를 이미지로 나타내려는 욕구는 마침내 엄청난 것을 만들어낸다. 우리 눈에는 매우 대담하게도 보이지만, 조롱하려는 뜻은 없다. 그것은 '술도가 한스'라는 옛 네덜란드 술잔에 형태가 남아 있는 작은 마리아상인데, 수많은 보석들로 장식된 금 조각상이다. 복부가 열리게 되어 있어서 열면 배 속에 든 '삼위일체'가 보인다. 부르고뉴 후작 가문의 보물창고에도 이런 것이 하나 있었다.[17] 그 조각상은 파

---

17) 작가 주 : 1420년 재산목록. '호담공 샤를의 재산목록'에 언급되어 있는 것도 이와 동일하다. 또한 아미앵 시립도서관이 소장하고 있는 목조 마리아상은 16세기 끝 무렵 에스파냐에서 만

〈수태고지〉〈성모마리아의 엘리사벳 방문〉〈성전에 바쳐진 예수〉〈이집트 탈출〉이 그려진 제단화
멜키오르 브뢰데를람 작.

리 가르멜(Carmel) 수도회[18]에서 제르송이 발견했다. 그는 이런 마리아상을 비난했는데, 조잡한 방식으로 기적을 표현하는 것이 불경스럽다고 생각해서가 아니었다. 삼위일체가 마치 모두 마리아의 배 속에서 이루어졌다고 표현하는 게 이단이라고 여겼기 때문이다.[19]

모든 생활이 종교로 가득 차 있어서, 자칫 종교적인 것과 세속적인 것의 경계가 무너질 위험이 있었다. 한편으로는 종교가 모든 것을 아울러, 일상생활이

든 것인데, 그 복부에도 직사각형으로 움푹 팬 부분이 있고, 그 안에 상아로 만든 아기예수 상이 있다.
18) 13세기 초 팔레스티나의 가르멜산에서 성립한 수도회. 예언자 엘리야의 수도 생활을 이상으로 삼는다. 1240년 무렵 팔레스티나를 버리고 키프로스에서 프랑스, 영국으로 옮겼다. 1247년, 영국 가르멜회에서 회칙을 만든 뒤, 도미니크회, 프란체스코회와 줄곧 경합을 펼친다. 규율이 매우 엄했으나 15세기에 접어들면서 차츰 완화되어 15세기 중반에는 여성도 입회할 수 있도록 방침을 바꾸었다.
19) 작가 주 : 아울러 제르송은 어느 해 크리스마스 설교에서 이 이단 사상이 차츰 확대되고 있음을 증언하고 있다. 거기에 인용되어 있는 한 기도문은 마리아에 대해 이렇게 기술한다. '죄인들을 위하여 성부와 성자와 성령은 당신의 몸을 빌리기를 바랐다……. 그러므로 당신은 삼위일체 모두의 태(胎)이다.'

성스러운 고귀함으로까지 높아졌다. 반면에, 성스러운 사물들이 일상생활과 구분하기 힘들 만큼 뒤섞여서, 평소 익숙한 사물처럼 다루어지기도 했다. 파리 이노샹 묘지에 쌓인 사자(死者)의 뼈를 연기하는 무시무시한 죽음의 축제에 대해서는 이미 앞에서 다루었다. 이 전율할 무대에 교회가 높이 솟아 있다. 그 벽 안에 세운 오두막에서 숨어 사는 여성의 생활만큼 처참한 광경이 또 있을까. 그 무렵 사람들은 이를 어떻게 생각했을까? 파리의 한 부르주아는 다음과 같이 전한다. 여성 은둔자들이 그곳에 조그만 오두막을 짓고 산다. 그 여인들은 훌륭한 성경말씀이 새겨진 벽 속에 갇혀 있다. 그녀들은 왕으로부터 연금 8리브르를 8번에 나누어 받는다. 이는 무슨 빈민구제소 여성에 대한 이야기 같다. 대체 어디서 신앙의 열정(pathos)을 느낄 수 있단 말인가! 그 열정은 다 어디로 가버렸단 말인가? 아궁이에 불 땔 준비를 하거나, 소젖을 짜거나, 항아리를 씻는 등 늘 하던 가장 하찮은 가사노동이 면죄의 의무에 부과된 것이다. 1518년, 베르겐 오프 좀(Bergen op Zoom)에서 개최된 복권 대회에서는 '거액 상금'과 면죄부를 번갈아가며 내놓았다고 한다. 귀족이 입성할 때면 길모퉁이에 무언극 무대가 세워졌는데, 거기에는 불경스러운 이교도의 나체 입상도 있었다. 그 가운데에 제단을 차리면 마을의 귀중한 성 유물함이 곱게 장식되어 안치되었다. 귀족도 참석하여 예배를 드렸으며, 사람들의 정중한 입맞춤을 받았다.[20] 종교적인 것과 세속적인 것의 경계를 칼로 무 자르듯이 구분하기란 불가능했다. 세속적인 노래의 멜로디가 고스란히 교회 성가로 쓰이기도 했고, 그 반대도 가능했다는 사실이 이를 더욱 잘 말해준다. 기욤 뒤페[21]는 '나는 즐겁다', '얼굴이 창백해지면', '무장한 사내' 같은 세속 가곡의 주제를 사용하여 미사곡을 지었다.

종교용어와 세속 언어 사이에도 끊임없는 교류가 있었다. 세속적인 표현에 종교용어를 빌린다거나 그 반대도 있었는데, 이를 문제 삼는 사람은 없었다. 릴

---

20) 작가 주 : 그 예로 1420년 헨리5세와 부르고뉴 공작 필립의 파리 입성과 1430년 필립이 강(Gand)에 입성하는 데 대한 샤틀랭의 기록이 있다.

21) Guillaume Dufay(1400?~1474) : 에노(Hainaut)에서 태어난 프랑스 작곡가. 로마교황청에서 배운 뒤, 1436년부터 캉브레 교회 사목회원으로서 캉브레에 살며 교회음악을 감독하고 작곡활동을 했다. 미사곡 말고도 종교적인 것 또는 세속적인 것을 주제로 하는 모테트 및 세속 가곡을 많이 남겼다. 1454년에는 부르고뉴 후작의 릴(Lille) 축하연을 위해 작곡했다. 중세 대륙 및 영국의 음악 기법을 종합하여 15세기의 고전적 다성음악의 기초를 세웠다.

의 회계감사원 문 위에는 이런 시구가 씌어 있었다고 한다. 읽는 사람으로 하여금 '아, 하늘에서 받은 것을 언젠가 하느님 앞에서 정산해야 하는구나' 생각하게 하는 시구이다.

> 그때, 나팔 소리와 함께 하느님은
> 넓고 거대한 회계원의 문을 여시리라.

이와 대조를 이루는 것이 장중한 기마 시합 초대장이다. 마치 속죄의식으로서 성전(聖戰)을 거행하듯 말한다.

> 들으라, 들으라. 명예와 찬사를,
> 무훈과 그 검에 의한 엄청난 죄의 용서를.

그 무렵 라틴어 '미스테리움(mysterium, 신비)'과 '미니스테리움(ministerium, 봉사)'이 프랑스어 '미스테르(mystère)'라는 말에 섞이고 말았다. 이것은 단어에 포함된 '신비'라는 뜻을 약하게 하고, 일상어로서 모든 것을 '미스테르'로 부르는 풍조를 만들었다. 예컨대 올리비에 드 라 마르슈는 '눈물의 샘 무예 시합'에서 사용된 소도구, 유니콘, 방패, 인형 같은 것도 그렇게 불렀다.[22]

그리스도교 상징주의는 자연과 인류의 역사적 사실들을 신성함의 징표와 하느님 나라의 예시로 해석했다. 이와 대조적으로 제왕과 제후를 칭송하는 데 신앙적인 비유를 들기도 했다. 세상 권세에 경외심을 느꼈던 중세 사람들은 하느님을 숭배할 때 쓰는 표현을 썼는데, 15세기 귀족을 섬기는 자들은 이를 신성모독이 아닐까 망설이지 않았다. 몽스트를레에 따르면, 루이 도를레앙 시해 사건에 대한 심문에서 특별변호인은 오를레앙 후작의 망령이 아들에게 나타

---

22) 15세기 끝 무렵부터 성서에서 소재를 따온 종교극을 '미스테르'라고 부르는 관행이 굳어졌다. 그 전에는 매우 넓은 의미로 쓰였던 듯한 이 단어가 라틴어에서 이교도 의식을 뜻하는 '미스테리움'에서 나왔는지, 아니면 중세 라틴어에서 예배봉사(미사)를 의미하는 '미니스테리움'에서 나왔는지는 확실치 않다. 라 마르슈의 언어구사는 지극히 특수한 경우 같은데, 요컨대 종교극이라는 의미에서 '미스테르'의 적용 범위가 세속의 연극적 흥미를 더하는 데 쓰이는 소도구까지 확대되었음을 하위징아는 말하고 싶었던 것이다.

⟨믈룅의 성모마리아⟩ 노트르담 성당의 2단 제단화 중 하나. 장 푸케 작.

나 말하는 형식을 빌려서 이렇게 전한다. "내 몸의 상처를 보아라. 그 가운데 특히 다섯 상처는 깊고 치명적이었다." 즉 희생자를 그리스도에 견주었던 것이 다. 부르고뉴 측도 지지 않았다. 샬롱(Châlons) 주교 장 제르맹은 오를레앙 측의 복수로 죽은 용맹공 장을 아무런 거리낌 없이 하느님의 어린양에 비유하고 있 다. 장 몰리네는 황제 프리드리히 3세(Friedrich III, 1415~1493)가 아들 막시밀리안 (Maximilien Ier de Habsbourg, 1449~1519)을 네덜란드에 보내 부르고뉴 제후의 딸 마 리(Marie de Bourgogne, 1457~1482)를 아내로 맞이하게 했을 때, 예수 그리스도를

〈성 스테파누스와 함께 있는 에티엔 슈발리에〉 노트르담 성당의 2단 제단화 중 하나. 장 푸케 작.

지상에 보내주신 하느님 아버지와 비교하여 더없이 경건한 표현으로 서술한다. 프리드리히 황제가 막시밀리안과 뒷날 미남공 필립이 되는 어린 손자를 데리고 브뤼셀에 왔을 때의 일이다. 부르주아들은 흐느끼면서 입을 모아 이렇게 말했다. "보아라, 삼위일체의 모습을. 이야말로 성부와 성자와 성령이 아닌가." 게다가 마리의 죽음과 정신을 기리는 시가집을 펴낸 장 몰리네는, 그녀가 성모마리아를 빼닮았다고 칭송한다. "처녀성이란 점은 덮어두고라도, 나는 결코 귀족을 신격화하려는 게 아니다."

이렇게 내용이 텅 빈 말로 꾸미는 것에는 아첨의 의도가 없었음이 분명하다. 오히려 신성한 표현을 예사로이 쓴 끝에 원래 가치가 떨어졌음을 반증하고 있다. 장 제르송조차도 설교를 듣는 왕후귀족들에게, 이들을 따르는 수호천사가 다른 사람들의 수호천사보다 서열이 높고 더 뛰어난 능력을 가진다고 보증한다.[23] 궁정에 빌붙은 풋내기 시인이나 비난할 수 있었을지 모르겠다.

앞에서도 다루었듯이 종교용어는 사랑의 표현에도 널리 쓰였다. 이쯤 되면 문제의 양상은 완전히 달라진다. 무례함과 비웃음이 뚜렷하게 모습을 드러내는데, 이것이 지금까지 살펴본 관용적 예에 해당한다고 볼 수는 없다. 종교적인 것과 세속적인 것을 혼동하는 관용표현과 성과 사랑을 혼동하는 관용표현을 이어주는 공통점은, 그저 둘 다 신성에 지나치게 친숙한 끝에 나타난 현상이라는 점 말고는 찾아볼 수 없다. 《결혼의 열다섯 가지 즐거움》의 저자는 동정녀 마리아의 기쁨을 떠올려 제목을 달았다고 한다. 사랑이 신앙계율을 지키는 것이라는 사고방식에 대해서는 앞서 말한 바 있다. 《장미 이야기》의 변호인이 신앙용어를 사용하여 '육체의 치부와 추악한 죄, 심지어 치욕스러운 것'이라고 표현했는데 이렇게 되면 문제는 더욱 중요해지기 시작한다. 여기서 종교 감정과 선정적인 감정의 위험한 관계를 엿볼 수 있는 것이다. 교회는 두 감정이 이런 형태로 이어짐을 매우 두려워했다.

벨기에 안트베르펜(Antwerpen) 왕립미술관에 소장되어 있는 장 푸케(Jean Fouquet, 1415?~1481?)의 〈성모마리아〉만큼 이런 경향을 또렷하게 드러낸 예는 없을 것이다. 이는 원래 믈룅(Melun)의 노트르담 성당 안에 있던 2단 제단화 가운데 하나로, 나머지 한 장에는 이를 기증한 왕실재무관 에티엔 슈발리에(Étienne Chevalier, 1410~1474)와 성 스테파누스(St. Stephanus)가 그려져 있는데 이 작품은 현재 베를린에 소장되어 있다. 17세기 역사학자 드니 고드프로이(Denis Godefroy, 1615~1681)가 기록한 옛 전승에 따르면 이 성모마리아 그림은 샤를 7세의 애첩 아네스 소렐(Agnès Sorel, 1422?~1450)을 닮았는데, 에티엔 슈발리에는 그녀를 사모

---

23) 작가 주 : 장 제르송은 천사에 대한 토마스 아퀴나스의 학설을 받아들여, 천사는 땅에서 한 '종(種)'으로 불러 마땅하다고 했다. 프랑스 철학자 에티엔 질송(Étienne Henry Gilson, 1884~1978)의 《중세 철학 : 성 토마스 아퀴나스부터 기욤 다캄까지 *La Philosophie au Moyen-âge, vol,* Ⅱ : de saint Thomas d'Aquin à Guillaume d'Occam, Payot》(1922)를 참조.

했음을 숨기지 않았다고 한다. 그야말로 이 무렵 유행하던 '세련된 여성'의 재현인 것이다. 말끔히 밀어 둥글고 환한 이마, 넓게 벌어진 옷 사이로 진주 같은 유방, 날씬하고 큰 키, 신비로운 얼굴 표정, 빈틈없는 분위기로 주위를 둘러싼 붉은 천사와 푸른 천사. 이 모든 효과가 더해지면 신앙과는 무관한 퇴폐적인 분위기가 그림에 감돈다. 다른 패널에 그려진, 다부진 몸매의 기증자와 그 수호성인의 그림은 매우 대조적이다. 고드프로이는 푸른 벨벳으로 된 넓은 테두리 위에 금실과 은실로 사랑의 매듭을 지어 진주를 연결한 이니셜 E가 새겨져 있었다고 쓰고 있다. 이는 르네상스 정신도 넘어서지 못할 정도로 대담한 신성모독이었다.

불경스러움은 일상 교회생활에 널리 퍼져 있었다. 모테트(motet) 형식은 3성부가 저마다 다른 가사를 노래하는 것이 원칙이었는데, 이것이 차츰 타락하여 터무니없는 조합을 아무렇지 않게 받아들이게 되었다. 미사곡 속에 〈키스해 주오 Baisez-moi〉라든지 〈빨간 코 Rouges nez〉 같은 세속 가요가 들어가고, 미사가 한창일 때 전례 가사에 섞여 이런 노랫말이 울려 퍼지는 사태가 속출했던 것이다.[24]

선량공 필립 제후의 서자 다비드 드 부르고뉴(David de Bourgogne)가 위트레흐트 주교로 도시에 들어왔을 때의 일이다. 그는 아메르스포르트에서 마중 나온 서자 동생이 이끄는 귀족 군대에 둘러싸였다. 신임 주교가 '마치 그 지방을 정복한 세속 제후처럼' 갑옷으로 완전 무장한 채 식에 참석했다고 샤틀랭은 비난한다. 주교는 그런 차림으로 교회당에서 말을 내리고는, 깃발을 든 사람들과 십자가 행렬 가운데로 끼어들어 대제단 앞에서 기도를 드렸다고 한다. 부르고뉴 집안의 이런 주제넘음과 좋은 대조가 되는 것은 로돌프 아그리콜라[25]의 아버지,

---

24) 모테트는 그레고리오 성가의 일부를 기본 성부(테너)로 하고, 여기에 음조가 조금 높은 제2성부를 더하여 2부 다성 형식을 띤 것이 초기 형태이다. 이것은 이미 13세기에 성립되었는데, 교회음악과 세속 가곡 또는 반주 악기의 유무를 가리지 않는 2부 합창이었다. 여기에 제3부, 제4부를 더한 형식이 나왔으나, 기본 성부에는 라틴어 가사를 쓰고 제2부부터는 프랑스어 가사를 쓰는 게 일반적이었다. 기욤 뒤페의 모테트가 이런 형식이었으며, 16세기에 들어서도 기본 성부를 존중하는 체계는 유지되었다.

25) Rodolphe Agricola(1444~1485) : 네덜란드 초기 인문주의자. 흐로닝언(Groningen) 북부 바플로(Baflo)에서 태어나 흐로닝언, 에르푸르트(Erfurt), 루뱅(Leuven)에서 수학했다. 이탈리아, 독일

바플로 주교의 미워할 수 없는 뻔뻔함이다. 그는 셀베르트 수도원장으로 선출되던 날에 첩이 아들을 낳았다는 소식을 듣고 이렇게 말했다고 한다. "나는 오늘 두 차례나 아버지[26]가 되었다. 하느님이 축복을 내리시기를." 이 무렵 사람들은 교회에 대한 불경스러운 풍조가 차츰 확대되는 것을 덕의 퇴행 현상으로 여겼다. 데샹은 탄식한다.

> 옛 사람들은 언제나
> 교회 안에선 바른 몸가짐으로
> 정중히 무릎을 꿇고
> 제단 가까이 몸을 숙여
> 공손히 모자를 벗었지.
> 그런데 요즘은
> 마치 짐승처럼
> 제단 앞에 올 때도
> 모자와 두건을 쓴 채라네.

니콜라스 드 클레망주는 이렇게 한탄한다. 축제일에 미사를 드리러 가는 자들은 얼마 되지도 않고, 가더라도 끝까지 있지 않는다. 성수를 살짝 손에 묻히거나, 성모마리아에게 잠깐 무릎 꿇거나, 주위 성인들의 그림에 입을 맞추는 게 고작이다. 성체봉헌까지 남아 있는 자는 그리스도에게 대단한 선행이라도 베푼 것처럼 잘난 체를 한다. 아침이나 저녁 예배에 나오는 사람은 사제와 그를 돕는 이들뿐이다. 기사 라 투르 랑드리는 증언하기를, 마을 유지로서 교회 후원자라도 되면 자기와 아내가 일어나서 채비를 마칠 때까지 미사 시작을 늦추도록 명령해 사제를 기다리게 했다고 한다. 축제 중의 축제인 크리스마스도 마찬가지였다고 장 제르송은 말한다. 카드놀이를 하고, 욕설을 퍼붓고, 듣기 괴로운 불경한 말과 신성모독의 말들을 외치는 방약무인 가운데 끝나는 것이었다. 이를 나

말고도 그의 발자취는 넓지만 41세에 요절하고 만다. 말년의 에라스뮈스와의 관계도 주목할 만하다.

26) 신부나 사제도 아버지(Père)라 불렀다.

무라면 대중은 귀족이나 성직자의 잘못을 낱낱이 드러내며 그들도 그러지 않느냐며 말대꾸를 했다. 니콜라스 드 클레망주는 축제 전날 밤 사람들이 예배드리는 바로 곁에서 비속한 노래에 맞춰 춤을 추었다고 증언한다. 사제들도 야간당직을 게을리하고 주사위놀이나 험담과 잡담에 열중하는 데 앞장섰다고 한다. 이런 모럴리스트들의 증언은 사태를 너무 어둡게만 본 것일지도 모른다. 하지만 공식 자료 또한 이를 여러 차례 확실히 증명하고 있다. 예를 들면 스트라스부르(Strasbourg) 사목회는 성 아돌프(Saint Adolphe) 축제 전날 밤 대성당에서 '철야 기도'로 밤샘하는 사람들을 위한답시고 해마다 1,100리터의 포도주를 내줬던 것이다. 카르투지오회 수도사 드니는 이렇게 전한다. 어느 마을 사목회원이 그를 찾아왔다. 자기 마을에서는 해마다 성유물을 바치는 성체행렬이 열리는데 이를 핑계로 거리낌 없이 함부로 행동하고, 마구잡이로 술을 마시는 소동이 일어난다며, 그는 이 소동이 일어나지 않게 할 방법이 없는지 고민을 털어놓았다. 도시에 이익을 가져오기 때문에 사목회에서는 성체행렬을 안 할 수가 없다는 것이다. 의식에 모인 사람들이 밤을 지새우며 먹고 마시는 것은 이미 오랜 관습이 되었다. 사람들이 얼마나 마구잡이로 행동하여 시끌벅적 떠들어대고, 웃고, 여기저기 기웃거리며, 술을 마시려 들고, 야비한 놀이를 즐기는지 드니는 잘 알고 있었다. 드니의 탄식은 샤틀랭이 전하는 강(Gand) 시민의 성체행렬을 생각하면 수긍이 간다. 이는 강에 사는 부르주아들이 성 리에뱅[27]의 유물을 의식이 거행되는 후템(Houthem) 순교지까지 옮기는 행렬이다. 샤틀랭은 말한다. 옛날엔 명사들이 '매우 엄숙하고 공손하게' 성유물을 받들었는데 지금은 '시정잡배, 불량패들'이 옮기고 있다. 이런 자들은 성유물을 받들면서 새된 소리를 내고, 고함치고, 노래하고, 춤추고, 마음대로 잡담하고, 게다가 인사불성으로 술에 취한 데다 무기까지 들고 있다. 거리를 지날 때 그들은 이날엔 어떻게 행동해도 성스러운 짐 덕분에 다 용서된다는 듯 제 세상 만난 듯이 활개를 친다.

교회에 가는 일은 사회생활에서 중요한 위치를 차지했다. 사람들은 교회에 오면 아름다운 옷을 자랑하고, 지위나 신분을 과시하며, 궁정의 위엄과 예의 차리기를 겨루었다. 예를 들면 '평화의 입맞춤'은 언제나 거추장스러운 예의 다

---

27) Saint Liévin(580~657) : 프랑스 골(gaul) 지방에서 전도하다가 순교한 성자 리비노(St. Livinus)를 말함.

툼을 일으켰는데, 자세한 내용은 앞에서 설명한 바 있다.[28] 사제는 성체를 거룩하게 구별하고 교회당에 모인 이들은 무릎 꿇고 기도를 드린다. 그곳에 귀공자가 들어오면 귀부인이 일어나 그에게 입 맞추었다고 한다. 이는 코르들리에(Cordeliers) 수도회 미셸 므노(Michel Menot) 설교자가 전한 말인데, 그렇다면 한창 미사를 드릴 때도 떠들거나 돌아다니는 것을 당연히 여겼음에 틀림없다. 그 증거도 아주 많다. 교회는 젊은이들이 처녀를 만나려고 모이는 곳이었다. 이 관습에 충격을 받은 것은 모럴리스트들뿐이었다. 니콜라스 드 클레망주는 젊은이들이 교회에 나오지 않는다며 탄식한다. 오더라도 높게 틀어 올린 머리 모양이나 깊이 파인 가슴[29]을 과시하는 여자들을 쳐다보기만 한다면서. 정숙한 크리스틴 드 피장은 새삼스레 비난할 것도 없이, 그저 담담하게 시를 읊는다.

> 착실하게 교회에 가는 것은
> 아름다운 여인을 만나기 위해서이니,
> 갓 피어난 장미처럼 싱그럽구나.

교회에 오면 기회는 얼마든지 있었다. 이를테면 연인에게 성수를 바치거나, '평화의 입맞춤' 판자를 건네는 대신 초에 불을 붙여주거나, 바싹 다가와서 무릎 꿇는 것 같은 애인의 사소한 행동은 그리 큰 문제가 아니었다. 신호나 눈짓을 주고받는 것도 대단치 않았다. 훨씬 더 심각한 문제는 창녀들이 손님을 찾아 교회 안까지 들어오는 것이었다. 예배드리는 장소라는 점이나 성자의 축일도 상관없이 젊은이를 타락시키는 음란한 그림을 팔았다. 이 악습에는 어떤 설교도 소용이 없었다. 교회당이나 제단이 난잡한 행위로 더럽혀지는 것도 한두 번이 아니었다.

교회 출석과 마찬가지로 순례에도 수많은 오락과 연애의 기회가 있었는데, 그 가운데서도 특히 사랑의 기회가 있었다. 문학에서는 순례를 쾌락을 위한 여행처럼 다루었다. 처녀들에게 미풍양속을 가르치겠다는 건전한 생각을 했던 기

---

28) 2장 주19 참고.
29) 로브데콜테(robe décolletée)를 입은 모습인데, 이는 남성의 연미복에 해당하는 여성 예복으로, 이브닝드레스와 비슷하나 소매가 없고 등이나 가슴이 드러나도록 깃을 깊게 팠다.

사 라 투르 랑드리는, 기마 시합과 순례를 간절히 바라는 귀부인이나 순례에서 연인을 만나려는 여인들을 예로 들며 주의를 주었다. "여기에 왜 어리석은 기대 때문에 성스러운 순례에 나서려 해서는 안 되는지에 대한 좋은 예가 있다." 니콜라스 드 클레망주도 같은 의견이었다. 축일이 되면 사람들은 다들 멀리 떨어진 한적한 교회로 순례를 떠나는데, 그 교회의 성인(聖人)에게 한 맹세를 지키기 위해서가 아니라, 그만큼 느긋하게 딴짓을 할 수 있기 때문이다. 참으로 순례는 죄의 원천이다. 성스러운 장소 옆에는 혐오스러운 포주할멈이 웅크리고 있다가 젊은 처녀들을 유혹하려 들기 때문이다. 잠깐 바람을 쐬고 싶었던 한 젊은 부인은 남편을 구슬리려고, 아이가 병이 난 이유가 아이 낳을 때 했던 순례의 맹세를 지키지 못했기 때문이라고 말한다. 이는 《결혼의 열다섯 가지 즐거움》에 나오는 이야기인데 이 책에 이런 내용은 너무나 흔하다. 샤를 6세와 바비에르 제후의 딸 이사보의 결혼 준비는, 한 차례 순례를 하고 나서 시작되었다고 한다. '새로운 신앙'파[30]의 성실한 사람들이 순례에는 아무런 유익이 없다고 한 것도 놀랍지 않다. 토마스 아 켐피스(Thomas a Kempis, 1380~1471)가 순례를 자주 가는 사람은 성인이 될 수 없다고 말했다고 성 아그네스 수도원[31]의 연대기는 전한다. 프레데릭 판헤일로(Frédéric van Heilo)는 특별히 이 문제에 대해 〈순례에 반대한다 Contra peregrinantes〉는 논문을 썼다.

파렴치할 정도로 거리낌 없이 종교를 죄로 물들이고 나아가 신앙을 욕되게 하는 이 사례들은 원래 종교에 대한 소박한 친숙함에서 비롯된 것이지, 진심으로 신성모독을 하려는 것은 아니다. 종교가 삶의 구석구석까지 스며들어 신앙

---

30) 데보티오 모데르나(Devotio moderna) : 14세기 끝~15세기 무렵 네덜란드에서 시작되어 라인란트·작센·북프랑스·에스파냐·이탈리아까지 퍼진 근대 경건운동. G. 그로테가 창시했고, 제자 F. 라데빈스가 빈데스하임에서 창설한 아우구스티누스 수도회·공동생활형제회를 모체로 발전했다. 내면을 중시하고 금욕적인 은둔생활 속에서 깊은 자기 인식과 의무 수행이 완전한 덕(德)으로의 길이라고 여겼다. 신의 본성에 관한 사변적 연구를 배척하고 그리스도의 생활과 고난에 대한 명상에 중점을 두면서 그리스도의 생애를 배우려는 실천적 사상을 추구했다. 아우구스티누스와 베르나르 드 클레르보 및 보나벤투라 등을 운동의 정신적 지주로 삼았다. 토마스 아 켐피스의 《그리스도를 본받아 De imitatione Christi》는 이 운동 중에 나왔다. 16세기에 들어서 활발해진 종교개혁운동으로 쇠퇴했다.
31) 네덜란드, 수보레 근교의 빈데스하임 수도회 소속의 수도원. 토마스 아 켐피스는 여기서 70여 년을 보냈다.

을 명백한 원리로 받아들이는 사회만이 이런 지나친 행위와 퇴폐를 안다. 이처럼 반쯤은 타락한 종교 수행을 그저 날마다 되풀이하는 사람과 설교단 위 수도사의 불꽃같은 말을 듣고 갑자기 신앙의 격정과 감동에 휩싸이는 사람은 동일인이었던 것이다.

아무래도 개운치 않은 저주라는 죄조차도 강한 신앙이 있어야 가능했다. 왜냐하면 저주는 원래 매우 의식적인 맹세라서, 현존하는 하느님의 능력은 사소한 사물에도 미친다는 관념의 표현이기 때문이다. 저주의 맹세는 하늘에 도전한다는 느낌을 주어 죄를 매력적으로 보이게 한다. 마침내 맹세라는 관념이 흐려지고 저주를 두려워하는 마음도 둔해지면, 저주는 다음 시대에 단순한 이악스러움으로 추락하고 만다. 중세 끝 무렵, 저주는 여전히 대담하고 오만불손한 매력을 잃지 않고 있었다. 이는 말하자면 귀족의 스포츠였던 것이다. 장 제르송의 보고에 따르면 귀족은 농민에게 이렇게 말했다고 한다. "뭐? 네가 악마에게 영혼을 준다고? 하느님을 부인한다고? 귀족도 아닌 네가 말이냐?" 데샹은 저주 습관이 하급 계층으로까지 퍼져 나갔음을 지적한다.

천민들 중엔 이렇게 말하지 않는 사람이 없네,
'나는 하느님과 그 어머니를 부인한다.'

사람들은 더 강하고 불경한 저주를 생각해내려고 경쟁했다. 장 제르송은 가장 센 저주를 한 사람이 왕초처럼 떠받들린다고 했다. 데샹은 프랑스 곳곳에서 그러했다고 말한다. "사람들은 처음에 가스코뉴[32]식과 잉글랜드식으로 저주하다가 다음엔 브르타뉴[33]식으로, 지금은 부르고뉴식으로 저주한다." 그 무렵 유행하던 불경한 저주로 발라드를 두 편 짓고 그 저주에 경건한 뜻을 부여하려던

---

32) Gascogne : 프랑스혁명 이전 프랑스 남서부의 지명. 가스코뉴라는 명칭은 라틴어의 '바스코니아 *Vasconia*'가 기원으로 6세기 끝 무렵 피레네산맥을 넘어온 에스파냐 바스콘족의 이름에서 유래되었다. 이들은 바스크인이라고도 불리는데 독특한 방언과 고유한 풍습을 갖고 있다. 7세기 끝 무렵부터 공국(公國)을 이루어 실질적인 독립을 유지해 왔으나, 백년전쟁 중에 영국의 지배를 받다가 1453년에 프랑스령이 되었다.

33) Bretagne : 프랑스 북서부 브르타뉴반도를 중심으로 하는 지방. 5세기에 켈트족이 이주해 국가를 세웠으나 1532년 프랑스에 통합되었다.

데샹은, 부르고뉴식 저주가 가장 악랄하다고 말한다. "나는 하느님을 부인한다 (Je renie Dieu)." 사람들은 그 저주를 조금 누그러뜨려서 말했다. "나는 장화를 부인한다(Je renie de Bottes)."[34] 부르고뉴 사람들은 저주를 잘하기로 유명했다며 장 제르송은 한탄한다. 게다가 프랑스는 그리스도교 신앙이 두터운 나라인데도 저주가 성행하니 그 무서운 죄가 다른 어떤 나라보다 극심하다. 그는 이 죄야말로 전염병, 전쟁, 굶주림의 원인이라 말한다. 수도사들조차도 가벼운 저주를 늘 입에 달고 살았다 한다. 그래서 장 제르송은 모든 공권력과 신분이 하나가 되어 엄격한 금지령을 내리고, 이 악을 뿌리 뽑도록 힘쓰자고 부르짖었다. 피에르 다이이도 콘스탄츠 공의회에서 이 악습과 맞서 싸우자고 역설했다. 실제로 1397년에 저주 금지 칙령이 나오기는 했다. 하지만 이는 1269년과 1347년에 나온 금지령을 재실시한 것으로, 가벼운 형벌 따위는 규정되지도 않았다. 입을 찢거나 혀를 자르는 옛 위협을 그대로 적용해 신성모독에 대한 성스러운 분노의 표현에 그쳤던 것이다. 칙령이 기재된 등록부 여백에는 이런 내용이 있다. "여기서 말하는 저주의 풍조는 1411년 현재, 왕국 전체에서 여전히 유행하고 있다. 처벌도 없다."

장 제르송은 이 저주의 폭을 나타내는 양 극단의 사례를 알고 있었다. 고해 사제를 지냈던 그는, 꾸밈없고 단순하며 순진한 젊은이들이 하느님을 부인하며 모독하는 말을 내뱉고 싶은 강한 유혹으로 괴로워한다는 것을 잘 알고 있었다. 그는 외곬으로 하느님과 성인을 생각하지는 말라고 충고했다. 그들은 아직 그것을 이겨낼 만큼 강하지 않다는 것이었다. 또한 장 제르송은 부르고뉴 사람들 같은 이른바 상습적인 독설가도 잘 알고 있었다. 그는 말한다. "그들의 행동은 분명 증오할 만하다. 하지만 그들에게 거짓 맹세한 죄를 물을 수는 없다. 왜냐하면 그들은 맹세할 의도가 전혀 없기 때문이다."

이처럼 신앙과 관련된 사물을 가볍게 다루는 습성이 분명한 무신앙으로 옮

---

34) '장화(Bottes)'는 '하느님'의 은어인 듯하다. 왜 장화인지는 분명치 않다. 프랑스어로 저주할 때 '뒤(Dieu)'를 '뷔' 또는 '브뤼'라는 사투리로 말하는 예가 있다. 또 네덜란드어로 하느님은 '호트(God)'여서 '보트(Bottes)'에 가깝고, 부르고뉴와 네덜란드의 관계를 생각하면 의외로 여기에 설명의 열쇠가 있을지도 모르지만 이렇게 파고드는 것도 별 의미 없을지 모른다. 아무 상관없는 일상 사물로 하느님을 암시했을 수도 있기 때문이다.

겨간 시점이 언제인지는 알기 어렵다. 중세 끝 무렵에는 경건한 신앙심과 경건주의자들을 비웃는 경향이 강하게 나타난다. 사람들은 기꺼이 '자유사상가'처럼 행동하며 신앙을 조롱거리로 만들려고 했다.

이야기 작가들은 경박한 데다 대담하기까지 했다. 예를 들면 《백 가지 새로운 이야기》[35]에서, 한 사제가 기르던 개를 성스럽게 구별한 땅에 묻고는 이렇게 말한다. "나의 사랑하는 개여, 하느님의 자비 있기를." 그러면 개는 '곧장 개들의 천국으로' 올라갔다고 한다. 사람들은 거짓된 조심성 없는 신앙심을 혐오했다. 그래서 독실한 척하는 위선자를 뜻하는 '파플라르(papelard)'라는 말을 입에 달고 살았다. 이 무렵에 널리 퍼져 있던 '젊은 천사에게서 늙은 악마가 나온다'는 격언이나, '천사 같은 젊은이도 나이 들면 악마가 된다(angelicus juvenis senibus satanizat in annis)'는 우아한 라틴어도 결국 위선을 경고한 것이었다. 즉 젊은 천사는 '파플라르'라는 뜻이다.[36] 장 제르송은 이 격언을 몹시 싫어했다. 의기양양한 얼굴로 위선을 논하는 이런 격언이 오히려 젊은이들을 타락시킨다는 것이다. 그는 말한다. 어린아이가 부끄러운 줄도 모르고 더러운 말을 내뱉고, 저주를 입에 담으며, 교활한 눈빛과 행동을 하면 도리어 칭찬을 받는다. 그런데 이렇게 벌써부터 악마 노릇을 일삼는 어린것들이 백발노인이 되면 이들에게 무엇을 바랄 수 있겠는가. 그는 도무지 모르겠다고 한탄한다.

그는 또 성직자나 신학자도 가지각색이라 했다. 어떤 무리는 머릿속은 텅 빈 주제에 말 많고 싸우기를 즐기는데, 이들에게 종교는 그저 성가신 옛날이야기에 지나지 않는다. 이들은 성령과 계시가 있었다고 말하는 자에게 웃어넘기거나 터무니없는 소리 말라며 화를 낸다. 다른 무리는 이들과 정반대다. 대중의

---

35) 프랑스 끝 무렵의 소화집(小話集). 보카치오의 《데카메론》을 모방했고, 포조 브라치올리니의 《백 가지 이야기》나 《소담집(笑談集)》에서 착상을 얻었다. 성립 연대는 1456~1461년 무렵으로, 귀족들이 모여 번갈아 가며 기담(奇談)이나 짧막한 이야기를 하는 형식으로 되어 있다. 이야기하는 사람은 부르고뉴 공 필립 3세(선량공 필립)의 측근들이며, 실제 인물 36명이 열거되어 있다. 각 소설은 여자들과 색한들이 욕망을 채우기 위해 부리는 잔꾀에 대해 이야기하고 있지만, 줄거리는 재치가 풍부한 말로 꾸며져 있으며, 등장인물의 스스럼없는 표현 따위로 회화적으로 묘사되어 있다.

36) 모로스키는 그의 《15세기 이전 프랑스 격언집》(1925)에서 '젊은 천사' 대신 비슷한 '젊은 파플라르'라는 격언을 소개한다.

가벼운 공상이나 몽상, 환자나 미친 사람의 헛소리를 진정한 계시로 믿는 패들이었다.

대중은 공공연한 불신과 광신의 양 끝에 끼어서 중용을 지키지 못했다. 그들은 예언자나 점성술사라는 자들의 말을 반성 없이 쉬이 믿었다. 그런가 하면 진정한 계시를 수차례 받은 성실한 성직자가 어쩌다 한 번이라도 기대를 저버리면, 대중은 성직에 종사하는 사람 모두를 비웃고 그들을 협잡꾼 또는 '파플라르'로 몰아붙였다. 악의에 찬 위선자라면서 더는 성직자들의 말에 귀를 기울이려 하지 않았다.

이처럼 불경 풍조를 탄식하는 목소리는 드높았지만 결국 그 풍조가 보여 주는 사례들을 살펴보면, 종교적 내용과 형식으로 포화 상태가 된 삶 속에서 갑작스레 영적 긴장감이 단절되는 것이 문제였다. 이는 신학적인 숙고에 의해 일어난 교회 교의의 기피라 볼 수 없으며, 어떤 충동적인 반동 작용으로 자연스럽게 나타난 잠재된 무신앙이다. 그 예는 중세 전반에 걸쳐 수없이 등장한다. 시인과 역사 서술가들이 시대의 중죄로 여기고 사람들은 이제 천국도 지옥도 믿지 않는다고 외친다한들, 그 말에 깊은 뜻이 담긴 것은 아니었다. 그러나 불신은 차츰 적지 않은 사람들의 의식 표면으로 떠올라, 명백한 무신앙의 형태를 띠다가 마침내 종교 무용론 사상으로써 널리 퍼져 나가게 된다. 또한 공공연히 그것을 내세우는 사람도 나타났던 것이다. 프루아사르는 베티삭(Bétisac) 대장이 죽어가면서 동료들에게 이렇게 말했다고 전한다. "경들이여, 나는 지금껏 일만 해 왔소. 생각건대 하느님을 무척 노엽게 한 것 같소. 신앙을 저버리고 방황한 지 이미 오래고, 삼위일체 따위는 한마디도 믿지 않았지. 하느님의 아들이 자신을 낮추어 하늘에서 내려와 여인의 몸을 통해 이 땅에 왔다는 말도 전혀 믿지 못했고, 죽으면 끝이지 영혼 따위는 없다고 믿었으며, 또 그리 말해왔기 때문이오. 나는 철이 든 뒤로 줄곧 이렇게 생각했소. 죽을 때까지 이 생각은 변치 않을 것이오."

파리 대사 위그 오브리오는 대놓고 사제를 혐오했다. 그는 성체의식을 불신하고 조롱하며, 부활절에 영성체도 하지 않고, 고해성사도 하지 않았다고 생드니의 수도사는 전하고 있다. 자크 뒤 클레르크는 하느님을 믿지 않는다고 밝히고, 임종 때에는 또렷한 의식인 병자성사를 유지하면서 마지막 성스러운 의식을 거부한 귀족들에 대해 이야기한다. 릴의 대사 장 드 몽트뢰이유는 학식 있는 한 친구에게 경건하다기보다 새로운 경향을 띤 인문주의자의 가벼운 투로 편지를 썼는데, 그 한 구절은 이렇다. "그대는 우리 친구 앙브루아즈 드 밀리스를 알 테지. 그가 종교를 어떻게 생각하는지, 신앙, 성서, 교회 법규 등을 어떻게 받아들이는지 그대도 자주 들었으리라 생각하네. 뭐랄까, 그가 가톨릭교도라면 에피쿠로스[37]도 가톨릭이라고 불러야 마땅하리란 느낌이었네. 하지만 그는 이제 완전히 마음을 바꾸었다네." 그렇다면 개심하기 전의 앙브루아즈는 이 경건한 신앙으로 가득 찬 초기 인문주의자 집단에게 받아들여지지 않았는가 하면 딱히 그렇지도 않았다.

이런 자연발생적인 불신앙 사례들의 반대편에는 르네상스 문학에 나타난 이교 정신과, 이미 13세기 아베로에스[38]가 지적한 이래로 많은 집단에 널리 유행한 세련되고 조심성 있는 에피큐리즘(Épicurisme, 쾌락주의)이 자리 잡고 있었다. 다른 한편에서는 가난하고 배우지 못한 이단 대중이 열정적으로 교회를 부정했다. 이를 튀를뤼팽파(Turlupin) 이단이라고 일컫건, 자유정신형제단이라 부르건 간에 가련하고 무지한 이단자들만이 하느님께 드리는 교회 예배에서 범신론으로 가는 한계를 뛰어넘었던 것이다.

이러한 현상들은 뒤에서도 다루므로, 여기서는 신앙 표현 세계와 겉으로 드러난 형식과 관습의 영역에 머무르기로 하자. 대중은 일상적인 종교의식의 보이는 이미지에 만족했다. 신앙의 진실성에 대한 지적인 입증은 필요치 않았다. 눈앞의 색과 형태로 묘사된 사물, 예를 들면 삼위일체와 불타는 지옥, 수많은 성인이 사물에 대한 신앙과 직접 이어져 있어서, 이것이 과연 진실일까라는 의문이 파고들 틈이 없었다. 사람들은 이 삼위일체, 지옥, 성인 같은 신앙의 개념들을 직접적인 이미지로서 믿었다. 그 개념은 대중의 마음에 뚜렷한 선을 새기고 다채롭게 묘사되면서, "신앙은 마땅히 이러해야 한다"는 교회의 요청에 충분히

---

37) Epicurus(Epikouros, BC 341~270) : 헬레니즘 시기 그리스 아테네 철학자. 쾌락주의자. 철학의 목적을 해방에 의한 아타락시아(마음의 평안)를 얻는 데 있다고 보았다.
38) Averroes(1126~1198) : 에스파냐 남부 코르도바(Cordoba) 출신 서칼리프국의 철학자. 온갖 《아리스토텔레스 해설서》를 바탕으로 한 그의 학설은 13세기 초부터 유럽에 소개되었는데, 1240년 파리 대학은 이를 금서로 정했다. 토마스 아퀴나스는 아베로에스의 이론을 반박했지만 이것이 스콜라 철학의 부흥에 큰 자극이 되었다.

응답할 수 있었다. 아니, 그 이상이었다.

하지만 신앙이 대중의 마음을 직접적으로 사로잡는 이미지 표현에만 의지하는 경우, 다양한 신앙 요소에서 성스러움의 종류와 정도를 질적으로 구별하기란 불가능하다. 모두 사실적이며 경외해야 할 이미지라는 이야기가 되기 때문이다. 하느님만을 예배해야 하며 성인은 그저 존경의 대상이라는 원칙도 이미지만으로는 가르치기 어렵다. 따라서 교회는 교리문답을 통해 대중에게 끊임없이 알려야 했다. 실제로 성인 숭배 영역만큼 다채로운 이미지가 들러붙어 종교사상을 압도할 듯한 경우는 없었던 것이다. 따라서 이 문제에 대한 교회의 입장은 어디까지나 엄격한 선을 무너뜨리지 않으려는 고자세였다. 죽은 뒤에도 개인이 존재한다고 믿는 이상, 성인 숭배는 자연스러운 일이었으며 다른 의견이 있을 리 없었다. '성인들을 본받고 하느님을 의지함으로써' 그들을 공경하고 기리는 것이 받아들여졌으며, 마찬가지로 하느님의 숭배로 이어진다면 성상, 성유물, 성지, 봉헌된 사물에 대한 숭배 또한 허용되었다.

또 성인에 오른 사람과 그에 오르진 못했어도 복자(福者)[39]가 된 사람을 제도적으로 구별하는 예식으로 시성식(諡聖式)이 있는데, 성인에 오를 때 드리는 이 예식의 표준화는, 위험한 형식주의였는지도 모르지만 그리스도교 정신에 모순되지는 않았다. 원래 교회는 성인과 복자를 동등하게 여겼으며, 또한 그 선정에 잘못이 아주 없을 수는 없다고 인정했다. 장 제르송은 말한다. "수많은 성자들이 죽어갔으며, 지금도 죽어가고 있지만 모두 다 성인과 복자에 오르지는 못하고 있다." 성상(聖像)은 십계명 가운데 두 번째 계명[40]에 분명 어긋나지만, 교회는 그 정당성에 다음의 논리를 폈다. "그리스도께서 성육신하기 전에는 이 금지령이 필요했다. 그때에 하느님은 정신뿐이었기 때문이다. 그러나 그리스도께서 이 땅에 오셔서 옛 규정은 사라졌다." 하지만 교회는 제2계명에 이어지는 '그 앞에 절하며 섬기지 못한다'는 부분을 어기고 싶지 않았다. "우리는 형상들에게 경배하는 것이 아니다. 다만 이미지가 상징하는 하느님과 성인들에게 영광과 경

---

39) 가톨릭에서 순교 등 신앙생활의 모범으로 공적 공경을 받을 만한 사람에게 주는 존칭 또는 그 존칭을 받는 사람. 복자는 공경 범위가 특정 교구·지역·국가 또는 수도단체 내에 한정되는 데 반해, 성인은 세계 어디서나 공경을 드릴 수 있다는 차이가 있다.

40) 하느님 말고는 다른 우상을 세우지 말라는 계명. 출애굽기 20 : 3~5.

배를 드리는 것이다." 성상은 성서를 읽지 못하는 단순한 사람들에게 무엇을 믿어야 하는지를 제시하기 위해 존재한다. 이미지가 무지한 사람들을 위한 책이라는 생각은, 프랑수아 비용이 《유언집》에 어머니를 기리며 지은 〈성모의 발라드 Ballade de Notre-Dame〉에서도 볼 수 있다.

> 나는 아무것도 모르는 가련한 노파,
> 글자 하나 제대로 읽지 못하네.
> 나는 교회당 안에서 바라보네.
> 그림 속의 천국에는 하프와 비파가 있고,
> 지옥에서는 죄인이 유황불에 고통받네.
> 이는 나를 두렵게도 하고, 또 즐겁고 기쁘게도 한다네.

다채로운 이미지로 가득한 이 책을 펼쳐 보여 주는 것은, 신앙심이 깊지 못한 사람들이 교회의 가르침에서 멀어지게 만드는 원인이 되었다. 또 성서의 해석을 제멋대로 하는 빌미가 되기도 했는데, 교회는 이를 걱정하지 않았다. 교회는 무지와 단순함 때문에 성상 숭배의 잘못을 저지른 사람들에게 늘 관대했다. 장 제르송은 말한다. "그들이 성상 숭배에 대한 교회 방침을 따르려 했다면 그것만으로도 충분하다."

성인을 하느님께 맹세를 전달하는 중개자가 아니라 기도를 들어주는 신적인 존재 대리인으로 여겨서, 성인을 섬기고 예배까지 하는 풍습에 대한 금지령을 교회가 왜곡하지 않고 끝까지 지켜냈을까? 이는 교회사적 문제이다. 하지만 문화사적 관점은 대중을 직접적인 신앙 숭배에서 떼어놓는 데 교회가 얼마만큼 성공했느냐는 것이다. 바꿔 말하면 중세 끝 무렵 종교의식과 민간신앙에 있어서, 성인은 사람들에게 얼마나 현실적인 존재였으며, 어떤 대리적 가치를 지녔는가? 답은 하나밖에 없다. 성인들은 매우 사실적이고 구체적이며, 무척 친숙한 모습으로 나날의 신앙생활 속에 살아 있었다. 그러므로 일상 의식의 표면에 흐르는 모든 감각적인 종교적 충동이 성인과 이어져 있었다. 심오한 정서는 그리스도와 마리아에게로 흐르고 있었지만, 일상의 편안하고 소박한 종교 감정은 성인 숭배로 모여들어 아름다운 결정(結晶)을 이루었던 것이다.

대중과 친숙한 성인들에게 사실성을 부여하고, 그들을 삶의 한가운데로 등장시키는 능력은 어디에나 있었다. 대중의 상상력은 성인을 온전히 자기 것으로 만들어 버렸다. 성인은 대중에게 친숙한 생김새와 특징을 갖추고 있었고, 대중은 성인의 가혹한 순교와 경이로운 기적을 잘 알고 있었다. 성인은 사람들과 똑같은 옷을 입었고, 누구나 지녔음직한 것을 들고 다녔다. 사람들은 날마다 언제 어디서나, 페스트 환자의 순례 중인 무리 속에서조차도 성 로크와 성 요한을 볼 수 있었

토마스 아퀴나스(1225~1274)

다. 성인의 옷차림이 언제까지 그 시대 유행과 보조를 맞추었는지는 꽤 흥미로운 점이다. 15세기 끝 무렵까지도 같은 옷차림이었다. 하지만 그리스도교 예술이 생기 넘치던 대중의 상상력에서 벗어나 성인에게 수사학자 같은 고전적인 옷을 입힌 시점은 언제인가? 이는 단순히 옛 옷차림에 대한 르네상스적 취미의 문제가 아니라, 대중의 상상력이 더는 성인들을 신경 쓰지 않게 되었다는 말이다. 또는 대중의 상상력은 이제 그리스도교 예술의 틀에 얽매이지 않게 되었다고 볼 수도 있다. 반종교개혁[41] 시대에 성인들은 몇 단계나 높은 위치로 올라가 대중생활과 접촉을 끊었다. 교회가 그러기를 바랐던 것이다.

성인은 이미지로 묘사되면서부터 육신을 얻었는데, 성인도 육신을 지녔다는 사고가 퍼진 것은, 교회가 성인의 신체적 유물에 대한 숭배를 인정하고 나아가 부추기기까지 했기 때문이다. 물질에 대한 과도한 집착과 유물 숭배의 영향은

---

41) 가톨릭교회 안에서 일어난 종교개혁.

신앙의 물질주의화라는 필연적 결과를 가져왔으며, 때로 그것은 놀라울 정도로 극단적이 되었다. 중세의 완고한 신앙은, 특히 성유물에 대해서라면 아무리 흥을 깨고 신에 대한 모독과 마주하더라도 두려워하는 일이 없었다. 1000년 무렵 움부리아(Umbria) 산속에 사는 사람들은 성 로뮈알드[42]를 때려죽이려 했다. 그의 뼈를 갖고 싶었기 때문이다. 1274년, 토마스 아퀴나스[43]는 이탈리아 포사누오바(Fossa nuova) 수도원에서 세상을 떠났다. 그곳의 수도사들은 값비싼 성유물이 사라지는 것이 두려워 스승의 몸을 글자 그대로 가공, 보존했다고 한다. 목을 자르고 그 시체를 삶아 조리했던 것이다.

1231년, 헝가리 공주 성녀 엘리자베스[44]의 유해가 매장을 위해 안치되어 있었을 때의 일이다. 신자 한 무리가 찾아와 그녀의 얼굴을 덮고 있던 천을 벗겨 마구 찢어갔을 뿐만 아니라 머리카락과 손톱, 심지어는 귓불과 젖꼭지까지 잘라갔다고 한다. 생드니 수도사에 따르면, 1392년 어느 성대한 축하연에서 샤를 6세는 자기 조상 성왕 루이 9세의 갈비뼈를 참석자에게 나눠 주었다고 한다. 피에르 다이이, 숙부 베리 후작, 부르고뉴 후작에게는 1개씩 주었고, 성직자들에게는 1개를 주었다. 그들은 연회가 끝난 뒤 그것을 나눠 가졌다.

한편 일상 현실세계에서 구체적인 육체의 형태로 생생한 이미지를 보이던 성자들은, 막상 초자연적 범주에서는 모습을 드러내지 않았다. 환상, 표적, 유령 등이 나타나는 영역은 성인 숭배 이미지의 영역과 겹치지 않았다. 물론 예외는 있다. 가장 뚜렷한 예는 대천사 미카엘, 성녀 카트린, 성녀 마르그리트 3명이 잔 다르크에게 나타나 조언을 했다는 환상이다. 하지만 잔 다르크는 뚜렷하지 않았던 경험을 차츰 환상으로 해석하게 된 듯한 인상을 강하게 주는데, 그녀가 재판 심문 과정에서 그렇게 믿게 된 게 아닐까 생각한다. 처음에 그녀는 '계시'라고만 했지 성인의 이름은 밝히지 않았다. 나중에 가서야 특정 성인과 연관지

---

42) Saint Romuald(951~1027) : 베네딕트파 수도회 지파인 카말돌리회를 1012년에 이탈리아 중부 아레초(Arezzo) 지역 카말돌리(Camaldoli)에 창시했다.

43) Thomas Aquinas(1225~1274) : 이탈리아 신학자이자 철학자. 스콜라 철학의 대표자 가운데 한 사람으로, 이성과 신앙의 조화를 추구하여 방대한 신학 이론의 체계를 수립했다. 주요 저서에 《신학 대전》, 《진리에 대하여》, 《신의 능력에 대하여》가 있다.

44) Saint Elizabeth of Hungary(1207~1231) : 튀링겐 제후 루드비히 4세와 결혼, 남편이 죽은 뒤 마부르크(Marburg)에서 요양원을 경영했다. 프란체스코회 제3회 회원.

어 '계시'를 말했던 것이다.[45]

환각에 성인이 나타나는 경우, 대부분 문학적 꾸밈과 해석을 거친 형태를 띤다. 1446년, 밤베르크(Bamberg) 근처 프랑켄탈(Frankenthal)에서 젊은 양치기에게 14명의 '아기 천사들(angelots)'이 나타났다. 특징을 나타내는 소지품도 없는, 모두 같은 모습의 천사였다고 한다. 그저 자신들은 수호성인이라고 직접 말했을 뿐이었다. 하지만 그가 본 수호성인을 그린 그림은 모두 특징적인 외모로 표현되었다. 민간신앙의 환상세계는 천사와 악마, 죽은 이의 영혼이나 흰옷을 입은 여인으로 채워져 있었다. 하지만 성인은 등장하지 않는다. 다만 예외적으로 문학과 신학의 해석을 겪지 않은 꾸밈없는 미신 영역에서는 성인이 한 역할을 담당하기도 했다. 강(Gand)의 성 베르툴(Saint Bertoul)이 그렇다. 샤틀랭에 따르면 이 성자는 도시에 어떤 불길한 재앙이 일어날 것 같으면 성 베드로 수도원에 있는 관을 '서두르지 않고, 맹렬하게' 달각달각 두드렸다고 한다. 이때 가끔 땅이 같이 흔들렸는데, 놀라고 당황한 마을 사람들은 성대한 의식을 열어 정체 모를 재앙을 쫓으려 했다.

보통 형태가 일정치 않은 막연한 이미지에 우울한 공포감이 감돈다. 이는 교회 벽에 새겨놓은 성상처럼 낯익은 형태에 선명한 빛깔의 옷을 입은 모습이 아니라, 낯설고 몽롱한 무서운 표정에 흰옷을 입고 돌아다니거나, 투명한 햇빛처럼 눈부시게 나타나거나, 아니면 무시무시하고 창백한 환영의 자태로 나타나, 가슴 한구석에서 떠오르는 감추고 싶은 이미지이다. 이것은 특별히 놀랄 일은 아니다. 명확한 형태를 띠면서 많은 이미지의 소재를 모아 결정(結晶)화했기 때문에 성인에게는 전율을 자아내는 은밀함이 모자랐다. 초자연에 대한 공포는 이미지의 무한정성에서 시작된다. 전혀 예기치 못한 무서운 무엇인가가 갑자기 모습을 드러낼지도 모른다는 예감이 공포를 일으키는 것이다. 그러므로 이미지가 윤곽을 띠고 구체적인 형태가 정해지면 안정과 친숙한 감정이 샘솟는다. 낯익은 성인들은 마치 낯선 도시 한가운데서 마주친 경찰처럼 마음 놓게 하는 무엇인가를 지니고 있었다. 성인의 화상 표현을 바탕으로 하는 성인 숭배는 하느님을 본다는 황홀경과 그리스도에 대한 달콤한 사랑의 전율을 느끼게 하는

---

45) 작가 주 : 내 논문 《버나드 쇼의 성녀》(1925) 전집 가운데 3권을 참조하라.

한편, 악마에 대한 공포의 음침한 환영과 마녀 환상이라는 극과 극 사이에서 온화하고 고요한 신앙의 중립 지대를 창출했던 것이다.

따라서 이렇게 표현해도 지나치지 않다고 생각한다. '성인 숭배는 극도의 행복감과 불안감을 온화한 감정 표현으로 이끎으로써 거칠고 분방한 중세 정신을 진정시켰다.' 성인 숭배는 남김없이 이미지로 묘사되어 신앙생활의 외부 형태를 규정했다. 이는 일상생활 의식의 흐름을 타던 것이었다. 때로는 그 흐름에 빠지고 말아 원래 모습을 잃는 일도 있었다. 중세 끝 무렵에 성행한 성 요셉 숭배가 이를 잘 드러낸다. 성 요셉 성상의 실추는 사람들이 마리아 숭배에 정열을 쏟은 결과 또는 그 반동으로 짐작된다. 그리스도의 양아버지에 대한 거침없는 관심은 마리아에 대한 사랑과 숭배의 반대급부였던 것이다. 마리아가 점점 드높여질수록 요셉은 차츰 희화화되었다. 조형미술은 요셉을 볼품없고 우스꽝스러운 모습으로 표현했다. 예를 들면 디종(Dijon)에 있는 멜키오르 브뢰데를람의 2절 제단화[46]에 나오는 요셉이 그러하다. 하지만 조형미술은 이런 모독을 끝까지 밀고 나가지는 않았다. 문학은 그보다 대담했다. 외스타슈 데샹의 요셉 묘사는 어찌나 천연덕스럽게 고지식함을 드러냈던지! 그렇다고 데샹이 하느님을 두려워하지 않고 빈정거리는 사람은 아니었다. 요셉은 그리스도의 어머니를 섬기고, 그 아들을 기른 사람이다. 사람들은 언젠가 죽어야 하는 생명을 지닌 자로서 이만큼 하느님의 복을 받은 이가 또 있겠느냐 생각한다. 하지만 데샹은 그를 고된 일에 허덕이는 불쌍한 남편으로 보아도 괜찮다는 듯이 묘사한다.

아내와 아들을 섬기는 그대
언제나 요셉을 떠올리기를.
아내를 돌보고 슬피 탄식하고
어린 예수 그리스도를 지켰나니.
자신은 나귀 곁에서
두 사람을 편하게 해주기 위해,
창 손잡이에 짐을 매단 채 길을 걸었다고

---

46) 교회 제단 뒤쪽이나 칸막이에 성인이나 성서이야기를 그린 그림.

곳곳에 그려져 있지 않은가.

그에게 세상의 다른 즐거움이란 없었다네.

데샹이 그를 고귀한 사람의 본보기로서 높이기보다는 노고가 많은 세상 남편들을 위로하려는 것이라면, 표현에 품위가 부족하더라도 그냥 넘어갈 수 있을지 모른다. 하지만 그는 요셉을 가족 부양 능력이 없는 사내의 본보기로 거침없이 묘사한다.

그리스도가 태어나던 순간,

그 얼마나 가난이 요셉을 괴롭혔던가.

그 얼마나 큰 수고와 불행을 지고 있었던가!

함께 걷기를 수없이 하면서

선량함 속에 깊은 배려로

부인과 아들을 나귀 등에 태웠지.

내가 본 그 모습은 이러하다네.

그는 이집트로 갔지.

사람 좋은 그의 차림새는

헐렁한 바지에 덧옷을 걸치고,

어깨에 지팡이를 맨 채로,

늙고, 지치고, 뒤처진

상한 모습이라네.

이 세상에는 어떠한 즐거움도 없는

그런 그를 두고

사람들은 이렇게 말하지.

저게 바로 바보 요셉이라고.

익숙한 이미지로부터 낯익은 해석을 끄집어내어, 원래 주제가 지닌 신성함이 더럽혀진 모습을 볼 수 있다. 대중이 상상하는 요셉은 언제나 반쯤 우스꽝스러운 이미지에 머물러 있었다. 따라서 16세기에 들어서 루터와의 논쟁으로 유명한 요한 에크[47]는 요셉을 크리스마스 연극에 등장시키지 말던가, 반드시 등장해야 한다면 점잖은 모습이어야 한다고 주장했다. 예를 들면 '하느님의 교회가 웃음거리가 되지 않도록' 요셉이 죽을 끓이는 것은 삼가야 한다고 소리 높였던 것이다. 이처럼 널리 퍼지는 요셉의 희화화 경향에 맞서, 장 제르송은 올바른 성 요셉 숭배를 회복하기 위해 노력하고, 실제로 모든 성인 예배의식 가운데 성 요셉을 맨 먼저 두는 데까지 성공을 거둔다. 그의 이런 착실한 노력 또한 거침없는 호기심에서 자유롭지 못했음은 앞서 언급했다. 생각건대 그 호기심은 요셉의 결혼이라는 주제와 필연적으로 연관되어 있었던 것이다. 장 제르송은 신비주의에 대한 취향을 보이기는 했지만, 여러 관점에서 역시 깨어 있는 정신이었다. 이렇듯 사리에 밝으며 자유로운 그조차도 마리아와 요셉의 결혼이라는 주제를 떠올릴 때면 불경한 생각들이 뒤얽혀 세속적인 사고에 깊숙이 빠져들었다. 마찬가지로 착실하고 올바른 기사인 라 투르 랑드리도 이 문제를 이렇게 보고 있다. "하느님은 마리아가 늙고 정의롭고 성스러운 요셉과 결혼하기를 바랐다. 왜냐하면 하느님은 세상의 소문을 피하기 위해 그때 관행에 따라 그리스도가 결혼이라는 그림자 아래에서 태어나기를 바랐기 때문이다."

15세기의 한 미간행 저술은 하늘의 신랑, 즉 그리스도와 성령과의 신비로운 결혼을 마치 부르주아의 결혼 이야기를 하듯 범속하게 표현한다. 예수는 하느님께 말한다. "괜찮으시다면 저는 결혼하여 자식과 친족을 많이 만들고 싶습니다." 하느님은 반대한다. 아들 예수가 에티오피아 흑인 처녀를 골랐기 때문이다. 곧 이 이야기는 아가서의 한 구절 "내가 비록 검으나 아름다우니(Nigra sum sed formosa)[48]와 관련이 있다. 이는 서로 어울리지 않으며 가족의 불명예라고 하느님은 말한다. 여기서 천사가 중재자로 등장하여 신랑을 변호한다. "이 아가씨는 피부가 검기는 하나, 정숙하고 신체가 고르게 발달하여, 충분히 많은 자손을 낳을 수 있습니다." 하느님은 대답한다. "내 아들은 이 여인의 피부가 검고 머리

---

47) Johann Mayer von Eck(1486~1543) : 독일 가톨릭 신학자. 면죄부에 대한 논쟁이 일어나기 전에는 루터와 친한 사이였으나 《95개조의 논제》가 발표된 뒤부터 대립하여 1519년 라이프치히 논쟁을 벌였다. 루터를 이단자로 몰아 이듬해 교황을 독촉해 루터에 대한 파문을 선언시키는 데 성공했으며, 프로테스탄트에 대한 가톨릭 대항세력을 조직했다.
48) 아가 1장 5절(개역개정).

〈대천사 라파엘과 가브리엘〉

칼과 눈이 갈색이라고 했다. 나는 아들의 신부가 젊고 품위 있으며, 사랑스럽고 정숙하며 아름답고 균형 잡힌 몸을 가졌으면 한다." 그러자 천사는 이 여인의 생김새와 몸매를 몹시 칭찬하면서 여인이 아름다운 영혼을 지녔다고 말한다. 하느님은 마침내 뜻을 굽히고 그리스도에게 이른다.

> 그녀를 취하라, 이 여인은 사랑스러우며,
> 사랑하는 남편을 매우 위하리라.
> 또한 나의 재물을 넉넉히 취하여,
> 그녀에게 풍족하게 주거라.

이 작품의 성실하고 경건한 의도에는 의심의 여지가 없다. 이는 고삐 풀린 상상력이 과도해지면 얼마나 하찮은 생각이 되는지에 대한 좋은 예이다.

성인들은 또렷하게 묘사되어 사람들 입에 오르내리면서 각자 개성을 지니게 되었다.[49] 이와 대조적인 것이 천사들인데, 대천사 3인[50]을 빼고는 끝내 그림으로 묘사되지 않았다. 성인의 개성은 저마다 특수한 직분에 따라 더욱 강화되었다. 사람들은 위험이나 재난에 즈음해서는 다른 성인을 찾고, 병의 치유를 바랄 때는 또 다른 성인을 찾는 식이었다. 대부분 성인 이야기에 등장하는 직분은 삽화나 성인상에 있는 특색에서 나뉘었다. 예를 들면 순교당할 때 이가 모두 뽑혔던 성녀 아폴로니아[51]는 치통을 앓을 때 기도하는 대상이었다. 그리고 한 성인에게 어떤 효험이 있음이 정해지면, 응당 그 성인에 대한 기계적인 숭배로 이어졌다. 그리하여 페스트의 치유가 성 로크[52]의 직분으로 결정되면 이 치료에는 성 로크가 직접 관련된다고 믿는 식이다. 그렇게 되면 교회가 강조하는 도리, 즉 성인은 오직 하느님의 치유 기적을 중재할 뿐이라는 논리는 어디론가 추락할 위험에 빠지고 만다. 그 위험이 가장 뚜렷이 드러난 것은 중세 끝 무렵에 화려하게 등장한 14명의 수호성인 숭배이다. 때로 그 수는 5명, 8명, 10명, 15명이 되기도 했는데 그중에서도 사람들에게 친숙한 건 성녀 바르바라,[53] 성 크리스토포루스[54]를 그린 그림이었다. 사람들은 이 14명이 하느님께 특별한 권능을 부여받아서, 이 가운데 누군가에게 기원하기만 하면 코앞에 닥친 위험을 피할 수 있다고 믿었다. 데샹은 노래한다.

---

49) 작가 주: 성인상에 대해서는 에밀 말(Émile Mâle, 1862~1954)의 《중세 후기 프랑스의 종교미술 *L'Art religieux à la fin du Moyen Âge en France*》(1908) 4장 참조.

50) 미카엘, 가브리엘, 라파엘.

51) St. Apollonia(St. Appoline) : 249년, 알렉산드리아에서 화형 당함.

52) Saint Roch : 몽펠리에 귀족 집안 태생으로 이탈리아에서 페스트를 치료했다. 생몰년은 명확하지 않은데, 1340~1378년이 공식적인 견해이지만, 전통적으로 1295~1327년으로 보기도 한다. 그가 페스트에 걸렸을 때, 강아지가 음식을 날랐다는 전설 때문에 성상에는 강아지와 같이 묘사되곤 한다.

53) Saint Barbara : 이교도였던 아버지에게 박해를 받아 306년경 순교했다. 순교지는 니코메디아(Nicomedia) 또는 토스카나(Toscana)의 어느 마을이라고도 한다. 아버지가 직접 딸을 참수하고 돌아오는 길에 번개에 맞아 죽었다는 데서 번개, 포탄 등의 수호성인이 되었다. 또한 15~16세기 건축 작품에 소재로 많이 쓰여 건축가의 수호성인이었으며, 탑이 그녀의 상징물이 되었다.

54) Saint Christophorus : 3세기, 데키우스 황제 시대에 박해를 받은 순교자였다고 한다. 중세 전승에 따르면 어깨에 사람을 메고 강을 건너는 일을 한 거인이었다. 따라서 성상에는 어린 그리스도를 어깨에 올린 모습으로 그려진다. 여행자의 수호성인.

계보에 나오는 다섯 성인은
다섯 성녀와 함께 그 삶의 마지막에 허락된
하느님의 은혜와 권능을 받았으니,
누구든지 파멸이 닥쳤을 때 진심으로
그들에게 기도하고 기원하면,
하느님은 어떠한 난국이라도 기도를 들어주신다네.
그러므로 이 다섯 성인을 섬기는 자는 현명할지니
조르주, 드니, 크리스토프, 질, 그리고 블레즈[55]를.

이 시에서도 나타나듯 성인은 하느님께 완전한 권리를 위임받아 그 효험이 확실했으므로, 대중으로선 성인이 중재자에 지나지 않는다는 생각은 받아들일 수 없었을 것이다.

대중은 성인을 하느님의 전권대리인으로 여겼다. 실제로 수호성인의 성무와 예배 문구를 기록한 중세 끝 무렵 몇몇 미사 전서는 성인들의 중재 역할이 매우 강했음을 뚜렷하게 나타낸다. 예컨대 15세기 끝 무렵, 밤베르크의 미사 전서 한 구절은 이러했다. "하느님, 당신은 당신이 선택하신 성인들, 그레고리우스[56] 등에게 다른 성인에 버금가는 특별한 권능을 주셨나이다. 이로써 모든 난관에 즈음하여 이 성인들에게 도움을 청하는 자는 당신의 은총 약속에 따라 그 소원이 바람직한 성취에 이르나이다." 이로써 교회는 트렌트 공회의(Tridentine Council)를 계기로 14명의 수호성인 미사를 금지하기에 이르렀다. 그것은 대중이 귀신 쫓는 부적에 대한 미신처럼 이 신앙에 집착할 위험이 있었기 때문이었다. 실제로 불행한 최후를 막아주는 부적으로 사람들은 이미 성 크리스토포루스의 그림과 조각상에게 날마다 빌었던 것이다.

14명이 함께 수호성인을 이룬 이유가 무엇이었을까? 이 질문에 떠오르는 것은 모든 성화(聖畵)는 상상력을 자극할 정도로 빼어난 특징을 지녔다는 점이다.

---

55) 저마다 전후에 등장하는 게오르기우스(Georgius), 디오니소스(Dionysus), 크리스토포루스(Christophorus), 에지디우스(Aegidius), 블라시우스(Blasius)의 프랑스어 발음.
56) 그레고리우스(Gregorius)라는 이름을 지닌 성인은 그레고리우스 교황을 비롯하여 너무 많다. 그레고리우스만으론 어떤 그레고리우스인지 알 수 없다.

성 아가티우스[57]는 가시관을 쓰고, 성 에지디우스[58]는 암사슴을 지키며, 성 게오르기우스[59]는 용을 쫓는다. 성 블라시우스[60]는 맹수와 함께 동굴에 있고, 성 크리스토포루스는 거인이며, 성 키리아쿠스[61]는 쇠사슬에 묶여 악마와 함께 있다. 성 디오니소스[62]는 자기 목을 들고 있다. 성 에라스무스[63]는 기중기 같은 것으로 내장을 감아올리는 고문을 당하고 있다. 성 에우스타키우스[64]는 두 뿔에 십자가를 걸고 있는 암사슴을, 의사인 성 판탈레온[65]은 사자를 쫓고 있다. 성 비투스[66]는 커다란 솥단지 안에 있다. 성녀 바르바라는 탑 옆에 서 있다. 성녀 카

---

57) Saint Agathius(Acacius) : 아가티오. 트라키아 주재 로마군대의 대장. 303년쯤 참수당했다.

58) Saint Aegidius(Giles) : 에지디오. 전승에 따르면 6세기에 이 지역에 숨어 살면서 이따금 도망쳐 오는 암사슴을 지키느라 자신도 다쳤다. 뒷날 서고트(wisigoth : 남서프랑스와 에스파냐 지역에 해당) 왕 플라비우스(Flavius)는 아를(Arles) 근처 생질(Saint-Gilles) 지방에 그를 위해 수도원을 세웠다. 절름발이와 거지의 수호성인.

59) Saint Georgius(Georges) : 제오지오. 초대 교회 시절에 팔레스티나에서 순교한 영국의 수호성인. 용을 죽이고 왕과 백성에게 세례를 받게 했다는 전설로 유명하다. 십자가 모양을 만들어 보이며 용을 붙잡은 데서 흰 바탕에 붉은 십자가 모양이 성인의 문장이 되었다. 이는 영국 국기의 일부이다.

60) Saint Blasius(Blaise) : 블라시오. 4세기 첫 무렵 팔레스티나에서 순교. 양털을 깎는 도구로 고문당했다고 한다. 양털깎이의 수호성인. 목에 가시가 박혀 죽을 뻔한 소년을 살린 데서 목과 폐의 성인이기도 하다.

61) Saint Cyriacus : 치리아코. 정확히 누구인지 분명치 않다. 7세기 첫 무렵 콘스탄티노플교회 대주교로서 비잔틴제국 유스티누스왕조 마지막 황제를 도왔다는 이유로 황제 찬탈자 포르스의 노여움을 사서 순교한 키리아쿠스일지 모르지만 그는 그리스정교회 성인이다.

62) Saint Dionysus(Denis) : 디오니시오. 파리의 초대주교. 프랑스의 수호성인. 전승에 따르면 백 살도 더 되어 파리 근교에서 참수되었는데, 목을 손에 들고 꽤 긴 거리를 걸었다고 한다. 참수된 곳이 오늘날 몽마르트르('순교자의 언덕'이라는 뜻) 거리이다.

63) Saint Erasmus : 에라스모. 4세기 이탈리아 포르미오의 주교. 디오클레티아누스 황제의 박해로 순교. 그가 받은 고문에서 복통을 치료하는 수호성인이 되었고, '세인트 엘모(Saint Elmo)의 불'로 알려져 있다시피 선원의 수호성인이기도 하다.

64) Saint Eustachius : 에우스타키오. 118년, 로마에서 순교. 전승에 따르면 사냥에 나갔다가 십자가에 매달린 예수의 모습이 사슴뿔에 달린 것을 보고 개종했다고 한다. 사냥꾼의 수호성인.

65) Saint Pantaleon : 303년 무렵 디오클레티아누스 황제의 박해로 순교. 갈레리우스 황제의 시의(侍醫). 의사들의 수호성인.

66) Saint Vitus : 성 비토. 디오클레티아누스 황제의 박해로 순교. 어린 나이에 개종하여 가정교사와 여종과 함께 끌려가, 성화에는 세 사람이 함께 가마 속에 있다. 작센, 보헤미아의 수호성인. 무도병(舞蹈病)은 '성 비투스의 춤'이라 불린다. 간질병자의 수호성인.

타리나[67]는 수레바퀴와 칼을 들었고, 성녀 마르가리타[68]는 용과 함께 있다. 14명의 성인을 특별히 주목하는 까닭은, 이 성상들에 독특하고 인상적인 점이 있었기 때문이라는 설명도 가능하다.

많은 성인들의 이름은 특정 질병과 밀접한 연관이 있었다. 예를 들어 성 안토니우스[69]는 온갖 피부병, 성 마우르스[70]는 통풍, 성 세바스티아누스,[71] 성 로크, 성 에지디우스, 성 크리스토포루스, 성 발렌티누스[72]는 페스트와 관련이 있다는 식이다. 또 여기에는 대중 신앙을 타락시키는 위험이 있었다. '성 안토니우스 열'이라든지 '성 마우르스 병'처럼 질병을 성인의 이름으로 부른 것이다. 이리하여 질병하면 맨 먼저 성인이 떠오르게 되었다. 병을 생각하면 마음은 온통 공포와 불안으로 몹시 동요한다. 특히 페스트가 그러했다. 따라서 페스트의 성인은 15세기 교회의 예배, 성체행렬, 신자 교육에서 엄청난 효과를 거두었다. 따지고 보면 이것은 종교에서 질병보험이었던 셈이다. 언제나 재앙과 함께 등장하던 하느님의 노여움이라는 강렬한 관념이, 뚜렷한 이미지를 지닌 성인들에게로 너무 쉽게 옮아간 것이다. 결국 이 질병을 일으키는 것은 하느님의 헤아릴 수 없는 정의가 아니라, 성인의 분노라고 여겼다. 그 분노는 누그러질 때까지 그치지 않았다. 성인이 어떤 특정의 병을 낮게 한다면 병들게 만들 수도 있음은 너무

---

67) Saint Catherine : 전승에 따르면 알렉산드리아의 귀족 딸로 학식이 뛰어나 공개 논쟁에서 그녀의 이야기를 듣고 개종한 사람이 많았다. 4세기 초에 막센티우스 황제의 박해로 수레바퀴 고문을 받아 참수되었다. 시체는 천사가 시나이산으로 옮겼다고 하는데, 시나이산 중턱에는 모세의 불붙는 가시나무가 있기로도 유명한 성 카타리나 수도원이 있다. 마차목수, 처녀, 학자의 수호성인.

68) Saint Margaret of Antioch : 안티오크의 로마인 장관과의 결혼을 거부하여 참수되었다고 전해지는 여성. 그러나 가공의 인물인 듯하다. 311년쯤, 디오클레티아누스 황제의 박해로 15세에 순교한 안티오크의 성 펠라기아(Pelagia)의 복사판이라는 설도 있다.

69) Saint Antonius : 안토니오. 4세기 전반 이집트에 최초로 수도원을 설립한 은자. 사막에서 은거 중에 얻은 비전이 이른바 '성 앙투안(안토니우스)의 유혹'이다.

70) Saint Maurus(Maur) : 생모르. 전승에 따르면 6세기, 앙주의 그람피코 수도원장. 베네딕트 수도회를 갈리아(골)에 유치했다고 한다.

71) Saint Sebastianus : 세바스티아노. 3세기 무렵 로마에서 순교. 화살에 맞은 모습으로 묘사된다. 궁수의 수호성인. 로마에 페스트가 발병했을 때 그의 성체행렬을 거행하자 페스트가 사라졌다고 한다. 전염병의 수호성인.

72) Saint Valentinus : 발렌티노. 270년 로마에서 순교. 채찍으로 맞다가 참수당함. 상업적으로 변질해 비판받는 밸런타인데이는 사실 발렌티노의 축일이다.

도 당연한 것이다. 여기서 우리는 대중 신앙이 이처럼 이교(異敎)로 기울고, 종교와 윤리의 영역에서 주술의 영역으로 넘어감을 볼 수 있다. 교회는 과연 이 사태에 대하여 책임을 졌을까? 교회는 무지몽매한 정신이 순수한 교리를 받아들였을 때, 어떻게 그 순수성이 변질되는지 충분히 계산하지 못했지만 그 밖에는 교회에 책임이 있다고 할 수 없었다.

이 사고방식이 대중에게 널리 퍼져 나갔음을 입증하는 증거는 매우 많다. 무지한 사람들은 참으로 성인이 병을 일으킨다고 굳게 믿었는지, 이를 의심하는 의견을 너무 쉽게 뿌리쳤다.

그 무렵 "성 앙투안이 불태우리라"는 욕설이 유행했다. 또한 "숨어서 매춘하는 여관은 성 앙투안이 태워 없애버릴 것이다, 성 앙투안, 말을 태워버려!" 같은 욕설 속에서 성 안토니우스는 불의 악령 구실을 했던 것이다.

성 앙투안은 그 질병을 너무 비싼 값에 파는군.
내 몸을 이렇게 펄펄 끓게 만들다니.

이것은 데샹이 피부병으로 고생하는 거지에게 한 말이다. 나아가 데샹은 통풍을 앓는 이에게도 말한다. "못 걷는다니 참 잘되었군. 자네는 통행세를 아낄 수 있다네."

생 모르[73]가 떨지 않게 해 주실지니.

로베르 가갱은 성인 숭배 자체는 반대하지 않았지만 〈프랑스 전역을 떠돌아다니는 거지들의 교활함에 대하여 *De validorum per Franciam mendicantium varia astucia*〉라는 제목의 풍자시를 지었다. 거기서 성인 숭배의 폐단을 이렇게 비판한다. "어떤 놈은 땅바닥에 넘어지면 침을 퉤 뱉고는 이것은 성 요한의 기적이라고 지껄인다. 그들은 궤양으로 고통받는 것도 성 피아크리우스[74]의 탓이라 한

---

73) Saint Maur : 성 마우르스의 프랑스어 발음.
74) Saint Fiacrius : 피아크리오. 아일랜드 출신. 프랑스로 와서 모(Meaux) 주교의 허락을 받아 브리(Brie)에 수도원을 세웠다. 정원사의 수호성인. 670년 무렵 사망.

다. 성 다미아누스여,[75] 당신이 방뇨를 방해하고 있나이다. 성 안토니우스는 고통의 불로 그들의 관절을 태우고, 성 피우스[76]가 그들을 불구로 만들어 중풍 들게 한다."[77]

에라스무스도 이런 대중 미신을 자극했다. 그의 《대담 *Colloques*》에서[78] "성인은 하늘에 오르면 땅에 있을 때보다 훨씬 사악해지는가?" 묻는 필레쿠스(Pilecous)의 질문에 테오티무스(Theotimus)가 대답한다. "그렇다, 하늘에 군림하는 성인들은 모욕당하기를 바라지 않는다. 살아 있을 적의 코르넬리우스보다[79] 더 온유한 사람이 세상에 있겠는가? 안토니우스보다 더 자비로운 사람이, 성 세례 요한보다 더 참을성 강한 사람이 있겠는가? 그런데 어떤가. 지금은 그에 걸맞은 경의를 표하지 않으면 무시무시한 질병을 내려보내는 형편이다."

대중 설교자마저도 모인 이들에게 성 세바스티아누스가 페스트를 유행시킨다고 했다. 성 외트로프[80]가 부종에 걸리게 하는 장본인이라고 주장하기도 했는데, 아마도 부종환자를 뜻하는 단어와 발음이 비슷한 데서 유래했을 것이다. 이는 프랑수아 라블레[81]의 증언이다. 앙리 에스티엔(Henri Estienne, 1531~1598) 또한 이런 미신에 대해 쓰고 있다.

성인 숭배에서 사고와 감각은 널리, 그리고 은밀하게 화상(畫像)의 색채나 형태와 연결되어 있었다. 심미적 지각이 종교 사상을 무너뜨릴 위험은 늘 도사리고 있었다. 황금빛으로 빛나는 화상은 공들여 묘사하고 멋지게 재현된 옷차림

---

75) Saint Damianus : 다미아노. 소아시아, 그리스의 의사. 그의 형제 성 고스마(Saint Cosmas)와 함께 303년에 디오클레티아누스 황제 때 박해로 순교.

76) Saint Pius : 성 비오. 로마교황 피우스 1세(재위 140~155)를 말하는 듯하다.

77) 네덜란드 남서부 노르트브라반트(Noord-Brabant)의 어떤 마을에서는 1890년 무렵까지만 해도 어떤 부류의 불구자를 지칭할 때, 보통의 불구자와 구별하여 '성 피우스의 다리를 가진 자'라고 표현했다.

78) 1518년 바젤에서 출판. 1526년, 파리대학이 이를 금서 처분함. 1533년까지 개정증보하여 60여 편에 달한다. 이 문장에 나오는 것은 치료를 담당하는 제1계급 천사인 '치(熾)천사의 장례식' 편.

79) Saint Cornelius : 고르넬리오. 로마교황(재위 251~253), 가루스 황제의 박해를 받는다.

80) Saint Eutrope : 라틴어 이름 에우트로피우스(Eutropius)의 프랑스어 발음. 3세기 서부 프랑스 생트(Saintes)의 초대 주교.

81) François Rabelais(1483~1553) : 프랑스 작가이자 의사. 프랑스 르네상스 최대의 걸작 《가르강튀아와 팡타그뤼엘》의 저자.

의 효과를 통해 그곳에 서 있는 성인들의 경건한 눈길과 살아 있는 듯한 성인의 이미지가 마음속에 떠오르게 했다. 강렬한 미학적인 인상을 이룬 이 거룩한 존재들에게 진심으로 숭배와 존경을 바칠 때, 그 사이에는 교회가 무엇을 허락하고 무엇을 금지해야 하는지를 고민하는 또 하나의 과정이 끼어들 틈은 조금도 없었다. 대중에게 성인은 하느님이었다. 신앙이 올바르고 엄격하기로 유명한 빈데스하임(Windesheim)의 경건주의자[82]들이 이를 신앙의 위기로 보고 대중을 걱정하는 것은 당연하며 놀랄 일도 아니다. 오히려 겉모습과 속된 평범함 때문에 시대정신의 일반적인 모습을 잘 반영하는 거울이던 외스타슈 데샹 같은 궁정시인마저도 성인 숭배에서 갑작스레 신앙의 위기감을 느꼈다는 점을 주목해야 할 것이다.

> 은과 금으로 신을 만들지 말라.
> 나무나 돌로, 청동으로도.
> 그 세공품은 사람들을 우상 숭배로 유혹하나니……
> 그 형태는 매끈하고
> 색채도 선명한 데다
> 아름답게 빛나는 황금이
> 무지몽매한 사람들을 믿게 만든다.
> 이게 바로 하느님이 틀림없다고
> 어리석은 마음으로 섬기나니,
> 교회당에 숱하게 성상을 놓아두고서,
> 그 앞에서 춤을 추는구나.
> 이 부질없는 일은 삼가야 하리니,
> 이러한 가짜 우상을 섬겨서는 안 된다.
> ……
> 그대, 오직 하느님 한 분만을 믿으라,
> 올바른 찬양과 신앙을 바치라.

---

82) 공동생활형제회를 말함. 주30 참고.

널리 퍼져 나가리라, 세상 끝까지.

이것이 도리이니,

쇳덩이나 자석으로 만든 가짜 신을 세우지 말라.

또한 지혜를 지니지 않은 돌멩이도.

이러한 가짜 우상을 섬겨서는 안 된다.

이런 성인 숭배 열기에 대한 무의식적인 반동으로 중세 끝 무렵에는 수호천사에 대한 열광적인 숭배가 등장하지 않았을까 싶다. 성인 숭배에서 생기 넘치던 신앙이 지나치게 경직되어 있었기 때문이다. 따라서 사람들은 좀 더 자유로운 상태의 숭배와 초자연적인 보호의 필요를 추구했다. 이런 소원은 화상으로 표현하지 않아도 되는 천사의 모습을 찾아냈다. 초자연과의 직접적인 접촉으로 돌아간 것이다. 이에 장 제르송은 순수 신앙에 빈틈없는 옹호자를 등장시켜 계속 수호천사 숭배를 권한다. 하지만 이 또한 특수하고 사소한 일들을 미주알고주알 파헤치려는 호기심이 너무 강한 탓에, 경건한 숭배의 마음에 상처를 입힐 우려가 있었다. 장 제르송은 말한다. '학자의 왕성한 탐구심'은 천사에 대해 다양한 질문을 던진다. 천사들은 우리를 외면할 것인가! 우리가 구원받을지, 아니면 죗값을 치르게 될지 천사들은 알고 있을까? 그리스도에게 수호천사가 있었을까? 마리아에게는? 적그리스도에게도 천사가 있을까? 천사는 환영(幻影)을 통하지 않고도 우리 영혼에 직접 말할 수 있을까? 악마가 우리를 악으로 인도하는 것처럼 천사는 우리를 선으로 인도하는 것일까? 천사들은 우리 생각을 꿰뚫어 볼 수 있을까? 천사들은 모두 몇이나 될까? 이런 미묘한 문제에 대해 그는 이렇게 결론을 내린다. "이것은 신학자들에게 맡겨두자. 허깨비 같은 고찰에 빠지느니 신앙심이나 잘 붙들어야 한다고 생각하는 사람들은 호기심과 무관하다."

장 제르송 이후 1세기, 종교개혁은 성인 숭배가 완전히 무력함을 발견한다. 반면 종교개혁은 마녀와 악마의 신앙에 대해서는 공격하지 않았다. 아니, 오히려 공격하기를 바라지 않았다. 종교개혁파 자체도 아직 그에 깊이 사로잡혀 있었기 때문이었다. 성인 숭배는 왜 무저항이었을까? 성인 숭배가 대부분 '무용지물'이었기 때문은 아닐까? 그 사상과 내용이 그림, 전설, 예배형식으로 모두 표현되어, 이미 전율하는 경외감이란 조금도 남아 있지 않아서는 아닐까? 성인 숭배는 묘사나 말로 표현할 수 없던 그 무엇 속에 깊이 박혀 있던 뿌리를 잃은 상태였다. 그에 비해 악마에 관한 신앙 세계에서는 여전히 그 뿌리가 깊었다.[83]

마침내 반종교개혁이 성인 숭배에서 불순물을 걷어내고 이를 새롭게 재건하려 했을 때에는, 가장 먼저 틈만 나면 뻗쳐오르는 대중의 상상력의 싹을 엄격한 규율로 잘라냄으로써 그 정신을 새롭게 교화해야만 했다.

---

83) 이 장 전체에 대하여는 유별난 한 성직자 오피키누스 데 카니스트리스(Opicinus de Canistris)의 자전적 글을 참조하기 바란다. R. 자로몽의 논문 어느 아비뇽 성직자의 세계관(1930)에 소개되어 있다.

13장
신앙생활 여러 유형

대중은 깊은 신앙심을 갖고도 매우 형식적인 종교행사를 되풀이하는 인습 속에서 하루하루를 보내고 있었다. 그들의 신앙은 때로 불안과 도취에 빠지기도 했지만 프로테스탄티즘과 달리, 무지한 그들에게 신앙적인 질문을 하거나 영적인 갈등을 일으키는 경우는 없었다. 하느님에게 가시가 돋쳐 있지는 않았지만 왠지 불경스럽고 냉담한 마음에는 때로 대중을 사로잡는 격정적인 신앙의 깊은 감동이 뒤섞여 있었다. 이처럼 영적 긴장이 끊임없이 강약으로 대립하는 이유는 대중의 일부만 믿음이 굳건하고 다른 이들은 믿는 시늉만 했기 때문이라며 신도들을 신자와 속물로 나누어 이해해서는 안 된다. 중세 끝 무렵 네덜란드 북부 독일 부근에서 유행했던 경건주의를 생각할 때, 우리는 이런 오류에 쉽게 빠진다. 네덜란드 공동생활형제회 및 빈데스하임 수도회가 추구한 '새로운 신앙'의 경건주의를 따르는 사람들은 세속생활과 동떨어져 있었다. 그들은 날마다 영적으로 긴장했으며, 굳건한 신앙으로 대중과 강한 대조를 이루곤 했다. 프랑스나 네덜란드 남부에서는 이 조직화된 움직임을 알지 못했지만, '새로운 신앙'의 정신적 분위기는 있었다. 네덜란드 북부 에이셀(Ijssel) 호숫가 한적한 지역과 마찬가지로 이곳도 영향을 받았다. 다만 이 남쪽 지역에선 세속과 동떨어진 특수성은 끝내 나타나지 않았다. 깊은 신앙심은 종교생활에서 이따금 격렬하고 짧게 나타났던 것이다. 오늘날도 라틴계 민족과 북방계 민족을 구분하는 차이점이 여기에 있다. 남쪽 사람들은 북유럽 사람들에 비해 모순을 그리 마음에 두지 않으며, 모순을 없애고 완전한 결론을 이끌려는 욕망에 사로잡히는 경우가 드물었다. 일상생활의 편안하고 유쾌한 반쯤 농담 같은 태도와 은총을 입은 순간의 벅찬 마음을 쉽게 연결 짓는다.

중세 종교생활의 모순 중 가장 이해하기 어려운 것은 성직에 대한 깊은 존경심과 함께 모든 중세문화의 바탕에 깔린 성직자에 대한 공공연한 멸시이다. 고위 성직자의 세속화 그리고 하급 성직자의 부패와 해체로 설명이 가능하지만 이는 오랜 이교도 본능이 가져온 결과이기도 했다. 대중의 마음이 완전히 기독교화되었다고 보기는 어려웠다. 다툼을 좋아하지 않고 정결한 맹세 아래 생활하는 바른 남자에 대한 반감을 끝내 저버리지 못했던 것이다. 용기와 사랑을 바탕으로 하는 기사의 자부심도 대중의 야성적 의식과 보조를 맞춤으로써 성직자의 이상과 충돌했다. 성직자 계층의 타락은 여기에 기름을 붓는 셈이었다. 이리하여 몇 세기 동안 대중은 신분의 높낮이를 막론하고 파계 수도사나 음식을 탐하여 살찐 사제 이야기에 광분하며 성직자들을 희화화하는 데 즐거움을 느꼈던 것이다. 성직자에 대한 잠재적이고도 보편적인 증오는 늘 있었다. 설교자가 자기와 같은 신분인 사제가 저지른 잘못을 탄핵할 때, 그 논조가 격렬할수록 대중은 열광하며 이야기에 귀를 기울였다고 한다. 시에나의 성 베르나르디노(Saint Bernardino da Siena)는 말한다.

"설교자가 성직자를 공격하면 청중은 몰입한다. 너무 덥거나 추울 때, 졸기 시작한 청중의 주의를 끌기에 이만큼 효과적인 화제는 없다. 잠이 확 달아나 다들 정신이 또렷해진다."

14, 15세기에 걸쳐 곳곳을 떠도는 설교자들이 일깨운 깊은 감동은, 이 시기 잠시 침체에서 벗어날 조짐을 보이던 탁발수도회의 부흥을 나타낸다. 하지만 규탄이나 조소와 경멸을 받는 이들도 언제나 탁발수도사였다. 산문문학에 등장하는 한심한 사제들, 예를 들어 동전 3닢을 내면 미사를 드려준다는 돈의 노예일 뿐인 사제와 '모든 것을 용서한다는 조건 아래' 고해성사 예약을 받았다는 사제들도 탁발수도사였다.

신앙심 두터운 정통파 장 몰리네도 세상에 널리 퍼진 탁발수도회 혐오에 동조하여 이런 험담을 한다.

도미니크파가
아우구스티누스파를 집어삼키고
가르멜파는
프란체스코파의 밧줄에 교수당하라고

하느님께 기도하자.[1]

탁발수도회가 본보기를 보여 왔던, 교회가 말하는 '청빈' 개념은 이미 불만의 소리로 가득 찼다. 그 시선은 종교적 이상(理想)이 부르짖는 상징과 형식의 빈곤을 넘어서, 비참한 사회 현실에 머물기 시작했던 것이다. 다른 지역보다 현실 사물의 경제적 측면에 일찌감치 눈을 뜬 영국에서는 이 새로운 시각이 진작부터 예고되어 있었다. 그리하여 14세기 끝 무렵 이 시각은 윌리엄 랭글런드(William Langland)의 놀라운 몽환 시 〈농부 피어스의 환상 The Vision of Piers Plowman〉에서 분명하게 드러난다. 이 시는 열심히 일하는 대중에게로 시선을 돌리게 만든다. 탁발수도사, 게으름뱅이, 방탕자, 가짜 불구자, 나라를 좀먹는 '건장한 거지들'을 증오하고, 노동의 신성함을 칭송한다.

물론 신학자들 가운데 피에르 다이이처럼 탁발수도사와 '진짜 빈민'을 대비시키려는 시도도 있었다. 또 신앙 재건에 노력한 '새로운 신앙'과 사람들이 탁발수도회와 정면으로 대립하기에 이른 것도 우연이 아니었다. 이즈음 사람들의 일상 종교생활을 나타내는 사건들은 대부분 극단적으로 대립하며 끊임없이 바뀌는 모습을 전하고 있다. 사제와 수도사에 대한 중상모략과 증오가 그들의 신성한 직무에 대한 깊은 애착과 경의에 대립하며 반대급부로 등장한다. 종교적 의무를 수용하는 양식에도 소박하기 짝이 없는 외적 관심과 조금 도를 넘은 내적 충동이 번갈아가며 나타난다. 1437년 프랑스 왕이 파리로 돌아온 뒤, 아르마냑 백작을 추모하는 장중한 장례가 거행되었다. 백작의 희생으로 기나긴 고난의 세월이 마침내 끝났다.[2] 많은 사람들이 모여들었다. 하지만 돈을 나눠주

---

1) 아우구스티누스파의 정확한 명칭은 '성 아우구스티누스 은거수사회.' 1256년 교황 알렉산더 4세가 이탈리아 곳곳에 흩어져 있는 수도원을 모아서 아우구스티누스 계율 아래 통합한 것. 도미니크파(설립자 성 도미니쿠스, 1216년 호노리오 3세(Honorius III) 인가)도 넓은 의미로는 여기에 속한다. 성 프란체스코의 프란체스코파는 이보다 이른 1209년에 인노첸시오 3세(Innocentius III)가 인가했다. 가르멜파에 대해서는 12장 주18 참고.

2) 1418년 5월 끝 무렵, 부르고뉴군이 파리로 들어왔다. 이에 그때까지 파리를 정복하고 있던 아르마냑파에 대한 대중의 나쁜 감정이 폭발했다. 6월 12일, 감옥이 습격당했고, 아르마냑파 주요 인물이 여럿 살해되었다. 프랑스 왕 군사령관 아르마냑 백작 베르나르 7세도 그 희생자 중 한 사람이었다. 부르고뉴군의 파리 정복을 계기로 황태자 샤를이 남쪽으로 도망침으로써 아르마냑과 부르고뉴 두 파는 결정적으로 대립하기에 이른다.

지 않는다는 소식에 크게 실망했다. 파리의 한 부르주아는 이렇게 전한다. "무려 4천 명이 넘는 사람들이 거기 모였는데, 돈이 생기지 않을 줄 알았으면 아무도 오지 않았을 것이다. 예전엔 그를 위해 기도하던 이들이 이제는 그를 저주한다." 그러나 가끔 성체행렬에 눈물을 흘리는 이나, 떠돌이 설교자의 말에 전율하는 이도 있었다. 질베르 드 라노아(Guillebert de Lannoy, 1386~1462)는 로테르담에서 한 사제가 성체를 높이 받들어 대중의 소란을 진정시키는 것을 보았다고 전한다.[3]

교양 있는 사람들도 무지한 대중과 다를 바 없이 긴장된 감정이 격렬하게 변화하고 대조되었다. 신앙의 진리에 이르는 것은 벼락을 맞는 듯 눈 깜짝할 사이 영혼 속에 일어나는 경험으로, 성 프란체스코가 복음서 말씀을 직접 들었다는 식의 체험을 정도의 차이를 두고 되풀이하는 것에 지나지 않았다. 이는 《백 가지 새로운 이야기》[4]에 나오는 내용이다. 지금까지 세례문답을 20번도 더 들었을 한 기사가 세례식에 참석했을 때, 어쩐 일인지 갑자기 귀에 들려오는 예배문구가 돌연 신성하게 들리는 영적 체험을 하게 되었다. 그래서 그는 앞으로 악마를 쫓을 때 십자가를 긋지 않고 오로지 세례식을 떠올리기로 결심했다고 한다. 르 주방셸은 한 결투의 증인이 되었다. 양쪽이 성체에 대고 저마다 올바른 권리를 맹세하려는 순간, 그는 한없는 불안에 휩싸인다. 둘 중 하나는 거짓 맹세이다. 결국 번복하지 못한 쪽은 지옥에 떨어질 죄를 저지르게 됨이 틀림없지 않은가! 그래서 그는 말했다. "맹세하지 말라, 맹세하지 말고 다만 금화 500냥을 걸고 싸우라."

날마다 지나친 호사와 난잡한 향락을 일삼는 귀족들의 신앙심은 생활의 중압감을 이겨내려는 마음 때문에 발작적인 대중 신앙 성격이 더욱 강하게 나타났다. 프랑스 왕 샤를 5세는 사냥이 한창 흥겨울 때라도 이따금 미사에 참석한다는 이유로 사냥을 멈추곤 했다. 파리의 한 부르주아가 전하는 바에 따르면, 프랑스를 정복한 영국의 섭정 베드포드 경의 젊은 아내 안 드 부르고뉴[5]는 언

---

3) 작가 주 : 1444년, 할렘 시내에서 후(Houx, 호랑가시나무)파와 카비요드(Cabillauds, 대구)파 사이에 일어난 같은 다툼에 대한 보고가 스노이의 《벨기에 연대기》에 나온다.

4) 12장 주35 참고.

5) Anne de Bourgogne(1404~1432) : 선량공 필립의 동생. 1423년 베드포드 경과 결혼.

젠가 무턱대고 말을 몰아 성체행렬에 흙탕물을 튀겨 부르주아들의 빈축을 샀다고 한다. 하지만 그녀는 첼레스티누스파 수도원[6]에서 새벽 기도를 드리기 위해 연회가 한창이던 궁정을 빠져나오기도 했다. 아울러 그녀는 오텔 디외(l'Hôtel Dieu) 요양원의 가난한 환자들을 병문안했을 때 옮은 병 때문에 요절했다고 한다.

루이 도를레앙(Louis Ier d'Orléans)은 깊은 신앙심과 향락의 대조를 불가사의할 만큼 극단적으로 보여 준다. 그는 사치와 쾌락을 정열적으로 추구했으며, 15세기의 수많은 왕족과 귀족들 가운데서도 유난스러운 속물이었다. 또한 마술에 푹 빠져서 헤어나질 못했다. 그럼에도 오를레앙 제후는 신앙심이 매우 깊어서 첼레스티누스파 수도원에 자기 방을 두어 수도사와 똑같은 생활을 할 정도였다. 한밤에 일어나 새벽 기도를 드리고, 하루에도 5, 6번씩 미사를 드린 적이 많았다. 질 드 레[7]의 경우, 신앙심과 악행의 결합은 공포 그 자체였다. 그는 마슈쿨(Machecoul)성에서 어린이를 살해했으면서도, 영혼을 구원하기 위해서라며 교회에 '죄 없는 아이들'[8] 미사를 드렸던 것이다. 이 악행으로 재판을 받은 그는 이단이라는 판결에 의아해했다고 한다. 이는 흔히 볼 수 없는 일이지만, 이처럼 피비린내가 진동하는 죄에는 죄악과 경건의 병행, 말하자면 경건한 속물로 불리는 유형이 많았다. 이를테면 푸아(Foix) 백작 가스통 페뷔스(Gaston Phébus, 1331~1391)의 야만성, 르네왕의 경박함, 샤를 도를레앙의 세련미가 그러하다. 냉혹하고 무정한 야심가 장 드 바비에르는 변장을 하고 리드윈 드 쉬담[9]을 찾아가 영혼에 대하여 이야기를 나누었다고 한다. 선량공 필립의 성실치 못한 신하이자 신앙심 없는 장 쿠스탱은 미사에도 참석하지 않았으며 은혜를 베푼 적도 없었다. 샤틀랭에 따르면, 그런 그도 수치스러운 교수형을 당할 때는 끝내 신앙에 귀의하여 투박한 부르고뉴 사투리를 섞어가며 하느님께 간절히 기도했다고 한다. 선량공 필립도 신앙심과 속된 마음의 놀라운 결합을 보여주는 전형적인

---

6) 첼레스티누스(Celestinus)가 1274년에 승인받은 은수자(隱修者) 공동체인 첼레스티누스회 소속 수도원.

7) Gilles de Rais(1404~1440) 3장 주4 참고.

8) 12장 베들레헴 영아학살 관련 부분과 주11, 주12 참고.

9) Lydwine de Schiedam(1380~1433) : 로테르담 동쪽 쉬담 출신 신비가, 성녀. 30년 동안 자리에 누워 있으면서 아픈 몸임에도 고행을 했다.

예이다. 터무니없이 호사스러운 축제를 즐기고, 수많은 사생아를 낳았으며, 교활한 당리당략에 능했다. 자존심 강하고, 격렬하게 분노하는 그 또한 샤틀랭의 증언에 따르면 매우 경건한 신앙인이었다고 한다. 그는 미사가 끝난 뒤에도 언제나 오랫동안 예배소에 머물렀고, 일주일에 4일 동안, 성모마리아나 사도들의 축일 전날에도 빵과 물만 먹는 절식을 했다. 때로는 평일에도 오후 4시까지 음식을 입에 대지 않았다. 그는 드러내지 않고 은혜도 많이 베풀었다. 라 마르슈에 따르면 언젠가 그는 죽은 신하의 영혼을 기리는 미사를 올리게 했는데, 이 또한 비밀리에 거행되었다. 미사 봉납에 지불하는 돈은 명확히 정해져 있었으며, 대영주의 경우에는 4백에서 5백, 기사는 3백, 기타 귀족은 2백, 그리고 '시종'은 1백이었다고 한다. 룩셈부르크를 기습하던 때의 일이다. 승리 미사 뒤에 그는 기나긴 기도서를 읽은 다음, 또 특별 감사기도를 드렸다. 말에 탄 채 그를 기다리던 시종들은 아직도 전쟁이 끝나지 않았으므로 애가 탔다. 기도문들을 읽는 일은 굳이 지금이 아니더라도 언제든지 할 수 있지 않은가? 그들은 제후에게 더 이상 지체하다가는 위험해진다고 경고했다. 하지만 필립은 그저 이렇게 대답했다고 한다. "하느님이 내게 승리를 주셨으니, 그것을 지켜 주시리라."[10]

이를 겉으로만 드러나는 경건이나, 분별없는 완고함에 대한 사례로 보아서는 안 된다. 오히려 근대적 정신으로는 이해하기 힘든 양 극단으로 끌려간 정신적 긴장을 알아채야 한다. 이런 상황이 어떻게 생길 수 있었는가 하면, 죄 많은 이 세상과 하느님의 왕국이라는 극단적 이원론이 있었기 때문이다. 중세의 정신 속에서는 모든 고차원적인 순수한 감정이 종교로 흡수되었다. 반면 날것 그대로의 감각 충동은 의식적으로 배제되어, 좋든 싫든 죄악시되는 세속적인 수준까지 끌어내려지게 되는 것이다. 중세의 의식 속에는 두 가지 인생관이 함께 존재했다. 경건하고 금욕적인 인생관은 모든 도덕 감정을 자기 것으로 만들었다. 세속적 인생관은 이에 대한 반발처럼 모든 것을 제멋대로 악마에게 내맡겼다. 둘 중 어느 하나가 다른 한쪽을 완전히 억누르고 우세하게 되면, 성인이나 도를 넘은 죄인이 등장한다. 그러나 이 둘은 크게 동떨어져 있으면서도 균형을 유지했기 때문에, 죄가 피로 범벅이 되어 시뻘겋게 물들어 있으면 넘칠 듯한 경건이

---

10) 작가 주 : 필립의 깊은 신앙심에 대해서는 나의 논문 《선량공 필립의 심리상태》(1932)를 참조하라.

그보다 더 격렬하게 폭발하는 격정적 인간상으로 나타나, 불안정한 균형을 이루었다.

중세 시인들은 비속하고 외설스러운 시를 지었는가 하면, 경건함으로 가득한 송가(頌歌) 또한 번갈아 노래했다. 외스타슈 데샹, 앙투안 드 라 살, 장 몰리네 등 많은 시인들이 그러했다. 현대 시인이라면 이 시는 세속에 빠져 있던 시기의 작품이고, 이 작품은 회개한 무렵의 것이라며 제작 연대의 흐름을 짚어 볼 수도 있겠지만, 중세 시인의 경우는 그렇게 생각할 이유가 조금도 없다. 오히려 오늘날 우리로서는 이 모순이 이해하기 힘들지만 그냥 하나의 모순인 채 받아들여야 한다.

고개를 절레절레 흔들 정도로 사치스러운 15세기의 경향에, 신기하게도 엄격한 신앙심이 섞여 있던 상황은 모두 이런 모순에서 출발한다. 신앙은 회화, 귀금속 세공, 조각 같은 종교 예술품에 화려한 장식을 더했다. 하지만 인생과 사상의 모습들을 다채롭게 꾸미고 남김없이 표현하려는 통제 불가능한 욕구는 그보다 더 많은 것을 바랐다. 때로는 성직자의 평소 차림새에서도 색깔과 찬란함에 대한 갈증이 나타나는 것이다. 토마스 수도사는 사치를 맹렬히 공격하고, 지나침을 혹독하게 비난했다. 그러나 그런 그가 설교를 할 때 쓰는 나무 단상은 대중이 기증한 것으로, 세상에 이보다 더 좋은 것이 있을까 싶을 정도로 호사스럽기 짝이 없는 천이 덮여 있었다고 몽스트를레는 전한다. 필립 드 메지에르는 이런 사치스러운 경건을 완벽하게 구현하고 있다. 그는 자신이 조직을 계획한 '수난 기사단(l'ordre de la Passion)'을 위해 모든 옷차림을 조목조목 규정했다. 그야말로 색채의 향연이었다. 기사들은 모두 위계에 따라 빨강, 초록, 진홍, 파랑 옷을 입어야만 했다. 기사단장의 흰색은 제례복의 색이기도 했다. 몸에 다는 십자가는 붉은색, 벨트는 가죽 또는 실크, 버클은 뿔과 금도금을 한 구리로 장식했다. 장화는 검정, 두건은 빨강으로 정했다. 기사 말고도 일반단원, 시종, 성직자, 여성단원의 제복에 이르기까지 엄격하고 세심하게 규정되었다. 이 기사단은 결국 이뤄지지 않았다. 필립 드 메지에르는 평생 십자군 몽상가로서 허황한 이론에 머물렀다. 하지만 파리 첼레스티누스파 수도원과 교회에서 자신의 예술적 취향을 채워줄 터전을 발견한다. 그 수도회의 규율은 몹시 엄격했는데, 왕과 왕비의 교회묘지는 휘황찬란한 금은보화로 눈부시게 빛나고 있었던 것이다. 크리스틴 드 피장은 이 교회를 아름다움의 극치라 표현했다. 메지에르는 이곳에 세속인으로 머물면서 수도사들의 엄격한 규율 생활을 온전히 따랐다. 그러면서도 대귀족이나 당대 최고의 문인들과 교제를 이어 나갔다. 그는 사교적·예술적인 면에서도 헤르트 흐로테[11]와 좋은 맞수로 대조를 이루는 '속인 예술가'라 할 수 있다. 원래 메지에르의 권유로 이곳을 알게 된 오를레앙 제후도 자신의 험난한 삶을 이 수도원에서 회개하고자 했는데, 요절한 그의 묘소 또한 여기에 있다. 가장 사치를 즐긴 오를레앙 제후 루이와 그의 숙부 부르고뉴 제후 담대공 필립은 예술 애호 취향을 꽃피울 장소로 계율이 엄격한 수도회의 수도원을 골랐는데, 이는 결코 우연이라 볼 수 없었다. 수도사들의 삶과 확연히 대조되어 그 화려함이 돋보였기 때문이다. 오를레앙 제후는 첼레스티누스파 수도원, 부르고뉴 제후는 디종 부근 샹몰에 있는 카르투지오회 수도원에서 예배를 드렸다.

노년의 르네왕이 앙제(Angers) 근처에서 사냥하던 어느 날, 한 은자와 마주쳤다. 그는 성직의 녹봉을 거부하고 거친 빵과 야생에서 얻은 음식만으로 살아가는 사제였다. 왕은 그 순수한 덕성에 마음을 빼앗겨 그를 위해 암자와 작은 교회를 세워주었다. 아울러 자신을 위해서 그 곁에 정원을 만들고 검소한 정자를 짓고는 알레고리와 그림으로 장식했다. 왕은 자주 이곳 '세속을 버린 사람의 둘도 없는 은신처'를 찾아와 예술가, 학자들과 함께 산책하며 대화를 나누었다고 한다. 이는 중세인가, 르네상스인가? 마치 18세기 이야기인 것만 같다.

뒷날 대립교황 펠릭스 5세(Félix V, 1439~1449)가 되는 사부아(Savoie) 제후 아메데 8세는 자신이 설립한 성 마우리티우스(Saint Mauritius) 기사단 6명과 함께 은자가 되었다. 그는 빨간 모자를 쓰고 금박세공 허리띠를 둘렀으며, 금으로 만든 장식 십자가를 달고 손에 황금 술잔을 들고 있는 화려한 차림이었다. 제네바 호숫가 토농(Thonon) 근처 리파이유 성(Château de Ripaille)에서 지내는 은둔 왕의 생활은 그즈음 큰 물의를 일으켰다. 아메데 8세는 매우 성실하게 은거하려 했으나,[12] 온갖 소문이 부풀려지다가 제멋대로 과장되었고, 끝내 헐뜯는 분위기를

---

11) Geert Groote(Gerhard Groet, 1340~1384) : 네덜란드 신학자, 신비주의자. 공동생활형제회 창립자. 토마스 아 켐피스, 마틴 루터 등에게 많은 영향을 끼쳤다.

12) 작가 주 : 막스 블리셰는 저서 《리파이유 성》(1907)에서 '고급 식사를 하는 faire ripaille'이라는 말은 이 성의 이름과 무관함을 논증하고 있다. 하지만 몽스트를레의 진지한 보고마저 험담

띠게 되었다.

이런 호사스러운 신앙심에서 겨우 한 발짝 떨어진 곳에, 마찬가지로 겉치레에 지나지 않는 과장되고 연극적인 겸양이 자리잡고 있었다. 올리비에 드 라 마르슈는 어린 시절 기억을 더듬어 나폴리의 명예 왕 자크 드 부르봉(Jacques II de Bourbon, 1370~1438)의 입성식을 전한다. 성녀 콜레트(Saint Colette, 1381~1447)의 영향으로 속세를 저버린 왕은 걸식하다시피 하며 '인분이나 구정물을 나르는 들것이나 다름없는' 거름 수레를 타고 다녔다. 이어 번지르르하게 차린 일행

아시시의 성 프란체스코(1182~1226)

이 뒤따랐다. 라 마르슈는 놀라운 듯 목소리를 높인다. "사람들은 왕이 겸손한 마음을 드러내려고 마을들을 거치며 이런 입성식을 한다고 수군거렸다."

이렇게 회화적이지는 않았지만, 성인(聖人)들에게서 많이 나타나는 매장 방식에 대한 여러 지시도 겸양 표현이었으며, 이는 죽어가는 자신이 무가치함을 극단적으로 드러내려 한 것이다. 필립 드 메지에르의 정신적인 벗이자 신앙 스승인 가르멜회 수도사 성 피에르 토마스[13]는 임박한 죽음을 예감하자 삼베옷을 입고 목에 거친 밧줄을 두른 다음 땅바닥에 누웠다. 그는 죽음에 이르러 대지 위에 자기 몸을 눕혔던 아시시의 성 프란체스코(Saint François d'Assise)보다도 한술 더 떠서 말한다. "모든 사람은 물론, 산양과 개조차도 내 몸을 밟고 지나가도록 나를 교회 본당 어귀에 묻어달라." 한편 그를 사모한 제자 메지에르도 환상

───────────

이라고 치부하는 것은 지나치다.

13) Saint Pierre Thomas(1305~1366) : 성 베드로 토마스. 콘스탄티노플 대주교. 1365년 이집트 알렉산드리아를 공격하던 원정대의 화살을 맞아 심한 부상을 당함. 석 달 뒤 가르멜회 수도원에서 운명했다.

적인 겸양으로써 스승을 뛰어넘고 싶어서 임종 때 이렇게 말했다고 한다. "무거운 쇠사슬을 몸에 감아다오. 이제 영혼이 하늘의 부름을 받게 되면 옷을 모두 벗기고 다리를 붙잡아 교회 본당까지 끌고 가라. 무덤에 묻을 때까지 그곳에 눕혀 놓아라. 팔을 십자가 모양으로 하고, 밧줄 세 가닥으로 널빤지에 몸을 묶어다오. '하느님의 엄청난 미움을 받아 속세 제후의 궁정에서 죽게 된다면' 사람들은 세상의 헛된 문장(紋章) 따위로 장식하며 값비싼 관을 짜겠지만, 그 관 대신 널빤지를 사용해라. 널빤지에 삼베나 거친 아마포를 2엘[14] 길이로 덮고, 머리를 뒤쪽으로 하여 무덤까지 끌고 가거라. '이 가련한 순례자의 썩은 몸'을 알몸인 채 무덤에 던져라. 그리고 아주 작은 묘비 하나만 세워다오. 신앙 친구 마르탱과 유언 집행인들 말고는 아무에게도 나의 죽음을 알리지 말라."

이는 메지에르가 1392년에 쓴 유언장 내용이다. 제안서나 의식 절차를 좋아했으며, 터무니없이 기발한 계획을 세워 그것을 실현하고자 했던 그가 다른 유언장을 쓰지 않았을 리 없지만, 1392년 이후의 유언장에는 이 유별난 매장 지시 문장이 한 구절도 없다. 1405년 갑자기 세상을 떠난 메지에르는 그가 사랑했던 첼레스티누스파 수도회 수도복 차림으로 평범하게 매장되었고, 묘비에 그가 쓴 것으로 추정되는 비명 2개가 새겨졌다.

15세기라는 시대는 낭만적인 성덕(聖德)의 이상에 새 시대를 예고할 만한 게 없었다. 르네상스 자체도 이런 성덕의 이상은 변함이 없었다. 문화의 새로운 바탕으로 옮아가는 시간의 흐름에 아랑곳하지 않고, 성인의 이상은 크나큰 위기가 지난 뒤에도 전과 다름없이 옛 상태에 머물렀다. 성인은 신비주의자와 마찬가지로 시대를 초월했다. 반종교개혁 시기에 나타나는 성인들의 유형은 중세 끝 무렵에도 볼 수 있는데, 그들은 중세 첫 무렵의 성인들과 본질적으로 다를 바 없었다. 시대를 막론하고 옳은 말을 하며 격정적으로 행동하는 성인들이 있다. 반종교개혁 시대에는 이그나티우스 데 로욜라,[15] 프랑수아 자비

---

14) ell : 중세의 길이 척도. 지방마다 길이가 달라서, 플랑드르는 1엘이 약 69센티미터, 바이에른은 약 83센티미터, 영국은 약 114센티미터였다.

15) Ignatius de Loyola(1491~1556) : 귀족 출신으로 원래 기사였던 그는 전쟁에서 입은 부상을 치료하는 동안 읽은 책에서 깨달음을 얻고 사제가 되었다. 현재까지도 가톨릭 수도회 가운데 가장 영향력 있는 예수회를 창립했다. 가톨릭 부흥을 위해 최전방에서 싸운 예수회는 특히 교육정책에 큰 역할을 담당하여 많은 학교를 설립했고, 학문연구에도 업적을 남겼다.

에,[16] 카를로 보로메오,[17] 중세 끝 무렵에는 시에나의 베르나르디노,[18] 뱅상 페리에, 조반니 다 카피스트라노[19] 등이 있었다. 한편 이들과 나란히 하느님에 대한 사랑에 조용히 취하는 성인들도 있다. 이는 이슬람교나 불교의 성인 유형에 가깝다. 16세기에는 알로이시우스 곤자가[20]가 있고, 14~15세기로 거슬러 올라가면 프랑수아 드 폴(François de Paule), 성녀 콜레트, 복자 피에르 드 뤽상부르 (Pierre de Luxembourg) 같은 성인을

로욜라(1491~1556)

들 수 있다. 이 두 유형 사이에 위치하는 많은 성인들은 저마다 양극단의 특성을 지니거나, 그러한 특성을 가장 잘 융화한 예도 찾아볼 수 있다.

성덕 로맨티시즘은 기사도 로맨티시즘과 똑같은 가치를 지닌다고 볼 수 있다. 둘 다 이상적인 이미지가 생활양식에 고정되어 인간이 이루어지기를 바라는 욕구, 또 그것을 문학으로 창조하고 싶다는 욕망을 지향한다. 주목해야 할 점은, 성덕 로맨티시즘은 시대를 가리지 않고 사람들의 상상력을 북돋우는 겸

---

16) François Xavier(1506~1552) : 예수회 설립 회원 7명 가운데 1명. 수많은 지역을 다니며 선교하여 사도 바울에 버금가는 선교사로 칭송받는다.

17) Carlo Borromeo(1538~1584) : 추기경, 1560년 밀라노 대주교가 되어 많은 가톨릭 개혁운동을 시행했으며, 겸손하고 권력을 남용한 적이 없다고 한다.

18) Bernardino da Siena(1380~1444) : 페스트 환자를 돌보다가 자신이 병에 걸리기도 했다. 대중 설교자. 예수 이름에 대한 공경과 믿음을 강조하여, 그리스어 예수(*IHΣOYΣ*)의 첫 세 글자를 로마자로 표시한 IHS라는 모노그램을 고안했는데, 이는 '인류의 구원자 예수'라는 뜻이다.

19) Giovanni da Capistrano(1386~1456) : 요한 카피스트라노. 베르나르디노의 제자로 그와 함께 프란체스코회의 개혁을 위해 많은 활동을 했으며, 교황의 특사로서 오스트리아, 바이에른 등지에 부임하여 후스파 이단의 탄압 활동을 했다.

20) Aloysius Gonzaga(1568~1591) : 1585년 로마 예수회에 입회. 주위의 반대에도 뜻을 굽히지 않으며 꾸준히 계율을 준수하여 젊은이들의 수호성인으로 칭송받았다. 자신의 몸을 아끼지 않고 페스트 병자를 돌보다 전염되어 사망했다.

양과 극단적인 금욕수행에 더 많은 관심을 갖고 있으며, 종교문화의 향상에 기여하는 데는 아무리 위대한 행위더라도 냉담하다는 것이다. 성인으로 추대됨은 교회나 사회에서 매우 위대하다거나 봉사를 해서가 아니라, 놀라우리만큼 깊은 신앙심 때문이다.

열정적인 활동가들도 그 활동이 자연법칙을 뛰어넘은 찬란한 생활로 가득 차 있어야 비로소 성인의 이름을 얻게 된다. 그 한 예로, 니콜라우스 쿠자누스(Nicolaus Cusanus, 1401~1464)가 아니라 그의 협력자였던 카르투지오회 수도사 드니가 성자의 반열에 오르고, 복자(福者)가 되었던 것이다.[21] 여기서 세련된 겉치레 문화에 소속된 사람들과, 기사도 이상을 우러르고 이를 지키고 육성하며 중세의 경계를 넘어 후세에까지 전하려던 사람들이 성인의 이상(理想)에 어떻게 대처했는지 관찰하는 것은 매우 중요하다. 둘은 성격이 다르므로 접촉이 많지는 않지만 전혀 없지도 않았다. 이 시기 프랑스 왕족과 귀족 신분에서도 여러 명의 성인이 나왔다. 그중 하나가 샤를 드 블루아(Charles de Blois, 1319~1364)로, 네덜란드 후더와 숀호펜 지방 영주 장 드 블루아(Jean de Blois)의 외삼촌이다. 블루아 집안은 샤를의 외가 쪽에 해당하는데, 부르타뉴 제후의 상속녀 잔 드 팡티에브르(Jeanne de Penthièvre, 1319~1384)와 결혼한 그는 후계자 상속 분쟁에 말려들어 일생의 절반 이상을 전쟁 속에서 보내게 된다. 그는 애초 결혼 조건 중 하나인 브르타뉴 왕의 문장과의 싸움을 받아들여만 했다. 그의 앞에 나타난 또 다른 계승권 주장자는 장 드 몽포르(Jean de Montfort)였고, 싸움은 급기야 백년전쟁과 때를 같이하여 시작되었다. 몽포르 백작의 상속권 주장의 지지를 하나의 핑계로 삼은 잉글랜드 왕 에드워드 3세가 프랑스로 쳐들어 왔던 것이다. 블루아 백작은 당대 최고의 진정한 기사라는 명성에 걸맞게 전쟁에 몰두했다. 그의 지휘는 실로 대단했다. 1347년, 칼레 공방전이 있기 직전에 붙잡혀서 1356년까지 잉글랜드에 인질로 잡혀 있었다. 마침내 1362년에 영유권 쟁탈전이 재개되었지만, 그는 1364년 오레(Auray) 전투에서 베르트랑 뒤 게스클랭, 보마누아(Beaumanoir) 등과 함께 용감하게 싸우다 장렬히 전사했다. 결국 그해에 체결된 조약으로 장 드 몽포르가 브르타뉴의 영유권을 확보하게 되었다.

---

21) 작가 주 : 이 경우 카르투지오회 수도사 드니를 성자라고 할지, 단지 복자로 볼 것인지는 문제가 되지 않는다. 복자의 경우도 마찬가지이기 때문이다.

샤를 드 블루아의 전 생애를 이렇게 단지 외적으로만 바라보면 당시에 많았던 대장들, 왕의 지위를 노리던 자들과 전혀 다를 바 없지만, 사실은 아주 젊어서부터 혹독한 금욕생활을 했던 것이다. 이미 어릴 적에 종교 서적들을 어찌나 탐독했던지 아버지가 읽지 못하도록 금지할 정도였다고 한다. 장차 기사가 될 사람에게 어울리지 않는다는 이유에서였다. 나중에 어른이 된 그는 오랫동안 아내의 침대 옆에 짚을 깔고 잤다고 한다. 전사한 그는 갑옷 속에 과거 종교적인 고행을 하던 사람들이 입던, 털이 섞여 거칠고 투박한 옷을 입고 있었다. 그는 매일 밤, 잠자리에 들기 전에 그리스도 교도인 자가 죄로 더러워진 채로 잠들 수는 없다면서 참회를 했다. 포로가 되어 런던에서 생활하던 시절에도 그는 자주 묘지를 찾아가서 무릎을 꿇고, 시편 '깊은 샘에서'[22]를 읊었다. 그는 시종에게 암송하라고 권했지만, 브르타뉴 출신인 시종은 거절하면서 이렇게 말했다고 한다. "싫습니다. 여기에는 내 부모와 친구들을 죽이고, 또 그 집들을 불태운 자들이 묻혀 있기 때문입니다."

인질 처지에서 풀려난 그는 과거 포로로 잡혔던 라 로슈 데리앵(la Roche-Derrien)에서 트레기에(Tréguier)까지 성 이브(Saint Yves)의 성유물을 찾아 눈 덮인 땅을 맨발로 순례하고자 했다. 그는 브르타뉴의 수호성인인 성 이브의 전기를 포로였던 시절에 썼다고 한다. 그의 뜻을 안 브르타뉴 사람들은 그가 지나는 길에 짚과 깔개를 깔아놓았지만, 블루아 백작은 다른 길로 우회하는 바람에 발을 다쳐 15주일 동안이나 걷지 못했다고 한다. 그가 죽은 뒤, 사위인 루이 당주(Louis d'Anjou)를 비롯한 친척들은 그를 성인으로 올리려는 운동을 시작한다. 1371년, 앙제에서 드디어 그를 복자 반열에 들게 하는 심사가 있었다.[23] 그런데 그것은 프루아사르의 말을 믿을 때의 이야기지만, 샤를 드 블루아에게는 사생아가 있었던 것이다. "여기 샤를 드 블루아 전하는 적에게 맞서서 관례대로의 장렬한 최후를 맞이했다. 또한 그의 서자인 장 드 블루아 전하와 브르타뉴의 숱한 기사들과 시종들도." 기묘한 이야기이기는 하다. 샤를은 젊을 때부터 광적

---

22) 시편 제130편.

23) 이상 블루아 백작 일족 샤티온 가문의 역사에 관한 17세기의 앙드레 뒤셴의 저서 가운데 '증거 자료' 부분과 '샤를 드 블루아 열성 조사 기록 발췌' 부분에서 옮겼다. 1904년에 그는 마침내 복자가 되었다.

으로 자기 징벌에 철저했던 사람이었는데도 평생토록 회심한 적이 없었다. 이렇게 생각할 수밖에 없다. 프루아사르가 틀렸거나, 아니면 14세기라는 시대 자체가 우리라면 절대로 이해할 수 없을 그런 모순을 태연히 용인했거나 둘 중 하나이다.

이 시대에 또 다른 귀족 출신 성인 피에르 드 뢰상부르의 일생에 대해서는 이와 같은 의문을 갖지 않아도 된다. 뢰상부르 백작 일족은 14세기에 독일 제국, 프랑스, 부르고뉴의 궁정에서도 중요한 지위를 차지하고 있었는데, 그중 한 사람인 피에르는 윌리엄 제임스(William James)가 '고루한 성인'이라고 언급한 전형적인 예이다. 즉 오로지 폐쇄된 신앙심의 작은 세계에 틀어박혀 고립된 삶 속에서 생활하여 정신세계가 편협했던 것이다. 피에르 드 뢰상부르는 1369년에 태어났다. 그의 아버지 기(Guy)가 1371년에 베스바일러(Baesweiler)에서 있었던 브라반트가와 겔드르가의 전쟁으로 세상을 떠나기 직전이었다. 그 영혼의 발자취를 더듬어 보면 또다시 파리의 첼레스티누스파 수도원에 가 닿는다. 8세의 어린 그가 이곳에서 필립 드 메지에르라는 막역한 친구를 얻었다는 사실이다. 아직 어린아이였는데도 그는 속속 교회의 요직을 두루 거친다. 먼저 각지 교회의 참사회원직, 15세 때는 메츠의 주교직, 이어 추기경직에 이른다. 채 18세가 되기도 전인 1387년에 그는 세상을 떠났다. 사람들은 아비뇽 교황청에 요청하여 그를 즉각 성인으로 만들려고 움직였다. 당시의 대단한 권위가 이것을 위해 진력한다. 예를 들면 프랑스 왕이 요구하고, 파리의 노트르담 교회 참사회와 파리 대학이 지원했다. 1389년에 열린 심사회에선 프랑스의 여러 제후들이 증인으로 출석했다. 피에르의 형제 앙드레 드 뢰상부르를 비롯하여 루이 드 부르봉, 앙게랑 드 쿠시 등이었다. 결국 아비뇽 교황이 허락하지 않음으로써 성인 반열에 오르는 것은 보류되었지만, 이미 퍼져 있던 피에르에 대한 숭배 열기는 이 요구를 정당화하기에 충분했고, 그 뒤에도 계속 수그러들지 않았다. 결국 1527년에야 교회는 그를 복자로 올려놓았다. 피에르 드 뢰상부르는 아비뇽에 묻혔는데 오래전부터 그 묘소에선 날마다 놀라운 기적들이 일어났다고 한다. 프랑스 왕은 당시에 왕들이 매우 좋아하던 묘지인 파리의 첼레스티누스파 수도원을 흉내 내어 그의 묘지 위에 첼레스티누스파 수도원을 세웠다. 오를레앙, 베리, 부르고뉴의 여러 제후가 왕의 명령을 받아 초석(礎石)을 놓으러 왔던 것이다. 피에르 살몽은 그로부터 몇 년 뒤, 이 성인의 교회에서 미사를 올리던 때의 일을 이렇게 적고 있다.

"열성(列聖) 심리의 석상에 출두한 증인들이 앞다투어 내놓은, 요절한 왕족 고행자의 풍모에는 애처로운 데가 있었다. 유난히 키가 컸던 피에르 드 뤽상부르는 폐결핵을 앓아 쇠약한 어린 시절부터 지극히 엄격한 신앙심을 성실하게 지키는 것밖에 몰랐다. 그는 어린 동생이 웃는 것도 나무랐다고 한다. "성경에는 우리 주께서 우셨다는 이야기는 있어도 웃으셨다는 것은 어디에도 씌어 있지 않다." 프루아사르는 평한다. "상냥하고 예의 바르며 온화했다. 몸집은 처녀 같았고, 베풀기를 조금도 아까워하지 않았다. 하루도 빠짐없이 그는 기도했다. 그의 일생은 이러한 겸양 말고는 아무것도 없었다."

지체 높은 가문의 친척들은 처음엔 세상을 버리겠다는 그를 만류하려 했다. 여행을 떠나 설교하러 다니고 싶다는 그의 바람을 듣고, 그들은 이렇게 반응했다고 한다. "너는 키가 너무 커서 모두가 널 금세 알아볼 거야. 게다가 추위도 견디지 못할 텐데, 네가 십자군에 나가도록 설득하러 다닌다니 대체 어쩔 셈이냐?" "저는 잘해낼 수 있어요." 피에르가 대답했다. 순간 작지만 단단한 그의 결심을 읽어낼 수 있었다. "다들 저를 올바른 길에서 벗어나 악의 길로 가도록 이끌려 하고 있어요. 만에 하나라도 그렇게 된다면 세상 사람들 모두 제가 하는 일을 비웃겠지요." 그의 고해신부 장 드 마르슈가 이렇게 말했다. "이보게 젊은이, 아무도 자네가 악행을 저지르기를 바라지 않는다네. 그와 정반대일세."

결국 그의 이러한 금욕주의적 열망을 바로잡을 수 없음을 알고, 가족들이 이에 대해 엄청난 자긍심을 갖기 시작한 것은 무리가 아니었다. 집안에서 성인이, 그것도 이토록 어린 성인이 나와서 자기들과 함께 살아가고 있는 것이다. 그들의 눈에 비친 이 병든 젊은이가 교회 요직이란 중책을 빈틈없이 감당해 내고, 베리와 부르고뉴 왕의 극심한 사치와 화려하기 짝이 없는 궁정 생활의 한가운데서 볼품없고 지저분한 몰골로 이를 잡아가며 자기의 애처로운 죄만을 걱정했다고 한다. 그의 경우에 참회란 결국 나쁜 버릇을 검토하는 것이었다. 그는 자기가 저지른 죄의 목록을 날마다 낱낱이 기록했다. 여행이나 다른 일이 있어서 그 일을 제대로 못한 경우에는 나중에 오랜 시간에 걸쳐서 그 구멍을 메우는 것이었다. 사람들은 그가 한밤중에 뭔가를 적거나, 촛불 아래서 죄의 목록을 읽는 모습을 자주 볼 수 있었다고 한다. 그가 한밤중에 갑자기 일어나서 고해신부에게 참회하는 일도 있었다고 한다. 사제의 침실 문을 아무리 두드려도 소용없는 일이 자주 있었는데, 사제가 때로는 귀머거리인 체했던 것이다. 그는 들어줄 사람을 발견하면 종이에 적은 죄목들을 읽었다. 참회의 횟수도 차츰 증가하여 일주일에 2, 3회에 이르렀는데, 죽기 전에는 하루에 2번이나 되었다고 한다. 사제는 그의 곁을 떠날 수가 없었다. 가난한 자의 장례를 치러달라고 부탁한 그가 끝내 폐병으로 세상을 떠난 뒤에는 종이가 가득 든 작은 상자 하나만 남았다. 그 수많은 종이에는 그의 짧은 일생 동안 매일의 죄들이 적혀 있었다.[24]

프랑스 왕가에도 가까운 조상 중에서 성인을 찾으려는 열망이 있었던 것 같다. 1518년, 프랑수아 1세의 어머니 루이즈 드 사부아(Louise de Savoie)는 앙굴렘 주교에게 영향력을 행사하여 장 당굴렘(Jean d'Angoulême)을 복자 반열에 올리려는 운동을 시작한다. 장 도를레앙, 다른 이름으로 장 당굴렘은 시인이자 샤를 도를레앙의 막냇동생으로 프랑수아 1세의 할아버지이다. 그는 12세 때부터 45세에 이르는 동안 영국에서 포로생활을 하다가 나중에 코냑(Cognac)성으로 돌아와서 1467년에 세상을 떠날 때까지 경건한 은자의 생활을 했다. 다른 왕족들처럼 서적을 수집했을 뿐만 아니라 읽기도 했다. 그는 제프리 초서(Geoffery Chaucer)의 《캔터베리 이야기 The Canterbury Tales》의 색인을 몸소 만들었다. 종교시도 지었고, 약 처방도 썼다. 깨어 있는 신앙인이었던 것 같지만, 그에게 앙글렘에서 태어난 서자가 있었던 것은 확실하다. 왜냐하면 그 아이를 적자로 인정하는 그의 편지가 남아 있기 때문이다. 그를 복자로 만들려는 노력은 17세기까지 계속되었지만 결국은 실패로 끝났다.

궁정 모임과 성덕(聖德) 관계에 대하여 우리에게 적잖은 정보를 제공하는 또 다른 경우는, 성 프랑수아 드 폴이 루이 11세의 궁정에 머무르던 무렵의 속사

---

24) 이상은 주로 《성인전》 7월편, 피에르 드 뢰상부르에서 옮겼다. 저지른 죄를 날마다 기록하는 습관은 매우 오랜 전통이었다. 이미 7세기의 크리마쿠스(본명은 요한, 6세기 중반에 태어나 639년 이후 시나이산 성 카탈리나 수도원 원장. 《천국의 계단》 Klimax의 저술로 알려져 있으며, 이름도 여기서 나왔다. 649년 사망)가 언급하고 있다. 이슬람 세계에도 알려져 있었다. 예를 들면 가자리(1090년대 바그다드의 대학교수, 이슬람 철학, 신학의 대가), 이그나티우스 데 로욜라도 《심령수행》에서 이것의 실천을 권하고 있다.

정이다. 루이 11세의 유별난 신앙심에 대해서는 여기서 새삼스레 말하지 않아도 될 정도로 익히 알려져 있다. 라 마르슈에 따르면 '과거의 어떠한 왕도 이루지 못했을 정도로 비싼 값에 하느님과 성녀 마리아의 은총을 입었던' 루이는 그야말로 냉정하기 짝이 없는 페티시즘(fetishism : 주물 숭배)을 나타내는 온갖 징후들을 보여 준다. 그가 성유물 숭배와 순례, 제례에 바친 열렬한 집착에 어떤 숭고한 감정이나 경건한 신중함 같은 것은 손톱만큼도 없었다. 그는 신성한 물건들을 마치 값비싼 가정상비약이라도 되는 듯이 다루었다. 그가 앙제에 있던 성 로의 십자가[25]를 일부러 낭트에서 가져온 까닭은 그 십자가에 맹세한 것을 이루게 하기 위해서였다. 루이왕은 다른 어떤 맹세보다 성 로의 십자가에 했던 맹세를 특별히 더 중요시했던 것이다. 반역의 의심을 받았던 프랑스 왕 군대의 총사령관 생 폴(Saint Pol)이 왕 앞으로 출두하라는 명령을 받았을 때, 코민에 따르면 성 로의 십자가를 걸고 신변 안전보장을 맹세하라고 요구한 그에게 왕은 이렇게 대답했다고 한다. "다른 것에 대한 맹세라면 몰라도 그것만은 안 되네." 왕이 몹시 두려워하던 죽음이 다가오자, 각지에서 귀중한 성유물을 보내왔다. 교황이 보낸 것 중에는 성 베드로의 성체를 덮었던 성체포(聖體布)도 있었다. 터키 황제까지도 당시에 콘스탄티노플에 남아 있던 성유물 소장품 목록을 보내왔다. 왕의 병상 곁의 탁자 위에는 랭스에서 보낸 성유 항아리가 놓여 있었다. 이것은 지금까지 랭스를 한 번도 떠난 적이 없는 물건이었다. 코민은 두세 가지 것들을 보고하고 있다. "왕은 이 성유를 온몸에 바르고 치유의 기적을 시험하려 했다." 왕의 이러한 깊은 신앙심은 메로빙거 왕조의 여러 왕의 모습을 떠올리게 한다.

루이왕은 순록이나 아프리카의 일런드 영양(羚羊) 같은 희귀동물이건, 귀중한 성유물이건 가리지 않고 수집했다. 그는 피렌체 지방의 성인인 성 자노비(Saint Zanobi)의 반지라든지, '하느님의 어린양' 등에 대해 로렌초 데 메디치와 편지를 주고받았다. 그것은 '스키티아(Scythia)의 어린양'으로 불리기도 했는데, 아시아가 원산지인 양치류의 줄기로 만든 것으로 영험한 공덕이 있다고 여겨지던 하찮은 물건이다. 루이왕의 죽음이 임박했을 무렵, 플레시 레 투르(Plessis-les

---

25) 예루살렘 왕 후크 당제가 가져온, 그리스도가 걸었던 진짜 십자가의 조각이 포함되어 있다는 십자가.

-Tours)성에는 기도를 하기 위해 모여든 독실한 신자들과 악사들의 기묘한 대가족이 구성되었다고 한다. "그 무렵 왕은 엄청난 수의 장중한 소리와 부드러운 소리를 내는 악기 연주자들을 불러 모아 투르 근교의 생코슴(Saint-Cosme)에 머무르게 했다. 그곳에 모인 사람들은 무려 120명에 이르렀는데, 그중에서도 푸아투에서 온 양치기가 많았다. 그들은 왕의 침소 앞에서 가끔 연주를 했는데 왕이 보는 경우는 거의 없었다. 왕은 이 악기 소리를 좋아하여 심심풀이로 여기거나, 잠을 쫓는 도구로 삼았던 것이다. 한편 왕은 편협하고 독실한 수많은 남녀, 은자, 성자 등을 불러오게 하여 하느님의 가호로 죽지 않도록, 오래오래 살도록 하느님께 끊임없이 기도하게 했다."

미니모 수도회(l'ordre des Minimes)를 만들고 성 프란체스코 수도회를 능가할 정도로 겸양에 투철한 칼라브리안(Calabrian)의 은자, 성 프랑수아 드 폴도 역시 글자 그대로 루이왕의 수집욕 대상이 되었던 것이다. 최후를 맞이한 왕이 끝까지 성 프랑수아를 곁에 두었던 까닭도, 그 은자가 하느님께 자신의 목숨을 연장시키도록 알선해 주지 않을까 하는 바람을 노골적으로 드러낸 것이었다. 나폴리 왕에게 수차례 사절을 보내 교섭하게 했지만 실패로 끝났던 루이왕은 외교 수완을 발휘하여 교황을 움직였고, 그의 힘을 빌려 기적을 일으키는 프랑수아를 확보하는 데 성공을 거두었다. 은자는 이에 불복했지만, 마중을 나간 프랑스 귀족들의 호위대는 그를 이탈리아에서 억지로 데리고 나왔던 것이다. 은자가 프랑스에 도착했어도 왕은 '지금까지 몇 번인가 성덕을 가장한 자들에게 여러 번 속은 적이 있어서' 그가 진짜인지 아닌지 확신할 수가 없었다. 그래서 시의(侍醫)의 진언에 따라 그를 관찰하게 하고, 다양한 방식으로 그의 덕성을 시험하게 했다고 한다. 성인은 온갖 시험에 당당하게 합격했다. 그의 금욕주의는 야만스럽기 짝이 없는 종류의 것이고, 10세기의 같은 이탈리아 사람 성 닐나 성 로뮈알드를 연상케 하는 데가 있었다. 그는 여자를 보면 도망쳤다. 어릴 때부터 동전 한 닢도 만져본 적이 없었다. 거의 언제나 선 채로, 또는 뭔가에 기댄 채로 잠을 잤다. 머리카락도 자르지 않고, 수염도 마냥 자라게 두었다. 날것을 절대 먹지 않고 풀뿌리만 먹었다. 루이왕은 몇 달 전에 죽을 고비를 넘긴 쇠약한 몸으로 손수 편지를 써서, 보기 드문 이 성인의 입맛에 맞는 음식을 마련해 주려 한다. "주나(Genas) 경, 부탁이니 레몬과 달콤한 오렌지, 사향배(muscadelles), 그리고 파스니프 미나리[26]를 보내주지 않겠는가? 고기도 생선도 먹지 않는 성인을 위해서라네. 그래주면 고맙겠군." 이 편지에도 있다시피 왕은 그를 그냥 '성인'이라고만 부른다. 그래선지 코민도 그를 자주 만났으면서 그의 이름을 전혀 몰랐던 것 같다. 하지만 '성인'이라 부른 것은 왕과 코민만이 아니다. 이를테면 왕의 시의(侍醫) 자크 쿠아티에(Jacques Coitier)처럼 이 독특한 손님을 반쯤 놀리는 기분으로 맞이한 사람들이나 성 프랑수아의 성덕을 믿지 않았던 사람들도 그렇게 불렀다. 코민의 보고에 따르면 깨어 있는 자의 자제(自制)에 대해 신중하게 접근하고 있다. "그는 아직 살아 있다. 그러므로 좋든 싫든 변하는 것이 당연할지도 모른다. 따라서 나는 침묵하겠다. 많은 사람들은 이 은자의 내방을 조롱의 눈길로 바라보면서 그를 '성인'이라 부른다." 그러나 이런 코민조차도 이렇게 단언하고 있다. "이런 성스러운 삶을 사는 사람, 성령이 그의 입을 빌려 말한다는 생각밖엔 들지 않는 사람은 지금껏 본 적이 없다." 성 프랑수아는 파리에 미니모 수도회의 수도원을 세우고자 했다. 그래서 장 스탕동크(Jean Standonck)와 장 캉탱(Jean Quentin) 같은 학식이 풍부한 두 신학자가 그 건에 관하여 성인과 논의하기 위해서 파리에 파견되었는데, 둘 다 그의 됨됨이에 깊은 감명을 받아 편견을 버리고 돌아갔다고 한다.[27]

역대 부르고뉴 왕들이 현존하는 성인에게 보냈던 관심은 성 프랑수아 드 폴에 대한 루이 11세의 경우만큼 이기적이지는 않았다. 주목해야 할 점은 중개자 또는 조언자로 행세하며 정치문제에 개입했던 환상가나 가공할 고행자들이 두셋에 머무르지 않았다는 것이다. 예를 들면 성 콜레트나 복자 드니 드 리켈(Denis de Ryckel), 통칭 카르투지오회 수도사가 그러했다. 콜레트는 부르고뉴가의 특별대우를 받았던 성녀이다. 필립 선제후와 그의 어머니 마르그리트 드 바비에르는 그녀에 대해 개인적으로도 잘 알았으며, 그녀에게서 자주 조언을 들었다. 그녀는 프랑스의 여러 가문, 특히 사부아의 두 왕가와 부르고뉴 왕가의 알력을 중재하고 있었다. 부르고뉴의 마지막 왕 샤를, 그의 딸 마리와 남편 막시밀

---

26) 유럽이 원산지인 미나리과 근채식용식물. 하위징아는 여기에 주석을 덧붙여서 '파스니프 미나리(pastenargues)'는 어디서나 자라는 식물이므로 굳이 당부할 것도 없었다. '수박(pastèques)'의 오기가 아니겠냐고 쓰고 있다.

27) 이상 주로 코민의 《각서》, 루이 11세 서한집, 《성인전》 4월편, 프랑수아 드 폴의 항목에 따름.

리안, 나아가 그의 딸 마르그리트 도트리슈[28]와 부르고뉴 왕가의 혈족들이 콜레트의 열성(列聖)을 줄곧 청원했던 것이다. 1807년, 마침내 그녀는 성녀의 반열에 올랐다.

카르투지오회 수도사 드니가 당시의 공적 생활에서 보였던 역할은 한층 중요하다. 그 또한 부르고뉴 가문과 줄곧 관계를 유지했고, 필립 선제후의 조언자가 되기도 했다. 원래 그는 잘 알려져 있다시피 니콜라우스 쿠자누스 추기경이 독일제국 순방길에 나섰을 때, 그와 동행하여 줄곧 곁에서 그를 도왔는데, 1451년 브뤼셀에서 니콜라우스와 함께 필립왕의 '포로'가 되고 말았다. 드니는 교회와 그리스도교계가 장차 악해질 리는 없겠지만, 어떤 엄청난 화가 덮치지 않을까 하는 괴로운 불안감에 늘 시달렸다. 언젠가 환상 속에서 하느님을 보고 이렇게 물었다. "주여, 터키군이 로마에 당도하나이까?" 그래서 그는 필립왕에게 십자군을 종용했던 것이다. 그는 왕의 공적·사적 생활에 대해 글을 써서 '신앙의 독실함을 아는 가장 훌륭한 왕'에게 바치는데, 그것은 두말할 나위없이 선량공 필립을 가리킨 것이었다. 샤를은 드니의 협력으로 세르토헌보스(Hertogenbosch)에 카르투지오 수도원을 지으려 했다. '콘스탄티노플의 성 소피아에 대한 경의'를 표한 것인데, 아마도 샤를은 모르지 않았을 테지만 영원한 지혜를 의미하는 '소피아'를 성녀로 만들려던 것 같다. 아놀드 드 겔드르(Arnold de Gueldre)도 그의 아들 아돌프와 싸우던 시기에 드니의 조언을 청한다. 루르몬트(Roermond)에 있었던 그의 암자에는 사람들의 방문이 끊일 새가 없었다. 그는 온갖 고민과 의문, 양심의 문제에 해답을 주었던 것이다.

카르투지오회 수도사 드니는 중세 끝 무렵이라는 시대가 만들어낸 종교계의 가장 역량 있는 열렬한 지지자의 완전무결한 한 전형이다. 그야말로 상상을 초월할 정도의 정력적인 일생이었다. 그에게는 위대한 신비주의자의 격정, 야만스럽기 짝이 없는 난행과 고행, 성령을 본 자의 끊임없는 환시와 계시, 이러한 깊은 영적 체험과 신학의 저술가 및 실제 문제에 관한 교회 상담역에 이르기까지 매우 폭넓은 활동이 한데 뭉쳐져 있었던 것이다. 그는 격정적인 대신비주의자들에 가까웠고, 빈데스하임 수도원 사람들과도 친했다. 약간은 도를 넘어선 설

---

28) 10장 주8 참고.

교자 브루크만과도 가까웠으며, 대학자 니콜라우스 쿠자누스와도 교류가 있었다. 그는 브루크만을 위해 유명한 《그리스도 교도의 생활지침》을 쓴다. 그는 마녀 규탄에 나선 사람들이나 열정적으로 교회 순화를 도모하던 사람들과도 친했다. 그는 지칠 줄 모르는 활력인이었음이 분명하다. 그가 쓴 글은 4절판으로 45권 분량이다. 마치 중세 신학의 수많은 하천들이 이곳으로 흘러들어와 대양으로 가려고 역류를 일으킨 듯했다. 16세기의 신학자들 사이에선 "드니를 읽으면 모든 것을 읽는 것과 같다" 할 정도였다. 그는 심오한 철학적 문제를 다루었는가 하면 나이 든 신도 빌렘(Willem)의 요청에 따라 이 세상에서의 영혼 교류라는 주제로 글을 써준 적도 있다. 더구나 그는 빌렘이 그것을 네덜란드어로 번역할 수 있게끔 되도록 쉬운 표현을 쓰겠다는 약속도 한다.

그는 위대한 선조들이 생각했던 모든 것을 알기 쉽게 설명하고, 어렵지 않은 표현의 흐름을 재생하고 있다. 이것은 한 시대가 끝날 무렵에 하는 일이다. 모으고 정리하지만 새로운 창조는 하지 않는다. 인용된 베르나르 드 클레르보(Bernard de Clairvaux)와 위그 드 생빅토르(Hugues de Saint-Victor)의 문장이 드니의 매끈한 산문 속에서 마치 무늬 없는 옷에 장식된 보석처럼 빛을 발한다. 그는 모든 저서를 몸소 썼고, 다시 검토하고 고쳤으며, 장과 절을 나누고, 삽화를 넣었다. 그러한 기나긴 작업 끝에 마침내 일생의 마지막을 맞이했을 때, 그는 고심 끝에 조용히 펜을 놓았던 것이다. "나는 평안한 침묵의 항구로 들어서려 한다."

그는 쉴 줄을 몰랐다. 날마다 시편 전편을 낭독했다고 한다. 하다못해 반만이라도 읽어야 한다고 생각했다. 옷을 입거나 벗을 때에도 그는 기도문을 읊조렸다. 아침의 할 일을 마치면 다들 다시 자러 가는데 그는 오직 홀로 깨어 있던 것이다.

그는 몸집이 크고 건장하여 해서 안 되는 일이 없었다고 한다. "나는 쇠로 된 머리와 구리 위장을 지녔다." 그는 싫은 내색도 없이, 오히려 맛있다며 썩은 음식, 구더기가 들끓는 버터, 벌레 먹은 버찌를 먹었다. 그는 이런 종류의 벌레는 죽을 정도의 독 따위 지니지 않아서, 안심하고 먹어도 된다고 말한다. 너무 짠 청어는 더 썩도록 매달아 두었다. 그의 말로는 짠 것보다 냄새가 지독한 것이 먹기엔 더 나았다.

그가 이룩한 신학적 성찰의 거대한 업적은 조용하고 단조로운 학자 생활의 산물은 아니었다. 초자연을 마주한 세찬 감동에 예민하게 반응하는 정신의 끝없는 전율 속에서 그 사고의 작업을 밀고 나아갔던 것이다. 어렸을 때도 달빛이 교교하게 비치는 한밤중에 이제 공부할 시간이라며 일어난 적이 있었다고 한다. 그는 말더듬이였는데, 떨쳐내려던 악마조차도 '말더듬이'라고 욕했다고 한다. 그는 블로드롭(Vlodrop) 부인이 죽어갈 때, 방 안이 온통 악마로 가득 찬 것을 보았다. 악마는 그가 들고 있는 지팡이를 쳐서 떨어뜨리려 했다고 한다. 그만큼 임종의 두려움에 대해 그보다 잘 아는 사람도 없을 것이다. 사람이 죽어갈 때 악마가 맹렬한 공격을 해온다는 것은 그가 거듭 전개했던 설교의 주제였다. 그는 언제나 고인들과 친하게 지냈다고 한다. "당신에겐 그토록 많은 사자들의 영혼이 나타납니까?" 한 수도사가 묻자, 그는 대답했다. "맞네. 수십 수백 번이나 나타났지." 그는 자기 아버지가 지옥의 불길 속에 있음을 알고 그를 구해냈다고 한다. 그는 출현과 계시, 시령(視靈)을 늘 체험하는데, 옆에서 억지로 요청할 때 말고는 그런 개인적인 경험들을 별로 털어놓고 싶어 하지 않았다. 그는 어떤 계기로 무아지경에 빠질 때가 자주 있었는데 그것을 몹시 부끄러워했다고 한다. 특히 음악이 그 계기가 되었고, 때로는 그의 지혜와 경고의 말을 들으러 찾아오는 귀족들의 모임에서 그렇게 될 때가 있었다. 위대한 신학자의 존칭 가운데, '법열(法悅) 박사(Doctor Ecstaticus)'란 이름이 그에게 주어졌다.

카르투지오회 수도사 드니 같은 위대한 인물도 루이왕이 보호했던 독특한 그 기인과 마찬가지로 달리 의혹과 조소의 눈길에서 벗어나지 못했다. 그 역시 세인들의 중상과 험담과 맞서서 끊임없이 싸워야 했던 것이다. 15세기의 정신은 중세 그리스도교의 최고 표상을 만나서 그에 맞설 원만한 정신적 균형을 취할 수 없었다.

14장
신앙의 감성과 환영

12세기에 베르나르 드 클레르보가 그리스도의 수난에 대한 심적 고통과 서정적인 신비주의를 연주하기 시작한 뒤로 그 서정의 곡조는 점점 더 높아졌고, 사람들은 그것을 생각하면 터질 듯한 감동으로 가득 차는 지경에 이르렀다. 그리스도와 십자가의 이미지가 가슴속 구석구석까지 파고든 것이었다. 감수성이 예민한 아주 어린 시절부터 십자가에 못 박힌 예수의 이미지를 받아들였고, 그 이미지는 너무 강하고 어두워서 그러한 모든 감정의 동요가 묵직한 그림자를 드리웠던 것이다. 장 제르송이 아직 어렸을 때 언젠가 그의 아버지는 벽에 기대어 팔을 벌리고 서서 이렇게 말했다고 한다. "아들아, 보아라. 그리스도는 이렇게 십자가에 매달려서 돌아가셨단다. 너를 창조하시고 구원하신 그리스도가." 아버지의 이 모습은 나이가 들면서 차츰 그의 머릿속에 또렷하게 새겨졌고, 마침내 백발이 될 때까지 마음속에서 떠나지 않았다고 한다. 더구나 그의 아버지는 그리스도가 십자가에 못 박힌 날, 9월 14일에 세상을 떠났던 것이다. 장 제르송은 신앙심 두터운 아버지께 축복을 빌었다. 성 콜레트는 네 살 때부터 날마다 어머니가 기도할 때면 그리스도의 수난을 떠올리면서, 경멸의 시선을 받고 매질을 당하며 심한 괴롭힘을 당했던 그리스도의 고통에 슬피 우는 소리를 들으며 자랐다. 그때의 기억이 그녀의 섬세한 감성에 너무나도 깊게 새겨졌기 때문에 그리스도가 십자가에 매달렸던 그 시각이 되면 심한 통증을 수반하는 고통을 죽을 때까지 매일 느꼈다고 한다. 또한 성경에서 예수 수난 대목을 읽으면 아기를 낳는 여자보다 더 극심한 아픔을 느꼈다고 한다. 어떤 설교자는 자주 청중 앞에서 십자가에 못 박힌 모습으로 15분도 더 넘게 말없이 서 있었다고 한다.

이와 같이 사람들의 머릿속은 온통 그리스도의 수난에 대한 생각으로 꽉 차 있었으므로 그리스도의 생애와 수난을 떠올릴 극히 사소한 계기라도 생기면 곧장 그리스도를 사모하는 곡조를 연주하는 것이었다. 주방으로 장작을 나르던 일개 수녀가 지금 자신이 십자가를 지고 있다고 상상한다. 그 행위를 지고한 사랑의 행위의 광채로 빛나게 하려면 장작을 나르는 행동을 그저 의식하기만 하면 되었다. 눈먼 처녀는 빨래를 하는 나무통을 구유로, 세탁장을 마구간이라고 믿기도 한다. 왕에 대한 송사로 종교용어를 남발하기도 했다. 앞에서도 말했듯이 루이 11세를 예수에 빗대거나, 황제와 그의 아들, 손자를 삼위일체로 표현하는 모독적 행위 역시 지나친 신앙심 때문이었다.

15세기의 강력한 신앙의 파토스는 두 가지가 있었다. 하나는 세찬 심적 동요의 형태를 띤다. 열변을 토하는 순회 설교자가 섶에 불을 붙이는 것처럼 청중을 사로잡는가 하면, 때로는 대중을 열정적인 분위기로 몰아넣는다. 그것은 경련발작과도 같이 세찬 격정의 심적 동요였는데, 그런 만큼 가라앉는 것도 빨랐다. 이와는 대조적으로 어떤 사람들에게는 새로운 삶의 형태로 신앙의 이러한 파토스가 잠잠한 기도 속에 유지되어 새로운 생활양식으로까지 규범화되었다. 마음의 신앙생활이라고 해야 할까. 아무튼 그들은 경건주의 집단을 만들고 자신들이 혁신자라는 의식 아래 근대적인 신자, 즉 새로운 신도라고 스스로 일컬었다. 이러한 '새로운 신앙(Devotio moderna)'은 규율이 있는 운동으로서는 북네덜란드, 독일 저지방에 한정되었지만, 이러한 움직임을 낳은 정신은 프랑스에서도 찾아볼 수 있다.

설교는 현실에서 절대적인 효과를 거두면서도 정신문화에서는 어떠한 유산도 남기지 않았다. 우리는 설교자가 청중에게 얼마나 놀라운 인상을 안겨 주는지를 잘 안다. 그러나 그들의 말이 청중의 마음에 일으킨 격동은 아무리 우리가 추체험하려 해도 우리에겐 주어지지 않는다. 설교를 기록으로 남긴 사람들이 우리에게 그것까지 전해주지는 않는 것이다. 그것은 어쩔 수 없는 일이 아닌가! 동시대인조차도 이미 기록된 설교에선 어떠한 감흥도 받지 못했다. 뱅상 페리에의 전기 기록자들은 분명히 전하고 있다. "그의 설교를 듣고, 설교집을 다시 읽은 수많은 사람들은 그에게 직접 들었던 말의 그림자만큼도 감흥이 일지 않았다." 놀랄 일도 아니다. 우리가 뱅상 페리에나 올리비에 마이야르의 간행된 설교집에서 알아낼 수 있는 것은 오직 그들의 웅변 소재에 지나지 않는다. 웅

〈그리스도 책형〉(1417) 쾰른, 발라프 리하르츠 미술관.

변의 열기도 다 식어서 제1장, 제7장 식으로 장의 구분만 있을 따름이다. 우리
는 대중의 마음을 움직인 것은 언제나 지옥의 공포에 대한 등골이 오싹해지는
묘사이고, 죄인은 반드시 벌을 받는다고 멀리서 울리는 천둥소리 같은 위협이
며, 또한 수난, 즉 그리스도의 사랑에 대한 달콤하기 짝이 없는 서정적인 이야
기였음을 알고 있다. 또 우리는 설교자들이 어떠한 수단을 써서 대중을 대했는
지 잘 안다. 아무리 자극적인 효과라 해도 지나치게 자극적인 것은 없었고, 웃
음에서 눈물로 넘어가는 급격한 움직임도 지나치게 갑작스러운 것은 없었으며,
목소리를 아무리 쥐어짜봤자 너무 지나친 과장은 없었던 것이다. 하지만 설교
자들이 그런 식으로 대중의 마음에 일으켰던 충격의 크기가 어떠한 것이었는
지, 우리는 단지 그게 그것인 비슷비슷한 보고에 의지하여 어렴풋하게 짐작하
는 수밖에 없다. 마을과 마을이 다음 설교 예약을 잡으려고 얼마나 경쟁했는지,
도시 전체가 왕을 맞이하는 성대한 예를 갖추어 어떻게 설교자를 환영했는지,
오열하는 청중의 격한 울음소리 때문에 설교자가 얼마나 자주 설교를 중단해
야만 했는지에 관한 보고를 토대로 짐작할 따름이다. 일례를 들면 이러하다. 뱅

상 페리에가 설교할 때의 일이다. 마침 처형장으로 끌려가는 한 쌍의 남녀 죄인이 그 앞을 지나갔다. 뱅상은 처형을 잠시 연기하도록 요청하고, 두 사람을 설교단 아래 숨긴 채 그들이 저지른 죄에 관해 설교를 계속했다. 설교가 끝났을 때 죄인들은 그곳에 없었고, 단지 한 줌의 뼈가 남아 있을 따름이었다. 청중은 어이없게도 이 성인의 말씀이 죄인들을 불태웠고, 그들은 동시에 그런 방식으로 구원받았다고 굳게 믿었다고 한다.

설교자의 말이 대중에게 일으킨 감동의 발작은 이와 같이 생생한 모습의 기록 자료로 정착되지 않고 그 자리에서 그냥 흔적도 없이 사라진 반면, '새로운 신앙'의 '자기 성찰'은 우리에게 온전히 전해지고 있다. 우리가 아는 바로는 그러하다. 경건주의 집단 대부분이 언제나 그렇듯이 신앙심은 단지 개인의 삶의 방식을 규정하기만 한 것이 아니라 인적 교류의 형태까지도 규제했다. 순수한 남녀가 고요한 세계 속에서 지나치지 않게 마음과 마음을 소통하는 것이 올바른 교제이다. 평온한 정신의 교류와 평화로운 친밀한 관계를 통해, 그들의 시선은 시대의 세찬 흐름이 파도처럼 밀려들어도 이 비속한 세상을 초월하여 머리 위에 호를 그리는 드넓은 하늘로 빨려들고 있었던 것이다. 친구들은 토마스 아 켐피스가 세상일을 전혀 모른다며 그의 무지에 경탄해 마지않았다. 빈데스하임 수도원의 한 부(副)수도원장은 '아무것도 모르는 장(Jean-je-ne-sais-pas)'이라는 명예로운 별명을 얻었다. 그들이 필요로 했던 것은 오직 단순함 그 자체의 세계였다. 자신들의 생활권에서 악을 몰아냄으로써 세상을 깨끗이 하려던 것이다.[1] 이처럼 편협한 생활권 안에서 그들은 서로 감성적인 애정을 보이고 기쁨을 나누며 살아간다. 호의의 표시를 조금이라도 놓치지 않으려고 시선은 늘 친구에게 향해 있고, 즐거움이라곤 서로를 방문하는 일뿐이었다. 대체로 이러한 성향 때문에 그들은 전기(傳記) 쓰기를 특히 좋아했다. 그들의 정신에 관한 자세한 지식의 대부분을 우리는 그것에 의존하고 있는 것이다.

네덜란드에 널리 퍼졌던 규율 있는 운동으로서의 '새로운 신앙'은 하나의 경건한 신앙생활 형태를 창조했다. 이들은 빈틈없고 조용한 몸가짐, 조신한 걸음

---

1) 윌리엄 제임스는 그의 저서 《종교체험의 여러 양상》(1902)에서 이렇게 말한다. "왜냐하면 감수성의 예리함과 협소함이 공존할 때, 그것은 실제로 자주 일어나는 일로, 그곳엔 무엇보다도 우선하여 단순화된 세계가 요구된다."

걸이로 그것을 알 수 있었다고 한다. 어떤 집단의 경우에는 희색이 가득한 얼굴, 일부러 기워 입은 새 옷으로 그것을 나타냈다. 그리고 흘러넘치는 눈물이야말로 그들의 상징적인 특징이었다. 카르투지오회 수도사 드니는 말한다. "신앙심이란 말하자면 평화롭고 느긋한 마음으로 누구나 이내 경건한 눈물을 쏟는다(Devotio est quaedam cordis teneritudo, qua quis in pias faciliter resolvitur lacrimas)." 하느님께 기도하는 것은 '매일매일 눈물의 세례'를 받기 때문인 것이다. 눈물은 기도의 날개이다. 또한 성 베르나르의 말처럼 천사의 포도주이다. 사람들은 이 칭찬할 만한 타당한 눈물의 은총에 몸과 마음을 바쳐야만 한다. 1년 내내, 특히 사순절 시기에는 늘 긴장을 늦추지 않고 마음을 다잡아서 대비하고 단련해야 한다. 이를 게을리하지 않아야 비로소 시편의 노래에 맞추어 이렇게 말할 수 있는 것이다. "눈물은 밤낮으로 내 양식이었다(Fuerunt mihi lacrimae meae panes die ac note)."[2] 드니는 이렇게 다음 말을 잇는다. "가끔씩 눈물이 몹시 흘러나와 탄식과 울부짖음 속에서 기도하게 되는 일도 있으리라. 그러나 눈물이 나오지 않는다고 해서 억지로 짜낼 필요는 없다. 마음의 눈물로 족하다. 또 남 앞에선 흔해빠진 신앙심의 티를 내지 않도록 가능한 한 삼가야 한다."

뱅상 페리에는 성체를 바치면서 폭포 같은 눈물을 자주 흘렸는데, 모임에 온 사람들이 모두 그와 함께 우는 바람에 회당 안은 그야말로 초상집 같은 곡소리의 대합창이 일어나는 경우가 잦았다고 한다. 울음이 기쁜 일이었던 그는 언제나 마지못해 눈물을 거두었다.

프랑스에서 이 '새로운 신앙'은 네덜란드의 공동생활신도회나, 빈데스하임 수도회처럼 특별한 규범을 따르는 새로운 조직의 형태를 띠지 않았다. 프랑스 사람들은 완전히 세속에 머무르거나, 기존의 수도회로 들어갔다. 당시 많은 수도원에선 '새로운 신앙'이 좀 더 가혹한 계율 엄수를 추구하려는 움직임을 보였던 것이다. 프랑스에서는 일반화된 생활태도로서의 '새로운 신앙' 운동이 시민층까지 알려지지는 않았다. 그것은 아마도 프랑스인들의 신앙심이 네덜란드인들에 비해 보다 정열적이고 발작적인 성격을 띠었으며, 훨씬 더 과장된 형태에 쉽게 빠졌던 반면, 또 그만큼 빨리 식었기 때문이리라. 중세 끝 무렵에 남쪽 사람

---

2) 시편 80장 5편, 102장 9편 참조.

들은 북네덜란드를 찾아갔다가 그 지역 주민들 속에 성실한 신앙이 널리 퍼져 있음을 목격하고 기이하게 여겨, 이것을 네덜란드인 특유의 현상이라고 지적했었다.

대체로 네덜란드의 신자들은 원래 초기 신비주의를 토양 삼아 그 생활양식을 육성했는데, 이 시점에서는 일반적으로 그들의 모체가 되었던 극단적 신비주의와는 인연이 없었다. 이로써 그들은 얼떨결에 이단에 미혹되는 위험을 배격하고 있었던 것이다. 네덜란드의 '새로운 신앙'은 교회에 순종하며 정통 신앙의 성격을 띠는데, 그러한 덕행에는 실리주의의 냄새가 짙어서 어떤 깨달음의 인상을 받는 경우마저 있다. 그에 반해 프랑스인의 신앙은 훨씬 커다란 진폭을 겪었던 것 같다. 가끔 과장된 비정상적인 신앙 현상을 체험하기 십상이다.

흐로닝언의 도미니크회 수도사 마티외 그라보우(Mathieu Grabow)가 탁발수도회를 대표하여 콘스탄츠 공의회에 출석해서 새로 설립된 공동생활신도회에 대해 비난하고, 가능하면 공의회로부터 이 파에 대한 이단 결정을 이끌어 내려던 순간, 덫에 걸린 헤르트 흐로테 신봉자들의 옹호자로서 나선 것은 바로 교회 정치 일반의 위대한 지도자인 장 제르송이었다. 그는 이러한 문제에 당면한 신도회의 정신이 올바른 신앙을 표방하는지, 또 이 조직이 허용할 만한 것인지를 제대로 판단하기에 어느 모로 보나 매우 적합한 인물이었다. 올바른 신앙과 과장된 신앙의 발로를 구별하는 것이야말로 그가 꾸준히 연구해 오던 문제 중 하나였기 때문이다. 장 제르송은 신중하고 양심적인 세심한 학자로, 성실하고 순수한 선의의 인물이었다. 올바른 관례에 지나치게 얽매이는 구석도 얼마간 있었지만, 그것은 눈에 띄지 않는 처지에서 사실상 귀족에 준하는 지위까지 오른 섬세한 정신의 소유자에겐 간혹 있는 일이었다. 타고난 심리학자인 그는 양식(樣式)에 대한 감각을 갖추고 있었다. 양식 감각과 정통 신앙은 서로 밀접하게 연관되어 있다. 따라서 이 시대의 몇몇 신앙심 깊은 생활의 예가 그로 하여금 의혹과 우려를 품게 했다 한들 특별히 이상할 것이 없다. 그런데 어찌된 일인지 그가 과장된 위험한 경향을 지녔다며 혐오하던 신앙의 유형에는 분명 그가 변호했던 네덜란드의 '새로운 신앙'을 연상케 하는 것도 포함되어 있다. 그러나 생각해 보면 이 모순은 금세 풀린다. 그가 돌보던 프랑스의 양들에겐 안전한 우리가 없었다. 아무리 열성적인 신도들이라 해도 교회가 허용하는 범위 내에서 자연스레 머무를 수밖에 없는 규율과 조직이 결여되어 있었던 것이다.

장 제르송은 이르는 곳마다 대중의 신앙 위기를 보았다. 그는 신비주의가 도시 전체에 퍼져 있으며, 이는 좋지 않은 일이라고 밝히고 있다. 그는 말한다. "세상은 종말이 다가오고 있으며, 망령 든 노인처럼 온갖 공상, 몽상, 환상의 먹이가 되어 있다. 이것이 많은 사람을 진실의 길로부터 멀어지게 하고, 정처 없이 헤매게 만든다." 그는 또 말한다. "적절한 지도를 받지 않은 채 무턱대고 단식에 열중하고, 밤새워 기도에 빠지고, 눈물을 흘려가며 터무니없이 슬퍼하는 사람이 너무나 많다. 이대로 가다가는 혼란에 빠져 머리가 이상해질 것이다. 절제하라고 경고해 봤자 들으려 하지 않는다. 명심해야 한다. 그렇게 하면 악마에게 쉽게 사로잡히게 된다." 그는 얼마 전 아라스(Arras)를 방문하여 아이 딸린 여인을 만난 적이 있었다. 이 여인은 남편의 만류도 아랑곳 않고 사나흘씩이나 연달아서 단식을 하여 주위 사람들의 찬탄을 자아냈다고 한다. 그는 이 여인과 이야기를 나누고 여러 가지 신중하게 시험해 본 결과, 그녀의 금욕이 쓸데없는 오만과 고집에서 나온 것에 불과함을 알았다. 그도 그럴 것이 그녀는 단식이 끝나면 질리지도 않고 탐욕스레 음식을 먹어 치웠다. 왜 단식을 하느냐고 물으면 단지 자기는 빵을 먹을 자격이 없기 때문이라고 되풀이할 따름이었다. 그는 그녀의 얼굴에서 거의 임박한 광기의 모습을 보았다고 한다. 장 제르송은 또 간질병에 걸린 한 여인의 예를 들고 있다. 그녀는 영혼이 지옥에 떨어질 때마다 티눈이 아프다거나, 이마에 그 사람이 저지른 죄가 씌어 있는 걸 보고 날마다 3명의 영혼을 구원한다며 외치고 다녔다. 결국 잡혀 고문당할 위기에 처하자, "그냥 그런 척했을 뿐, 먹고 살기 위해서 한 짓"이라고 털어놓았다고 한다.

그는 여기저기에서 이야기되고 읽히는 최근의 평판에 대한 환상이나 계시들을 그다지 높이 평가하지 않았다. 유명한 성녀인 스웨덴의 성 비르지타(Saint Birgitta), 시에나의 성 카타리나에 대해서조차도 부인하고 있었다. 그는 이런 것들에 대해 너무 많이 들어서 결국은 믿으려 해도 믿을 수가 없게 되었던 것이다. 자기가 교황이 되리라는 계시를 받았다고 자처하는 사람들도 매우 많았다고 한다. 어느 학식 있는 사람은 그것을 직접 써서 남기고, 증거까지 덧붙였다. 또 어떤 사람은 먼저 교황이 되리라고 굳게 믿다가 더불어서 적그리스도나 그의 선구자가 되리라는 확신에 이르렀다. 그래서 그는 그러한 재앙을 그리스도교계에 초래하는 일이 없도록 스스로 목숨을 끊어야 한다는 생각에 사로잡혀 있었다고 한다.

무지한 신앙보다 더 위험한 것은 없다고 장 제르송은 말한다. 가련한 신도들은 마리아가 그녀의 하느님 안에서 그 마음이 기쁨으로 가득했다는 말을 들으면, 자기들 역시 그 기쁨을 맛보려고 열심히 상상에 빠져 기뻐하거나 두려워한다. 진위를 가려낼 수 없는 온갖 상상이 진실과는 동떨어진 것임을 알지 못하고, 모두 기적으로 간주하고는 자기들의 뛰어난 신앙심의 경이로운 증거라고 믿는다. 그런데 이게 바로 '새로운 신앙'의 요구인 것이다. '우리 그리스도의 수난에 관한 65개조'는 말한다. "누구든지 이 신앙의 개조에 의해 마음과 힘을 다하여 우리 주의 고난을 본받아 내 고통으로 여기고, 주와 함께 신음하고자 진심으로 바라는 자는 괴롭게 슬퍼하고 핍박받도록 힘써야 하느니. 만약 지금 어떤 일로 고통스럽다면 그 괴로움을 그리스도의 고난과 겹쳐 일체화함으로써 그리스도와 함께 그것을 나누고자 열망해야 한다."

명상 생활은 매우 위험하다고 장 제르송은 지적한다. "그런 생활을 계속하기 때문에 우울증에 걸리거나 심지어 실성하는 사람이 많다." 도를 넘어선 단식이 얼마나 쉽게 광기를 부르고 환각을 불러일으키는지, 단식이라는 마술의 힘이 얼마나 대단한지 그는 잘 알고 있었다. 그러면 신앙심의 심리학적 계기를 날카롭게 파헤친 장 제르송 같은 인물은 신앙을 올바르게 받아들이거나 배척하는 그 사이의 경계선을 어디에 두어야 한다고 보았던 걸까? 그는 그의 정통 신앙, 즉 교회의 교리가 모든 것을 해결하리라고는 절대 생각지 않았다. 노련한 신학자로서 교회 교리에서 일탈한 자를 단죄하는 것은 당연한 일이지만, 그렇게 무 자르듯 구분할 수 없는 경우가 오히려 더 많았다. 그런 경우에는 드러난 신앙심의 옳고 그름을 윤리적으로 고찰함으로써 판단의 기준으로 삼아야 한다. 이것은 정도의 문제이며, 교권 분열이 이처럼 한탄스러운 시대에는 판정을 내리는 자가 절제와 건전한 취향을 지녀야 한다고 장 제르송은 말한다. 분별보다 더 무시되고 있는 덕목은 없다.

이미 그에게는 교회의 교리 하나만이 신앙심의 진위를 밝히는 기준은 아니었다. 그렇다면 우리가 보는 이 시대의 다양한 신앙 감정은 그것이 정통인가 이단인가 하는 선에서가 아니라, 그것의 심리적 성격에 따라 유형을 나누어야 할 것이다. 이미 당시의 대중부터가 교리를 기준선으로 보지 않았던 것이다. 대중은 뱅상 페리에의 설교와 마찬가지로 이단 수도사 토마스의 설교에도 귀를 기울였고, 거기서 정신적 양식을 얻었으며, 하필이면 성녀 콜레트와 그 신봉자들을 위선자라며 욕하기까지 했던 것이다. 콜레트는 애처로울 정도로 감수성이 예민하여, 윌리엄 제임스가 하느님을 섬세하게 느끼는 마음 상태라고 말한 모든 특성을 지니고 있었다. 그녀는 불을 마주볼 수도 없었고 그 열기도 견디지 못했는데, 촛불만은 예외였다고 한다. 파리, 개미, 벌레, 악취, 오물에 대해 비정상적일 정도로 두려워했던 콜레트는 또한 성(性)에 대해서도 훗날 성 알로이시우스 곤자가처럼 극심한 혐오를 드러냈다. 때문에 그녀는 자신의 신도들로 오직 처녀만을 선호했고, 기혼자들은 꺼렸다. 또한 그녀는 자기 어머니가 아버지와 재혼한 것을 몹시 탄식하기도 했다. 교회는 이처럼 지순한 처녀성을 추구하는 정열이 유익하고 본받을 만한 가치가 있다며 변함없이 칭찬을 계속해 왔다. 순결에 대한 과도한 집착은 확실히 개인감정의 문제로서 성 전체에 대한 혐오로만 그친다면 아무런 위험도 없다. 하지만 광신자들의 그러한 혐오감의 표현이 교회에게, 나아가서는 그 표현 당사자에게까지 위험을 초래하는 경우가 있다. 다시 말해 달팽이가 더듬이를 세우는 것처럼 자기만의 영역에 틀어박혀 그 안에서 순수하게만 살아가는 데 그치지 않고, 순결에 대한 열망을 자기만이 아닌 타인의 종교 및 사회생활 전반에 이르기까지 확대하려는 움직임을 보일 때는 위험했다. 중세 교회는 순결에 대한 이러한 희구가 혁명적인 형태를 띠고, 성직자의 불순한 생활과 수도사의 방약무인에 대해 세찬 공격을 보일 경우에는 그 희구를 늘 부정해야만 했다. 교회는 성직자 신분의 이 같은 부패와 타락을 뿌리 뽑지 못한다는 사실을 너무나 잘 알고 있었기 때문이다. 장 드 바렌(Jean de Varennes)의 예를 들어 보자. 박학다식한 신학자에 이름 높은 설교자인 그는 랭스 대주교에 의해 비참한 감옥생활을 함으로써 굳은 지조의 대가를 치러야 했다. 그는 원래 아비뇽 교황청에서 뤽상부르 가문 출신의 젊은 추기경을 보좌하고, 미래의 주교 또는 추기경감으로 촉망받았는데, 갑자기 랭스의 노트르담 교회 참사회원직과 모든 특권을 팽개치고, 전도양양한 모든 높은 지위도 버리고, 아비뇽을 떠나 고향 생리에(Saint Lié)로 돌아갔다. 그는 성덕의 생활 속에서 대중설교를 시작했던 것이다. 생드니의 수도사는 말한다. "많은 사람들이 각지에서 그를 보려고 속속 밀려들었다. 그가 겸손하고, 더없이 고매하며, 성실하기 짝이 없는 생활을 하기 때문이다." 대중이 볼 때, 그는 과연 교황도 될 수 있는 인물이었다. 그는 '생리에의 성인'이라 불렸다. 그가 지닌 기적의 힘 때문에 사람들은 그의 손과 옷자락만이라도 앞다투어 만지고 싶어 했다고 한다. 어떤 사람들은 그를 하느님의 사자, 나아가서는 하느님으로 여겼다. 한때 프랑스 전역에서 이 성인에 대한 이야기로 들끓을 정도였다고 한다.

그러나 그의 의도를 모두가 옳다고 믿었던 것은 아니다. 그를 두고 '생리에의 미치광이'라는 사람도 있었고, 그런 선풍적인 행동을 함으로써 잃어버린 교회의 요직에 다시 오르려는 게 아니냐고 의심하는 사람도 있었다. 그야 어쨌든 장 드 바렌이 우리의 주목을 끄는 것은 많은 성인들과 마찬가지로 성에 대한 순수한 열정이 혁신적인 성격으로 바뀌었다는 점이다. 말하자면 그는 교회의 부패를 나무라는 모든 불평을 단 하나의 악덕, 즉 음란함에 연관시키고, 오직 이것에 대한 격분에 불타서 교회의 여러 권위에, 그중에서도 특히 랭스 대주교에게 대항하고 거역하는 설교를 했던 것이다. "늑대다, 늑대!" 그는 군중을 향해 소리쳤다. 대중은 늑대가 누구인지 알기 때문에 몹시 반기면서 마주 소리쳤다고 한다. "늑대가 왔어요, 여러분. 늑대가요!" 생각건대 장 드 바렌은 자기 신념을 마지막까지 관철할 용기는 없었던 모양이다. 감옥에서 그는 이에 대해 이렇게 변명하고 있다. "늑대는 대주교를 가리키는 말이 아니다. 다만 '백선(白癬)'이 있는 사람은 모자를 벗지 말라'는 격언을 인용했을 뿐이다."[3] 그가 아무리 여러 차례 극단적인 말을 해도 청중이 그의 설교에서 받아들인 가르침은, 지금까지 수도 없이 교회를 위기로 몰아넣은 적이 있는 낡은 교리에 다름 아니었다. 즉 생활이 깨끗지 못한 자격 없는 사제에 의한 성체는 무효이고, 그가 올리는 빵은 그냥 빵일 뿐이며, 그가 주관하는 세례나 성사는 무가치하다는 것이었다. 그는 이것을 더욱 극단화시켜 순결 규정 일반을 만든다. 사제는 친누이나 나이 든 부인

---

3) 이것은 어디까지나 추측이지만 늑대는 《여우 이야기》의 '늑대 이장그랭'의 이미지인 것 같다. 이장그랭은 사자인 노블왕에게 충성을 맹세한 자, 즉 권력에 빌붙는 자이고, 반면에 '여우 르나르'는 중세 끝 무렵에 차츰 반역자의 성격을 강화한다. 대중이 장을 여우 르나르로 보았는지는 확증이 없다. 역시 추측이지만 '늑대와 소년'의 설화가 이것과 관련이 있는 것 같다. 이 격언은 내가 참조한 격언집에는 나오지 않지만, 아마도 부화뇌동을 경계하라는 의도로 생각된다. 그렇다면 '늑대와 소년' 설화와 잘 들어맞는다.

이라 해도 여성과 함께 살아선 안 된다. 결혼에는 22~23개의 죄가 따른다. 간음한 자는 구약의 율법에 따라 벌을 받아야 한다. 그리스도도 만약 그 죄에 관한 확신이 있었다면 그 부정한 여인에게 돌을 던지라고 명령했을 게 분명하다. 프랑스에 순결한 여인은 없다. 사생아는 올바르게 살아갈 수도, 구원받을 수도 없다. 대체로 이런 식이다.

이렇게 불순에 대한 강력한 혐오의 표명에 대해 교회는 항상 자기방어의 필요에서 대결을 피할 수 없었다. 그럴 만한 가치가 없는 사제가 한 성체는 무효라는 의혹이 일단 제기되면 모든 교회 조직이 위험에 처해 즉각 와해되고 말 것이기 때문이다. 장 제르송은 장 드 바렌을 얀 후스(Jan Hus)와 함께 의도는 좋으나 열의가 지나쳐 정도를 벗어난 자라고 평한다.

반면에 교회는 하느님의 사랑에 대한 몹시 관능적인 상상을 허용한다는 점에선 일반적으로 매우 너그러웠다. 파리대학 학장 장 제르송은 여기서도 예리한 통찰력으로 위험을 감지하고 경고한다. "사랑하는 사람들, 아니 미친 사람들의 수많은 정신 나간 짓을 다 헤아리자면 해가 질 것이다." 위대한 심리학자로서의 경험상 그는 이 위험을 잘 알고 있었다. 그는 여러 가지 국면에서, 교리적·윤리적 위험성을 내다보았다. "영적 사랑은 너무나 쉽게 적나라한 육체적 사랑에 빠진다." 그는 아마도 이것을 너무나 잘 알았으리라. 그는 자기가 아는 사람의 경험을 이야기하는데, 그 남자는 곧 그였던 것이다. 그는 신앙을 통하여 한 수녀를 알게 되었고, 주 안에서 서로 정신적인 우정을 키웠다고 한다. "처음엔 육체의 불길이 타오르지 않았다. 그러나 교제를 거듭하는 사이에 차츰 이제 하느님 안에서의 사랑이랄 수 없는 사랑이 자라나기 시작하여 점점 그녀가 보고 싶었고, 그녀가 곁에 없을 때는 그녀를 그리워하는 마음을 억누를 수 없게 되었다. 그런데도 그는 아직 그것이 죄라거나 악마의 짓인 줄 몰랐는데, 결국 꽤 오래 만나지 않았던 어느 순간, 그는 그 위험을 깨닫고, 아슬아슬한 순간에 구원을 받았다." 그 뒤로 그는 이 경험에서 많은 것을 배웠고 정통한 사람이 되었다.

《악마의 다양한 유혹에 대하여 De diversis diaboli tentationibus》라는 장 제르송의 글은 네덜란드의 '새로운 신앙'파 신자들에게도 있었던 그러한 정신상태를 날카롭게 분석하고 있다. 무엇보다도 그가 가장 불신한 것은 빈데스하임 사람들이 말하는 '신의 달콤한 사랑(Dulcedo Dei)', 즉 그리스도의 사랑의 감미로움이었다. 그는 말한다. "악마는 사람들에게 때로는 어이가 없을 정도로 경이롭고 거대한 감미로움을 심어 준다. 신앙심의 공덕으로 오해할 만한 방식으로 그것을 불어넣기 때문에 사람들은 그 목표를 쾌락의 음미로 정해, 단지 그것을 위해서만 하느님을 사랑하고 따르게 된다." 다른 문장에서도 그는 이를 언급하고 있다. 이런 류의 감정이 너무나 왕성하게 널리 퍼져 많은 사람들이 그것에 속기 시작했다. 마음의 광란을 성스러운 희열로 오인하면서 하느님을 느끼고 있다고 믿고는, 가련하게도 도를 벗어나기 시작한 것이다. 온갖 쓸데없는 몸부림도 등장했다. 어떤 사람들은 오직 하느님만이 그들을 통해 일할 수 있게 하겠다며 완전한 무감각의 수동 상태에 도달하려 애썼다. 또한 신비 인식을 얻고, 하느님과 하나가 되고자 했다. 그 성스러운 인식에 즈음해서는 하느님이란 존재를 진정한 선의 개념으로 간주하는 일은 더 이상 없다. 장 제르송이 루이스브뢰크에게 반론을 제기하는 것도 바로 그 점에 대해서이다. 제르송은 그의 단순성을 믿지 않고, 그의 저서 《영적 결혼의 장식 Ornement des noces spirituelles》의 취지를 논박한다. 루이스브뢰크는 이렇게 말한다. "완성된 영혼은 하느님이 볼 때는 하느님의 본질인 광명 속에서 하느님을 보는 데 그치지 않으며, 그 영혼이 사실상 하느님의 광명 자체이다."

시대를 막론하고 신비주의자라면 누구나 개성을 완전히 없앤 느낌을 경험하는 바이지만, 예스럽고 절도 있는 성 베르나르의 신비주의를 지지하는 장 제르송 같은 사람이 쉽게 인정할 수 있는 그런 경지는 아니었다. 어떤 여성 시령(視靈)이 그에게 말했다. "나의 정신은 하느님을 봄으로써 무(無)로 돌아간다. 진정으로 무로 돌아가, 그 뒤에 다시 창조되었다." 그걸 어떻게 아느냐고 그가 물었다. 그녀는 대답했다. "그렇게 경험했다." 이 대답의 부조리함이야말로 "이런 환상이 얼마나 비난받아 마땅한가" 주장하는 지성인 제르송에게 매우 적합한 논거를 제공하는 것이었다. 이러한 느낌들을 단적으로 기술한다는 것은 몹시 위험한 일이었다. 다만 이미지의 언어로서 그것을 말하는 한, 교회는 관대하게 보아 넘겼던 것이다. 예를 들면 시에나의 카타리나는 자신의 심장이 그리스도의 심장으로 완전히 바뀌었다고 말했는데, 교회는 이것을 나무라지 않는다. 그러나 자유정신형제단의 지지자인 에노의 마르그리트 포르트(Marguerite Porete)는 자신의 영혼이 하느님 안에서 완전히 무로 돌아갔다는 망상을 일으켜 1310년에 파리에서 화형을 당했다.[4]

이러한 자기 소거 감각이 불러오는 크나큰 위험은 인도의 신비주의자들과 일부 그리스도교 신비가들이 공히 도달했던 결론, 즉 신을 관조하고 신을 사랑하는 완성된 영혼은 더 이상 죄를 저지르지 않는다는 사고에 있었다. 신에게 몰입해 있으므로 더 이상 자기 의지가 없고 오직 신의 의지만이 작용하기 때문이다. 따라서 육욕에 사로잡히더라도 잘못은 없다는 것이다. 가난하고 무지한 많은 사람들이 이런 설교에 넘어가서 엄청난 방종에 빠졌다. 이것은 베가드파(Begards), 자유정신형제단 또는 튀를뤼팽 이단들이 인정하는 바였다. 장 제르송은 신에 대한 광적인 사랑의 위험에 대해 말할 때, 경계해야 할 이러한 종파의 예를 항상 마음속에 두었다. 그러나 '새로운 신앙'주의 집단도 그러한 위험한 종파들로부터 한참 동떨어져 있었던 것은 아니다. 빈데스하임 수도회의 헨드릭 판헤르프(Hendrik van Herp)는 동문의 한 신도에게 영적 간통을 꾸짖고 있다. 이런 일이 태연히 자행되는 분위기에선 엄청난 불경에 빠뜨리려는 악마의 덫이 곳곳에 놓여 있었다고 보아야 한다. 장 제르송이 전하는 바로는 한 귀족이 카르투지오회의 한 수도사에게 참회하며 말했다고 한다. "나는 죽을죄를 지었다. 하지만 내가 저지른 음란죄는 하느님에 대한 사랑을 추호도 가로막지 않는다. 오히려 내 마음의 불길에 기름을 들이부어 하느님에 대한 사랑의 기쁨을 더욱 게걸스럽게 찬미하고, 희구하게 한다."

신비주의의 감미로운 감동이 확신에 차서 뚜렷하게 표명되기에 이르고, 또 사회에 영향력을 미치게 되자 교회는 이것을 경계한다. 다만 정감이 풍부한 상징적 성격의 이미지 만들기에 머무르는 한 아무리 왕성하게 자라나도 교회는 이것을 눈감아 주었던 것이다. 술로 자신을 잊은 채 위험을 모르는 주정뱅이는 바보 취급을 당해도 결코 노여워하지 않고 모든 것을 남에게 주어 버린다. 브루크만은 주정뱅이의 이러한 상태를 인간의 형상으로 화한 예수로 상정하고 이렇게 말한다. "주께서 우리를 사랑하시어 높은 하늘에서 지상의 낮은 골짜기까지

---

4) 윌리엄 제임스는 그의 저서 《종교체험의 여러 양상》에서 이 감정을 이런 식으로 표현한다. "내가 나 자신을 하느님에게 내맡긴 것은 나의 개성이 파괴되리라는, 하느님이 나에게서 모든 것을 가져가리라는 심오한 확신 아래 자진하여 그렇게 했던 것이다."

내려오셨을 때, 오, 진실로 주는 취해 있지 않았겠는가!" 그러나 브루크만은 특별히 비난받지 않았다. 그의 환상은 더욱 분방하게 전개된다. "하늘의 예수는 술이 찰랑찰랑 담긴 항아리를 들고 예언자들 사이를 돌아다니면서 잔 가득히 술을 따라준다. 이윽고 다들 잔뜩 취해서 몹시 시끌벅적해지자 다윗이 하프를 들고, 잔칫상 앞으로 뛰어나왔다. 그는 마치 우리 주의 익살꾼처럼 보였다."

터무니없거나 기괴한 브루크만뿐 아니라 순수한 루이스브뢰크 같은 사람도 하느님에 대한 사랑을 표현할 때, 술에 취한 이미지와 굶주림의 이미지를 즐겨 사용한다. 어쩌면 이 두 가지 이미지의 출처야말로 성경의 한 구절, 즉 "나를 먹는 자는 점점 굶주릴 것이고, 나를 마시는 자는 점점 더 목이 마르리라(Qui edunt me, adhuc esurient, et qui bibunt me, adhuc sitient)"[5]에서 비롯된 것 같다. 이것은 원래 지혜의 말인데도 주의 말로 간주되고 있다. 하느님을 찾는 영원한 굶주림으로 고통스러워하는 인간의 영혼이라는 이미지가 이러한 형태를 이룬 것이다. 루이스브뢰크는 《영적 결혼의 장식》 제2부 53장에서 이렇게 밝히고 있다. "결코 채워지지 않는 영원한 굶주림이 여기서 비롯된다. 그것은 사랑의 힘으로 창조된 영혼이, 창조된 것이 아닌 절대 선을 추구하는 내적 욕구이자 갈망이다. 이를 경험하는 것은 매우 가련한 자들이다. 그들은 채워지지 않는 불같은 굶주림과 갈증을 느끼기 때문이다. 무엇을 먹거나 마셔도 그들은 결코 만족하지 못한다. 그 굶주림은 영원한 것이기 때문이다. 만약 하느님이 불운한 이들에게 당신 자신을 제외한 성인들의 모든 재능을 부여하신다 할지라도, 그들의 영혼은 갈망으로 욱신거리고 여전히 채울 길 없는 굶주림으로 괴로워하는 것이다."

술에 취한 이미지와 마찬가지로 굶주림의 이미지 역시 역의 관계로 볼 수 있다. 즉 이번에 배가 고픈 것은 예수이다. 루이스브뢰크는 《영원한 구원의 거울 Die spieghel der ewigher salicheit》 제8장에서 이렇게 말한다. "주의 배고픔은 한없이 크다. 주는 우리를 손톱 끝까지 먹어치운다. 주는 탐욕스러워서 그 굶주림이 불꽃으로 타오른다. 그럼에도 우리는 기꺼이 주께 몸을 맡긴다. 그것이 주의 입맛에 맞으면 더욱 기뻐서 주께 몸을 내맡긴다. 더구나 주는 우리를 다 먹은 뒤에도 여전히 만족하지 않는다. 주의 배고픔은 불꽃처럼 타올라 끝을 모르기 때

---

5) 《집회서》 24장 29절. 집회서는 가톨릭교회에선 제2정전, 개신교에선 외전이라며 배제하고 있다.

문이다. 주는 우리가 가난할망정 개의치 않는다. 주는 우리에게 아무것도 남기려 하지 않는 것이다. 주는 먼저 식사를 준비하고, 그 사랑으로 우리의 죄와 과오를 태우는 것이다. 우리가 이렇게 정화되어 사랑의 불로 충분히 구워지면, 주는 모든 것을 먹어치우려는 듯이 탐욕스레 우리를 덮친다. 주는 그 한없는 욕망 속에서 우리의 지복을 도모한다. 그것을 눈으로 보고 아는데 대체 어느 누가 주의 목에 매달리지 않을 수 있으랴! 우리를 완전히 먹어 버리면 예수는 당신을 우리에게 준다. 그리하여 영원한 쾌락 속에서 이 몸을 즐기라고, 영혼의 굶주림과 목마름을 우리에게 주는 것이다. 주는 우리에게 영적 굶주림을 주고, 우리의 마음을 사랑하며 그 육신이라는 먹이를 준다. 그리하여 우리가 그것을 먹고, 신앙이 독실해져 주의 육신을 다 먹었을 때, 주의 육신에서는 영광의 뜨거운 피가 흘러 우리의 몸으로, 모든 혈관으로 흘러든다. 보아라. 이와 같이 우리는 언제든지 먹고 또 먹힘을 당하리라. 사랑 안에서 뜨고 가라앉으리라. 이것이 우리의 영원한 삶이다."

여기서 한 걸음 더 나아가면 신비주의의 도취도 저속한 상징주의로 추락하고 만다. 장 바르텔레미(Jean Barthelemy)는 《사랑을 두려워하는 글 Le livre de crainte amoureuse》에서 성찬에 대해 이렇게 쓰고 있다. "너희는 주를 불에 그을리거나 태우지도 않고 적당히 구워서 먹는다. 그것은 마치 부활절의 새끼양이 장작과 숯이라는 두 가지 불 사이에서 적당히 구워지는 것처럼 온유한 예수는 성 금요일에 존귀한 십자가의 꼬치에 꿰어져서 고통스러운 수난의 죽음을 우리에게 떠올리게 함으로써 우리의 구원을 도모한다. 그는 강한 자비와 사랑의 불 사이에 매달려 우리를 구원하기 위해 서서히 구워진다."

이러한 취기와 굶주림의 이미지들은 그것 자체가 영혼의 복된 감정에는 선정적인 의미로 해석된다는 의견을 배척한다.[6] 하느님의 은총은 마시거나 잠기는 느낌에 똑같은 감정을 부여한다. 디펜벤(Diepenveen)의 한 여신도는 온몸이 그리스도의 피에 잠겨 있다고 느낀 뒤 실신했다고 한다. 피의 환상은 체화의 신앙으로부터 새로운 활력을 끊임없이 퍼 올려 붉게 타오르는 어지러운 도취 속에 나타난다. 보나벤투라(Bonaventura)는 말한다. "예수의 육신의 상처는 꽃이 활짝 핀

---

6) 윌리엄 제임스는 이런 종류의 의견에 반박하고 있다.

달콤한 낙원의 붉은 핏빛 송이들이다. 영혼은 나비처럼 이 꽃에서 저 꽃으로 날아다니며 꿀 같은 주의 피를 마신다. 영혼은 주의 옆구리 상처로 들어가 주의 심장에까지 이른다. 그때, 낙원에는 주의 피가 개울처럼 흐른다." 주의 다섯 군데 상처에서 흘러나오는 붉고 뜨거운 피가 하인리히 조이제의 입에서 심장으로, 그 영혼으로 흘러들었다고 한다. 시에나의 카타리나는 그리스도의 옆구리 상처에서 그 피를 마신 성인 가운데 한 사람이었다고 한다. 마치 성 베르나르, 하인리히 조이제, 알랭 드 라 로슈가 성모마리아의 젖을 마신 것처럼.

라틴어 이름으로 알라누스 데 루페, 네덜란드 친구들은 판데르클리프(Van der Klip)라고 부르는 알랭 드 라 로슈는 프랑스인 특유의 매우 환상이 풍부한 신앙심과 중세 끝 무렵 특유의 구체성이 풍부한 종교적 상상력을 두루 갖춘, 유달리 눈에 띄는 인물의 전형이었다. 1428년 무렵 브르타뉴에서 태어나 오랫동안 도미니크파 수도회에 소속되어 주로 북프랑스 및 네덜란드에서 활동했던 그는 1475년 즈볼레(Zwolle)에서 매우 친했던 신도회 형제들 사이에서 세상을 떠났다. 그의 가장 눈에 띄는 업적은 묵주 사용의 확대에 힘쓴 점이었다. 그는 도처에 기도회를 설립하여 주의 기도를 포함한 마리아 기도의 방대한 체계를 세웠다.[7] 그 대부분이 설교의 기록과 어린 시절에 보았던 것의 묘사로 채워져 있는 이 저술에선 자칫 성적인 방향으로 흐르기 쉬운 그의 상상력을 엿볼 수 있다. 그러나 여기에는 불타오르는 정열적인 톤이 결여되어 있다. 원래 정열이 있어야만 성스러운 것의 육감적인 상상이 가능한데도 말이다. 하느님에 대한 사랑의 묘사가 현란한 관능의 욱신거림을 잃고 단지 하나의 과정으로만 끝난다. 위대한 신비주의자들의 굶주림, 갈증, 피, 사랑의 환상처럼 품위를 높이는 풍부한 내면성은 추호도 느낄 수 없다. 그가 추천하는 마리아의 육신 각 부위에 대한 명상, 마리아의 젖으로 갈증을 푸는 심신의 치유에 대한 자세한 묘사, 주기도문의 한 구절 한 구절을 하나의 미덕으로, 저마다 혼례의 상징으로 정한 일대 상징 체계에는 종말이 가까운 시대정신이 잘 드러나 있다. 중세 끝 무렵의 요란하리만큼 화려한 신앙심이 꽃피었다가 지는 풍경이다.

성적인 요소는 악마에 대한 환상 속에서도 한자리를 차지한다. 알랭이 보았

---

7) 이에 대해서는 15장을 참조 바란다.

던 갖가지 죄를 나타내는 짐승들은 그 무시무시한 성기에서 유황 불꽃을 내뿜고, 대지는 그 연기로 뿌옇게 되었다고 한다. 알랭은 또한 '배교의 창녀'를 보았는데, 그녀는 배교자들을 게걸스레 먹어 치우자마자 토해내고, 배설했다가 다시 그것을 안고선 마치 어머니처럼 입을 맞추고 쓰다듬었으며, 그 자궁에서는 아이가 연달아 새로 태어났다고 한다.

여기에 바로 '새로운 신앙'파가 말하는 '달콤한 즐거움'의 이면이 있다. 천국에서의 달콤한 환상만으로는 균형이 맞지 않았기 때문에 그것을 보충하는 장치로서 정신은 지옥의 이미지를 지닌 암흑의 심연을 감추고 있었다. 그 이미지 역시 육감을 자아내는 휘황한 언어 표현 속에서 찾아냈던 것이다. 그러고 보면 고요함 속에 안주하는 빈데스하임 사람들이, 종말로 치닫는 중세라는 시대가 빚어낸 다시 없이 음험한 마녀의 유혹과 어떤 연관이 있다 해도 전혀 이상할 것이 없다. 여기에 고요함 따위는 바랄 수도 없었고, 마녀 사냥은 신학자의 열의와 사법의 엄혹함이 숙명적으로 힘을 합쳐야만 하는 지경에까지 이르렀던 것이다. 알랭 드 라 로슈는 마녀의 소란과 '새로운 신앙'을 잇는 연결고리의 하나였다. 그는 즈볼레의 공동생활신도회에서 귀빈 대접을 받는 한편, 도미니크파 수도사였던 하인리히 인스티토리스(Heinrich Institoris)와 함께 《마녀들의 망치 *Malleus Maleficarum*》[8]를 쓴 야코프 슈프렝거(Jakob Sprenger)의 스승이기도 했다. 더구나 이 야코프는 알랭이 창시한 묵주신심회의 독일 지역의 열렬한 전도사였다.

---

8) 1481년 이후 쾰른, 트리에르, 마인츠 세 교구의 이단 심문관으로서 특히 마녀 관련 일을 담당했다. 1486년 무렵, 마녀에 관한 모든 것을 기술하려 한 이 글은 1489년에 인스티토리스의 개정증보를 거쳐 1600년까지 28판이 나왔다. 이단 심문관의 핸드북이 되었던 것이다.

15장
쇠퇴하는 상징주의

이 시대 사람들은 신앙심의 깊은 감동을 곧장 선명한 색깔의 이미지로, 타는 듯한 이미지로 옮기겠다는 열망에 휩싸였다. 그런 눈으로 기적을 뚜렷하게 보아야 비로소 그것이 기적임을 이해했던 것이다. 그래서 눈에 보이는 표징을 통해서 말로는 다할 수 없는 것을 기도해야 했고, 이런 바람이 계속해서 새로운 형상을 만들어 냈다. 14세기 예수를 향한 넘치는 사랑을 눈에 보이는 어떤 대상으로 나타내려면 이제는 십자가나 어린양의 이미지만으론 부족했다. 곧 그에 덧붙여서 예수라는 이름이 숭배되고, 일부에선 알게 모르게 십자가 숭배를 압도할 정도였다. 하인리히 조이제는 가슴에 예수의 이름을 문신으로 새겼고, 옷에 연인의 이름을 수놓아서 입고 다니는 남자와 자신을 견주기도 했다. 또한 이 달콤한 예수의 이름을 수놓은 손수건을 제자들에게 보냈다고 한다. 시에나의 베르나르디노는 언젠가 온 힘을 쏟은 설교를 마치면서 두 자루의 초에 불을 붙이고, 커다란 널빤지를 모여 있는 사람들에게 보여 주었다. 그곳엔 예수의 이름이 파랑 바탕에 금색 글자로 후광에 둘러싸여 씌어 있었다고 한다. '교회에 가득 찬 사람들은 무릎을 꿇고 감미로운 감동과 예수에 대한 넘치는 사랑으로 일제히 울음을 터뜨렸던' 것이다. 이 밖에도 프란체스코파를 비롯한 여러 수도회의 설교사들이 이를 본떠 널리 퍼지게 되었다. 이런 널빤지를 높이 내건 카르투지오회 수도사 드니를 그린 그림이 남아 있으며, 제네바시의 문장(紋章)의 윗부분을 장식하고 있는 태양광선도 원래는 이 예수 이름의 숭배에서 유래한다. 교회 당국은 이런 상황에 의혹의 눈길을 보냈다. 미신은 아니지만 우상숭배가 아닐까 하는 의견도 있었다. 찬반양론이 뜨겁게 일었다. 마침내 베르나르디노는 로마 교황청에 소환되었고, 교황 마르티누스 5세(Martinus V, 1368~1431)는 이를 금했다. 이것과는 다른 형태이기는 해도, 하느님에 대한 기도를 눈에 보이

는 어떤 형상에 의탁하려는 바람
은 곧 충분한 만족을 얻게 된다.
성체현시대(顯示臺)를 놓아 기도
하면서 그곳에 안치된 성체를 볼
수 있게 된 것이다. 처음 사용된
14세기에는 탑의 형태였지만, 곧
빛을 방사하는 태양의 형태를 띠
게 되었다. 즉 신의 사랑의 상징
인 것이다. 이에 대해서도 교회는
처음엔 반대의 뜻을 보였고, 단지
성체 축제 주간에만 사용하도록
했다.

하느님이 성스러운 권리의 상징인 성 베드로의 열쇠를
로마 교황에게, 세속적 권리의 상징인 검을 신성로마
제국 황제에게 주고 있는 장면.

한창때가 지나 쇠퇴하는 중세
사상은 거의 대부분 수많은 상징들 속에 녹아 스러지고 있었다. 만약 그 이미
지들이, 낱낱의 형상들이 전체를 포괄하는 상징주의의 거대한 사고체계 속으
로 수렴되지 않았더라면 거기서 볼 수 있는 것은 혼돈스러운 환상에 불과했을
것이다. 중세의 정신이 분명히 알고 있었던 커다란 진리는 먼저 고린도전서의
한 구절에 있다. "우리가 이제는 거울로 보는 것같이 희미하나 그때에는 얼굴과
얼굴을 대하여 볼 것이요(Videmus nunc per speculum in aenigmate, tunc autem facie ad
faciem)."[1]

어떠한 사물도 현상계에서 기능과 형태의 틀 안에 있는 것이라면 그 의미는
모두 부조리하고, 모든 사물은 그 존재의 끈을 풀고 보면 반드시 피안의 세계
로 이어진다는 것을 중세 사람들은 결코 잊지 않았던 것이다. 이것은 우리 또한
말로는 설명이 불가능한 지각으로서 시시각각 경험하는 바이다. 잎새에 떨어지
는 빗소리나 탁자 위를 비추는 등불처럼 더할 나위 없이 당연한 일상생활의 과
정을 계기로 일상적 사고와 행동의 의미 범위를 꿰뚫는, 좀 더 깊은 지각에 도
달하는 경우가 우리에게도 이따금 있지 않은가. 이 지각은 병적인 불안감과 더

---

1) 고린도전서 13장 12절.

불어 생기기도 한다. 사물이 마치 인간의 의지를 지니기라도 한 것처럼 보이고, 풀어야만 하는 데 풀리지 않는 수수께끼를 내포하고 있기라도 한 것처럼 느껴지는 것이다. 반면에 이 지각은 훨씬 더 자주 우리 자신의 삶, 또한 세상의 감춰진 의미에 관여하고 있다는 고요한 확신으로 우리 가슴을 채운다. 따라서 그때 그때의 이러한 감정이 모든 사물의 원천인 유일자에 대한 경외심으로 응집될 때, 말하자면 온전한 정신일 때의 경험에 지나지 않았던 이 감정의 움직임은 일상 생활감정으로 변화해 간다. 이는 매우 간단한 과정이다. 결국 확고한 자신감을 갖고 이를 설명하는 목소리도 들린다. 윌리엄 제임스는 《종교체험의 여러 양상》에서 말한다. "사물을 제 모습 그대로 나타내게 하는 능력과의 연관을 늘 지각하고, 그 감각을 끊임없이 연마함으로써 우리는 사물에 보다 가까워지고, 기꺼이 그것을 받아들일 수 있게 된다. 자연의 겉모양이 바뀌는 게 아니라, 바뀌지 않아도 상관없는 그런 의미의 변화이다. 자연은 죽어 있다가 다시 살아난다. 사랑 없이 바라보던 사람을 사랑을 품고 바라보는 차이와도 비슷하다. 모든 사물을 하느님 안에서 보고, 모든 것을 하느님에게로 되돌릴 때, 우리는 흔해빠진 것들 속에서도 뛰어난 의미의 표현을 읽어낸다."

바로 여기에 상징주의를 낳고 기르는 감정의 모태가 있다. 2세기의 교부, 이레나이우스[2]는 말한다. "하느님이 있으면 공허하거나 무의미한 것은 없다(Nihil cavum neque sine signo apud Deum)." 그렇게 하느님에게서 나온 것, 하느님이 있어야 의미를 지니는 것 모두가 명백한 서술을 바랐던 것이다. 하느님의 이미지가 일단 만들어지면 그것은 모두 신성으로 응고되고, 결정(結晶)을 이루었다. 여기서 위대하고 고귀한 세계상이 탄생했다. 세상은 하나의 거대한 상징의 맥락이며, 수많은 관념들을 소재로 지은 대성당이다. 세상은 풍부한 리듬에 멜로디를 더하여 영원한 하모니를 연주한다.

상징주의는 발생론적 사고와 나란히 독자적 사고체계를 유지했다. 후자, 곧 이 세상을 진화과정으로 보는 시각은 자칫 중세와 무관하다고 생각하기 쉬운데 결코 그렇지 않다. 다만 한 사물에서 다른 사물이 나오는 과정은 아직 생식 또는 분기(分岐)라는 순수한 형태로만 생각했고, 그것을 정신 현상에 적용하는

---

2) Irenaeus(140~203) : 리옹의 주교. 주요 저서는 《이단 논박 *Adversus Haerese*》(5권). 그노시스파의 설교에 대한 반론. 인용은 제4권 21의 3.

것도 여전히 추론에 의지하는 데 지나지 않았던 것이다. 실제로 이 중세적 정신부터 계보나 나뭇가지 같은 계통도의 형태로 상호관계를 나타냈다. 이를테면 어떤 사본에서 볼 수 있는 〈법률과 규범의 기원의 나무 *Arbor de origine juris et legum*〉는 법과 관련된 대부분을 수많은 가지를 뻗은 한 그루의 나무로 분류하고 있다. 단지 추론에만 의지한 이 진화론적 사고는 결국 도식적이고 자의적이며, 비생산적인 수준을 벗어나지 못했다.

상징주의는 인과론의 관점에서 보면 사고의 단락 현상을 보인다. 사물 상호 간의 연관을 캐는 데 서로에게 감춰져 있는 인과관계를 더듬어 우회하지 않고, 느닷없이 비약하여 연관성을 찾아낸다. 더구나 그것은 원인과 결과의 연관이 아니라 의미와 목적의 연관이다. 두 사물이 어떤 일반적인 가치와 관련되는 어떤 본질적 특성을 공유한다는 것을 알게 된 중세 사람들은 곧장 둘 사이에 의미와 목적의 연관이 있음을 알아챘다. 다시 말하면 어딘가 비슷하다는 연상이 본질적이고 신비로운 연관이라는 개념으로 곧장 바뀔 수 있었던 것이다. 심리학의 관점에서 보면 이것은 빈약하기 짝이 없는 심리 작용일 테고, 민족학의 관점에서 보면 몹시 원시적인 정신상태라고 할 수 있으리라. 대체로 원시적인 사고의 특징은 각 사물의 동일성을 지각하는 능력이 모자라다는 점이다. 어떤 특정 사물에 관한 개념 속에서 그 경계가 모호한 유사성 또는 속성을 매개로 그것과 연관된 모든 개념을 에워싸는 것이다. 상징적 사고의 작용도 이와 매우 친밀한 관계가 있다.

그러나 상징주의는 중세에 리얼리즘으로 알려진, 적절하다고는 할 수 없지만 플라톤식 관념론이라고 일컫기도 하는 세계관과 존재 일반에 관한 어떤 특정 사고와 불가분의 관계가 있다. 이를 고려한다면 상징주의는 독단과 미숙함의 외관을 벗어던진 모습을 우리에게 보일 것이다.

고유성의 공유를 이유로 두 사물의 상징적 동일시가 가능한 것은 오직 그 고유성이 저마다 본질적인 것일 때에 한한다. "흰 장미와 빨간 장미가 제각기 가시에 둘러싸여 피어 있다"는 말과 "처녀와 순교자가 영광스레 빛을 발하면서 박해자 사이에 서 있다"는 말 사이에서 중세의 정신은 상징적인 의미를 본다. 이러한 동일시는 어떻게 가능할까? 아름다움, 부드러움, 순수성 같은 쌍방의 특성이 공통되기 때문이다. 또한 장미의 핏빛 속성을 처녀와 순교자가 지녔기 때문이다. 다만 이 연관성이 진정 신비로운 의미로 가득 차 있다고 할 수 있는 것은 이 둘의 상징항을 잇는 중간항, 즉 공통 특성이 상징의 두 항이 공유하는 본질을 포함하는 경우에 한한다. 다시 말하면 공통 특성인 붉은색과 흰색이 양(量)을 바탕으로 하는 물리적 차이를 칭하는 명사가 아니라, 저마다의 실체이며 실재한다고 여겨지는 경우로 제한된다. 윌리엄 제임스의 말처럼 원시인, 어린이, 시인 또는 신비가의 지혜를 포착할 수만 있다면, 우리도 이런 시각이 언제든지 가능하다. 그들의 생각으론 사물 원래의 상태는 그 일반적 성질 속에 녹아 있으므로 일반적 성질이 곧 사물의 본성이며, 존재의 핵심이다.

아름다움, 부드러움, 하양 등은 저마다 실재하는 단일체이다. 즉 아름다운 것 전체, 부드러운 것 전체, 하얀 것 전체는 그것의 본성상 당연히 서로 연관되어 있으며, 동일한 존재 이유로 하느님 앞에서 같은 의미를 지니는 것이다.

의미란 곧 신호에 다름 아니다. 대체로 이런 이유에서 상징주의는 실재론과 강하게 맺어져 있다.

그러나 여기서는 보편적인 개념 논쟁으로 깊이 들어가지는 않겠다. '개별(실재)보다 앞선 보편(universalia ante rem)'을 주장하고, 일반 개념에 본질과 존재를 부여한 실재론(實在論, realism)이 중세 사상계를 완전히 좌지우지했다고 단정할 수는 없다. 이른바 유명론(唯名論, nominalism)도 있었다. '개별(실재) 뒤에 있는 보편(universalia post rem)'을 옹호하는 사람들도 적지 않았던 것이다. 하지만 그렇다 해도 적어도 이렇게 말할 수는 있으리라. 전성기의 과격한 유명론도 하나의 역류, 반동, 대립에 불과했다. 후기의 온건한 유명론에 이르러서는 극단적 실재론에 대항하여 철학의 견지에서 몇몇 이견이 있음을 주장한 것에 지나지 않으며, 널리 중세 정신문화에 고유의 실재론적 사고의 방향을 저해하는 것은 아니었다.

널리 문화 전반의 고유 경향이었던 것이다. 왜냐하면 이 경우에 맨 먼저 문제가 되는 것은 주로 지적 능력이 뛰어난 신학자들의 논쟁이 아니라, 대체로 뭔가를 상상하고 생각한 결과로 얻은 것을 예술과 윤리와 일상생활에 표현해 나가는 사람들의 정신을 강하게 규제했던 온갖 관념이 문제이기 때문이다. 그런 관념들이 극도로 실재론적이었음은 신학이 오랫동안 신플라톤 학파의 영향 아래 있었고, 그래서 플라톤식 관념론이 세력을 지니고 있었기 때문이 아니다. 실재론이 대개 모든 철학이라는 틀 속에 들어가기 어려운 원시적인 사고방식이기 때문이다. 원시적인 정신은 명명할 수 있는 것이면 모두 존재로 여긴다. 사물이건, 성질이건, 개념이건 가리지 않는다. 그리고 존재로 여겨지는 것 모두가 즉시, 자동적으로 하늘에 투영되는 것이다. 이리하여 존재는 반드시 늘 그런 것은 아니지만, 거의 언제나 인간적인 형태를 띤다. 금방이라도 의인화된 여러 개념의 윤무(輪舞)가 시작될지도 모른다.

중세의 모든 실재론이 가 닿는 곳은 의인관(擬人觀, anthropomorphism)이다. 사람들은 관념을 하나의 독립된 존재로 간주하고, 나아가 그것을 직접 눈으로 보고 싶어 했다. 그러려면 의인화야말로 유일한 방법이었던 것이다. 여기서 상징주의와 실재론이 알레고리로 바뀌는 궤적을 볼 수 있다. 알레고리란 바깥쪽으로 흐르기 쉬운 빈약한 상상력에 투사된 상징주의이다. 어떤 상징에 일부러 집어넣어 만든 의도적인 표현인 만큼 상징의 생명력은 알레고리 속에서 고갈된다. 열렬한 외침을 문법에 맞게 올바른 문장으로 전환하려는 격이다. 괴테는 알레고리와 상징주의의 차이를 《잠언집 Sprüche in Prosa》에 이렇게 쓰고 있다. "알레고리는 현상(現象)을 용어로, 용어를 이미지로 바꾼다. 그 용어가 이미지 속에서 점차 한정되고, 충족되고, 두드러지는 것만으로도 이미 아무 할 말이 없어지는 것과 마찬가지이다. 상징주의는 현상을 이념으로, 이념을 이미지로 바꾼다. 그 이념이 이미지 속에서 끝없이 활동하는 가운데, 끝내 손이 닿지 않는 곳이 있고, 갖가지 말로 표현하지만 끝내 말로는 다하지 못한 것이 남는 식이다."

때문에 알레고리는 원래 학문적 표준 작용의 기능을 지님과 동시에 사상을 소화하여 더 단순한 이미지로 바꾸는 작용을 했던 것이다. 중세의 사고 속으로 들어온 이 알레고리의 방식은 다시 말해 고대 말기의 문학 작품, 4세기 끝무렵에서 5세기에 걸쳐 마르티아누스 카펠라(Martianus Capella)와 프루덴티우스(Prudentius)의 우화적인 작품에서 얼마쯤 현학적이고 노쇠한 특성이 늘어났다고도 할 수 있다. 그렇다고 중세의 알레고리와 의인관에 진실성이나 생명력이 결여되어 있었던 것은 아니다. 실제로 그러했다면 대체 왜 중세문화가 그토록 꾸준히 알레고리에 헌신하여 잘 길러냈겠는가!

실재론, 상징주의, 의인관의 3가지 사고방법은 빛의 세례를 퍼붓듯이 중세 정신을 비추기 시작했다. 아마도 심리학은 관념의 조합으로 용이를 구사하여 상징주의 전체를 설명하려 들 것이다. 하지만 문화사는 보다 깊은 경의를 표하며 이것을 바라보아야만 한다. 존재하는 모든 것에 대한 상징적인 해석의 생명력 넘치는 가치에는 실로 헤아릴 길 없는 무엇이 있었다. 상징주의가 창조한 세계관의 완전한 통일성은 내적 결합력의 견고성에 있어서 인과론, 즉 자연과학적 사고에까지 널리 미치지는 않았다. 상징주의는 그 강력한 팔로 자연과 역사 전체를 아우르면서 무너지지 않는 질서를 만들어 낸다. 이른바 하나의 건축물, 계층적 종속 관계이다. 왜냐하면 각각의 상징적인 맥락에서 하나는 우월하고 하나는 열등해야, 대등한 둘은 서로의 상징에 만족하지 못하고, 둘 다 보다 높은 제3의 의미를 나타낼 수 있기 때문이다.

상징적 사고에 있어서 사물 간의 관계는 서로 끝없이 겹쳐진다. 왜냐하면 사물은 저마다 다양한 성질에 따라 서로 다른 많은 사물의 상징이 될 수 있으며, 그중 하나의 특수성이 다양한 사물을 가리키는 상징적인 의미가 되기도 하기 때문이다. 이리하여 가장 높이 위치한 사물은 무수한 상징을 지니게 된다. 어떤 경우에도 가장 높은 위치에 있는 것을 가리켜 그 영광을 찬양하기에 너무 낮은 사물이란 없다. 호두는 그리스도를 의미한다. 즉 고소한 알맹이는 그리스도의 신성, 핵의 바깥쪽 초록색 육질은 인간성, 그 사이의 단단한 껍데기는 십자가를 나타낸다. 이와 같이 모든 사물은 영원한 것으로 상승하는 사념의 움직임을 떠받치고 돕는다. 서로가 서로를 한 단계씩 높은 곳으로 밀어 올리는 것이다. 상징적 사고는 대체로 감지되는 모든 것, 생각해 낼 수 있는 모든 것에 하느님의 위엄과 영원한 감정을 끊임없이 쏟아 넣는다. 신비로운 삶의 감정을 끊임없이 불태우는 것이다. 모든 사물의 개념 속으로 드높은 미적·윤리적 가치가 스며든다. 얼마나 기쁜 일이랴! 생각해 보자. 헤아릴 수 없는 보석이 저마다의 상징적 가치로 반짝반짝 빛난다. 처녀성과 장미의 동일시는 단지 시적 비유 이상으로 일요일에 처녀에게 입히는 깨끗한 옷으로 끝나지 않으며, 둘 다 모두 본질을 드러낸다. 이것이 바로 사상의 기악합주이다. 다듬고 또 다듬은 상징주의는 이미지 하나하나에 상징의 화음으로 풍부하게 울려 퍼진다. 상징적 사고는 사상의 도취를 초래하며, 지성이 작용하기 전에 사물 자체의 개념 한계를 상실하게 만들고, 이성적 사고의 완고함을 달래어 생명감을 절정으로 밀어 올린다.

조화로운 유대감이 모든 사고의 영역을 언제나 하나로 종합한다. 구약성서가 전하는 사건들은 그런 의미에서 신약성서에 나오는 사건들을 예고하고, 또 세속의 역사도 반영하고 있다. 무슨 생각을 하건 마치 만화경을 보는 것처럼 잡다한 사고의 단편들이 다양하게 모아져 아름답게 균형을 이루는 대칭적 이미지를 만들어 낸다. 여기서 각 상징은 다시 그 가치를 더하게 되고, 좀 더 확실한 실재의 높이까지 끌어올려진다. 왜냐하면 모든 상징이 마침내 성체의 비적을 중심으로 집결하기 때문이다. 그 한가운데서 상징 관계는 더 이상 비유가 아니다. 상징하는 것과 상징되는 것은 완전히 똑같다. 성체는 곧 그리스도이다. 성 베르나르는 말한다. "성체를 몸에 지닌 사제는 곧 주의 성스러운 무덤이 된다. 여기서 상징은 더할 수 없이 높은 진리의 본질에 관여하는 것이고, 각각의 의미는 신비 속에서 하나가 되는 것이다."

상징주의는 그것 자체로서 혐오스러운 세속도 높이 평가하여 받아들일 수 있게 하고, 지상의 수고에 대해서도 존엄성을 부여하게 했다. 왜냐하면 모든 직업은 상징을 매개로 가장 높고 신성한 것에 대응하는 관계에 있었기 때문이다. 보나벤투라는 말한다. "장인의 수작업은 성스러운 말씀의 영원한 화신(化身)이자, 하느님과 인간 영혼과의 계약이다." 세속적 사랑과 신의 사랑 사이에도 상징 관계 장치가 있다. 자기 영혼을 소중하게 지키고 기르며, 덕성과 지복의 경지에 이르려는 신앙의 뿌리 깊은 개인주의는, 그 강한 근성을 너끈히 낚아 올릴 정도의 구원의 힘을 실재론과 상징주의에서 찾아냈던 것이다. 바로 여기서 개인의 고뇌나 덕성은 개별적 특수성에서 떨어져 나와 보편적 범주로 격상된다.

이는 상징주의가 지니는 윤리적 가치의 표현이라고 할 수 있는데, 상징적 사고의 상상력을 높이는 작용과 떼어놓을 수 없는 관계에 있다. 상징을 다루는 상상력은 논리적으로 기술된 교리의 텍스트에 멜로디를 곁들이는 음악과도 같다. 이러한 반주가 없으면 텍스트는 딱딱해서 들을 수 없다. 루슬로(Rousselot)는 말한다. "사색이 완전히 추상적이었던 이 시대에, 정의된 개념은 자칫 깊은 직관과의 사이에서 부조화를 일으키기 십상이었다."[3] 상징주의는 종교적인 풍부한 개념들을 예술에 열어주었다. 예술은 이것을 멜로디도 풍성하고 다채로우면서, 동시에 막연하여 종잡을 수 없는 형태로 표현된 영혼의 심오한 직관이, 말로는 표현할 수 없는 것의 인식으로 높이 날아오르게 할 희망을 남겼다.

---

3) 〈사랑 문제의 역사를 위하여 *Pour l'histoire du problème de l'amour*〉, 바움커(Bäumker), 폰 헤르틀링(Von Hertling) 공저 《중세 철학사 논문집》(1908) 제6권.

점점 쇠할 무렵의 중세에는 마지막 아쉬움의 꽃이 활짝 핀 사고의 세계를 보여 준다. 모든 것을 망라하여 상징으로 다루었고, 각각의 상징은 이른바 석화된 꽃으로 바뀌었다. 상징주의는 예로부터 순전히 기계적인 것이 될 조짐을 줄곧 보였다. 그런 만큼 일단 사고의 원리로서 받아들이게 되면 상징주의는 단지 시인의 상상력이나 자기 존재를 잊는 감흥 발현에 그치지 않고 마치 기생식물처럼 사람들의 사고에 달라붙어서, 마침내 단순한 버릇에 불과한 것으로 전락해 버렸다. 말하자면 사고가 병에 걸렸다고 해야 할까?

특히 상징이 똑같은 수와 연관된 경우라면, 관념상의 상관관계가 성립할 가능성은 거의 무한해진다. 단지 계산 문제가 되고 마는 것이다. 그리하여 12세기 끝 무렵 크레모나의 주교 시카르(Sicard)는 생각했다. 12달은 12사도를, 4계절은 4대 복음서의 저자를, 1년은 그리스도를 의미했던 것이다. 숫자 7의 체계에 이르면 바야흐로 산더미처럼 늘어난다. 하느님의 7가지 덕목에 대응하는 것은 주기도문의 7가지 기원, 성령의 7가지 선물, 산상수훈의 7가지 축복, 7가지 회개 시편이다. 이와 관련하여 7가지 수난의 계기, 7가지 비적이 있다.[4] 나아가 이러한 7가지 항목은 7가지 대죄[5]에 하나씩 대응하여 그 더러움을 씻어낸다고 한다. 7가지 대죄는 7마리 짐승의 형태로 묘사되고, 나아가 7가지 병을 의미한다.

이상의 예들은 장 제르송 같은 도덕주의자에게서 인용한 것인데, 이 영적 치유자는 상징과 관련된 실천도덕적 가치 쪽에 비중을 둔다. 그에 반해 알랭 드 라 로슈 같은 환상가는 미학적 가치를 중시하는 것이다. 그는 15와 10의 수를 조합한 상징체계를 세우려 했다. 그의 묵주신심회에서 하는 기도는 주기도문을 15번 읊고, 천사축도를 150회 외치는 것이 일련의 과정이었다. 주기도문 15회는 그리스도 수난의 15단계에 대응하고, 천사축도 150회는 시편 150편에 해당한다. 이것만으로 끝나지 않는다. 알랭은 또 11개의 천계에 4대 원소를 덧붙이고, 여기에 실체, 질, 양 등, 그 밖에 10개 범주를 곱하여 150가지의 자연적 기질

---

4) 주의 7가지 덕 ; 현명, 정의, 강의(剛毅), 절제, 믿음, 소망, 사랑. 7개 회개 시편 ;《시편》6, 31, 37, 50, 101, 129, 142편. 7비적 ; 세례, 견신, 성체, 회개, 종유, 품급, 혼인. 7축복은 마태복음 7장에 8개의 축복으로 나온다. 어떤 것을 빼는지는 분명하지 않다.

5) 가톨릭교회에서는 '죄원'이라고 한다. 죄는 원죄(原罪)와 자죄(自罪)로 나뉘는데 자죄의 근원이 되는 교만, 탐욕, 간음, 질투, 탐식, 분노, 게으름을 죄원이라 한다.

을 얻는다. 마찬가지로 150가지 도덕적 기질은 십계에 15가지 덕목을 곱하면 나온다. 그런데 이 15가지 덕목이란 문제에서, 그는 4가지 기본 덕목과 3가지 신학적인 덕목에, 중요한 7가지 덕목을 보태서 합계 14에 도달한다. '이제 남는 것은 신앙과 회개'라고 생각했으나 이렇게 16이 되면 하나가 남는다. 그래서 중추 덕인 '절제'가 중요한 덕목의 '금욕'과 겹치므로 결국 모두 합쳐 15가 되는 것이다. 이 15가지 덕목은 주기도문의 각 부분마다 원앙금침을 갖고 있는 각각의 여왕이다. 천사축도의 모든 문구는 마리아의 15가지 완전성을 의미함과 동시에 마리아를 상징하는 천사바위의 보석에 각각 대응한다. 또한 단어들은 저마다 하나의 죄 또는 그것을 나타내는 짐승을 몰아낸다. 나아가 알랭에 따르면 이것들은 모든 복자가 앉아 있는 열매가 주렁주렁 매달린 나무의 가지들이고, 또 층계의 각 계단이라고 했다. 이를테면 '아베'라는 말은 마리아의 원죄 없음과 다이아몬드를 의미하고, 교만 또는 그것을 나타내는 사자를 쫓아낸다. 또 '마리아'는 지혜와 석류석을 뜻하며, 질투 또는 그것을 나타내는 검은 개를 물리친다. 알랭은 환상 속에서 죄 있는 짐승들의 무시무시한 모습과 여러 보석들의 휘황한 색채를 보고 있는데, 그렇다면 그에게 예로부터 알려진 보석의 경이로운 능력이 새로운 상징의 연상을 일으킨 것일까? 줄마노의 색깔은 검정, 빨강, 그리고 하양이다. 마치 검정은 겸손한 마리아, 빨강은 고통스러운 마리아, 그리고 하양은 영광과 은총으로 감싸인 마리아인 것과 같다. 이 돌로 만든 인장에 밀랍이 묻어서 못쓰게 되는 일은 없었다. 때문에 이것은 품성의 고매함을 의미하며, 부정을 몰아내고 사람들을 정직하고 순결하게 한다고 여겨졌다. 진주는 은총이라는 뜻이며, 곧 마리아의 은총이기도 하다. 그것은 바다의 조개껍데기 속에서 하늘의 이슬을 받아 '어떠한 번식의 이질적인 종과도 섞이지 않고' 탄생한다. 마리아 자신은 그 조개껍데기에 해당한다. 여기에 이르러 상징주의는 약간 견해를 달리한다. 다른 보석들의 양식을 따르는 대신, 마리아가 진주로 살고 싶다는 뜻이 아닐까? 또 여기에는 상징주의의 만화경처럼 변화무쌍한 자연이 유감없이 나타난다. '하늘의 이슬을 받아'라는 표현은 확실하게 그렇다고 말하지는 않지만, 마리아의 처녀 잉태의 또 다른 알레고리, 즉 기드온이 양털을 펴서 하느님의 증거인 이슬을 하늘에 바랐다는 그 비유를 떠올리게 한다.

상징을 다루는 사고방식은 이미 너무 낡아버렸다. 멋진 상징과 알레고리의 추구는 헛된 놀이가 되었고, 사소한 연관성을 계기로 공상의 날개를 펼치려는 몸짓이 되었다. 상징은 단지 대상의 신성함에 의해서만 가까스로 정서적 가치를 유지하고 있었다. 때문에 상징이 신앙의 영역에서 세속 도덕의 분야로 옮겨가자마자 그곳에선 절망적이기까지 한 타락이 나타났다. 프루아사르는 〈사랑의 시계 *Le orloge amoureus*〉라는 정교한 시에서 사랑의 모든 특성을 시계의 각 부품에 빗대어서 표현한다. 샤틀랭과 몰리네는 정치적 상징주의로 경쟁하고 있다. 세 신분은 성모마리아의 3가지 특성을 나타낸다. 7선제후인 3성직왕과 4세속왕은 각기 하느님의 3가지 덕과 4개의 중추적 덕에 해당한다. 1477년, 부르고뉴 멸망의 위기에도 여전히 왕국에 충성을 바쳤던 다섯 도시는 생토메르(Saint-Omer), 에르(Aire), 릴, 두에(Douai), 발랑시엔으로, 마태복음 제25장에 나오는 '사려 깊은 다섯 처녀'이다. 사실, 이것은 말하자면 전도된 상징주의이다. 하위 개념이 상위 개념을 가리키는 게 아니라, 상위 개념이 하위 개념을 상징한다. 결국 그들의 마음속에는 지상의 사물이 먼저였고, 그것을 하늘의 영광으로 장식하려 했던 것이다.

한때는 장 제르송의 작품으로 여겨졌던 《알레고리로 표현한 도덕적 문법서 *Donatus moralisatus seu per allegoriam traductus*》[6]는 신학적인 상징을 라틴 문법에 혼합시켰다. 명사는 인간이고, 대명사는 그가 죄인임을 나타낸다는 식이다. 올리비에 드 라 마르슈의 〈귀부인들의 치장과 성공 *Le parement et triumphe des Dames*〉 같은 시에서는 의미가 완전히 바닥에 이르게 된다. 여성의 모든 몸단장이 우수한 자질과 미덕에 비유되고 있다. 나이 든 궁정신하의 고리타분한 설교 도중에 이따금 어딘가 경박한 눈길도 섞여 있다. 여기서 슬리퍼는 겸손을 의미한다.

슬리퍼는 우리에게 건강을 주어,
중병을 앓지 않는 이익은 지대하네.
어울리는 정당한 존칭으로,
나는 겸손이란 이름을 부여하리.

---

6) 4세기 로마의 문법학자 아엘리우스 도나투스(Aelius Donatus)의 문법서가 중세에 널리 퍼져 도나투스라고 하면 '문법서'와 동의어가 되었다. 이것은 작자 불명.

코키야르(Coquillart)는 이런 식으로 신발은 배려와 근면, 긴 양말은 인내, 양말 대님은 과단성, 셔츠는 명예, 코르셋은 순결을 상징한다고 쓰고 있다.

그러나 이렇듯 무미건조한 표현들조차도 물론 상징주의나 알레고리는 우리의 상상을 한참 초월하여 중세인에게 생생한 정감을 일깨웠다. 상징을 매개로 동일시와 의인화를 통하여 상상하는 정신작용이 충분히 진전을 보였기 때문에 무슨 생각을 하건 그곳엔 자연스레 등장인물이 저명인사로 뒤바뀌곤 했다. 각 관념은 모두 존재로 간주되고, 본질 또한 실재한다고 보았다. 이렇게 모든 것을 이미지로 만드는 상상력이 작용하여 관념도, 성질도 하나의 인간적인 형상을 하고 있었다. 카르투지오회 수도사 드니는 언젠가 계시를 받을 때, 교회가 사람의 형상으로 마치 릴의 궁정 연회에서처럼 무대에 등장하는 것을 보았다고 한다. 또 언젠가는 15세기 교회회의파 주교들이 드니의 동지 니콜라우스 쿠자누스가 뜻을 두었던 미래의 교회 개혁, 즉 청정 교회의 이미지를 접했다고 한다. 그는 정교함을 더한 색깔과 모양의 예술적인 조합, 글과 말로는 표현하기 어려운 멋진 미의 극치, 더없이 화려한 옷차림 속에서 정화된 교회라는 영적 아름다움을 마음속에 그렸던 것이다. 또 언젠가 드니는 박해당하는 교회의 모습을 보았다. 추하고 지저분하며, 창백하고 나약하며, 참혹하고 가련하게 짓밟힌 모습이었다. 하느님께서 말씀하셨다. "들어라, 네 어머니이며 나의 신부인 성스러운 교회의 말을." 드니는 그 목소리에서 마치 '교회라는 사람(quasi ex persona ecclesiae)'으로부터 들려오는 듯한 깊은 울림을 느꼈다고 한다. 여기서는 사상이 직접 이미지의 형태로 나타난다. 결국 사상의 주제가 분명하게 드러나 있는 이상 이미지를 사고로 번역하고, 은유를 개별적으로 설명할 필요 없이 화려한 이미지로 영적 완성이라는 관념이 충분히 표현되는 것이다. 마치 사상이 그림 속에, 또는 음악 속에 녹아드는 것이 우리에게 익숙한 과정인 것과 마찬가지이다.

다시 《장미 이야기》의 알레고리를 생각해 보기로 하자. 느닷없이 환대나 깊은 감사, 조신한 청원 같은 말을 들어도 대체 그게 뭔지 우리 머릿속에 곧장 떠오르지는 않는다. 그러나 중세 사람들에게는 그런 은유들은 매우 생생한 자태와 다양한 정서의 색채를 띤 존재였다. 그것은 바로 파보르(Pavor) 팔로르(Pallor)라는 이름으로 군사의 신 마르스를 따르는 '공포' 또는 '조화와 평화(Concordia)'의 여신 같은 추상개념에서 파생된 로마 신들의 이미지와 견줄 만한 것이었다.

이러한 로마의 신들에 대한 헤르만 우제너[7]의 말은 거의 완전하게 중세 의인관에 들어맞는다. "관념은 관능의 힘을 띠고 사람들의 영혼에 강하게 작용한다. 그 관념을 만드는 말은 또한 형용사로서의 유동성을 유지하면서도 하나의 신적 존재를 가리킬 수 있었다." 만약 그렇지 않았다면 《장미 이야기》를 대체 누가 읽을 수 있었을까? 달콤한 생각, 수치, 추억처럼 우의적인 이미지는 중세 후기 사람들에겐 반쯤 하느님에 가까운 존재였다. 《장미 이야기》의 은유들 가운데 하나는 더 나아가 완전한 구체화 과정을 겪었다. 즉 '위험'은 원래 교제 기간 동안 구혼자를 위협하는 위험, 또는 부인의 자제를 지칭했으나, 언제부턴지 애정의 은어로서 배신당한 남편을 의미하게 되었다.

어떤 중요한 문제에 관한 생각을 표현하기 위해 알레고리를 사용한 예는 너무나 많다. 이를테면 샬롱의 주교가 필립 선제후에게 정책에 관해 매우 진지한 충고를 하려 했을 때의 일이다. 그는 1437년 성 앙드레 축일에 에스댕(Hesdin) 성의 부르고뉴 왕과 왕비 및 측근들 앞에서 은유의 형식으로 간언했던 것이다. "'최고 영주권'은 위로가 되지 않는 그저 외로운 자리이다. 오테스 드 시뉴리(Haultesse de Signourie)는 처음엔 제국에서 살다가 이어 프랑스로, 마침내 이곳 부르고뉴 궁정으로 옮겨왔다. 그런 그녀는 이곳에서도 '군주의 어리석음', '고문관들의 나약함', '공직자들의 질투심', '백성의 착취' 같은 간사한 짓들이 여기저기 오라를 쳐놓고 그녀를 괴롭히고 있다며 슬픔을 가누지 못하고 통곡했다." 주교는 이에 대해 '군주의 경계'를 비롯한 다른 이미지를 등장시켜 궁정의 불충한 신하들을 쫓아내려 한다. 인간, 사물, 행위의 모든 특성은 독립된 존재로 의인화하여 표현되었던 것이다. 확실히 이것은 인상을 강화하기 위한 수단이었다. 이 시대의 사고로는 여전히 알레고리가 생생하게 필수적인 기능을 계속하고 있다고 믿었던 것이다. 그렇다면 이 판단이 옳음을 저절로 알게 된다.

《파리의 한 부르주아 일기 Le Journal d'un bourgeois de Paris》의 저자는 매우 평범한 남자였는데, 꾸민 문장을 좋아하거나 골똘히 생각하기를 즐기는 사람은 아니었다. 그런 그도 뒷날 1792년 9월에 재현되는, 1418년 6월에 파리에서 일어

---

7) Hermann Usener(1834~1905) : 독일의 문헌학과 비교종교학 학자. 《신들의 이름, 종교에 있어서 개념의 형성에 관하여 *Götternamen, Versuch einer Lehre von der religiösen Begriffsbildung*》(1896)에서 인용.

났던 피비린내 나는 사건, 즉 부르고뉴파에 의한 아르마냐크파 학살사건[8]에 이르자, 역시 은유를 활용하고 있다. "그 무렵 모콩세이유(Mauconseil) 탑에 있던 불화의 여신이 일어나 분노와 탐욕, 격노와 복수를 일깨우자, 그들은 일제히 무기를 들고, 이성과 정의, 신을 생각하는 마음과 중용이 수치를 모르는 상태가 되었다." 이런 비참한 광경의 단적인 묘사가 번갈아 나오면서 다음과 같은 서술이 계속된다. "사람들이 살해된 지 얼마 지나지 않아 100걸음도 채 가기 전에 시신은 옷이 벗겨져 바지만 걸쳐 있었다. 오물을 뒤집어쓴 돼지들처럼 수북이 쌓여 있었다." 장대비가 시신의 상처를 말끔히 씻어 주었다.

이 시점에서 왜 은유가 사용되었을까? 글을 쓰는 이가 일기의 대부분을 차지하는 일상적인 일을 묘사하기보다 더 높은 사고 수준에 올라서려 했기 때문이다. 그는 이 무서운 만행을 인간이 의도하는 바를 넘어선, 보다 높은 어떤 의도에 바탕한 것으로 보려는 욕망에 휩싸였고, 결국 은유는 그에게 이러한 비극적 상황을 표현하는 데 도움이 되는 수단이었던 것이다.

이처럼 중세 끝 무렵의 은유는 우리를 얼마간 초조하게 만들 정도로 성행했음을 보여 준다. 친숙한 인물이 현실에선 볼 수 없는 차림으로 등장하는 활인화(活人畫, tableau vivant) 속에서 농담이라고 보란 듯이 외치는 그런 은유라면 웬만큼은 즐길 수 있다. 그러나 15세기라는 시대는 성인들의 일상적인 옷차림과 마찬가지로 의인화에도 당시에 유행하는 옷을 입혀 자유롭게 활보하게 했다. 그리고 이 시대 사람들은 표현하고 싶은 모든 생각을 곧장 그에 걸맞은 의인화로 만들어 낼 수 있었다. 이를테면 샤를 드 로슈포르는 궁정 생활에 빠져 올바른 길에서 벗어난, 어느 경박한 젊은이의 이야기를 주제로 〈궁정에서 속아 넘어간 자〉라는 교훈시에서, 《장미 이야기》를 본떠 일련의 새로운 의인화를 어려움 없이 만들어 내고 있다. '어리석은 신앙', '아둔한 사치' 등 결국 젊은이들을 병원으로 데려가는 '빈곤'과 '질환'에 이르기까지 우리 눈에는 너무나 명백하게 들어오는 모습이지만, 그들은 이 시를 장식하는 삽화에서 마치 그 무렵 귀족 젊은

---

8) 1792년 9월의 사건은 '9월 학살'이라 불리는 프랑스혁명 초기 공포정치를 말한다. 베르됭(Verdun)까지 밀려든 혁명간섭군의 위협에 놀란 파리 시민에 의해, 주로 감옥에 갇혀 있던 반혁명용의자. 1,100명 이상이 살해되었다. 적에게 포위된 상황 아래 옥중의 죄수 학살이란 점에서 유사성이 있다.

이들처럼 등장한다. '시간'마저도 수염이나 큰 낫도 없이 순서대로 조끼와 바지를 입고 나타난다. 이런 삽화들은 매우 천진난만하면서 강직하기 때문에 전체적으로 지나치게 원시적이라는 인상을 준다. 왜냐하면 이러한 '호사' 개념이 당시 사람들에게 일으켰던 어떤 미묘한 마음의 움직임을 우리가 알 수 없기 때문이다. 그런 진부함 속에서도 은유의 생명력을 찾아볼 수 있다. 올리비에 드 라 마르슈는 1454년 릴의 저택에서 열린 축하연에서 여흥을 맡은 12명, 곧 12가지 덕목을 기리는 시들을 낭송한 뒤, 그 12명이 '가장무도회처럼 손님을 과장되게 접대하여 연회에 한층 흥을 돋우려고' 춤을 춘 점에 대해 특별히 저항을 느낀 것 같지는 않다. 덕목이라든지 감정에 인간적인 특질을 연관시키는 것은 어느 정도 자연스러운 흐름일 것이다. 그렇지만 우리가 볼 때, 의인관과는 도저히 연관될 성싶지 않은 개념을 대상으로 하는 것마저도 중세 정신은 의인화를 만들어 내기를 망설이지 않았다.

말하자면 사순절은 인간의 모습이다. 고해의 화요일, 즉 카니발의 마지막 날[9] 지휘하는 군대에게 맞서는 그림을 그렸다고 해서 특별히 피터르 브뤼헐 (Peter Brueghel)의 정신이 이상해진 것은 아니었다. 이러한 은유의 주제는 오래되어 이미 13세기 끝 무렵에 치즈가 그림자와 싸우고, 소시지가 뱀장어에게 대드는 내용의 유쾌한 시 〈사순절과 육식의 날과의 전쟁 *La bataille de karesme et de charnage*〉이 등장하고, 1330년쯤에는 에스파냐의 시인 후안 루이스(Juan Ruiz)가 이 주제를 되풀이하고 있다. 이런 속담도 있다. "부활절 전야, 사순절은 과자를 굽는다." 이보다 중요한 상상력을 발휘한 예도 있다. 북부 독일의 두세 도시에선 교회 안에 사순절을 나타내는 인형이 매달려 있었는데, 부활절 전주(前週)의 수요일 미사가 한창일 때, 이 '굶주린 인형'을 떼어내는 것이었다.

성인의 이미지와 상징적인 인물의 이미지는 사실적인 측면에서 얼마나 달랐을까? 전자가 교회의 공인을 받아 역사적인 성격을 지니며 나무나 돌에 영상이 확실하게 새겨져 있었다면, 그에 반해 후자는 개인의 정신생활, 자유로운 공상과 관련된 성격을 띠었다. 그 차이는 결정적인 것이었을까? 어쨌든 당시 사람

---

9) 사순절의 첫날, 재의 수요일은 부활제 전 46일째에 해당하며, 그보다 3일 전이 사육제(카니발), 마지막 날이 고해의 화요일이다. 한편 46일을 '사순'이라고 부른 이유는 6주 남짓한 기간 동안에 주일(일요일)을 제외한 나머지 날만 계산하기 때문이다.

〈사육제와 사순절 사이의 다툼〉 피터르 브뤼헐 작(1559), 빈 미술사박물관.

들에게 행운(Fortune)이니 가장(Faux-Semblant) 상징인물이 성녀 바르바라나 성 크리스토포루스만큼 생생한 존재였는지 아닌지의 문제는 깊이 생각해 봐야 한다.

그때 잊어선 안 될 점은 자유로운 상상력에 의해 탄생하고, 교리상 특별히 공인된 것도 아닌 어떤 형상이 다른 성인으로선 도저히 범접치 못할 정도의 사실성을 얻어내어 어떤 성인보다도 오랜 생명을 유지했다는 사실이다. 즉 그것은 죽음의 이미지였다. 중세의 알레고리와 르네상스의 신화 사이에는 본질적인 차이가 없었다. 첫째, 중세도 상당히 긴 기간에 걸쳐 신화 속 신들이 은유를 동반했던 것이다. 이를테면 비너스는 수많은 시 속에서, 그것도 중세적인 시에서 자기 역할을 다한다. 한편 은유는 16세기까지, 아니 훨씬 나중의 세기에 이르도록 그 꽃이 계속 활짝 펴 있다. 알레고리와 신화의 투쟁은 14세기에 시작된다. 프루아사르의 시 속에서 상냥한 외모, 젊음, 기쁨, 거절, 위험, 핑계, 솔직함 같은 의인상과 섞여서 대부분은 정체가 불분명한 수상쩍은 신화소(神話素, Mythologem)들이 등장한다. 아트로포스(Atropos), 클로토(Clotho), 라케시스(Lachesis), 텔레포스(Telephus), 이드로프스(Ydrophus), 넵티스포라스(Neptisphoras)처럼 매우 기묘한 신들이었다. 이러한 남녀 신들은 《장미 이야기》의 군상에 비하면 한참 뒤떨어진다. 풍부한 상상력은 느껴지지 않고, 감촉도 없으며, 그림자가 희미하다. 크리스틴 드 피장의 〈오테아가 헥토르에게 보내는 편지 *Épître d'Othéa à Hector*〉에선 신화의 신들이 그들만의 왕국을 형성하고 있는데, 전체적인 이미지는 고전적이 아니라 바로크적이었다. 르네상스로 접어들자 이 관계는 뒤집혔다. 올림포스의 신들과 요정들이 '장미'가 이끄는 집단을 차례로 무찔러 나간다. 고대 고전의 보고에서 풍부한 감성, 확고한 양식, 시적 아름다움, 무엇보다 그것들이 자연 감각에 둘러싸여 흘러나온 바, 전에는 그토록 생생하던 은유도 마침내 시들해지고 소멸하기 시작한다.

상징주의는 그의 시녀 알레고리와 함께 정신적 유희에 불과한 것이 되었다. 의미심장한 것들이 모두 무의미해졌다. 상징적 사고는 인과론과 발생론적 사고의 성장을 가로막고 있었다. 물론 상징주의가 후자를 완전히 배제했던 것은 아니다. 사물의 자연발생적 관계는 상징 관계와 함께 사람들이 분명하게 생각하는 바는 아니었다. 그러나 사람들의 관심이 여전히 상징주의에 익숙하고 자연의 진화로 옮아가지 않은 이상, 사실 그것은 중요한 문제가 아닌 것으로 여겨졌다. 예를 들어 설명하면 이렇다. 중세에는 영적 권력과 세속적 권력의 관계를 말할 때, 둘 다 상징에 의한 비교방법이 있었다. 하나는 하느님이 창조할 때, 하나를 위에 하나를 아래에 둔 2개의 천체, 즉 해와 달에 의한 방법이고, 다른 하나는 그리스도가 붙잡혔을 때, 사도들이 몸에 지니고 있었다는 2자루의 칼[10]에 의한 방법이다. 그런데 중세 정신에서 이 상징들은 단지 세련된 비교방식의 수준에 머무르지 않았다. 둘의 관계는 이 신비스러운 관련성과 동떨어져서 존재할 수 없었고, 해와 달이라는 두 칼의 상징이야말로 그 관계에 정당한 근거를 부여하는 것이었다. 이들 상징은 성 베드로를 교회의 반석으로 삼는 것과 동등한 개념적 가치가 있었다. 이러한 상징의 강제력이 두 권력의 역사적 발전 과정을 탐구하려는 노력을 방해했다. 때문에 단테는 그 탐구가 긴급하게 필요한 일이라고 판단하고, 《제정론 *De Monarchia*》에서 두 권력의 역사적 유래를 묻기 전에 먼저 상징이 지닌 힘을 약화시켜 이를 비판하고 타당성을 부정해야만 했다.

루터는 신학에 존재하는 자의적이고 말초적인 은유의 악습을 비판한다. 《교

---

10) 누가복음 22장 38절 참조.

회의 바빌론 포로 *De captivitate babylonica ecclesiae praeludium*》 머리말에서 그런 독설의 대상이 되었던 것은 중세 신학의 대학자들, 곧 카르투지오회 수도사 드니, 〈성무일과의 근거 *Rationale divinorum officiorum*〉를 쓴 기욤 뒤랑,[11] 보나벤투라, 제르송 등이었다. 루터는 말한다. "이런 우의적인 학문은 할 일 없는 사람들이나 할 짓이다. 여러 피조물에 은유를 갖다 붙이는 것을 난들 못할 줄 아는가? 대체 알레고리를 다루려 해도 어떻게 해야 좋을지 모를 정도로 형편없는 사람이 누가 있겠는가?"

상징주의는 마치 우리가 음악을 들으면서 뭔가를 자각할 때처럼, 뚜렷하게 인식된 의미 연관을 표현하기엔 확실히 불완전한 방법이었다. "우리는 이제 거울로 보는 듯이 희미하나(Videmus nunc per speculum in aenigmate)." 사람들은 하나의 수수께끼에 직면해 있음을 깨달았다. 더욱이 거울 속의 이미지를 식별해 내려 시도하고, 이미지를 이미지로서 밝혀내며, 거울 앞에 거울을 세워 놓았던 것이다. 그야말로 무르익은 계절, 활짝 핀 꽃이 시들어 떨어지는 시기였다. 세상은 온통 스스로 일어선 형상으로 묘사되었다. 생각은 모두 상상력에 기대고, 모든 것을 눈으로 확인하려는 경향은 중세 끝 무렵의 뚜렷한 특징에 걸맞게 충분히 압도적이었다. 온갖 상념이 형태로 조각되고, 그림으로 그려졌던 것이다. 이리하여 세계의 이미지는 달빛 아래 대성당의 고요에 이르렀고, 거기에서 사상은 잠에 빠져들었다.

---

11) Guillaume Durand(1230?~1296) : 교회법학자, 볼로냐대학 교수, 남프랑스 망드의 주교. 여기서 말하는 저서는 예배식과 그 상징체계에 관한 논술이다.

16장
이미지들의 포기로

상징주의는 중세 사상에 생명을 불어넣은 숨결이었다. 모든 사물을 깊은 의미연관 속에서 파악하고, 영원한 것과의 관계에서 그것을 보려는 욕구가 강하게 작용하는 바람에 상념의 세계는 줄곧 바래만 가는 다채로운 색깔의 희미한 빛을 띠고, 경계를 유동적으로 변화시켜 규정되지 않은 모습을 나타냈던 것이다. 그러나 상징주의 작용이 사라지고 그저 기계적으로 추락하자, 하느님의 뜻에 따르는 상호 의존적인 거대한 구축물은 공동묘지가 되어 버린다. 사물의 일반적인 성질을 본질로 간주하고, 그것을 분류 기준으로 삼아 사물 사이의 관계를 설정하려는 체계적 이상주의, 즉 실재론은 너무 경직되어 척박한 분류 작업으로 치닫는다. 단지 추론에 의해서 개념을 나누고 다시 세분하는 것은 매우 편안한 작업이기는 하다. 이데아의 무리는 분류에 저항 없이 몸을 맡기고, 우주 세계의 둥근 천장에 대강 배치를 받고 나면 거스르지 않았던 것이다. 분류의 오류를 지적하려 해 봤자 방법은 단 한 가지, 추상적 논리에 따른 규칙밖엔 없다. 정신은 자기 사고의 작용을 가치의 고양으로 착각하고, 올바른 사고 체계를 과대평가하는 오류에 빠지기 때문이다.

정확하든 애매하든 모든 방식은 하늘의 별들처럼 서로 연관되어 있다. 사물의 본질을 알기 위해 그것의 내부구조를 확인하거나, 그것의 배후에 긴 그림자를 드리우고 있는 사물의 역사를 탐구하려고도 않고 오로지 하늘만 쳐다보았다. 사물은 거기에서 이데아로서 빛나고 있다. 어떤 것에 의하지 않고 언제나 이데아 쪽에 가상의 선을 치려는 자세는 정치, 사회, 윤리와 그 주제가 무엇이건 간에 중세인의 논쟁 방식에서 확인할 수 있다. 가장 하찮은 흔한 일들에 대해서도 보편적 맥락에 의해서만 이것을 생각할 수 있었던 것이다. 예를 들어보자. 파리대학에서, 교수자격 심사 때 얼마간 심사료를 요구하는 것이 타당한지 아닌지를 놓고 논쟁이 일어났다. 이것을 옳다고 보는 학장에 맞서 피에르 다이이가 반박한다. 그는 역사적 근거를 내세워 이 요구를 검증하거나, 실정법에 비추어 옳고 그름을 논하려 하지 않는다. 그의 논거는 완전히 스콜라식이었다. "탐욕은 모든 악의 뿌리이다(Radix omnium malorum est cupiditas)." 이 성서 말씀에서 피에르 다이이는 3가지 증명을 이끌어 낸다. 즉 "이러한 권리의 요구는 성직 매매죄이다. 이는 자연과 하느님의 법에 어긋난다. 고로 이것은 이단이다."

또한 정연한 종교 행렬을 망가뜨리는 방약무인한 행동을 통렬히 비판하려 했던 카르투지오회 수도사 드니는 이런 행동 자체에 대해서는 그다지 깊이 들어가 관여하려 하지 않고, 단지 제례 행렬에 관해 옛 법에는 어떻게 나와 있는지에 대해서만, 그 기원으로까지 거슬러 올라가 상세히 밝혀내고 있다. 때문에 사람들은 중세의 논증에 진저리를 냈고 실망했던 것이다. 뭐랄까 시선이 곧장 하늘로 향하여, 애초부터 성서의 예증과 윤리적 일반론에 현혹되는 것이다.

세심한 정련 과정을 거친 관념론이 여기저기에 얼굴을 내민다. 모든 생활예법, 모든 사회적 신분 또는 직업에 대해 종교적·윤리적 견지에서 이상이 결정되었고, 개인은 신분과 직업이 요청하는 바에 따라 저마다의 위치에서 하느님을 섬기는 이상적 이미지를 목표로 노력해야만 했던 것이다. 카르투지오회 수도사 드니는 모든 현세적 방식에서 '직업의' 신성성을 강조했는데, 그런 드니의 방식은 새로운 시대의 조짐과 종교개혁을 예고하는 목소리로 해석되었다. 뒷날 드니는 친구 브루크만을 위해 《그리스도 교도의 생활신조와 규칙 *De doctrina et regulis vitae christianorum*》을 두 권으로 요약한다. 《귀족 생활과 지도》 등 기타 논설에서 신성한 의무 수행이 그 사람을 하느님 앞으로 높여 준다는 이상을 역설한다. 즉 모든 사람, 주교, 고위 성직자, 주교교회의 보조 사제, 주교교회 참사회원, 주임 신부, 학생, 군주, 귀족, 기사, 상인, 남편, 아내, 과부, 처녀, 수도사 및 수녀까지. 그러나 이러한 신분들을 저마다 독립된 것으로서 엄밀하게 구별한다는 점에서 보아 드니의 발상은 매우 중세적이다. 그의 의무론 전개는 여전히 추상적이고 일반적이며, 대상으로 삼는 신분들의 생생한 실태 속으로는 한 걸음도 파고들지 못한다.

모든 것이 하나의 일반성으로 거슬러 올라가는 것이다. 카를 람프레히트(Karl Lamprecht, 1856~1915)는 여기서 중세 정신의 두드러진 특성을 주목하고 유형주의라 일컫는다. 그러나 이것은 오히려 사람들에게 깊이 뿌리박혀 있던 관념론에서 출발한 압도적 욕구에서 비롯된 것인 바, 그 결과로 나타나는 특성으로 보아야 한다. 결코 개별적 특수성을 간파할 능력이 없어서가 아니라 언제나 더할 수 없이 높은 존재와의 관계에서 이상적 이미지를 거울 삼아 일반적 의미를 비추고, 개별적 사상의 의미를 밝히겠다는 욕구에서 출발했던 것이다. 사람들이 모든 사상 속에서 찾아내고자 한 것은 바로 인간 외적인 요소로서, 표준이 될 만한 전례로 사용할 수 있는 것이었다. 개성과 독자성에 대한 이해의 결여는 얼마쯤은 고의적으로 나온 것이었다. 이는 정신의 발전 단계가 낮음을 드러내는 게 아니라 보편적인 사고방식이 사람들의 마음을 완전히 지배한 결과였다.

중세 정신의 두드러진 작용은 모든 세계와 모든 삶을 산산이 헤쳐 놓고, 서로 독립된 관념들로 되돌리며, 그 관념들을 생각의 막힌 관계나 계층 질서 속에 자리잡게 하는 것이었다. 때문에 중세 정신은 어떤 사상에 관해 그 성질들의 복합체에서 단 하나의 특질을 뽑아내고는 그것을 스스로 존재할 수 있는 것으로 간주했다. 에티엔 드 부르봉[1]이 전하는 바로는, 툴루즈의 주교 풀크(Foulques)는 알비파의 이단 여인에게 적선했다는 비난을 받자 이렇게 대답한다. "이단에게 준 것이 아니다. 가난한 사람에게 주었다." 프랑스의 왕비 마르그리트[2]는 잠들어 있는 시인 알랭 샤르티에의 입술에 키스한 뒤 이렇게 해명했다고 한다. "나는 남자에게 키스한 것이 아닙니다. 아름다운 말과 덕담이 흘러나오는 귀한 입에 키스했을 따름입니다."[3] 이런 격언도 있다. "이단의 오류에 빠질 수도 있으리라. 하지만 이단자가 되지는 않으리라(Haereticare potero, sed haereticus non ero)." 신학의 심오한 사색은 하느님의 의지를 이해하고, 선행적 구원 의지, 즉 모든 사람에게 구원의 은혜를 베풀려는 하느님의 뜻과 더불어서, 오직 선택된 사람들에게만 국한시킨 의지에 들어맞는다. 일상적 여러 생각이 위의 사례들을 입증한다.

---

1) Etienne de Bourbon : 도미니크파 수도사. 1235년 이후 남프랑스, 오베르뉴, 부르고뉴에서 이단 심문관으로 활동, 각서를 남겼다.

2) Marguerite d'Écosse(Margaret Stewart) : 스코틀랜드 공주. 1424년에 태어나 1436년에 프랑스의 황태자 루이, 뒷날 루이 11세와 결혼. 루이가 즉위하기 전인 1445년에 세상을 떠났기 때문에 정확히는 왕비가 아니다.

3) 일화란 그 무렵 사람들의 사고방식을 가르쳐 주므로 적어도 그만한 가치는 있다. 알랭은 1429년에 죽는다. 마르그리트가 프랑스에 온 것은 1435년, 11세 때였다.

이런 식으로 모든 사상에 대해 먹지도 마시지도 않은 채 깊은 생각에 빠져든다. 현실의 인과관계 따윈 마음속에 두지 않으며, 생각은 자동적인 분석으로만 일관하고, 마침내 끝없는 숫자 계산이 된다. 이렇게 되고 마는 사태는 뭐니 뭐니 해도 덕과 죄에 관한 사례를 통해서 확실하게 볼 수 있다. 갖가지 죄는 저마다 정해진 어떤 수의 원인, 종류, 해로운 작용, 그 후손을 갖고 있다. 카르투지오회 수도사 드니에 의하면, 12가지 어리석은 행동이 사람을 죄인으로 만든다. 즉 자기 자신을 속이고, 악마에게 몸을 맡기며, 자신과 자신의 신체를 망가뜨리고, 소유한 부 곧 덕을 팽개치며, 그리스도의 피로 대속받은 몸이건만 스스로 헐값에 넘기고, 성실한 애인에게 등을 돌리며, 전능한 존재에게 맞설 수 있다고 생각하고, 악마를 섬기며, 평화 없는 상태에 빠지고, 스스로 지옥문을 열며, 스스로 천국으로 가는 길을 막고, 결국 지옥 길로 나아간다. 이러한 12가지 어리석은 행동들은 각기 성서의 해당 부분을 인용하고, 저마다의 특성에 대해 삽화까지 넣어 자세히 설명해 놓아서 마치 교회 정문에 나란히 선 조각상들처럼 확실한 믿음을 얻고 서로 독립한 존재의 영역에까지 이르러 있었다. 드니는 분석을 거듭하여 이 일련의 죄에 깊은 의미를 부여하려 했다. 죄의 깊이는 7가지 관점에서 고려해야만 한다. 하느님, 죄인, 죄의 내용, 환경, 의도, 죄의 본질, 그리고 그 결과의 7가지 관점이다. 이러한 관점들 가운데 몇 가지는 다시 8가지 또는 14가지로 세분된다. 이를테면 14가지의 2번째의 처지에서 보는 경우, 죄의 깊이는 남이 베푼 친절, 지식, 덕행의 실천, 관직, 품급, 죄의 유혹에 저항할 능력, 신앙, 나이의 8가지 사정에 따라 무거워지거나 가벼워지기도 한다. 또한 죄에 빠지기 쉬운 정신의 6가지 약점이 있는데, 주목해야 할 점은 드니가 언급한 정신의 작용을 불교 경전에서도 찾아볼 수 있다는 사실이다. 불교에서도 덕과 죄에 분류와 계통을 매겨서 체계적인 덕의 실천을 권하고 있다.

이러한 죄의 분석은 갈 수 있는 데까지 분류를 계속하는 수준에서 끝날 우려가 있고, 원래는 죄의식을 강화하기 위한 수단이어야 하는데, 이와 함께 죄와 벌의 환상을 극도로 과장하여 사람들의 눈앞에 드러내 놓지 않으면 오히려 죄의식을 약화하기 십상이다. 드니에 따르면 그 누구도 현세를 사는 몸으로서 죄의 두려움을 충분히 깨닫고, 완전하게 이해할 리 없기 때문이라고 한다. 모든 도덕관념은 견디기 힘들 정도로 무거운 짐을 지운다. 하느님의 권위와 끊임없이 직접적으로 관련되기 때문이다. 죄란 죄는 모두 아주 하찮은 죄에 이르기까지 온 우주에 영향을 미치는 것이다. 한 보살의 위대한 업적을 접할 수 있는 불교 문헌처럼, 꽃비가 내리는 찬란한 빛 속에서 천국의 존재들이 손뼉 치는 소리가 들린다. 드니는 이것과 궤를 같이하지만 단지 훨씬 어두운 목소리를, 모든 축복 받은 사람들과 의롭다는 사람들, 하늘의 별들과 자연의 온갖 요소, 나아가서는 이성이 없는 짐승들과 무생물마저도 부정한 것에 대한 복수를 부르짖은 소리를 들었다고 한다. 드니는 온갖 환상을 궁리해 내고, 그것을 세부에 이르기까지 그려내 사람들을 불안에 빠뜨려서 무시무시한 이미지로 죄, 죽음, 심판, 지옥의 공포를 더욱 부추기려 한다. 그것의 전율할 효과는 생각건대 드니의 묘사가 산문적이었다는 데 있다. 단테는 지옥의 어두움과 두려움에 아름다움의 손길을 더했다. 파리나타(Farinata)와 우골리노(Ugolino)[4]는 신에게 외면을 당하면서도 여전히 영웅적이지 않은가! 루시퍼(Lucifer)는 그 위엄으로 우리 마음을 편안하게 하지 않는가? 그러나 그런 마음이 오직 강렬한 신비주의로만 향하면서도, 시인의 자질이라곤 전혀 없는 일개 수도사인 드니가 묘사하는 지옥의 이미지는 그야말로 공포와 비참 그 자체였던 것이다. 만지면 화상을 입을 정도의 강렬한 색채로 육체의 고통을 그려내고 있다. 죄인은 이 지옥의 광경을 열심히 떠올려야만 하는 것이다. "상상해 보라. 작열하며 빨갛게 달아오른 화덕과 그 안에 반듯이 누워 있는 벌거숭이 사내를. 이자는 그 고통에서 결코 벗어나지 못한다. 차마 눈뜨고 볼 수 없을 가책과 고통이 아닌가. 비참한 이 사내는 우리로 하여금 그런 생각이 들게 하지 않는가. 생각해 보라. 그가 불구덩이 속에서 어떻게 고통으로 몸부림치며, 얼마나 울부짖고 비명을 지르는지, 다시 말해 어떻게 사는지를. 어떠한 고통이 그를 찌르는지, 어떤 슬픔이 그를 관통하는지, 특히 이 견디기 힘든 형벌에 끝이 없음을 알았을 때를!" 좋든 싫든 이런 의문이 든다. '이런 식으로 지옥의 고통을 상상했던 당시 사람들이 이 시대에 살아 있는 인간의 몸을 실제로 태워 죽이는 것과 같은 일들을 대체 어떻게 할 수 있었을까.' 드니는

---

4) 《신곡》 지옥편에 나온다. 파리나타 델리 우베르티는 피렌체의 정치가, 황제파, 1264년에 사망. 죽은 뒤 이단으로 단죄되었다. 우골리노 델라 게라르데스카는 피사의 참주, 황제파, 1289년 사망. 피사 대주교와 싸워 패배하여 자녀들과 함께 투옥되어 굶주림을 견디다 못해 자식들을 먹었다는 전설이 있다.

지옥도 15세기 제작된 아우구스티누스의 《신국론》에 실린 삽화.

타는 듯한 열, 얼어붙는 추위, 징그러운 벌레, 나쁜 냄새, 굶주림과 목마름, 사슬과 암흑, 형용하기 어려운 지옥의 타락을 묘사한다. 끊임없이 귀에 들려오는 울부짖음과 악마의 모습같은 모든 이미지가 악몽처럼 엄습하여 읽는 사람으로 하여금 시체를 덮은 천처럼 바짝 오그라들게 한다. 이보다 사람을 더 예리하게 괴롭히는 것은 심리적 고뇌의 중압이다. 비탄, 공포, 앞으로 닥쳐올 영원한 세상에 걸쳐 하느님에게 버림받았음을 알았을 때의 우울한 심정, 하느님에 대한 형언할 길 없는 증오, 하느님에게 구원받은 자들이 누리는 천국의 기쁨을 질투하는 마음이 그것이다. 머릿속에는 단지 착란과 강박만 있을 뿐이다. 의식은 오류와 망상, 맹목과 광란으로 가득 차 있다. 이리하여 이 지옥의 고통이 영원히 이어짐을 알았을 때, 수많은 그럴듯한 대비들에 이끌려서 마음은 어지러운 공포심에 휩싸이는 것이다.

이른바 '하느님에 대한 두려움'이건 갑자기 덮칠 공포에 대한 기나긴 번뇌처럼 천천히 마음을 좀먹는 것이건, 영원한 고통에 대한 공포를 줄곧 조장하는 이유는, 물론 사람들의 마음을 회개와 신앙심으로 돌리기 위해서이다. 특별히 예를 들어가며 논증할 필요도 없다. 모든 것은 이 목적 때문이었다. 아마도 드니의 글에서 차용한 것이겠지만, 빈데스하임 수도원에선 방문객들이 식사를 할 때, 4가지 최후, 즉 죽음, 심판, 지옥, 영생에 대한 글을 낭독하곤 했다고 한다. 이 얼마나 쓰디쓴 양념인가! 그러나 완성된 덕에 대한 권장은 언제나 이 같은 격렬한 수단을 통해 이루어졌다. 중세인들은 줄곧 독한 약을 받아먹은 환자처럼 어지간히 센 자극이 아니면 반응을 보이지 않게 되었다. 칭송받아 마땅한 덕을 더욱 빛나게 하는 실례도 그들이 볼 때는 극단적인 예가 아니면 시큰둥했다. 실제로 과장을 모르는 평범하고 고요한 윤리는 이미 덕이 희화화된 것으로 충분했다. 인내의 실례로는 성 에지디우스[5]가 있다. 그는 화살에 맞아 상처를 입고도 목숨이 붙어 있는 한 그 상처가 낫지 않도록 해달라고 하느님께 기도했다고 한다. 절제의 실례로는 음식에 재를 섞은 성인들이 있다. 순결에 대해서는 절조가 굳음을 시험하려고 일부러 여자와 한 침대에서 잤다는 성인들이 자주 인용되고, 유혹을 물리치기 위해 수염을 기르고 손질하지 않았다는 처녀들의

---

5) 12장 주59 참고.

딱한 환상을 끊임없이 거론한다. 한편 실례로 드는 사람들의 나이와 관련된 극단성이 묘하게 자극하는 경우도 볼 수 있다. 성 니콜라스(Saint Nicholas)는 축일이면 어머니의 젖을 거부했다고 한다. 장 제르송이 불굴성의 실례로 인용하는 성 퀴리쿠스(Saint Quiricus)는 당시 3세 혹은 겨우 9개월 된 젖먹이였다고도 하는데, 로마인 총독이 어르는 것을 받아들이지 않아서 깊은 구렁에 던져졌다고 한다. 이렇듯 덕의 고상함을 강한 약물과 섞어서 복용하려는 인간의 욕구 또한 그 무렵 지배적이었던 관념론 위에 서 있다. 덕은 관념으로 이해되고, 평가되었으므로 현실 생활에서의 덕의 기반은 감춰져 있었던 것이다. 덕의 아름다움은 독립된 본질의 최고도의 완성상태에 있다고 보았지, 매일 아침저녁으로 영원한 덕을 갈고닦는 데에 있다고 본 것은 아니다.

중세의 실재론, 곧 여기서 나타나는 초관념론은 그리스도교 신플라토니즘에 의해 다양하게 덧붙여지기는 했지만, 결국은 하나의 원시적 정신활동의 표현으로 간주할 수밖에 없다. 철학은 이러한 정신활동을 순화하여 명석함과 세련됨을 부여했으나 일상생활의 정신활동으로서 실재론은 모든 추상물에서 본질과 실체를 확인하려는 원시적 인간 정신이라는 사고방식에서 거의 한 발짝도 벗어나 있지 않았다. 덕을 이상의 궁극적 형태 속에서 보고, 과장되게 기리려는 것은 고도종교의 익숙한 산물로 볼 수 있기는 하다. 그러나 그 이면에 있던 현세멸시라는 것에서 우리는 중세인의 생각과 아주 먼 옛날 사람들의 사고방식이 여전히 연관되어 있는 사슬의 고리를 확연하게 볼 수 있다. 교황 인노첸시오 3세(Innocentius III)의 《세상에 대한 경멸에 관하여 De contemptu mundi》를 비롯해 이런 논설은 줄곧 육욕의 사악함을 강조하고, 그것에 지나치게 미련을 둔다. 세상에 대한 경멸을 말할 때, 그런 논설들은 모두 육체의 여러 기능의 불쾌한 작용, 특히 배설과 생식을 중심 주제로 삼는다. 하지만 그것이 바로 중세 도덕론의 가장 졸렬한 부분이다. 인간의 불쾌함에 대해 교황 인노첸시오 3세는 말한다. "사람은 더럽고 탁한 정액으로 만들어지고, 육신의 욱신거림 속에서 잉태된다."

결국 이것은 육체적인 것에 대한 잘못된 관심의 표현이라고 할 수 있으며, 또한 원시적인 실재론의 잔재를 볼 수도 있다. 미개인은 배설물이라든지, 임신과 출산에 따르는 모든 일 속에서 주술과 관련된 실체와 능력을 인정하고 두려워하지 않았는가! 임신과 출산이야말로 여자 대부분이 여자이기 때문에 해야 할 일이다. 그런 여자를 피하는 미개인의 마음속에 도사리고 있는 주술에 현혹된 공포심과 테르툴리아누스[6]와 히에로니무스[7] 이후 그리스도교 문학의 지저분한 금욕주의에 바탕한 여성 혐오와 여성 멸시는 몹시 짧은 직선으로 이어져 있다. 모든 것을 하나같이 물질적으로 생각한다. '교회의 보고(寶庫, thesaurus ecclesiae)', 즉 그리스도와 모든 성인의 '빚진 것 이상의 선행의 보물'이라는 설교보다 이것을 더 명료하게 구체화한 것은 없다. 이러한 보물이라는 개념과 신자는 누구든지 '그리스도의 신비스러운 육신', 곧 교회의 팔다리로서 그 보물을 맡고 있다는 관념은 매우 오래된 것이었지만, 그 '빚진 것 이상의 선행'이 엄청나게 쌓여 있는 교회, 곧 교황에 의해 잘게 팔려 나가는 것이라는 주장은 기껏해야 13세기에 들어선 뒤에 나왔던 것이다. 헤일스의 알렉산더[8]가 처음으로 이런 의미에서 '보고'라는 말을 쓴 뒤부터 이 뜻이 일반적으로 두루 쓰이기에 이르렀다. 반대도 있었지만, 어쨌든 이 교리는 일반에 보급되다가 마침내 1343년 클레멘스 6세의 교서 《독생자 Unigenitus》로서 완전한 형태를 갖추었다. 여기서 '보고'는 자산으로 생각된다. 보고는 그리스도가 베드로와 그 후계자에게 맡긴 자산으로 날마다 그 양이 늘고 있다고 한다. 왜냐하면 이 자산의 배분으로 조금이라도 더 많은 사람들이 올바른 길로 인도되면 그만큼 선행이 쌓이기 때문이다.

이처럼 선행이란 개념을 실체로 보았음을 감안하면 죄에 대해서도 똑같은 생각이 한층 강하게 나타났음을 짐작할 수 있다. 교회는 죄가 존재도 사물도 아니라고 분명하게 주장했다. 그렇지만 앞에서 언급했듯이 교회의 속죄 기법을 생각할 때, 이것은 풍부한 이미지의 죄의 추출, 잔뜩 공들여 분류한 죄의 체계와 연결되어 바라문교의 성전 아타르바베다(Atharvaveda)에도 나와 있다시피 무

---

6) Quintus Septimius Florens Tertullianus(160~220) : 그리스도교 저작가, 법률가. 클레멘스 6세의 교서 《독생자》에서도 같은 발상을 볼 수 있다. 또한 말러의 《포스타스 박사》에도 나와 있다. "보아라, 그리스도의 피가 천공에 흐른다! 그 한 방울이 우리를 구원하리라."

7) Eusebius Hieronymus(345?~419?) : 2세기에서 3세기에 걸쳐 활동한 카르타고의 호교가. 여성에 대한 논설은, 재혼을 금하고 베일을 쓰도록 요구하는 등 매우 금욕적 여성 멸시로 일관하고 있다.

8) Alexander of Hales : 1170년 또는 1185년에 영국의 헤일스에서 태어나 파리대학에서 공부하고, 거기서 가르치다 만년에는 프란체스코 수도회로 들어가 파리에서 이 수도회의 학교를 경영했다. 성 보나벤투라의 스승. 1245년에 사망.

지한 사람들에게 죄가 실체라는 확신을 심어 주었다. 이를테면 카르투지오회 수도사 드니는 "죄란 열병과 같고, 차갑고 부패한 체액"이라고 말한다. 그는 단지 비유만 하려는 의도였겠지만 이것이 왜 죄를 병원균으로 보는 어떤 물질적 시각으로 자라나지 않았는지 모르겠다. 그토록 세심하게 교리의 순수성을 마음에 둘 필요가 없었던 만큼 법의 분야에는 이런 사고가 확실히 존재한다. 예를 들면 영국의 법학자들은, 중죄에는 피의 부패가 개입되어 있다는 이미지를 즐겨 사용했다. 이와 같은 초실체설의 가장 강력하고 심오한 전개가 하느님의 피와 관련해서 나타났던 것이다. 성 베르나르는 말한다. "이것이야말로 진정한 물질이다. 그 한 방울만으로도 온 세상을 구원하기에 충분하며, 더구나 흘러넘칠 정도로 풍부하다." 성 토마스 아퀴나스는 이 이미지를 자신이 지은 성체찬가에서 노래하고 있다.

> 거룩한 펠리칸이신 주 예수여,
> 불결한 우리를 당신의 피로써 깨끗하게 해 주소서,
> 그 한 방울만으로도 온 세상을
> 온갖 죄악으로부터 구원할 수 있나니.

이 글은 이와 같은 사고방식을 원시적이라고 보는 우리의 판단이 지혜의 궁극에 달한 말이라고 할 수 있는지를 생각게 하기에 충분하다. 카르투지오회 수도사 드니의 글에서는 영원한 생명이라는 이미지를 공간적인 조건 속에서 표현하려는 필사적인 고투를 볼 수 있다. 영원한 생명은 잴 수 없는 가치를 지닌다. 내 안에 하느님을 받아들이는 것이야말로 무한한 완성이다. 속죄의 하느님 안에는 무한한 가치와 효험이 있을 수밖에 없다. 죄는 헤아리기 어려운 신성성에 대한 모독이므로 한없이 극악한 것이고, 또 그렇기 때문에 측량할 길 없는 능력을 지닌 구세주가 필요하다는 등등의 표현에 이르게 된다. 부정의 공간 형용사 '무한한(infinie)'이 신성한 존재의 무게와 능력을 암시한다. 드니는 영원의 관념을 불어넣으려고 이미지를 이용한다. 우주만 한 모래산을 생각해 보라. 그 모래산에서 1만 년 또는 10만 년 동안에 한 알씩 모래를 없앤다 치자. 언젠가 산은 사라질 것이다. 하지만 이런 무한한 상상의 시간이 지나간 뒤에도 지옥의 고통은 조금도 누그러지지 않는다. 최초의 모래알을 모래산에서 없앴을 때와 비교하면 그 종말에 조금도 가까워지지 않으리라. 따라서 죄인들에게 이 산이 없어질 때야말로 영겁의 벌에서 헤어나는 때임을 알리려는 노력은 그들에게 크나큰 위안이 될 것이다.

표현하려는 것이 천국의 기쁨 또는 하느님의 위엄에 이르면 상념은 고도로 긴장하여 어색해진다. 천국의 기쁨 같은 것은 막상 표현하려 하면 으레 원시적인 성격이 되고 만다. 인간의 언어는 더없는 행복에 대해서는 공포만큼 예리한 전망을 만들어 내지 못한다. 추악하고 비참한 것을 겉으로 내보이려면 단지 인간 존재의 동굴 깊숙이 들어가기만 하면 되었다. 그러나 더없는 행복의 감정을 표현하려면 고개가 부러질 정도로 하늘을 올려다보려고 애써야 했던 것이다. 드니는 최상급에 골몰한다. 이것은 관념의 산술적 강화에 지나지 않으며, 그 의미가 더욱 분명해지거나 심오해지지는 않는다. "최고의 숭배와 존경, 최고의 실체로서 최고선인 삼위일체여, 우리를 지순하고 명징하게 바라보는 묵상의 길로 이끌어 주소서." 하느님은 "최고의 자비, 최고의 존엄, 최고의 친절, 최고의 빛, 최고의 전능함, 그리고 최고의 영광"이시다.

이러한 표현은 대체 무엇을 위해서였을까? 높이, 넓이, 무한, 무진장의 이미지를 끌어 모은들 대체 무슨 소용이 있는가. 이런 것들은 이미지에 불과하다. 무한을 유한한 세계의 이미지로 늘 환원하고, 이리하여 무한한 관념은 약해지고 구체화된다. 이제 영원은 측량할 길 없는 시간이 아니다. 어떠한 감정도 일단 표현되고 나면 그것의 단순 명쾌함을 잃는다. 하느님에게로 되돌아오는 그 모든 속성이 하느님의 위엄을 얼마간 빼앗는 격이었다.

이렇게 신의 상념에서 모든 구상의 이미지를 배제하고 완전한 무상성 속에서 하느님을 보려는 격렬한 싸움이 시작된다. 이러한 지향은 특정 문화나 시대에 한정되지 않고 때와 장소를 뛰어넘어 언제나 확인되는 바이다. 윌리엄 제임스는 《종교체험의 여러 양상》에서 이렇게 말한다. "여러 신비가의 발언에는 영원한 만장일치가 있다. 그것으로 말미암아 비판자는 비판을 멈추고 잘 생각해 보아야만 한다. 흔히 말하듯 신비주의의 고전에는 생일도, 태어난 고향도 없다는 것은 바로 이러한 만장일치 때문이다." 그렇지만 당장 상상의 도움을 내다 버릴 수는 없다. 불충분한 신성 표현은 하나씩 하나씩 눈에 띄게 된다. 먼저 하느님의 이념을 구체적으로 나타내고 상징의 다채로운 옷을 입히는 작업이 배제되었다. 이제 피와 속죄, 성체, 성부와 성자와 성령에 대해서는 더 이상 말할 수 없는 것이다. 에크하르트의 신비주의에는 그리스도의 이름은 거의 나오지 않고, 교회나 성체에 대해서도 말하지 않는다. 그러나 이쯤 이르러서도 신비주의에서의 존재, 진리, 신성에 대한 관념은 여전히 자연물의 이미지와 연관되어 표현되고 있었다. 즉 빛과 넓이 같은 이미지에 이어서 반대의 이미지인 정숙, 공허, 암흑으로 바뀐다. 그러나 이렇게 형태도 내용도 없으며, 개념 역시 하느님을 충분히 표상하지 않는다는 생각에 이르자 마침내 사람들은 그 개념들을 반대 개념과 끊임없이 조합함으로써 좀 더 완전한 신성 표현에 다다르려 했다. 마침내 순수한 부정만 남는다. 하느님은 모든 것을 초월한 존재이므로 존재하는 것 위에선 인식되지 않으며, 신비주의자는 특히 이것을 무(無)라고 일컫는다. 9세기의 요하네스 스코투스 에리우게나[9]가 그랬고, 더 나아가서 17세기의 안겔루스 질레지우스[10]는 이렇게 노래한다.

하느님은 순수한 무, 시공을 초월해 있다.
하느님을 알려 하면 할수록 하느님은 멀어져 간다.

이와 같이 신의 상념에 투철하다가 결국 모든 이미지를 버릴 지경에까지 이르는 과정은 물론 실제로는 여기서 말한 것처럼 다양한 국면을 질서정연하게 거치지는 않았다. 신비주의자의 발언 대부분은 서로 다른 국면을 동시에, 그리고 무질서하게 드러낸다. 인도의 신비주의자의 경우가 그러하고, 또 그리스도교 신비주의의 원천인 아레오파고스의 가짜 디오니시우스[11]에 이르러 완전히

---

9) Johannes Scotus Eriugena(810?~877?) : 중세 신학자. 고향인 아일랜드를 지칭하는 켈트어 '에리우(eriu)'를 사용하여 에리우게나로 불린다. 851년쯤 프랑크의 왕 카롤루스 대머리왕의 궁정에 있었다. 주요 저서는 《자연의 구분에 대하여》.

10) Angelus Silesius(1624~1677) : 본명은 요한 쉐플러(Johann Scheffler). 독일 종교시인. 루터파에서 가톨릭으로 개종(1653). 여기에 인용된 시를 포함하는 《방랑의 천사》가 대표작.

11) Pseudo-Dionysius the Areopagite : 사도 바울에 의해 그리스도교에 귀의한 아테네 사람(사도행전 17장 34절). 이것이 전설이 되어 2세기에는 아테네의 주교였다고 전하며, 9세기에는 프랑스의 생드니와 동일시되었다. 500년쯤 시리아에서 신플라톤주의 경향이 강한 일련의 저작이

전개되며, 14세기 독일의 신비주의가 이를 재현한다.[12] 카르투지오회 수도사 드니가 경험한 계시에서 한 예를 들어 보자. 드니는 분노하는 하느님과 대화하고 있는 것이다. "이 대답에, 수도사는 내면으로 향해 무한한 빛의 세계로 옮겨진 자신을 보았다. 그리고 말로는 표현하기 힘든 정적 속에서 더없이 감미롭게, 밖으로는 울려 나오지 않는 은밀한 속삭임 속에서 가장 깊이 비밀스러운 진실이 숨겨진, 불가해한 하느님께 외쳤다. 오, 넘치는 사랑에 걸맞은 신이여, 당신은 빛 그 자체요, 온전한 빛의 세계이십니다. 당신께 선택된 자들은 그 안에서 감미롭게 쉬고 기운을 되찾아 깜박 졸다가 잠듭니다. 당신은 무한히 넓고 아득하여 도저히 건너기 힘든 사막 같습니다. 자기 존재를 잃은 사랑에서 풀려나 제대로 정화된 진실로 신앙이 두터운 영혼만이 천상의 빛을 받아 격렬하게 타오르고, 방황하는 일 없이 헤매며, 헤매는 일 없이 방황하고, 더없는 행복에 무릎을 꿇으며, 약해지지 않고 회복됩니다." 여기에는 먼저 아직 긍정적인 빛의 이미지가 있다. 다음으로 잠의 이미지, 이어 사막의 이미지가 등장한다. 마지막으로 서로 대립하는 이미지가 서로를 지워 없앤다. 사막의 이미지, 즉 공간의 수평 개념은 심연의 수직 개념과 번갈아 나타난다. 실제로 후자야말로 신비주의 상상력의 중대한 저장고였다. 에크하르트는 말한다. "고요하고 황량한 신성의 자취 없는 심연이다." 말하자면 어디에도 속해 있지 않은 신성의 성격을 심연의 이미지로 표현할 때, 무한의 개념에 현기증이라는 감각 요소를 더한 것이다. 이것과 동질의 지각이 신비주의의 언어구사 속에 정착되어 있기라도 한 것 같았다. 이러한 심연과 정적의 이미지에 기댈 때, 말로는 표현하기 어려운 신비의 체험도 생기로 가득득한 표현을 얻는다. 하인리히 조이제는 기뻐 소리친다. "마음, 생각, 영혼이 사랑스러운 모든 것의 바닥 모를 심연으로!" 에크하르트는 몸이 경직되어 숨 가빠하면서 말한다. "불꽃, 한 사람 한 사람 존재가 지닌 신비의 핵인 영혼의 불

디오니시우스의 이름으로 등장하는데, 이를 '가짜 디오니시우스'라고 한다. 9세기 중엽, 에리우게나가 라틴어판을 만든 뒤로 중세 사상계에서 부동의 지위를 차지했다.

12) 멜린 다스베크(Melline d'Asbeck)는 저서 《루이스브뢰크의 신비주의, 14세기 신플라토니즘의 메아리 La mystique de Ruysbroeck l'Admirable, un écho du neo-platonisme au XIVe siècle》(1930)에서도 알 수 있듯이 루이스브뢰크나 독일 신비주의에서 신플라톤주의의 요소를 매우 높이 평가하고 있다. 토마스 아퀴나스의 학설이 신비주의의 기초라는 주장이 제기된 뒤로 이것은 자칫 경시될 수도 있었다.

꽃은 아버지 하느님께도, 아들인 그리스도에게도, 하다못해 성령에게도, 삼위일체에게도 만족하지 않는다. 저마다 자기 특성에 있어서 존립하는 것인 이상에는. 사실 이 불꽃은 하느님의 본질인 풍부한 다산성에마저도 만족하지 않는다. 이상하게 들릴지 모르지만, 나는 이 불꽃이 주어지지 않고, 가질 수 없으며, 움직이지 않고, 단순히 하느님의 존재에도 만족하지 않는다고 진실로 외치고 싶다. 이 불꽃은 자기가 어디서 왔는지를 알고 싶어 한다. 단조로운 대지, 적막한 사막으로 들어가고자 한다. 그곳엔 지난날 어떠한 구별도 있었던 적이 없다. 아버지라서 아버지가 아니고, 아들이라서 아들이 아니며, 성령이어서 성령은 아닌 것이다. 아무도 없는 내밀한 곳, 불꽃은 거기에서 만족한다. 불꽃은 자신보다 더 열렬하게 그곳에 속해 있다. 이 대지는 단조로운 고요함이고, 그 자체로서 부동의 것이므로." 또 말한다. "영혼은 만들어지는 것이 아니라 이미지도 없는 황량한 신성에 자기 자신을 던져 넣을 때 거기서 자기를 잃고, 황무지 속으로 가라앉을 때 비로소 완전한 행복에 이른다."

요하네스 타울러(Johannes Tauler, 1300~1361)는 말한다. "여기서 정화되고 맑아진 영혼은 신성한 암흑 속으로 가라앉는다. 고요한 침묵과 이해할 수 없고, 이루 다 말로 표현하기 어려운 합일 속으로 가라앉는다. 이러한 침례(浸禮)에선 모든 같음과 같지 않음은 사라지고, 이 심연에선 영혼도 스스로를 잃어버리고, 신도 자기 자신도 알지 못하며, 같음도 같지 않음도 아무것도 모른다. 다만 영혼은 신의 합일 속으로의 침잠이고, 모든 구별을 잃는 것이다."

루이스브뢰크에 이르면 신비적 체험을 표현하는 언어 구사는 독일 신비가들의 경우에 비해 보다 구체적이다.

바로 그때, 일제히 가슴을 열고 소리친다.
오오, 대단한 심연이여!
매우 특별한 말로써
당신의 심연으로 우리를 이끄시기를!
그리고 당신의 사랑을 우리로 하여금 알게 하시기를.

그는 또 말한다. 은혜를 입어 하느님과 하나가 된다는 것은 "마치 미로를 헤매는 것과도 같아서 그 내달림은 거칠기 짝이 없고 무질서하다. 정처 없이, 길도 샛길도 없으며, 규칙이나 척도 역시 없기 때문이다. 우리는 영원히 돌아오지 못하는 상실 속에서 높이, 깊이, 넓이, 길이를 잃으리라." 이는 곧 공간적 이미지를 남김없이 내다 버리는 것이다. "이러한 은혜의 기쁨은 매우 커서 하느님과 모든 성인, 그리고 이것을 체험하는 모든 고매한 사람들이 목적지도 없이, 결국은 아무것도 모른 채 영원히 상실한 채로 이 기쁨 속에만 잠기는 것이다." 하느님은 모든 사람에게 골고루 넘치도록 은혜를 주신다. "그러나 그것을 받는 사람은 저마다 다르게 받는데, 제각기 받는 몫은 충분하다. 하느님과의 합일에서 저마다 필요한 만큼은." 즉 하느님과의 일체화라는 은혜를 우리가 어떻게 받아들이는가 하면, 넘칠 듯한 하느님의 선물을 제대로 즐기지 못한다는 것이다. "그러나 황량한 암흑으로 소멸된 뒤에는 그 몫은 조금도 남지 않는다. 주는 일도, 받는 일도 없이 오로지 하나의 단순한 존재일 뿐이므로. 거기선 하느님과 일체가 된 사람들이 침잠하고 사라진다. 그리고 그들은 이 가망 없는 존재 속에서 하느님을 만나는 일이 결코 없다." 루이스브뢰크는 또 이렇게도 말한다. "마치 부정(否定)의 이미지가 한 장소에 모인 것과도 같다. 이에 사랑의 제7단계가 이어진다. 이것이야말로 시간과 영원에서 인간에게 허용된 가장 고귀한 체험이다. 우리는 그때, 인지하는 모든 것과 아는 것을 초월하여 우리의 바닥 모를 무지를 깨닫는다. 그때 우리는 하느님과 피조물에게 주어진 모든 명칭을 넘어서서 우리 자신을 없애는 영원한 무명성으로 사라진다. 우리는 그때, 모든 덕의 실천을 넘어서서 아무도 옴짝달싹할 수 없는 영원한 공허를 발견한다. 아울러 모든 은혜로운 영혼을 초월하여 하나의 측량할 수 없이 깊은 은혜를 찾아낸다. 우리는 거기서 모두가 한 개체이고, 그 개체는 그것의 원래 모습에서 은혜 자체이다. 그때 우리는 모든 은혜로운 영혼이 저마다의 존재를 상실하고 침잠하며 융해되어 그것들을 초월하는 존재에게로, 하나의 가망도 없고, 알지도 못할 암흑 속으로 사라지는 것을 본다."

단순하고 희망도 없는 은혜 속에서 모든 피조물의 종별 차이는 사라지고 없다는 것이다. "그러므로 만들어진 모든 것은 상실 속으로, 바닥 모를 무의식 속으로 추락한다. 광명은 일제히 암흑으로 바뀐다. 3개의 페르소나는 하나인 본질에게 자리를 내준다."

소용없는 노력은 되풀이된다. '우리의 공허한 상태, 곧 단지 형태 없는 상태'를 표현하고자 모든 이미지를 배제하려는 헛된 시도가 계속되고 있는 것이다. 신만이 우리를 그런 상태로 이끌 수 있다. "하느님은 우리에게서 모든 이미지를 거두어 내고 우리를 벌거벗은 원시상태로 데려간다. 거기서 볼 수 있는 것은 이미지 없음, 황량한 벌거숭이 상태에 다름 아니며, 이것이야말로 시간의 흐름 속에 영원히 조응하는 것이다."

이상의 인용에서도 알 수 있다시피 루이스브뢰크도 극한에 다다른 두 이미지, 어둠으로 바뀌는 빛과 순수함의 부정, 즉 아는 바를 모조리 내버려야 함을 한껏 강조하고 있다. 깊이 감춰진 하느님의 본질을 암흑이라 칭했던 지난날 아레오파고스의 가짜 디오니시우스도 그러했고, 그의 찬미자이자 해설가였던 카르투지오회 수도사 드니가 이 암흑이라는 개념을 완벽한 것으로 완성해 냈다. "그리하여 당신의 영원한 빛의 더없이 훌륭하고 측량할 길 없는, 눈에 보이지 않는 충만함이야말로 신성한 암흑이라 불립니다. 암흑을 자신의 안식처로 삼은 당신은 그곳에서 사시겠다고 하셨습니다."[13] 신성한 암흑 자체는 모든 빛에 은폐되어 있고, 모든 시선에 가려져 있다. 당신의 광명이 지니는, 말로 표현할 길 없고 측량할 길 없는 광채 때문에.

암흑이란 무지, 인식의 전적인 정지라고 말한다. "빛으로 압도하는 당신의 빛으로 다가가면 갈수록 당신에게로 다가가기 어렵다는 것, 당신을 알기 어렵다는 게 그만큼 분명해진다. 정신이 암흑 속으로 들어서자마자 모든 이름, 모든 인식은 없어진다. 하지만 정신이 당신을 본다 함은 당신에겐 전혀 보이지 않는 것을 본다는 뜻이며, 그것을 뚜렷하게 보면 볼수록, 정신은 그만큼 당신을 똑똑히 보는 것이다. 오, 은혜로운 삼위일체여, 간절히 바라나니 저희를 빛이 넘치는 이 암흑에 이르게 하소서. 그리고 보이지 않고 알지 못하는 가운데서 모든 시선과 지식을 초월하여 존재하는 당신을 보고, 당신을 인식하게 되기를. 지각할 수 있고 인지할 수 있는 모든 것, 나아가 모든 피조물을 똑같이, 자기 자신마저 뛰어넘어 뒤에 남기거나, 이 암흑 속으로 들어간 정신에 대해서만 당신은 모습을 드러낸다. 진실로 당신은 그 암흑 속에 존재한다." 빛이 어둠으로 바뀌는 것처럼

---

13) 성서의 역대하 6장 1절. "그때에 여호와께서 캄캄한 데 계시겠다 말씀하셨사오나." 또 시편 17장 13절(현행 개신교 성서로는 18장 11절). "그가 흑암을 그의 숨는 곳으로 삼으사."

최고의 생은 죽음으로 바뀐다. 에크하르트는 피조물이 하느님 나라엔 들어가지 못하며, 그것을 알 때 비로소 영혼은 자기 갈 길을 발견하고 더 이상 하느님을 찾지 않는다고 말한다. "신의 나라에선 영혼은 최고의 죽음을 맞는다. 이 죽음에 이르러서 영혼은 모든 희구, 모든 이미지, 이해력, 모든 형태를 잃고 모든 존재를 빼앗긴다. 그런 다음 하느님처럼 확실하게 살 수 있을 것이다. 다만 육체적으로 죽은 인간이 자기 자신을 움직이지 못함과 마찬가지로 정신적으로 죽은 영혼은 자신의 어떠한 모습도 어떠한 이미지도 타인에게 보이지 못한다. 영혼은 죽어서 신성 속에 묻혔으므로." 그는 계속한다. "영혼이여, 만약 전지전능한 신의 천 길 깊은 바다에 빠질 수 없다면 너는 신성한 죽음을 알지 못하리라."

카르투지오회 수도사 드니는 신에 대한 부정이 신에 대한 긍정보다 훨씬 완전하다고 말한다. "왜냐하면 내가, 하느님은 선이고 본질이며 생명이라고 말할 때, 생각건대 나는 신이 무엇인지, 마치 신이 피조물과 뭔가 공통된다고까진 표현하지 않더라도 어떤 유사성을 지닌 것처럼 말하게 되기 때문이다. 그러나 분명한 것은, 하느님은 볼 수 없으며, 알 수도 없고, 잴 수 없으며, 말로 표현할 수도 없다는 점이다. 하느님은 당신이 창조한 모든 일에서도 헤아릴 수 없고 견줄 데 없는 차이와 탁월함에 의해 구별된다." 그러므로 드니는 아레오파고스의 가짜 디오니시우스를 인용하여 이렇게 말한다. "신인합일의 지혜(sapientia unitiva)는 이치에 어긋나고 무의미하며 어리석다."

그렇다면 이미지의 힘은 극복되었는가? 표상과 은유에 의하지 않으면 어떠한 사상도 표현해 내지 못한다. 하물며 인식할 수 없는 사물의 본질에 대해서 말할 때, 언어는 모두 이미지이다. 사람들은 희구하는 지고하고 심오한 존재에 대해 단지 부정적인 방식에 의해서만 표현할 수 있다는 것에 만족하지 않는다. 그러므로 현자가 적절한 표현을 찾지 못하고 난관에 부딪혀 침묵할 때, 시가 등장한다. 하인리히 조이제의 감미롭고 서정미 넘치는 심상은 그의 의례적인 시각의 눈 덮인 정상에서 성 베르나르의 예스러운 신비주의의 꽃향기 가득한 환상적인 들판 사이를 끊임없이 오가고 있었던 것이다. 이에 관념도 극한에 이르러 다시 도취의 한가운데로 은유의 빛깔과 형태가 되돌아온다. 조이제는 그의 연인인 영원한 지혜를 본다. "그녀는 구름 낀 흐린 하늘 위로 높이 날아올랐다. 그녀는 새벽별처럼 밝고 태양처럼 눈부시게 빛나고 있었다. 그녀의 면류관은 영원하고, 옷은 은혜로우며, 말은 달콤하고, 포옹은 즐거움의 극치였다. 그녀는 멀고도 가까웠으며, 높든 낮든 이르는 곳마다 있었으나 그녀를 붙잡지 못했다."

신비가들이 모든 형태와 이미지를 내버리고 마침내 다다른 신비주의의 최고 높이에서 아래로 내려오는 길은 이 밖에도 더 있었다. 원래 이 높이에는 전례(典禮, liturgy)와 성체의 오묘한 뜻을 철저히 파헤쳐 닿을 수 있었다. 곧 교리와 성체가 상징하는 아름다운 기적을 충분히 감지해야 비로소 모든 형상을 버리고 모든 것이 하나가 되는, 거의 인식이 끊어진 관념의 높이로 올라갈 수 있었던 것이다. 그러나 마음이 명징함을 욕심나는 대로, 바라기만 하면 언제든지 무한히 되풀이하여 경험할 수 있었던 것은 아니다. 명료성은 거의 있을 수 없는 독특한 우아함의 순간에 불과하며, 더욱이 오래가지도 않는다. 이에 교회는 슬기롭고 실용적인 오묘한 체계보다 아래에서 기다렸던 것이다. 교회는 전례(典禮)에 정신과 신성의 관계를 끊임없이 압축하고 강화하여 확실한 순간 체험의 형태로 완성하며, 나아가 신앙의 오묘한 뜻에 색깔과 형태를 구체화한다. 시대를 막론하고 분방한 신비주의는 늘 한순간에 사라지는데, 그 위기를 극복하고 교회가 오래 살아남은 까닭이 바로 여기에 있다. 말하자면 교회는 에너지를 아끼며 살아온 셈이다. 교회는 불타오르는 미학적인 신비주의의 들꽃 같은 정열에 대해서는 차분하게 내버려 두었지만, 급진적인 신비주의를 몹시 두려워했다. 이것은 교회를 지탱하는 여러 요소, 곧 조화로운 상징주의, 교리, 성체를 모두 불속에 던져 버리는 결과였기 때문이다.

"신인합일의 지혜는 이치에 어긋나며, 무의미하고 아둔한 지혜이다." 신비주의자의 길은 무한을 향하고, 무의식으로 들어간다. 신과 특수한 개별적 존재 사이엔 어떠한 본질적 유사성도 없다. 따라서 신의 진정한 초월성은 파괴되었다. 즉 현실로 돌아오는 다리가 무너졌던 것이다. 에크하르트는 말한다. "피조물은 모두 단순한 무(無)이다. 작든 크든 중요한 게 아니라 그냥 무인 것이다. 실재하지 않는 것은 존재하지 않는다. 모든 피조물은 실재하지 않는다. 존재는 하느님의 현존에 의거하기 때문이다."

철저한 신비주의는 지성 이전의 영적 생활로의 돌아감을 의미한다. 문화의 형태를 이루는 모든 것이 버림받고, 압도당하며, 쓸모없는 존재로 전락하는 것이다. 그럼에도 신비주의가 문화에 풍요로운 결실을 가져왔다면, 이는 신비주가 몇몇 예비 단계를 거쳐서 더할 수 없이 높은 지점에 이른 것이고, 생활의 모든 형태와 모든 문화를 내다 버리는 지경에 이른 것은 몇 단계를 거친 뒤의 일이기 때문이다. 곧 신비주의는 초기의 여러 준비 단계에서 문화에 풍요로운 결실을 불러온 것이다. 덕의 완성이라는 과수원에 꽃이 활짝 핀 것이다. 온화한 마음의 아늑함, 욕망의 제어, 소박함, 절제, 부지런함, 성실함, 그리고 신앙의 열정, 이러한 미덕들의 완성이야말로 신을 알려고 하는 자에게 요구되는 첫 번째 조건이었다. 인도에서도, 유럽에서도 마찬가지였다. 신비주의는 초기단계에서 도덕적, 실천적 활동을 요구한다. 특히 이웃사랑의 실천이 강조된다. 위대한 신비주의자들은 한목소리로 선행의 실천을 기리고 있다. 에크하르트 자신이 마리아보다 마르다(Martha)를 높이 평가하고,[14] 몹시 가난한 자에게 수프 한 그릇을 주기 위해서라면 성 바울의 신에 대한 관념의 도취마저 버려야 한다고 하지 않았던가! 에크하르트부터 시작되어 그의 제자 타울러로 이어진 신비주의의 계보는 차츰 실천적 요소를 더하는 방향으로 나아갔다. 루이스브뢰크도 차분하고 태없는 노동을 기리고 있으며, 카르투지오회 수도사 드니도 하나의 인격 속에 매일의 신앙생활에 대한 실천적인 마음가짐과 개인적인 신비주의의 격정을 멋지게 찬미했던 것이다. 네덜란드에선 신비주의와 더불어 생기는 현상인 도덕주의, 경건주의, 사랑의 실천, 근면의 실행 같은 것들을 생활의 주요 주제로 삼기에 이른다. 또 어느 정도 뜻밖의 순간의 체험으로서 내포적 신비주의에서, 많은 이들이 일상의 한가운데서 실천하는 외연적 신비주의를 추구한다. 즉 신에 대해 어쩌다가 일어나는 고독한 관념의 도취 대신 '새로운 신앙'을 갖게 된 사람들이 언제나 동료와 함께하는 신앙의 불꽃이 널리 퍼졌다. 언어에 얽매이지 않을 때의 얘기지만 이는 말하자면 냉철한 신비주의인 것이다.

공동생활신도회나 빈데스하임 수도회 소속 수도원에선 의식 속에서 끊임없이 불타는 신앙의 불꽃이 고요한 일상의 활동을 비추고 있었다. 격렬한 서정, 분방한 지향은 자취를 감춤으로써 이단에 빠질 위험도 함께 사라졌다. 수도사

---

14) 요한복음 12장 1~8절에 따르면 예수가 베다니의 나사로의 집에 손님으로 갔을 때, 마르다는 예수께 헌신하고, 그의 자매 마리아(막달라 마리아)는 꿈쩍도 않다가 단지 향유를 예수의 발에 붓고 자기 머리털로 그의 발을 씻었다. 유다는 마리아의 행동을 나무랐다고 한다. 또한 누가복음 7장 36~50절, 마태복음 26장 6~13절 참조.

와 수녀들은 정통 신앙을 굳게 지켰던 것이다. 말하자면 세부적인 것들을 놓치지 않는 신비주의였다. '신을 마음에 받아들인', '불꽃을 받아들인' 사람들은 고요하고 차분한 작은 동아리를 만들고, 서로 믿는 친구와의 영혼 교감, 주고받는 편지, 내부로 깊숙이 가라앉는 명상 속에서 황홀감을 체험한다. 감정생활은 온실 안의 식물처럼 보살핌 속에 자라났다. 편협한 청교도주의, 영적인 단련, 웃음을 비롯한 모든 본능적인 충동의 억제, 올곧은 신앙심이 폭을 넓혀가고 있었다.

그러나 이 시대가 낳은 가장 강력한 저술, 토마스 아 켐피스의 《그리스도를 본받아》가 바로 이 동아리에서 나왔다. 그는 원래 신학자도 인문주의자도 아니고, 철학자도 시인도 아니며, 신비주의자는 더더욱 아니었다. 그런 그가 여러 세기에 걸쳐서 사람들에게 커다란 위로를 주게 되는 이 책을 썼던 것이다. 그는 차분하게 자기 자신에게 전념하여 미사의 기적에 대해서는 온건하게, 하느님의 인도에 대해서는 올바르고 정확하게 이해하고 있었다. 설교사들의 웅변의 불길에 기름을 붓던 교회의 잘못된 가르침, 또는 속세에 빠진 생활에 대한 매서운 분노, 제르송, 카르투지오회 수도사 드니, 니콜라스 쿠자누스 등의 여러 방면에 걸친 활동, 브루크만의 블뤼겔식 환상 또는 알랭 드 라 로슈의 다채로운 상징주의 같은 것은 토마스 아 켐피스와는 무관했다. 그는 모든 사상(事象) 속에서 오로지 고요를 추구했고, '한 귀퉁이에서 책을 손에 든' 채 그것을 발견한다. "아, 얼마나 유익한 일이랴! 얼마나 기쁘고 유쾌한가! 이렇게 홀로 앉아 묵묵히 하느님과 이야기 나누는 것은." 그의 문장은 시대를 막론하고 단순한 삶과 죽음의 지혜를 가르치며, 마음에 상처를 입은 사람들을 위로하는 글이 되었다. 여기서도 또한 신플라톤주의식 신비주의는 모조리 배제되고 오직 그가 사랑하는 스승 베르나르 드 클레르보의 사고방식과 목소리가 바탕을 이루고 있다. 이 책에선 철학사상의 어떤 발전도 찾아볼 수 없다. 다만 일련의 단순하기 짝이 없는 사상들이 경구(警句) 형태로 중심점 주위에 무리 지어 있을 뿐이다. 각 경구는 짧은 금언으로 끝나고, 사상끼리의 주종관계는 없으며, 상호 연관성조차도 무시되어 있다. 그의 글에는 하인리히 조이제의 서정적인 전율도 없거니와 루이스브뢰크의 폭발하는 불꽃의 장관도 없다. 유사한 문장의 울림과 더불어 모음을 반복함으로써 《그리스도를 본받아》는 자칫 이중 삼중의 평범한 산문이 될 수도 있는 상황을 단조로운 리듬으로 구해 냈다. 그 리듬이란 가랑비가 내리는 초저녁의 바다 또는 가을바람의 한숨을 떠오르게 한다.《그리스도를 본받아》가 끼친 영향력에는 놀라운 데가 있다. 저자는 아우구스티누스처럼 힘과 열정으로 사로잡지 않고, 성 베르나르처럼 미사여구나 깊고 풍요로운 사상으로 매료하지도 않는다. 전체적으로 무난하게 가라앉아 있으며, 단조(短調)로 되어 있다. 평화와 안식, 고요와 체념으로 가득 찬 예감과 위로를 말하고 있다. "나는 이승의 삶에 지쳤도다(Taedet me vitae temporalis)." 토마스 아 켐피스는 이렇게 말한다. 그러나 이런 도피자의 말이야말로 다른 어느 누구의 말보다 이 세상을 살아가는 데 훨씬 도움이 되고, 우리를 더 강하게 만들 수 있었던 것이다.

시대를 막론하고 지친 사람들을 위해 쓰인 책은 강렬한 신비주의를 낳기 마련이라는 한 가지 공통점이 있다. 말하자면 이 책 역시 상상력은 가능한 한 억제되고, 눈부신 상징의 다채로운 겉옷은 모조리 폐기된다. 때문에《그리스도를 본받아》는 하나의 문화나 한 시대에 국한되는 일이 없었다. 마치 만물에 유일한 존재에 대한 황홀한 관념과 마찬가지로 이 책은 모든 문화로부터 동떨어져 있고, 어떤 특정 문화에 속하지 않는 것이다. 이 책은 무려 2천 판에 이르렀으며, 또 저자가 누구고 성립 연대는 언제인가 하는 의문이 활발한 논의를 일으켰다. 그러므로 그 논쟁에서 추정 연대의 폭이 무려 3세기에 이른다는 사실도 이상할 것은 없다. 토마스 아 켐피스가 "알려지지 않기를 좋아하라(Ama nesciri)"는 공연한 말을 하지는 않았던 것이다.

17장
일상생활 속 사고의 형태

중세 정신을 하나의 전체로서 파악하려면 중세인의 사고방식 기본 틀을 단지 종교 또는 고도의 사색에 나타난 관념 구성의 형태 속에서 찾으려 해선 안 되고, 일상의 관행과 처세의 지혜에까지 탐구의 촉수를 뻗어야만 한다. 드높은 것이나 하찮은 것이나 결국은 정해진 틀 속의 똑같은 사고방식의 표현이기 때문이다. 믿음과 명상의 문제는, 그 기원인 그리스와 히브리, 심지어 이집트와 바빌론까지 거슬러 올라가는 장황한 책의 전통에 바탕하는 사고가 대체 그곳에 어느 정도나 울려 퍼지고, 결과로 나타나 있는가 하는 문제가 반드시 제기되는데 반해, 일상생활의 사고는 신플라톤주의를 제외한 전통사상의 조류라는 무거운 부담에서 벗어나, 순수하고도 자발적으로 나타난다.

중세인의 일상적 사고방식은 신학의 사고 양식과 똑같았다. 스콜라 철학이 실재론이라고 불렀던 구조적 관념론이 모든 것의 기초가 된다. 각각 개념을 하나씩 떼어내 존재로서의 형태를 부여하고, 그것들을 모아 계층적 체계로 조립한다. 마치 어린아이가 나무 쌓기를 하며 노는 것처럼 궁전이나 대성당으로 짜 맞추려는 것이다.

삶 속에 확고한 자리를 차지하기에 이른 것, 곧 생활양식이 된 모든 것은 비속한 풍속이건, 지고지존의 것이건 모두 하느님 세계의 계획 속에 질서가 세워진 것으로 간주한다. 이것은 올리비에 드 라 마르슈와 알리에노르 드 푸아티에르에 의한 궁정의 묘사와 궁정예법에 관한 사고방식 속에 뚜렷하게 나타나 있다. 나이 든 궁녀 알리에노르는 궁정예법의 규칙들이 오랜 세월 왕의 궁정에서 세심한 취사선택의 과정을 거쳐 제정되었으며, 다가올 어느 시대에나 지켜야 하는 슬기로운 법이라 믿었다. 그녀의 말투는 뭐랄까, 몇 세기나 지난 시간의 지혜인 양 말하는 것 같다. "그런데 저는 옛사람들이 이렇게 말했다고 들었습니다……"라는 식이다. 그녀는 퇴보하는 시대를 바라본다. 지난 10년쯤 전부터 플랑드르의 귀부인들 사이에선 화로 앞에서 산후조리를 하는 산모가 나오는데, "어떻게 그럴 수 있느냐며 세상 사람들이 실컷 비웃겠지요." 예전에는 그렇지 않았다. 대체 어디로 가고 있는가? "그런데 어찌된 일인지 요즘은 다들 자기 멋대로 행동합니다. 이러다가 나쁜 일이 생기는 건 아닌지 걱정이 됩니다."

라 마르슈도 이런 일들에 대해 호들갑스럽게 독자에게 질문을 던지고, 그 의식 절차의 중대한 까닭이 왜 이치에 합당한지를 설명한다. 이를테면 "과일 장수가 왜 불을 밝히는 데 쓰는 밀랍까지 팔고 있는가?" 답은 이렇다. "꿀벌이 꽃에서 꿀을 모으고, 그 꽃으로 하여금 열매를 맺게 하듯이 밀랍도 꿀벌에서 얻는다. 그러므로 이것은 올바르며, 그렇게 정해져 있다."

이러한 설명으로도 알 수 있다시피 중세는 각각의 기능에 하나의 담당 기관을 두는데, 곧 중세적이라고 해야 할 이러한 경향은 모든 사물의 성질을 저마다의 이념으로 간주하고, 각자에게 독립성을 부여하려는 사고방식의 표현이다. 영국 왕의 대봉사(magna sergenteria, grand serjeanty)[1]가 맡은 일 가운데 하나로 왕이 영불해협을 건널 때, 뱃멀미를 일으키면 왕의 머리를 떠받치는 임무가 있었다. 1442년, 존 베이커(John Baker)라는 사람이 이 일을 맡았고, 그는 두 딸에게 이것을 물려주었다.

모든 것, 무생물에게까지 이름을 붙이는 관행도 똑같은 시각으로 이해해야 하리라. 결국 원시적인 의인관의 희미한 조짐은 대포에 이름을 부여할 때, 원시적 생활태도로 돌아가는 많은 점에서, 오늘날 군 생활에서도 발견된다. 지금은 희미해졌지만 중세에는 더욱 확고했던 것이다. 기사 이야기에 나오는 명검과 마찬가지로 14, 15세기의 전쟁에서 활약한 투석기에는 각각 이름이 붙어 있다. '오를레앙의 개(le Chien d'Orléans)', '라 그랭가드(la Gringade)', '라 부르주아지(la Bourgeoisie)', '미친 마가렛(La Dulle Griete)' 하는 식이다. 오늘날에도 유명한 보석에 붙는 이름은 그 무렵 관행의 잔재이다. 이를테면 대담왕 샤를 소유의 보석은 저마다 '르 상시(le sancy)', '세 형제(les trois frères)', '주인(la hôte)', '플랑드르 공(la balle de Flandres)' 등등으로 불렸다. 요즈음 집이나 교회 종(鐘)에 이름을 붙이는 경우

---

1) 봉사(serjeanty)는 농역(農役)에 의한 토지 보유와 봉토 하사 사이에서, 영주를 위한 명시된 봉사의 대가로 토지를 소유할 수 있는 봉건제도의 토지 소유 유형.

는 거의 없으나 배는 여전히 이름을 붙인다. 이는 배가 이곳저곳으로 이동하는 특성상, 그 배라는 식별이 가능하도록 하기 위해서였고, 또 배란 것이 집에 비해 어딘가 훨씬 인간적인 구석을 지닌 탓도 있다. 영어에선 배를 관용적으로 '그녀(She)'라고 부르지 않는가! 이와 같은 무생물체의 의인적 이해가 중세 때는 훨씬 더 철저했다고 보아야 한다. 모든 사물에 이름을 붙였는데, 집이나 시계는 물론이고, 지하 감옥마저 이름이 있었다.

중세인의 언어 사용 습관으로 말하자면 모든 일이 저마다의 도덕성, 곧 사물에 내재한 교훈, 본질적인 윤리적 중요성을 탐구했다. 허실을 따지지 않는 역사적이고 문학적인 모든 사례는 비유적인 말, 도움이 되는 본보기, 입증하는 증거의 형태로 결정(結晶)화하여 소개되었다. 발언은 모두 격언, 언명, 명제의 형태를 띠었다. 인생의 어떠한 사건에 대해서도 성서, 역사, 문학에 나타난 사례와 전형이라는 거울을 코앞에 들이댄다. 거울에 비춰 보는 존재와 거울에 비친 존재의 연관성은 바로 신약과 구약 사이의 성스러운 상징의 연관과 비슷하다. 남을 용서하는 마음이 생기게 하려면 성경에 나오는 용서의 예를 일일이 열거한다. 결혼을 못하게 하려면 예로부터 알려진 불행한 결혼의 예를 늘어놓는 것이다. 부르고뉴 공작 용맹공 장은 오를레앙 공작을 살해한 의혹에서 벗어나려고 자신을 이스라엘 군대의 우두머리 요압(Joab)에 견주고 오를레앙 공작을 다윗왕의 아들 압살롬에 비유하는데, 자신이 요압보다 낫다고 주장한다. 왜냐하면 요압의 경우는 죽이지 말라는 다윗왕의 명령을 들었는데도 압살롬을 죽였지만, 자기는 샤를 6세가 살해를 명백히 금한 것은 아니기 때문이다.[2] 《배신의 서 *Le livre des trahisons*》라는 책에 따르면 "장 공작은 이렇게 이 사건에 해당되는 교훈을 이끌어 냈다."

금지되어 있지 않으므로 살인도 정당화된다는 논리는 옛 사고방식의 잔재로 여겨지기 시작한, 오늘날의 법 생활에서도 익숙한 법 이론의 하나이다. 이는 매우 허술하고 순진한 법적용 예(例)의 하나인 것이다. 아무리 중대한 논의라도 모두 어떤 텍스트를 바탕으로 발상하고, 그것을 근거로 입증된 것이다. 1406년, 파리에서 열린 프랑스 교회 회의에서 교권 분열 문제를 둘러싸고 아비뇽의 교

---

2) 요압과 압살롬의 이야기에 대해서는 사무엘하 14~20장 참조.

황에 대한 복종거부 건에 관해 논란이 되었던 12가지 찬반양론 모두 성경의 인용에서 출발하고 있다. 세속의 연설자 역시 설교사에게 전혀 뒤떨어지지 않는 본문을 골라 구사했다고 한다.

이러한 중세식 사고의 특성들을 여실히 드러내는 실례로 먼저 악명 높은 변론, 즉 장 프티(Jean Petit)라는 사람이 오를레앙 공작 살해사건에 대해 부르고뉴 공작의 행위를 정당화하려 했던 변론을 들 수 있다.

1407년 11월의 어느 저물녘 오를레앙 공작은, 부르고뉴 공작 장에게 고용되어 비에이으 뒤 탕플(Vieille-du-Temple) 거리의 한 집에 숨어 있던 살인자의 손에 죽임을 당한다. 부르고뉴 공작은 처음엔 장례식 때 크게 애도의 뜻을 표했지만, 마침내 수사망이 좁혀지면서 아르투아 저택까지 확대되는 형세를 보고, 숙부 베리 공작과 의논했다. 사실은 악마의 사주에 넘어가 살인을 저질렀다고 고백한 뒤, 파리를 빠져나가 플랑드르로 달아났다. 강(Gand)에서 그는 처음 공개적으로 해명하고, 석 달쯤 지나 파리로 돌아왔다. 오를레앙 공작은 가는 곳마다 증오의 대상이었고, 그 자신은 파리 시민에게 인기가 있었음을 감안하고 행동한 것이지만, 사실 그의 인기는 조금도 떨어지지 않았다. 공작은 이미 아미앵에서 장 프티와 피에르 오 뵈프 두 사람과 충분히 사전논의를 마친 상태였다. 1406년, 파리의 프랑스 교회 회의에서 주목할 만한 발언자였던 그들에게 그는 시몬 드 솔(Simon de Saulx)이 앞서 서면으로 작성했던 답변서를 더욱 세련되게 만들고, 반드시 파리의 왕후귀족들 앞에서 강렬한 인상을 줄 위대한 변론을 전개해야 한다고 당부해 두었다. 이리하여 1408년 3월 8일, 신학자이자 설교사, 시인이기도 한 장 프티는 파리의 생폴 저택에서 프랑스 황태자, 나폴리 왕, 베리 공작, 브르타뉴의 두 공작들을 필두로 귀족들이 즐비한 자리에 모습을 드러내었다. 그는 신학자도 법학자도 아니라면서, 신분에 걸맞게 겸손한 투로 말을 시작했다. "엄청난 공포가 내 가슴을 옥죕니다. 그 두려움은 나의 정신과 기억이 달아나게 했고 점점 더 나빠져 조금 남아 있다고 믿었던 이해력마저 나를 완전히 떠나가고 말았습니다." 마침내 그는 정치적인 간악함을 적나라하게 파헤친 걸작이라고 할 만한 변론을 전개한다. 그는 엄격한 형식에서 조금도 벗어나지 않으면서 "탐욕은 모든 악의 뿌리이다"라는 명제 위에 교묘하게 구축했던 것이다. 나아가 이 변론을 보강하는 문장을 성서에서 적절히 인용하고, 스콜라 철학의 기법을 구사하여 전체적으로 매우 근사하게 구성했으며, 성서와 역사적 사실에 나오는 실례로 꾸미고, 살해당한 오를레앙 공작의 사악함을 까발리는 상세한 묘사에 변론은 악마적인 생기와 낭만적인 긴장을 얻고 있었다. 먼저 장 프티는 부르고뉴 공작의 프랑스 왕에 대한 12가지 의무를 열거한다. 그 때문에 공작은 왕을 공경하고 사랑하며, 나아가서는 왕의 원수까지 갚아야만 했던 것이다. 이어 그는 하느님, 성모, 복음사가(史家) 성 요한의 가호를 빌고 난 뒤, 마침내 본론으로 들어간다. 논증은 대전제, 소전제, 결론으로 전개된다. 그는 "탐욕은 모든 악의 뿌리이다"라는 명제를 가정하는데, 여기서 2개의 응용명제가 도출된다. "탐욕은 배교자를 만들고, 탐욕은 배신자를 낳는다." 배교와 배신의 사악은 분열되고 세분되며 다시 3가지 본보기에 비추어 설명된다. 이리하여 악마왕 루시퍼, 압살롬, 아달랴[3]의 이미지가 청중의 뇌리에 배신자의 전형으로 떠오르고, 이어 8가지 진리가 참주 살해를 정당화한다. 왕에 대해 음모를 꾸미는 자는 죽음의 벌을 면치 못한다. 그자가 높은 지위에 있을수록 더욱 그러하다. 누구나 그를 죽여도 괜찮다. "나는 이 진리를 12사도의 명예를 위해 12가지 추론에 의해 증명하고자 합니다." 여기 3명의 신학박사, 3명의 철학자, 3명의 법학자의 발언과, 성경에서 인용된 3가지 문장이 나온다. 이런 식으로 8가지 진리 전체의 논증이 이루어진다. 사람들이 매복해 있다가 덮쳐 참주가 죽을지도 모른다는 것을 증명하기 위해 도덕철학자 보카치오의 《유명인들의 운명에 대하여 De casibus virorum illustrium》의 문장을 인용한다는 식이었다. 8가지 진리에서 8가지 '계통'이 파생되고, 이것과 조화를 이루며 9번째 '계통'으로 완성된다. 당시 오를레앙 공작이 두려운 존재라고 근거 없이 오해와 의혹의 눈길을 받던 괴사건 몇 가지가 여기서 암시적으로 등장한다. 공작의 젊은 시절부터 따라다니던 묵은 혐의들을 더욱 부채질했다는 시각이 있다. 이를테면 1392년에 일어난 '불의 무도회(bal des ardents)' 사건은 공작이 일부러 꾸민 게 아니었을까. 이때 왕의 측근 귀족들은 야만인으로 변장하고 있다가 횃불을 부주의하게 다루는 바람에 무참히 불에 타 죽는데, 공작의 형인 젊은 국왕이 간발의 차로 화를

---

3) Athaliah : 유대 왕 아하시야의 어머니. 아하시야가 죽은 뒤, 왕위를 빼앗고 7년 동안 왕위에 있었다. 죽은 아하시야의 아들 요아스를 왕으로 세운 여호야다 사제에 의해 죽는다. 열왕기하 11장 1~21절.

면했던 것이다. 그 무렵 마법을 사용한다는 소문이 돌았던 필립 드 메지에르와 공작은 셀레스틴파 수도원에 함께 드나드는 사이였는데, 그것이 공작의 살인과 독살 계획에 연막을 치는 안성맞춤의 재료를 제공했던 것이다. 공작이 마법을 좋아한다는 것은 세상이 다 아는 일이었고, 이를 계기로 장 프티는 공작의 무시무시한 소행을 밝힌다. 어느 일요일 아침, 오를레앙 공작은 배교 수도사, 기사, 하인을 한 사람씩 데리고 말에 태워서 마른 부근의 라 투르 몽제로 갔다. 수도사는 갈색과 녹색 옷을 입은 악마 둘을 불러냈다. 에레마스(Heremas), 에스트라맹(Estramain)으로 불리는 악마들이 긴 칼과 단검과 반지에 오싹한 주문을 걸자, 이어 일행은 몽포콩 교수대에 매달린 어느 시신을 끌어내리러 갔다고 한다. 장 프티는 미친왕 샤를 6세의 뜻도 없는 잠꼬대에서 감히 불길한 의미를 찾아내기까지 했던 것이다.

이상과 같이 성경이 나타내는 모델, 권위 있는 의견을 비추어 내고, 판단 수준을 도덕 일반론으로까지 높이며, 이어 듣는 사람의 두려운 감정을 교묘하게 자극한 뒤, 변론은 소전제의 단계로 접어든다. 대전제 부분의 구성을 그대로 따왔으므로 이 부분은 오를레앙 공작에 대한 공공연한 비난이다. 열렬한 당파의 증오심이 중세의 분방한 정신으로 하여금 비로소 격렬함을 띠게 하고, 지금은 죽고 없는 희생자에 대한 추억을 공격한다. 장 프티는 네 시간 동안 열변을 토했다. 그가 말을 마치자 의뢰인인 부르고뉴 공작이 단 한마디했다고 한다. "시인합니다(Je vous avoue)." 이 변론은 공작과 그의 최측근들을 위해 가죽 장정에 금박과 삽화로 장식한 값비싼 4권의 책으로 만들어졌다. 이 가운데 일부는 현재까지 오스트리아 빈에 보존되어 있다. 이것은 아울러 판매되기도 했다.

인생에서 일어나는 사건 하나하나를 도덕 범례의 형식으로 표현하고, 이것을 단단하고 쉽사리 무너지지 않는 것으로 완성해낸 모든 문장이 지향하는 욕구는 간단히 말하면 생각을 구체화하는 과정으로, 가장 보편적이고 자연스러운 표현을 격언에서 찾아낸다. 격언은 중세인의 사고에서 삶과 매우 밀접한 기능을 맡고 있었다. 평소 자주 거론하는 것만 해도 수백 개가 넘고, 대부분 적절하고도 함축된 것이었다. 격언에서 얻는 지혜는 때로 극히 평범하며, 유익하고 깊은 배려로 가득 차 있다. 때로는 빈정대는 어투지만, 전반적으로 부드럽고 언제나 힘든 일이라도 감수하게 한다. 격언은 반항을 말하지 않고, 체념을 권하는 것이다. 미소를 띠고 한숨을 쉬면서도 개의치 않으며, 이기주의자로 하여금 승리에 자만하게 하고, 위선자가 처벌을 모면하도록 놔둔다. "큰 물고기가 피라미를 먹는다"거나 "넝마를 걸친 자는 바람에 등을 맡긴다" 또는 "필요 없으면 절개를 지키지 않는다" 등등. 때로는 냉소적으로 이렇게도 말한다. "인간은 자기 피부를 걱정하는 한 선량하다", "필요하면 악마의 손도 빌린다." 그러나 그 목소리의 이면에는 결코 남을 멋대로 재단하지 않는 착한 마음 씀씀이가 잠재해 있다. "절대 미끄러지지 않을 만큼 편자를 잘 박은 말 따위 없다." 격언은 남의 악한 성질이나 죄상을 규탄하는 도덕가의 한탄과 좋은 대조가 되지 않는가. 민중의 지혜는 웃음 속에서 인간성을 이해하고 있는 것이다. 격언은 시대를 막론하고 지혜와 도덕을 응축해 하나의 이미지로 만들어 낸다. 어떤 것은 몹시 복음주의적이고, 또 어떤 것은 소박한 이교의 경향을 보인다. 일상생활에서 격언을 많이 쓰는 민중은 추리, 근거, 논증을 신학자나 철학자에게 맡기고, 자신은 어떤 문제가 발생하자마자 마치 치면 울리는 종소리처럼 확실한 대답을 내는 이미 정해진 어떤 판단에 근거하여 처리한다. 쓸데없는 수다는 지양하고, 억측을 피하는 것이다. 격언은 엉킨 매듭을 자르듯이 곤란한 문제를 뚫고 나아간다. 격언이 적용되는 순간, 문제가 해결되는 것이다. 이리하여 생각을 구체화하는 격언은 문화에 막대한 이익이 된다.

중세 끝 무렵에는 깜짝 놀랄 만큼 매우 많은 격언이 널리 퍼져 있었다. 격언들은 일상생활에서 쓰이는 의미 그대로 문학의 사상에도 고스란히 도입되었으며, 문학과 격언의 관계는 밀접해서 그 무렵 시인들이 시를 지을 때, 많이 이용했던 것이다. 예를 들어 특히 사랑을 받은 것은 각 절의 마지막 행을 격언으로 끝내는 형식의 시였다. 한 무명 시인은, 당시에 무척이나 미움을 받고 있던 파리 대사 위그 오브리오의 치욕스러운 실각에 즈음하여, 이 형식을 사용한 비방 풍자시 1편을 짓는다. 나아가 알랭 사르티에의 《고사리 발라드 *Ballade de Fougres*》, 장 몰리네의 《언행록 *Faitz et Dictz*》 가운데 몇 편의 시, 코퀼라르(Coquillard)의 《메아리의 한탄 *Complaincte de Eco*》이 그 예이며, 프랑수아 비용의 발라드에 이르면 시구 전체가 격언으로 채워지게 된다. 로베르 가갱의 《따분함을 달래는 기분 전환 *Passe temps d'oysiveté*》도 이런 종류에 속하며, 171절의 각 절이 극히 소수의 예외 말고는 거의 적절한 격언풍으로 끝나는데, 잘 알려진 격언집에는 거의 실려 있지 않다. 이러한 격언풍의 단문은 과연 가갱 개인의 독창(獨創)이었을까? 만약 그렇다면 중세 끝 무렵의 사고에서 깔끔하게 정돈되어 누구나 인정하고 이해하는 의견의 표명 같은 격언이 얼마나 생생하게 제 기능을 다했는지 더욱 분명하게 확인할 수 있지 않을까? 말하자면 격언이 시와 직접 연관되어 시인 개인의 정신에서 확고하고 균형 잡힌 견해를 얻고 있음을 보여 준다면 말이다.

설교도 성경 인용과 나란히 격언을 중용하고 있고, 국정 또는 교회 관계의 여러 회의에서 벌어지는 중요한 토론도 격언을 많이 이용한다. 제르송, 장 드 바렌, 장 프티, 기욤 필라스트르, 올리비에 마이야르 등은 아무 때나 술술 나올 수 있는 멋진 격언을 설교나 연설에 집어넣어 논증을 더욱 강화하려 했던 것이다. 이를테면 이런 식이다. "모든 일에 침묵을 지키는 사람은 어떤 일로도 고민하지 않는다", "곱게 빗은 머리엔 투구가 잘 써지지 않는다", "주군이 하는 대로 하인도 따라 한다", "그 판사에 그 판결", "널리 섬기는 자는 아무런 보답도 받지 못한다", "머리가 센 사람은 모자를 벗지 말라."

심지어 앞에서 말한 《그리스도를 본받아》도 이러한 격언적 사고와 연관되어 있다. 오로지 형식적 측면만 보았을 때 이것 또한 금언집이다. 예로부터 사람들이 다양한 종류와 출처의 지혜를 모아 정리한 이른바 '라피아리아(rapiaria)'인 것이다.

중세 끝 무렵에는 자신의 판단력이 스스로 끊임없이 구사하던 격언의 수준에서 벗어나지 못한 작가들이 매우 많다. 14세기 초의 연대기 작가 파리의 조프루아(Geoffroi de Paris)는 그의 연대기에 격언을 많이 넣어서 사건의 교훈을 되살리려 한다. 이 방식을 쓴 그는 실제로 프루아사르나 《르 주방셀》을 쓴 장 드 뷔에이보다 현명했다. 왜냐하면 그들 자신의 발상에 의한 의견은 대개 어설픈 격언처럼 들렸기 때문이다. 이를테면 이러하다. "전쟁이란 그런 것, 질 때도 있고 이길 때도 있다", "세상에 질리지 않는 것은 없다", "흔히 죽음보다 분명한 것은 없다고 말하는데 이것은 진실이다."

생각이 구체화된 형태로 격언과 유사한 표어 또한 중세 끝 무렵에 크게 유행했다. 이것은 격언과는 달리 일반적으로 통용되는 지혜의 표명이 아니라, 주로 개인적인 속담이나 처세훈 같은 것이다. 표어는 어떤 휘장 형식으로 만들어

옷이나 장신구에 금문자로 박아 사람이 늘 지니고 다녔다. 이렇게 생활 구석구석에서 되풀이되어 메아리치는 인생의 교훈이 당사자인 표어의 주인은 물론이고 주변 사람들마저도 바른 생활로 이끈다. 표어의 밑바탕에는 먼저 격언의 경우와 마찬가지로 체념이나 기대하는 마음도 담겨 있다. 때로는 확실하게 표현되지 않은 요소가 들어 있어서 표어를 어쩐지 비밀스럽게 한다. 이를테면 "그건 언제 될까?", "늦든 이르든 온다", "앞으로 나아가라", "요다음은 더 낫다", "기쁨보다 슬픔이 더 많다" 등등. 대부분은 사랑과 관련이 있다. "다른 사람은 사랑하지 않으리", "뜻하는 대로", "기억해주세요", "특히 그 무엇보다도" 이런 예들은 말안장이나 갑옷 등에 붙인 기사도적인 표현인데, 반지에 새기면 보다 은밀한 느낌이 든다. 예를 들면 "내 마음은 당신 것", "나는 그걸 원해요", "언제까지나", "모든 걸 당신께" 등등.

이런 표어를 보완하는 것이 표장이다. 실제로 표어를 그림으로 나타낸 경우도 있고, 막연히 의미 연관이기만 한 경우도 있다. 이를테면 루이 도를레앙의 표장과 표어는 울퉁불퉁하고 마디가 많은 지팡이와 "나는 원한다", 고슴도치와 "가까우나 머나"였는데, 이에 반해 오를레앙 공작의 적인 부르고뉴 공작 용맹공장의 그것은 대패와 "나는 받아들인다", 또한 선량공 필립의 그것은 부싯돌과 부시였다.

표어와 표장은 문장(紋章)학의 사고영역에 속하며, 문장에 대한 중세인의 흥미는 단순한 계보 취미 이상의 것이었다. 그들의 마음에 투영되는 문장의 도형에는 마치 토템이 지니는 가치와 똑같은 중요성이 부여되어 있었던 것이다. 사자, 백합, 십자가 등은 저마다 상징이었으며, 그 안에 자부심과 야망, 충성심과 연대감 등 하나의 감정 복합체가 독립된 사물로, 불가분의 이미지로 형상화되고 있었다.

중세 때는 모든 일에 대해 곧장 보편적인 도덕 법칙을 개개의 행위와 양심문제에 적용하는 결의법(決疑法)으로 향하는 경향이 있었는데, 이 또한 결국은 모든 사례를 독자적으로 존립하는 것으로 개별화하고, 각각을 이념으로 조망하려는 욕구의 표현이었다. 이는 극단적인 관념론의 발로였다. 어떤 문제가 제기되건 그것엔 이상적인 해답이 포함되어 있었다. 문제가 된 경우와 영원한 진리 사이의 연관성만 제대로 인식한다면 그 해답은 곧장 주어지고, 그 연관성은 사실에 형식적 규칙을 적용함으로써 도출된다.

이렇게 의문을 제기하고 답을 얻는 것은 단지 도덕과 법에만 머무르지 않았다. 결의법적 고찰은 그 밖에도 모든 생활 분야에 적용되었던 것이다. 양식과 예법이 주요 관심사인 바, 문화 형태 속에서 놀이요소가 앞쪽에 나설 때면 언제나 결의법이 군림한다. 그러므로 맨 먼저 의식과 예의에 관한 온갖 사례에 대해 그렇게 말할 수 있다. 의식과 예의의 세계에선 결의법적 사고가 적당한 자리를 얻는다. 제기된 의문을 다루는 사고 형식으로 안성맞춤인데, 왜냐하면 이 세상에서 제기된 의문은 고귀한 선례와 형식상의 여러 규칙에 의해 이미 규정되어 있는 '사례의 열거'라는 형식을 띠기 때문이다. 무예 시합이나 사냥에 대해서도 마찬가지이다. 이것은 앞에서도 살펴본 바이지만, 사랑이라는 세련된 작법과 여러 규칙을 따르는 아름다운 사교 유희라는 생각 또한 세련된 결의법에 대한 갈망을 낳았던 것이다. 결국엔 전쟁의 관행들에도 결의법이 적용되기에 이른다. 기사도 정신이 전쟁에 대한 사고방식에 강한 영향을 끼쳐 전쟁에 놀이요소까지 덧붙인 것이다. 노획의 권리, 개전(開戰)의 권리, 명령에 대한 충성 같은 사례들이 마상 기마 시합이나 사냥놀이의 경우와 마찬가지로 이른바 비슷한 놀이 규칙에 의해 지배된다. 폭력의 세계에 법과 규칙을 끌어들이려는 바람은 말하자면 국제법적 본능이라 할 마음가짐에서 나온 게 아니라 명예와 스타일이라는 기사도의 관념에서 출발한 것이었다. 세심하게 배려하는 결의법과 엄격한 형식적 규칙의 체계화로 비로소 전쟁 관행과 기사도의 유산인 명예의 조화가 가능해졌다.

그런 까닭에 국제법의 여러 원리가 무기 사용을 포함한 놀이 규칙과 뒤섞이는 사태가 벌어진다. 조프루아 드 샤르니(Geoffroi de Charny)는 1352년에 프랑스 왕 장 2세에게, 왕이 설립한 별의 기사단 단장이라는 이유를 들어서 결의법 방식에 따른 궤변적인 문제들을 제시하고 대답을 요구했는데, 그 가운데 20개 항목은 '마상 창 시합', 21개 항목은 '기마 시합', 93개 항목이 '전쟁'에 관한 것이었다.

그로부터 25년 뒤, 프로방스의 셀로네(Selonnet) 수도원장이며 교회법 박사인 오노레 보네(Honoré Bonet)는 젊은 국왕 샤를 6세에게 《전쟁 수형도(樹形圖) *Arbre des Batailles*》라는 책을 헌정한다. 이것은 전쟁법에 관한 논문으로 16세기에 이르러서도 판을 거듭하여 인쇄된 사실로도 알 수 있듯이 실용적 가치가 여전했다. 이 논문도 국제법에 대해 매우 중요한 의미가 있는 문답이 있는가 하면, 단순한 놀이 규칙에 불과한 하찮은 문답도 뒤죽박죽 섞여 있다. 강력한 이유도 없이 무신론자에게 싸움을 걸어도 될까? 보네는 단호하게 아니라고 답한다. 설령 그들을 전향시키기 위해서라 해도 안 된다. 군주는 다른 군주의 영내 통과를 거부할 수 있는가? 농부와 소는 전쟁의 폭력으로부터 지켜져야 한다는 특권은, 가끔 무시되기는 하지만 당나귀와 하인에 대해서까지 확대 적용이 가능한 것인가? 성직자는 친아버지를 도와야 하는가, 아니면 주교를 도와야 하는가? 빌린 무기를 전투 중에 잃어버린 사람은 그것을 되돌려줄 의무가 있는가? 축일에 전쟁하는 것이 허용되는가? 식사 전 공복 상태로 싸우는 게 좋은가, 식사 뒤에 싸우는 게 좋은가? 이런 질문에 대해 수도원장 보네는 성경의 해당 부분, 교회법, 다양한 주석들을 끌어다가 해답을 내놓고 있다.[4]

당시 전시 관행 중 가장 중요한 점의 하나는 포로를 다루는 방법이었다. 포로에 대해서는 매우 다양한 문제가 있었는데, 이를테면 신분이 높은 포로의 몸값은 귀족에게나 용병에게나 전시에 약속된 매력적인 대가의 하나였다. 그래서 이 문제를 둘러싸고 결의법이 크게 활약하게 되었고, 아울러 여기에는 국제법상의 이념과 기사도의 '명예 문제'가 뒤섞여 있었다. 보네의 논문에서 몇 가지 예를 들어 보자. 프랑스는 영국과 전쟁 중이라는 이유로 영국 점령지역의 가난한 상인들과 농민들 또는 양치기들을 포로로 삼고, 그들의 재산을 강제로 빼앗아도 괜찮은가? 어떤 경우에 포로가 도망치는 걸 허용하는가? 안전통행권은 얼마나 하는가? 전기적 소설인 《르 주방셀》은 포로에 관한 이러한 문제를 실례를 들어가며 설명하고 있다. 포로 1명을 놓고 대장 둘이서 싸우다 지휘관 앞에 끌려갔다. 대장 하나가 말했다. "내가 먼저 그자를 잡았고, 팔과 오른손을 압박하여 장갑을 빼앗았습니다." 다른 대장이 말했다. "하지만 그는 먼저 나한테 오른손을 잡혔고, 항복을 맹세했습니다." 둘 다 이 값비싼 노획물에 대한 권리를 주장하는데, 결국 후자가 우위에 있다는 선례로 판정이 난다. 《르 주방셀》에는

---

4) 보네의 저서는 이탈리아 레냐노의 존(John of Legnano, 1320~1383)의 저서에 많은 빚을 지고 있다는 시각이 있다. 그러나 일단 여기 나와 있는 항목들에 대해서는 보네의 독창으로 보아도 무방하다고 생각된다.

이런 문제도 나온다. 일단 도망쳤다가 다시 붙잡힌 포로는 누구의 소유인가? 해결책은 이렇다. 전쟁터라면 새로운 주인의 소유이고, 전쟁터가 아니라면 최초로 포로를 잡은 사람이 권리가 있다. 포로가 맹세를 했음에도 사슬에 매여 있을 경우, 포로는 도망칠 수 있는가? 또는 붙잡은 자가 포로의 맹세 요구를 게을리한 경우에는 어떠한가?

각각의 사물이나 사건에 대해 저마다 독자적 가치를 과대평가하는 중세의 경향은 궤변적인 사고방식을 제외하고 또 다른 결과를 가져온다. 프랑수아 비용은 《유언집》에서 일체의 소유물을 친구들과 적들에게 모두 남겼다. 이런 유언시는 몇 가지 더 있는데, 예를 들면 앙리 보드(Henri Baude)의 《노새 바르보의 유언 *Le Testament de la Mule Barbeau*》도 있다. 곧 이는 하나의 문학 형식이었던 것이다. 한편, 유언으로 남긴 노래가 지니는 의미를 올바르게 이해하려면 사실은 중세인들이 아무리 하찮은 것이라도 일일이 세심하게 소유물 전체를 유언을 통해 물려주는 관습이 있었음을 고려해야 한다. 어떤 가난한 부인은 자신이 속한 교구에 일요일의 나들이옷과 보닛을, 대녀에게 침대를, 자기를 돌봐 준 여인에게 모피 옷을, 몹시 가난한 여인에게는 평상복을, 프란체스코 수도회에는 손 안에 있던 전 재산 4리브르를, 또한 옷 한 벌과 보닛 하나를 각기 물려주었다고 한다. 이러한 유품을 남기는 습관에는 덕을 실천하는 모든 경우에 대하여 저마다 영원한 본보기가 되리라고 믿고, 어떠한 관행이건 모조리 신성한 법규로 만들려는 듯이 지금까지 보아온 사고경향의 일상적 표현이 적용된 것은 아닐까? 질병처럼 수집광이나 수전노의 마음을 지배하는 것은 곧 개개의 특수성과 그 가치에 대한 집착이다.

지금까지 살펴본 특성들은 모두 형식주의의 이름으로 한데 묶을 수 있다. 사물은 초월적 실재성을 지닌다는 본연의 확신이 작용하기는커녕 모든 이미지는 저마다 꿈쩍 않는 경계선에 둘러싸여, 하나의 조형적 형태 속에 고립되어 있는 것이다. 그리고 가장 중요한 이 형태가 모든 것을 통제한다. 치명적인 중죄와 경미한 죄는 빈틈없이 정해진 규칙에 따라 구별된다. 정의감은 흔들리지 않는다. 의심할 필요가 무엇 있겠는가? 행위가 사람을 판단한다고 옛 법률 격언에도 나오지 않는가. 그래서 행위를 판단할 때는 여전히 형식이 핵심이 되었다. 게르만 시대의 원시적인 관습법에는 법의 이러한 형식주의가 극단적인 형태로 나타나 있었다. 그 행위가 의도적인지, 의도적이 아닌지는 전혀 고려되지 않았던 것이다. 행위는 행위이고, 그것 자체에 처벌이 따른다. 그러므로 미수에 그친 행위나 범죄의 시도만으로는 처벌할 수 없다는 것이었다. 훨씬 후대가 되어서도 여전히, 이를테면 무심코 한 말에 맹세를 어기게 된 경우라도 그것 자체의 권리를 잃는 규칙 등에 이 법의 형식주의가 남아 있었다. 맹세는 맹세이며, 더구나 신성하다는 것이다. 이런 경우 경제적 이해관계가 법의 형식주의에 타격을 입히게 된다. 즉 그 지역의 언어를 유창하게 말하지 못하는 외국 상인들을 이 규정으로 옭아매기란 불가능했다. 그렇게 하려 했다간 거래에 방해만 되었다. 이리하여 13세기에 들어서서 외국 상인은 특별면제를 얻기에 이르렀다. 이처럼 도시법은 권리를 잃을 위험이 먼저 특권 획득이라는 수단에 의해 차츰 배제되어 갔던 것이다. 중세 끝 무렵에는 이 밖에도 많은 극단적인 형식주의 법의 흔적이 여기저기에 뿌리 깊게 남아 있었다.

체면에 대한 비정상적인 예민함도 형식주의적 사고방식의 표현이었다. 1445년, 미델뷔르흐(Middelburg)에서 얀 판동뷔르흐(Jan van Domburg)라는 사람이 살인을 저지르고 한 교회로 도망쳐서 교회의 비호에 기대려 했다. 추격대는 당시의 관습대로 그가 숨어든 교회를 포위했다. 이때 그의 누이인 수녀가 나타나, 형리의 손에 죽는 치욕을 당하여 가문의 명예를 더럽히느니 차라리 떳떳하게 싸우다 죽으라고 되풀이 설득했다 한다. 그래서 결국은 일이 그렇게 되었고, 그녀는 오빠의 시신을 거두어, 가문의 체면을 지키며 장례를 치를 수 있었다고 올리비에 드 라 마르슈는 전한다. 또 라 마르슈는 어느 기마 시합에서, 한 귀족의 말 덮개 한쪽에 문장이 장식된 것을 보고 적절치 못하다며 지적한다. 말은 '이성이 없는 동물'이라 언제 쓰러질지 모르고, 그때 문장이 땅에 질질 끌려 더러워지면 그 가문의 얼굴에 먹칠하는 짓이라면서. 부르고뉴의 필립 선제후가 포르시앵(Porcien)성을 방문한 직후, 이 성의 한 귀족이 정신착란에 빠져 자살을 기도했다. 성 사람들이 얼마나 놀랐는지 말로 다 표현할 수 없었다. 샤틀랭은 "이토록 엄청난 기쁨을 막 맛본 순간에 하필이면 이런 수치를 감내해야 하느냐며 어이없어 했다"고 전한다. 그의 광기 어린 행위는 잘 알려져 있었고, 또 그 뒤로 병이 낫기는 했지만 결국 이 불행한 남자는 성에서 쫓겨났다고 한다. '영원한 치욕 속에서.'

훼손된 명예를 회복하겠다는 바람이 얼마나 구체적이었는지를 보여 주는 좋은 예가 있다. 장 드 로아가 전하는 이야기이다. 1478년, 파리에서 로랑 게르니에 (Laurent Guernier)라는 사람이 실수로 그만 교수형에 처해졌다. 사실 그는 당시에 이미 사면을 받았는데 통보가 너무 늦었던 것이다. 이 사실이 1년 뒤에 밝혀졌고, 유족의 요청에 따라 게르니에의 시신은 정중하게 매장되었다. 운구 행렬 앞에는 4명의 포고관리가 허리에는 요란한 딸랑이와 가슴에는 죽은 이의 문장을 달고 행진했으며, 같은 문장을 달고 상복을 입고 촛불을 든 4명, 횃불을 든 8명이 관을 에워싸고 있었다. 일행은 이런 식으로 생드니 문에서 생앙투안 문으로 파리를 빠져나가, 그의 고향으로 향했던 것이다. 포고관리 1명은 도중에 줄곧 이렇게 외쳤다고 한다. "여러분, 죽은 로랑 게르니에의 영혼을 위해 주기도문을 읊어 주시오. 살아 있을 때 프로방스에서 머물렀는데 얼마 전 떡갈나무 밑에서 죽어 있는 걸 발견했다오."[5)

혈육의 원수는 반드시 갚아야 한다는 규율, 이른바 피의 복수(벤데타)는 북프랑스나 남네덜란드처럼 번창하고 문화가 앞선 지역에서 왕성한 생명력을 발휘하고 있었는데, 이 또한 형식주의적인 사고의 성격과 연관되어 있다. 이런 복수심에는 어떤 형식적인 데가 있었던 것이다. 복수의 예들을 살펴보면, 맹렬한 분노라든지 무분별한 증오 때문에 복수하려는 사람은 많지 않았다. 단지 훼손된 가문의 명예를 피로써 회복해야만 한다는 것이었다. 그래서 때로는 아무도 죽지 않도록 주의 깊은 배려가 이루어져 기껏해야 상대편의 허벅지나 팔뚝, 얼굴 등에 상처를 입히는 정도로 그치기도 했다. 또한 죄지은 상태로 죽거나 참회도 않고 죽게 되면 책임이 따랐기에, 그 책임에서 벗어나려고 방법을 모색했다. 자크 뒤 클레르크가 전하는 바에 따르면, 어떤 사람들은 처제를 죽이러 갈 때, 일부러 사제를 데려갔다고 한다.

속죄와 복수에 형식주의가 강하게 작용한 바, 부정(不正)은 상징적인 처벌 또는 속죄 행위로 바로잡았다. 15세기의 중요한 정치적 협상의 어떤 사례를 보아도 상징적 요소에 크게 비중을 두고 있다. 범행을 떠올리게 하는 단서가 되는 가옥을 부수고, 기념십자가나 교회당을 세우며, 문을 폐쇄하고 벽을 쌓으라는

---

5) '떡갈나무 밑'은 교수대를 의미한다.

일이 문제가 되었던 것이다. 공개적 속죄 의식, 고인의 영혼을 달래는 미사도 이에 해당한다. 루이 도를레앙의 암살사건과 얽힌 오를레앙 가문의 용맹공 장이 초래한 일에 대한 요구, 샤를 7세와 부르고뉴 공작 필립과의 화해, 1435년 아라스 협정, 1437년 브뤼헤, 1453년 겐트[6]에서도 속죄는 중요한 초점이 되었다. 부르고뉴 공작에게 반항한 도시에 대해 부과된 배상도 명확했다. 특히 겐트의 경우 그 요구가 어찌나 가혹한지 시민들은 모두 검정 옷을 입고, 허리띠도 매지 않고, 모자도 쓰지 않은 채, 비가 주룩주룩 내리는 가운데 맨발로 긴 줄을 이루어, 속옷 차림의 주모자들을 앞세우고 행진하여 부르고뉴 공작의 용서를 빌어야 했다고 한다. 1469년 루이 11세는 자기 동생 샤를 드 프랑스와의 화해에 즈음하여 맨 먼저 샤를이 노르망디 공작으로 봉해졌을 때, 리지외(Lisieux) 주교가 샤를에게 공작령과의 혼인의 표시로 주었다는 반지를 제출토록 요구했고, 루앙(Rouen)에서 신하들이 모인 가운데 반지를 쇠바닥 위에 놓고 부수게 했다고 한다.[7]

일반적으로 언어의 효력에 대한 신앙도, 유행하던 형식주의적 사고방식의 토대 위에 있었다. 이 신앙은 원래 원시문화에서 활발했으나, 중세 끝 무렵에도 여전히 축복이나 저주, 재판의 선서 같은 형식에 뿌리 깊게 살아 있었다. 엄숙한 청원은 단지 그 위엄 있는 행동을 바로잡기만 함으로써 어떤 중대한 일이라는 느낌을 갖게 하며, 동화 속의 소원처럼 왠지 사람을 강제하는 힘을 발휘했던 것이다. 사람들은 유죄 선고를 받은 한 죄인에게 사면을 내려달라고 선량공 필립에게 끈질기게 탄원을 올리지만, 공작의 마음을 누그러뜨릴 수 없음을 알게 되자 공작이 총애하는 며느리인 부르봉 왕가의 이사벨에게 중재역을 간청하게 되었다. 사람들은 공작이 그녀의 소원이라면 단호하게 내칠 리 없다고 기대

6) 겐트(Gent/Ghent) 또는 헨트는 프랑스식 지명인 강(Gand)과 동일한 지역으로 벨기에식 이름이다.

7) 공익동맹 전쟁에서 형에게 대적했던 샤를(루이왕의 유일한 동생)은 내전의 종료와 함께 1465년 명의상 노르망디 공작에 봉해졌다. 그러나 이듬해에 루이왕은 이것을 몰수하고, 1468년에는 투르에서 노르망디지방 삼부회를 열어 샤를의 공작 지위를 부인케 했으며, 여기가 왕의 영지임을 인정하게 했다. 한편, 루이왕은 부르고뉴 공작에 대해 샤를에게 샹파뉴를 주겠다고 약속했지만, 결국 그 약속을 깨고 1469년에 샤를을 설득하여 기엔 공작으로 만족하게 했다. 또한 샤를은 1472년에 죽는데, 루이왕은 이로써 어려운 문제 하나를 해결했던 것이다.

했던 것이다. 왜냐하면 그녀는 이렇게 말할 테니까. "저는 아직 당신께 단 한 번도 중요한 부탁을 드린 적이 없었어요." 이리하여 목적은 달성되었다고 샤틀랭이 전하고 있다. 아무리 설교해도 공중도덕은 조금도 향상되지 않는다고 장 제르송은 놀라 소리친다. "설교는 끊임없이 이루어지고 있지만 언제나 소용이 없다. 나는 이제 무슨 얘길 해야 좋을지 모르겠다." 제르송이 이렇게 느낀 배경에는 언어의 효과에 대한 믿음이 있음을 알아야 한다.

이렇듯 여기저기에서 확인되는 형식주의에 휘둘려서 중세 끝 무렵의 정신은 걸핏하면 내용이 공허하고 피상적이며 천박한 성격을 띠게 된다. 그것을 나타내는 징표에는 여러 가지가 있는데, 먼저 동기부여를 할 때의 비정상적이기까지 한 단순성을 들 수 있다. 모든 상념이 구상 형태로 독립되어 있으므로 모든 관련성을 보편타당한 진리에 비추어 해명하려는 욕구가 있었다. 그러므로 개념체계는 계층적으로 분석되고 조립되었으며, 따라서 인과관계를 알려는 정신작용은 마치 전화중계국 같은 구실을 했던 것이다. 곧 원인 결과의 연관에는 원래 다양한 조합이 있을 수 있는데, 실제로는 마치 전화가 연결될 때처럼 한 번에 하나의 조합밖엔 성립하지 않는다. 어떠한 상황, 어떠한 연관에 대해서도 단 한 가지 특징만이 조명을 받았는데, 이것을 과장하고 여러 가지로 윤색한다. 사건의 이미지는 언제나 원시적인 판화와도 비슷해서 짙고 굵은 선을 보여 준다. 하나의 모티프는 하나의 설명으로 충분하다. 보다 일반적이고 보다 직접적인, 보다 생생한 모티프를 발견하면 말이다. 부르고뉴 사람들에게 오를레앙 공작 살해의 정황은 단 하나의 동기부여로 설명되었다. 즉 왕이 부르고뉴 공작에게 왕비와 오를레앙 공작과의 불륜을 복수해달라고 부탁했다는 것이다. 앞에서 말한, 겐트에서 일어난 대폭동의 원인에 대해선 한 편지의 서식에 대한 의견 차이로 모두 설명되었다는 것이 동시대인인 장 조프루아[8]의 판단이었다.

중세 정신은 하나의 사례를 곧장 일반화한다. 올리비에 드 라 마르슈는 그 옛날, 영국이 공정한 태도를 보였다고 기록되어 있는 유일한 사례를 들어 이렇게 결론을 내린다. "당시의 영국인들은 깊은 덕을 지녔다. 그들이 프랑스를 정복

---

8) Jean Jouffroy(1412~1473) : 1453년에 아라스의 주교가 되나, 부르고뉴 공작에서 프랑스 왕으로 배를 갈아타 1461년에 추기경, 1462년에 알비 주교가 되어 왕의 특사로 카스티야에 부임하는 등, 루이 11세를 섬겼다.

할 수 있었던 이유는 바로 여기에 있었다."

　개별적 사례를 다른 것과 완전하게 분리하여 독립된 하나의 실체로 간주하면, 거기서 터무니없는 과장이 탄생한다. 더구나 언제나 그렇듯 성경 속의 사건과 대비되었으므로 모든 사례는 보다 높은 힘의 영역으로 끌어올려지고, 과장은 과장을 낳는 형국이 된다. 이를테면 1404년 파리에서 학생들의 행렬이 습격을 당해 2명이 다치고, 1명이 옷을 찢기는 사건이 있었다. 격분한 대학학장 장 제르송이 베들레헴의 영아살해와 이 사건을 비유하는 데는 단지 "죄 없는 어린 양과 같은 아이들이여, 사랑스러운 학생들이여"라는 말만으로 충분했다.

　하나의 사례에 대해 하나의 설명을 너무 쉽게 적용하고, 더구나 일단 적용되면 그것을 고스란히 믿어 버리는 정신 풍토에선 판단 착오에 대해 대수롭지 않게 여기기 마련이다. 니체는 말했다. "그릇된 판단을 하지 않는다면 삶은 불가능할 것이다." 정말로 그러하다면 우리가 매혹되었던 근대 이전의 생명력으로 가득 찬 생활은 바로 어느 정도는 판단 착오에 대한 무신경함에서 유래했다는 뜻이 된다. 어느 시대나 모든 분야에 특별한 원동력이 필요할 때, 이 그릇된 판단이란 것은 긴장에 큰 도움이 된다. 중세인들은 언제나 지성의 위기에 맞닥뜨려 살아가고 있었다. 그들은 당파 갈등의 영향 아래 잔혹하기 그지없는 지경에 이르러 그릇된 판단 없이는 단 한순간도 살아갈 수 없었던 것이다. 이는 오를레앙 가문과의 숙명적 분쟁에 대한 부르고뉴의 심리적 태도가 증명한다. 적과 아군의 사망자 수 비교가 승리자에 의해 우스꽝스러울 정도로 부풀려져 계산되는 경우가 있었다. 샤틀랭에 따르면, 가베레(Gavere) 전투에서 죽은 겐트의 폭도들은 2만에서 3만인 데 비해 부르고뉴의 군대는 겨우 5명의 귀족을 잃었을 뿐이라고 한다. 이것도 결국은 불확실한 판단에 대한 하나의 무신경한 표시라고 보아야 하리라. 코민이 이런 종류의 과장에 동조하지 않은 것은 그의 근대성을 나타내는 징표의 하나이다.

　마지막으로 중세 끝 무렵 저술가들의 어떤 독특한 경조부박함에 대해 생각해 보자. 그들의 저술에 나타나는 피상, 부정확, 경솔함 같은 점들을 어떻게 생각해야 할까? 마치 그들에겐 진실한 사고에 대해 기약하는 바가 없었던 것 같다. 눈앞에 나타났다가 덧없이 사라지는 환영이 그들의 정신에 충분한 양식이 되었던 모양이다. 사실 겉으로만 피상적으로 묘사하는 것이 저술가 프루아사르와 몽스트를레 같은 필경사의 전형적인 특질인 것이다. 프루아사르는 끝도 없이 길게 이어지며 결판이 나지 않는 전쟁과 성 포위 공략에 재능을 낭비하고 있는데, 대체 어떻게 그런 일이 그의 관심을 끌었을까? 열광적인 당원과 나란히 정치적인 입장이 전혀 결정되지 않은 연대기 작가들 가운데, 예를 들면 프루아사르나 피에르 드 페냉은 그러한 무당파성을 과시라도 하듯 겉으로 나타난 사건의 묘사에 힘을 다 써 버렸다. 그들은 중요한 것과 하찮은 것을 구별하지 않는다. 몽스트를레는 부르고뉴 공작과 그의 포로 신세인 잔 다르크의 대화에 동석했으면서도 그 자리에서 어떤 이야기가 오갔는지는 전혀 기억하지 못한다. 그들 자신이 관여한 중대한 사건에 대해 기술할 때조차도 어찌나 부정확한지 끝을 모를 정도이다. 이를테면 잔 다르크의 복권 소송을 주재한 토마스 바쟁은 그의 연대기 《샤를 7세의 역사》에선 동레미 출신인 잔을 보쿨뢰르(Vaucouleurs) 태생이라 하고, 보쿨뢰르 마을의 수비대장이었던 보드리쿠르(Baudricourt)를 그곳의 영주라 했으며, 뿐만 아니라 보드리쿠르가 몸소 잔을 투르까지 데려갔다고 하고, 게다가 황태자와 잔과의 첫 회견 날짜도 석 달이나 오산하고 있다. 궁정의 인기인인 올리비에 드 라 마르슈도 부르고뉴 공작 가문의 가계와, 연고관계에 대해 계속 실수하고 있는데, 놀랍게도 그가 직접 1468년에 샤를 공작과 요크의 마가렛과의 결혼식 축전에 참가했었고, 또 다른 곳에서 그때의 상황에 대해 서술했으면서도, 결혼을 1475년의 노이스(Neuss) 공격 이후의 일이라고 쓰고 있는 것이다. 코민도 이런 혼란으로부터 결코 자유롭지 않았다. 그는 연대를 자주 두 배로 늘려 계산하며, 아돌프 드 겔드르의 죽음을 세 번이나 연거푸 보고하고 있다.

이와 같이 중세 문학의 어느 페이지를 보아도 비판적 판단 능력의 결여와 경솔함이 어찌나 뚜렷하게 나타나 있는지 특별히 예를 들어 설명할 필요도 없을 정도이다. 물론 그것엔 저마다 교양이 있느냐 없느냐에 따라 정도의 차이가 크다. 이를테면 부르고뉴 지방의 민중들에게는 샤를 공작의 죽음과 관련하여 강렬하고 개성적인 지배자의 죽음을 결코 믿을 수 없다는, 어떤 독특한 형태의 야만스러운 미신이 남아 있었다. 그래서 그들은 낭시(Nancy) 전투에서 공작이 죽은 지 10년이 흐른 뒤에도, 여전히 공작이 돌아왔을 때 지불하겠다는 약속 아래 돈을 꾸거나 갚았다고 한다. 바쟁은 이들의 믿음을 아둔한 일로 여기고 있다. 장 몰리네도 마찬가지인데, 그는 이것을 《세계의 불가사의 *Des Merveilles du monde*》에서 다음과 같이 언급한다.

> 나는 희한한 일을 보았네.
> 죽은 사람이 되살아났고
> 그가 돌아오니
> 수천금이 지급되었네.
> 어떤 이는 말하지. 그는 살아 있다고.
> 또 어떤 이는 뜬소문에 지나지 않는다고 한다네.
> 남을 시샘하지 않는 모든 선량한 마음들이
> 그를 못내 애석해하네.

실제로 강한 열정과 풍부한 상상력으로 일단 머릿속에 떠오르는 일들의 현실성은 매우 쉽게 받아들일 수 있기 마련이다. 하나하나의 상념이 뿔뿔이 흩어져 개별적 사고의 대상이 되는 정신구조에선 머릿속에 떠오른 하나의 이미지는 이미 충분히 믿을 만하다고 추정되는 것이다. 일단 뇌리에 들어와 하나의 이름과 형태를 인식하자마자 상념은 말하자면 좋든 싫든 윤리적·종교적 형상의 체계 속에서 고도의 신뢰성을 공유하게 된다.

한편 상념은 예리한 의미와 의인화된 성격이 계층적 연관 속에 자리잡음으로써 흔들림 없는 확실성에 다다른다. 그러나 다른 한편으로는 이렇게 확실하고 생생한 형태이면서도 개념의 내용은 상실의 위험에 늘 노출되어 있었다. 외스타슈 데샹은 길고 우의적인 풍자 교훈시 《결혼의 거울 *Le Miroir de Mariage*》에서 결혼의 이해득실을 따지고 있다. 거기에 등장하는 주인공 '솔직한 의지'에게 '광기'와 '욕망'이 결혼을 권하며, '과학의 목록'은 결혼에 반대한다.

그런데 시인은 '솔직한 의지'라는 추상적 개념으로 대체 무슨 말을 하려 했던 걸까? 먼저 그것은 독신남의 즐거운 자유인데, 또한 다른 곳에선 철학적 의미로 자유의지이다. 의미가 양극단으로 흔들리고 있다. 결국 시인의 '솔직한 의지'는 의인화에 의해 송두리째 흡수되었고, 시인은 더 이상 이 개념을 세심하게 규정할 필요가 없었던 것이다. 이 시는 또한 다른 각도에서 보면, 공상에 지나치게 매달린 탓에 사상이 일정한 형태가 없거나 사라져 버리기도 한다. 이 시에는 속물근성을 그대로 드러낸 여성에 대한 풍자의 분위기가 흐른다. 중세라는 시대는 여성의 약함을 비웃고 명예를 훼손하며, 이것을 질리지도 않고 즐겼던 것이다. 그런데 시의 끝으로 갈수록 '과학의 목록'은 그의 친구 '솔직한 의지'를 향해 영적 결혼과 명상적인 삶을 이야기하며 몹시 권하고 있는데, 우리 감정으로 볼 때 이런 경건한 찬사와 여성에 대한 풍자의 졸렬한 어조는 아무리 보아도 무신경한 불협화음이다. 데샹은 여성에 대해, 결혼에 대해, 또 종교에 대해 대체 어떻게 생각했던 걸까? 때로 시인은 '광기'와 '욕망'으로 하여금 고도의 진리를 말하게 한다. 이것은 보통 논란의 반대편 무리에게 기대하는 바인데, 이 또한 우리에겐 기이하게만 느껴지는 점이다. 데샹은 과연 깊이 생각한 뒤에 사람들을 설득하고 권했을까? 시인이 진지하게 찬양한 것은 무엇일까? 중세에 관한 글을 대할 때마다 자주 이런 의문이 고개를 든다. 장 프티를 비롯한 부르고뉴 공작의 옹호자들은 루이 도를레앙의 수많은 악행을 내세워 그에 관한 기억에 오물을 뿌렸다. 그들은 정말로 그렇게 믿었을까? 제왕귀족들은 기묘한 환상과 희극으로 장식하고 나서, 기사도를 따르는 원정 계획을 세우고 서약의 모임을 연다. 그들이 정말 그 속에서 어떤 성실함을 보이기나 했을까?

중세의 사고에서 진지함과 유희를 확연하게 구분하기란 매우 어렵다. 분명하게 그렇다고 확신하는지, 아니면 영국인의 표현 방식을 빌리면 그런 '척'할 뿐인지 알 수 없다. 이렇게 '척하는' 것은 어린이의 놀이하는 마음이며, 원시적인 문화의 형성 요인이다.[9] 또한 가장하는 것, '태도'라는 것으로 고스란히 모습을 드러내는 정신작용이다.

진지함과 유희의 뒤섞임은 생활관습의 다양한 분야에서 볼 수 있다. 전쟁이라는 진지한 문제에도 익살스러운 요소가 끼어 있었다. 이를테면 포위된 사람들이 적에게 퍼붓는 확연한 야유는 이따금 피로 앙갚음을 당하는 결과를 낳았다. 모(Meaux)의 시민들은 성벽 위에 당나귀를 올려놓아 영국 왕 헨리 5세를 조롱했다. 콩데(Condé)의 시민들은 부활절 축제를 위해 케이크를 굽느라 바빠서 아직 항복할 수 없다고 선언했다. 몽트로(Montereau)의 시민들은 성을 공격하는

---

9) R. 마레트 《종교의 문턱》(1914) 참조.

세찬 포격이 멎자, 일제히 성벽으로 올라가서 모자의 먼지를 털었다. 마찬가지로 샤를 공작의 노이스 진지가 마치 축제라도 하듯이 설치되었던 것도 이러한 표현이다. 귀족들은 '기분 전환 삼아' 회랑과 안뜰이 딸린 성의 형태로 천막을 치게 했다. 재미 요소를 빠뜨리지 않았던 것이다.

이런 조롱이 매우 진지한 일들 사이에 섞여 있어서 왠지 더 변덕스럽다는 인상을 주는 한 분야가 있다. 그것은 악마와 마녀 신앙의 암울한 세계이다. 악마 환상은 확실히 크고 깊은 심적 불안에 뿌리를 두고 있으며, 늘 그것을 원동력으로 삼아 왔다. 그러나 성인 숭배와 마찬가지로 순진한 상상력의 작용인 바, 악마의 이미지는 너무나도 유치하고 자극적인 색깔로 묘사되고, 누구에게나 익숙한 모습으로 그려졌기 때문에 때로는 공포감이 모조리 사라지는 경우도 있었다. 악마가 익살스러운 모습을 보이는 것은 문학뿐만이 아니었다. 마녀 재판의 섬뜩하고 심각한 분위기에서도 사탄의 무리는 가끔 변호하는 측이 마치 히에로니무스 보스(Hieronymus Bosch, 1450~1516)가 묘사하는 것처럼 변신한 악마의 모습인 경우가 있었다. 지옥의 유황냄새에 즉흥촌극의 방귀냄새가 섞이는 식이었다. 타후(Tahu)와 고르기아스(Gorgias)라는 두목의 인솔 아래, 어떤 수녀원을 대혼란에 빠뜨렸다는 악마 일족은 몰리네가 전하는 바에 따르면, '팡투플, 쿠르토, 모르니플[10] 등, 늘 몸에 지니는 것이라든지 악기 또는 최신 유행하는 놀이의 이름과 흡사한' 이름이었다고 한다.

15세기는 특히 마녀사냥의 시대였다. 보통 중세가 막을 내리고 휴머니즘의 꽃이 아름답게 피어난 시대로 보는 이 시기에 중세 사상의 끔찍한 결과물인 마녀 망상은 바야흐로 전성기를 맞이한다. 여기에 체계적인 표현을 부여하고 봉인한 것이 《마녀들의 망치》(1487)와 교황 교서 《최고를 바라는 자들 *Summis desiderantes Affectibus*》(1484)이다. 인문주의도, 종교개혁도 이 광란을 모두 막을 수는 없었다. 이를테면 인문주의자 장 보댕(Jean Bodin, 1530~1596)은 16세기 중반 1550년에 빙의(憑依)에 대한 글을 써서 해박한 지식을 구사하여 이 박해의 열기에 기름을 붓고 있지 않은가! 새 시대의 새로운 지식도 마녀사냥의 잔인성을 즉각 지적하지는 않았다. 16세기 끝 무렵, 겔드르의 의사 요한 웨이어(Johann

---

10) 팡투플(Pontoufle)은 슬리퍼, 쿠르토(Courtaulx)는 땅딸보(Courtaud) 또는 악기로 바순의 일종, 모르니플(Mornifle)은 따귀때림 또는 카드놀이의 일종.

Weyer)가 표명한 것처럼 마녀 측에 동정적인 시각은 15세기에 들어서 이미 널리 퍼져 있었다. 미신의 경우 특히 마녀와 마법에 대한 중세 후기 사람들의 마음 가짐은 그야말로 천차만별이라 결코 일정하지 않았다. 어떤 일에 대해서건 너무나 쉽게 맹신하고, 무비판적으로 받아들이는 경향이 있었기 때문에 그러했으리란 짐작이 갈 정도로 구원도 쉽고, 망상이나 환영에 휩싸였던 것도 아니다. 합리적인 의심과 발언도 물론 적지 않았다. 그렇지만 귀신 들린 땅이란 어딘가에서 반드시 발견되었고, 거기선 마치 종기가 퍼지듯이 천천히, 그러면서도 때로는 매우 오랜 기간에 걸쳐서 사악함이 만연했던 것이다. 특히 마법이 성행하고 널리 알려진 마녀 지역은 대개 산악지대여서 사부아, 스위스, 로렌, 스코틀랜드 등이었다. 물론 이 밖의 지역에도 그 전염병은 걷잡을 수 없이 퍼져 있었다. 1400년 무렵에는 프랑스 궁정 자체가 마법의 온상이 되어 있었다. 장 제르송에 따르면, 어떤 설교사는 궁정 귀족에게 '노쇠한 마녀'라는 표현 대신 '귀족 마녀님'이라 부르게 되지 않도록 조심하라고 경고했다고 한다. 특히 루이 도를레앙의 주위에는 악마술의 분위기가 감돌고 있었다. 이러한 이유로 장 프티의 비난과 의심은 근거 없는 것이 아니었다.

루이 도를레앙의 친구이자 조언자였고, 부르고뉴 사람들에겐 그의 악행 뒤의 선동자였던 늙은 필립 드 메지에르는 한 에스파냐 사람에게서 마법을 배운 적이 있다고 밝혔다. 그에 따르면 이 사악한 지식을 잊느라 몹시 힘들었다고 한다. 에스파냐를 떠난 지 10년, 12년이 지난 뒤에도 '내 의지로는 도저히 하느님을 업신여기는 징표와 그 영향을 내 안에서 뿌리째 뽑아낼 수가 없었기' 때문이었다. 그러나 이것을 고백하고, 있는 힘을 다해 싸웠던 그는 마침내 하느님의 축복을 받아서 '그리스도교도의 적이자 엄청난 어리석음'으로부터 벗어날 수 있었다고 한다. 외딴 지역에서는 마법사를 많이 원했다. 악마와 이야기를 하고 싶은데 그 방법을 가르쳐 줄 만한 사람을 찾지 못한 경우에는 '미개지 스코틀랜드'로 가라고 권했다고 한다.

루이 도를레앙은 전속 마법사와 주술사를 두었다. 그는 그중 하나를 술법이 마음에 들지 않는다면서 화형에 처했다. 주위에서 그런 미신 행위가 과연 신앙에 적합한지 신학자들에게 물어보면 어떻겠느냐고 충고하자, 그는 이렇게 대답했다고 한다. "왜 물어봐야 하지? 나는 잘 알아. 그들은 그런 걸 하지 말라고 할

게 틀림없어. 하지만 난 결정했어. 계속할 테고, 계속 믿을 거야. 절대 그만두지 않겠어." 장 제르송은 루이 도를레앙이 끝까지 그 죄를 고집한 것을 그의 불의의 죽음과 연결하여 생각한다. 또한 제르송은 마법으로 미친왕을 낫게 하려던 시도를 비난한다. 실패하여 화형을 당한 사람이 한둘이 아니었다.

제후들의 궁정에서 가끔 목격되는 마법으로 특별히 알려진 것에는 라틴어로 '인불타레(invultare)', 프랑스어로 '앵부트망(envoûtement)'이라 불린 술법이 있었다. 이 '방자'는 널리 알려진 저주 방식으로 겨냥하는 상대의 밀랍상을 만들고, 일단 세례를 준 다음 주술을 걸어 녹이거나 바늘로 찔러서 원수의 파멸을 바라는 것이었다. 제르송에 따르면 프랑스 왕 필립 6세는 그의 모습으로 만든 상을 손에 넣고는 몸소 그것을 불 속에 던지며 이렇게 말했다고 한다. "악마가 더 강해서 나를 파멸시키는지, 하느님이 나를 구원하시는지 보면 알 게 아닌가!" 역대 부르고뉴 공작들도 이런 주술로 박해를 받았다. "악마의 세례를 받고, 나와 다른 사람들에 대해 끔찍한 비밀로 가득 찬 밀랍덩이가 만들어져 있지는 않을까?" 그렇다, 뒷날의 샤를 공이 된 샤롤레 백작은 슬퍼 탄식했다고 샤틀랭은 전하고 있다. 그런데 샤롤레 백작의 아버지 필립 공은 그의 처조카, 곧 아내인 미셸 드 프랑스의 조카인 루이 11세에 비하면 많은 점에서 보다 보수적인 인생관을 지녔다. 기사도와 의식전례에 대한 마음가짐, 십자군 계획, 고풍스러운 문학 형식의 보호 등에 잘 나타나 있다. 그러나 그런 그도 미신에 관해서는 그의 조카에 비하면 훨씬 열린 생각을 가졌던 듯하다. 그는 매주 돌아오는 '죄 없는 자식들'의 액일 미신을 전혀 고집하지 않았고, 점성술사나 점술가에게 미래를 묻지도 않았다. 이 점에서 그와 의견을 같이하는 샤틀랭은 이렇게 말한다. "왜냐하면 그는 모든 일에 하느님의 비밀을 알려고 하지 않았으며, 하느님께 성실하고 올곧은 신앙인으로 행동했다." 1461년 아라스에서, 마녀와 마법사 박해라는 무서운 소동을 가라앉히기 위해 개입한 사람도 역시 그였다. 아라스의 소동은 그야말로 마녀 망상이라는 일대 전염병이었다. 사람들을 마녀사냥으로 몰아붙인 믿기 힘든 맹신은, 어느 정도 마법과 이단이라는 개념이 혼동되어 있는 데서 출발한 것이다. 대개 신앙과 직접 관련이 없는 경우까지 포함하여 일반적으로 전대미문의 비행에 대한 혐오, 공포, 증오의 감정 전체가 이단이라는 개념으로 표현되었다. 몽스트를레는 질 드 레의 가학적 범죄를 한마디로 '이단'이라고 했다. 15세기의 프랑스에선 마법을 보통 아라스의 '보드리(Vauderie)'라고 불렀다. 이것은 원래 12세기의 이단으로 몰렸던 발도파(Vaudois)[11]의 호칭에서 파생된 단어인데 그 특별한 연관은 상실되었던 것이다. 한편 아라스의 '보드리'에서 적발된 모든 범죄들이 사실일까 하는 의심의 목소리가 민중들과 지배층 사이에서도 들려왔다. 이때 겁나게 하는 병적인 망상은 엄청났고, 그보다 조금 뒤에 쓰인, 말하자면 마녀 망상의 문집이라고 할 《마녀들의 망치》는 이 사건을 낳은 모태라고도 할 수 있다. 어떤 심문관은 그리스도 교도 3분의 1이 마법에 오염되었다고 주장했다. 그는 하느님의 이름으로, 마법을 사용한다는 의심을 받는 자라면 그게 누구건 그 죄를 물어야 한다는 결론에 이르렀다고 한다. 마법사가 아닌 자가 그런 의심을 받는 걸 하느님은 용서하지 않으리란 것이다. "누군가 그에게 반박하면, 성직자건 세속인이건 그는 이와 같은 반론을 제기하는 자는 마법을 떠받드는 자라는 의심이 가므로 체포해야 한다고 주장했다." 그는 사건의 일부가 공상 때문이라고 주장하는 사람이 있으면 곧장 그 사람에게 혐의를 씌웠다. 거기서 끝나지 않고 이 심문관은 사람을 한 번만 보고도 그가 이단에 관여했는지 아닌지를 단박에 알아낸다고 큰소리를 쳤다고 한다. 그 뒤로 그는 미쳐버렸다. 그러나 그게 무슨 소용이랴. 그 사이에 마녀와 마법사는 이미 화형당한 것을.

아라스는 이러한 박해 때문에 온통 추문의 도시가 되고 말았다. 사람들은 아라스 상인들에게 방을 빌려주려 하지 않았고, 신용대출도 막았다. 어쩌면 내일 당장 그들에게 마법사의 혐의를 받고 전 재산이 몰수될지도 모른다는 두려움 때문이었다. 자크 뒤 클레르크는 말한다. "그럼에도 아라스 말고 다른 곳에선 마녀 소문을 진실이라고 믿는 자는 1천 명에 1명도 없었다. '이쪽 지역에선', 즉 아르투 백작령 주변 지방들을 가리키는데, 소문으로 나도는 그런 일은 없었다." 희생자가 재판에 회부되어 저지르지도 않은 비행을 인정하도록 강요받았을 때, 아라스 시민들도 의심하고 있었다. 한 시인은 박해자에 대한 증오를 끓어오르게 하여 모든 것은 그들의 탐욕이 일으킨 거라고 비난한다. 아라스의 주교까지도 이것은 날조된 사건이라고 말하고 있다. "어떤 악독한 사람들이 획책

---

11) 12세기 끝 무렵 프랑스에서 발데스(Petrus Valdes, 1140~1218)가 시작한 그리스도교의 순복음적인 신앙 노선의 일파이다.

한 일이다." 선량공 필립은 루뱅 대학 신학부에 자문했다. 대학의 대표자 중 몇 사람들이 내놓은 의견의 대부분은 그 '보드리'가 사실이 아니라 단지 환상에 지나지 않는다는 것이었다. 그래서 필립은 황금양털 기사단의 문장관(紋章官)인 르페브르 드 생레미를 아라스로 파견한다. 그 뒤로 새로운 희생자가 체포되는 일은 없어졌고, 또한 혐의를 받았던 사람도 막된 취급에서 벗어날 수 있게 되었다. 마지막으로 모든 마녀 심리(審理)가 무효임이 선언되고, 아라스의 소동은 끝이 났다. 시민들은 이것을 기념하여 즐거운 축제를 열고, 도덕 교훈극을 상연했다고 한다.

하늘을 질주하거나 1년에 1번 마녀들의 대향연이 열린다고 하는 지나친 상상의 산물이 결국 마녀 자신들의 헛된 공상에 불과하다는 견해는 15세기에 이미 제기되어 많은 사람들이 받아들이고 있었다. 그렇다고 악마의 역할을 부정한 것은 아니었다. 왜냐하면 주술에 걸린 환상을 초래하는 것은 역시 악마라고 여겼기 때문이다. 마음의 미혹임에도 악마 때문이라는 것이다. 앞에서 말한 16세기의 요한 웨이어도 이러한 시각을 가졌다. 마녀 망상에 대한 이와 같은 이해방식은 로잔교회의 참사회장이었던 시인 마르탱 르프랑(Martin LeFranc, 1410~1461)이 1440년 선량공 필립에게 헌정한 대작 《귀부인들의 옹호자 *Le Champion des Dames*》에 잘 나타나 있다. 몇몇 구절을 소개하면 다음과 같다.

> 아무리 아둔한 노파라도
> 그렇게 행동할 리 없네.
> 그런데도 노파를 불태우거나 매달기 위해
> 인간 본성의 적(敵)은
> 교묘하게 이곳저곳 올가미를 쳐놓아
> 사악하게도 미치게 만든다네.
> 지팡이나 막대기를 타고
> 세상 어느 누가 하늘을 날겠는가?
> 하지만 악마에게 정신을 빼앗기면
> 사람들은 어디든 갈 수 있고,
> 어디서든 쾌락에 빠지며,

원하는 곳에서 뜻을
이룰 수 있다고 믿지.
로마에 대해 이야기하고 듣지만,
사실은 가본 적이 없네.
....

모든 악마는 지옥에 있다고
'솔직한 의지'는 말하지. 쇠사슬에 묶여 있는데
하다못해 줄칼 하나 지니지 않았으니,
도저히 그걸 풀지 못하는도다.
그렇다면 어떻게 신자 앞에
나타나 간계를 부릴 수 있으랴!
어찌 그런 음탕한 사건들에 빠질 수 있으랴!
너의 어리석음은 도무지 알 수 없구나.

같은 시의 다른 곳에서는 이렇게 말한다.

살아 있는 한, 믿음이란 없네.
여자의 몸이 허공을
찌르레기나 개똥지빠귀처럼 가르다니,
상피옹이 성급히 말했다네.
성 아우구스티누스도 분명히 밝혔지.
그것은 환상이고, 환영이라고.
물론 믿지는 않았다네.
그레고리우스도, 암브로시우스도, 또 제롬도.[12]
가련한 여인이 자리에 누워
잠의 휴식을 취하려는데

---

12) 성 아우구스티누스는 4세기에서 5세기에 걸친 아프리카 히포의 주교. 그레고리우스는 아마
   도 교황 그레고리우스 1세(재위 590~604). 성 암브로시우스는 4세기 밀라노의 주교. 제롬은
   성 히에로니무스. 이들은 라틴 4대 교부로 일컬어진다.

결코 잠드는 법이 없는 적이 나타나서
그녀의 곁에 머문다네.
매우 교묘히 환상을 일으키므로
여인은 결국 굳게 믿게 되지.
단지 꿈일 뿐이건만, 실제로
그렇다고, 그렇게 하려 한다고.
아마도 노파가 꿈에서 장하게도
고양이나 개를 타고서
집회 장소로 향하는 게지.
하지만 무슨 일이 있었으랴!
그녀를 한 발짝이라도 들어올릴
그런 지팡이나 막대기도 없는 것을.

〈쾌락의 동산〉 음악 지옥 부분. 보스 그림

프루아사르도 오르통(Horton)이라는 악마에 씐 어느 가스코뉴 귀족의 이야기를 훌륭하게 묘사했는데, 결국 '정신의 미혹'이라고 단정을 내린다. 제르송은 악마에 들린 환상을 어떻게 볼 것인가에 대해 거기서 한 걸음 더 나아가 있다. 그는 다양한 미신 현상에 걸맞은 자연스러운 설명을 덧붙이려는 것이다. "그것의 대부분은 단지 그 사람의 공상, 조울증적인 광적 이미지에서 나온다. 그와 같은 광적 이미지는 대부분의 경우, 단순한 상상력의 오염에 근거한다. 그 오염은 이를테면 뇌손상에 의해 일어난다." 이러한 시각에는 니콜라우스 쿠자누스 추기경도 동조하는 바인데, 이것은 무지몽매함으로부터 완전히 벗어나 있지 않다고 그는 말한다. 이런 미신에는 이교의 잔재와 시인의 상상이 중요한 구실을 한다는 견해 또한 마찬가지이다. 그렇지만 제르송은 세상 사람들 입에 자주 오르내리는 악마의 소행을 자연적 원인으로 보면서도 결국 악마에게 경의를 표한다. 곧 내면의 뇌손상을 악마에 들린 환상에 의해 일어난다고 보았던 것이다. 마녀사냥이라는 가공할 미신은 문제 삼지 않아도 교회는 매우 유효 적절한 수단으로 미신과 싸우고 있었다. 설교사 리샤르는 언젠가 '합환채(合歡菜)'[13]라는 하찮은 것을 들이대면서 죄다 태워 버렸다고 한다. 이 이야기를 파리의 한 시민은 이렇게 전한다. "많은 아둔한 사람들이 이것을 소중하게 간직했고, 어딘가 지저분한 이것을 소중히 굳게 믿었다. 이것을 간직하고 있으면, 더구나 깨끗한 비단이나 아마포로 잘 싸 두기만 하면 죽을 때까지 절대 가난해지지 않는다면서." 역시 파리의 한 시민이 전하는 말로는, 언젠가 한 떼의 집시들에게 손금을 본 사람들은 결국 파문당했다고 한다. 더욱이 신을 모독하는 그런 행위가 초래할지도 모르는 화를 피하려고 성체행렬을 거행했다고 한다.

카르투지오회 수도사 드니는 한 논문에서 교회는 어느 선에 맞추어 신앙과 미신을 구분하는 경계를 정했는가, 어떤 근거로 민중이 전하는 이미지를 버리거나 순화시켜서 참된 신앙에 맞도록 했는가 하는 문제를 명쾌하게 논증하고 있다. 드니는 말한다. "부적, 주문, 축복 등은 그것 자체로는 영험함을 불러일으키는 능력을 지니지 않는다. 비적의 말과의 차이가 거기에 있다. 비적의 말은 바른 의도를 갖고 나온 것인 이상, 의심치 못할 영험함을 불러온다. 그것은 하느님이 그 능력을 이것과 연관 지어 주기 때문이다." 이에 반해 축복이란 원래 겸손한 청원으로 간주해야 하며, 그에 걸맞은 경건한 말을 써서 오로지 하느님에게 자기 소원을 맡겨 집행해 주기를 바라는 것이다. 축복이나 저주가 대개 효험을 나타내는 까닭은 첫째 올바르게 집행된 경우에는 하느님이 그 영험함을 내려주었기 때문이며, 둘째 올바르지 않게 집행된 경우에는, 이를테면 올바른 방법과는 다른 방법으로 성호를 그었는데도 효험이 나타났을 때는 악마의 소행인 것이다. 악마가 하는 일은 기적이 아니다. 악마는 자연에 감추어진 비밀의 힘을 안다. 때문에 악마가 한 일은 자연이 한 일로, 곧 새나 그 밖의 또 다른 것들이 자연의 원인에 의한 어떤 전조를 탐지하는 습성을 지닌 것과 똑같다. 하지만 드니가 아무리 부인하려 해도 민중은 이러한 축복이나 부적류의 독립된 가치를 인정하고 평소 민간신앙을 행했는데, 그는 이것을 잘 알고 있었다. 때문에 그는 차라리 성직자가 이런 풍속들을 모조리 금지해야 한다고 보았다.

---

13) 만드라고라. 맨드레이크. 지중해 연안이 원산지인 식물. 뿌리가 손발 모양과 흡사하여 땅의 영령과의 관계를 상상했다. 창세기 30장 14~16절, 아가 7장 13절에 나온다. 셰익스피어의 《로미오와 줄리엣》에도 일반적으로 '사랑을 맺어준다'는 뜻으로 번역되어 있다.

초자연적 현상으로 간주하는 일들에 대한 사람들의 일반적 자세는 다양한 동요를 보이거나, 이성의 힘을 빌려 설명하려 하거나, 독실한 신앙심으로 스스로 받아들이거나, 또는 악마의 소행이 아닐까, 속임수가 아닐까 의심하는 것이었다. "이 세상에서 눈에 보이는 사건은 악마도 일으킬 수 있다." 아우구스티누스와 토마스 아퀴나스의 권위로써 뒷받침된 말은 올바른 정신을 가진 신자들을 크나큰 불안에 빠뜨렸다. 때문에 한 꺼풀 벗기면 단지 히스테리에 불과한 것이 시민 모두를 한동안 열광적인 신심으로 꾀었다가 결국 정체가 드러나는 사건이 드물지 않았던 것이다.

18장
예술과 삶

　요즘 사람들은 중세 끝 무렵의 프랑스 부르고뉴 문화를 순수미술 중에서도 회화를 통해서 잘 알고 있다. 반에이크 형제, 로히어르 판데르베이던(Rogier van der Weyden, 1400~1464), 한스 멤링(Hans Memling, 1430~1494) 등이 조각가 클라우스 슬뤼터르(Claus Sluter, 1340~1406)와 함께 이 시대 전체를 지배하고 있다. 그러나 우리 앞의 세대는 시각이 달랐다. 아직도 멤링을 헴링이라고 잘못 기재하던 시절, 지금으로부터 7, 80년쯤 전에는 교양 있는 인사가 이 시대를 아는 단서라곤 무엇보다 당시의 역사를 기록한 책, 그것도 몽스트를레라든지 샤틀랭의 저서 같은 직접적 사료가 아니라 그것을 기초로 하여 쓴, 예를 들면 바랑트(De Barante) 경의 《부르고뉴 공들의 전기 *Histoire des Ducs de Bourgogne*》였던 것이다. 아니, 바랑트의 것 이상으로 빅토르 위고의 《노트르담 드 파리 *Notre-Dame de Paris*》야말로 이 시대의 이미지를 잘 반영해 내고 있지 않았을까?
　거기서 연상되는 시대상은 몹시 암울한 것이었다. 당시의 연대기나 각서들에도, 19세기 낭만주의에 의한 개정판에도 일단은 음침한 중세 끝 무렵이라는 이미지가 전면에 부상한다. 피에 굶주린 잔인성, 교만과 탐욕, 들끓는 복수심, 가공할 참혹함 등. 이 같은 묘사 속에서 이름 높은 궁정연회의 야단스럽도록 화려한 허영의 작태가 밝은 색조를 곁들이고 있었다. 한물 간, 고리타분한 은유의 장식과 견디기 어려운 사치를 요란스레 번쩍번쩍 빛내면서.
　그렇다면 지금은 어떠한가? 우리 눈에 비치는 중세 끝 무렵이라는 시대에는 반에이크나 멤링의 고귀한 성실함, 깊은 온화함의 빛이 비치고 있다. 5세기 전의 세상은 우리가 보는 바로는 꾸밈없는 즐거움의 광휘, 깊은 영성의 보배로 차고 넘쳐 있었던 것이다. 황량함과 암흑의 이미지가 온화함과 고요함의 이미지로 바뀌었다. 순수미술뿐만 아니라 다른 다양한 생활표현의 양상들을 보아도 아름다움과 지혜가 증명된다. 기욤 뒤페와 그의 제자들의 음악, 루이스브뢰크와 토마스 아 켐피스의 글이 그것을 전하고 있다. 예를 들면 잔 다르크 관련 사료, 프랑수아 비용의 시 등을 보아도 시대의 잔혹함과 비참함을 한층 소리 높여 외치는데, 이들의 흔적에서 마음을 고양하고 공감을 느끼는 정서가 흘러나오고 있는 것이다.

예술로 묘사된 시대상과 역사, 문학으로 기록된 시대상 사이의 깊은 차이는 대체 어디서 나오는 걸까? 인류 역사상 오

〈마리아 막달레나 바론첼리의 초상〉(1470) 한스 멤링 작.

직 이 시대에만 다양한 삶의 표현 분야와 형태 사이에 현격한 부조화가 있었을까? 순수하게 마음을 뒤흔드는 회화 예술을 낳은 생활 환경은 왕후, 귀족 그리고 문학가들의 생활과는 애당초 다르고, 보다 정도가 높았을까? 회화는 오로지 성직자 루이스브뢰크나 빈데스하임 공동체 사람들에게만 있고, 민요는 허식의 지옥을 떠난 평화로운 림보[1]에서만 들려왔을까? 순수미술이 시인이나 역사가의 말보다 한 시대의 보다 밝은 이미지를 후세에 남기고 있는 것이 과연 일반적인 현상일까?

마지막 질문에 대해서는 즉각 그렇다고 대답할 수 있다. 실제로 우리는 단지 책만 읽고 과거의 문화에 대한 지식을 얻기엔 턱없이 부족하기에, 되도록 그 문화의 유물을 눈으로 직접 보고 더욱 깊이 이해하려는 생각이 들기 마련이다. 말하자면 역사를 수용하는 우리의 감각은 차츰 강한 시각성의 경향을 띠는 것이다. 순수미술은 과거를 이해하는 첫 번째 원천이고, 결코 슬피 탄식하지 않기

---

1) 가톨릭에서 천국도 지옥도 연옥도 가지 못한 영혼이 머문다는 곳.

때문이다. 미술에서는 그것을 탄생시킨 시대적 고뇌의 씁쓸함이 이내 사라진 다. 언어로 표현될 때는 고초를 탄식하는 목소리가 언제까지나 그 어조를 잃지 않고, 당시의 고뇌와 채워지지 않은 사람들의 상념을 우리에게 고스란히 들이 밀어서 우리 마음에 슬픔과 동정이 가득하게 한다. 그러나 순수미술로 표현되 는 순간, 그 고뇌는 정화되어 비가(悲歌)의 영역으로, 고요한 온화의 경지로 이 끈다.

그러므로 한 시대가 남긴 예술 작품의 감상을 통하여 그 시대의 현실상을 제 대로 반영한 완벽한 이미지를 이끌어 낼 수 있다는 생각은 오류이다. 그런 방 법은 역사를 보는 시각을 왜곡하기 마련이다. 이것은 반드시 고쳐져야 한다. 특 히 부르고뉴 시대에 대해선 이런 오류를 저지를 위험이 크므로 부르고뉴 문화 를 표현함에 있어서 순수미술과 문학과의 관계를 자칫 잘못 해석할 수 있는 것 이다.

먼저 미술과 문학의 작품 전달 상황은 전혀 다르다는 것을 감안하지 않고 과 거의 문화를 이해하려 하기 때문에 이런 오류를 저지르게 된다. 중세 끝 무렵 문학 작품의 전체 모습을 우리는 극히 소수의 예외를 빼고는 거의 안다. 모든 분야와 형식에 걸쳐 가장 정도가 높은 것부터 가장 낮은 것까지, 가장 고상한 것에서 가장 비속한 것까지, 가장 경건한 내용에서 방자하기 짝이 없는 내용에 이르기까지도, 가장 이론적인 성격의 것에서부터 가장 실제적인 것까지 알고 있 다. 당시의 생활 전체가 문학에 표현되고 반영된 것이다. 언어에 의한 기록들은 문학 말고도 차고 넘칠 만큼 많이 남아 있다. 법령집, 증서류 등이 우리 지식을 완벽하게 해 준다.

이에 반해 순수미술은 어떤가! 원래 그 성격은 한 시대의 생활 전체 모습을 직접적으로 샅샅이 묘사하지 않는다. 더구나 중세 끝 무렵에 관한 작품이라면 그 가운데 매우 특수한 단편밖에 남아 있지 않다. 교회 예술을 제외하면 거의 아무것도 남아 있지 않다. 세속 예술, 곧 응용예술은 대부분 소실되어 예술 창 출과 사회생활의 관계가 분명하게 드러나 있는 형태가 거의 알려져 있지 않기 때문이다. 제단의 그림이나 묘소의 조각 등 몇 안 되는 유산은 이 관계에 대해 우리에게 시사하는 바가 별로 없다. 그러므로 순수미술이 전하는 이미지는 우 리가 이 시대의 다채로운 생활에 관해 지닌 지식의 바깥에 외따로 떨어져 있는 것이다. 따라서 프랑스 부르고뉴 사회에서의 순수미술의 소임, 예술과 실생활의 관계를 제대로 이해하려면 현재 남아 있는 걸작에 감탄하는 것만으론 부족하다. 유실된 작품 역시 우리의 주의를 환기하는 것이다.

예술은 이 시대와 삶에 깊이 녹아 있었다. 삶은 수많은 형식 속에 뚜렷한 틀을 갖추고 있었다. 교회의 전례, 몇 차례의 연중 축제, 매일 정각의 예배가 생활을 구획하고, 정돈하고 있었다. 매일의 노동과 즐거움이 저마다 정해진 형식을 따르고 있었다. 종교, 기사도, 연애시가 이런 삶의 형식들의 가장 중요한 부분을 규정지었다. 예술의 임무는 생활이 영위하는 바, 이러한 형식들을 아름다움으로 장식하는 것이었다. 사람들이 추구했던 것은 예술 자체보다 예술에 의한 아름다운 삶이었다. 후대 사람들처럼, 특별히 달라지지 않는 일상생활에서 벗어나 위로와 인격수양을 목적으로, 혼자만의 명상 속에서 예술을 감상하는 게 아니었다. 이러한 예술이란 삶 자체의 화려함을 더하는 것이었다. 예술은 세차게 솟구치는 신앙심의 희열이건, 불손하기 짝이 없는 세속의 쾌락이건 삶의 기쁨에 공명하도록 배려되어 있었다. 중세기 동안 예술은 아직 아름다움 그 자체로만 생각지는 않았던 것이다.

예술의 대부분은 응용예술이었다. 우리가 독립 예술 작품으로 간주하는 제작물에 대해서조차 그렇게 말할 수 있다. 즉 제작 동기가 그것의 목적에 들어맞았던 것이다. 생활 형식에 도움이 되는지 안 되는지가 문제였다. 물론 순수한 아름다움에 대한 표현 의욕이 제작자를 움직이기도 했으리라. 하지만 그 의욕은 반쯤은 무의식 속에서 작용하는 것에 불과했다. 예술을 위한 예술 애호가 처음으로 싹튼 것은 예술 작품의 비정상적 증식이라는 토양에서였다. 왕후 귀족들에게 작품이 모아졌고, 소장품이 쌓여갔다. 이리하여 그 작품들은 실생활에는 불필요한 것이 되고, 점차 사치스러운 취향의 대상으로서 왕이나 귀족들의 많은 재산의 일부분으로 음미하고 즐기기에 이른다. 이에 고유한 의미에서의 예술 감각이 배양되고 르네상스가 그것을 발전시켰던 것이다.

15세기의 대예술 작품, 특히 제단화(祭壇畵)나 무덤의 조각은 아름다움을 따지기 전에 주제와 목적이 중요시되었다. 주제가 신성하고, 목적이 높이 자리하고 있었기 때문에 예술 작품은 아름다워야 했다. 그 목적은 정도의 차이는 있을망정 항상 실용적이었다. 제단화는 이중의 목적을 지녔다. 하나는 대규모 제례 때 엄숙하게 전시되어, 사람들이 하느님에 대해 관념의 불꽃을 태우게 한다. 다른 하나는 작품을 기증한 사람을 기념한다. 무릎 꿇은 모습으로 그려져 화면 한 구석을 차지하는 기증자의 상에선 끊임없이 기도하는 모습이 떠오른다. 후베르트(Hubert)와 얀 반에이크 형제의 〈어린양에 대한 경배 *The Adoration of the Mystic Lamb*〉가 가장 대표적인 예인데, 알다시피 이것은 거의 공개된 적이 없었다. 제단화뿐만이 아니었다. 네덜란드의 몇몇 도시에는 시청사의 법정을 장식하기 위해 시의회의 주문에 따라 옛날의 유명한 재판 소송을 주제로 한 그림이 걸렸다. 브뤼헤에 있는 헤라르트 다비트(Gerard David, 1460~1523)의 〈페르시아 왕 캄비세스의 재판 *The Judgment of Cambyses*〉, 루뱅에 있는 디르크 바우츠(Dirk Bouts, 1410?~1475)의 〈오토 황제의 재판 *The Justice of the Emperor Otto*〉, 지금은 없어졌지만 로히어르 판데르베이던이 브뤼셀의 시청사에 그린 그림 등이 있었다. 이것 역시 재판관들에게 의무를 부과하고, 엄숙하고도 냉엄하게 경고할 목적의 조치였던 것이다.

당시 사람들은 벽면에 장식된 그림을 보면 그 주제에 매우 예민하게 반응했다. 다음은 이를 뚜렷하게 드러내는 하나의 사례로, 생드니의 수도사가 전하는 이야기이다. 1384년, 프랑스와 영국 간 일시적인 휴전을 논의하는 회담이 렐링헴(Lelinghem)에서 열렸다. 회의 준비를 맡은 사치스러운 취향의 베리 공은 협상 장소로 예정된 옛 성당에 고대 전투 광경을 그린 벽걸이를 걸게 했다. 그러나 맨 처음 모습을 드러낸 랭카스터의 공작, 존 오브 곤트(John of Gaunt)는 이것을 힐끔 보자마자, 당장 떼어야 한다고 주장했다. 그의 말로는 화평을 바라는 사람들이 전쟁이나 파멸의 광경을 보아선 안 된다는 것이었다. 그래서 대체된 다른 그림엔 예수 수난과 관련된 도구들이 그려져 있었다고 한다.

예술 작품의 목적이 주제 표현에 있다는 옛 사고방식은 초상화 분야에 거의 그대로 남아 있다. 초상화는 부모에 대한 사랑과 가문에 대한 긍지 등의 감정을 전달하는 역할을 했다. 근대에 들어서는 영웅 숭배와 자기 예배의 감정도 이것을 이용한다. 이와 같은 생활 감정은 재판 광경을 그린 그림을 경고로 받아들이는, 정신이 쇠약해진 뒷날에도 여전히 생생하게 살아 숨쉬고 있었던 것이다. 또한 약혼에 즈음하여 서로의 얼굴을 알게 할 목적으로 초상화가 쓰였다. 예를 들면 1428년, 선량공 필립이 아내를 맞이하기 위한 사절단을 포르투갈에

〈어린양에 대한 경배〉(1432) 헨트 제단화 펼친 모습. 반에이크 작.

파견할 때, 얀 반에이크가 동행하여 포르투갈 공주의 초상을 그렸다. 이로써 초상화만 보고, 첫눈에 미지의 공주와 사랑에 빠진 왕자라는 허구가 성립되었던 것이다. 예를 들면 생드니의 수도사는 영국의 리처드 2세가 당시 여섯 살밖에 안 된 이자벨 드 프랑스에게 청혼했을 때가 그러했다고 한다. 초상화를 비교해보고 한 사람을 선택했다는 이야기도 전해진다. 이 또한 생드니 수도사가 한 말이다. 젊은 프랑스 왕 샤를 6세가 왕비를 맞이하게 되었다. 바이에른 공주, 오스트리아 공주, 로렌 공주로 좁혀진 3명의 후보자 가운데 누구로 해야 할지 정하기가 어려웠다. 그래서 솜씨가 뛰어난 화가를 파견하여 3명의 초상화를 그리게 했다. 왕은 초상화를 앞에 나란히 놓고, 당시 14세인 바이에른 공주 이자벨라를 선택했다. 그가 보기에 그녀가 가장 아름다웠기 때문이었다.

대체로 묘비만큼 예술 작품이 지니는 실용성이 뚜렷하게 강조된 분야는 없었다. 이 시대의 조각품들은 그것이 지니는 능력을 충분히 발휘했던 것이다. 그러나 이것은 묘비 조각 분야에만 한정된 것은 아니었다. 죽은 이를 눈에 보이는 상으로 표현하려는 갈망이 어찌나 강하게 작용했는지 장례를 치르는 동안 마저도 사람들은 그 욕구를 채우지 않고는 못 배겼다. 살아 있는 사람이 죽은 이를 연기하는 경우도 있었다. 이를테면 생드니에서 있었던 베르트랑 뒤 게스클랭의 장례식에서 갑주를 입은 기마 기사 4명이 '죽은 이의 살아 있는 동안 모습을 본떠서' 성당 안에 등장했다고 한다. 1375년으로 추정되는 어느 감정서는 폴리냐크(Polignac) 가문의 장례에 관해 이렇게 기록하고 있다. "블레즈(Blaise)에게 5솔(17세기 이전의 프랑스 화폐단위)을, 장례식 때 죽은 기사를 연기한 대가로". 왕가의 장례식 때에는 대개의 경우, 성장(盛裝)한 왕의 모습으로 꾸미며, 되도록 옛날 왕과 비슷하게 만들어진 가죽 인형을 사용했다. 이런 인형이 장례행렬에 하나가 아니라 여럿 등장하는 경우가 많았던 것 같다. 민중은 이것을 보는 순간 감정이 격렬해졌다고 한다. 이러한 관습은 마샬 도베르뉴의《샤를 7세 추도송가》에서도 알 수 있다. 데스마스크를 쓰는 습관은 15세기 프랑스에서 시작되었는데, 이것도 이런 종류의 장례식 인형 제작에 기원을 둔 것으로 짐작된다.

모든 예술 작품은 거의 항상 생활에 도움이 되도록 실제적인 목적에 사용하려고 주문했다. 그러므로 자유로운 조형과 수공예를 구분하는 경계선은 사실상 사라지고 없었다. 아니 오히려 아직도 구별되지 않았던 것이다. 플랑드르, 베리, 부르고뉴 등의 궁정에서 일하는, 매우 개성이 강한 대화가들조차도 독립된 화지에 대작을 그리는 한편, 사본에 장식 그림을 그리거나 조각에 색을 입혔다. 그뿐만이 아니다. 그 거장들은 방패나 깃발 그리기, 마상 창시합이나 의식 때 쓸 옷가지들과 장신구의 디자인 같은 것에까지도 능력을 발휘해야만 했다. 멜키오르 브뢰데를람은 처음엔 플랑드르 백작 루이 드 말(Louis de Male)을 섬겼고, 이어 루이의 사위인 초대 부르고뉴 공을 섬긴 궁정화가였는데, 그런 그도 플랑드르 백작의 가문을 위해 5개의 의자에 조각 장식을 했다. 부르고뉴 공의 에스댕 성에선 손님들에게 물이나 가루분을 뿜어주는 고안물을 수리하거나 채색했다. 왕비의 여행용 마차를 공들여 장식한 것도 그였다. 1387년, 결국 그 일은 실현되지 못했지만 영국 원정을 위해 선량공 필립이 슬뤼이스 항구에 집결시킨 선박들에 화려함을 강조하는 장식을 지휘한 사람 역시 그였던 것이다. 궁정화가들은 왕족의 혼례나 장례에 항상 불려 다녔다. 얀 반에이크의 화실에선 조각상의 채색이 이루어지고 있었다. 그는 온 도시와 마을을 놀라게 할 정도로 아

〈캄비세스 왕의 재판〉 헤라르트 다비트 작.

름답고 또렷하게 묘사된 어떤 세계지도를 선량공 필립을 위해 제작했다. 휘호
판데르후스(Hugo van der Goes, 1440~1482)는 면죄부를 통보하는 그림을 그렸다.
헤라르트 다비트는 1488년에 브뤼헤에 있는 왕의 청사의 한 방에 잡혀 있던 오
스트리아인 막시밀리안(Maximillian)을 위해 그 방의 칠책과 덧문을 그림으로 장
식하라는 명령을 받았다고 한다. 이 고귀한 포로가 쾌적하게 지낼 수 있게 하기

위해서였다.[2]

비범함과 평범함을 불문하고 대체로 이 시대 예술가가 만든 작품 가운데 현재 남아 있는 것은 극히 일부분이고, 그것도 매우 특수한 성격의 것들에 불과하다. 주로 묘소의 조각이나 제단화, 초상화, 사본의 장식 그림 등이다. 세속회화의 경우는 초상화를 제외하면 아주 조금밖엔 남아 있지 않다. 장식예술과 수공예품들은 교회용품, 제기, 몇몇 가구류처럼 극히 제한된 분야의 것밖에는 알려져 있지 않다. 만약 수많은 피에타 그림이라든지 성모마리아의 그림 옆에 얀반에이크나 로히어르 판데르베이던이 그린 욕실이나 사냥그림 같은 것을 나란히 놓을 수 있다면 15세기의 예술이 지니는 성격에 대한 우리의 통찰은 얼마나 깊어질 것인가.[3]

대체로 응용예술 분야에 대해선 그 개념들이 어떤 식이었는지 상상할 수조차 없다. 이것을 이해하려면 보석과 방울 등으로 장식된 궁정예복과, 성직자의 제의를 함께 살펴보아야 한다. 우리는 불완전하기 짝이 없는 도식적인 개념밖엔 전달해 주지 않는 소형 세밀화에서 화려하게 치장된 당시 배의 모습을 볼 수 있다. 프루아사르의 기록에는 그 배들의 아름다움에 대해 커다란 감동을 안겨주는 몇 가지 사실만이 있을 뿐이다. 문장의 문양으로 호화롭게 장식되어 돛대 꼭대기에서 나부끼는 깃발은 때로는 너무 길어서 수면에까지 닿을 정도였다. 이 유별나게 길고 넓은 장식 천은 피터르 브뤼헐의 배그림에서도 보인다. 1387년, 슬뤼이스 항구에 떠 있던 선량공 필립의 배는 앞에서 말한 것처럼 멜키오르 브뢰데를람이 장식했는데, 파랑과 금색으로 칠해져 있었고 선미의 갑판 천막에는 거대한 문장이 그려져 있었다. 돛에는 데이지 꽃들과 함께 필립 공 부부 이름의 이니셜과 '한시 바삐 하고 싶은(Il me tarde)'이라는 표어가 아로새겨져 있었다고 한다. 귀족들도 이에 못지않게, 결국은 실행도 못할 영국 원정용 배를 누가 가장 많은 돈을 들여서 사치스럽게 꾸밀지 서로 경쟁했다고 한다. 프루아

---

2) 재위 1458~1464. 저술가 아에네아스 실비우스라고도 알려져 있다. 지명된 저술은 그의 대표작이다.

3) 마라테스타 가문은 리미니의 지배자 가문. 13세기에는 게르프파 이탈리아 공들, 교황에게 맞선 한 마리 늑대 같은 존재였으나, 1461년에 피우스 2세는 그에게 고발장을 보내 굴복시키고 그의 소유 대부분을 몰수했다.

(장면 1)

(장면 2)

〈오토 황제의 재판〉 디르크 바우츠 작.

사르의 기록에 의하면 화가들은 경기가 좋았다. 일손이 부족했기 때문에 그들이 받고 싶은 만큼 얼마든지 받을 수 있었다. 그의 말로는 많은 배가 돛 전체에 금박을 입혔다고 한다. 특히 기 드 라 트레모이유(Guy de la Tréoille)는 돈을 아끼지 않았다. 그는 2천 리브르 이상을 들여 금박을 입혔다. 프루아사르는 이렇게 비평한다. "트레모이유 경은 그 누구도 상상조차 할 수 없는 방법으로 배를 더욱 아름답게 만들려고 했다. 그리고 이 모든 비용은 프랑스의 가난한 민중들이 지불한 것이었⋯⋯."

지금은 사라진 수많은 세속적 장식예술들을 직접 보게 된다면 이 휘황찬란하게 사치스러운 기호는 의심할 여지없이 강하게 우리의 주목을 끌었을 것이다. 이러한 허엉의 특징은 현재 남아 있는 예술 작품 속에서도 뚜렷하게 볼 수 있다. 그러나 우리는 이러한 특징을 가장 낮게 평가하므로 거의 주의를 기울이지 않는 것이다. 우리는 이 시대의 예술에서 단지 심오한 아름다움만을 추구하고, 이것을 음미하고 즐기려 한다. 호화롭고 화려하다는 것만으론 더 이상 우리의 흥미를 끌지 못하는 것이다. 그렇지만 그 무렵 사람들에게는 그러한 호화롭고 웅장한 화려함이야말로 대단히 중요한 요소였다.

중세 끝 무렵의 프랑스 부르고뉴 문화는 화려한 장식이 아름다움을 압도하는 문화였다. 저물어가는 중세기의 예술은 중세 끝 무렵의 정신, 자기 여정을 마지막까지 다 걸어간 정신을 충실히 반영한다. 앞에서 우리가 중세 후기 사고의 뚜렷한 특징의 하나로 보았던 것, 즉 생각할 수 있는 한 철두철미하게 이미지로 그려내고, 형태를 지닌 모든 상념의 한없는 계열로 정신을 채우는 것 또한 이 시대 예술의 본질이기도 했다. 어떤 것도 형태를 부여하지 않고, 이미지로 그려지지 않으며, 꾸미지 않고 그냥 내버려 두는 일이 없도록 예술 또한 노력했던 것이다. 플랑브아양 고딕[4]은 예배 뒤의, 언제 끝날지 모르는 오르간 연주와 비슷하다. 그것은 모든 형태를 자기 분해하고, 각 부분에 한없이 공을 들이며, 선이라는 모든 선에 반대선을 긋는다. 생각이 형태에 의해 거리낌 없이 거칠게 초과 성장해 버린 것이다. 화려한 세부가 모든 표면과 선을 공격한다. 이 예술을 지배하는 '빈 공간 공포증'은 한 시대의 지식이 종말에 가까웠음을 나타내는 특징으로 간주될 수도 있다.

말하자면 모든 징후가 나타내는 바, 즉 아름다움과 화려한 장식을 구분하는 경계가 확연하지 않게 되었던 것이다. 치장과 장식은 이제 사물의 자연적 아름다움을 드높이기보다 오히려 웃자라 버리고는, 그 아름다움의 숨통을 죈다. 순수한 회화예술에서 멀어지면 멀어질수록, 내용물로 뒤덮인 외형적 장식들의 사나운 초과 성장은 더욱 고삐가 풀어지게 된다. 조각의 경우엔 독립적인 형체가 만들어지는 동안, 외관이 이처럼 마구 발달하는 것에 관여될 기회를 별로 가지지 못한다. 그 예로, 세밀함, 간결함, 자연스러움에서 도나텔로(Donatello)의 작품과 비교되곤 하는, 슬뤼터르의 〈모세의 우물〉이라는 조각상과 묘분 주변에 조

---

4) 14세기 끝 무렵에서 15세기, 특히 북프랑스, 노르망디, 네덜란드 및 독일의 후기 고딕건축 양식. 구조는 실용 본위로 단순화한 한편 장식은 지나치다. 창의 디자인이 복잡 분방한 파상곡선의 조합이 되어, 마치 '불꽃이 이는 모양(플랑부아이에)'처럼 보인다는 데서 19세기 전반에 이런 이름이 붙었다.

〈십자가 수난의 제단 병풍〉 자크 드 바에르즈 작.

각한 '우는 이들'을 들 수 있다. 그러나 일단 조각이 장식의 과정을 거치게 되면, 또는 회화예술의 영역으로 들어서서 부조라는 숨 막히는 공간에 묶여서 하나의 장면 전체를 마치 화폭에 그리듯 표현하려는 경우에는 조각 또한 너저분한 장식 과잉으로 빠져들고 만다. 디종 근교 샹몰의 카르투지오회 수도원에 남아 있는 작품에서, 완전히 동일한 주제에 의한 것이지만 자크 드 바에르즈(Jacques de Baerze)의 목각과 브뢰데를람의 판화를 속속들이 비교해 보는 것이 좋다. 몹시 부조화한 느낌을 받게 될 것이다. 그림은 순수한 이미지를 표현하고 있는데, 그곳엔 단순함과 휴식이 지배하고 있다. 반면 부조는 부조의 본성상 장식적 표현으로 내달려서 인간상마저도 장식적으로 처리하고 있다. 형식이 서로 밀치락 달치락하고 있는 형국이어서 그림에서 느껴지는 편안함과는 매우 대조적이다. 동일한 관계가 그림과 벽걸이 사이에서도 나타난다. 직물예술은 명백히 그림을 그린다는 과제를 스스로에게 부과하는 경우에도 그 기술적 제약 때문에 자연히 장식예술 쪽에 서고, 장식에 대한 과도한 요구 앞에 단단히 묶여 있다. 벽걸이는 형태와 색을 흘러넘칠 듯이 지나치게 넣으면서도 아르카이크한[5] 양식을 남기고 있는 것이다. 순수한 조형예술에서 한참 멀리 떨어진 곳에 의상이 등장한다. 이것 역시 예술이기는 하지만 여기선 원래 이미 분식(粉飾)이라는 목적이 순수미의 추구를 압도하고 우위에 서 있다. 심지어 개인적 '오만'이 의상예술을 순수예술과는 양립할 수 없는 정열과 관능의 세계로 끌고 들어간다. 여기서 순수예술의 본질을 이루는 균형과 조화는 완전히 자취를 감춘다. 1350년에서

---

5) archaic : 미술의 발달 과정에서 원초의 단계를 지났으면서도 완성에 이르지 못하고 있는 한 시기의 미술.

1480년에 걸쳐 유행했던 의상 속에서 볼 수 있었던 것처럼 지나친 양상이, 적어도 이렇게까지 일반화하고 긴 기간에 걸친 것은 후세대의 양식에서 다시 볼 수 없는 것이었다. 물론 그 뒤에도, 예를 들면 1520년 무렵 독일 용병들의 옷차림, 1660년 전후의 프랑스 귀족의 옷차림처럼 대담한 양식이 등장하기는 했다. 그러나 이 시기에 프랑스 부르고뉴 양식의 복장이, 1세기가 넘도록 보여 주는 특징적인 무제한의 과장과 과잉의 유례를 다른 시대에선 찾아볼 수 없다. 분방한 정열이 향하는 대로 이 시대의 미의식이 무엇을 만들어 냈는지는 양식의 변화에서 가장 잘 관찰할 수 있다. 궁정 의상은 몇백 개나 되는 보석을 달았다. 모든 치수가 어처구니 없을 만큼 부풀려졌다. 여자들은 '에냉(hennin)'이라는 원뿔형 사탕과자 모양의 모자를 쓴다. 그 경우에 머리칼은 관자놀이와 이마 경계선까지 잡아매거나, 두건 속에 감춘다. 이마를 바짝 튀어나오게 보이기 위해서인데, 즉 짱구머리가 미의 기준이었던 것이다. 어깨를 드러낸 옷도 갑작스레 등장한다. 그러나 여자 옷은 그나마 괜찮다. 남자 옷은 훨씬 더 사치스러웠다. 이를테면 '풀렌(poulaine)'이라고 해서 구두코를 길고 뾰족하게 만든 구두가 유행했다. 니코폴리스로 원정 갔던 기사들이 막상 도망쳐야 할 때는 구두코를 잘라내야만 했다고 한다. 위쪽은 어떤가 하면, 바짝 졸라맨 허리, 풍선처럼 부풀어 올라 어깨 근처가 불룩 튀어나온 소매, 발끝까지 닿는 긴 저고리를 입었다. 그런가 하면 엉덩이를 거의 드러낸 지나치게 짧은 조끼, 원뿔형 또는 원통형의 챙 없는 모자, 그도 아니면 닭 벼슬이나 타오르는 불꽃처럼 매우 기묘하게 생긴 두건을 머리에 둘렀다. 장중함을 더할수록 과장은 더욱 심해진다. 다만 모든 성장(盛裝)은 사회적 '신분'의 의미를 포함한다. 페에르 드 페닌은 아르투아 백작부인에 대해 이렇게 말한다. "그녀는 그녀와 신분이 같은 다른 귀부인들과는 달리 머리에 장식을 하지 않았다." 선량공 필립이 자기 아버지가 죽은 직후에 트로아로 영국왕을 맞으러 나갔을 때의 일이다. 입고 있던 상복이 어찌나 길던지 그가 타고 있던 말 아래로 흘러내려 땅에 닿을 정도였다고 한다.

이처럼 화려한 장식의 과시는 궁정 축하연에서 절정에 달한다. 누구나 쉽게 떠올리는 것은 부르고뉴 궁정에서 열린 축하연 모습을 전하는 기록이다. 예를 들면 손님들이 모두 꿩요리가 차려지는 동안 터키에 맞서 십자군 참가를 맹세했다는 1454년 릴에서의 축하연이나, 1468년 브뤼헤에서 개최된 호담공 샤를과 요크의 마가렛과의 혼인 축하연 등이다. 이러한 기회에 표현된, 왕이나 봉건 영주들 세계의 야만적인 사치의 과시는 겐트나 루뱅에 있는 제단 주위의 고요하고 신성한 분위기와는 상상도 못할 만큼 커다란 차이를 보인다. 이 '앙트르메(entremets)' 후식들은 악대가 들어와 연주해도 될 만큼 거대한 파이, 요란하게 장식된 배와 성채들, 원숭이와 고래들, 거인과 난쟁이들, 그리고 진부하기 짝이 없는 알레고리 등으로 묘사되고 있다. 그런 모습은 이미 우리에겐 악취미의 구경거리로밖엔 여겨지지 않는다. 그러나 우리는 여기서 또한 교회 예술과 궁정 축하연의 예술이라는 두 극단 사이에 있는 거리를 하나 이상의 관점에서 지나치게 크게 보는 것은 아닐까? 무엇보다도 우리는 이 시대의 축제라는 것이 사회 속에서 담당했던 역할을 깊이 생각해야만 한다. 축제는 아직도 미개민족에게는 문화의 가장 높은 표현이고, 사람들은 축제라는 형식 속에서 다 함께 삶의 환희를 표현하며, 연대의식을 확인한다. 당시의 축제는 이러한 원시적 기능을 우수하게 유지하고 있었던 것이다. 프랑스혁명처럼 막대한 사회변혁 시기의 축제는 중요한 사회적·미학적 기능을 이따금씩 회복한다.

근대인은 자기가 원할 때면 언제든지 휴식하고, 혼자서 조용히 인생을 생각한다든지, 취미나 오락에 전념할 수 있다. 그러나 아직은 정신적인 즐거움의 수단이 손쉽게 얻어질 정도로 보급되어 있지 않았던 이 시대 사람들은 공동의 축제에서 위안을 찾았다. 일상생활의 비참함과는 너무나 선명하게 대조적이었을지 모르지만 일상생활이 비참하기 때문에 축제는 더더욱 필수 불가결했다. 때문에 미와 쾌락의 도취 속에서 현실을 중화하는 수단을 바랐던 것이다. 축제 없이는 감내하기 힘든 일상인 것이다. 15세기는 무섭도록 뿌리 깊은 실의와 염세의 시대였다. 이미 살펴본 것처럼 부정과 폭력, 지옥과 심판, 악마와 마녀, 페스트, 화재, 그리고 굶주림이 시대의 밑바닥에 흐르고 있었다. 그 때문에 비참한 인간들에겐 날마다 되풀이되는 천국의 구원 약속, 하느님의 주시, 자비심의 보장이 반드시 필요했던 것이다. 그뿐만이 아니라 때로는 영광스럽고도 엄숙하게, 공동의 행위로써 삶의 아름다움을 서로 확인하는 것도 반드시 필요했다. 삶의 향락에는 근본적으로 유희, 사랑, 음주, 춤, 노래 등이 있다. 그러나 이것만으론 충분치 않았다. 사람들은 그것을 아름다움을 통해 드높이고, 공동의 축제로까지 양식화하지는 못했던 것이다. 또는 혼자서 책을 읽고, 음악을 들으며 그림이나 조각을 감상하고, 자연과 친해지며 즐기려 해도 그런 근대적 향락은 아직 손에 닿지 않았다. 책은 너무 비쌌고, 자연은 크나큰 위험으로 가득 차 있었다. 게다가 그림이나 조각은 축제에서 작은 비중을 차지할 뿐이었다. 원래 민중의 축제는 그 아름다움의 원천이 노래와 춤 속에 있었다. 색채와 형식의 아름다움에 대해서는 교회 축제에 빚을 진 부분이 많았다. 축제는 보통 교회 축제와 연관되어 형식과 색채가 풍부해졌던 것이다. 마침내 시민의 축제가 교회 축제에서 떨어져 나와 독립적으로 꾸며지게 되었는데, 바로 15세기의 이른바 '수사가들'[6]에 의해서였다. 그때까진 오직 군왕의 궁정에서만 세속의 축제를 열고, 여기에 사치스러운 물건들을 놓아 화려하게 장식했던 것이다. 그렇지만 사치와 화려한 장식만으론 충분치가 않다. 축제에서 절대로 빠져서는 안 되는 것은 바로 양식이다.

교회 축제는 그 양식을 전례(典例)에 기대고 있었다. 고귀한 이상이 수많은 사람들과의 아름다운 움직임 속에서 이미지화하여 감동을 불러일으키는 것이었다. 축제의 세세한 요소들이 차츰 지나치게 부풀어올라 마침내 축제 전체가 벌레스크(뷔를레스크)[7] 같은 양상을 띠기에 이르러서도 의식의 높은 위엄은 무너지지 않았던 것이다. 그러면 대체 궁정 축제는 어디서 그 양식을 빌려 온 것일까? 어떤 이상이 거기에 감춰져 있어서 표현을 강요하는 것일까? 기사도 정신 말고 다른 것일 수는 없다. 이 정신이야말로 궁정에서의 모든 생활과 관련되어 있기 때문이다. 그러면 이 기사도 정신에는 어떤 독자적 양식이, 말하자면 전례가 연관되어 있을까? 그렇다, 기사도 정신은 양식을 지니고 있었다. 대체로 작위 수여 행위, 기사 서약, 마상 창시합, 우선권, 충성 서약, 조공(朝貢)에 관련된 규범들, 그리고 문장(紋章)이나 문장 대신(大臣), 문장의 휘장과 관련하여 왕이 벌이는 모든 유희에 그 양식이 표현되어 있었던 것이다. 궁정 축제가 이러한 요소들로 만들어져 있는 한, 당시 사람들이 볼 때 이는 실로 위대하고 엄숙한 의

---

6) 북프랑스 여러 도시에서 시가 축제를 열고, 모든 '퓨이'를 원형으로 하여 15세기 네덜란드 여러 도시에서 성립했던 일종의 시인 길드 조직을 '수사가의 방'(이것은 직역이다. 이 책에선 '수사가 집단'으로 의역되어 있다)이라 한다. 이것은 소속된 시인이 도시의 보호 아래 성과 속의 축제, 드라마의 상연을 담당했던 것이다.

7) burlesque : 춤을 주로 한 저속한 익살극. 고상하고 웅장한 주제를 비소화함으로써 희극적 효과를 자아내는 분야.

식이었다. 이와 같은 전례적 양식의 축제를 접하면서 받는 강한 감동은 가끔 오늘날의 사람들도 군주제나 귀족제에 대한 모든 거부감과 상관없이 자연스럽게 경험하는 것이다. 하물며 기사도 정신의 미망에 완전히 사로잡혀 있던 당시 사람들임에랴! 관복의 휘황하고 화려한 장식을 접했을 때, 어떠한 감동이 그들의 마음을 사로잡았겠는가! 그러나 사람들은 더 많은 궁정 축제를 열망했다. 그들은 영웅적인 삶을 꿈꾸고, 그 극단적인 형식들 속에서 자신들의 꿈이 실현되기를 바랐던 것이다. 하지만 여기에 이르러 기사도 정신은 양식으로서의 힘을 잃는다. 기사도 환상, 기사도 의례의 모든 체계는 이제 진정한 생명력을 지니고 있지 않았다. 기사도는 완전히 문학이 되고 말았다. 이제 고전 고대의 불건전한 재생과 헛된 인습에 불과했다. 의식과 작법을 끌어모아서 겉모양을 장식하여 다 썩은 알맹이를 어떻게든 감춰야만 하는 상태에 있었다. 15세기 기사도 사상은 철저하게, 내용이 텅텅 비고 낡아빠진 낭만주의에 빠져 있었다. 이것이 궁정 축제 이미지의 원천이었다. 여기에 공상을 수용하고, 축제의 겉모양에 무대를 놓았던 것이다. 과연 어떻게 이 퇴폐적 기사도의 낭만주의같이 양식도 허물어지고 엉성하며 진부한 문학에서 참된 축제의 양식을 창출할 수 있겠는가!

'앙트르메'의 미학적 가치는 바로 이렇게 생각해 봐야 알 수 있다. 말하자면 그것을 응용문학으로 보는 것이다. 사실 유일한 해법인 이 응용문학은, 그 '앙트르메' 시간이 눈 깜짝할 새에 지나간 뒤에는, 완전한 형태를 꿈꾸는 모든 알록달록한 문학의 피상적인 형태들이 표현 재료라는 필연성에 자리를 내주어야 하기에 견딜 만한 것인지 모른다.

여기서 배어 나오는 답답하고 조악한 진지함이야말로 부르고뉴 궁정의 것이었다. 부르고뉴 궁정은 북방과의 접촉으로 말미암아 경쾌하고 조화로운 프랑스 정신을 잃은 듯 보인다. 사람들은 무게 있고 장중한 과시가 매우 중요하다고 믿었다. 1454년, 릴에서 있었던 선량공 필립의 대축하연은 지금까지 궁정 귀족들이 경쟁적으로 개최해 오던 일련의 연회에 마침표를 찍음으로써 맨 끝을 장식하는 것이었다. 이 일련의 연회는 처음엔 비용도 그리 들지 않는 간소한 것이었는데, 차츰 손님 수도 늘고, 주 요리나 '앙트르메'도 사치스러워지기 시작했다. 연회석상에서 주빈이 누군가에게 화환을 건네면 이로써 다음 주최자가 결정되는 식이었다. 그런 식으로 기사에서 대귀족으로, 대귀족에서 공(公)들에게로 차츰 영역이 넓어지고 거창해지다가 마침내 부르고뉴 공의 차례를 맞이하게 된다. 선량공 필립의 의도는 단지 화려한 축제에 머무는 것만이 아니었다. 그는 이 기회를 이용하여 지난해에 터키군의 손안에 떨어진 콘스탄티노플을 탈환하기 위해 대(對) 터키 십자군에 참가 서약자를 끌어모으려는 것이었다. 대 터키 십자군이야말로 그의 평생의 꿈이었다. 축하연 준비를 위해 필립은 황금양털 기사단의 장 드 라노아(Jean de Lannoy)를 위원장으로 하는 준비위원회를 구성했다. 올리비에 드 라 마르슈 또한 일원으로 들어가갔다. 각서를 쓸 때, 그는 몹시도 엄숙해져 있었다고 한다. '위대하고 영광스러운 업적들은 후세에 길이 남을 명성과 불멸의 기억을 원하기 때문'이다. 이 대사건을 회상하면서 그가 했던 말이다. 선량공 필립의 측근인 수석고문관들이 자주 위원회 회의에 출석했다. 대법관 니콜라스 롤랭과 시종장 앙투안 드 크로아(Antoine de Croy)가 먼저 호출을 받고, '의식과 행사'를 어디서 개최할 것인지 결정했다. 이 축하연의 모습은 이미 몇 차례 기술한 적이 있으므로 여기서 되풀이할 필요도 없을 것이다.

이 구경거리를 보려고 바다 건너 멀리서 찾아온 사람도 있었다고 한다. 초대받지 못한 귀족들도 대거 구경하러 왔는데, 그들 대부분은 가면을 썼다. 손님들은 처음엔 다 함께 연회장을 한 바퀴 돌며 돋을새김이나 벽걸이 등 훌륭한 전시품들에 감탄하고 칭찬했다. 그것이 일단락되면 마침내 살아 있는 사람들과 함께 '활인화'(사람을 그림 속 인물과 같이 분장, 배치하여 역사나 명화의 한 장면을 연출) 연기가 시작되었다. 올리비에 드 라 마르슈는 가장 중요한 장면이 진행되는 동안 탑 안에 들어가 있는 주인공 '성 교회(Saint Église)' 역을 연기했다. 탑은 터키 거인이 이끄는 코끼리 등 위에 만들어 놓았다. 이곳저곳에 놓인 테이블 위에는 매우 호화로운 장식품이 광채를 내뿜고 있었다. 돛을 올리고 선원들을 가득 태운 무장 선박, 나무와 바위, 분수, 성 앙드레상이 적당히 배치된 미니 초원, 뤼지냥(Lusignan)성과 그 탑 위에 서 있는 요정 멜뤼진(Mélusine), 풍차와 새 사격장, 풍차의 날개 끝에 앉아 있는 까치에게 활을 겨누고 있는 사람들, 들짐승이 어슬렁거리는 숲, 그리고 풍금과 성가대가 있는 성당 등. 이 성가대는 커다란 파이 안에 앉혀 놓은 28명의 오케스트라와 협연을 펼쳤다고 한다.

여기서 문제가 되는 것은 이 모든 것에 나타난 고급 취미 또는 악취미의 정도이다. 주된 소재는 신화, 은유, 교훈극에서 빌려 온 산만한 이미지들의 혼합물

〈7 성례〉 로히어르 작.

에 지나지 않았다. 하지만 그런 실행방법은 어떠했는가? 그 취지가 사치를 통해
나타났다는 것은 의심할 여지가 없다.

1468년의 결혼 축하연에서 테이블 위에 장식된 호르쿰(Gorcum) 탑은 높이가
무려 46피트(약 1미터 40센티미터)나 되었다고 한다. 여기서도 역시 고래가 등장
했는데, 라 마르슈는 이렇게 말한다. "그것은 매우 근사한 '앙트르메'였다. 왜냐
하면 고래 안에 40명이 넘는 사람들이 들어가 있었으므로."

게다가 기계로 조작하는 신기한 기구들도 많았다. 예를 들면 헤라클레스와
싸우는 용의 입에서 살아 있는 새들이 날아오르는 것 말고도 이와 비슷한 기

묘한 장치가 있었는데, 이것은 우리가 볼 때 모든 예술의 이미지와는 전혀 연관되지 않는다. 해학적 요소도 저열하기 짝이 없다. 앞에서 말한 호르쿰 탑의 높은 창을 보면, 돼지들이 트럼펫을 불고, 산양들이 성가를 노래하며, 늑대들이 플루트를 연주하고, 당나귀 네 마리가 가수로 등장했다고 한다. 더구나 이것은 음악에 대한 조예가 상당하기도 했던 호담공 샤를의 결혼을 축하하는 자리였다.

이 모든 것에도 이런 잔치의 모든 장식, 특히 전시 조형물들에서 보이는 몹시 바보스러운 허례허식 이면에 진정한 예술품 역시 많았음을 의심하고 싶지는 않다. 먼저 이들 가르강튀아[8] 취향의 장식에 마음을 빼앗기고, 이것을 몹시 진지하게 생각했던 사람들이 다름 아닌 얀 반에이크와 로히어르 판데르베이던의 후원자들이었음을 잊지 말아야 한다. 부르고뉴 공작 자신이 그러했고, 또 본(Beaune)과 오툉(Autun)의 두 성당에 제단을 기증했던 니콜라스 롤랭도 그중 한 사람이었다. 로히어르에게 〈7 성례 Seven Sacraments〉를 의뢰하여 그리게 한 장 슈브로(Jean Chevrot) 앞에서 말한 장 드 라노아를 비롯한 라노아 가문의 사람들 역시 예로 들 수 있으리라. 바로 이러한 화가들이야말로 그런 류의 전시품 제작자였던 것이다. 무슨 우연인지 얀 반에이크와 로히어르 판데르베이던의 이름은 기록에 남아 있지 않다. 그러나 그 밖의, 예를 들면 콜라르 마르미옹(Colard Marmion), 시몽 마르미옹(Simon Marmion), 자크 다레(Jacques Daret) 같은 화가들이 연회의 장식 그림을 그렸다는 사실은 잘 알려져 있다. 1468년의 축전에 즈음해서는 예정이 갑자기 앞당겨지는 바람에 기일에 맞추려고 각지의 화가조합이 몽땅 동원되었다고 한다. 강(Gand), 브뤼셀, 루뱅, 티를르몽(Tirlemont), 몽스, 베르겐(Bergen), 케누아(Quesnoy), 발랑시엔, 두에(Douai), 캉브레, 아라스, 릴, 이프르(Ypres), 쿠르트레(Courtrai), 오드나르드(Audenarde)의 화가들이 브뤼헤로 대거 소집되었다고 한다.

이런 화가들이 제작한 것들이 완전히 추악했다고는 할 수 없다. 누구라도 평범한 제단 장식을, 1468년 축하연에서 선보였던 부르고뉴 공작의 각 영지를 나타내는 문장 깃발들과 각 지방의 민속의상을 입고 과일바구니나 새장들을 든

---

8) 프랑수아 라블레의 《가르강튀아와 팡타그뤼엘 이야기》의 주인공의 이름에서 유래. 규모가 크고 명랑하며 호화롭다.

60개의 여자 인형들, 풍차들과 새 사냥꾼들로 완성된 30척의 의장 선박으로 서슴없이 맞바꾸었을 것이다.

　신성모독의 위험을 감수하고서라도, 그것은 좀 더 멀리 한 걸음 내딛도록 부추긴다. 자취도 없이 사라져 버린 이 테이블 장식예술을 상기하지 않고는 클라우스 슬뤼터르[9]와 다른 화가들의 예술을 제대로 이해하지 못할 것이라고 주장하고 싶다. 축제의 전시품과 고상한 조각예술의 중간쯤에 봉헌물이 자리하고 있다. 예를 들면 1404년 신년 축하로 왕비인 바비에르의 이사보가 남편 샤를 6세에게 바치고, 이듬해에 그녀의 사촌 루이에게 부탁하여 알퇴팅(Altötting) 성당에 봉헌한 작품이 있다. 이것은 〈금마(金馬)〉라고 하여 말 옆에 무릎을 꿇은 샤를 6세가 조각되어 있다. 또는 샤를이 1468년 축전 때의 약탈 소동에 대한 책임으로 리에주의 성 바울 성당에 헌납한 것이 있다. 이것에는 성 게오르기우스와 나란히 그의 조각상이 있다. 이것 또한 단지 겉보기뿐인 화려함을 위해 완벽한 기교가 낭비되어, 아름다움을 추구하는 우리 마음에 예리한 상처를 입힌다.

　예술에도 여러 가지가 있는데 장례식 조각만큼 뚜렷하게 실용적인 기능을 담당했던 것도 없다. 역대 부르고뉴 공작들의 묘를 만드는 작업에 종사한 조각가들의 당면 과제는 자유롭게 아름다움을 창조하는 게 아니라, 고인의 위대함을 기려야만 하는 것이었다. 그들의 임무는 화가들의 작업에 비해 훨씬 엄격한 제약과 여러 면에서 몹시 자잘한 규제를 받았다. 화가들은 주문 제작의 경우에도 상당히 자유롭게 창작 의욕을 발휘할 수 있었고, 주문품 말고도 뭐든지 좋아하는 것을 그릴 수 있었다. 그에 비해 이 시대의 조각가들은 주문 제작 외엔 거의 활동하지 않은 것 같다. 게다가 그들의 모티프는 한정되어 있었고, 엄격한 전통에 얽매여 있었던 것이다. 조각가들은 화가에 비하면 부르고뉴 공작을 섬기는 자로서 훨씬 엄격한 신분적 제약이 있었다. 프랑스 예술생활의 매력에 이끌려서 태어난 고향을 등진 2명의 위대한 네덜란드인, 즉 클라우스 슬뤼터르와 그의 조카인 클라에스 판더베르베(Claes van de Werve)의 경우가 그것을 뒷받침한다. 결국 부르고뉴 공작은 2명 모두를 독차지했던 것이다. 슬뤼터르가 디종에서

---

[9]　초기 참고문헌을 보면 그의 인장에 클라우스 Claus로 표기되어 있는데, 그의 모국어인 네덜란드어가 아닌 이 이름이 그의 정식 세례명이었을 거라고는 생각하기 어렵다. 그가 할렘 출신이었다는 사실이 1380년 무렵의 브뤼셀 화가 조합 명부에서 분명하게 밝혀졌다.

살았던 집은 부르고뉴 공작이 멋대로 정해 놓고 가구까지 제공한 집이었다. 그는 그곳에서 귀족처럼 생활했지만 궁정의 하인과 다를 바 없었다. 슬뤼터르는 그의 조카 클라에스와 얀 반에이크와 마찬가지로 '부르고뉴 전하의 시종'이었다. 이 궁정에서의 관직은, 조각가에게는 강압적인 의미를 지니고 있었다. 클라에스 판더베르베는 궁정 봉사의 예술이 빚은 비극적인 희생자 중 한 사람이다. 슬뤼터르의 일을 이어받은 그는 용맹공 장의 무덤을 완성하느라 디종에 발이 묶인 채로, 지금도 전혀 받지 못하는 임무를 수행하면서, 앞날이 창창했던 예술가로서의 경력을 성과 없는 기다림 속에서 허비하고 말았던 것이다. 결국 임무를 완수하지 못하고 죽었다.

이러한 예속적 관계가 있긴 하지만, 조각예술은 수단, 재료, 그리고 주제가 가진 자연적 한계를 뛰어넘으려는 반대급부로써 항상 어떤 단순함과 자유로움의 절정에 접근한다. 우리는 이 단순함과 자유로움의 절정을 고전주의라고 부르는 것이다. 거장 중 한 사람이 나타나, 그 조각가가 시대나 지역에 상관없이 끌로 새기면서 거기에 도달하게 된다. 시대의 임무가 조각예술을 아무리 밀어붙인다 해도, 나무나 돌로는 사람의 형태나 의상의 표현에 단지 몇 가지 변화만을 줄 수 있을 뿐이다. 로마제정기의 흉상들, 16세기 프랑스의 장 구종(Jean Goujon)과 미셸 콜롱브(Michel Colombe), 18세기 프랑스의 오귀스탱 파주(Augustin Pajou), 장 앙투안 우동(Jean Antoine Houdon) 사이에는, 예술의 다른 분야에 비하면 그다지 큰 차이가 발견되지 않는다. 슬뤼터르와 그의 문하생들 역시 조각예술의 이러한 영원한 동일성에 속해 있었던 것이다.

그러나 아직도…… 우리는 슬뤼터르의 작품들을 과거의 모습 그대로, 그가 의도했던 대로 이해하지 못한다. 당시 사람들에게 크나큰 신앙의 기쁨을 주는 방식 그대로 표현된 〈모세의 우물 Moses Fountain〉이 대중에 모습을 드러내자, 1418년 교황의 특사는 거기에 경건하게 참배하러 오는 모든 사람에게 면죄부를 주었다고 한다. 이 시점에서 우리는 왜 감히 슬뤼터르의 예술과 '앙트르메'의 예술을 동시에 언급하는지 깨닫게 된다. 〈모세의 우물〉은 현재 한쪽 조각밖엔 남아 있지 않다. 분수를 장식하고 싶었던 초대 부르고뉴 공 필립은 그것을 골고다 언덕의 예수상의 모습으로 만들어 자신이 좋아하는 샹몰의 카르투지오회 수도원의 안뜰에 놓게 했다. 십자가 위의 예수 그리스도, 십자가 골고다 언덕의 예

〈**모세의 우물**〉(1395~1404) 모세. 슬뤼터르 작.

수상 성모마리아와 요한, 막달라마리아가 주요 부분인 이 기념물은 샹몰 지방
을 흔적도 없이 황폐화시킨 프랑스혁명 때 대부분 사라졌다. 현재는 중간 부분
이하의 부분과 받침대만이 남아 있는데, 그 받침대에는 천사들이 가장자리에
서 주위를 떠받치고 있고, 구세주의 죽음을 예언한 구약성서의 여섯 인물인 모
세, 다윗, 이사야, 예레미야, 다니엘, 즈가리야의 형상이 서 있다. 그 각각의 상에
는 작은 띠가 붙어 있는데, 여기에는 예언의 문구가 새겨져 있고, 실제로도 그
것을 읽을 수 있다. 전체적인 묘사는 그야말로 연극의 상연이었다. 이렇게 말하
는 이유가 그 무렵 왕후(王侯)의 입성식이라든지 축하연 때 개최된 '활인화'나

'가면극'에서도, 통상적으로 대사가 적힌 두루마리가 등장한다는 사실, 또는 그런 공연들에서도 표현의 가장 중요한 주제가 구약성서에서 가져온 구세주에 대한 예언이라는 사실 때문만은 아니다. 다만 위와 같은 묘사가 이례적으로 강하게 구두적인 효과를 내고 있다는 사실 때문이다. 이 작품에선 예언의 말을 새긴 비문이 중요한 구실을 한다. 우리는 신의 뜻인 이 말들을 들어야 비로소 이 작품의 진정한 이해로 인도될 수 있다. "해질 때 이스라엘 사람들이 그 양을 잡도록 하라." 이는 모세의 말이다. 시편에 나오는 다윗의 말은 이렇다. "개들이 떼지어 나를 에워싸고, 이 몸은 뼈 마디마디 드러나 셀 수 있게 되었다." 다음은 이사야의 말이다. "도살장으로 끌려가는 어린양처럼 가만히 서서 털을 깎이는 어미 양처럼 결코 입을 열지 않았다." 예레미야는 애가에서 노래한다. "길 가는 사람들아, 너희에게는 이 일이 상관없느냐? 내게 닥친 고통만한 것이 어디에 다시 있으랴!" 다니엘은 말한다. "육십이 주간이 지난 다음, 기름부어 세운 이가 암살당하리라." 즈가리야는 말한다. "그들은 은 30세겔을 품삯으로 내놓았다."[10] 이렇게 여섯 목소리가 부르는 애가(哀歌)는 십자가를 빙 돌아 위로 올라간다. 이 작품의 본질적인 특성은 바로 여기에 있다. 조각상과 성구(聖句)의 연관성에는 매우 비밀스러운 데가 있어서 몸짓과 표정에는 보는 사람의 마음을 뒤흔드는 매력이 있는데, 이 작품은 오히려 위대한 조각품 특유의 평정한 경지를 잃을 위험이 있다. 이 조각상들은 관객들에게 너무 직접적으로 말한다. 슬뤼터르는 소수의 예술가들이 알고 있는 것처럼, 주제의 신성성을 어떻게 표현해야 하는지 잘 알고 있었다. 그렇지만 순수한 예술이라는 시점에서 본다면, 이 신성성의 중압감은 지나친 무언가를 만들어 낸다. 미켈란젤로의 무덤 조각상에 비하면 슬뤼터르의 선지자들은 표현이 풍부하고, 너무 인간적이다. 불굴의 위엄을 드러낸 그리스도상의 주요 형체 중에서 머리 부분과 토르소뿐만 아니라 더 많은 부분이 보존되었더라면 우리는 아마도 〈모세의 우물〉을 표현 초과로 보는 이런 비판을 몇 갑절의 가치를 지니도록 재고해 볼 것이다. 그러나 지금 우리가 눈으로 볼 수 있는 것은 단지 천사들이 선지자들의 신앙심을 받침대 위의 세계로 어떻게 이끄는가 하는 것뿐이다. 반에이크가 묘사하는 천사에 비해 그토록 무한히

---

10) 출애굽기 12장 6절. 시편 21편 18절(현행 개신교 성경에선 22편 16~17절). 이사야서 53장 7절. 예레미야애가 1장 12절. 다니엘서 9장 26절. 즈가리야서 11장 12절.

고결하며, 타고난 은총 속에서 신묘한 시상으로 넘치는 그의 천사들이 말이다.

샹몰의 십자가상 기념물이 사람들의 이미지에 강하게 작용했다는 것은 조각과는 직접 연관이 없는 분야에도 분명하게 나타나 있었다. 즉 이것은 화려한 극채색이었던 것이다.

장 말루엘(Jean Malouel)이 색채 장식을 하고, 에르망 드 콜로뉴(Herman de Cologne)가 금박을 입힌, 당시 모습 그대로의 예언자상을 우리는 상상해 보아야 한다. 거기엔 단순하지 않은 색채와 극적인 효과가 있었다. 선지자들은 저마다 금색 망토를 걸치고 녹색 받침대 위에 서 있었다. 모세와 즈가리야는 붉은색의 긴 옷을 입고 있었는데 겉옷의 안감은 푸른색이었다. 다윗은 금색 별들이 전체적으로 박힌 파랑 옷을, 예레미야는 감청색 옷을, 그들 중에서 가장 비통한 이사야는 화려한 무늬가 도드라진 비단옷을 입고 있었다. 황금빛 태양과 이니셜들이 빈 공간을 채우고 있었다. 문장(紋章)도 빼놓을 수 없다! 예언자상 아래 받침대를 떠받치고, 이것을 수면에서 위로 들어 올리고 있는 굵은 기둥 주위에는 부르고뉴 공의 지배가 미치는 각 영지의 자랑스러운 방패모양 문장들이 눈부시게 장식되어 있었다. 뿐만 아니라 심지어는, 전체적으로 금박을 입힌 거대한 십자가의, 길이 3미터에 이르는 가로목에도 기둥머리 모양 양쪽 끝에 부르고뉴와 플랑드르의 방패모양 문장이 새겨져 있었다고 한다! 이것은 예레미야의 코 위에 하네킨 드 하흐트(Hannequin de Hacht)라는 사람이 만든 금도금 구리 안경이 씌워져 있는 것보다 훨씬 또렷하게, 이 거대한 기념물을 만들게 한 부르고뉴 공작의 의도가 어디에 있었는지를 잘 나타내 준다.

조각예술은 후원자인 제왕과 제후의 의지에 달려 있었다. 이는 분명 비극이다. 그렇지만 이 비극은 숭고함과도 통하고 있었다. 그 속박으로부터 단절하려 했던 위대한 예술가의 노력 때문에 숭고한 것이다. 예를 들면 '우는 이들'로 불리는, 석관 주위에 배치된 군상들은 부르고뉴의 장례예술이 예전부터 추구해 왔던 부득이한 모티프였는데, 이것은 결코 슬픔의 감정을 다양하게 변형시켜 자유롭게 표현하는 성격의 것이 아니었다. 이것은 시신을 묘소로 옮기는 실제 장례행렬을 충실하게 재현한 것으로, 장례에 참석한 고위 인물들을 알아볼 수 있도록 제작하라는 요구가 있었다. 그러나 결과는 어땠을까? 슬뤼터르의 제자들은 이 모티프를 놓고 심원하고도 장엄한 장례의 표현, 돌에 조각된 하나의 장송행진곡을 탄생시키지 않았던가!

　그러나 이는 후원자들과 예술가들이 예술에 대해 서로 취미가 달랐다는 가설을 아무래도 지나치게 강조하고 있는 것 같다. 어쩌면 슬뤼터르도 예레미야의 안경을 스스로 기발한 생각이라고 여겼을지도 모르지만 확실치 않다. 그 무렵 사람들의 머릿속에는, 말하자면 좋은 취미와 나쁜 취미라는 뚜렷한 구별이 없었다. 화려하고 진귀한 것들을 바라는 마음과 예술 감각이 아직 분화되지 않은 상태였다. 순진한 공상이 어떤 것에도 얽매이지 않고 펼쳐진 바, 기이함도 아름다움으로 받아들여졌던 것이다. 근대 중세 숭배가 기대하는 대로라면 이 시대의 양식 감각은 반드시 작용하고 있지는 않았다. 아무리 사실적인 효과를 노려도, 지나치게 노리는 경우란 없었다. 그 시대엔 '눈썹과 눈이 자유롭게 움직이는' 자동인형이 있었다는 것이다. 천지창조가 상연되는 무대 위에는 물고기까지 포함하여 살아 있는 동물들이 줄줄이 등장했다고 한다. 고상한 예술품과 값비싼 잡동사니가 너무나 순진하게 혼동되었고, 똑같이 감탄과 칭찬의 대상이 되었다. 제후의 미술품 컬렉션이란 것도 원래는 일급 예술품과 허섭스레기를 모아놓은 것이었다. 예를 들면 드레스덴(Dresden)의 '녹색 궁륭의 방'에 있는 수집품들은 말하자면 '승화되고 남은 찌꺼기'에 불과하다. 에스댕 성은 귀중한 예술품의 보물창고임과 동시에 여러 종류의 '즐길거리'를 모아놓은 오락장이기도 했다. 대개 제후가 휴식하는 곳에는 이런 종류의 오락 설비가 따라다녔다. 영국인 윌리엄 캑스턴(William Coxton)은 이 성의 한 방이 황금양털의 영웅 이아손의 전설을 이야기하는 그림들로 장식되어 있음을 보았다. 효과를 높이려 했음인지 이아손의 아내 메디아의 마술을 흉내 내려고 번갯불을 번득이고, 천둥을 울리게 하고, 눈과 비를 뿌리는 기계장치까지 갖추고 있었다고 한다.

　제후들의 입성을 환영하려고 도시 구석구석에 마련한 장치에도 공상의 날개는 접을 줄을 몰랐다. 1389년 파리에서, 바비에르의 이사보가 샤를 6세의 아내로 입성할 때는 성경에서 소재를 따온 장면이 행렬에 섞여 있었고, 금박을 한 뿔을 번쩍번쩍 빛내는 흰 수사슴이 머리에 왕관을 쓰고 등장하는 무대를 펼쳤다고 한다. 사슴은 '옥좌'[11] 위에서 쉬다가 눈, 뿔, 다리의 순으로 움직였고

---

11) lit de justice : (구체제의) 파리고등법원의 옥좌. 친국(親鞫)의 자리.

마지막으로 칼을 높이 들어올렸다고 한다. 나아가 장 주베날 데 위르상은 이렇게 전한다. "파리로 들어온 왕비가 마침 센강의 다리 위에 다다랐을 때의 일이다. 노트르담 탑 위에서 '매우 기발한 장치에 의해' 천사가 춤추며 내려와서, 지나가는 왕비의 머리 위에 왕관을 씌우자마자, 마침 다리를 덮고 있던 황금 백합무늬의 푸른 호박단 벽지가 찢겨져 있던 틈으로 빠져나가며 이내 모습을 감추었다. '마치 스스로 하늘로 돌아간 것처럼.'" 이런 종류의 천사 하강이라는 취향의 상연물은 이때뿐만이 아니다. 입성 축하하는 그 무렵 유행하던 프로그램의 하나

〈모세의 우물〉 다니엘과 이사야. 슬뤼터르 작.

였고, 물론 알프스 쪽에서만 나타났던 것도 아니었다. 필리포 브루넬레스코[12]마저도 이런 장치를 고안해내야만 했다. 부르고뉴의 필립은 강으로 입성하면서, 1484년 샤를 7세는 랭스에서 비슷비슷한 하강 장면을 선보였다. 15세기 사람들은 사람이 안에 들어가서 움직이는 모형 말이 무대에 등장해도 이것을 전혀 우스꽝스럽게 여기지 않았던 것 같다. 어쨌든 르 페브르 드 생레미만큼은 전혀 조롱의 기색을 보이지 않으면서 '인공 말에 탄' 4명의 트럼펫 연주자와 12명의 귀족의 연기에 대해 감탄한다. "날거나 도약하는, 정말로 멋진 구경거리였다."

파괴자인 시간은 이 기이한 장식들을 흔적도 없이 사라지게 하고, 몇 안 되는 고상한 미술작품만을 우리에게 남겨놓아 우리로 하여금 이 두 가지를 확연

---

12) Filippo Brunellesco(1377~1446) : 피렌체파 르네상스 건축의 선구자. 대표작은 피렌체의 산타마리아 델 피오레 성당의 돔. 팔라티오 건축도 그가 정형을 확립했다고 보아도 무방하다. 팔라티오 피티는 그의 기본 계획에 따른 것이다.

하게 구분할 수 있게 해준다. 그러나 이것은 우리의 예술 감각이 추구하는 것이지 그 무렵 사람들로선 전혀 알 바가 아니었다. 부르고뉴 시대의 예술적 삶은 여전히 사회 일반의 생활 형태에 따라 전적으로 결정되었다. 예술은 쓸모 있는 것이었다. 예술의 사회적 기능은 먼저 화려하고 장엄하게 장식하는 것이고, 또 개인의 유력함을 부각시키는 것이었다. 여기서 개인이란 예술가가 아니라 기증자나 후원자를 말한다. 이는, 교회 예술에서 보이는 으리으리한 화려함이 신에 대한 경건한 마음을 이끌어 내는 것에 기여하고, 경건한 충동과 거리가 먼 기증자가 예술품 한가운데에 자신의 모습을 넣는다는 사실과 들어맞는다. 한편 세속회화는 자만심 부푼 궁정 생활과 보조를 맞추기는 했지만, 그렇다고 그것이 언제나 호화롭고 오만불손한 성격의 것은 아니었다. 예술과 삶이 서로 어떻게 연관되어 있었는지, 서로 어떻게 녹아 있었는지를 제대로 알기엔 당시 예술이 처해 있던 상황에 대한 우리의 지식이 너무나 얕다. 더구나 우리는 예술 자체에 대해서도 매우 단편적으로밖엔 알지 못한다. 그 시대의 삶을 구성하는 것은 궁정과 교회만이 아니다. 이것이 궁정과 교회라는 두 세계 이외의 생활을 표현한 몇 안 되는 작품에 특별히 역점을 두는 이유이다. 그런 작품들 중에 하나는 무엇과도 비교할 수 없는 스스로의 빛을 발산한다. 바로 〈아르놀피니의 결혼〉이라는 아르놀피니 부부의 초상화이다. 이 그림은 15세기 예술을 가장 순수한 형태로 표현하고 있으며, 화가인 얀 반에이크의 수수께끼 같은 개성을 아주 잘 들여다볼 수 있게 해준다. 대가는 초상화를 그릴 때 신들의 휘황찬란한 위엄도, 귀족들의 오만함도 재현할 필요가 없었다. 얀 반에이크는 친구들의 결혼식에서 그들을 그렸다. 그러나 이 초상화의 인물이 정말로 플랑드르 지방에서 장 아르눌핀(Jean Arnoulphin)이라고 불렸던 이탈리아 루카(Lucca) 출신의 상인일까? 반에이크가 두 번이나 그린 이 사람은[13] 전혀 이탈리아인답지 않다. 하지만 1516년의 마르그리트 도트리슈 공주의 소장품 목록에 그림 제목이 〈아내와 함께 방에 있는 에르눌 르 팽 *Hernoul le fin avec sa femme dedans une chambre*〉이라는 것은, 이 인물이 아르놀피니라는 것에 강력한 논거를 제공한다. 그런 경우 현시점에서 이 그림을 '상공업자의 초상'이라고 할 수는 없을 것이다. 왜냐하면 아르놀피

---

13) 이 그림은 런던의 국립미술관에, 다른 하나는 베를린의 프리드리히 황제 박물관에 있다.

〈아르놀피니의 결혼〉(1434)　아르놀피니 부부의 초상화. 반에이크 작.

니는 고문관으로서 공작령 내의 중요 사안을 두고 국정에 여러 차례 참여했던 고위직 인물이었기 때문이다. 그렇다고 해도 이 초상화의 인물은 얀 반에이크의 친구였다. 이 그림 속을 보면, 화가가 자기 작품에 서명한 것으로 거울 위쪽에 "여기 요하네스 데 아이크가 있었다. 1434년"이라고 정교하게 쓰인 문구가 보인다.[14] 의미심장하게도 '1434년'이라는 글자가 이것을 증명한다. 얀 반에이크는 여기 있었다. 조금 전까지. 고요하게 가라앉은 실내에는 아직도 그의 음성의 여운이 감돌고 있다. 렘브란트의 화폭에서만 다시 볼 수 있을 화면에 담긴 온화한 마음, 고요한 평화의 분위기가, 말하자면 마치 얀 자신의 속마음이라는 듯이 작품에 스며 있다. 문득 우리에게 친숙한 중세의 저녁이 되살아난다. 알고는 있지만, 그토록 자주 찾아 헤매다가 물거품으로 돌아가는 그 저녁. 우리는 그것을 문학과 역사에서, 또 그 시대의 신앙생활 속에서 찾는다. 민요와 교회음악 속에서도 행복하고, 고귀하며, 순수한 중세에서 말이다. 하지만 그 호탕한 웃음소리와 거리낌 없는 열정의 세계는 우리와 얼마나 멀리 떨어져 있는가!

지금 이 순간 어쩌면 우리의 상상력은 그를 볼 수도 있다. 그 시대의 격렬하고 긴장도 높은 생활에서 조금 벗어나 거리를 두고 서 있는 사람, 고개 숙여 자신의 내면을 바라보면서 인생을 지나쳐가는 단순한 영혼, 꿈꾸는 얀 반에이크를 만나게 되는 것이다. 주의해야겠다! 자칫하면 이 공작의 '시종'이 어떻게 자신의 고귀하신 상전을 마지못해 섬겼는지, 궁정 축제의 공연 작업과 선박의 의장 작업에 참여하느라 그의 동료들이 어떻게, 크나큰 고통 속에서 자신들의 숭고한 예술을 부인할 수 있었는지를 기술한 예술사적 소설이 되어버릴 수도 있겠다!

사실 이와 같은 견해를 뒷받침하는 것은 아무것도 없다. 우리가 찬탄하는 반에이크의 예술은 바로 우리의 반감을 부추기는 궁정 생활의 한가운데에서 존속했었다. 이 시대 화가들의 삶에 대해 지식이 부족하다 보니 우리는 그들을 고귀한 세계 속의 사람들로 보기도 한다. 베리 공과 그를 섬기는 화가들의 사이는 매우 가까웠다. 프루아사르는, 므윙 쉬르 예브르(Mehun-sur-Yèvre)에 있는 훌륭

---

14) Johannes de Eyck fuit hic, 1434. 이 라틴어 문장을 '여기 있는 사람은 요하네스 데 아이크였다'라고 읽고, 이것을 그의 초상화로 보려는 의견이 있다. 최근 이러한 논의가 다시 활발해졌는데, 그러나 이 논의도 아직 정설을 뒤집을 정도엔 이르지 않은 것 같다.

한 성에서 화가 앙드레 보느뵈(André Beauneveu)와 친근하게 이야기를 나누는 베리 공의 모습을 보았다고 말한다. 랭부르(Limburg)의 삼형제는 훌륭한 삽화가들인데, 깜짝 놀랄 만한 새해 선물로 베리 공을 즐겁게 하기도 했다. 그것은 새로 삽화를 그렸다는 원고였지만 사실은 '모조품 책'이었기에, '흰색 나무토막에 책 모양으로 그려서 만든, 종잇장도 전혀 없고 아무것도 쓰여 있지 않은 책'이었다. 얀 반에이크가 궁정인의 사회에서 활동했음은 틀림없는 사실이다. 선량공 필립이 그에게 맡긴 외교적 기밀 임무는 세상물정을 잘 알아야 하는 일이었다. 당시 그는 그리스 고전을 읽고, 기하학도 연구했던 학자였다. 그의 겸손한 좌우명인 '제가 할 수 있는 한(Als ik kan)'은 묘한 구석이 있다. 이것을 그리스 문자로 가장한 것이다.

우리는 이런 사례에서 경고의 목소리를 들어야 한다. 그것을 느끼지 못하면 반에이크의 예술이 15세기의 생활 속에 있는 게 아니라 다른 곳에 있는 것처럼 여겨질 것이다. 우리가 볼 때, 이 시대는 확연히 구분되는 두 가지 생활영역이 있었다. 한편에는 궁정과 귀족과 부유한 시민의 문화, 말하자면 사치와 명예욕, 물욕에 사로잡혀 방종하게 치장되고 열정으로 뒤덮인 채 불타오르는 문화가 있었다. 다른 한편에는 '근대 경건운동'의 한결같은 잿빛의 고요한 영역, 즉 공동생활신도회와 빈데스하임 수도회 안에서 정신적 지주를 찾았던 중산층의 경건한 남편들과 순종하는 아내들의 영역이 있었다. 이것은 또한 루이스브뢰크와 성 콜레트의 세계이기도 하다. 우리의 견해로는 이 세계가 경건하고 고요한 신비주의에 입각한 반에이크의 예술이 속하는 세계이다. 그래도 그의 그림은 앞서 말한 전자의 세계에 더 맞을 듯하다. '근대 경건운동'을 지지하는 사람들은 그 시대에 활짝 피어났던 기념비적인 예술을 거부했다. 그들은 대위법과 파이프 오르간마저도 받아들이지 않았던 것이다. 음악에 탁월한 부르고뉴 가문인 위트레흐트의 주교 다비드와 샤를 공은 당대의 가장 뛰어난 작곡가를 자신들의 음악 선생으로 두고 있었다. 위트레흐트에서는 야코프 오브레히트(Jacob Obrecht)가, 샤를 공에게는 앙투안 뷔누아(Antoine Busnois)가 그 일을 담당했는데, 샤를 공은 노이스 근처의 진지까지 그를 데려갈 정도였다. 빈데스하임 수도회의 수도원장은 노래에 변조를 가하여 꾸미는 것을 모두 금지했고, 토마스 아 켐피스는 이렇게 말하기도 했다. "종달새나 나이팅게일처럼 노래할 수 없다면 까마귀나 연못의 개구리처럼 노래하라. 까마귀나 개구리들은 하느님이 주신 그대로 노래하고 있으니까." 이런 그들이 그림에 대해서는 별다른 의견을 내놓지 않았던 것은 당연하다. 그러나 책에 대해서는, 간결하되 삽화가 들어 있지 않기를 바랐던 사람들이었다. 그들은 〈어린양에 대한 경배〉 같은 작품조차도 억누르지 못한 교만의 표출로 보았던 것 같다.

그런데 이 두 가지 생활영역이 우리에게 보이듯이 일도양단으로 재단한 것처럼 뚜렷이 나뉘어 있었을까? 이것에 대해서는 이미 언급한 바 있다. 궁정인 무리와 엄격한 신앙 속에서 사는 사람들 사이에는 사실 빈번한 접촉이 있었던 것이다. 성 콜레트나 카르투지오회 수도사 드니의 경우, 부르고뉴 공작들과 가까웠다. 샤를 공의 후처인 요크의 마가렛은 벨기에의 '개혁파' 수도원에 지대한 관심을 보인다. 포르투갈에서 시집온 영주의 아내 베아트리스는 부르고뉴 궁정에서 최고 인기인 중 한 사람인데도 화려한 의상 속에 과거 종교적인 고행을 하던 사람들이 입던, 털이 섞여 거친 속옷을 입었었다고 한다. 샤틀랭은 그녀에 대해 이렇게 말한다. "금실로 짠 옷과 왕족의 장신구를 신분에 걸맞게 몸에 두르고, 어느 누구보다도 세속적인 여자로 보이며, 많은 여자들이 그렇듯 온갖 쓸데없는 이야기에 열광하고, 겉으로는 천박한 여자들이나 할 일 없이 먹고 노는 한심한 여자들같이 행동했지만, 그녀는 매일 알몸 위에 거친 속옷을 입었고, 남의 눈을 피해 가며 빵과 물만 먹으면서 여러 날 동안 절식했으며, 남편이 없는 동안에는 며칠 밤이고 거친 지푸라기 침상에서 잤다." 내면을 돌아보는 행위는 근대 경건주의 신자들에게도 끊임없는 습관이 되어 있었다. 귀하신 궁정인들 또한 비록 호사스러운 생활 속에서 드문드문 들려오는 어렴풋한 메아리같이 느껴진다 할지라도 자기 성찰에 대해 알고 있었다. 릴에서의 대축제가 끝나고, 선량공 필립이 황제와 협상을 벌이려고 레겐스부르크(Regensburg)로 갔을 때, 몇몇 귀족과 궁정의 여인들은 '매우 아름답고 성스러운 생활을 영위하기 위해' 규율을 지켰다고 한다.

궁정의 장중하고 화려한 행사의 모습을 당당한 필치로 그려낸 연대기 작가라 해도 '화려한 의식의 어리석은 요란함'에 대해서는 몇 번이고 되풀이하여 비난할 수밖에 없다. 올리비에 드 라 마르슈만 해도 릴의 축제를 돌아보면서 '수많은 축하연에서 볼 수 있었던 가공할 낭비와 막대한 지출'을 깊이 생각하고 있다.

2월

3월

9월

12월

〈베리 공의 화려한 기도서〉 달력 페이지 랭부르 삼형제 작.

교회가 등장한 '앙트르메'를 제외하고, 그는 거기서 '가치에 대한 분별력'이 사라진 것을 보았다. 그러나 궁정의 한 현자가, 그런 일이 왜 있어야 하는지를 그에게 자세히 밝혀 주었다고 말하고 있다. 샤틀랭과 자크 뒤 클레르크에 따르면 루이 11세는 부르고뉴 궁정에 머물면서 몸에 익혔던 것들, 사치의 낌새를 보이는 모든 것에 대해 증오심을 품게 되었다고 한다.

예술가들이 몸담고 헌신했던 사회는 근대 경건주의 집단과는 완전히 별개였던 것이다. 이 시기에 꽃피었던 회화예술은 새로운 신앙의 경우와 마찬가지로 원래 도시 공동체에 뿌리를 두고 있기는 했지만, 반에이크나 그 후계자들의 예술은 시민적이라고 할 수 없다. 궁정과 귀족 계급들이 예술을 소유하고 있었기 때문이다. 실제로 세밀화 예술은 랭부르 삼형제의 영향으로, 무엇보다도 왕족의 후원을 받은 〈토리노의 기도서 *Heures de Turin*〉의 그 완벽한 예술적 정교함에 힘입어 발달했다. 문제의 핵심은 벨기에 대도시들의 부유한 시민층이 귀족적인 생활양식을 동경했다는 사실이다. 남네덜란드와 프랑스 예술의 차이, 15세기의 북네덜란드 예술로 간주할 수 있는 작품의 수는 적지만 한편으로 북네덜란드까지도 포함시켰을 때, 이 지역들 간의 예술의 차이는 환경 차이로 이해할 수 있다. 즉 한쪽에는 궁정과 끊임없이 접촉하는 브뤼헤, 강, 브뤼셀의 사치스럽게 발달한 생활이 있었다면, 다른 한쪽에는 근대 경건운동의 근원지인 에이셀 강가의 조용한 마을들처럼, 경외심이 점점 깊어지는 하를렘 같은 외딴 시골마을이 있었던 것이다. 예를 들면 디르크 바우츠의 작품들은 '하를렘풍'이라고 할 수 있다. 사실 그는 남네덜란드에 이끌린 사람이었고, 현재 남아 있는 그의 작품들도 그곳에서 제작된 것이다. 그러나 그의 작품에서 발견되는 그 간결함, 신랄함, 신중함이야말로 진정 시민적인 표현의 특성으로 간주할 수 있으며, 이것은 남네덜란드 화가들의 귀족적 자부심, 번지르르한 고상함, 자긍심, 화려함과 비교된다. 실제로 하를렘학파는 진지한 시민들의 생활 속으로 바짝 다가가서 활동했다.

대형 회화작품의 주문자는 우리가 아는 한, 거의 예외 없이 당시 거대한 자본을 움직이던 사람들이었다. 모두 왕족 아니면 궁정의 고관대작이었고, 부르고뉴 시대에 넘쳐났던 벼락부자들이었다. 이들은 궁정을 자신들의 지표 모델로 삼고 다른 귀족들과 같은 정도로 예술을 후원했다. 부르고뉴 시대의 권력은 특히 재력을 빌미로 자신들을 섬기게 하고, 관직 하사와 편애를 통해 귀족에 견줄 만한 새로운 자본력을 만들어내는 수완에서 나온다. 그들은 기사도 정신의 생활양식을 중시한 나머지 황금양털 기사의 과시성 속에, 또 축제와 마상 창시합의 겉치레에 빠져 있었다. 현재 안트베르펜 미술관에 있는 로히어르 판데르 베이던의 경건함이 넘치는 작품인 〈7 성체〉를 표현한 제단화를 보면, 그림 속에 보이는 투르네의 주교 장 슈브로의 문장으로 그가 기증자임을 알 수 있다. 니콜라스 롤랭과 함께 부르고뉴 공작의 가장 가까운 고문이었던 슈브로는 황금양털 기사단과 대규모 십자군 계획에 열성이었다. 이 시대를 대표하는 또 다른 대자본가의 전형은 피에르 블라델린(Pierre Bladelin)이었다. 그의 근엄한 모습은 플랑드르의 작은 마을 미델뷔르흐에 있는 교회의 세폭 제단화를 통해 세상에 알려져 있다. 그는 고향 브뤼헤에서 징세관의 지위를 시작으로 마침내 부르고뉴 공작의 재무장관으로까지 출세한다. 그는 절약과 엄격한 규제를 통해 정부의 재정을 늘렸다. 그는 황금양털 기사단의 재무관에 임명되어 기사 서임을 받고, 1440년에는 잉글랜드에 포로로 잡혀 있던 샤를 도를레앙을 구해 오는 중요한 외교사절로 기용되었다. 그는 또한 대 터키 십자군 원정의 자금책을 맡았다. 그는 당시 사람들의 경탄의 대상이었던 자신의 재력으로 플랑드르에 신도시 미델뷔르흐를 건설했으며, 해안의 간척공사를 실시하여 슬뤼이스 부근의 블라델린 간척지에 자신의 이름을 남겼다.

그 밖에 영광스럽게도 헨트의 제단화에 기증자로 초상화가 남아 있는 요도쿠스 비트(Jodocus Vydt)와 〈참사회원 판데르파엘레와 함께 있는 성모〉의 기증자인 주교교회 참사회원 판데르파엘레(Van de Paele), 그들 역시 당대의 거부였다. 또한 드 크로아 가문이나 드 라노아 가문도 신흥 부자 귀족이었다. 그중에서도 당시에 세상을 떠들썩하게 했던 것은 대법관 니콜라스 롤랭이다. '비천한 신분에서 출세한' 법률가였던 그는 재무관이자 정치가로서도 최고의 직위에 올랐다. 1419년부터 1435년에 걸쳐 부르고뉴가 외부와 맺은 큰 협정은 모두 그의 손을 거친 것이었다. 샤틀랭은 말한다. "그는 혼자서 모든 일을 처리하곤 했다. 그것이 전쟁이든, 평화협정이든, 재정문제든 마찬가지였다." 그는 완전히 떳떳하다고 할 수 없는 방법으로 어마어마한 재산을 모았고, 또 많은 기부를 했다. 그럼에도 그의 탐욕과 오만은 커다란 혐오감과 함께 사람들의 입에 오르내렸다. 그

〈참사회원 판데르파엘레와 함께 있는 성모〉 반에이크 작.

기증 행위가 경건한 마음의 표현이라고는 믿기지 않았던 것이다. 니콜라스 롤랭은 자신의 고향인 오텡에 기증할 그림을 얀 반에이크에게 그리게 하여 현재 루브르미술관에 소장되어 있는 그림 속에서 아주 경건하게 무릎을 꿇고 있고, 본에 있는 병원에 기증했던 로히어르 판데르베이던의 그림 속에서도 바로 그 경건한 자세로 다시 등장하고 있지만, 그는 세속적인 일밖엔 모르는 속물로 통했다. "그는 속세 자체를 거둬들였다" 샤틀랭은 말한다. "속세의 삶이 영원할 줄 알았던 모양이다. 이런 행동은 그의 정신이 타락했음을 의미한다. 눈앞에 곧 종말이 임박한 나이에 가까워지고 있었는데도 그는 경계와 한계를 거부하고 있었던 것이다." 또 자크 뒤 클레르크도 이렇게 말한다. "앞서 언급한 그 대법관이 공국의 석학들 중 한 사람이라는 평판이 잠시 있었지만 영혼의 문제에 대해서라면 난 입을 다물겠다."

그렇다면 우리가 〈성모마리아〉의 기증자인 대법관 롤랭의 표정 뒤에 존재하는 위선의 본성을 짐작할 수 있을까? 우리는 이미 앞에서 교만, 탐욕, 부정(不貞) 같은 속세의 죄와 경건하고 강한 신앙심이 수수께끼 같은 조화를 이루며 공존하는 것에 대해서, 부르고뉴의 필립 또는 루이 도를레앙 같은 사람들의 예를 살펴본 바 있다. 롤랭도 그 시대의 그런 인물 중에 한 사람으로 간주해야 하리라. 지나간 세기의 사료들 속에서 그렇게 개인적 본성을 통찰하는 것이 쉬운 일은 아니다.

15세기의 회화는 극도의 신비주의와 세속적이고 노골적인 것들이 쉽게 영향을 주고받는 세계 안에 자리하고 있다. 지금 언급하고 있는 신앙심이란 아주 공공연한 것이기에, 어떠한 세속적 묘사도 지나치게 감각적이라거나 극단적이라고는 할 수 없다. 반에이크는 천사들과 성스러운 형상들에게 금과 보석으로 뒤덮여 묵직한 중량감을 자랑하는 뻣뻣한 옷을 입히는 것에 일가견이 있다. 그가 천상을 나타내는 데에는 옷자락을 펄럭이고 팔다리를 꼬는 바로크 양식이 필요치 않았다.

하지만 그 신앙이 완전히 직접적이고 적나라해도 이런 점 때문에 원시적인 것은 아니다. 15세기의 화가들에게 원시적이라는 꼬리표를 다는 것은 오해의 위험을 무릅쓰는 일이다. 이와 관련해서 원시적이라는 것은, 더 오래된 그림이 우리에게 알려져 있는 상황 속에서 그것이 처음으로 등장하고 있다는 점을 의미할 뿐이다. 그러므로 원시적이라는 말은 순전히 연대기적인 꼬리표에 불과하다. 그런데 일반적으로, 그 예술가들의 사고방식이 원시적이었을 거라는 개념을 이 꼬리표에 한데 묶어버리는 경향은 아주 잘못된 생각이다. 왜냐하면 그 예술에 흐르고 있는 정신은 이미 기술한 그대로, 신앙 그 자체이기 때문이다. 말하자면 창조적인 상상력이 신앙에서 우러나온 모든 것을 통해 작품으로 만들어낸 최상의 어떤 것이다.

과거의 성상은 무한한 거리를 두고 올려다보기만 하는, 엄숙하고 경직된 대상이었다. 이것은 내적인 감동의 비애로 이어져, 12세기 이래로 그 누구보다 성 베르나르의 신비주의 속에서, 노래와 넘치는 눈물을 수반하게 되었다. 신의 고통에 공감하기 위해, 사람들의 상상력은 속세의 생활에서 모든 색채와 형태를 끌어와 그리스도와 성자들에게 집중시켜야 했다. 인간미 넘치며 풍부한 상상력의 흐름은 천상세계를 흠뻑 적시고, 수많은 지류로 나뉘어 흘러내려왔다. 천천히 거룩한 모든 것이 정교하게 공들인 끝없는 직업 속에서 형태를 갖추고, 가장 섬세한 세부 묘사를 통해 지상으로 내려오기 시작했다. 고통스러운 수작업으로 인간은 신성을 지상으로 끌어내렸던 것이다.

처음엔 오랫동안 언어가 조각이나 회화보다 월등한 표현 능력을 자랑했다. 조각은 여전히 표현의 틀이 한정되어 있었고, 소재의 제약도 있어서 구세대의 이미지 도식에서 좀처럼 벗어나지 못한 반면, 문학은 이미 사람들의 신체의 모습이나 마음의 움직임에 이르기까지, 십자가의 드라마를 섬세하게 그려내고 있었다. 이미 1400년 무렵부터 성 보나벤투라의 저술로 추정되는[15] 《그리스도의 생애에 대한 묵상 *Meditationes vitae Christi*》은 애수 어린 자연주의의 모델이 되어, 예수의 탄생과 유년 시절, 십자가 처형과 성모의 슬픔으로, 각 장면이 생생한 색채를 획득하고 있다. 그 글에는 아리마태아 사람 요셉이 어떻게 사다리를 올라갔는지, 못을 빼내기 위해 그가 얼마나 구세주의 손바닥을 눌러야만 했는지 자세히 묘사되어 있기 때문이다.

그러나 그 사이에 회화의 기법 또한 진보했다. 이제는 순수예술이 문학을 따라잡았을 뿐만 아니라 앞서 가게 된 것이다. 반에이크의 예술에 이르러서 성스러운 사물의 회화 표현은 세부 묘사와 자연주의 단계에 이르렀다. 생각건대 이것은 미술사의 관점에서 본다면 아마도 시초라 부를 수 있겠지만 문화사의 시각에서 본다면 결말이다. 신성을 지상의 이미지로 그려내려는 긴장감은 여기서 최고조에 이르러, 애초에 구성되었던 신비스러운 내용은 다채로운 형태에 도취되는 느낌만을 남기고 금방이라도 증발해 버릴 정도가 되었다. 그래서 반에이크 형제의 자연주의는 미술사에서 보통 르네상스가 시작되었음을 알리는 요소로 간주되는데, 오히려 중세 정신의 완벽한 개화로 보아야 한다. 이 시대에 신성성이 자연스러운 모습으로 담겨 있는 모습은 브루크만의 설교와 제르송의 섬세한 묵상, 그리고 지옥의 고통을 표현한 카르투지오회 수도사 드니의 묘사 속에서, 성자숭배와 관련된 모든 문건을 통해서도 알 수 있다.

가끔 형식은 끊임없이 내용을 뒤덮어 버릴 듯이 위협하여 내용이 되살아나지 못하게 한다. 반에이크의 예술에서 그 내용은 여전히 완전히 중세적이다. 새

---

15) 카라치판 보나벤투라 전집(카라치는 피렌체 근교, 1789년에 창설된 프란체스코파 학교, 성 보나벤투라 학원의 소재지. 이 학원이 간행한 전집(10권, 1882~1902)을 말한다. 아울러 산 지미냐노 (San Gimignano)는 토스카나의 한 도시이다)의 편집자는 1376년에 죽은 산 지미냐노의 프란체스코파 수도사 요하네스 데 카우리부스를 필자로 생각하고 있다.

〈서재의 성 히에로니무스〉(1435) 반에이크 작.

로운 사상은 반영되어 있지 않다. 그의 예술은 궁극적인 종점이다. 중세 사상의 개념 체계는 하늘을 향해 지어졌다. 남은 것은 단지 채색하고 장식하는 일뿐이었다.

반에이크 형제의 동시대인들은 위대한 회화예술에 경탄할 때 뚜렷하게 두 가지를 의식했다. 첫째는 주제를 고유한 모습대로 드러냈는가 하는 것이고, 둘째는 믿기지 않는 솜씨로 거짓말같이 완벽한 세부 묘사를 통해 자연을 충실히 재현했는가 하는 것이다. 한쪽에서는 아름다움과 감동의 영역이라기보단 차라리 신앙의 영역과 관련된 평가를 내리고 있고, 다른 한쪽에서는 몹시 소박한 놀라움에 휩싸여서 감탄하고 있다. 우리가 판단할 때 이것은 아름다움을 접하는 감동의 수준에는 못 미치는 것이다. 1450년 무렵 제노바의 문인 바르톨로메오 파치오(Bartolomeo Fazio)는 처음으로 얀 반에이크의 작품들에 대해 예술사적인 고찰을 했던 것으로 알려져 있다. 그는 대부분 유실되고 없는 그림들을 언급하면서, 성모마리아의 외모에서 풍기는 아름다움과 존귀함, '진짜 머리카락보다 더 진짜 같은' 가브리엘 대천사의 머리카락, 또 세례자 요한의 얼굴에서 뿜어져 나오는 고행자의 성스럽고 지엄한 광채와 성 히에로니무스의 '정말로 살아 있는 것 같은' 거동을 칭송했다. 그는 또 〈서재의 성 히에로니무스 *St. Jerome in his Study*〉의 원근법, 틈새로 비쳐드는 햇살, 목욕하는 여인이 거울에 비친 상, 또 다른 작품에서는 몸에 솟아난 땀방울들, 타오르는 램프, 방랑자들이 있는 풍경과 숲, 마을과 성채들, 끝없이 먼 지평선과 거기에 하나 더 보태자면 반에이크가 자주 그린 거울에 경탄을 금치 못한다. 그의 문장에 나타난 표현법을 보면 오직 놀라움만을 드러내고 있다. 그는 화폭에 펼쳐진 자유분방한 상상력의 흐름에 편안하게 몸을 맡기고 있다. 화면 전체에 담겨 있는 미학적 수준이 어느 정도인가 하는 것은 문제 삼지 않는다. 지금까지도 중세의 걸작에 대한 평가는 완전히 중세적 방식이다.

한 세기가 지나 르네상스식 미의 개념이 확장되고 나서, 독립적인 세밀화의 이렇듯 지나치게 세세한 기법은 플랑드르 예술의 근본적인 결함이 되기에 이른다. 포르투갈의 화가 프란시스코 데 홀란다(Francisco de Holanda)는 예술을 고찰하는 자신의 작업이 미켈란젤로와의 대화라고 주장하며, 권위 있는 거장의 의견을 그대로 반복한다. 거기서 미켈란젤로는 이렇게 말하고 있다. "플랑드르의 회화는 이탈리아의 회화보다 신앙심 깊은 사람들 모두를 기쁘게 한다. 사람들은 이탈리아 그림을 볼 때 눈물을 흘리지는 않는다. 그러나 플랑드르 그림은 사람들로 하여금 눈물을 쏟게 만든다. 이 예술이 힘과 가치가 넘치기 때문만은 아니다. 단지 신앙심 깊은 사람들이 매우 감수성이 풍부하다는 점 때문이다. 플랑드르의 회화는 여자들, 특히 나이 많은 여자들이나 어린 처녀들뿐 아니라, 수도사나 수녀, 나아가서는 품위 있는 모든 사람, 즉 진정한 조화라는 것을 예민하게 받아들이지 못하는 사람들의 취향에도 맞는다. 플랑드르에선 그림을 그리는 목적이, 우선은 실제 모습을 그대로 흉내 내어 사물의 겉모양을 재현하는 데에 있다. 그리는 대상도 감동을 불러일으키거나, 성인과 예언자처럼 비난할 구석이 없는 주제들을 택한다. 그러나 대체로 그들은 사람이 많이 나오는 풍경을 그린다. 그런 그림이 보기에 좋다고 하더라도, 실제로 거기엔 예술도 사리분별도 없다. 또한 비례도, 균형도, 어떠한 선택도, 위대함도 없다. 한마디로 이 예술에는 힘이나 영예로움이 결여되어 있다. 이 예술은 동시에 존재하는 많은 사물을 완벽하게 재현해 내려고 한다. 온 힘을 기울여도 아깝지 않을 정도로 중요한 것은 그중에 단 하나밖엔 없건만."

여기서 '신앙심 깊은 사람들'이란 중세적 정신 세계를 가진 이들을 모두 일컫는다. 거장 미켈란젤로가 볼 때, 지나간 시대의 미의 개념은 사회적 약자와 소수자들의 관심사로 추락했다. 하지만 모두 그렇게 생각한 것은 아니었다. 알브레히트 뒤러(Albrecht Dürer, 1471~1528), 쿠엔틴 마시스(Quinten Metsys) 또 신의 어린양에 입 맞추었다고 전해지는 얀 판스코렐(Jan van Scorel, 1495~1562) 등, 이들에게는 과거의 예술이 죽은 예술을 의미하진 않는다. 그러나 여기서 미켈란젤로는 르네상스를 정확히 표현하고 있는 것이다. 그가 플랑드르 예술을 비난한 것은, 바로 중세 끝 무렵 정신의 본질을 드러내는 여러 징표에 대해서이다. 맹렬한 감수성, 모든 자잘한 것들을 독립된 실체로 보려는 경향, 시야에 들어오는 사물세계의 다양성과 다채로움에의 몰입이 그것이다. 하지만 예술과 생활 전반에 걸쳐 새로워진 르네상스식 이해는 그런 것들에 반기를 든다. 이 새로운 정신은, 새로운 시조가 언제나 그렇듯, 지난 시대의 아름다움과 진실에 대해 일시적으로 눈을 멀게 만드는 비싼 대가를 치르고서야 겨우 얻을 수 있었다.

19장
미학적 감각

아름다움을 미학적으로 인식하고, 그것을 언어로 표현해 내는 것에 눈뜨게 되는 능력은 늦게야 발달했다. 예술을 찬미하는 15세기 사람들의 표현은, 우리에겐 어떤 멋진 것을 보고 깜짝 놀라는 시골 사람의 입에서 나오는 말처럼 들린다. 그들은 예술적 아름다움이라는 개념 자체를 아직 깨닫지 못했다. 예술의 눈부신 광채가 가슴을 관통하여 심금을 울리는 전율이 느껴져도, 그것은 신의 축복이 가득하다거나 삶의 환희가 일깨워지는 감동으로 이내 바뀌고 말았다.

카루투지오회 수도사 드니는 《이 세상의 사랑스러움과 하느님의 아름다움에 대하여 *De venustate mundi et pulchritudine Dei*》라는 글을 썼다. 제목만 보아도 대번에 알 수 있듯이 진정한 아름다움은 모두 하느님께 속하며, 세상은 단지 '비너스 같은', 즉 사랑스러운 아름다움뿐이라는 것이다. 그는 말한다. "피조물의 모든 아름다움은 지고한 아름다움의 원천에서 흘러나오는 몇 줄기 실개천에 불과하다. 어떤 것이 아름답다는 사실은 그것이 신의 아름다움을 지니고 있다는 조건에서만 가능하며, 이런 진실의 가치 때문에 그 아름다움은 신의 지고함을 닮도록 되어 있다." 드니는 이와 같이 장대하고 고결한 미학 이론을 토대로, 아레오파고스의 가짜 디오니시우스[1], 성 아우구스티누스, 위그 드 생빅토르(Hugues de Saint Victor), 헤일즈의 알렉산더(Alexander of Hales)의 사상에 의거해서 모든 아름다움을 순수하게 분석해 놓았다. 하지만 드니의 15세기 정신은 도전에 완전히 실패한다. 드니가 지상의 아름다움을 내세우며 예로 든 나뭇잎, 바다와 바다의 변화무쌍한 색깔, 끊임없이 움직이는 파도 등은, 자신의 12

---

1) 16장 주11 참고.

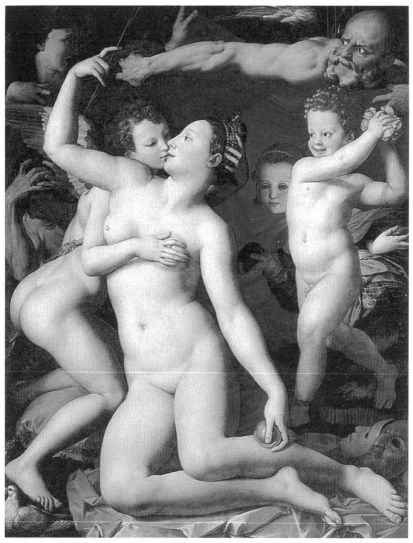

〈알레고리(비너스, 큐피드, 시간과 어리석음)〉(1540~1545) 브론치노 작.

세기 선조들이었던 생빅토르 수도원의 리샤르와 위그의 섬세한 정신세계에서
빌려온 것이다. 그는 아름다움 자체를 분석하려고 애쓰지만, 수박 겉핥기에 그
치고 있다. 풀잎은 초록색이기 때문에 아름답고, 돌은 반짝이기 때문에, 인간
의 몸은 단봉낙타와 쌍봉낙타와 마찬가지로 저마다의 목적에 들어맞기 때문

에 아름다운 것이다. 세상은 끝없이 길고 넓으므로 아름답고, 천체는 둥글고 밝게 빛나기 때문에 아름답다. 산은 놀랄 만큼 엄청난 크기로 찬탄을 자아내고, 강은 그 흐름의 길이로, 들판과 숲은 광활함으로, 대지는 가늠할 길 없는 방대함 때문에 아름답게 여겨진다.

중세의 사고는 미의 개념을 늘 완벽과 비례, 휘황함의 세 개념으로 환원한다. 토마스 아퀴나스는 《신학대전》 제1부에서 말한다. "아름다움에는 세 가지 요소가 필요하다. 첫째는 완전함 내지 완성이어야 한다. 완성되지 않은 것은 불쾌하기 때문이다. 다음엔 비례와 조화가 요구된다. 마지막으로는 광휘가 필요한데, 순수한 색채를 지닌 것이 아름답다고 일컬어지기 때문이다." 드니 역시 이와 동일한 척도를 적용하려고 시도하지만, 결과는 조금 볼품없다. 응용 미학은 언제나 까다로운 사안이다. 그도 그럴 것이 미 자체의 개념처럼 추상적인 것을 다루는 마당에 정신세계가 세속적 아름다움에 머문다는 것은 불가능할 테니까. 드니는 아름다움을 묘사하려고 길을 나서지만 그때마다 눈에 보이지 않는 아름다움이 있는 길로 접어들고 만다. 곧 천사들의 아름다움과 가장 높은 하늘의 아름다움이 있는 길이다. 그것도 아니면 삶의 아름다움이 이끄는 대로 처신하며 살고, 신의 계율을 따르며, 죄의 추악함에서 자유로워지는, 추상적인 것들속에서 아름다움을 찾는다. 드니는 예술의 아름다움이나 음악에 대해서는 전혀 언급하지 않는다. 사실 음악이야말로 본연의 정확함 속에서 미학적 가치를 느낄 수 있었던 가장 유력한 대상이었는데도 말이다.

드니는 언젠가 세르토헨보스의 성 요한 교회에 들어갔다. 마침 한창 파이프오르간이 연주되는 사이에 들어선 그는 달콤한 멜로디에 마음을 빼앗겨 그 길로 기나긴 황홀경에 빠져들었다고 한다. 음악의 아름다움을 접했을 때의 감동이 곧장 신앙으로 이어진 것이다. 음악과 순수예술의 아름다움 속에서 어쩌면 신성성과는 다른 어떤 것을 찬미하고 있었는지도 모른다는 생각은 그의 뇌리에 전혀 떠오르지 않았던 것이다.

드니는 교회에 새로운 다성음악을 도입하는 데 반대한 사람 중 하나였다. 그는 옛 선인 토마스 아퀴나스의 말을 그대로 옮기며 이렇게 말한다. "부분별로 나뉘는 목소리는 말하자면 상한 영혼의 징표이다. 남자의 곱슬머리와 여자의 주름진 옷과도 견줄 만한, 즉 완전한 허영이다." 언젠가 그런 노래를 연습하던

〈4월〉(1892) 드니 작.

사람이 드니에게 고백했다고 한다. "이렇게 노래하면 오만한 마음이 들면서 뭐랄까 영혼이 외설적으로 되는 것을 느낍니다." 물론 드니도 이런 멜로디에 자극받은 신도들이 깊은 명상과 헌신적인 신앙에 이르는 것을 인정하고 있다. 교회가 오르간을 허용하고 있었던 이유도 이것으로 설명된다. 그런데 단지 청중들의 귀를 기쁘게 하고, 특히 여자들을 즐겁게 하는 데에만 도움이 되는 그런 예술적인 음악은 절대로 배척해야만 한다는 것이 그의 의견이었다. 결국 아무리 음악에 의한 감동의 본성을 기술하려 해도 중세인이 쓸 수 있는 말이란, 어떤 오만이라든지 외설의 수위에서 죄스러운 마음의 흥분을 표현하는 것밖에 없었다는 사실을 잘 알 수 있다.

　음악미학에 대해서는 수많은 저술이 있다. 그 논문들은 대개 사람들이 더 이상 쉽게 이해할 수 없게 되어 버린 고대의 음악이론에 의거하고 있었다. 그러나 최종적인 분석으로서는, 중세 사람들이 음악적 아름다움을 실제로 어떤 식으로 향유하고 있었는지에 대해 아무것도 가르쳐 주지 않는다. 음악의 어느 부분이 아름답다고 생각되는지를 표현하는 단계에 이르면, 그 글들의 언어 구사는 몹시 애매해지고 만다. 이는 회화예술을 찬미할 때 표현하던 언어 사용과 완전히 똑같다. 한쪽에서는 음악 속에서 통찰되는 천상의 희열이라고 하고, 다른 한쪽에서는 글의 시각화[2]라고 하고 있다. 이러한 음악의 모든 것들은 마음에 느껴지는 음악적 감동이 본질적으로 천상의 쾌락으로 연결되도록 도와주었다. 음악에는 회화 속에서처럼 겁을 먹게 하는 지엄한 존재가 묘사되어 있지 않았고, 천상의 기쁨이 투영된 그림자가 있을 뿐이었다. 장 몰리네는 호담공 샤를이 알다시피 대단한 음악 애호가여서 노이스 진지에 있을 때에도 문예, 특히 음악에 심취했었다고 전하면서, 자신의 수사가(修辭家)다운 영혼을 동원하여 기쁨에 떨면서 이렇게 말한다. "실제로 음악은 하늘의 반향, 천사들의 목소리, 천국의 기쁨, 대기의 희망, 교회의 기관(器官), 작은 새들의 지저귐, 슬프고 절망에 빠진 영혼들의 위로이며, 악마의 박해와 축출이다." 음악을 접했을 때의 감동에 황홀경을 일으키는 요소가 있다는 것은 물론 잘 알려져 있다. 피에르 다이이는 말한다. "화음의 힘은 인간의 영혼을 완전히 사로잡는 데 있다. 인간의 영혼을 다른 정념이나 걱정거리로부터 떼어 놓는 것에 그치지 않고 영혼 자체에서도 떨어뜨려 놓는 것이다."

회화의 경우에 이목을 집중시킬 정도로 사물들을 똑같이 그려내는 것은 대단한 칭찬거리였다. 그러나 음악의 경우, 모방 속에서 아름다움을 추구할 때의 위험성은 회화보다 훨씬 컸다. 왜냐하면 오래전부터 음악은 자연의 소리를 표현하는 법을 추구했기 때문이다. 누구나 아는 예를 들자면 '카치아(caccia)'라는 것이 있다. 일종의 캐논(canon)을 뜻하는 영어의 캐치(catch)는 여기서 파생된 것인데, '카치아'란 원래 사냥의 광경을 본뜬 악곡이었다. 올리비에 드 라 마르슈는 이 곡을 듣고 있노라면 마치 강아지가 멍멍 짖고, 사냥개가 으르렁대며, 트럼펫이 낭랑하게 울리는 숲속에 있는 것 같다고 말한다. 16세기 초, 조스캥 데 프레(Josquin de Prés)의 제자 잔느캥(Jannequin)이 작곡한 작품집에는 사냥, 마리냥(Marignan) 전투의 요란함, 파리의 장사꾼의 외침, '여자들의 수다', 새의 지저귐 등 다양한 광경이 음악의 형식으로 묘사되어 있다.

아름다움에 대한 이론적 분석은 불충분하고, 감동에 대한 표현은 피상적이

---

2) 그 무렵 음악을 만드는 노력에는 글의 의미도 반영시켰다. 예를 들면 '올라가다'의 부분에서는 선율이 높아지게 하고 '내려가다'의 부분에서는 반대로 한다. 또 '고난을 받으시고, 십자가에 달려 돌아가시고, 묻히셨으며……'의 부분은 불안한 느낌의 구성을 하는 것이다.

다. 아름다움을 설명하는 경우 우아함, 질서, 위대함, 유용성 등이 판단 기준으로 대치될 뿐, 특히 휘황함이나 빛에 관련된 낱말에서 더 앞으로는 나아가지 않는다. 예를 들면 드니는 정신적인 아름다움을 설명하면서, 지성은 빛이고, 지혜·학문·예술은 섬광 같은 휘황함에 다름 아니며, 그 투명한 빛으로 정신을 밝게 비춘다 등으로 표현하면서, 모든 언어를 빛의 개념에 귀속시키고 있다.

이 시대 사람들이 아름다움을 어떻게 인식하고 있었는지를 살펴보려면, 아름다움의 이상에 대해 무엇이라고 정의 내렸는지, 그림과 음악을 접했을 때의 감정 상태를 무엇이라고 불렀는지로 알아볼 것이 아니라, 아름다움에 즐겁게 감동받아 자연스럽게 흘러나온 표현들 속에서 알아보는 편이 낫다. 그러면 그런 표현들이 거의 언제나 빛의 감각이나 생생한 움직임의 느낌에 가깝다는 사실을 확인할 수 있을 것이다.

프루아사르는 사물들이 가진 아름다움의 영향으로 감동받는 일은 드물었다. 끝없는 이야기를 하자면 감동받을 틈이 없기 때문이다. 그러나 그런 그가 엄청난 자극을 받고 기쁨에 넘친 환성으로 표현하는 한 가지는, 깃발과 작은 기들을 펄럭이며 물에 떠 있는 배가, 쏟아지는 햇빛 속에서 그 다채로운 문장들을 번쩍거리는 광경이다. 또는 행진하는 기마대의 갑옷과 투구, 창 끝, 깃대와 깃발 위에서 뛰노는 태양 광선의 움직임이다. 외스타슈 데샹은 돌아가는 풍차들과 이슬 한 방울에 반짝이는 햇살의 아름다움을 찬미했다. 올리비에 드 라 마르슈는 독일과 보헤미안 기사들의 금발머리에서 반사되는 햇빛이 얼마나 아름다운지 주목했다.

이와 같이 빛나고 반짝이는 모든 것을 찬미하는 마음은 옷차림의 장식으로 이어진다. 즉 15세기에는 수많은 값비싼 보석으로 과다하게 꾸미는 것이 최고였다. 리본이나 장미꽃 장식 등이 그 자리를 대신하는 것은 훨씬 나중의 일이다. 더 나아가, 딸랑거리는 방울이나 금화를 장식함으로써 반짝임에 더 높은 효과를 주기도 했다. 라 이르(La Hire)는 은으로 된 커다란 소 방울들로 완전히 뒤덮인 빨강 망토를 입었었다고 한다. 1465년에 대장 살라자르(Salazar)는 갑주 기사 20명을 이끌고 나타났는데, 이들이 탄 말에는 커다란 은종들이 달려 있었다. 대장의 말을 휘감은 천에는, 거기 그려진 모든 무늬마다 금도금을 한 커다란 은 방울을 장식했다. 1461년 루이 11세의 파리 입성에 즈음해서, 뒷날 샤를 공이 되는 샤롤레 백작과 생폴 백작, 필립 드 크로아, 또 그 밖의 인물들이 탄 말의 갑옷에는 수없이 많은 커다란 방울이 달려 있었다. 그리고 샤롤레 백작을 태운 말의 등에는 4개의 작은 기둥 사이에 커다란 방울이 매달려 있었다. 호담공 샤를은 부르고뉴 궁정에서 자신의 영지로 돌아가는 길에 이와 똑같은 의전 제복을 입었기에 백성들로부터 '방울의 요한 님'이라는 별명을 얻었다. 어느 마상 창시합 자리에서 샤를은 촘촘히 장식된 금화가 짤랑짤랑 소리를 내는 옷을 입고 나타났는데, 함께 자리했던 영국의 귀족들 역시 에드워드 3세가 주조한 노블 금화를 매단 옷을 입고 있었다고 한다. 1434년, 샹베리(Chambéry)에서 열린 주네브(Genève) 백작의 결혼 축하연에서는 남녀 귀족들 모두가 '반짝반짝 빛나는 금화'로 뒤덮인 흰색 옷을 입고 춤판을 벌였다고 한다. 그때 남자들은 작은 방울들이 가득 매달린 넓은 허리띠까지 두르고 있었다.

남의 주의를 끌기 좋아하는 이런 순진한 성향은 이 시대를 풍미했던 색채 감각에서도 두드러지는데, 이를 정확히 밝히려면 옷차림이나 장식예술뿐만 아니라 순수미술의 색채 체계를 포괄하는, 폭넓은 통계학적 조사를 해야만 한다. 특히 복식과 관련해서 현재 남아 있는 몇몇 옷가지의 유물들은 그다지 도움이 되지 않고, 아무래도 그것에 대해 언급하고 있는 그 무렵의 수많은 저술에 의존하는 수밖에 없다. 앞에서 소개했던 문장관(紋章官) 시실(Sicile)의 《색채의 문장 *Le Blason des couleurs*》은 중요한 자료들을 제공해 준다. 그리고 연대기를 보면 마상 창시합이나 입성식 때 입는 옷에 관한 자세한 기술이 많이 나온다. 물론 이런 예복이나 제복들은 평상복과는 느낌이 한참 다르다. 시실이 쓴 색채의 아름다움에 관한 내용은 매우 순박하다. 빨강은 가장 아름다운 색이며, 갈색은 가장 추한 색이다. 그가 가장 좋아하는 색은 자연의 색깔, 즉 초록이다. 그가 추천하는 색깔 조합은 연노랑과 파랑, 주황과 하양, 주황과 분홍, 분홍과 하양, 검정과 하양으로, 그 밖에도 많다. 파랑과 초록, 초록과 빨강은 흔히 쓰이는 조합이기는 하지만 아름답지 않다고 그는 말한다. 그가 사용하는 색채의 어휘는 아직 빈약했다. 예를 들면 회색과 갈색의 다양한 느낌을 표현하려고 희끄무레한 갈색이라든지, 보라색이 들어간 갈색 등의 용어를 썼다.

당시에 이미 평상복 색깔로 회색, 검정색, 자주색이 많이 쓰였다고 한다. 시실은 말한다. "검정은 오늘날 옷 색깔로 많이 보급되어 있다. 검정의 간소함을 좋아하기 때문인데, 다들 지나치게 선호하고 있다." 그가 생각하는 이상적인 남성의 차림새는 검정 윗옷에 회색 바지, 검정 구두와 노랑 장갑 등인데, 이는 완전한 근대적 취미의 배색이라 해도 전혀 손색이 없다. 옷의 색깔로 회색, 진보라색, 그리고 다양한 종류의 갈색을 선호했다고 한다. 파랑은 시골 사람과 영국인들이 입는다. 이것은 또한 젊은 아가씨에게도 잘 어울린다. 젊은 처녀에게는 빨강도 좋다. 하양은 7세까지의 어린

〈병사들을 격려하는 바스토 후〉(1540~1541) 티치아노 작.

이들에게 알맞다. 그런데 이것은 백치들에게도 맞는다! 노랑은 특히 전사, 소년, 하인들이 입는다. 이 색깔은 꼭 다른 색깔과 함께 입어야 좋다. 시실은 말한다. "그런데 5월이 되면 초록색 말고 다른 색 옷을 입는 사람을 볼 수가 없다."

축제 의상과 예복의 세계에선 빨강이 으뜸을 차지했다. 피범벅의 시대였으니까 너무도 당연하지 않은가! 빨강으로 온통 뒤덮인 입성 축하 광경도 가끔 볼 수 있었다. 빨강과 마찬가지로 하양도 축제의 색깔로서 중요한 지위를 차지했다. 모든 색깔이 나란히, 서로 뒤섞이지 않고 어떤 색깔과의 조합도 허용되었다. 빨강과 파랑, 파랑과 자주 등등. 오늘날 사람들이, 진보라색 비단옷을 입은 아가씨가 파란 비단을 휘감은 작은 암말에 올라탄 채, 진홍색 비단옷에 초록색 비단 두건을 쓴 세 남자의 인도를 받으며 가는 모습을 본다면 과연 뭐라고 할까? 올리비에 드 라 마르슈는 한 축세 광경 속에서 실제로 이 같은 모습의 아가씨를 묘사하고 있다. 또 루이 도를레앙의 고슴도치 기사단은 진보랏빛 옷에, 진홍

색 새틴으로 안을 댄 하늘색 벨벳 망토를 입었다. 이들이 명암이 분명한 색깔의 대비를 좋아했다는 것은 틀림없는 사실이다. 검정과 보라가 옷 색깔에서 초록이나 파랑보다 자주 사용되었다는 것이 눈에 띈다. 동시에 노랑과 갈색은 거의 찾아볼 수 없다. 검정, 특히 검정 벨벳은 누구나 인정하는 것처럼 그 시대가 애호했던, 높은 긍지를 지닌 음울한 화려함의 색으로, 어디서나 볼 수 있는 밝은 색조들과는 오만한 거리감을 가지고 있다.

선량공 필립은 한창때가 지난 뒤로는 밖에 나갈 때면 언제나 검정 옷을 입고, 시종과 말들에게까지도 그렇게 했다고 한다. 탁월함과 세련미를 추구한다는 점에서 그보다 더욱 열심이었던 르네왕은 늘 회색과 하양, 검정이 조화된 배색을 애용했다고 한다.

상대적으로 파랑과 초록은 드물었으나 이것이 사람들의 색채 취향을 고스란히 드러낸 것은 아니다. 색깔 가운데 파랑과 초록에는 특별히 중요한 상징이 있었다. 이 두 가지 색에는 의복 색깔로 쓰는 일을 망설이게 할 정도의 특별한 의미가 담겨 있었던 것이다. 사실 이것들은 사랑의 색깔이었다. 초록은 상사병을, 파랑은 정절을 나타낸다. 이 두 색깔은 특별히 두드러진 사랑의 색이었다고 하는 것이 나을지도 모르겠다. 왜냐하면 사랑의 상징체계 속에선 모든 색깔이 제 노릇을 톡톡히 해냈기 때문이다. 데샹은 사랑을 고백하는 남자들에 대해 이렇게 노래한다.

어떤 이는 그녀를 사랑하여 초록 옷을 입고,
다른 이는 파랑을, 또 다른 이는 하양을,
어떤 이는 핏빛 빨강을 입는다.
그리고 가장 절실하게 그녀의 마음을 얻고 싶은 이는
그 크나큰 슬픔 때문에 검정 옷을 입는다.

유독 초록은 사랑을 시작한 젊은이의 희망에 가득 찬 색이었다. 15세기의 한 샹송은 이렇게 노래한다.

당신은 초록색 옷을 입어야 될 거예요,

〈성녀들에 둘러싸인 성모마리아〉(1509) 헤라르트 다비트 작.

그건 사랑에 빠진 남자들의 제복이잖아요.

그래서 편력(遍歷)기사는 유독 초록색 옷을 입고 다녔다.

파란색은 사랑에 빠진 사람의 성실한 마음을 나타낸다. 그런 이유로 크리스틴 드 피장은 남자가 파란색 옷을 과시할 때, 귀부인이 이런 노래로 대답하게 한다.

자신의 여인을 사랑한다는 좌우명을 달고 다니거나,
푸른 옷을 입는 것은 증표가 될 수 없답니다.
온전히 충실한 마음으로 다른 누구도 아닌 그녀만을 받드는 것,
온갖 비난으로부터 그녀를 지켜주는 것.
……사랑은 거기에 있지, 푸른 옷을 입는 데 있지 않답니다.
그런데도 많은 사람들은 그렇게 믿나 봅니다.
묘비 밑에 거짓의 죄를 감출 수 있다고,
푸른 옷만 입으면……

이 시가 설명하다시피 마음을 거짓으로 꾸며 착용했기 때문에 푸른 옷은 불

성실을 의미하게 되었고, 나아가서는 의미가 비약되어 연인을 배신한 사람, 심지어는 배신당한 희생자 역시 이것을 입기에 걸맞다고 인정하기에 이르렀다. 네덜란드에서는 파란색 덧옷(huque bleue), 즉 모자가 달린 겉옷이 간통한 여인을 의미하고, 프랑스에서 '코트 블루(cote bleue)'는 아내가 바람난 남편을 가리키는 말이다. 《라 파스토랄레 *La Pastorale*》[3]에는 이런 노래가 있다.

> 나에게 푸른 외투를 입힌 자여
> 사람들이 내게 손가락질 한다면, 죽어버리는 게 나으리!

여기서 알 수 있듯이, 일반적으로 파랑은 어리석음을 나타내는 색이라고 할 수 있다.

그러니 '파란색 배'라고 하면 확실히 아둔한 자의 탈것을 의미한다. 하지만 단정은 위험하리라.

노랑과 갈색은 배후로 물러나 있었던 탓이겠지만, 그렇다 해도 이 두 가지 색을 기피하는 마음은 당시 사람들의 노골적인 색채 감각과 이 색깔에 부여되어 있던 부정적인 상징의 의미가, 원인 및 결과가 되어 서로 연관되어 있었기 때문인 것 같다. 다시 말하면 사람들이 노랑과 갈색은 불쾌하게 여겼으므로 그다지 좋은 의미를 부여하지 않았던 것이다. 작자 미상의 한 샹송 구절에서 불행한 결혼생활을 하는 어느 여인은 이렇게 노래한다.

> 나는 그 어떤 색깔보다도 갈색을 가장 좋아한답니다.
> 좋아하기 때문에 그 색깔 옷을 입지요.
> 다른 색깔 따윈 모두 잊었어요.
> 아아, 내 사랑, 지금은 어디에.

이런 노래도 있다.

---

3) 10장 주5 참고.

나는 회색과 황갈색만을 자주 입지요.
이젠 더 이상 희망이 없어서 괴롭거든요.

덧붙이자면 회색은 갈색과는 달리 평상복은 물론이고, 제례 때의 옷으로 자주 등장한다. 회색은 슬픔을 나타내는 색깔로 갈색에 비해 한결 더 애처로운 느낌을 지녔던 것이다.

노랑은 적의를 나타내는 색깔로 통했다. 뷔르템베르크의 헨리(Henry of Würtemberg)는 언젠가 모든 시종에게 노랑 옷을 입게 하고 부르고뉴 공의 앞을 지나갔다. 올리비에 드 라 마르슈는 전한다. "이리하여 그가 공작에게 적의를 품고 있다는 것을 공이 알게끔 했던 것이다."

15세기 중반 이후로, 하양과 검정의 인기가 일시적으로 수그러들고, 파랑과 노랑이 인기를 끈 것으로 짐작된다. 하지만 이것은 어디까지나 임시적인 인상일 뿐 좀 더 확증이 필요한 부분이다. 이러한 경향은 16세기에 원색의 지나친 대비를 점차 피하게 되면서, 의복에서도 거북하고 노골적인 대담한 배색이 대부분 사라지게 된다. 이렇듯 부르고뉴 예술가들의 색깔 조화 감각은 이탈리아로부터 받아들인 것이 아니다. 그들에겐, 옛 네덜란드 화파의 양식을 까다로운 작업으로 꿋꿋하게 이어가며, 선조들에 비해 이미 색채 감각에 있어서 가장 뛰어난 세련미를 보였던 헤라르트 다비트가 있었다. 이것으로 세련된 색채 감각이 전반적인 시대정신의 성장과 관련이 있다는 사실을 알 수 있다. 그런 토양에서, 예술사와 문화사는 서로를 비춰 줄 수 있었을 것이다.

20장
언어와 이미지 I

중세와 르네상스를 분명하게 나누려던 시도는 이제까지 여러 번 되풀이되었지만, 그럴 때마다 그 경계선은 훨씬 뒤로 물러나기만 했다. 사람들은 중세로 거슬러 올라가서, 이미 새로운 시대의 각인이 찍힌 것처럼 보이는 형태나 움직임들을 찾아내려고 했고 그렇게 발견한 현상까지도 널리 르네상스의 개념 안에 포함하려고 했기 때문에, 그 범위가 한없이 넓어져 역동성이 전혀 먹히지 않는 상태가 되어 버린 것이다.[1] 거꾸로, 이 모든 것은 반대 경우에 대해서도 말할 수 있다. 이미 만들어진 도식에 사로잡히지 않고 르네상스 정신을 파악할 수만 있다면, 누구나 학설상 인정되는 정도를 뛰어넘어 더 많은 '중세적인 것'을 거기에서 찾아낼 수 있을 것이다. 루도비코 아리오스토나 프랑수아 라블레, 마르그리트 드 나바르(Marguerite de Navarre), 카스틸리오네(Castiglione) 등 조형미술은 물론 형식과 내용도 모두 중세적인 요소들로 가득 차 있다.

그렇다면 중세와 르네상스, 이 두 시대를 대립해서 생각하는 것을 이제 그만두면 어떨까? 하지만 그럴 수도 없다. 이미 중세와 르네상스는 마치 사과와 딸기를 구별할 수 있는 것처럼 근본적인 차이가 있기 때문이다. 귀로 듣고 눈으로 보기만 해도 각 시대의 본질을 분명히 느낄 수 있는 말로 굳어졌다. 물론 도대체 어디가 어떻게 다른지 세부적으로 정확하게 설명한다는 것은 거의 불가능한 일이다. 그러나 이 르네상스라는 개념을 되도록이면 맨 처음의 뜻으로 되돌릴 필요가 있다. 원래 이것은 중세라는 말과는 달리, 어느 한정된 시간의 구획을 가리키는 성격의 것이 아니다. 예를 들어 피에렌스 제바에르(Fierens Gevaert) 등은 클라우스 슬뤼터르나 반에이크 형제를 르네상스 화가로 포함하고 있는데

---

1) 나의 《르네상스의 문제》(1920, 전집 제4권 수록) 참조.

²⁾ 이에 대해서는 다른 의견을 제기해야 마땅하다. 이들은 내용으로 보나 형식으로 보나 중세풍이기 때문이다. 그들의 예술은 제재(題材)나 제작 목적이나 사상을 보아도 무엇 하나 낡은 옛것은 전혀 버리지 않고, 무엇 하나 새로운 것도 받아들이지 않고 있다. 형식으로 보자면 그들의 면밀하기 짝이 없는 사실주의와 모든 것을 가능한 한 구상(具象)의 이미지로 그려내고자 하는 노력, 이것이야말로 진정한 중세 정신의 완벽한 개화가 아니고 무엇이겠는가. 우리는 중세 정신의 이와 같은 지향이 종교 사상과 그 조형 표현 안에서, 또 일상생활에 나타난 사고형태 안에서, 그 밖에 중세의 삶의 모든 분야 안에서 끊임없이 작용하고 있었음을 이제까지의 각 장에서 관찰해 왔다. 한마디로 르네상스는 전성기에 들어서, 즉 16세기 이탈리아 르네상스에서 마침내 이 꼼꼼한 사실주의를 뿌리칠 수 있었던 것이다. 15세기 이탈리아 르네상스는 아직 이것을 북방 르네상스와 공유하는 단계에 있었다.

15세기 프랑스와 부르고뉴 공국령의 조형미술이나 문학에서도 새로운 미(美)가 요구되기는 했으나 새로운 정신은 쉽사리 그 표현을 찾지 못했다. 조형미술이나 문학은 이미 꽃이 지는 단계로 접어드는 정신을 섬기고 있었다. 완벽하게 완성된 중세의 사고체계 안에 짜여 있었던 그것들이 하는 일이라고는 다만 꼼꼼하게 고찰한 개념 체계를 완전한 이미지로 그려내어 거기에 장식을 하는 일에만 머물렀다. 사상은 고갈된 것처럼 보였고 정신은 새로운 수태(受胎)를 기다리고 있었다.

아름다움의 창조가 이미 숙려(熟廬)와 정련(精練) 과정을 거친 사상을 소재삼아 단지 그것을 묘사하고 표현하는 것으로만 축소되던 시대에는 조형미술이 문학보다 훨씬 높은 가치를 지닌다. 그러나 그 시대 사람들에게는 그렇지가 않았다. 비록 전성기가 지났다고는 하지만 여전히 시대 사상은 당시 사람들에게 무엇인가 마음에 강하게 작용하고 있었다. 그들은 문학에 옷을 입혀 장식하고 찬탄하면서 이를 사랑하고 있었던 것이다. 지금 우리 귀에는 절망적인 정도로 단조롭고 피상적으로 들리는 많은 시를 15세기에는 노래로 불렀고, 사람들은 이것을 중히 여기며 찬미했는데, 이에 비하면 몇 안 되는 그림에 대한 칭찬 같

2) 《북방 르네상스와 초기 플랑드르 화가들 *La Renaissance septentrionale et les premiers maîtres des Flandres*》(1905).

은 것은 그 축에도 들지 못했다. 그들은 아직 조형미술이 갖는 깊은 감정과 가치를 알아차리지 못하고 있었다. 적어도 무엇이라고 분명히 표현할 수 있을 정도로는 의식하지 않았던 것이다.

이 시대 문학의 대부분이 이미 우리에게 아무런 향기도 맛도 느끼게 하지 못한다는 사실, 그런데 한편으로 미술은 아마도 그 무렵 사람들이 경험한 것 이상으로 사람들을 사로잡고 훨씬 더 깊이 감동시킨다는 사실은 미술의 작용과 언어의 작용이라는 근본적인 차이에서부터 설명해야 할 것이다. 설명의 열쇠를 작가 개개인의 재능에서 구하자면, 프랑수아 비용이나 샤를 도를레앙은 예외지만, 그 밖의 시인들 대부분은 인습에 사로잡힌 머리가 텅 빈 사람들이었고, 화가들은 모두 천재였다고 생각하는 것은 안이하기 짝이 없는 불가해의 극치라고 말할 수밖에 없다. 형상화 원리는 같지만, 그 작용은 조형미술과 문학의 경우 완전히 다르다. 화가는 대상의 선과 색을 그대로 살리면서 오직 사물의 외관 재현에만 전념한다고 가정해도 단순한 모양의 모사에 그치는 것이 아니라, 도저히 말로는 표현할 수 없는 그 무엇인가를 끊임없이 덧붙이는 것이다. 반대로 시인은 눈앞에 보이거나 머릿속에서 잘 알고 있는 현실을 오직 말로써 묘사하려고 시도할 때도, 말로 다 표현할 수 없을 정도의 귀중한 보물은 이미 없다. 그는 말하자면 모든 것을 죄다 말로 규명해 버리는 것이다. 따라서 리듬과 음향이 이제까지 한 번도 표현되지 않았을 정도의 새로운 매력을 시 속으로 가지고 들어온다는 것은 분명히 있을 수 있는 일이다. 그러나 그 노래의 울림이 매우 가냘프다고 가정하면, 그런 시는 오직 그 시에 내포된 어떤 사상 자체가 듣는 이의 관심을 끄는 동안만 가까스로 시로서의 생명을 유지한다. 시인과 같은 시대의 사람들은 일련의 생생한 연상들로 시인의 말에 감동할 것이다. 그 말에 담긴 사상이 그 자신의 삶 속에 깃들어 있기 때문이다. 만일 그 사상이 새로운 형식의 처음 듣는 말에 담겨 있으면 사상 자체가 참신하다고 생각될 것이다.

그러나 사상 자체가 더 이상 영혼의 기대에 부응치 못하고 시들 때, 시는 단지 그 형식만으로 겨우 생명을 유지하게 된다. 물론 형식은 더할 나위 없이 중요하다. 시의 사상과 내용의 쇠퇴가 거의 문제가 되지 않을 만큼, 시의 형식이 현재 왕성한 새로움을 자랑하고 있는 경우도 당연히 있을 수 있다. 15세기의 문학에서도 이미 새로운 형식을 분명히 찾아볼 수 있으나 극히 일부에 지나지 않

〈마가레타 반에이크의 초상〉 반에이크 작.　　〈보두앵 드 라노아의 초상〉 반에이크 작.

앉고, 대부분의 경우 형식은 여전히 낡고 리듬과 음향은 가냘팠다. 이런 상황에서 문학은 새로운 사상도 새로운 형식도 모르면서 한없이 되풀이했던 몇 가지 낡은 주제 위에 후주곡을 또 끝없이 길게 반복했다. 시인들에게는 미래가 없었다.

그러나 화가들은 미래가 없는 시인들과 똑같은 시대에 살고 있으면서도 그렇지가 않았다. 화가들의 생명은 바로 말로 표현하지 않는 보물이었다. 이 풍요로운 보물이 있었기 때문에 모든 미술은 오랜 세월에 걸쳐 사람들의 마음을 깊게 뒤흔들었던 것이다. 참고로 얀 반에이크가 그린 초상화들을 살펴보자. 어떤 부인의 새침하고 뾰족한 얼굴과 까다로운 표정으로 응시하는 보두앵 드 라노아 (Baudouin de Lannoy)라는 귀족의 얼굴이 있다. 주교좌교회 사목위원 판데르파엘레의 표정은 입술을 앙다물어 무섭게 보인다. 베를린에 소장되어 있는 아르놀피니의 초상에서 볼 수 있는 병적일 정도의 체념, 런던에 소장되어 있는 〈진실한 추억 *Leal Souvenir*〉이 풍기는 이집트풍의 신비감도 느낄 수 있다. 불가사의한 개성이 바닥까지 파헤쳐져 이들 화폭에 정착되어 있는 것이다. 이 이상은 도저히 바랄 수 없을 정도로 깊은 성격 묘사이다. 익숙하게 보아온 그 무엇이든 말로 다 표현할 수 없었던 그 무엇이다. 이를테면 반에이크가 당대 최고의 대시인이었을지라도, 그는 화가로서 그림 속에 묘사한 비밀을 말로는 다 포착할 수 없었을 것이다.

원래 같은 마음가짐과 같은 정신 위에 서 있었으므로 15세기의 미술과 문학은 서로 균형을 유지해야 했을 터인데, 왜 그렇지 못했는가. 그 이유는 여기에 있다. 일단 미술과 문학의 근본적인 차이를 잘 생각한 뒤에 두 표현 양식 간의 사항에 입각해서 하나하나 비교 검토해 보면, 처음의 예상과는 달리 둘 사이에는 의외로 유사한 점이 많음이 뚜렷해진다.

지금 한쪽에 당시 예술의 가장 뛰어난 대표로 반에이크 형제와 그 일파의 작품들을 놓는다고 하자. 그렇다면 다른 한쪽에는 그에 필적할 만한 작가로 누구의 어떤 문학작품을 놓고 이와 비교할 수 있을까? 구태여 같은 제재를 다룰 이유는 없지만, 원천을 같이하거나 같은 생활 환경에서 찾아야 한다. 말하자면 아까 본 것처럼 사치가 극에 달한 궁정과 귀족 계급, 돈의 힘을 내세우는 부유한 부르주아들의 생활에서 나와야 한다는 뜻이다. 반에이크 형제의 예술과 동일 선상에 서는 문학이라면 적어도 프랑스어로 쓰인 궁정문학 또는 조금이나마 귀족적인 취미의 문학으로, 이것을 읽고 칭찬한 것은 바로 그 형제의 예술을 애호하여 그림을 주문하던 옹호자들이 속한 동아리였던 것이다.

언뜻 보기에 둘의 비교는 본질적인 차이가 너무 심해서 대조해 봐야 소용없다고 여겨질 정도이다. 회화 쪽은 압도적으로 종교를 소재로 하는 데 반해 문학 쪽은 특히 세속에서 제재를 얻고 있지 않은가. 그러나 회화나 문학, 그 어느 쪽에 대해서도 우리의 시선은 그다지 멀리까지 이르지 못하고 있으니 주의해야 한다. 조형미술에서도 한때는 세속적 요소가 큰 자리를 차지했고, 현재 남아 있는 것들도 우리가 생각하는 만큼 그 비중이 적지 않다. 문학에 대해서 말하자면 우리는 자칫 세속적인 문학만을 생각하는 경향이 있다. 연애시,《장미이야기》의 아류작들, 기사도 이야기의 마지막 대표작들, 새로운 분야인 소설, 풍자시문, 역사기록학, 우선 이런 것들이 문학사에서는 언제나 맨 먼저 문제가 되는 것이다. 곧, 회화라고 하면 우리는 먼저 제단화나 초상화들에 감도는 깊은 진지함만을 떠올린다. 문학이라고 하면 선정적인 풍자의 음탕한 웃음과, 연대기들이 단조롭게 서술하는 극악무정(極惡無情)을 우선 떠올리게 된다. 이것으로 보자면 마치 15세기라고 하는 시대는, 미덕은 그림으로 그리고 악덕은 글로 쓴

▲〈지오반니 아르놀피니의 초상〉 반에이크 작.

▶〈진실한 추억〉 반에이크 작.

것 같지 않은가? 그러나 그것은 착시에 불과하다. 15세기의 미술과 문학이 우리에게 주는 인상은 상당히 엇갈려 있다. 다시 한번 이에 대해서 생각해 보자. 몇몇 시인들을 제외하고, 이 시대의 문학은 그야말로 따분해서 죽을 지경이다. 지칠 줄 모르고 이야기를 엮어가고 등장인물은 여전히 새롭지도 별다르지도 않다. 이야기 속에 담긴 사상 또한 수세기 이래 소중하게 간직해 온 흔해빠진 교훈에 지나지 않으며, 틀에 박힌 주제를 늘 되풀이한다. 예를 들면 과수원에서 잠든 남자 주인공이 갖는 상징적인 여자의 환상, 5월 초 아침의 산책, 숙녀 간의 다툼, 그녀의 연인이나 여자 친구끼리, 그 밖에 여러 가지로 조합된 두 사람 사이에 단순히 오가는 사랑에 대한 논쟁이 그것이다. 얼마나 천박한가. 화려하게 장식된 문체, 달콤한 로맨티시즘, 닳아빠진 공상, 흥이 깨지는 설교. 무심코 한숨 짓다가도 계속 묻고 싶어진다. 얀 반에이크와 같은 시대를 산 사람들이 이런 것에 그렇게도 열중해 있었단 말인가? 그마저 이런 것들을 높이 평가했단 말인가. 그러나 이것은 틀림없는 사실이다. 바흐가 마치 류머티즘에 걸린 듯한 굳어빠진 신심(信心)에 사로잡혀 소시민적 근성을 통째로 노출시킨 엉터리 시인들의 시를 가사 삼아 그럭저럭 끌고 왔던 것을 생각하면, 별로 신기할 것도 없다. 그 시대 사람들은 예술 작품이 태어날 때 이것을 똑같이 그들 자신의 삶의 꿈속으로 받아들이려고 한다. 작품이 객관적으로나 미적 견지로 보나 완성의 영역에 다다르고 있어서 높이 평가하는 것이 아니다. 그 제재의 신성함과 거기에 담겨진 삶의 정열이 그들 마음속에 깊이 메아리칠 때 그들은 이를 높이 평가하는 것이다. 시간이 지남에 따라 그 꿈은 낡고, 제재의 신성함과 삶의 정열도 장미 향기처럼 사라져 간다. 그제야 비로소 표현 수법, 양식, 구조, 조화 등의 미덕에 의해 예술 작품의 예술적 효과가 나타나기 시작한다. 이 요소들이 실제로 예술을 예술로서 기능하게 하는 것은 순수미술이건 문학이건 실은 똑같지만, 그렇더라도 저마다 전혀 다른 미적 가치를 만들어 낸다.

15세기 문학과 미술은 앞서의 고찰에서 중세 끝 무렵의 정신이 지닌 가장 본질적이고 보편적인 특질을 다 같이 나누어 갖고 있다. 즉 세부적인 것들의 정교한 묘사와 표현되지 않은 어떤 사고도 그대로 두지 않는 경향이다. 비록 무엇이 되었든 마음에 떠오르는 착상과 상념(想念)은 모두 이것을 더 발전시키지 않으면 못 견디고, 또 이들 상념 일체를 날카롭고 선명하게 눈에 보이는 것처럼 공들여서 이미지화시키지 않고는 못 배기는 마음가짐이다. 에라스뮈스는 언젠가 파리에서 어느 성직자가 40일 동안, 곧 사순절 내내 성서의 '돌아온 탕아(l'enfant prodigue)' 이야기를 빌려 설교하는 것을 들었다고 한다. 그는 탕아의 출발부터 이야기를 시작해서 집으로 돌아올 때까지, 어떤 때에는 숙소에서 점심으로 소 혓바닥 파이를 먹고, 또 어떤 때에는 물레방아 옆을 지나고, 도박을 하고, 지나가는 길에 있는 밥집에 우연히 들르기도 했다고 말한다. 성직자는 그러한 탕아의 난행을 자세히 묘사하고, 게다가 제멋대로 꾸민 이야기 속 곳곳에 예언자나 복음사가의 말을 교묘하게 끼워 넣어 왜곡하고 인용했다고 한다. "이리하여 그 성직자는 아무것도 모르는 민중이나 뒤룩뒤룩 살찐 나리들에게는 마치 하느님처럼 보였던 것이다."

이 일화에서 볼 수 있는 것처럼, 철저하게 마무리하지 않으면 시원치 않은 화가들의 기질은 얀 반에이크의 그림에서도 유감없이 발휘되고 있다. 두 가지 그림에 대해서 잠깐 분석해 보자. 먼저 루브르에 소장되어 있는 〈롤랭 재상의 성

오툉의 제단화 〈롤랭 재상의 성모〉 반에이크 작.

모 *La Vierge du Chancelier Rolin*》그림이다. 의복의 옷감, 대리석 모자이크를 깐 바닥과 기둥, 창유리의 반사, 재상 무릎 위에 놓인 기도서 등을 세심하고 꼼꼼하게 묘사하고 있다. 그 집착은 반에이크였기 때문에 괜찮은 것이지, 만약 다른 화가였다면 지나치게 시시콜콜하다고 평가할 정도이다. 실제로 이 그림 속에서도 지나친 극명함으로 전체 효과를 방해하는 세부 묘사의 한 예가 인정되는데, 바로 그림 왼쪽 한구석의 기둥머리 부분 장식이다. 구약성서의 이야기가 묘사된 이 부분은 말하자면 전체를 해치는 장면인 것이다. 그러나 일단 성모와 롤랭이 앉아 있는 방에서 밖으로 나오면 세부 완성의 징열이 온 힘을 다하여, 줄지은 기둥 너머로 자유로이 펼쳐지는 아름다운 원경은 분명히 반에이크가 그린 어떤 그림보다도 뛰어난 솜씨이다. 어떠한 경치인가, 이에 대한 설명은 뒤랑 그레빌(Durand-Gréville)에게 맡기기로 하자.

"자칫 호기심에 사로잡혀 조심성 없이 너무 가까이 가면 그것으로 끝장이다. 상당한 주의력이 지속되는 한 화면의 포로가 되고 만다. 세부 묘사의 치밀함에 마음을 몽땅 빼앗기고 만다. 시선은 하나하나 꽃 모양을 따라서 성모의 보관(寶冠)과 꿈꾸는 듯한 황금의 세공물을 본다. 한 사람 한 사람씩 기둥머리를 남김없이 채우되, 무게를 잃지 않으면서도 경쾌한 군상을 바라본다. 하나하나의 꽃잎, 한 장 한 장의 잎사귀, 화단의 풍요를 본다. 다시 시선은 어린 성자의 얼굴과 성모의 어깨 사이, 박공지붕과 아취 있게 꾸민 종루가 빼곡히 들어선 시가지 안에, 많은 부벽(扶壁)을 내민 거대한 교회와 대광장(大廣場)을 발견하고 놀라는 것이다. 그 폭 가득히 광장을 가르는 돌단 위에는 셀 수 없을 정도로 섬세한 필치의 흔적을 찾을 수 있다. 즉 그곳을 오가는 헤아릴 수 없이 많은 사람들의 모습이 생생하다. 이어 시선은 또 수많은 사람들이 서로 밀치고 있는 안장 모양의 다리로 끌린다. 구불구불한 강물 위에 떠 있는 작은 배의 수를 센다. 강 가운데 어린아이 손톱만 한, 혹은 그보다 못한 섬에는 많은 작은 탑을 세운 영주의 저택이 나무에 둘러싸여 있다. 놀란 눈은 왼쪽으로 옮겨가서 나무 그늘의 강가와 그곳을 산책하는 사람들의 그림자를 본다. 또 시선은 훨씬 멀리까지 흘러서 푸른 언덕과 산등성이를 더듬다가 한순간 눈 쌓인 먼 연봉(連峰)에 잠시 머무는가 싶다가도, 희미한 푸른 기를 남기면서 흐르는 구름인지 아지랑이인지 구별하기 힘든 흐릿한 하늘 저편의 무한 속으로 빠져들고 마는 것이다."

놀랍게도 앞서 소개한 미켈란젤로 제자의 주장과는 달리, 이토록 세부적으로 묘사하면서도 전체의 통일성과 조화를 잃지 않고 있다고 뒤랑 그레빌은 말한다. "해가 지고 파수꾼들의 목소리가 여러분의 명상을 저지하는 그 순간, 부드러운 어스름 속에서 거장의 캔버스가 변용하는 모습을 보라. 하늘은 더욱더 깊이를 더하고 화면의 전경은 점차 색채를 지워 조화와 통일성의 무한한 신비로 녹아들어간다……."

끝없는 세부 묘사라는 특성을 생각하는 데 안성맞춤이라고 할 수 있는 또 하나의 그림은, 예전에 상트페테르부르크의 에르미타주(Ermitage) 미술관에 있다가 미국으로 건너가 버린 〈수태고지(受胎告知) *Annonciation*〉이다. 이 그림이

오른쪽 날개로 삼고 있던 세 폭 제단화는 지금 이 그림밖에 남아 있지 않은데, 모두 온전하게 존재했던 시절에는 얼마나 훌륭한 작품이었을까? 반에이크는 여기에 조금도 기죽지 않고 감히 시도할 수 없는 거장의 솜씨를 유감없이 발휘했다. 그의 모든 작품 중에서 가장 완벽한 기교를 입증하는 작품이다. 그에게 원시적이고 신성한 작업보다 더 중요한 일은 없고 세련도에서도 이를 넘어서는 것은 없다. 〈롤랭 재상의 성모〉에서는 실내라는 친밀한 분위기 속에서 대천사의 계시가 전해지고 있는 것이 아니다. 애당초 이 실내에서의 수태고지라는 구도야말로 실내화의 기원이 된 것으로, 반에이크도 헨트 제단화 〈어린양에 대한 경배〉 문 바깥쪽의 〈수태고지〉에서는 이 구도를 사용하고 있는데, 여기에서는 그렇지 않다. 그는 옛 초상화의 구도법에 정해진 대로 무대를 교회당 안으로 잡았다. 그래서 여기에 마주한 두 사람의 태도와 얼굴 표정에는 헨트 제단화에 넘쳐흐르는 온화한 부드러움이 결여되어 있다. 천사는 엄숙하게 격식을 갖춰 마리아에게 인사한다. 헨트 제단화와 달리 천사가 손에 들고 있는 것은 백합 가지가 아니라 왕홀(王笏)이며, 머리에 쓰고 있는 관도 폭이 좁고 가벼운 왕관이 아닌 묵직한 보관(寶冠)이다. 그리고 얼굴에는 딱딱한 에기나풍의 미소[3]가 어려 있다. 반에이크가 그린 다른 모든 천사들을 능가하는 모습으로, 이토록 화려하고 불타는 듯한 색채에 둘러싸여 진주, 황금, 보석으로 빛나는 천사는 달리 찾아볼 수 없다. 녹색과 황금색, 비단으로 짠 망토는 황금색과 짙은 다홍색이며, 그 날개는 공작의 깃털로 장식되어 있다. 마리아 앞에 펼쳐진 책과 발판 위의 쿠션도 아주 섬세하고 면밀하게 배려하여 묘사했다. 교회당 안의 모든 부분은 마치 그 하나하나가, 말하자면 일화라도 되는 양 꼼꼼하게 그려져 있는 것이다. 여기에 더하여 앞의 바닥돌을 보면 거기에 그려져 있는 12궁 동물 중 다섯이 현저하게 눈에 띄는데 다시 삼손 이야기에서 세 장면, 다윗의 생애로부터 한 장면씩 눈에 들어온다. 성당 안쪽을 보면 이삭과 야곱의 상을

---

3) Aegina : 그리스 아테네의 외항(外港) 피레아스 남쪽의 작은 섬. 페르시아 전쟁 이전에는 융성했으나 BC 5세기 초 아테네 위광의 그림자에 묻히고 말았다. 대지신 아페아의 신전(BC 5세기 초에 완성)의 박공 조각 파편이 현재 뮌헨에 있다. 아테네 여신을 중심으로 하는 이 대리석 군상은 아르카이크 시대 작품을 나타내며, 그 딱딱한 표정에서 '에기나풍의 미소'라는 말이 나왔다.

새긴 커다란 메달이 각기 아치와 아치 사이에 장식되어 있다. 가장 윗단의 창유리는 2명의 천사를 거느리고 구체(球體) 위에 선 그리스도상을, 그 옆의 벽화는 어린 모세의 발견과 계율판을 받는 장면을 묘사하고 있다. 어느 그림이나 거기에 덧붙여진 설명을 위한 명문(銘文)이 새겨져 있어서 분명히 알 수가 있다. 그러나 나무로 된 천장의 일부는 장식만 불분명하게 남아 있어서 그 그림이 무엇인지 이제는 확실하게 알 수 없다.

여기에서 또 놀라운 일은, 이토록 세부 묘사가 뛰어나면서도 〈롤랭 재상의 성모〉 못지않게, 아니 그 이상으로 전체의 흐름과 느낌의 통일성을 조금도 잃지 않고 있다는 사실이다. 〈롤랭 재상의 성모〉에서는 밝은 외광(外光)의 기쁨이 시선을 주요 장면에서 널따랗게 열린 공간으로 이끌고 있는데, 여기에서는 천장이 높은 교회당 안에 깃든 비밀스러운 어둠이 진지하고 신비로운 안개와 같은 얇은 막으로 전체를 감싸고 있다. 거기에 시선을 물끄러미 고정시킴으로써 우리는 비로소 각각 무엇인가 말해 주고 있는 세부 하나하나를 가까스로 파악할 수 있는 것이다.

이것이 회화예술에서의 '분방한 세밀 완성'이다. 화가는 불과 반 제곱미터도 안 되는 좁은 공간에 세밀 묘사의 격렬한 욕망을 마음껏 펼칠 수 있었다. 아니 오히려 이렇게 말할 수 있을지도 모른다. 그림에는 생무지인 한낱 신자에 지나지 않는 주문주(注文主)의 매우 까다로운 요구에 잘 부응할 수 있었다고. 더욱이 완성된 그림은 복잡하게 모인 사물들임에도 현실 자체를 보는 것보다 우리를 피곤하게 하지는 않는다. 왜냐하면 세밀하게 그려진 각 부분을 보는 것은 한순간이기 때문이다. 한정된 공간의 제약이 있으므로, 거기에 묘사된 모든 사물의 미와 특성을 통찰하기 위한 사고의 긴장은 필요치 않다. 완벽하게 마무리된 개별적인 세부의 대부분은 애당초 자세히 살피는 것에서 벗어나 있다. 사람들은 어쩌다가 의식하더라도 곧 잊어버리고 만다. 그 작용은 오직 화면 전체의 색채나 전망의 효과를 높이는 데 있다.

이 '세부 완성의 끝없는 표현'이라는 일반적 특성은 15세기의 문학에서도 인정되는데, 다만 회화의 경우와는 전혀 다른 뜻에서이다. 게다가 여기서 말하는 문학이 민요를 포함하지 않는 창작된 문학이라고 상정한다면, 그런 뜻의 문학에서의 세부 묘사란 사물들의 바깥쪽을 남김없이 그리는 데 기쁨을 느끼고 거미줄처럼 정밀한 묘사를 특기로 하는 이른바 자연주의의 표현은 아니다. 이 시대의 문학은 아직 자연주의를 모르고 있었다. 자연과 인간에 대한 묘사는 여전히 중세 시가(詩歌)의 단순한 수법에 기대고 있었다. 시인의 기분에 동조하는 어느 특별한 대상만을 묘사하기보다는 나열하는 식이다. 명사가 형용사를 지배한다. 예컨대 그 대상의 주요 특질들, 색이나 소리 등은 단지 지적되고 있을 뿐이다. 세부적인 것의 분방하기 짝이 없는 세밀한 완성이라는 경향은 문학표현에서는 질적이라기보다 오히려 양적이라, 단순히 수많은 대상을 전부 열거하려는 것이지, 어떤 대상을 특별히 들추어 그 성질을 분석하려는 것이 아니었다. 시인은 생략이라는 예술을 이해하지 못한다. 그는 여백이라는 것을 알지 못했으며, 드러내지 않고 숨겨 둔 부분의 효과를 측정하는 감각이 결핍되어 있었다. 이는 시인이 표현하는 사상뿐만 아니라 그가 불러일으키는 이미지에 대해서도 적용된다. 여러 사

〈수태고지〉 반에이크 작.

상은 대부분 단순한 것이지만, 주제가 환기하는 대로 하나도 남김없이 열거되는 것이다. 그림의 경우와 마찬가지로 세밀한 이미지들이 시작(詩作)의 틀 안에 넘쳐흐르고 있다. 그러나 문학에서는 회화의 경우에 비해 지나친 세부 이미지가 조화로운 인상으로 거의 작용하고 있지 않다. 왜 그럴까?

완전한 설명이라고는 할 수 없지만 일단 이렇게 생각할 수 있다. 곧 주된 것과 부수된 것의 관계가 시와 회회예술에서 그 존재양식이 전혀 다르기 때문이다. 그림의 경우 주된 사물, 즉 주제 자체의 적절한 표현과 그 밖의 사물의 부수적인 표현 사이에는 그다지 큰 괴리가 없다. 회화에서는 모든 것이 다 필수적이다. 우리가 보기에는 한 조각의 세부 사항이 작품 전체의 완벽한 조화를 결정 짓는 일도 있을 수 있다. 우리는 15세기 회화예술을 접할 때 먼저 경건한 신심(信心)이라는 주제를 인정하고 그 단적인 표현을 찬탄하는 것일까? 헨트 제단화를 예로 들어 보자. 신, 성모마리아, 그리고 세례자 요한의 커다란 형상은 그다지 흥미를 끌지 않는다. 주요 화면인 〈어린양에 대한 경배〉를 보아도 우리의 시선은 걸핏하면 그 중심 이미지로, 작품의 주제인 '어린양'에서 벗어나 기도하는 사람들의 행렬과 후방의 경치로, 자연의 묘사로 옮아가 버린다. 시선은 더 멀리 문 안쪽의 좌우 양끝에 있는 아담과 이브에게로, 문 바깥쪽의 기증자 부부의 초상으로 향한다. 마찬가지로 문 바깥면의 〈수태고지〉에 그려진 천사와 동정녀 마리아의 화상에는 분명히 경건한 마음으로 사람을 매료하는 것이 있다. 이는 말하자면 신심 그 자체를 나타내지만, 아마도 그것 이상으로 거기에 그려진 구리 주전자나 창 너머로 보이는 햇빛이 비치는 시내 광경이 우리를 사로잡는 것이다. 모든 세세한 부분들은 이 작품을 주문하고 기증한 사람들에게는 단순히 부수적인 사항에 불과했겠지만, 우리 눈앞에 조용한 모습을 보이며 일상적인 것의 신비를 꽃피운다. 모든 사물의 불가사의한 깊은 감동을 그대로 이미지로 드러내 보이는 것이다. 우리는 무엇보다도 먼저 이것이 종교화라는 평가를 마음속에 두고 그림 앞에 서게 되는데, 그럼에도 이 성찬(聖餐)이라는 성스러운 이미지를 접할 때, 우리 마음을 차지하는 감동은 로테르담의 보이만스 판뵈닝언(Boijmans Van Beuningen) 미술관에 있는 엠마누엘 데 비테[4]의 〈생선가게

---

4) Emanuel de Witte(1617~1692) : 주로 암스테르담에서 활동한 풍속화가. 교회당의 내부나 시장, 강가의 광경을 즐겨 다루었다.

〈생선가게 좌판〉 엠마누엘 데 비테 작.

좌판 *Fishmonger's Stall*〉을 보면서 느끼는 감동과 결코 다르지 않다.

그런데 세부적인 것들의 표현은 전적으로 화가의 자유였다. 주요 부분인 성스러운 주제에 대해서 그는 엄격한 규범에 얽매어 있었는데, 종교화의 장면마다 요구되는 구도상의 규칙으로부터의 일탈은 절대로 허용되지 않았던 것이다. 하지만 화가는 창작욕을 마음껏 펼칠 수 있는 자유로운 공간을 갖고 있었다. 의상, 장식품, 배경에 대해서는 강요도 방해도 받지 않고 화가의 중요한 과업을 수행할 수 있었다. 즉 어떤 규칙에도 얽매이지 않고 보이는 것을 보이는 대로 표현할 수 있었던 것이다. 이리하여 성화의 엄격하고 단단한 구성은 마치 빛나는 보물처럼, 여자들의 옷을 장식하는 꽃처럼 한 무리의 세부적인 것들을 풍요롭게 감싸게 되었다.

한편 15세기의 시에서, 주된 것과 부수적인 것의 관계가 어떤 의미에서는 회화와 정반대였다. 시인은 중심 주제에 대해서는 자유롭다. 능력이 허락한다면 새로운 사상을 시에 담을 수도 있지만, 반대로 시의 세부 사항과 주제의 배경 쪽은 규칙에 엄격하게 묶여 있었다. 모든 세부에 관한 표현의 규칙이 미리 정해져 있었다. 말하자면 표현의 틀을 버리는 데에는 대단한 저항이 있었던 것이다. 꽃들, 자연과 사귀는 즐거움, 슬픔과 기쁨, 이 모든 것이 저마다 틀에 박힌 표현 방식이 있어서 시인은 어느 정도 그것을 다듬거나 색을 덧붙일 수 있었을 뿐, 그 방식 자체를 새로 만들 수는 없었다. 시인은 한없이 윤을 내고 채색한다. 화가처럼 어느 한정된 공간만 메우면 된다는 한계나 구속이 없다. 시인이 활동하는 공간은 무한히 열려 있다. 물질적 수단의 제약으로부터도 자유롭기 때문에 그 자유의 무게를 견디고 좋은 작품을 만들려면 시인은 화가보다 더 마음가짐을 굳게 해야 한다. 평범한 화가조차도 후대에 하나의 기쁨으로 남을 수 있지만, 평범한 시인은 망각의 저편으로 묻히고 만다.

15세기의 시작(詩作)에 나타난 '분방한 세부 완성'의 효과를 입증하기 위해서는 그 작품 전체 속에서 한 행 한 행 쭉 따라가야 할 것이다. 그런데 이 또한 매우 지루한 일이다. 시가 너무 길어 여기에서는 도저히 불가능하므로, 하나의 본보기로 두서너 편을 인용해서 살펴보기로 한다.

알랭 샤르티에(Alain Chartier)는 그 시대의 대시인으로 통하고 있었다. 그는 페트라르카와 비견할 만했고, 16세기의 클레망 마로(Clément Marot)도 그를 최고의 시인으로 여기고 있었다. 그는 세인의 존경을 한 몸에 받고 있었고, 이것은 앞서 소개한 일화로도 알 수 있다. 따라서 이 시대의 관점에서 대화가의 한 사람 반에이크와 그를 비교해 보기로 한다. 그의 시 〈네 귀부인 이야기 *Le livre des quatre dames*〉는, 아쟁쿠르 전투에서 각기 애인을 잃은 네 귀부인들 간의 대화로 구성된 시인데, 그 첫머리는 정석대로 풍경을 묘사하고 있다. 그림으로 말하자면 배경에 해당하는 셈이다. 유명한 헨트 제단화 배경에 그려진 풍경, 즉 풀잎 하나하나를 꼼꼼하게 묘사하고 울창하게 나무가 우거진 언덕 꼭대기 저편에 교회 탑을 가득 그려 넣은 '분방한 세밀 완성'의 전형적인 예라고 할 수 있는 꽃이 활짝 핀 목장의 빼어난 광경과 샤르티에가 노래하는 경치를 비교해 보자.

어느 봄날 아침, 시인은 우울한 기분을 떨쳐 버리기 위해 밖으로 나간다.

우울한 생각을 잊으려고

한결 즐거운 기분이 되려고
어느 감미로운 아침 나는 들로 나왔네.
사랑이 마음과 마음을 맺어주는
아름다운 계절의 첫날……

이 모든 것은 순전히 관습적이며, 리듬이나 악센트에서 어떤 아름다움도 느낄 수 없는 평범한 시구(詩句)에 머물고 있다. 이어 봄날 아침의 묘사가 이어진다.

근처 일대에 새들이 어지러이 날고,
매우 감미롭게 지저귀고 있어
누구도 그 노랫소리에 기뻐하지 않을 수 없었네.
새들은 지저귀며 하늘 높이 날아오르고,
한 마리 또 한 마리 허공을 가르며
서로 앞다투어 나서네.
그때 날씨는 구름 한 점 없이 청명했고,
하늘은 오직 푸른색으로 덮여 있었지.
그리고 아름다운 태양이 눈부시게 빛나고 있었네.

어떤 정경의 훌륭함에 대한 단순한 언급은 시인 자신이 스스로 어디서 그 마디를 자를 것인지 확실히 알고 있다면 분명히 큰 효과를 발휘할 것이다. 그런데 이 시의 경우는 어떠한가? 물론 보기에 단순 소박한 매력이 있기는 하다. 그러나 여기에는 확고한 형식이 결여되어 있다. 시인은 단지 느릿느릿 새의 노랫소리를 자잘하게 늘어놓은 뒤 이렇게 이어가고 있다.

나는 꽃을 피우는 나무들을 보았네,
산토끼와 토끼가 달리는 것도.
봄은 지금 한창이라
온통 사랑이 군림하는 것처럼 보였지.

누구도 늙거나 죽을 수 없을 것 같았네,
사랑이 여기에 있는 한 내게는.
풀 그늘에는 감미로운 향기가 고여,
맑은 공기를 더욱 달콤하게 만들었네.
그리고 골짜기를 따라 졸졸거리며
작은 내가 흘러
대지를 적시고 있었지.
그 물은 짜지 않았네.
작은 새들이 그 물을 마셨지.
귀뚜라미와 파리, 나비와 무엇인가를
쪼아 먹은 뒤에 목을 축이려고.
나는 익더귀와 매, 쇠황조롱이를 보았네.
그리고 순수한 꿀로
나무에 가지런히 집을 짓는
침을 가진 벌들도.
다른 한쪽에는 아담한 초원이 있어
자연이 그 신록에 꽃들을 흩뿌렸는지
하양, 노랑, 빨강, 그리고 자줏빛에 둘러싸였네.
깨끗한 눈에 뒤덮인 것처럼
하얗게 만발한 숲을 두르고 있었지.
참으로 오색영롱하여
마치 그림 같았다네.

시냇물은 자갈이 가득 깔린 바닥 위로 졸졸 흐르고, 물고기들은 거기서 헤엄을 치고 있다. 강가의 숲은 그 가지를 펼쳐 마치 푸르른 커튼 같다……. 이어 또다시 시인은 다른 새 이름들을 열거한다. 근처에서 둥지를 만드는 오리, 비둘기, 백로, 꿩 종류를.

이것이 시에 나타난 자연 정경의 끝없는 세부 완성의 표현 형태이다. 그림과 비교하면 어떠한가. 수단은 다르지만 같은 영감에서 나온 표현일 텐데 말이다.

결국 화가는 일의 성질상 단순히 자연을 모사하도록 강요받고 있는데, 반면 시인은 확고한 형식을 모르고 피상석인 것들에서만 헤매며 단순히 쓸데없는 인습의 모티프를 늘어놓는 데 그치고 있다.

이런 관점에서 보면 산문이 회화에 가깝다. 산문은 시보다 틀에 박힌 모티프에 얽매어 있지 않다. 어쩌면 산문가는 눈으로 본 현실의 충실한 재현을 노려 수법상의 제약을 받지 않고 글을 완성할지도 모른다. 생각건대 문학과 미술과의 깊은 관련성을 나타내는 것은 시보다 오히려 산문이다.

중세 끝 무렵 정신의 근본적인 특징 중 하나는 그 시각적 특성이 뚜렷하다는 점이다. 이는 사고의 위축화와 밀접하게 연관되어 있다. 사람들은 눈에 보이는 이미지의 형태로 생각하고 표현한다. 말로써 나타내려는 것들이 모두 그대로 눈에 보이는 이미지로 대치된다. 풍자극이나 풍자시 등이 전적으로 사상 내용을 결여하고 있다고 해도 별로 이렇다 할 일은 없었던 것이다. 사람들은 눈에 보이는 이미지 자체에 만족하고 있었기 때문이다. 이 같은 정신 풍토에서 눈에 보이는 것을 그대로 재현하려는 경향이 좀 더 견고하고 완전하게 전개된 것은 문학이 아니라 회화를 통해서였다. 또 시보다는 산문에 의해서였다. 따라서 15세기의 산문은 여러 견지에서 회화와 시 사이의 비례중항(比例中項)에 해당한다. 끝없는 세부 완성이라는 경향은 삼자에 모두 공통된다. 그러나 회화와 산문에서는 이 경향이 하나의 직접적인 사실주의라고 할 만한 영역에 다다른 데 반해, 이 고차적인 영역은 시가 알 바 아니었던 것이다. 그렇다면 시는 그 열세를 만회할 수 있는 무엇인가를 갖고 있었을까? 그렇지도 않았다.

여기에 한 저술가가 있는데, 그의 작품에서 우리는 반에이크에게서 발견되는 것과 같은 뚜렷한 이상, 사물의 외관에 대한 맑고 투명한 관점을 확인할 수 있다. 바로 조르주 샤틀랭이다. 그는 알스트(Aalst) 백작령 출신의 플랑드르 사람이었다. 자신을 '진정한 프랑스인', '프랑스 토박이' 등으로 일컬었지만, 플랑드르 말이 그의 모국어였음이 틀림없다. 올리비에 드 라 마르슈도 그에 대해서 "프랑스어로 글을 쓰지만 플랑드르 태생"이라고 말했다. 샤틀랭은 자신을 비하하여 플랑드르인 특유의 투박한 시골 근성을 들추어내어 즐거움으로 삼았다. 난폭한 말투로 욕하는 자신을 "플랑드르 놈, 목축에나 적합한 늪지대의 사나이, 무식쟁이, 말은 혀에 엉키고 입술은 두텁고 위턱이 강하고, 다른 지상 생물에 따르는 갖가지 결함으로 더러워진 놈"이라고 불렀다. 무겁기 짝이 없는 비장한 어조와 의식에 얽매인 '호언장담'으로 치장한 그의 산문이 지니는 과장된 특징은 바로 민족성에서 유래한다. 이런 특징 때문에 프랑스인은 정도의 차이는 있지만 대개 그를 좋아하지 않는다. 그의 장려한 문체는 무엇인가 코끼리처럼 거대한 딱딱함을 연상시킨다. 당시의 누군가는 매우 적절하게도 그에 대해 이렇게 언급했다. "요란스럽게 울리는 거대한 종." 그러나 그의 명석하고 날카로운 시선과 풍부한 색채 감각의 자양분은 아마도 실은 그가 플랑드르 태생이라는 점에 힘입은 바가 클 것이다. 그의 산문에서 엿볼 수 있는 이러한 특징으로 말미암아 그는 자주 오늘날 벨기에 저술가들의 문장을 상기시킨다.

샤틀랭과 반에이크 사이에는 뚜렷한 유사성이 있다. 물론 예술적 수준의 차이가 있지만, 가장 훌륭한 시기의 샤틀랭은 가장 평범한 시기의 반에이크에 맞먹는 관계이다. 적어도 반에이크와 어깨를 나란히 한다는 것은 매우 대단한 일이다. 그 한 예로서 헨트 제단화 문 안쪽 좌우 날개 상단부의 노래하는 천사들을 떠올려 보라. 암적색, 황금빛, 그리고 번쩍이는 보석으로 장식된 묵직한 느낌의 의상들, 너무나도 과장되게 찌푸린 천사들의 얼굴, 보면대(譜面臺)의 조금 진부한 장식들은 곧 '호언장담'하는 위풍당당한 부르고뉴 궁정풍 문학 양식이 회화 속으로 들어온 것이다. 단, 회화예술에서 수사학적인 요소는 어디까지나 종속적인 위치를 차지할 뿐이지만, 샤틀랭의 산문에서는 이것이 주요 관심사가 된다. 그의 특색인 날카로운 관찰력과 생생한 사실주의도, 너무나 화려한 문장과 크게 코를 골고 있는 느낌의 호언장담 속에 푹 빠지는 경우가 많다.

그러나 일단 샤틀랭의 플랑드르 정신을 강하게 사로잡는 한 사건을 서술하는 단계가 되면, 그의 문장은 격식을 차린 으리으리함 속에서도 힘찬 조형력을 보여 주어 읽는 사람의 마음을 감동으로 이끄는 것이다. 그러나 사상으로 말하자면 같은 시대 사람들에 비해 결코 풍요로운 편은 아니었다. 그의 경우 사상이라고 할 만한 것은 흔해빠진 신심(信心), 윤리관, 기사도 이념 등, 이미 오래전에 유통된 화폐와 같은 것이었다. 따라서 사건에 대한 그의 구상은 모두 피상적이지만, 묘사는 날카롭고 생생하다.

그가 그린 선량공 필립의 인물상에는 반에이크를 연상시키는 박진감이 느껴진다고 해도 좋다. 그는 말하자면 마음속으로는 소설가인 연대기 작가로, 1457

년부터 시작된 필립과 그의 아들 샤를과의 불화에 대하여 즐겨 상술하고 또 상술하는 것이다. 사물들을 시각적으로 인지하고 표현하고자 하는 그의 마음이 이토록 분명히 나타나 있는 곳은 달리 찾아볼 수 없다. 사건의 외적인 상황들이 분명히 날카롭게 재현된다. 얼마쯤 긴 문장을 인용할 필요가 있겠지만 그만한 보람은 충분히 있다.

불화는 젊은 샤롤레 백작 샤를의 궁정에서 한 내무 관직을 둘러싸고 일어났다. 늙은 부르고뉴 공 필립은 예전에 샤를과 한 약속을 무시하고 그 자리를 총애하던 크로아가(家)의 한 사람에게 줄 작정이었다. 이는 크로아 가문에 대한 파격적인 대우였다. 샤를은 이를 결코 달갑게 여기지 않았고 아버지의 요구를 거부했다.

"그래서 공작은 월요일 성 앙투안의 축일[5]에 미사를 마친 다음, 집안의 안녕을 빌고 가신들 사이에 불화가 일어나지 않도록 빌며, 자기 아들도 그의 지시를 잘 따르고 기쁘게 해 주기를 바라면서 상당 시간 기도를 드렸다. 그는 기도서도 읽는 둥 마는 둥 하다가 교회당에 인기척이 끊어지기가 무섭게 곧 아들을 불러 부드럽게 말했다. '샤를, 시종직(侍從職)을 다투고 있는 상피(Sempy) 경과 에메리(Hémeries) 경에 관한 것인데, 어떻게든 마무리를 해 주지 않겠느냐? 상피 경을 그 자리에 앉혔으면 한다.' 그러자 샤롤레 백작은 이렇게 대답했다. '아버지, 전에 아버지께서 제게 내려주셨던 명령서에 상피 경의 이름은 기재되어 있지 않았습니다. 그러니 아버지, 부디 제가 그 명령을 지킬 수 있도록 도와주십시오.' '하지만.' 공작은 고집했다. '명령은 네가 알 바 아니다. 명령을 추가하는 것도 취소하는 것도 나란 말이다. 나는 상피 경이 그 자리에 앉길 바란다.' 이에 백작이 맞섰다. '아버지, 제발 용서해 주십시오. 그렇게 할 수는 없습니다. 어디까지나 처음의 명령대로 하겠습니다. 크로아 경이 저를 노리고 꾸민 일은 잘 알고 있습니다.' '뭐라고? 내 말에 따르지 않을 작정이냐? 내가 바라는 대로 하지 않겠다는 거냐?' 공작이 소리쳤다. '아버지, 다른 일이라면 기꺼이 따르겠습니다만 이 일만은 그럴 수 없습니다.' 공작은 이 말에 화가 치밀었다. '에이, 배은망덕한 녀석, 내 뜻을 거역하겠다는 거냐? 내 눈앞에서 썩 꺼지거라!' 흥분한 공작은 피

---

5) 1월 17일.

가 한순간 심장에 몰려 얼굴이 창백해지는가 싶더니 그것도 잠시, 새빨개진 얼굴이 매우 험악하게 일그러져서, 홀로 공작 옆에서 대기하고 있던 교회당 사제의 이야기로는 흉측해서 감히 쳐다볼 수도 없을 정도였다고 한다……."

　이는 매우 활력 있는 문장이 아닌가. 온건하게 시작된 짧은 대화가 점차 진행되는 동안 노여움에 불타오른다. 아들의 내던지는 듯한 말투에서 이미 훗날의 호담공 샤를의 사람됨을 느낄 수 있지 않은가. 공작이 아들에게 던진 시선은 공작부인을 마음속으로부터 두렵게 만들었다. 그녀가 동석하고 있었다는 사실은 그때까지 전혀 언급되지 않았지만. 그래서 공작부인은 서둘러 몸을 밀어내듯이 아들을 교회당 밖으로 끌어내 남편의 분노가 미치지 않는 곳으로 도망치려 했다. 그런데 교회당 출입구까지 이르려면 수없는 모퉁이를 돌아야 했고, 간신히 도착했으나 문은 이미 자물쇠가 채워졌으며, 열쇠는 사제가 갖고 있었다. "카론,[6] 문을 열어줘요." 공작부인이 말했다. 그러나 사제는 그녀의 발밑에 몸을 던져, 지금 당장 떠나기 전에 아드님이 먼저 용서를 빌도록 설득해달라고 간청했다. 그래서 그녀는 샤를에게 돌아서서 그렇게 하도록 애원했지만, 그는 큰 소리로 오만하게 대답했다. "하지만 어머니, 아버지께서는 썩 꺼지라고 하셨습니다. 그리고 저에게 몹시 화를 내셨어요. 그렇게 분명한 모욕을 받은 이상 지금 당장 돌아갈 순 없습니다. 오히려 신의 가호에 이 몸을 맡기겠습니다. 어떻게 될지는 모르지만." 이때, 화를 삭이지 못하고 기도대에 계속 머물러 있던 공작의 목소리가 들려왔다. 공포에 사로잡힌 공작부인이 사제에게 말했다. "카론, 지금 당장 열어줘요. 나가야 해요. 그렇지 않으면 우린 죽습니다."

　바야흐로 필립의 혈관에 고동치는 발루아(Valois) 가문의 피가 그의 머리를 광란으로 몰아넣었다. 방으로 돌아간 노공은 마치 젊은이처럼 흥분하고 있었다. 해질 무렵, 그는 장비도 제대로 갖추지 않은 채 혼자서 말을 타고 남몰래 브뤼셀을 빠져나갔다. "때는 해가 일찍 저무는 계절, 이미 황혼 무렵 공작은 말에 올랐다. 그는 혼자서, 오직 혼자서 들판으로 나가고 싶었다. 오랫동안 계속되던 매서운 추위도 공교롭게 이날은 누그러져서 온종일 끼었던 짙은 안개가 해질 무렵에는 가랑비로 바뀌어 대지를 촉촉하게 적시고, 급기야 바람까지 가

---

6) Caron : 이 교회당의 전속사제 카론은 《백 가지 새로운 이야기》에서 화자의 한 사람으로 등장한다.

세하여 언 땅을 녹이고 있었다." 이어서 들을 건너 숲을 지나 방랑하는 밤의 묘사 속에는 생기 넘치는 자연주의와 거창하고 교훈적인 수사(修辭)가 번갈아 나타난다. 공작은 피로와 공복에 시달리면서 숲을 헤매고, 이따금 소리를 질러 보지만 대답은 돌아오지 않는다. 그는 하마터면 강을 길로 오인하여 강의 유혹에 넘어가 빠질 뻔했는데, 자칫 위험한 순간 말이 망설이는 바람에 살았다. 그는 말과 함께 넘어져 상처를 입었다. 귀를 기울여도 아무 소리도 들리지 않는다. 수탉 울음소리나 개 짖는 소리라도 들리면 사람들의 거주지로 돌아갈 수 있을 텐데. 마침내 공작은 불빛을 발견하고 거기에 다가가려고 애쓴다. 그는 그 빛을 놓쳤다가 다시 찾아내기를 수없이 되풀이하면서 가까스로 거기에 이른다. "그러나 가까이 갈수록 그것은 보기에 무섭고 흉한 것으로 비쳤다. 수백 수천에 이르는 입에서 자욱한 연기와 함께 불이 뿜어져 나오고 있었기 때문이다. 시간이 시간인 만큼, 누가 생각해도 이것은 어떤 영혼을 불태우는 정죄(淨罪)의 공간인 연옥 아니면 악마의 홀림 같았다." 공작은 순간 말을 멈춰 세웠으나 이내 생각했다. 숯 굽는 사람들이 평소에 숲속에서 장작을 지펴 숯을 굽지 않던가. 그 불이었던 것이다. 그러나 근처에는 집도 오두막도 보이지 않았다. 공작은 한참 더 헤맸다. 마침내 개 짖는 소리에 이끌려, 그는 비로소 어떤 가난한 사람의 오두막을 발견하고 나서야 휴식과 음식을 얻을 수 있었다.

이 일화 말고도 샤틀랭의 작품 중에는 이에 못지않게 생기 넘치는 문장이 몇 개 더 있다. 예를 들어 이미 소개한 발랑시엔의 두 부르주아 간의 결투, 또는 라에(La Haye)에서 벌인 밤의 결투는 프리슬란트 사절 일행과 부르고뉴 귀족들의 싸움으로, 그 원인이라는 것이 참 대단하다. 프리슬란트 친구들이 부르고뉴 사람들이 쉬고 있는 방의 위층에서 나막신을 신고 술래잡기를 하여 그들의 잠을 방해했다는 것이다. 또 1467년 강(Gand)에서 일어난 폭동은 샤를이 처음 부르고뉴 공으로 강을 방문했을 때, 공교롭게도 후템(Houthem)의 제례와 겹친 것이다. 민중은 후템에서 성 리에뱅(Saint Liévin)의 성유물을 받들고 행렬을 이루어 도시로 돌아오는 관습을 따르고 있었다. 이르는 곳마다 뜻하지 않은 세세한 일화 속에서, 작가가 사건을 얼마나 잘 관찰하고 있는지를 엿볼 수 있다. 폭도와 맞선 부르고뉴 공은 '빨간 녹이 슨 투구를 쓴 얼굴들과 그 투구 속에서 잇몸을 드러내거나 입술을 깨문 악당들의 수염'을 보았다. 고함 소리가 아래서부터 기어 올라온다. 공작의 바로 옆, 창문턱까지 밀어닥친 녀석들은 검게 광칠로 마무리한 쇠장갑을 끼고 있었다. 그것으로 창틀을 두드리며 조용히 하라고 강요한다. 눈으로 자세히 관찰한 사물을 정확하게 묘사하기 위해 간결하고 함축적인 단어를 찾아내어 이야기를 들려주는 샤틀랭의 기량은 반에이크의 힘차고 날카로운 시선이 회화 분야에서 이룩한 것과 동일한, 말하자면 문학판(文學版)인 것이다. 그러나 문학에서 대개의 경우 이 사실주의는 인습적인 형식에 얽매이고 방해를 받아 충분히 그 진가를 발휘하지 못한 채, 메마른 수사법이라는 울창한 산 한가운데 이례적으로 남아 있다. 한편 회화에서 사실주의는 한 그루 사과나무에 눈부시게 피어나는 꽃들을 연상시킨다. 사실주의적인 표현에 관해서는 문학보다 회화 쪽이 훨씬 앞선다. 회화는 이미 빛의 효과들을 표현하기 위한 놀라운 기교를 자기 것으로 만들고 있었고, 순간의 관찰을 그대로 화폭에 정착시키는 과제를 먼저 추구한 것은 세밀화[7] 화가들이었다. 회화에서 그 과제의 완전한 전개는 헤르트헨 토트 신트 얀스(Geertgen tot Sint Jans, 1465~1495)의 〈탄생 *The Nativity*〉 속에서 처음 실현된다. 이미 그 이전부터 오랫동안 채식화가들은 그리스도의 포박 장면을 그릴 때 어떻게 해서든 갑옷에 반사되는 횃불이 흔들리는 효과를 내려고 고심해 왔다. 르네왕의 세밀화 〈사랑의 마음 *Cuer d'amours espris*〉[8]에 삽화를 그린 대가는 이미 환한 일출 묘사에 성공했다. 〈아이이의 기도서 *Heures d'Ailly*〉[9]에서 세밀화가는 폭풍우 뒤 구름 사이로 비치는 햇살을 묘사하려고 대담하게 시도했다.

한편, 문학은 빛의 효과를 표현하려 해도 아직 원시적인 방법밖에 모르고 있었다. 빛의 광채나 찬란함에 대한 감수성은 풍부했다. 이미 언급한 바와 같이 사람들은 아름다움 자체를 무엇보다도 먼저 광채나 찬란함으로 의식할 정도였다. 15세기의 저술가나 시인들은 햇빛과 촛불과 횃불의 빛, 갑옷이나 무기에 비치는 빛의 번쩍임을 즐겨 묘사하고는 있다. 하지만 단지 하나의 단순한 열거에 그쳤고, 어떻게 그려낼 것인가에 대한 문학적인 방식은 그들에게 아직 결여되

---

7) 1장 주20 참고.

8) 1450년대, 앙주에서 제작되었다. 작자 불명. 현재 빈 국립도서관 소장.

9) 페리 공이 만들게 한 일련의 세밀화 가운데 하나. 《아름다운 기도서》라고도 한다. 1413년 무렵의 작품.

어 있었다. 회화에서 빛의 효과에 필적할 만한 작품을 문학에서 찾으려면 시선을 다른 곳으로 돌려야 한다. 이 시대의 문학은 무엇보다도 먼저 직접화법의 왕성한 사용으로 순간의 인상을 확실히 파악했다. 어떤 시대도 이렇게 열심히 대화 하나하나를 그대로 재현하고자 한 적이 없다. 때로는 이것이 남용되어 읽는 사람으로 하여금 성가시게 하기도 한다. 프루아사르와 그 일파의 손에 걸리면 정치적 상황 설명까지도 문답의 옷을 입고 마는 것이다. 쓸데없이

〈탄생〉 헤르트헨토트 신트 얀스 작.

공허하게 되풀이되는 지루한 대화가 언제 끝날지 모르고, 문장의 단순함을 깨뜨려야 하는 것이 때에 따라서는 그것을 몇 배로 늘리기도 한다. 하지만 물론 개중에는 즉각적이고 순간적인 인상을 생생하게 드러내는 대화도 있다. 이런 대화를 만드는 명인은 역시 프루아사르이다.

그때 그는 그들의 도시가 점령되었다는 소식을 들었다. "어디의 누구에게지?" 그가 물었다. "브르타뉴 녀석들입니다!" 그와 함께 이야기하던 사람들이 대답했다. "그래, 브르타뉴 녀석들은 악질이다. 그놈들은 도시를 약탈하고 불태우고 나서야 떠날 것이다. 그들이 뭐라고 함성을 지르더냐?" 기사가 물었다. "나리, 녀석들은 분명히 라 트리무이유(La Trimouille)라고 외치고 있습니다.'"

프루아사르는 대화의 움직임을 재촉하여 활기를 주기 위해 이야기를 듣고 놀란 상대에게 그 이야기의 마지막 말을 반복하는 수법을 곧잘 썼는데, 좀 남

용하는 편이다.

"나리, 가스통이 죽었습니다." "죽었어?" 공작이 물었다. "그렇습니다. 분명히 죽었습니다. 나리."

다른 예를 들면 이렇다. "그래서 그에게 사랑 문제와 집안 문제에 대한 조언을 구했더라면." "조언을?" 대주교가 대답했다. "선량한 조카여, 이젠 너무 늦었다. 너는 소 잃고 외양간 고치는 격이다."

시 또한 이 문답 형식을 이용하고 있다. 짧은 한 행 속에서 문답이 두 번 되풀이되는 경우까지 있다.

죽음이여, 나는 원망한다. ―누구를? ―그대를.
내가 그대에게 무슨 짓을 했지? ―내 연인을 빼앗아갔지.
그래 사실이야. ―말하라. 왜 그랬는가.
재미있었기 때문이다. ―너는 지독한 짓을 했어.

이것은 작자를 알 수 없는 어느 시의 한 구절인데, 이와 같이 짧은 대화를 단속적으로 이어가는 방법은 이미 수단이 아니라 목적으로, 단순한 기교에 불과했다. 이 기교를 최고로 완성한 것은 시인 장 메쉬노(Jean Meschinot)의 발라드였다. 어떤 소서사시에서는 가엾은 프랑스가 국왕 루이 11세에게 책임을 묻는 내용이 있는데, 그 30개 행마다 시 어디에서나 서너 번씩 대화가 끊겼다 이어졌다 한다. 하지만 그와 같은 이상한 형식을 취하고 있다고 해서 정치적 풍자의 효과가 줄어든 건 아니다. 다음은 처음의 한 대목이다.

전하…… ―뭔가? ―들어 주십시오…… ―무엇을? ―제 사정을.
말해 보라. ―저는…… ―누구지? ―피폐한 프랑스입니다!
누구 탓으로? ―당신 탓으로. ―어떻게? ―모든 신분에 걸쳐서.
거짓말이다. ―어찌 거짓말을. ―누가 그러더냐? ―제 고통이.
무엇을 괴로워하느냐? ―불행이오. ―어떤? ―극심한 불행.
믿을 수 없다. ―분명합니다. ―이제 그만하라!
아니! 말하겠어요. ―소용없다. ―부끄러운 줄 아시오!

내가 뭘 잘못했다는 거냐? ―평화를 업신여겼소. ―어떻게?
전쟁으로…… ―누가? ―당신 친구들과 혈족들.
말을 삼가라. ―그럴 수 없습니다, 정말로.

이 시대 문학 속에서 피상적인 자연주의의 발로는 다른 표현도 있다. 프루아
사르는 기사도의 훌륭한 공훈들을 묘사하려고 무턱대고 서둘렀지만, 그럼에도
그의 의사와 달리 전쟁의 산문적인 현실을 잘 그려내고 있는 것이다. 기사도와
같은 것은 조금도 개의치 않았던 필립 드 코민과 마찬가지로 프루아사르는 전
쟁의 피로, 헛수고로 끝나는 추격, 제각각의 행동, 초조함 속에 지새는 밤의 야
영 등을 훌륭하게 묘사하고 있다. 연기하고 대기하는 상황을 그리는 데 그보다
더 뛰어난 사람은 없다.

그가 사건의 외부 상황에 대해 상세한 점을 간략하고 정확하게 보고하려
고 할 때, 그의 붓에는 비장한 힘이 깃들고 그의 이야기는 곧잘 비극의 영역에
까지 이른다. 예를 들어 분노가 폭발한 아버지에게 찔린 젊은 가스통 페뷔스
(Gaston Phébus)의 죽음에 대한 이야기처럼. 그의 정신작용은 말하자면 사진과
도 같아서 우리는 온갖 뉴스거리들을 수없이 그에게 전달해 주는 몇몇 정보
제공자의 자질을 그의 문장을 통해 엿볼 수 있는 것이다. 이를테면 그는 여행
친구인 기사 에스팽 드 리옹(Espaing de Lyon)이 들려준 이야기를 그대로 훌륭하
게 그려낸다. 언제든 문학이 인습이라는 족쇄를 버리고 오직 관찰을 활동 무
기로 삼는다면, 같은 수준에 이르지는 못해도 충분히 회화와 어깨를 나란히
할 정도는 된다. 그러나 이처럼 남에게 구애되지 않는 관찰이란 자연의 정경
묘사에는 통용되지 않는다. 15세기의 문학은 자연 묘사를 지향하고 있지 않
았다. 관찰의 눈은 단지 어떠한 관심을 불러일으키는 중요한 사건에 쏠려 있었
다. 사람들은 마치 사진의 건판(乾板)이 대상을 찍어내는 것처럼 사건의 외적
상황을 통째로 베껴내려 했다. 이때 어떤 방법론을 분명히 의식한 것은 아니었
다. 회화예술에서 자연 묘사는 장식의 기능밖에 없었고, 그렇기 때문에 그 활
동은 무엇에도 얽매이지 않아 자유로웠다. 하지만 문학에서는 일정한 양식들
에 관련되는 표현 수단의 하나였으며, 기성 표현 형태에 얽매여 자연을 그대
로 베끼라는 요청에 쫓기지는 않았다. 회화에서의 자연 표현은 단순한 부산

물에 지나지 않으며, 따라서 순수하게 그대로 머무를 수 있었다. 원근법에 의한 묘사가 주된 주제에 아무런 의미를 주지 못하고 종교적 양식에 갇혀 있지도 않았으므로 15세기의 화가들은 풍경을 그려 어느 정도 조화가 잡힌 자연의 모습을 화폭에 재현할 수 있었던 것이다. 화면 주요부에서는 주제의 엄격한 질서에 눌려 추구할 수도 없었던 자연 그 자체를. 이집트 예술은 그간의 사정을 잘 나타내는 유사한 현상을 제공하고 있다. 인간의 모습마저 비트는 조형의 규칙이 노예의 미니어처의 경우에는 조금도 중요하지 않다는 이유로 적용되지 않았던 것이다. 따라서 이 부수적인 인간상은 동물상의 경우처럼 어떤 경우에는 비교할 수 없을 만큼 단순하고 충실하게 자연의 모습 그대로 묘사하고 있었다.

풍경과 주요 장면의 관계가 약하면 약할수록 그림은 조화롭고 자연스럽다. 《샹티이의 호화로운 기도서 *Très riches heures de Chantilly*》에 실린 세밀화 〈예수 공현〉을 보면, 예배하는 왕들이 화려하게 치장을 하고 모여 있는 장면 뒤에는 브뤼헤의 풍경이 꿈속 같은 부드러운 분위기에 싸여 완벽한 리듬 속에 나타나 있다.

문학에서 자연 묘사는 여전히 전원시의 옷을 입고 있었다. 우리는 세상을 버린 은둔자의 단순한 삶이 좋은가 나쁜가에 대한 궁정인들의 논쟁을 앞서 말한 바 있다. 장 자크 루소의 사상이 유행의 물결을 탔던 시절과 마찬가지로, 이 시대는 궁정 생활의 허무함에 지쳤다고 말하고, 로뱅과 마리옹의 검은 빵을 먹는 생활과 누구에게도 신경 쓸 필요가 없는 사랑의 생활에 만족하는 것을 현명하다고 보며, 궁정을 회피하는 태도가 좋은 예법이었다. 이 경향은 현실에서 보는 피투성이의 허영, 거만하기 짝이 없는 이기주의에 대한 감정적인 반동으로, 덮어놓고 이것을 가짜라고 단정할 수는 없다. 오히려 이것은 하나의 문학적 태도였다. 이 시대 문학에서 볼 수 있는 자연 애호가 이러한 태도라면, 그 시적 표현은 관례였다. 궁정—애욕의 문화는 그 대대적인 사교 유희의 한 필수적인 요소로서 자연을 사랑한 것이다. 꽃이나 새들이 지저귀는 아름다움의 표현은 이 유희에 참가한 사람이라면 누구나 아는 말투라는 토양 속에서 관습적인 형태로 배양되었다. 따라서 문학에서의 자연 표현은 회화예술과는 전혀 다른 수준에서 있었다.

'양치기의 시'를 제외한 분야에서 으레 첫머리에 등장하는 봄날 아침이라는 정해진 모티프를 빼면 자연 묘사에 대한 의욕은 아직 어디에서도 볼 수 없었다. 샤틀랭이 누그러지는 한기(寒氣)를 그려냈을 때처럼, 때로는 자연을 표현하는 몇 마디 말이 산문에 섞여 들어가는 일도 있었으며, 오히려 이런 종류의 의식하지 않은 자연 묘사 쪽이 훨씬 암시에 찬 효과를 발휘하고 있다. 그럼에도 우리가 문학에서 자연에 대한 감정의 성장을 추적할 수 있는 것은 역시 전원시라는 분야에서이다. 앞서 문학 일반에서의 세부 완성 효과를 보기 위해 알랭 샤르티에의 시를 소개했는데, 여기에 또 인용할 수 있는 것은 이를테면 르네왕이 잔 드 라발(Jeanne de Laval)에 대한 애정을 노래한 시 〈르뇨와 제앙느통 *Regnault et Jehanneton*〉이다. 물론 이 시에서도 화가가 풍경을 그릴 때 색과 빛의 효과 속에서 화면에 곧잘 잡아내는 하나의 통일체로서의 자연 일부를 차분하게 보는 시선은 느낄 수 없다. 단지 대상 하나하나를 온화한 기분으로 나열하고 있다는 느낌이다. 지저귀는 새 한 마리 한 마리, 곤충들, 개구리들, 그리고 밭을 가는 농부를.

저 멀리 쉴 새 없이 일하는 농부들,
끊임없이 소리 높여 노래하네
크게 기뻐하면서.
소들은 힘껏 쟁기를 끌고
기름진 땅에서 좋은 보리를 거두게 되리.
틈틈이 소들에게 말을 거네.
저마다의 이름을 부르며,
어떤 것은 새끼 사슴, 어떤 것은 쥐,
밤, 백(白), 금(金), 또는 친구라고.
그리고 채찍을 든다네,
앞으로 나아가도록.

확실히 신선하기는 하다. 즐거운 어조도 느낄 수 있으나 기도서의 달력 그림과 비교하면 얼마나 빈약한 표현인가. 르네왕은 자연 묘사를 위한 자료를 제시하고 있지만, 두서너 가지 색밖에 없는 갤판, 그 이상은 아닌 것이다. 앞으로 더 나아가 석양의 정경을 묘사하는 대목에서 어떤 분위기를 표현하고 열심히 애쓰고는 있지만. 새들은 모두 침묵하는데 메추라기만이 아직도 울음을 그치지 않고 있다. 자고새들은 윙윙 날갯소리를 내며 둥지로 돌아가고 사슴과 토끼가 모습을 드러낸다. 태양은 잠깐 탑 꼭대기에 걸려 빛나고, 곧 대기가 조금씩 차가워진다. 부엉이와 박쥐들이 원을 그리며 날기 시작할 때 교회 종소리가 저녁 기도를 알린다.

《샹티이의 호화로운 기도서》의 달력 그림 12면은 같은 모티프가 미술과 문학에서 어떻게 표현되는가를 비교할 기회를 준다. 널리 알려진 바처럼 이것을 만든 랭부르 형제[10]는 사계절의 변화를 나타내는 정경 뒤에 훌륭한 성채들을 멀리 바라보는 경치를 몇 가지 담고 있다. 그리고 이것의 문학판이 외스타슈 데샹의 시인데, 이 시인은 북프랑스의 7개 성의 찬가를 7개의 단시(短詩)로 노래하고 있다. 7개의 성이란, 뒷날 아네스 소렐이 살게 되는 보테성을 비롯하여 비에브르(Bièvre), 카샹(Cachan), 클레르몽(Clermont), 니에프(Nieppe), 노로아(Noroy), 그리고 쿠시(Coucy)성이다. 그런데 랭부르 형제의 세밀화 예술은 그야말로 아름다움과 섬세함의 극치였으므로 이 표현의 세계에 도달하기 위해서는 데샹도 더욱더 강한 날개를 가진 시인이어야 했을 것이다. 〈9월〉 달력 그림을 보자. 소뮈르성이 마치 포도를 수확하는 정경 뒤에 꿈결같이 떠오른다. 풍향계가 달린 높은 첨탑들, 탑의 윗부분, 톱니모양의 흉벽을 장식하는 백합꽃, 20여 개의 가는 굴뚝 등. 성은 하늘의 짙은 쪽빛 속에 꽃처럼 피어 마치 키가 큰 하얀 꽃이 활짝 핀 들판의 화원과 같다. 또한 〈3월〉 그림의 뤼지냥성의 장중한 위엄과 〈12월〉 그림의 나뭇잎들이 다 떨어진 숲 위에 얹혀 있는 듯한 뱅센성의 음울한 탑을 보라. 적어도 데샹 정도의 시인이라면, 이 정도의 전망을 불러일으키기에 충분한 수단을 갖고 있었을까? 물론 아니다. 비에브르성의 시에서는 성의 건축형태를 묘사하고는 있지만 노린 효과는 불발로 끝났다. 결국 성을 보며 마음속에 솟아나는 기쁨과, 그 기쁨을 유발하는 하나하나를 헤아리는 것이 사실상 그가

---

10) 폴, 에르망, 장 삼형제. 태어난 헤를레 공의 영지 랭부르의 이름을 따서 이렇게 불렀다. 1416년 유행병에 걸려 형제가 차례로 죽는 바람에 이 기도서 장식 일이 미완으로 끝나, 뒷날 다른 화가에 의해 완성되었는데, 달력 그림 대부분은 삼형제가 그린 것이다.

4월   6월
《베리 공의 호화로운 기도서》의 달력 그림. 랭부르 형제 작.

한 일의 전부였다. 보테성의 시를 보자. 화가는 당연한 일이지만 밖에서 성을
보고 그린다. 그러나 대상은 성안에서 밖을 보고 있다.

> 왕의 장자, 빈(Viennois)의 황태자가
> 이 땅을 아름다움이라고 이름지었다.
> 잘 어울리는 이름이다. 매우 아늑한 곳이니까.
> 사람들은 거기에서 나이팅게일의 노랫소리를 듣는다.
> 성은 마른(Marne)강에 둘러싸이고, 웅장한 정원에,
> 높고 풍요로운 숲이 바람에 흔들리는 것을 볼 수 있다……
> 가까이 있는 목장, 유원지,
> 깨끗한 잔디, 아름답고 맑은 샘,
> 포도밭과 경작지,
> 돌아가는 풍차, 탁 트인 들판.

시의 이런 효과와 세밀화의 효과를 비교하면 얼마나 차이가 있는가. 결국 회화와 시는 소재와 방식을 함께하고 있다. 곧 눈에 보이는 것을 죽 늘어놓고 있는데, 시의 경우는 귀에 들리는 것도 포함된다. 화가의 시선은 분명하게 한정된 공간에, 여러 요소의 복합체에 흔들림 없이 고정되어 있다. 그는 눈에 보이는 것을 늘어놓으면서도 열거한 것에 통일과 제한과 일관성을 주어야만 했다. 〈2월〉의 그림을 보자. 폴 드 랭부르(Paul de Limbourg)는 겨울을 연상시키는 모든 사물을 한데 모아놓았다. 불을 쬐고 있는 농부들, 말리기 위해 널어놓은 세탁물, 눈 위의 까마귀들, 양 우리, 벌통들, 대형 통, 짐수레, 그리고 멀리 보이는 고요한 마을과 언덕 위의 외따로 떨어진 농장이라는 겨울 정서가 물씬 풍기는 전망 등. 게다가 그림은 완벽하리만치 편안한 통일된 인상을 주고 있다. 그런데 시인은 그렇지 않다. 그의 시선은 목적 없이 이곳저곳으로 움직여 안정되지 않는다. 그는 제한을 모르고 통일성을 전하지 못한다.

내용이 형식을 장악한 것이다. 문학에서는 형식과 내용이 모두 낡았지만, 회화에서는 내용이 낡았음에도 형식은 새로웠다. 회화에서 표현은 내용보다 형식에 더 많이 의존했다. 화가는 말로 다 표현할 수 없는 지혜를 형식에 담을 수 있다. 상념, 정서, 심리 작용으로 재현된 모든 것을 표현했다. 이런 것을 말하려고 고심할 필요는 조금도 없다. 시대는 압도적으로 시각에 치우치고 있다. 회화 표현이 문학 표현보다도 우월했던 이유가 여기에 있다. 결국 시각 편중에 가세하는 문학은 실패하는 것이다.

15세기의 시는 거의 새로운 사상을 낳지 않았다는 인상을 준다. 새로운 허구를 만들려고 해도 도저히 그만한 힘이 없었던 것이다. 낡은 재료를 만지작거려서 약간 근대풍으로 만드는 것이 고작이었다. 사상의 발전에 어떤 정지가 있었다. 정신은 중세 사상의 큰 건축을 겨우 끝마치고 지칠 대로 지쳐 어물거리는 모양새였다. 헛되고 풍미가 없었다. 사람들은 세계에 의혹의 눈초리를 보냈고, 모든 것이 시들어 간다고 보았다. 지독한 실의(失意)의 감정이 지배적이었다. 데샹은 이렇게 한탄한다.

아, 사람들은 내가 더 이상 아무것도 만들 수 없다고 말하네.
한때는 새로운 것을 많이 만들어내던 내가.

이유는 이미 내가 갖고 있지 않기 때문이라고,

좋은 것이나 아름다운 것을 만들어 낼 떡갈나무 판자를.[11]

우리에게 이 정체(停滯)와 쇠퇴의 가장 확실한 증거는 기사도 이야기를 비롯한 낡은 시가(詩歌)가 단조롭고 지루하게 이어지는 산문으로 계속 개작되는 경향이다. 그러나 이 인상은 잘못되어 있다. 이른바 15세기의 '압운(押韻 : 시를 짓는데 같은 운을 규칙적으로 다는 일) 이탈'은 오히려 새로운 정신으로의 이행을 나타낸 것이다. 이것은 인류 최초의 표현 수단인, 틀에 박힌, 즉 운을 다는 화법과의 결별, 중세 정신의 양식과의 이별이다. 13세기가 되어도 사람들은 아직 모든 사항을, 의술이나 박물학에 관한 일까지도 시의 형태로 표현할 수 있었다. 마치 고대 인도 문학이 학문 일반에 시의 형태를 부여한 것처럼. 틀에 박힌 문체, 곧 운문이 일반적이었던 이유는, 의사 전달 수단으로 요구되었던 것이 낭독과 청취였기 때문이다. 개인적인 감정의 격렬한 표현이 아니라 어디까지나 변함없는 낭독이다. 문학사 초기에 시는 청중을 앞에 놓고 반은 노래조로 단조롭게 전달되었던 것이다. 이리하여 산문에 대한 새로운 욕구는 표현하고자 하는 의욕을 뜻하여, 낭독과 청취라는 낡은 방법과 대체되는 근대의 독서라는 수단의 성장을 보여 주고 있다. 이와 관련해서 책을 몇 가지 장으로 나누어, 각각 그 내용의 개요를 붙이는 방법은 지금까지 저술에서는 거의 이루어지지 않았으나 이 또한 15세기에 일반화되었다.

결국, 이 시대에 많이 요구되었던 것은 시가 아니라 산문이었다. 시는 여전히 사람들의 요구에 충분히 대응하고 있었다. 그러나 더 높은 요구에 호응하고자 여기에 산문이 등장한 것이다. 그렇다면 일반적으로 이 시대 산문은 어떤 점에서 시보다 나았는가. 그것은 역시 형식면에서였다. 산문도 시와 마찬가지로 새로운 사상으로 채워져 있지는 않았다. 프루아사르야말로 생각지 않고 단순히 묘사할 뿐이라는 정신의 전형이었다. 그에게는 거의 사상이 없었고 다만 관찰할 수 있는 사물과 현상의 이미지만 있을 뿐이었다. 그가 이해할 수 있는 것은 가장 단순화된 형태의 윤리적 동기 또는 감정들뿐이다. 이를테면 충

---

11) 술통을 만드는 데에 쓰이는 떡갈나무 판자.

성·명예·탐욕·용기이다. 신학·풍자·신화는 모두 그와는 관련이 없다. 끝내는 도덕률까지도 사물에 따라서 무시한다. 그는 단지 힘들이지 않고 정확하게 이야기할 뿐이다. 마치 영화가 현실을 재현하듯 대상의 외관을 기계적으로 찍어서 사건을 잘 그리고는 있으나 내용이 없어서 사람을 끌어당기지 못한다. 그의 고찰은 참으로 진부하다. 모든 일에는 어려움이 따르기 마련이라든가, 죽음보다 확실한 것은 없다든가, 지는 일이 있으면 이기는 일도 있다는 식이다. 또한 그는 어떤 정해진 이미지에 대해서는 반드시 일정한 말투를 자동적으로 사용하고 있다. 이를테면 독일 사람에 대해서 이야기하는 경우, 그는 으레 그들이 포로를 학대하고, 유난히 탐욕스럽다고 말하는 것이다. 흔히 프루아사르의 날카로운 말로 곧잘 인용되는 몇몇 문구도 그렇다. 이것을 하나하나 그 원래의 문맥으로 되돌아가서 읽어 보면, 날카롭다고 여겨진 것도 대개는 그 힘을 잃고 만다. 초대 부르고뉴 공, 빈틈없고 끈기 있는 담대공 필립에 대한 날카로운 성격 묘사부터가 그렇다. 그를 "현명하고 냉정하며 재주가 넘치고 사업에 관해서는 멀리 앞을 내다보는" 인물이라고 평가하고 있는데, 사실 프루아사르는 이 말을 아무에게나 닥치는 대로 쓰고 있다. 또 곧잘 인용되는 한 구절, "이리하여 장 드 블루아 전하는 몹시 돈이 드는 부인과 전쟁을 떠맡은 것이다"도 원래 문맥으로 되돌아가서 읽어 본다면 사람들이 말하는 정도로 인상 깊은 표현이 아님을 알 수 있다.

사상 내용의 빈곤과 더불어 프루아사르에게 부족한 것은 수사학(修辭學)이었다. 수사학이야말로 당시 사람들에게는 문학에서의 새로운 사상 내용의 결핍을 보충하고도 남는 것이었다. 사람들은 화려하게 장식된 문체에 열중하여, 낡은 사상도 치장하기만 하면 새로운 것으로 간주했다. 온갖 사상이 비단으로 화려하게 꾸며져 있었던 것이다. 명예나 의무 개념은 기사도 환상이라는 다채로운 옷을 입고 있었다. 자연에 대한 감각은 전원시라는 의상에 밀어 넣고, 사랑은 특별히 마련한 《장미 이야기》의 알레고리라는 옷을 억지로 입혔다. 사상은 무방비 상태나 자유를 절대 허용하지 않았다. 마치 끝없이 이어지는 가장행렬처럼 거추장스러운 의상을 입은 채, 몸을 움직인다 해도 단지 앞으로 느릿느릿 나아가는 게 고작이었다.

이 수사—장식적 요소는 물론 회화예술에도 들어 있다. 말하자면 묘사된 수사학이라고 할 만한 부분이 상당히 인정된다. 예를 들어 반에이크의 〈참사회원 판데르파엘레와 함께 있는 성모〉 그림에 나타난, 기증자 판데르파엘레를 성모에 소개하는 성 그레고리우스상과 황금 갑옷에 번쩍이는 투구를 보면, 화가는 얼마나 노골적으로 고대의 꿈을 좇으려고 했는가. 성자의 몸짓은 얼마나 연약하고 수사적인가. 마찬가지로 드레스덴에 있는 얀 반에이크의 작품 작은 세폭 제단화 속 대천사 미카엘의 모습도 오직 고운 옷으로 장식되어 있다. 이와 같은 수사적 요소는 폴 드 랭부르의 작품 〈예수공현〉의 유난한 장려함 속에서 연극적 효과를 노린 그 이국적인 표현에도 분명히 나타나 있다.

15세기 시가(詩歌)는 무엇인가 중요한 사상을 굳이 표현하려고 하지 않을 때, 미려한 양식으로 사상을 뽐내는 일에 얽매이지 않을 때, 오직 어떤 정경이나 분위기를 환기하려 할 때 최선을 발휘하게 된다. 시의 효과는 그 형식에 달려 있다. 중요한 것은 이미지와 분위기와 리듬이다. 따라서 노리는 점이 높고 숨이 길어서 리듬이나 분위기가 경시되는 작품에는 그 효과가 충분히 나타나 있지 않다. 반대로 외적 형식을 중요시하는 론도나 발라드 등은 참으로 신선한 효과를 발휘하고 있다. 이러한 시들은 대체로 사소한 착상을 토대로 하여 이미지·분위기·리듬의 힘을 빌려 구성되어 있다. 이것은 바로 단순 명쾌하게 대상을 그려내는 민요의 특성과 같은 것이다. 따라서 이 시대의 시가는 민요와 밀접한 관계에 설 때 최대의 매력을 발산한다.

14세기에는 서정시와 음악의 관계에서 하나의 반전이 일어났다. 그전까지 시는 음악적인 낭독이라는 것에 문자 그대로 얽매여 있었다. 서정시만이 아니라 무훈시 또한 각 행 10 또는 12음절을 완전히 똑같은 가락에 얹어 노래했다고 주장하는 사람도 있다. 중세 서정시인은 시를 지을 뿐만 아니라 곡도 만들었다. 그것이 일반적인 형태였다. 이는 14세기에 들어서도 기욤 드 마쇼와 같은 인물에 의해 유지되었다. 그는 이 시대에 크게 유행했던 몇몇 서정시형을 확립한 사람이기도 하다. 발라드와 론도를 비롯하여 '데바(débat)', 곧 논쟁시 등이 그것이다. 마쇼의 론도나 발라드는 매우 담담해서 색채가 거의 없고 상상력이 모자란 게 특징인데, 오히려 유리한 점이다. 왜냐하면 이것은 단지 시인으로서 하는 일의 절반에 지나지 않았기 때문이다. 곧 노래되어야 할 시는 너무 표현적이거나 너무 다채롭지 않아야 좋다고 여겨졌다. 예를 들면 이런 간단한 론도처럼.

당신과의 이별에 내 마음을 남겨둡니다.
그리고 나는 슬퍼하면서 울면서 떠나겠습니다.
철회할 수 없어도 언제까지나 당신을 섬기기 위해
당신과의 이별에 내 마음을 남겨둡니다.
그리고 내 영혼에 맹세하는 바이지만,
마음 편한 날은 없을 것입니다.
돌아올 그날까지 이토록 마음이 침울한 이 몸에게는.
당신과의 이별에 내 마음을 남겨둡니다.
그리고 슬퍼하면서 울면서 나는 떠나겠습니다.

데샹은 더 이상 자기 발라드에 곡을 붙이지 않았다. 따라서 마쇼에 비하면 그의 시는 훨씬 다채롭고 요란스럽다. 시의 양식 면에서는 마쇼보다 뒤처지지만 훨씬 흥미롭다.

물론 거의 알맹이가 느껴지지 않을 정도로 담담하고 가벼운 음악시는 시인들이 더 이상 작곡을 하지 않는다고 해서 모두 사라진 것은 아니었다. 론도는 여전히 그 멋을 잃지 않았다. 장 메쉬노는 노래한다.

정말로 나를 사랑해 주시겠습니까?
말해 주세요, 영혼을 걸고.
내가 당신을 사랑한다면
누구보다도, 무엇보다도, 당신을.
정말로 나를 사랑해 주시겠습니까?
신은 선을 많이 베푸셨습니다.
당신 안에, 발삼[12]을,
그러므로 나는 밝히겠습니다.
당신의 것이라고. 하지만, 얼마나

---

12) 흔히 향나무에서 분비되는 끈끈한 액체를 말하는데, 변하여 '방향(芳香)', 더 나아가 '마음의 위로'를 뜻하며, 그리스도교 상징주의에서는 '성총(聖寵)의 향기'나 '덕을 넓히는 향기'로 여겨진다.

정말로 나를 사랑해 주시겠습니까?

크리스틴 드 피장의 단순하고 꾸미지 않은 재능은 특히 이러한 순간적인 효과에 적합했다. 그녀도 이 시대의 시인들처럼 손쉽게 시를 만들어 냈다. 형식과 내용 모두 거의 변함없이 담담하고 엷은 색으로, 조용하고 차분하며 약간 서글픈 기분을 풍기는 시들. 이것은 그 시의 분위기나 사상면에서 완전히 궁정풍인 순수한 문학시이다. 크리스틴의 시는 14세기의 상아판 돋을새김을 떠오르게 한다. 몇 번이고 되풀이하는 똑같은 모티프들, 사냥 장면, 《트리스탄과 이졸데》나 《장미 이야기》에서 따 온 장면들을 여전히 약속된 수법에 따라서 새기는 우아하고 냉랭하며 매혹적인 예술이다. 그리고 이와 같은 궁정풍의 감미로운 우아함에 가끔 민요의 분위기가 섞이면 크리스틴의 시는 완전히 순수한 무언가를 전하는 것이다. 먼저 여기 재회의 노래가 있다.

어서 오세요, 그리운 님이여,
자, 나를 안고 키스해 주세요.
그래 어땠나요, 떠나신 뒤로?
아무 일 없이 잘 지내셨나요?
언제나? 자, 이리로 오세요,
내 곁에 앉으세요, 그리고 이야기해 주세요.
어땠어요? 아무 일도 없었나요?
왜냐하면 그것을 자세히 듣고 싶은걸요.

사랑하는 이여, 나는 사로잡혀 있어요.
누구보다도 당신에게, 아무도 불쾌하지 않겠지만,
알아주셔요, 애달픈 생각에 와락 붙잡혔어요.
이러한 불편을 이전에는 몰랐고
기쁨도 느끼지 못했습니다.
딩신으로부터 멀리 떨어진 뒤로는. 사랑, 마음의 마부는
이렇게 말했어요. "나에게 충실하세요.

알고 싶은 것은 그것입니다."

그럼 맹세를 지켜 주셨군요,
감사드려요, 성 니케즈 님[13]을 걸고, 정말 고마워요.
그리고 당신이 무사히 돌아오셨으니까
기뻐합시다. 자 침착하게,
말해 주세요, 도대체 얼마나
컸죠? 당신의 괴로움이
내가 겪은 고통보다 얼마나 더 했는지
왜냐하면 그것을 자세히 듣고 싶은걸요.

당신보다도, 이렇게 기억하고 있는 내가
더 괴로웠어요. 말해 주세요, 틀림없이
그 보상으로 키스를 몇 번이나 받을 수 있나요?
알고 싶은 것은 그것입니다.

잊지 않은 사람을 생각하는 노래.

오늘로 꼭 한 달이 되었습니다.
그리운 이가 떠나 버린 지.

마음은 어둡고 말이 없습니다.
오늘로 꼭 한 달이 지났습니다.

"잘 있어요," 그분은 말했습니다, "나는 갑니다."
그리고 나서 소식을 들을 수 없어요.
오늘로 꼭 한 달이 지났습니다.

---

13) Saint Nicaise : 5세기 전반 랭스의 주교. 반달족 또는 훈족의 습격을 받고 교회 앞에서 순교했
　　다고 전해진다.

단념을 권고하는 노래.

친구여, 이젠 그만 울어요,
당신의 슬픔에 내 마음이 더 아프다오.
나는 감동하고 손을 들었어요.
당신의 상냥한 생각에는.
자, 태도를 바꿔요.
제발, 더 이상 슬퍼 마세요.
웃는 얼굴을 보여 줘요.
원한다면 무슨 일이든 할 테니까.

부드럽게 마음을 움직이는 이런 시들의 여자다운 감성은, 남자가 곧잘 하는 힘과 환상의 사색을 모르고, 《장미 이야기》의 은유에 둘러싸여 있지도 않다. 모든 허식과 장식을 벗어 버린 시는 우리를 즐겁게 해 준다. 방금 느낀 감정을 시로 노래하고, 주제가 마음속에 떠오르자마자 그대로 이미지로 만드는 것이다. 거기에 사상이 끼어들 여지는 없다. 그러므로 크리스틴의 시는 어느 시대의 것이든, 오직 한눈에 본 광경에 창조의 영감을 담는 음악과 시가에 보이는 특징을 매우 분명하게 나타내고 있다. 다시 말해 주제를 순수하고 힘차게 내걸고 있다. 마치 티티새의 지저귐처럼 밝고 야무지게 노래하고 있다. 그러나 그것도 처음 한 소절까지로, 시인의 또는 음악가의 재능은 이내 고갈되고 만다. 분위기가 무너지고 수사에 힘이 없어지며 표현은 흐트러져 버린다. 15세기 시인 대부분은 우리를 실망시킨다. 거의 예외 없이 늘 그렇다. 크리스틴 피장의 발라드를 살펴보자.

군대에서 돌아오지 않는 사람이 없는데,
어째서 당신은 뒤에 남아 있죠?
아실 거예요, 나의 사랑을 드렸어요.
당신에게 몽땅 바쳤어요.

죽은 연인이 되살아난다는 발라드 〈레오노레〉[14]의 세련된 중세 프랑스어판
을 기대할 만하지 않은가. 그런데 그뿐이다. 시인은 이 첫 부분밖에 달리 할 말
이 없다. 이 뒤로 두 연가량 그다지 중요하지 않는 시행이 이어지며 이 발라드는
끝을 맺는다.

프루아사르의 〈말과 사냥개[15]의 논쟁 Le débat dou cheval et dou levrier〉도 처음
몇 줄은 참으로 신선한 느낌을 준다.

> 프루아사르가 에스코스[16]에서 돌아왔네.
> 회색 털 말을 타고,
> 가죽끈으로 맨 하얀 사냥개를 끌고.
> "아아" 개가 말했네. "난 지쳤어.
> 어이 회색 털, 우린 언제 쉴 수 있지?
> 이제 밥 먹을 시간인데."

그러나 이 가락도 뒤가 이어지지 않는다. 결국 중도에서 흐지부지 끝나고 마
는 것이다. 생각 없이 본 것만을 이내 주제로 삼고, 머릿속에 제대로 상이 맺히
는 것을 기다리지 않았기 때문이다. 장대하고 암시가 풍부한 주제를 가끔 볼
수는 있다. 이를테면 피에르 미쇼의 〈눈먼 신들의 춤 Danse aux Aveugles〉에는 사
랑·운명·죽음이라는 세 신의 옥좌 둘레에서 영원히 춤을 추는 인류가 보인다.
하지만 이런 솜씨는 수준 이하로 진부하게 전개된다. 무명의 시인이 지은 〈성
이노샹 묘지의 해골의 외침 Exclamacion des os Saint Innocent〉은 이 유명한 교회
부속 묘지 봉안당 해골들의 호소로 시작하고 있다.

---

14) Leonore : 18세기, 괴팅겐의 시인 고트프리트 아우구스트 뷔르거(1747~1794)의 발라드. 뷔르
   거는 괴테 이전의 최고 서정시인이라고 일컬어진다. 애인을 잃고 실의에 빠져 자살했다. 이것
   은 그의 대표작으로, 연인을 잃은 레오노레는 성령에 반항한다. 한밤중에 죽은 애인이 나타
   나 그녀를 이끌고 묘지로 간다. 묘는 입을 벌리고 두 사람을 삼킨다.
15) 그레이하운드를 말한다.
16) 프루아사르는 1361년, 아마도 20대 중반쯤에 영국으로 건너가 1369년까지 머물렀는데, 그 사
   이 에스코스(스코틀랜드) 왕의 궁정 손님으로도 있었다.

우리는 가련한 죽은 자들의 뼈다.
여기 한 더미, 한 더미 가지런히 쌓여
깨지고 부러지고 닥치는 대로…….

죽음의 엄숙한 한탄을 노래하는 데에 참으로 어울리지 않는가. 그런데 완성된 시는 결국 우리가 흔히 보는 '죽음을 기억하라(memento mori)'는 것과 다를 바가 없다.

이들 주제는 원래 회화의 밑그림이다. 화가에게는 언뜻 본 광경도 완벽한 조형을 가능케 하는 소재가 이미 그 안에 포함되어 있다. 그러나 시인에게는 그것만으로는 불충분하다.

21장
언어와 이미지 Ⅱ

앞서 논의된 것들로 15세기 회화의 표현력이 모든 각도에서 문학에 비해 월등하다고 할 수 있을까? 결코 그렇지 않다. 문학이 순수미술보다 더 풍부하고 직설적인 표현 방법을 거침없이 구사한 영역도 몇 가지 볼 수 있다. 무엇보다도 '희극(le comique)'이라는 주제가 그런 영역들 중에 하나라고 할 수 있다. 풍자의 수준으로 내려가더라도 조형미술이 표현해 낼 수 있는 희극적인 감정은 미미한 정도에 그칠 뿐이다. 일단 그림으로 그려지면 우스꽝스러움은 늘 진지해지는 경향을 보이기 때문이다. 따라서 복잡한 일상 속에 익살적인 요소의 혼합물을 아주 조금 넣어, 말하자면 주된 맛을 내는 것이 아니라 가벼운 양념으로 쓰이는 경우에만, 순수예술의 표현력은 입으로 말해지거나 글로 쓰이는 언어의 표현력과 견줄 수 있다. 우리는 풍속화 속에서 이런 희극적인 요소가 최소한의 형태로 들어 있는 것을 관찰할 수 있다.

여기서 순수예술은 아직 자신만의 토양 위에서 완벽하게 존재한다. 앞서 끝없는 세부 완성을 15세기 회화의 특징이라고 보았는데, 이것은 하나의 분야가 되기 전까지는 대수롭지 않은 것을 자유롭게 설명하는 방식으로 눈에 띄지 않고 밑바닥에 깔려 있었다. 〈플레말(Flémalle)의 거장〉과 함께 세밀화는 비로소 '풍속화'라는 하나의 분야가 된다. 그의 〈수태고지〉에 그려진 요셉은 앉아서 쥐덫을 만들고 있다.[1] 그림 곳곳에서 모든 세부 사항이 풍속화적인 면을 보여준다. 창 덧문을 열어 놓는 방식, 찬장이나 난로를 그리는 솜씨를 보라. 이 플레말의 거장, 아마도 로베르 캉팽[2]의 방식에서 반에이크의 기법이 묻어나는 것을

---

[1] 단, 쥐잡기를 상징적으로 해석 못할 것도 없다. 이미 페트루스 롬바르두스는 다음과 같은 교부의 말을 《명제집》에 수록하고 있다. "신은 악마를 대비하는 쥐덫을 만드시고 그리스도의 몸을 미끼로 삼으셨다."

볼 수 있다. 즉 순수회화의 통찰력이 풍속화의
통찰력으로 옮겨가고 있는 것이다.

그러나 풍속 묘사에서는 언어가 이내 자리를
넓혀 회화보다 우위를 차지해 버린다. 언어는 그
순간의 분위기를 분명히 표현할 수 있기 때문이
다. 일곱 성의 아름다움을 찬양한 데샹의 발라
드를 떠올려 보자. 그 발라드는 랭부르 형제의
세밀화와 비교했을 때 그 경지에는 훨씬 미치지
못하지만, 다음에 인용한 그의 시편은 풍속화
와 비교할 만하다. 그는 핌(Fismes)에 있는 허름
한 성에서 병상에 누워 있던 자신의 모습을 풍
속화풍으로 묘사하고 있다. 탑에서 살고 있는
부엉이들, 찌르레기들, 까마귀들, 참새들 따위가
그의 잠을 방해한다.

〈플레말의 거장〉 로베르 캉팽 작.
제단화 수태고지 오른쪽 판넬 부분.

기이한 가락이구나.
병든 몸에게는 도저히
즐거움으로 들리질 않으니.
맨 먼저, 까마귀들의 울음소리,
너무 이른 시간부터 아침을 알리네.
있는 힘을 다해 지저귀네,
살찐 것, 마른 것 할 것 없이, 쉬지도 않고.
차라리 북소리가 낫겠네,

---

2) Robert Campin(1375~1444) : 플레말의 거장은 일명 '메로데의 화가', '쥐덫 화가'라고도 한다.
1375년 무렵 벨기에 투르네에서 태어난 캉팽은 반에이크와 같은 시기에 그에 버금가는 공헌
을 한 인물이지만 오랫동안 이름 없이 플레말의 거장으로만 불렸다. 그의 주요 작품은 프랑크
푸르트에 있는 〈성 베로니카〉와 그 뒷면에 그려진 〈삼위일체〉(이것이 리에주 근교 플레말 수도
원으로 나가는 것이어서 이 호칭이 생겼다), 메로데 컬렉션의 세 폭 제단화 〈수태고지〉(쥐덫이
그려져 있다), 디종 미술관의 〈성탄〉 등이다. 이 그림들의 작가가 로베르 캉팽이냐, 그의 제자
로히어르 판데르베이던이라는 두 가지 설이 있으나 하위징아는 전자를 취하고 있다.

이런 각양각색의 새들 우는 소리보다는.
다음엔 소의 울음소리, 암소들, 송아지들,
움머움머, 음메음메 우네. 게다가 저녁이면
완전히 텅 비어 버린 머리에,
교회 종소리까지 울려 퍼지며
병든 몸의 모든 정신을 짓밟아 버리네.

밤이 되면 부엉이들이 찾아와, 음산한 울음으로 환자의 기분을 우울하게 해
서 죽음을 생각하게 만든다.

여기는 차가운 숙소, 불길한 골방,
병든 몸에게는.

희극적 요소가 어렴풋이 나타나거나 조금이라도 유쾌한 말투가 시작될 때
면, 사물의 목록을 길게 늘어놓는 방법이 나오는데, 이것은 그다지 지루하게 느
껴지지 않는다. 도시민 풍속의 생생한 묘사와 여자들의 화장에 대한 재미있고
우스꽝스러운 묘사는 아무리 장황해도 풍자적인 요소가 이야기의 단조로움
을 깨뜨리는 것이다. 프루아사르는 그 지루한 은유시 〈사랑스러운 에스피네트
L'espinette amoureuse〉에서 갑자기 그의 어린 시절, 발랑시엔에서 살고 있을 때
하던 놀이를 60여 가지쯤이나 늘어놓아서, 읽는 사람의 졸음을 쫓아준다. 대식
가 악마의 문학적인 봉사는 이미 시작되고 있었다. 에밀 졸라나 위스망스, 아나
톨 프랑스에게서 볼 수 있는 호화로운 연회의 풍부한 묘사는 중세에 그 원형이
있었다. 프루아사르는 베스바일러 전투 때 뚱뚱한 뢱상부르 공 벤첼[3]을 둘러싸
고 있던 브뤼셀의 유쾌한 친구들의 차림새 또한 참으로 먹음직스럽게 그려내
고 있다. 그들 옆에서 대기하고 있는 하인들의 말의 안장 앞 고리에 거대한 포
도주 병을 매달고, 빵이나 치즈, 냅킨에 하나하나 잘 포장된 훈제연어, 송어, 뱀

---

3) 보헤미아 왕 요한의 아들. 1354년 뢱상부르(룩셈부르크) 공, 1355년에 브라반트 공을 겸했다.
프루아사르는 1383년 공이 죽을 때까지 섬기며 《멜리아도르》를 헌정했다. 1371년 헤를레 공과
의 베스바일러 전투에 패하여 포로가 되었다.

〈무덤 곁에 있는 세 명의 마리아〉 후베르트 반에이크 작.

장어 파이 등을 싣고 있었다. 그런 식이었으므로 그들 때문에 모든 진용이 무너지고 말았다는 것이다. 이 시대의 문학은 풍속을 그리는 데에 능란하여 흥이 깨지는 일 같은 것도 시로 노래할 수 있었다. 데샹은 어떤 시에서 돈을 요구하고 있는데, 그렇다고 수준을 내려서 시를 짓지는 않았다. 그는 또 일련의 발라드에서, 약속된 관복, 장작, 말 한 필, 더 나아가 밀린 급료를 청구하고 있다.

풍속화풍의 묘사에서 한 발만 앞으로 나아가면 진기한 것들을 좋아하는 희화풍의 묘사에 이른다. 원한다면 브뤼헐풍이라고 해도 좋다. 희극을 표현하는 이 분야에서도 회화는 아직 충분히 문학에 대항할 수 있었다. 브뤼헐적 요소는 1400년 무렵의 미술에서 이미 분명히 나타난다. 이것은, 디종에 있는 멜키오르 브뢰데를람의 〈이집트로의 도피〉에 그려진 요셉상이나, 한때는 후베르트 반에이크의 작품으로 여겨지기도 했던 〈무덤 곁에 있는 세 명의 마리아〉[4]에 그려진

---

4) 막스 프리들렌더는 그의 저서 《옛 네덜란드 그림》(전 12권, 1924~36) 제1권에서 이것을 '전(前)에이크 양식의' 작품으로 보고 있다. 이 그림은 필립 드 코민의 것이었다.

잠든 병사들 상에서도 엿볼 수 있다. 색다름을 내세우고 있다는 점에서는 먼저 폴 드 랭부르가 으뜸이다. 그의 《베리 공의 호화로운 기도서》 삽화 중 하나인 〈성모마리아의 정화 의식〉에서는 마리아가 신전에서 정화식을 받고 있는 정경의 구경꾼 한 사람이 1미터 높이의 굽은 마법사 모자를 쓰고 소매가 긴 이상한 옷을 입고 있다. 정말로 희화적이다. 세례반(洗禮盤)은 혀를 내민 세 괴물 모습으로 장식되어 있다. 또 〈성모마리아의 엘리사벳 방문〉 가장자리 장식 그림을 보면 탑 속에서 한 전사가 달팽이와 싸우고 있다. 다른 남자는 백파이프를 연주하는 돼지 한 마리를 실은 손수레를 밀고 있다.

15세기 문학은 거의 모든 페이지가 기괴하다고 해도 좋을 정도이다. 문체에 있는 대로 공을 들이고 공상을 자유로이 하여 은유로 장식한 것을 보아도 분명하다. 뒤에 브뤼헐이 그 분방한 환상을 담은 모티프, 이를테면 '사육제와 사순절의 대결'이나 '고기와 생선의 싸움' 같은 것은 이미 15세기 문학에서 매우 익숙했던 것들이었다. 데샹의 어떤 발라드는 영국으로 진격하기 위해 슬뤼이스 항구에 집결한 군대가 감시병의 눈에 쥐와 생쥐 떼로 비쳤다는 뜻을 읊고 있는데, 이런 날카로운 시선을 바로 브뤼헐풍이라고 할 만하지 않은가?

앞으로, 앞으로! 여기까지 전진.
이상한 게 보인다, 아무래도 이상하다.
—뭐야, 감시병, 무엇이 보이나?

만 마리나 되는 쥐 떼가 보인다.
수많은 생쥐들이 잔뜩 몰려든다.
바닷가에······

또 다른 작품에서, 데샹은 깊은 시름에 잠겨 멍하니 식탁에 앉아 있다가 갑자기 궁정인들이 음식을 먹는 태도가 참으로 기묘하다는 것에 주목한다. 그는 이렇게 노래한다. "어떤 사람은 돼지처럼 씹고, 어떤 사람은 생쥐처럼 씹는다. 이를 톱처럼 사용하는 사람도 있고, 저쪽 녀석은 얼굴을 찌푸리고 있다. 이쪽 녀석의 수염이 오르락내리락하고 있다. 먹고 있는 사람들 모두 악마들 같다."

문학은 민중 생활을 묘사
할 때마다 언제나 솜씨 좋은
사실주의에 기댄다. 거기엔 순
수미술 속에서 꽃피웠던 해
학이 섞여 있었다. 샤틀랭은
어떤 농부가 길 잃은 부르고
뉴 공을 자신의 허름한 농가
로 맞아들이고 있는 장면을
묘사했는데, 이는 브뤼헐의
그림을 연상케 한다. 전원시
는 음식을 먹거나 춤을 추거
나 사랑을 속삭이는 양치기
들을 묘사할 때, 가끔 그 감상
적이고 로맨틱한 중심 주제를

〈거지 소년〉 무리요 작.

떠나 약간 우스꽝스러운 효과가 따르는 신선한 느낌의 자연주의로 한 발 내딛
는다.

일하는 농부들의 모습은 조금 괴상한 모티프로, 부르고뉴 궁정의 벽걸이 예
술로 즐겨 채택되었다. 넝마를 걸친 거지도 이미 15세기에 문학이나 조형미술에
그 모습을 나타내기 시작했으며, 이것 또한 농부에 대한 것과 같은 종류의 관
심사에 속하는 것이었다. 기도서의 달력 그림은 보리밭에서 수확하는 사람들
의 닳아빠진 무릎 부분을 강조해서 그리고 있다. 또, 자선을 베풀어달라고 매
달리는 거지들이 넝마를 두르고 있는 모습을 꼼꼼하게 그린 그림도 있다. 렘브
란트가 부식 동판으로 표현한 에칭이나 무리요(Murillo)의 〈거지 소년〉을 거쳐
19세기 후반 스타인렌[5]의 거리 군상(群像)에 이르는 한 줄기 선이 여기에서 시
작되고 있는 것이다.

그러나 동시에 회화에서의 현실 파악과 문학에 의한 현실 파악 사이에 커다
란 차이가 눈에 띈다. 순수미술은 이미 거지 안에서 묘사할 가치가 있는 것을,

5) Théophile Alexandre Steinlen(1859~1923) : 테오필 알렉상드르 스타인렌은 스위스 태생으로 파
리의 몽마르트에 살았으며, 여러 책 디자인과 아나톨 프랑스의 초상화로 잘 알려져 있다.

〈성모마리아의 정화 의식〉 랭부르 형제 작. 《베리 공의 호화로운 기도서》에 수록된 그림.

〈성모마리아의 엘리사벳 방문〉 랭부르 형제 작. 《베리 공의 호화로운 기도서》에 수록된 그림

즉 매력적인 형태를 발견하고 있다. 그런데 문학은 여전히 거지의 의미화에만 사로잡혀 있다. 거지란 동정해야 할 존재인가, 칭송해야 할 존재인가, 그렇지 않으면 저주해야 할 존재인가 중에 어느 하나인 것이다. 그런데 문학에 나타난 빈곤 묘사의 사실주의는 바로 그 원형을 저주 안에 담고 있다. 거지들은 무엇보다도 먼저 저주해야 할 존재였던 것이다. 중세 끝 무렵, 그들의 횡행은 끔찍한 재해에 가까웠다. 교회에는 보기에도 딱한 사람들이 가득 모여서 고함지르고 소리 내어 예배를 방해했다고 한다. 그 악명 높은 '나쁜 거지들'도 그 속에 섞여 있었다. 1428년, 파리의 노트르담 성당에서는 어떻게 해서든 거지들을 문간으로 쫓아내려고 노력했으나 헛수고였다. 하지만 여러모로 시도한 결과, 그들을 최소한 성직자석에서 신자석으로 옮기는 데는 성공했다고 파리의 한 시민은 전하고 있다. 데샹은 지치지도 않고 이 가엾은 친구들에게 미움을 쏟아내고 있다. 그는 모두를 싸잡아 위선자들이고 사기꾼들이라고 부르며, 교회에서 쫓아내라, 목을 매달아라, 태워 죽여라 외치고 있다. 이 무렵 문학이 비참함에 대해 근대 문학이 묘사하는 수준에까지 도달하려면, 순수미술이 거쳐왔던 것보다 훨씬 긴 여정을 지나야 할 것으로 보인다. 회화에서는 그려진 이미지 자체에 이미 하나의 새로운 감정이 담겨 있었다. 그러나 문학에서는 새로운 사회적 감수성이 생겨나면, 그 뒤 전적으로 새로운 표현형태를 창조해 가야 했던 것이다.

그런데 이야기를 처음으로 되돌려 보자면, 풍속화나 희화(戲畫)처럼 익살스러운 요소가 정도를 불문하고 원초적인 형태이건 세련된 형태이건 어느 정도 사건의 외관에 이미 포함되어 있어서, 희극적 요소를 그대로 표현하는 것이 문제가 된다면, 조형미술은 결코 언어보다 뒤처지지 않았을 것이다. 그러나 일단 여기에서 밖으로 나오면, 거기에는 회화의 힘이 도저히 미치지 못하는 우스꽝스러운 효과를 내려 해도, 색도 선도 손을 쓸 수 없는 표현의 세계가 펼쳐져 있었다. 적극적으로 웃음을 이끌어 내는 것이 목적인 분야에서는 분명 문학 쪽이 더 나았다. 우선 성황을 이루며, 폭소를 자아내는 분야로 꼽을 수 있는 것은 익살극이나 풍자극 등의 희극, 말하자면 재담 같은 것으로, 이것들은 모두 원초적인 웃음을 주고 문학의 형식에 얽매이지 않았다. 중세 끝 무렵 문학의 보고(寶庫)에서는 어떤 독특한 정신이 말을 걸어온다.

또 비웃음의 분야가 있는데, 가장 진지한 인생의 사건, 사랑, 사랑의 고통마저도 조소와 빈정거림을 받는다. 그때 웃음은 가장 시원하게 울린다. 이제는 단지 기교만 남은, 좀 낡은 연가도 일단 거기에 풍자가 덧붙여지면 세련되고 순화되는 것이다. 사랑에 대한 이야기의 밖에서 '비꼬기'는 아직 매우 어색하고 유치한 면을 보이고 있었다. 1400년 무렵의 프랑스 사람들은—이것은 1900년 무렵의 네덜란드 사람들이 여전히 하고 있는 일이지만—비꼬고 나서 일부러 이것은 풍자라고 사과했다. 다음과 같이 데샹은 시대를 찬양하며 노래한다. 좋은 시대이다. 곳곳에 평화와 정의가 군림하고 있다.

> 사람들은 날마다 내게 묻는다,
> 지금 시대를 어떻게 생각하느냐고.
> 나는 대답한다, 보이는 것은 오직 명예,
> 충성, 진리, 그리고 신앙,
> 관대, 용기, 그리고 질서,
> 기부와 공공복지의 향상
> 그러나, 맹세하지만
> 진짜 어떻게 생각하는지 말하지 않는다.

이와 비슷한 다른 발라드에서도 '지금 말한 것들은 모두 반대로 알아듣게'라는 후렴구가 있다. 또 어떤 발라드는 '큰 죄니라, 이토록 세상을 헐뜯는 것은' 하고 후렴을 되풀이하며 이렇게 노래하고 있다.

> 나리, 제가 아는 대로라면
> 사방이 덕으로 가득 차 있습니다.
> 그러나 많은 사람들은 말할 것입니다,
> 저 녀석이 거짓말을 하고 있다고.

15세기 끝 무렵에는 자작(自作) 풍자시에 이런 식의 제목을 붙인 재주꾼이 있었다. "세상에서 가장 시시한 그림쟁이가 질 나쁜 물감으로 그린, 엉터리 같은 그림에 남김, 반어적으로 장 로베르테가."

멋없고 어색한 말투의 풍자라도 일단 이것이 사랑에 관한 것이라면 상당히 세련되어 보인다. 달콤하고 안타까운 우수, 고요한 마음의 온화함과 서로 녹아든 반어법이, 모양은 고풍 그대로인 15세기의 연가에 새로운 울림을 주는 것이다. 그러면 마침내는 메마른 마음도 흐느낌과 함께 녹아내린다. 이전에는 전혀 들어본 적 없는 소리가 세속적인 사랑 속에서 울려 퍼진다. '심연으로부터.'[6]

이 외침은 '버림받고 거절당한 연인'을 자칭하는 프랑수아 비용[7]의 감동적인 자조의 조롱 속에서, 또는 환멸의 비애를 노래하는 샤를 도를레앙의 맥 빠진 시의 한 구절 속에서 들을 수 있다. 울면서 웃는 웃음인 것이다. "나는 울면서 웃는다"고 비용이 노래하고 있는데,[8] 이 이미지는 그가 처음 만들어 낸 것은 아니다. "웃을 때에도 마음에 슬픔이 있고, 기쁨 끝에도 근심이 있다"[9]라는 널리 알려진 성서의 구절이 여기서 하나의 용례를 찾아내어 새로운 정감과 날카로운 감각을 얻고 있는 것이다. 순수한 궁정시인 알랭 샤르티에도, 기사 오트 드 그랑송(Othe de Granson), 방랑자 비용 등과 더불어 이 모티프를 공유했다. 〈동반자 없는 미녀〉의 한 구절은 이렇게 노래하고 있다.

　　나의 입은 웃음을 모른다.
　　웃고 있어도 나의 눈이 부인한다,
　　마음이 부정하고 싶어 하기 때문이다,
　　눈에서 흘러넘치는 눈물로 인해.

한 발 더 나아가 고뇌하는 연인에 대해 이렇게 노래하고 있다.

　　기분 좋은 얼굴을 보이려고
　　억지로 즐거운 체하고

---

6) De profundis : 성경의 《시편》 120편 첫머리에 나오는 말로 주로 '데프로푼디스'라는 라틴어 그대로 쓰인다. 고난이나 고통을 의미한다.
7) 《유언집》 제69절. 또한 '나, 심연으로부터'는 《시편》 129(프로테스탄트 성서 130)편 1절에 나오는 말인데, 비용은 《유언 시집》 제94절에서 이 말을 사용하고 있다.
8) 《블루아 노래대회의 발라드》
9) 《잠언》 14장 13절.

그는 마음으로 노래하려고 애썼다,
즐거워서가 아니라 두려웠기 때문이다.
목소리에 언제나
뒤엉켜 있는 탄식이
괴로움으로 나와 버리니까.
그래서 숲에서 노래하는 지빠귀처럼 노래한다.

울면서 미소 짓는 소재는 알랭 샤르티에의 특기이다. 방랑시 형식을 가진 어떤 시집의 끝부분에서 그는 다음과 같이 고통을 부인하고 있다.

이 책은 몹쓸 생각에 빠지지 않고 시간을 때우기 위해
구술하고 묘사하여 지은 것이다.
알랭이라 불리는 일개 성직자가
풍문으로 들은 사랑에 대해.

르네왕의 장황한 시 〈사랑하는 마음〉도 이와 같은 어조로 시행을 끝마치고 있는데, 매우 환상적으로 마무리하고 있다. 시종장이 손에 촛불을 들고 와서 왕이 정말 심장을 잃었는가 확인해 보았지만, 옆구리를 아무리 살펴도 구멍은 찾을 수 없었다.

그리하여 그가 활짝 웃으면서 내게 말했네.
나는 단지 잠들었을 뿐이고
이런 일로 죽지 않으니
조금도 두려워하지 말라고.

새로운 정서가 부여되자 인습에 찌든 시의 옛 형식들이 새롭게 되살아난다. 샤를 도를레앙만큼 진부한 의인법을 끝까지 추구한 시인은 없었다. 그는 자기 마음을 자신의 분신으로 보았다.

나는 마음에 검은 옷을 걸친 사내이다.

옛 서정시에서는, 이른바 '돌체 스틸 누우보(dolce stil nuovo : 감미로운 새 스타일)'에서조차도, 의인화 표현은 매우 진지한 단계에 머물러 있었다. 그러나 샤를 도를레앙의 시에서는 진지함과 조롱 사이에 경계선을 긋기 어렵다. 그는 표현을 심하게 과장하지만 섬세한 감정을 잃지 않는다.

어느 날, 나는 내 마음과 이야기를 나누었네.
마음이 남몰래 말을 걸어왔지,
이야기하면서 나는 내 마음에게 물었네.
사랑을 섬기는 동안
어느 정도 재산을 모아 두었는지,
마음이 아주 기꺼이 대답하길,
진실을 말해 주겠노라,
먼저 문서를 살핀 뒤에 바로.

이렇게 말하고 나서 그는 떠났네.
나를 떠나버렸지.
이윽고 그가 다시
경리 사무실로 들어가는 것을 보았네.
그는 거기서 여기저기 뒤지면서
몇 가지 낡은 장부를 보고 있었네.
내게 진실을 보여 주고 싶은 것이지.
먼저 문서를 살핀 뒤에 바로.

다음의 시가 진지하므로 위의 시에서는 우스꽝스러움이 두드러진다.

더 이상 내 마음의 문을 두드리지 마라,
걱정과 염려여, 그렇게 스스로를 괴롭히지 마라.

내 마음은 잠들어 있고 깨우고 싶지 않으니,
밤새도록 고뇌 속에서 지새웠던 것이다.

잘 돌봐주지 않으면 위험에 처하니,
그만, 그만, 자게 내버려 둬라.
더 이상 내 마음의 문을 두드리지 마라.
걱정과 염려여, 그렇게 스스로를 괴롭히지 마라.

아련하게 서글픈 분위기를 간직한 연가에, 신성모독의 요소가 덧붙여지면서 15세기 사람들은 날카롭게 톡 쏘는 듯한 맛을 느꼈다. 교회 용어를 써서 연애 사건을 빗댄 표현은 단지 《백 가지 새로운 이야기》에서와 같은 음탕한 비유나 조잡한 신성모독에 사용되는 것에 그치지 않았다. 15세기가 낳은 가장 감미롭고 거의 비가에 가까운 연가 《사랑의 계율을 따르는 성 프란체스코회 수도사가 된 연인》 또한 이 우의적 표현 형식을 빌리고 있다. 영적 수도회의 수도사로서 연인이라는 소재는 이미 샤를 도를레앙을 둘러싼 궁정 문학계에서 '계율의 연인들'이라고 자칭하며 뜻을 같이하는 시인들이 모이는 계기가 되었다. 《사랑의 계율을 따르는 성 프란체스코회 수도사가 된 연인》의 작자는 이 문학 동인에 속했던 무명 시인이었음에 틀림없다. 이전에는 작자가 마샬 도베르뉴로 여겨졌는데 더 이상 믿을 만한 것이 못 된다. 실의에 빠진 가엾은 연인이 세상을 등지고 오직 사랑에 고통받는 사람, '사랑의 순교자'만이 들어갈 수 있다는 이상한 수도원으로 간다. 수도원장과 마주 앉은 그는 이룰 수 없는 짝사랑의 마음을 절절하게 이야기하고, 잊으라는 충고를 듣게 된다. 여기에 나오는 중세의 풍자시문 속에서 이미 와토(Watteau)의 그림이나 어릿광대 숭배에 감도는 정취를 느낄 수 있다. 모자란 것은 달빛뿐이다. 수도원장이 묻는다. "그녀가 평상시에 상냥한 시선을 당신에게 던지거나, 지나가면서 '신의 가호를' 하고 말을 걸지는 않았는가." "그와 같이 기쁜 일은 전혀 없었습니다." 사랑에 빠진 남자가 대답한다. "하지만 저는 밤이 되면 꼬박 세 시간 동안 그녀의 집 문간에 서서 처마 쪽을 올려다보곤 했습니다."

그러자 그 집 유리창이
덜컹거리는 소리가 들렸고
저는 제 기도가
그녀에게 닿은 줄 알았답니다.

"분명히 그녀가 당신을 알아차렸다고 생각하는가?" 수도원장이 묻는다.

맹세해요, 저는 미칠 듯이 기쁜 나머지
거의 정신을 잃을 지경이었습니다.
말할 것도 없이, 제게 그런 일이 일어났으니까요.
바람이 그녀의 창문을 움직이자
그녀가 저를 알아차리고,
"그럼 잘자요"라고 다정하게 속삭였던 겁니다.
그러니 신은 아시겠죠. 제가 왕이라도 된 듯한 기분이었음을.
그 일이 있은 뒤 온밤 내내.

그는 천상의 기쁨에 싸여 잠들었다.

그렇게 완전히 기운을 차리고는
뒤척이지도 괴로워하지도 않고,
저는 황금 같은 잠을 잤습니다,
밤새도록 한 번도 깨지 않고.
그리고 옷을 입기 전에
사랑의 신을 찬양하기 위해,
베개에 세 번 입을 맞추었습니다,
천사들에게 미소지으며,

수도원에 받아들여진 그의 성대한 입회 의식에서, 그를 업신여겼던 귀부인
이 정신을 잃고 쓰러졌다. 그러자 그가 눈물로 고백했던 금빛 에나멜을 칠한 작

은 하트 메달이 그녀의 옷에서 스르르 떨어져 나갔다.

> 다른 사람들은 그들의 아픔을 감추려고
> 애써 마음을 억누르거나
> 괜히 손에 쥔 기도서를
> 열었다 닫았다 하면서 시간을 보냈다네.
> 가끔 그 책장들을
> 신앙의 증거처럼 넘기기도 했네.
> 그러나 거기에 딸려 나오는 그들의 슬픔과 눈물은
> 연정의 감정을 여실히 보여주었네.

마지막으로 수도원장은 그가 지켜야 할 의무를 나열하고, 나이팅게일의 지저 귐에 넋을 잃지 말 것이며, 절대로 '들장미나 산사나무' 밑에서 잠들지 말고, 특 히 여자의 눈을 바라보지 말라고 경고한다. 여기에서 '감미로운 눈빛'이라는 주 제로 여러 연(聯)에 걸쳐 변주가 이어지는 긴 8행시로 강론을 끝맺고 있다.

> 언제나 오가는 감미로운 눈빛,
> 감미로운 눈빛은 살갗을 달아오르게 한다.
> 사랑에 빠진 연인들의 눈빛……

> 진주같이 영롱한 감미로운 눈빛,
> 그 빛이 말하길, 당신이 원하는 대로 하세요.
> 서로를 강하게 느끼는 이들의 눈빛……

15세기 연애문학에는 어딘지 모르게 단념의 서글픔이 감미롭고 애달픈 곡 조로 연주되는 대목이 있다. 여성에 대한 냉소적인 멸시라는 고풍스러운 풍자 문학도 이 시대에는 전혀 다른 세련된 분위기를 갑자기 지니게 된 것이다. 예를 들어 《결혼의 15가지 즐거움》에서는 고요한 환멸과 실의의 어조가 조잡한 여성 멸시의 분위기를 완화하고 있다. 이 15세기의 이야기는 사실주의의 간결함과 우아함, 섬세한 심리 표현으로 근대의 풍속 소설을 예감하게 한다. 사상은 피상적이고 경솔하지만, 대화는 다정하고 악의가 없다.

특히 사랑 표현의 모든 문제에 관해서, 문학은 여러 세기에 걸친 하나의 사랑 유파를 이어받았다. 그것은 플라톤과 오비디우스, 트루바두르와 바간테스,[10] 단테와 장 드 묑같이 저마다 다른 거장들의 다양한 정신이었다. 한편 순수미술은 반대로 이 사랑 표현에 관해서는 아직은 매우 원시적인 단계에 머물러 있었고 그 뒤 오랫동안 계속 그랬다. 마침내 18세기에 들어선 뒤에야 사랑의 아름다운 묘사를 통해 회화는 문학의 세련되고 완벽한 표현의 영역에 도달할 수 있었다. 15세기의 회화는 아무래도 경박하거나 감상적이 되지 못했다. 장난기 어린 표현도 아직은 몰랐다. 어느 무명 화가가 그린 시시한 제단화는 제작 연대가 1430년 이전의 것으로, 리스벳 판두벤보르데(Lysbet van Dunvoorde)라는 여성의 초상이 매우 장중한 느낌으로 그려져 있다. 그래서 그녀가 이 제단화의 기증자라는 의견이 나올 정도였다. 그런데 그녀가 쥐고 있는 문자의 띠 장식에는 이렇게 쓰여 있다. "나는 오랜 기다림에 지쳤다. 내게 마음을 열어 보일 이는 누굴까?" 이 시대의 미술은 정숙과 외설을 안다. 그러나 그 어느 쪽도 아닌 것에 대해서는 표현 수단이 전혀 없었다. 회화는 애정 생활에 대해서는 거의 아무것도 이야기해 주지 않는다. 이야기한다 해도 매우 순진한 형태를 벗어나지 못했다. 물론 잊어서는 안 될 일은 앞서도 지적한 바이지만, 이 분야에 속하는 그림 대부분은 현재 남아 있지 않다는 것이다.

만약 현재 바르톨메오 파치오가 기술하고 있는 것처럼, 반에이크가 그린 〈목욕하는 여자들〉의 누드 또는 그것을 두 젊은이가 웃으면서 엿보는 로히어르 판데르베이던의 같은 구도로 그린 작품이 남아 있어서, 이것과 헨트 제단화 문 안쪽 좌우 날개의 〈아담과 이브〉 그림과 비교할 수 있다면 매우 흥미로울 것이다. 그런데 헨트 제단화의 〈아담과 이브〉 그림에 선정적인 요소가 전혀 없다고 한

10) 12, 13세기, 제후의 궁정에 프랑스어 서정시를 노래하는 시인들이 모였다. 이들이 트루바두르, 음유시인이다. 한편 라틴시의 전통은 이 시기에 학생 신분이자 사제직에 있는 무명 시인들에 의해 이교적(異敎的)·관능적인 시가군(詩歌群)을 형성했다. 이 무명 시인들을 바간테스 또는 고리알디라고 부른다. 독일 바이에른의 베네딕트보이렌 수도원에 전해온 고사본(古寫本) 시가집 《카르미나 브라나》(12세기 것을 모아 13세기 끝 무렵에 만듦), 《케임브리지 송즈》(11세기 끝 무렵에 정리됨)의 시인들이 잘 알려져 있다.

다면 그것은 지나친 말이다. 예술가는 그 시대의 여성미 표현 규칙에 따라서 그린 것이다. 위쪽으로 너무 높이 치켜들려진 작은 가슴, 가늘고 긴 팔, 불룩 튀어나온 배. 이 얼마나 순진한 묘사인가. 보는 사람을 매료할 의도는 전혀 없이 단지 그리고 있는 것이다. 아니, 오히려 매료할 만한 힘이 없다고 말할 수 있다. 반대로 보는 사람을 그 아리송한 매력에 끌어당기려고 하는 의도는, 라이프치히 미술관의 '얀 반에이크 화파'로 분류되는 작은 그림 〈사랑의 주술〉에 분명히 나타나 있다. 실내에서 한 소녀가 주술을 써서 애인을 불러내려고 한다. 그 주술 의식대로 소녀는 알몸이다. 이 누드에서는 나중에 크라나흐(Cranach)의 누드로 이어지는 정숙한 음란성을 느낄 수 있다. 회화는 거의 관능의 매력을 그리려고 하지 않았는데, 그것은 결코 정숙함 때

〈아담과 이브〉(1432) 반에이크 작.
헨트 제단화 펼친 그림 양날개 부분.

문만은 아니었다. 그 점에 대해서는 일반적으로 매우 개방적이었기 때문이다. 중세 끝 무렵에는 고도로 깊어진 수치심과 놀랄 만큼 구속되지 않은 자유분방함이 기묘한 대조를 이루고 있었던 시대였다. 후자에 대해서는 새삼스럽게 예를 들 필요도 없다. 그야말로 기록된 어느 페이지에서나 알 수 있는 일이다. 반면에 수치심에 대해서는 이런 예가 있다. 아무리 피비린내 나는 학살과 약탈의 광란 속에서도 사람들은 희생자의 속옷까지 빼앗지 않고 남겨둔다는 관행이다. 파리의 한 시민은 이 관행이 깨졌다는 사실을 특히 중요시하며 격렬한 울분을 토했다. "탐욕에 사로잡힌 사람들은 기껏해야 4드니에 정도밖에 안 되는 물건인데도 바지마저 빼앗아갔다. 이것은 그리스도 교도에게는 다른 어떤 소행도 미치지 못하는 극악무도한 짓이었다."[11]

이와 같이 강렬한 수치심과 짝을 이루어, 조형미술에서는 아직 거의 미개척 분야인 여자의 누드가 활개 치며 버젓이 활동할 기회가 있었다. 즉 활인화(活人畫)이다. 뒤러는 1520년 카를 5세의 안트베르펜 입성 때 알몸의 여신이나 님프들의 상연물을 보았는데, 이와 같은 이른바 '페르소나주'는 당시 왕의 입성 때 으레 따르는 것이었다. 정해진 장소에 나무로 무대를 짜고 상연물이 연출된다. 때로는 물속에서도 했다. 샤틀랭에 의하면, 1457년 부르고뉴 선량공 필립이 강(Gand)에 입성했을 때는, '그림에서 볼 때와 똑같이 실오리 하나 걸치지 않는 모습과 흐트러진 머리로' 세이렌이 떼 지어 행렬의 진로에 해당하는 레이강 다리 근처를 헤엄치고 있었다고 한다. 이런 상연물에 가장 많이 쓰인 주제는 '파리스의 심판'이었다. 여기에서 그리스풍의 미의식을 찾아보려 해도 헛수고이다. 수치를 모르는 음란한 짓이라고 나무라도 소용없다. 오히려 순진하기 짝이 없는 민중의 호색 취미가 이런 형태로 나타났다고 보아야 할 것이다. 장 드 로아는 1461

---

11) 이때 시민의 마음속에는 수치심 말고 아마도 죽은 자는 수의(壽衣)를 입지 않고 마지막 심판에 임할 수 없다는 사상이 작용하고 있지 않았을까? 헤셀링 교수의 이런 견해는 내게 7세기의 그리스어 자료를 제시해 주었다(요한네스 모스코스). 비잔틴 세계뿐 아니라 서방 세계에서도 이와 같은 취지의 자료를 발견할 수 있을 것이다. 그러나 세밀화나 회화의 '부활' 묘사에서 시체는 늘 알몸으로 무덤에서 일어나므로, 이 점에도 충분한 주의를 기울여야 한다. 마지막 심판 때 사람들이 알몸이냐, 옷을 입고 있느냐의 문제에 대해서는 신학과 미술표현 양자가 의견 일치를 보지 못했던 것이다. 한편 바젤 성당의 북쪽 입구에는 마지막 심판에 대비해서 옷을 입고 있는 부활자 군상이 새겨져 있다.

년 루이 11세의 파리 입성 때 그리스도 수난상과 그리 멀리 떨어지지 않은 곳에서 연출되던 세이렌 상연물에 대해서 이렇게 묘사한다. "그리고 거기엔 아름다운 아가씨 셋이 벌거벗은 채 '세이렌'으로 나왔는데, 사람들은 똑바로 튀어나와 좌우로 벌어진 둥글고 탄탄한 그녀들의 유방을 보았으며, 그것은 더없이 즐거운 구경거리였다. 그녀들은 양치기 노래를 읊조렸다. 그 곁에서 많은 저음 악기들이 장중한 곡을 연주하고 있었다." 1494년, 미남공 필립의 안트베

〈**파리스의 심판**〉(1528) 루카스 크라나흐 작.

르펜 입성 때는 민중들이 〈파리스의 심판〉을 보고 크게 즐겼다고 한다. 장 몰리네는 이렇게 전한다. "그러나 사람들이 가장 애착 어린 시선을 돌린 것은 세 여신 이야기가 연출된 무대였다. 살아 있는 알몸의 여자들이 연기하는 것을 볼 수 있었다." 1468년, 샤를의 릴 입성 때는 이와 같은 주제의 상연물이 모방되어, 뚱뚱한 비너스, 말라빠진 유노, 꼽추 미네르바가 저마다 황금관을 머리에 쓰고 무대에 등장했다고 한다. 그리스의 미의식으로부터 얼마나 멀어져 버린 일인지 모른다.

16세기가 다가올 때까지 알몸 상연물은 여전히 유행했다. 1532년, 브르타뉴 공의 랭스 입성 때는 케레스[12]와 바카스의 누드를 볼 수 있었다고 한다. 오랑주

12) Ceres : 그리스 신 데메테르에 비견되는 로마의 농업 여신. 축제는 4월에 거행되었다.

공 기욤의 시절이 되어도 아직 이 풍속은 쇠퇴하지 않았다. 1578년 9월 18일, 브뤼셀로 들어간 그는 자신을 환영하는 장식 속에서 안드로메다의 상연물을 보았다. "쇠사슬에 묶인 젊은 아가씨, 어머니 배에서 갓 나온 그대로의 나체. 그 모습을 본 사람들은 분명히 그녀가 대리석 조각상이라고 생각했을 것이다." 이는 활인화를 준비한 장 밥티스트 후와에르트(Jean Baptiste Houwaert)의 말이다.

회화의 표현 능력이 문학에 비해 떨어지는 경우는 이제까지 보아온 분야에만 있었던 것은 아니다. 당시에 일반적으로 회화가 문학보다 우위에 섰던 이유는, 사람들이 모든 것을 눈으로 보고자 하는 경향이 강했기 때문이며, 따라서 그와 같은 관점이 차차 퇴조해 감에 따라 회화의 표현은 해학, 감상, 색정의 각 분야뿐 아니라 여기저기에서 그 능력의 한계에 부딪치게 된다. 자연의 모습을 그대로 옮기는, 직접적이고 정확한 영상에 만족하지 않고 그 이상이 요구될 때 회화 표현의 우위성은 조금씩 상실되어 간다. 이때 우리는 앞서 미켈란젤로의 말로 소개했던 플랑드르 회화에 대한 비평이 얼마나 날카로운 것이었는지 문득 알아차리게 된다. "이 예술은 동시에 존재하는 많은 사물을 완전하게 재현해 내려고 한다. 온 힘을 기울여도 아깝지 않을 정도로 중요한 것은 그중에 하나 정도밖에 없건만." 다시 한번 얀 반에이크의 그림에 대해 생각해 보자. 대상을 바로 옆에, 이를테면 현미경 아래에 놓고 바라보면서 일을 할 때, 반에이크의 솜씨는 단연 빛이 난다. 미세한 얼굴 표정들, 옷감, 보석 하나하나에 매우 날카로운 관찰이 살아 있다. 그런데 건물이나 풍경을 그릴 때 언제나 요청되듯이, 눈에 비친 현실을 어느 정도 간단히 묘사해야 할 단계에 이르면, 갑자기 그의 약점들이 노출되고 만다. 그의 초기 풍경화에는 확실히 깊은 매력이 느껴지기는 하지만, 어딘가 짜임새가 없고 구성적 연구가 모자란 부분이 있다. 표현 대상이 구성을 강하게 요구하고, 그에 적합한 표현 형태를 자유롭게 창조할 것을 요구할수록 그의 힘이 빠지는 것이다.

기도서의 삽화 중에서 성서 장면을 나타낸 것보다도 계절 정경을 묘사한 달력 그림이 더 뛰어나다는 점에는 아마도 이론(異論)이 없을 것이다. 달력 그림은 직접 눈으로 본 것을 그대로 꼼꼼하게 그리면 되지만, 많은 사람들이 등장하고 움직임이 많은 어떤 중요한 장면을 구성하기 위해서는 무엇보다 먼저 율동감과 통일성이 필요했던 것이다. 이전에 조토(Giotto)가 알고 있었고, 결국엔 미켈란젤로가 자기 것으로 만든 율동감과 통일성이 15세기 회화에는 결여되어 있었다. 15세기 예술의 본질은 바로 다양성에 있었다. 다만 그 다양성이 통일성 속으로 응집될 때만 거기에서 비로소 고도의 조화가 생겼으며, 〈어린양에 대한 경배〉가 바로 그 예이다. 여기에는 실제로 비할 바 없이 강렬한 리듬이 있다. 그것은 중앙의 한 점, 어린양을 향하고 있는 예배자들의 승리에 찬 리듬감이다. 그러나 이 조화의 리듬은, 말하자면 단순한 산술적인 합산 또는 자체적으로 가지고 있는 다면적인 모습에서 나온 것이다. 반에이크는 오직 정적인 상태에 있는 대상을 늘어놓음으로써 구도연구라는 어려움을 회피했다. 그는 역동적인 조화가 아니라 정적인 조화를 성취한다.

여기에 로히어르 판데르베이던과 반에이크를 가르는 큰 차이점이 있다. 로히어르는 표현을 억제하여 흐름을 찾아내려 하고 있다. 반드시 그것에 늘 성공한 것은 아니지만 어디까지나 그렇게 하려고 노력한다.

그런데 성서에 나오는 중요한 주제 표현에 대해서는 이미 엄격한 전통이 성립되어 있었다. 그림의 구도를 화가가 스스로 연구할 필요가 전혀 없었던 것이다. 이들 주제 가운데 어떤 것은 그 자체로 율동적인 구성에 근접했다. '피에타'나 '십자가에서의 하강', '양치기들의 예배' 같은 화면에는 저절로 율동감이 부여되어 있었던 것이다. 마드리드에 있는 로히어르 판데르베이던의 피에타, 루브르와 브뤼셀에 있는 아비뇽 화파의 피에타, 페트루스 크리스투스(Petrus Christus)의 피에타, 헤르트헨 토트 신트 얀스의 피에타, 그리고 《아이이의 기도서》에 그려진 피에타 작품들을 생각해 보면 좋을 것이다.

반면 그리스도의 능욕, 십자가를 지고 가는 모습, 왕들의 경배처럼 움직임이 많은 그림을 그리게 되면 아무래도 거기에 구도라는 까다로운 문제가 생기고, 그 결과 대체로 화면에 안정성이 없고 마무리가 덜 된 느낌을 받게 되는 것이다. 그래도 교회 도상학(圖像學)의 규칙을 따를 수 있는 종교화의 경우는 아직 좋은 편으로, 그러한 도움조차 없어지면 화가는 완전히 자기 혼자서 해야만 한다. 디르크 바우츠나 헤라르트 다비트의 재판 그림을 보면, 분명히 그 제재(題材)에서 나오는 어떤 엄숙한 질서감이 수반하고 있지만, 그 구성은 상당히 엉성하다고 말할 수밖에 없다. 나아가서 루뱅에 있는 성 에라스무스의 순교 장면이나 또 브뤼헤에 있는, 성 히폴리투스가 말에 끌려 사지가 찢기는 장면은 서툴고 어색한 구도상의 결함으로 보는 사람이 불쾌감을 느낄 정도이다.

아직 한 번도 본 적 없는 것을 공상하여 그림으로 그릴 때 15세기 예술은 어쩐지 우스꽝스러운 면모를 보인다. 정해진 주제에 엄격하게 묶여 있는 대작은 그렇다 치고, 사본 삽화는 문학이 끌어들이는 신화의 세계와 은유적인 모든 공상을 어떻게든 표현하지 않으면 안 되었다. 그 좋은 예가 신화의 세계를 바탕으로 한 크리스틴 드 피장의 정교한 신화적인 환상《오테아가 헥토르에게 보내는 편지》에 곁들여진 장식 그림이다. 이보다 어색한 것은 생각할 수 없을 정도이다. 그리스 신들이 담비 가죽 망토나 부르고뉴 궁정 풍속의 비단으로 짠 옷을 입고 등에 거대한 날개를 달고 있다. 구상으로 보나 표현으로 보나 완전한 실패이다. 미노스, 자기 아들을 게걸스럽게 먹는 사투르누스, 상금을 나누어 주는 미다스를 보라. 모두 서투르기 짝이 없다. 그러나 일단 배경에 양 떼와 양치기, 교수대와 수레바퀴가 있는 언덕 등의 정경을 덧붙이면, 화가는 마음껏 거기에 몰두하여 누구 못지않은 솜씨를 보인다. 이 시대 화가들 능력의 한계가 여기에 있다. 새로운 모티프를 상상하고 그것을 형성하는 단계가 되면 그들은 이 시대의 시인들과 마찬가지로 한계에 부딪히고 마는 것이다. 은유적 표현은 상상을 막다른 골목으로 이끌었다. 은유는 그림을 사상에, 사상을 그림에 연관시킨다. 서로를 구속하므로 그림이 자유롭게 사상을 떠나서 만들어지는 일은 없다. 그림은 사상을 충분히 설명해야 하기 때문이다. 마찬가지로 그림은 사고의 비상을 방해한다. 이 경우 으레 상상력은 되도록 냉정하게 그림으로 옮겨지게 된다. 형식에 대한 감각은 없다. 예를 들어 주요 덕행인 절제는 규율과 절도를 형상화하여 머리에 시계를 인 여성의 모습으로 표현된다.《오테아가 헥토르에게 보내는 편지》의 장식 그림에도 시계가 있는데, 화가가 거기에 그린 시계는 다른 화면에서 선량공 필립의 거실 벽을 장식한 벽시계와 같은 것이다.[13]

샤틀랭처럼 사물을 있는 그대로 보는 눈을 가진 사람이 새로운 은유를 짜내어 날카롭게 설명하면, 어쩐지 기교적인 느낌이 되어 버린다. 이를테면 샤틀랭은 과감한 정치 비판의 시〈진실 이야기 *Le dit de Vérité*〉에 관한 변명문에, 그를 비난하는 네 여인을 등장시켜 분개·배척·비난·보복이라는 네 사람 중에서 두

---

13) 낭트 대성당에 있는 미셸 콜롱브에 의한 묘분 조각(브르타뉴 공 프랑수아 2세의 묘. 15세기 끝무렵 제작), 루앙 성당에 있는 앙부아즈 추기경들의 묘분 조각에서도 볼 수 있다.

번째 여인을 이렇게 묘사하고 있다. "이 여인은 매우 날카롭고 신랄한 조건들과 통렬한 이유들을 들고 여기에 왔다. 그녀는 이를 갈고 입술을 깨문다. 몇 번이고 고개를 흔든다. 논쟁을 좋아하는 듯한 몸짓을 나타내고, 발을 구르고는 뛰어오르기도 하고, 이쪽을 바라보는가 하면 이내 저쪽을 바라본다. 성질이 급한 티를 몸으로 나타내고, 모든 일에 이론(異論)을 제기하려고 한다. 오른쪽 눈을 감았다가 왼쪽 눈을 뜬다. 책이 가득 든 자루를 앞에 놓고 있지만 그 가운데 몇 권만 소중하게 따로 두르고, 다른 것은 귀찮다는 듯이 멀리 내던진다. 종이나 책장을 찢는다. 책을 거칠게 불 속으로 내던진다. 일부 사람들에게는 웃음을 띠고 키스도 하지만, 다른 사람들에게는 침을 뱉고 발길질도 한다. 먹을 담뿍 찍은 붓으로 많은 중요한 글자들을 없애 버린다. 또는 스펀지로 그림들을 검게 칠해 버린다. 이쪽의 것들은 손톱으로 긁어놓고 저쪽의 것들은 사람들의 기억 밖으로 쫓아 버리려는 듯 깨끗이 벗겨서 완전히 없앤다. 존경할 만한 많은 사람들을 포악한 적으로 대한다. 분별이 있을 리 없다. 멋대로 행동하는 것이다." 샤틀랭의 공상에는 이런 것도 있다. 귀부인 '평화'가 망토를 펼쳐 높이 쳐들자 그녀는 새로운 네 여인으로 변한다. 즉 마음의 평화, 입의 평화, 겉모습의 평화, 그리고 진정한 평화이다. 그가 여성의 모습으로 알레고리를 등장시킨 또 다른 곳을 살펴보면, '그대들 나라의 중요성', '그대들 다양한 백성들의 신분과 자질', '프랑스인들과 이웃 나라들의 시기와 증오' 같은 이름을 가진 몇몇 인물들이 등장한다. 정치적 문장에서 이렇게 하나의 알레고리 형태가 쓰일 수도 있었던 것이다. 샤틀랭이 짜낸 이들 은유는 모두 눈으로 본 게 아니라 머리로 생각한 것이다. 이 점은 매우 뚜렷하다. 각기 이름을 적어 넣은 문자 띠를 두르고 있는 것이다. 이들 이미지는 생생한 공상에서 직접 끌어낸 것은 아니다. 샤틀랭은 다만, 그림이나 정경에 인물들을 위치시킬 뿐이다.

〈필립 공의 죽음, 비탄의 방식으로 알게 되는 신비〉라는 시에서 샤틀랭은 필립 공을 값비싼 향유가 가득 든 병에 비유하고 있다. 그 병은 하늘로부터 내려온 끈에 매달려 있고, 대지가 이것을 가슴에 품고 젖을 물렸다는 것이다. 또한 몰리네는 그리스도를 펠리컨으로 보는데, 펠리컨이 자기 피로 새끼를 기른다는 데서 비롯된 관습적인 비유이지만, 몰리네의 표현에서는 펠리컨이 그렇게 할 뿐만 아니라 그 피로 죽음의 거울을 씻는 것까지 의미한다.

여기에 미(美)적 영감의 흔적은 어디에도 없다. 그것은 다시 비옥해질 것을 기다리는 고갈된 정신의 그릇된 유희이다. 줄거리를 몽상의 소재에서 가져다 쓰는 일이 빈번하게 이루어지고 있지만, 그 모티프에 사용되는 꿈은 단테나 셰익스피어에서 분명히 나타나는 진정한 꿈이라고 할 수 없다. 시인은 실제로 꿈속에서 눈으로 어떤 환영을 보고 그 이미지를 말로 표현했다고 꾸민다. 말하자면 이것이 규칙인데, 이 시대의 시인이 반드시 이 규칙을 지킨 것은 아니다. 샤틀랭은 어떤 시에서 스스로를 '이 환영의 발명가 또는 마법사'라고 일컫고 있다.

다만 해학만이 아직도 은유의 황량한 들판에 새로운 꽃을 피울 수 있었다. 은유적인 이미지는 유머의 영역에 투영되었을 때 충분히 그 효과를 발휘할 수 있었던 것이다. 데샹은 '미덕'과 '법률'의 상태가 어떠한지를 의사에게 묻는 시를 만들었다.

> 선생님, '법률'의 상태는 어떤가요?
> 글쎄요, 상당히 나쁩니다……
> '이성'은 어떻습니까?
> 분별을 잃었어요.
> 말은 하지만, 힘없이 합니다
> 그리고 '정의'는 완전히 백치 상태요……

여러 유형들의 공상이 모두 한 덩이로 뒤섞여 있다. 양식이고 뭐고 없다. 그런 뜻에서 가장 기묘한 것은 전원시를 가장한 정치 풍자문이다. 스스로를 부카리우스(Bucarius)라 부르는 무명 시인의 작품 〈파스토랄레 *Pastoralet*〉에는 부르고뉴 가문의 오를레앙 가문에 대한 중상모략 일체가 목가적인 색채 속에 그려져 있다. 루이 도를레앙, 용맹공 장, 그의 오만하고 단호한 시종들 모두가 얌전한 양치기의 모습으로 나오는 것이다. 양치기들의 옷에는 백합꽃이나 기세 높은 사자 그림이 그려져 있다. '긴 옷의 양치기들'은 성직자들이다. 오를레앙 공에 해당하는 양치기 트리스티페는 다른 양치기들로부터 빵과 치즈, 사과와 호두, 피리 등을, 양으로부터는 방울을 빼앗는다. 저항하면 굵은 지팡이로 위협하다가, 마침내는 어느 양치기의 지팡이에 맞아 목숨을 잃는다. 이것이 그 줄거리이다. 따라서 불길하고 음울한 이야기이지만 시인은 때로 그것을 잊고 목가의 감미로움을 마음껏 즐기는 태도를 보인다. 그런가 하면 또다시 목가풍 공상을 깨고 꺼림칙한 정치 세계나 중상모략이 다시 고개를 내미는 것이다. 아직 르네상스의 척도나 기호는 느낄 수 없다.

몰리네는 그 위험천만한 문장 기교로 세인의 칭찬을 얻고 재능 있는 수사가(修辭家)이자 시인으로 평가받았는데, 우리가 보기에 이것은 한 시대의 문장 형태의 극단적인 퇴화 현상을 나타내는 데 지나지 않으며, 이것을 마지막으로 이런 종류의 문장은 시들 수밖에 없다는 생각이 드는 것이다. 그는 참으로 무미건조한 말장난에 빠져 있다. "이리하여 슬뤼이스에 평화가 찾아왔다. 평화는 그 안에 남았다. 전쟁은 평화로부터 내쫓겨 은자보다 더 고독하게 되었다." 몰리네는 《장미 이야기》를 재탕하여 교훈으로 구성한 산문을 썼는데 그 서문에서 자기 이름과 관련된 문장을 지어 즐기고 있다.[14] "내 노동의 결실을 헛되이 잃지 않고, 이 손으로 얻은 밀을 아름답고 고운 가루로 빻기를 원하며, 신의 자비가 있다면, 나의 거친 절구에 넣어서 악한 것을 선한 것으로, 육체적인 것을 영적인 것으로, 속된 것을 신성한 것으로 바꾸어 가장 높은 교훈을 찾아내리라. 이것이 내가 원하는 바이다. 이리하여 우리는 단단한 돌에서 꿀을 얻고 날카로운 가시덤불에서 빨간 장미를 찾아내는 것이다. 곡식 낟알과 씨앗, 과실, 꽃과 잎사귀를 찾는 것이다. 달콤한 향기, 향기로운 녹색, 녹색이 무르익는 풀, 풀의 자양(滋養), 자양이 풍부한 들판의 결실, 결실이 풍부한 목야(牧野)를."

얼마나 세기말 같은 느낌인가, 얼마나 빈약하고 궁색한가! 그런데 바로 이런 점에서 당시 사람들은 참신함을 발견하고 칭찬한 것이다. 애당초 중세 시가는 말장난을 할 줄 몰랐던 것이다. 오히려 갖가지 구상적인 이미지의 연상을 즐기는 면이 강했다. 몰리네의 숭배자 가운데 한 사람이자 그와 비슷한 생각을 가지고 있었던 올리비에 드 라 마르슈의 시를 살펴보자.

　　그때 나는 회상의 열병에 걸려,

---

14) '가루로 빻다'의 프랑스어 moudre의 과거분사형 molu와 '절구' meulle(현대 프랑스어에서는 meule)를 몰리네(Molinet)의 이름에 관련시키고 있다. 즉 몰리네의 철자는 '가루로 빻다'의 라틴어 molo의 파생어와 인척관계인 것이다.

불쾌한 코감기와
고뇌의 편두통,
초조의 복통과
참을 수 없는 치통에 시달리네.
내 마음은 내 운명을 한탄하며,
더 이상 견딜 수 없네,
익숙지 않은 슬픔 때문에……

장 메쉬노도 라 마르슈처럼 이런 공허한 은유에 빠져 있다. 〈왕후들의 안경〉이라는 시에서 그는 이렇게 노래한다. 안경알은 사리분별과 정의, 안경테는 힘, 그리고 모든 것을 지탱하는 못은 절제를 의미한다. 이 안경을 사용법과 함께 시인에게 준 것은 이성이다. 이성은 하늘에서 시인의 마음속으로 보내져 거기서 향연을 벌이려고 하지만, 이미 그곳은 절망으로 황폐화되어 거기에는 아무것도 '먹을 만한' 것이 없었다는 내용이다.

겉으로 보기에는 모든 것이 퇴보하고 쇠퇴하고 있었다. 그러나 이 시대에 이미 르네상스의 새로운 정신이 불어오기 시작했다. 위대하고 젊은 영감과 새롭고 순수한 형식, 우리는 그것을 어디에서 찾을 수 있을까?

22장
새로운 형식의 시대

꽃피는 인문주의와 시들어 가는 중세 정신의 관계는 우리의 일반적인 생각만큼 단순하지 않다. 우리는 인문주의와 중세 정신을 서로 다른 것으로 보고 있다. 그리고 중세적 사상 표현이 완전히 낡은 도구를 버리고 고대 문화의 영원한 젊음을 받아들이는 것은 무엇인가 계시와도 같은 경험이었음이 분명하다고 생각한다. 은유나 플랑브아양 양식에 죽도록 싫증이 난 끝에 어느 날 갑자기 깨달은 것처럼 사람들은 이렇게 외쳤음에 틀림없다. 아냐, 이게 아니다, 저것이다. 사람들은 느닷없이 고전 문화의 눈부신 조화의 빛에 쏘여 그들이 바라던 구원을 거기에서 찾아내고 감격에 겨워 고대를 끌어안은 것이다. 그랬음에 틀림없으리라.

그러나 전혀 그렇지 않다. 고전주의는 중세 사상의 꽃밭 한가운데에서, 무성한 이전 계절의 풀꽃 그늘에서 천천히 자라난 것이다. 처음에는 단지 고대풍이라는 공상의 옷을 중세 사상에 입히는 정도에 지나지 않았다. 사람들이 고전주의에서 신선한 영감을 퍼올리게 된 것은 훨씬 나중의 일이다. 더욱이, 그렇게 되었다고 해서 이전의 정신이 활동을 멈추고, 중세의 표현 형식이 모두 시들어 버렸느냐 하면 결코 그렇지도 않았다.

이 점을 잘 이해하기 위해서는 다음과 같은 간단한 관찰로는 모자라다. 더한층 정밀하게 르네상스의 도래를 관찰해야만 한다. 그것도 이탈리아에서가 아니라 진정한 중세 문화의 훌륭한 부(富)를 구성하는 모든 요소를 어디보다도 풍요하게 낳은 땅, 프랑스에서의 르네상스를 살펴야 할 것이다. 이탈리아의 15세기 콰트로첸토[1]는 다른 지역의 중세 끝 무렵의 삶에 비해서 언뜻 보기에 눈부

---

1) 2장 주8 참고.

신 대조를 이룬다. 그래서 대부분의 사람들은 조화, 환희, 자유, 울림의 인상을 받았다. 이러한 특성을 르네상스의 징후로 보았으며 나아가 새로운 시대를 알리는 지표로 보았다. 그러나 이것은 아무리 보아도 한쪽에 치우친 관찰이었다. 물론 어느 한쪽에 서지 않고서는 역사의 판단 자체가 성립되지 않겠지만, 그래도 이 경우 그들은 르네상스에 대한 편애(偏愛)로 말미암아, 15세기 이탈리아에서도 그 문화의 바탕에는 아직도 매우 중세적인 것이 두텁게 남아 있었다는 사실을, 자세히 말하자면 르네상스 정신을 체현하고 있다고 여겨지는 사람들까지도 그 정신 구조에는 중세적인 것이 상상 이상으로 깊이 남아 있었다는 사실을 까맣게 잊고 있었던 것이다.

이러한데 현재 우리는 15세기 이탈리아가 완전한 르네상스식 이미지를 가지고 있다고 말할 수 있을까? 한편 시선을 돌려서, 15세기의 프랑스—부르고뉴 세계를 훑어보면, 먼저 전반적으로 음울한 느낌, 야비한 밀어내기, 복잡하고 이상한 장식, 고갈된 공상, 요컨대 종말기 중세 정신의 여러 징후들이 눈에 띈다. 이리하여 이 경우는 아까와는 반대로, 이 땅에도 르네상스의 새로운 바람이 불기 시작했으며, 다만 여기서는 아직 바람의 힘이 약하여 근원적인 삶의 사상을 바꿀 정도에는 이르지 못했을 뿐임을 완전히 잊어버린 것이다.

그런데 주목할 만한 일은 이 경우, 먼저 새로운 형식이 있고, 뒤이어 내용과 함께 새로운 정신이 성립한 것이다.

생활의식과 생활태도는 여전히 전과 같으면서 군데군데 새로운 고전주의적인 여러 형태가 고개를 내밀었다. 어떤 지역에 인문주의가 들어서려면 그곳의 지식인들이 평소보다 좀 더 열심히 순수한 라틴어와 고전적 문장 구조 습득에 노력하는 것으로 충분했다. 이런 지식인 모임은 1400년 무렵 프랑스에서 번창했고, 몇몇 성직자들과 고관들로 구성되었다. 릴의 주교좌교회 사목위원이자 왕궁 서기관이었던 장 드 몽트뢰이유, 교회개혁 지지파의 저명한 대변자였던 니콜라스 드 클레망주, 그리고 장 드 몽트뢰이유와 마찬가지로 왕후의 비서관이었던 공티에 콜, 다시 말해 암브로시우스 드 밀리이스 등이었다. 그들은 서로 유려한 필치로 편지를 주고받았는데, 이후의 인문주의 융성기와 견주어보아도 손색이 없을 정도였다. 곧장 일반론으로 들어가고, 모든 일을 자못 중대하게 여기며, 문장을 뒤틀어 일부러 어렵게 표현하고, 사소한 일에 학식을 자랑하고 기뻐하는 점 등 참으로 좋은 맞수이다. 장 드 몽트뢰이유는 라틴어로 종잇조각을 뜻하는 스케둘라(scedula), 작은 곡창 또는 창고를 의미하는 오레올름(orreolum)이라는 단어의 철자에 h를 넣어야 할 것인가(schedula, horreolum) 빼야 할 것인가(scedula, orreolum) 또는 k를 써야 할 것인가(skedula)에 대해서 열심히 논하고 있다. 그는 니콜라스 드 클레망주에게 편지를 써 보냈다. "친애하는 스승이며 형제여, 당신이 나를 도와주지 않는다면, 나는 명성을 잃고 죽음을 선고받게 되는 것이나 마찬가지입니다. 왜냐하면 방금 알아차린 일이지만, 나는 나의 왕이시며 아버지이신 캉브레 주교님께 얼마 전 보낸 편지에서 너무 서둔 붓의 잘못으로 '가까운'의 비교급 proprior 대신 proximior라고 써버린 것입니다. 아무쪼록 바로잡아 주시기 바랍니다. 그대로 두면 결점을 뒤지는 이들이 트집 잡아 멋대로 써대면서 우리를 비난할 것입니다." 여러 사람이 두루 아는 바와 같이, 편지는 문장 습작으로 일반에 공개되었다. 장 드 몽트뢰이유는 키케로가 주장한 논지(論旨)의 모순을 들추어, 베르길리우스보다 오비디우스를 더 높이 평가한다. 친구 암브로시우스 드 밀리이스와의 논쟁 또한 인문주의자의 논쟁에 어울리는 것이었다.

한편 어떤 편지들 중 하나에서 그는 상리스 근교 샤를리외(Charlieu) 수도원에 대해서 쓰고 있는데, 그의 문장은 중세풍으로 담담하게 눈에 보이는 대로 적는 수법을 따랐으며, 매우 '읽을 만한' 것이라는 점에 주목해야 한다. 어떻게 식당에서 참새들과 함께 식사를 하는지, 도대체 성직 녹봉이라는 것이 국왕으로부터 수도사에게 주어지는 것인지, 새들에게 주어지는 것인지를 문득 의심하게 된다고 말한다. 수도원장 같은 모습의 굴뚝새에 대한 일, 자기 일도 잊지 말고 적어달라고 부탁했다는 정원사의 당나귀에 대한 일 등 아주 신선하고 매력적인 문장이지만 특별히 인문주의풍이라고 할 수 있는 것은 아니다.

생각해 보면, 장 드 몽트뢰이유나 공티에 콜은 《장미 이야기》의 열렬한 추종자로 알려져 있으며, 1401년의 '사랑의 궁정'에 참가한 사람들 틈에 이름을 올리기도 했다. 이것으로 충분히 설명할 수 있지 않은가. 그들로 대표되는 초기 인문주의란 사실 아직은 피상적인 장식물에 지나지 않았던 것이다. 초기 인문주의는 원래 중세의 박학(博學) 전통이 조금 강하게 나타난 경우에 지나지 않았고, 이전 샤를마뉴 시대에 앨퀸(Alcuin, 735?~804)과 그 밖의 학자들이, 뒷날 12세기에 프랑스 학자들이 추진했던 고전 라틴어 부흥의 움직임과 그다지 다르지 않았다. 초기 프랑스 인문주의는 직계 후계자를 갖지 못하고 결국 이것을 키운 사람들의 소규모 동아리의 소멸과 함께 시든 꽃이 되고 말았는데, 원래 이것은 거대한 국제적 정신운동과 연결되어 있던 것이었다. 장 드 몽트뢰이유과 그의 동료들에게 이미 페트라르카는 눈부신 모범이었다. 피렌체의 대법관으로 14세기 중엽 공문서에 고전 라틴어 수사법을 끌어들인 콜루초 살루타티(Coluccio Salutati) 역시 장 드 몽트뢰이유가 자주 언급하고 있다. 그러나 프랑스에서 페트라르카는 말하자면 중세 정신이라는 틀 안에서 받아들여지고 있는 것이다. 페트라르카는 14세기 후반의 프랑스 학문과 예술계의 지도적 인물들을 개인적으로 알고 있었다. 예를 들어 시인인 필립 드 비트리, 철학자이자 정치가로 뒷날 샤를 5세가 되는 황태자의 교육을 맡았던 니콜 오렘(Nicole d'Oresme, 1325~1382), 그리고 필립 드 메지에르와도 아는 사이였다고 여겨진다. 그런데 이들은 비록 오렘의 사상 등이 매우 새로운 것이기는 하더라도 어느 점으로 보나 결코 인문주의자라고 할 수 없다.

따라서 기욤 드 마쇼에 대해서도 이렇게 말할 수 있다. 마쇼의 《진실한 이야기》의 최신판 간행자 폴랭 파리스(Paulin Paris)는 이 시 안에서 시인 마쇼와 사랑의 교제를 원하는 페론 다르망티에르라는 여성의 이미지 전형(典型)을 《아벨라르와 엘로이즈 서한》[2]의 엘로이즈에게서만 구할 게 아니라, 페트라르카의 서정시집 《칸초니에레》에서 노래한 여성 라우라의 이미지 또한 바탕이 되어 있다고 추측하고 있다. 만약 이것이 옳다면, 《진실한 이야기》는 매우 중대한 일을 증언하고 있는 셈이다. 곧 우리는 페트라르카의 시작(詩作)에서 제일 먼저 근대의 도래를 발견하는데, 마쇼의 경우에는 페트라르카의 시를 접한 감흥이 순수하게 중세풍 작품을 낳는 계기가 될 수 있었던 것이다. 실제로 우리는 페트라르카나 보카치오를 오직 근대 쪽에서만 보는 경향이 있다. 우리는 그들을 최초의 혁신자로 생각하는 것은 옳은 일이다. 그러나 만약에 이들 최초의 인문주의자들이 14세기와 꼭 들어맞지 않는다고 생각한다면, 그것은 옳지 않다. 아무리 혁신

---

2) 피에르 아벨라르는 12세기 전반 스콜라 철학 형성기의 논객으로 파리에서 학교를 열었다. 사목위원 풀베르의 조카 엘로이즈의 교육을 맡은 그는 엘로이즈를 사랑했기 때문에 재난을 당한다. 뒤에 엘로이즈는 수도원으로 들어가 아벨라르와 편지를 주고받는다. 아벨라르는 자서전 《나의 불행한 이야기》에 이것을 적고 있다.

의 숨결이 그 저술에서 느껴지더라도 그들은 그들 시대의 문화 한가운데에 서 있다.

페트라르카와 보카치오의 이름이 중세 끝 무렵에 이탈리아 밖으로 알려진 것은 무엇보다도 라틴어에 의한 저술 때문이지, 후세에 그들에게 불멸의 명성을 보장한 속어에 의한 저술 때문이 아니었다. 당시 사람들이 보기에 페트라르카는 말하자면 '시험쇄(試驗刷)의 에라스뮈스,'[3] 취미가 광범하고 풍부한 도덕론과 인생론의 필자이자 많은 편지를 쓴 사람이며, 로마 역사에 나오는 영웅들의 전기인 《위인전》이나 《사적(事績)의 책》 등을 쓴 열렬한 고대 신봉자였던 것이다. 그의 저술 주제는 아직 완전히 중세 사상에 물들어 있다. 이를테면 《세상에 대한 경멸에 관하여》, 《종교적 여가에 대하여》, 《고독한 생활에 대하여》 등이다. 고대 영웅에게 바치는 숭배도 결국은 당시의 9용사 숭배 열기와 매우 비슷한 것으로, 이 점에서도 예상은 대부분 어긋나는 것이다. 페트라르카와 헤르트 흐로테 사이에 친교가 있었다고 해도 별로 놀라운 일은 아니다. 또한 생리에의 열심당 장 드 바렌이 자기에게 닥친 이단 혐의를 떨쳐버리기 위해 페트라르카를 인용해서 그 권위에 의지하거나, 나아가서 페트라르카의 문장 '맹목적인 모든 그리스도교도'를 빌려 기도문을 만들었다고 해서 그렇게 이상한 일도 아닌 것이다. 결국 그 시대가 보기에 페트라르카란 어떤 사람인가. 장 드 몽트뢰이유는 "가장 신심 깊은 자, 정통의 신자, 가장 저명한 도덕철학자"라고 말한다. 카르투지오회 수도사 드니는 더욱 분명하게 말한다. 그는 중세 사상의 표현이라고 해도 좋은, 예루살렘 성묘교회[4]의 손실을 한탄하는 문장을 페트라르카로부터 빌리고 있는 것이다. "프란체스코의 문체는 수사학적이고 어렵다. 따라서 나는 그의 말을 그대로 인용하기보다 오히려 그가 말하고자 하는 바를 인용하기로 한다."

또한 매우 특수한 의미에서 페트라르카는 앞서 말한 프랑스 초기 인문주의

---

3) 원문은 Erasmus avant la lettre(문자 이전의 에라스뮈스). '문자'는 이 경우 판화의 원판에 파 넣는 서명을 말한다. 파 넣기 전에 시험 인쇄를 한다. 따라서 '아직 정식 인쇄가 아니다'라는 뜻이 된다. 결국 '에라스뮈스의 선구'라는 의미로 여겨진다.

4) Holy Sepulchre. 예수가 안장되었던 묘지에 세워진 교회로 '십자가의 길'의 제10지점부터 제14지점까지 이 교회 안에 위치한다.

자들의 문학적 표현에 자극을 주었다. 이탈리아를 제외하고는 웅변가도 시인도 없다는 페트라르카의 조롱 섞인 표현이 그들을 자극한 것이다. 프랑스 재사(才士)들은 그런 말을 듣고 가만히 있지 않았다. 니콜라스 드 클레망주와 장 드 몽트뢰이유도 이에 맹렬히 반론했다.

더 한정된 분야에서였지만 보카치오의 영향도 페트라르카와 비슷했다. 그는 《데카메론》의 저자로서 존경을 받지는 않았다. '역경에 처한 인내의 박사'이자 《유명인의 몰락에 대하여》나 《유명한 여자들에 대하여》의 저자로서 알려져 있었다. 운명의 덧없음을 주제로 한 이런 색다른 일련의 논설로써 보카치오는 스스로를 운명의 여신의 옹호자로 자임한 듯하다. 샤틀랭의 머리에 있던 '장 보카스 님'이란 바로 보카치오였던 것이다. 샤틀랭은 당시에 알려진 비극적 운명의 갖가지 경우에 대한 기묘한 논설을 쓰고 여기에 《보카치오의 사원》이란 제목을 붙였다. '고귀한 역사가'인 샤틀랭의 마음은, 영국에서 쫓겨나 역경에 처한 마르그리트 왕비를 위로하는 데 집중되어 있었다. 그렇다고 해서 샤틀랭을 비롯하여 아직 중세에 살고 있던 15세기의 부르고뉴 사람들이 보카치오를 제대로 이해하지 못하거나 잘못 이해하고 있었다고는 말할 수 없다. 그들은 보카치오의 강렬한 중세적 측면을 이해했고 우리로서는 자칫 그의 그러한 일면을 잊기 쉬운 것이다.

프랑스에 새롭게 나타난 인문주의와 이탈리아 인문주의의 차이는 지향하는 바나 분위기 등에 있지 않았다. 오히려 취향과 박학다식의 미묘한 차이에 있었던 것이다. 토스카나의 하늘 아래, 원형경기장의 그늘 밑에서 자란 이탈리아인이라면 모를까, 당시 프랑스 사람에게 고대의 모방은 쉽사리 익숙해질 수 없는 경험이었던 것이다. 물론 학식이 있는 성직자들은 이미 고전 라틴어의 서간 문체를 자기 것으로 만들 수 있었다. 그러나 세속의 문필가들은 아직 고대 신화나 역사의 모든 것에 통달해 있지 않았다. 기욤 드 마쇼는 성직자이기는 했으나 학자는 아니고 오히려 세속 시인으로 볼 수 있는데, 그는 이른바 그리스 7현인[5]의 이름을 완전히 혼동하고 있다. 샤틀랭은 펠레우스(Peleus)와 펠리아스(Pelias)[6]

---

[5] Seven wise man of Greece : 기원전 620년에서 550년까지 이름을 알린 탈레스, 비아스, 피타코스, 클레오브로스, 솔론, 킬론, 페리안드로스.

[6] 펠레우스는 테살리아의 프티아 왕으로 아킬레우스의 아버지. 펠리아스는 이아손에게 황금양

를, 라 마르슈는 프로테우스(Proteus)와 피리토우스(Pirithous)[7]를 혼동한다. 전원시 〈파스토랄레〉의 작자는 로마의 스키피오를 '아프리카의 선왕(善王) 스키피오'로 알고 있고, 《르 주방셀》의 저자는 프랑스어 '정치(Pollitique, 폴리틱)'라는 말이 그리스어 형용사 '많은(폴리스)'과, 그리스어라고 일컫는 '이코스(icos), 즉 파수꾼'이라는 말의 조합에서 파생된 것으로, 원뜻은 아주 '많은 파수꾼'이라고 주장한다.

그러나 그들의 문장에서도 때때로 중세 은유풍 문체의 껍질을 깨고 고전의 영상이 얼굴을 내밀고 있다. 이상야릇한 양치기 전원시 〈파스토랄레〉의 작자와 같은 사람까지도, 이를테면 숲의 신 실바누스(Silvanus)의 묘사나 목신 판(Pan)에의 기도를 노래하고 있는 대목에서는 갑자기 콰트로첸토의 광휘를 보여준다. 그리고 나서 한순간 뒤에는 또다시 익숙한 옛길을 터벅터벅 걷기 시작한다. 마치 얀 반에이크가 순수하게 중세풍으로 보이는 화면에 어쩌다가 고전주의풍의 구성을 끌어들이고 있는 것과 마찬가지로, 문필가들 또한 그들이 쓰는 것에, 아직은 형식이나 단순한 장식에 지나지 않지만, 아무튼 고전적인 고대의 흔적을 도입하려고 시도하는 것이다. 연대기 작가는 리비우스조(調)[8]의 콘티오네스, 즉 민중 또는 군대에 호소하는 연설을 시험하며, 또 리비우스가 하고 있다고 해서, 서술 여기저기에 프로디기아(Prodigia), 즉 '이상한 징조'에 대한 언급을 끼워 넣고 있다. 고전 문체를 끌어들이는 그들의 방법이 서툴수록 그만큼 더욱 중세에서 르네상스로의 이행을 분명히 확인할 수 있다. 샬롱의 사제 장 제르맹은 1435년 아라스에서의 평화회담 상황을, 로마인이 좋아하는 장중하고 과장스러운 표현으로 그려내려고 했다. 경쾌한 리듬, 생기가 넘치는 묘사를 중점으로, 리비우스의 문장이 갖는 효과를 분명히 노리고 있는데, 완성된 것을 보면 고전 산문의 완전한 풍자에 지나지 않았다. 거창하기도 하려니와 순진하기 짝이 없었다. 마치 기도서의 달력 그림에 그려진 인물들처럼 문장의 윤곽은 분명하지만 문

털을 가져오라고 보낸 이올코스의 왕.

7) 프로테우스는 예언과 변신술에 능한 바다의 신. 피리토우스는 테살리아의 라피타이 왕으로 테세우스의 친구.

8) Titus Livius(BC 59~AD 17) : 티투스 리비우스는 아우구스투스 황제 때의 로마 역사가로 《로마사》 142권으로 알려져 있다.

체로 보면 아주 실패한 문장인 것이다. 고대에 대한 이미지 자체가 아직은 진기하다고도 말할 수 없었다. 낭시에서 치러진 샤를의 장례식에서 장 드 로아의 보고에 의하면, 샤를을 꺾고 승리를 거둔 젊은 로렌 공은 적의 시체에 경의를 표하기 위하여 '고대풍' 상복을 입고 나타났다고 한다. 허리띠까지 닿는 황금색 수염을 달아 '9용사'의 한 사람을 모방했고 아울러서 자신의 승리를 기념했다는 것이다. 그 모습으로 그는 15분 동안이나 기도를 했다고 한다.

1400년 무렵 프랑스 사람의 머릿속에서 고대는 '수사학, 웅변, 시'와 같은 개념으로 대치할 수 있었다. 곧 그들은 인위적인 형식미라는 점에서 고대인이 완벽하다고 보았으며, 이것을 부러워한 것이다. 그들에게, 15세기나 그보다 좀 더 빠른 시기의 프랑스 시인들은 그 심정을 숨김없이 토로했고, 솔직하게 표현하고자 할 때는 유창하게 꾸미거나 간결하고 힘이 깃든, 또는 감미롭고 부드러운 시를 만들었다. 그러나 일단 아름다움을 의식하면 그들은 무턱대고 신화를 끌어들여 라틴어풍의 멋을 부린 말투를 구사하여 '수사가'를 자청하기에 이른다. 크리스틴 드 피장은 신화를 바탕으로 한 어떤 작품을, 다른 것과 분명히 구별하여, 그것을 '시의 발라드(balade pouétique)'라고 부르고 있다. 외스타슈 데샹은 경애하는 글벗 제프리 초서에게 헌정시를 보냈는데, 그 시야말로 도저히 입에 안 맞는 고전 취미의 잡탕이란 느낌을 준다.

> 오, 철학으로 충만한 소크라테스여,
> 도덕의 세네카, 실천의 영국인,
> 시작(詩作)에서는 위대한 오비디우스,
> 야무진 변설(辨說)과 능란한 수사,
> 하늘을 나는 매, 그 학리(學理)로써, 당신은,
> 아이네이아스의 왕토(王土)[9]를 비춘다,
> 거인의 섬과 브루투스[10]의 섬을.

---

9) Aeneas : 베르길리우스가 《아이네이스 Aeneis》에서 노래한 로마 건국자. 따라서 로마 세계를 의미한다.

10) Brutus : 아이네이아스의 자손. 이탈리아로부터 추방되어 신(新)트로이, 즉 런던을 발견했다고 전해진다. 따라서 잉글랜드를 의미한다.

당신은 꽃을 뿌리고 장미나무를 심었다,

언어에 무지한 자들을 위해.

위대한 번역자 판다루스[11]여, 고귀한 제프리 초서여,

……………

그러하니 당신을 의지하여 헬리콘 샘[12]에서

진정한 한 모금을 마시고자 하는 것이다.

타는 듯한 이 목마름을 풀거나 풀지 않거나,

물의 흐름은 당신의 뜻대로

이 몸은 갈리아 땅에 묶인 몸

당신이 마시게 해 줄 때까지는.

   고상한 프랑스어의 우스꽝스러운 라틴어화(化)는 데샹 주변에서 시작하여 얼마 뒤 크게 유행해서 비용과 라블레의 비웃음을 받기에 이른다.[13] 이런 기묘한 방식은 서간문, 헌사, 연설의 초고, 다시 말하면 특히 아름답게 완성시키고자 의도된 문장에서 많이 나타난다. 이를테면 샤틀랭은 "매우 겸손하고 온순한 당신의 노예이자 하녀, 강(Gand)의 도시"나 "폐부를 찌르는 비탄과 고뇌"와 같은 말을 쓰고, 라 마르슈는 프랑스어를 "우리의 프랑스 방언이자 속어"라고 하며, 몰리네는 "말(馬)의 샘(히포크레네)에서 흘러나오는 꿀처럼 달콤한 술을 마셨다", "스키피오 같은 덕망 있는 공(公)" "연약한 마음의 소유자" 등으로 표현하고 있다.

   세련된 '수사법'의 이상(理想)은 단순히 문학 표현에 관한 이상에 머물지 않

---

11) 호메로스의 서사시에서는 메넬라오스에게 상처를 입힌 트로이의 명궁수인데, 중세 '트로일로스와 크레시다'의 전설에서는 조카인 크레시다와 트로일로스 사이를 중재한 인물로 알려져 있다. 아이네이아스의 부하에도 같은 이름의 인물이 있었다고 알려져 있다. 한편 하위징아는 판다루스에 주석을 달면서 초서의 《트로일루스와 크리세이드》에 판다루스가 중요한 역할을 하고 있다는 사실을 지적하고, 영어의 pander(중개자)라는 말은 여기에서 나온 것이라고 보고 있다.

12) 보이오티아 산속에 있는 아폴론과 뮤즈 여신의 샘. 아가니페와 히포크레네(말馬)의 샘 또는 페가수스의 샘)의 두 샘이 있다.

13) 비용 《유언집》(《작은 유산》 제36~38절). 라블레 《제2의 서(書) 팡타그뤼엘》 제6장.

았다. 그것은 동시에 상류 사람들의 문학 동아리가 지향하는 이상이기도 했던 것이다. 수사법과, 더 나아가서 인문주의 자체는, 마치 이전의 음유시인들의 예술이 그러했듯이, 하나의 사회적 유희, 회화의 한 형식, 보다 고상한 삶의 형태를 노리는 하나의 지향이었다. 16세기와 17세기 학자들의 서간문을 보면 이것을 더욱 분명히 확인할 수 있다. 이 점에서 프랑스는 이를테면 이탈리아와 네덜란드 사이의 비례중항(比例中項)과 같은 역할이었다. 언어와 사상이 고대에 훨씬 가까운 이탈리아에서 인문주의는 고도의 민족 생활의 자연 발전을 거스르지 않고 더할 나위 없이 자연스럽게 사람들 사이에 받아들여졌다. 이탈리아어는 얼마쯤 라틴어법이 섞여 들었다고 해서 그것 때문에 크게 무너지는 일은 거의 없었다. 인문주의자들 그룹의 정신은 매우 원만하게 사회의 풍습에 익숙해졌다. 이탈리아의 인문주의는 이탈리아 민족 문화의 순조로운 성장을 구현했고, 그렇기 때문에 그들이 근대인의 최초 전형으로 여겨지는 것이다. 이와 달리 부르고뉴에서는, 사회생활의 정신이나 형식이 아직도 중세적이어서 처음에는 표현을 순화하고 새롭게 하려는 의지가 매우 뒤떨어진 형태로 나타났을 뿐 구체적인 움직임으로 드러나지는 않았다. 이른바 '수사학자 집단'의 움직임은 동료 조직으로서는 중세적 단체의 연장에 지나지 않았고, 거기에 작용한 정신의 참신함은 겉치레에 지나지 않았던 것이다. 이 땅에서는 성서의 원전 비판을 근간으로 하는 에라스뮈스의 인문주의가 처음으로 근대 문화를 개척하게 된다.

프랑스는 가장 북쪽의 변두리를 제외하고, '수사학자 집단'과 같은 진부한 단체는 없었다. 여기에는 더 개성이 분명한 '거룩한 수사학자들'이 있었는데, 그것이 이탈리아 인문주의자들과 비슷한 집단이었느냐 하면 그렇지도 않았다. 그들에게는 아직도 내용이나 형식면에서 중세적인 부분이 많이 남아 있었던 것이다.

그렇다면 도대체 15세기 프랑스 문학에서 누가 새로운 움직임을 짊어지고 있었을까? 어지럽게 장식된 부르고뉴 이상의 거만한 대변자인 샤틀랭, 라 마르슈, 몰리네 같은 사람들은 아니었다. 그들의 웅변과 라틴어법, 은유나 장중하고 고귀한 문체 등은 모두 이 부르고뉴 이상을 섬기고 있다. 가끔 이 완벽한 기교라는 이상에 얽매이지 않고 단지 마음에 떠오르는 생각을 솔직하게 노래하며 담담하게 기술하는 경우에는, 그들의 문장도 충분히 읽을 만하며, 근대인의 공감을 자아낸다.

따라서 미래는 고전주의에 있었던 게 아니다. 고전에 사로잡히지 않는 곳, 말하자면 사람의 힘을 더하지 않은 그대로의 자연에 미래가 약속되어 있었던 것이다. 라틴어법을 흉내 내고 고전을 끌어들이려는 노력은 오히려 저해 원인으로 작용했다. 내용과 형식이 모두 단순한 시인들이야말로 근대시인이었다. 비록 그들은 아직 중세의 도식을 따르고 있었지만 그것은 문제가 아니었다. 비용, 코키야르, 앙리 보데, 샤를 도를레앙, 또 《성 프란체스코회 수도사가 된 연인》의 작자가 그들이다.

지나치게 부르고뉴풍을 칭찬하는 소리를 좁게 부르고뉴 공의 영토에서만 들을 수 있었던 것은 아니었다. 3대 부르봉 공과 3대 프랑스 왕을 서기관으로서 섬긴 장 로베르테(Jean Robertet)와 플랑드르 태생의 부르고뉴 사람인 조르주 샤틀랭이 주고받은 편지에 얽힌 사정이 그것을 잘 말해 주고 있다. 일의 시작은 로베르테가 샤틀랭의 글에서 고결한 시 예술의 정수를 파악한 데에 있었다. 로베르테는 샤틀랭과 아는 사이가 되려고 몽페랑(Montferrant)에게 힘을 써달라고 부탁했다. 이 인물은 그 무렵에 그의 큰아버지 부르고뉴 공의 궁정에서 양육되고 있던 아직 나이 어린 부르봉 공의 교육을 맡아서 브뤼주에 살고 있었다. 로베르테는 그에게, 샤틀랭 앞으로 보내는 라틴어와 프랑스어로 쓴 편지 두 통과 나이 든 궁정 연대기 작가이자 시인을 칭송하는 헌정시를 보냈다. 그러나 샤틀랭은 편지를 주고받자는 로베르테의 제의에 쉽사리 응하지 않았다. 그래서 몽페랑은 《수사학의 12귀부인》에 나타난 은유라는 낡은 처방전을 꺼내어 샤틀랭의 관심을 끌려고 했다. 즉 과학, 웅변, 의미의 무게, 깊이 등으로 불리던 것들이다. 이 유혹에는 샤틀랭도 굴복했다. 이리하여 《수사학의 12귀부인》을 둘러싸고 세 사람 사이에 편지가 오갔다. 그러나 샤틀랭은 이내 싫증이 나서 얼마 뒤 서신 교환을 그만두었다.

로베르테 문장의 근대 취미를 가장한 라틴어법은 정말 형편없었다. "나는 안개가 짙고 추위가 계속되는 얼마 동안, 오두막에서 쉬고 있었습니다." 곧 감기가 들었다는 이야기다.

찬사를 보낼 때도 이에 못지않게 터무니없이 과장된 말투를 쓰고 있다. 마침내 그는 샤틀랭의 편지를 받는 데 성공하자, 사실 샤틀랭의 편지 속 시는 로베르테 자신의 것보다도 훨씬 나은 편이었는데, 그는 몽페랑에게 이렇게 써 보낸다.

눈은 가공할 광명에 얻어맞고,
마음은 믿기 어려운 웅변에 감동하네.
인간의 정신으로는 능히 만들 수 없는
결코 빛나지 않는 이 어두운 몸을
참기 힘든 광선이 꿰뚫고,
타오르는 빛에 현혹되어
마음을 빼앗겨 완전히 넋을 잃고,
사색에 잠겨 자신을 발견하고,
황홀경에 빠진 몸을 땅에 뉘어,
내 연약한 마음은 길을 찾아 헤매고
적절한 장소와 출구를 찾기 위해
내가 갇힌 좁은 통로로부터 벗어나,
진정한 사랑이 쳐 놓은 그물에 사로잡히네.

여기에 산문으로 계속된다. "이러한 대상을 잘 볼 수 있는 눈이 도대체 어디에 있을까요? 이 높은 은(銀)의 울림, 황금 방울소리에 견디는 귀가 어디에 있을까요." 몽페랑에 대해선 이렇게 말한다. "불사신들의 친구, 인간의 사랑을 받는 존재, 웅변의 꿀이 흘러넘치는 울리세스[14]의 높은 가슴이죠? "빛나는 신 퇴부스[15]의 전차와도 같은 광휘가 아닙니까." 샤틀랭은 오르페우스의 리라를 능가하지는 못해도 "암피온의 나팔,[16] 아르고스를 잠들게 한 메르퀴르의 피

---

14) Ulysses : 오디세우스의 로마 이름.
15) 태양신 아폴론을 부르는 이름.
16) 제우스와 안티오페의 아들. 니오베를 아내로 삼았다. 테베를 점령하여 성벽을 쌓는다. 헤르메스 신으로부터 리라(하프의 일종)를 받아 이것을 연주할 때 돌이 저절로 있어야 할 장소에 자리를 잡아 성벽을 이루었다고 한다. 하위징아의 소개대로 '나팔'이라고 되어 있으면 로베르테는 착각을 한 것이 된다.

리[17)]와 같은 것이 있지 않느냐"고 이야기한다.

타인에 대한 찬사와 마찬가지로 자기를 비하하는 기분도 극단적으로 부풀려서 표명했으며, 이런 점에서 이 3명의 시인들은 여전히 중세풍 처방전을 지키고 있었다. 이것은 그들에게만 한정된 일이 아니라 그 무렵의 일반적인 풍조였던 것이다. 라 마르슈는 그의 《회고록》이 적어도 한 줌의 꽃으로써라도 화관(花冠)[18)]을 만드는 데 쓸모가 있다면 기쁘겠다고 말하기도 하고, 자기가 하는 일을 수사슴의 되새김질에 비유하기도 했다. 몰리네는 모든 '웅변가'를 향해, 제발 자기 작품의 쓸모없는 부분을 잘라달라고 부탁하고 있다. 코민은 비엔나 대주교에 대한 헌정사에서 대주교가 라틴어로 저술을 할 때 이 《회고록》을 이용해달라고 말하고 있다.

실제로 로베르테, 샤틀랭, 몽페랑 사이의 시 편지는, 아무리 보아도 중세풍의 그림에 고전주의라는 번쩍번쩍 빛나는 금박을 입힌 모양새이다. 그런데 로베르테가 이탈리아에 간 적이 있다는 사실에 주의해야 한다. 그의 말에 따르면 "하늘의 배려가 웅변을 퍼붓고, 근원적인 모든 감미로움이 조화 속에 녹아들기 위해 이 땅을 노리는" 그 이탈리아에 말이다. 그러나 그는 보아하니 자기가 말한 전성기 이탈리아 르네상스의 조화로운 마음을 가져온 것 같지는 않다. 그에게 이탈리아의 훌륭한 점은 오직 '웅변', 곧 말투의 장식, 기교의 외면적인 훌륭한 완성에 있었던 것이다.

이렇게 생각하면, 로베르테 등이 하고 있는 일은, 요컨대 옛것을 아름답게 닦는 일에 지나지 않게 되는데, 그러한 인상은 어쩌면 잘못된 것일지도 모른다고 여겨지는 순간이 있다. 즉 풍자적인 어조가 잠시나마 느껴지는 순간으로, 과장된 말투 안에도 풍자의 목소리가 생생하게 들리는 것이다.

수사학의 부인들이 몽페랑에게 말한다. "당신 친구 로베르테 씨는 키케로 예술의 전형 같은 분, 테렌티우스의 세련의 발로예요. ……그분은 우리의 가슴으로부터 몸속 깊은 곳에 있는 것을 흡수해 주셨어요. 그런데, 자신의 땅에서 많은 혜택을 입고 있는데도 그것을 버리고 새로운 것을 먹기 위해 식도락의 나라

---

17) 헤르메스의 로마 이름 메르쿠리우스를 프랑스어로 읽은 것. 눈이 100개나 되는 괴물 아르고스를 피리 소리로 잠들게 하여 그 머리를 잘랐다.

18) '화관'에는 일반적으로 '시문집'이라는 뜻이 있다.

로 가셨지요. 아이들이 어머니에게 서정시로 말하고, 아직 그럴 나이도 아닌데 무턱대고 학교에 가고 싶어 하며 학문을 하고 싶어 한다는 그 나라로." 샤틀랭은 편지를 주고받는 일이 지겨워졌기 때문에 그만둔다. '허영 부인' 앞에 문을 활짝 열어 놓은 지가 오래되었으니, 이제 슬슬 닫아서 빗장을 채워야 할 게 아닌가. "로베르테의 구름은 나를 흠뻑 젖게 만들었다. 우박과 같아서, 그 구름 안에 엉겨 굳은 진주의 입자가 내 옷을 빛나게 한다. 그러나 내 옷이 보는 사람의 눈을 속였다고 해서 그것이 도대체 무엇이란 말인가. 의복 아래 더러운 이 몸에 대하여." 로베르테가 계속하고 싶다면, 샤틀랭은 읽지 않고 불 속에 처넣을 뿐이다. 친구끼리 이야기할 때처럼 평소의 말투로 이야기하면 된다. 그러면 친구 조르주로서 그의 호의를 거절하지 않게 되는 것이다.

인문주의자들이 오직 라틴어 문장을 쓰는 데 전념할 때는, 고전이라는 옷 아래 여전히 중세 정신이 숨어 있다는 사실도 두드러지지 않는다. 참다운 고전 정신에 대한 불완전한 이해의 흡수 작용이 서툴러서 노출되는 일은 없다. 고전의 문장을 모방하는 것은 학식 있는 사람에게는 매우 쉬운 일이었다. 방심하면 속을 정도로 완벽하게 잘 본뜰 수 있었던 것이다. 실제로, 인문주의자 로베르 가갱은 편지나 연설의 초고들만 보면 에라스뮈스만큼 근대적이라고 해도 좋을 정도이다. 참고로 에라스뮈스는 가갱에 의해서 처음으로 세상에 소개되어 명성을 얻었다. 가갱은 1495년에 출판된 프랑스 최초의 학문적 역사 저술이라고 할 수 있는 《프랑스사 개요》 맨 끝에 에라스뮈스로부터 온 편지를 덧붙였는데, 이것이 처음으로 인쇄된 에라스뮈스의 문장이었다. 가갱은 페트라르카와 마찬가지로 그리스어를 잘 몰랐으나 그가 진짜 인문주의자임에는 아무런 변함이 없다. 그런데 동시에 그의 내부에는 아직 낡은 정신이 살아 있었다. 그는 뛰어난 라틴어를 구사하여 알랭 샤르티에의 문장으로 여겨지는 《쿠리아인 *Curial*》을 라틴어로 번역하고, 결혼 반대론이나 궁정 생활 단죄라고 하는 예부터의 중세풍 주제에 여전히 충성을 바치고 있다. 그런가 하면 이번에는 프랑스어 시로 여러 신분의 사회적 효용이라는 주제를 통해, 실컷 사용된 각 신분을 대표하는 사람들의 논의라는 낡은 형태로 그것을 다루었다. 즉 《농민, 사제, 기사의 토론 *Le Débat du Laboureur, du Prestre et du Gendarme*》이다. 주목해야 할 점은 라틴어 문장을 완전히 자기 것으로 익히고 있는 가갱이, 프랑스어로 시를 쓸 때는 수사적인 화려함을 전혀 끌어들이고 있지 않다는 사실이다. 라틴어풍 문체, 과장된 말투, 신화의 지식을 일체 볼 수가 없다. 프랑스 시인으로서 그는 중세풍의 형식 안에 어디까지나 자연스러운 마음의 움직임을 담으려고 했으며, 또 그렇게 함으로써 사람들에게 널리 읽히는 작품을 만들려고 했다.

가갱에게 인문주의의 형태는 몸에 걸친 겉옷에 지나지 않았다. 분명히 그에게 잘 어울리기는 했다. 그러나 그것을 걸치지 않을 때 그는 좀 더 자유롭게 움직일 수 있었다. 15세기의 프랑스 정신에 르네상스는 그의 몸에 맞지 않고 헐렁했던 것이다.

일반적으로 사람들은 르네상스의 개시를 알리는 결정적인 표지로 이교(異敎) 분위기가 느껴지는 표현의 등장을 든다. 하지만 조금이라도 중세 문학을 가까이 한 사람은 누구나, 문학의 이교적 취미는 결코 르네상스 풍토에만 있는 게 아님을 알고 있다. 인문주의자들은 신을 '하늘에 계신 신들의 제1인자'로, 마리아를 '천둥 치는 자[19]의 어머니'라고 불렀는데, 처음 듣는 말이라고 떠들어댈 일은 아니다. 그리스도교 신앙에 관련된 존재를 이교의 신화 세계로 옮겨 신화 속 존재의 이름으로 부르는 것은 형식상으로는 매우 오래된 일이며 종교 감정에 있어서는 아무렇지도 않은 일이었다. 이미 오래전, 12세기에 케른의 시인 아르키포에타는 고백을 시의 형식을 빌려 대담하게 노래했다.

낡은 삶은 싫다, 새로운 습속이야말로 기쁘다.
인간은 얼굴을 보지만 마음은 유피테르(Jupiter)에게 열려 있다.

데샹은 '낙원에서 온 유피테르'에 대해 이야기하고 있는데, 거기에 불경한 의도가 있는 것은 아니다. 그것은 비용이 《유언집》에서, 나이 든 어머니를 위해 만든 감동적인 발라드에서 성모마리아를 '거룩하신 여신'이라고 부르는 것과 마찬가지이다. 전원시에서도 이교적 취미의 분위기를 분명히 볼 수 있다. 신들의 등장을 방해하는 것은 없다. 〈파스토랄레〉에서는 파리의 셀레스틴파(派) 수도원을 '신들께 기도하기 위한 조금 높은 숲의 신전'이라고 부른다. 이러한 죄 없는

---

19) 그리스 신화의 주신(主神) 제우스. 로마 이름은 유피테르.

이교적 취미에 속을 사람은 물론 없다. 시인은 이렇게 해명하고 있지만 말할 필요도 없는 일이다. "나의 뮤즈(Muse)에게 약간 기묘함을 주기 위해 이교도의 신들을 들먹이고는 있지만, 목자들도 우리도 물론 그리스도교도이다." 마찬가지로 몰리네는 어떤 몽환시(幻想詩)에 군신 마르스와 지혜의 여신 미네르바를 등장시켜 '이성과 분별'을 책임지게 하고 다음과 같이 말하게 한다. "작자여, 신들과 여신들에게 신앙을 의탁하기 위해 마르스나 미네르바를 등장시켜서는 안 된다. 다만 우리 하느님 한 분만이 당신께서 바라시는 대로 온갖 영감을 사람들에게 불어넣기 때문임을 잊어서는 안 된다."

르네상스 전성기의 문학에 나타난 이교적 취미도 대부분 이 시기에 비해 본격적이었다고는 할 수 없다. 따라서 새로운 정신의 범위를 생각할 때 가장 중요한 뜻을 갖는 것은 이교 신앙을 신앙 그 자체로써 받아들이려는 생각, 즉 이교 신들을 받들려고 하는 생각이 든 것이 언제인가 하는 문제이다. 그리고 이 생각도 여전히 중세풍 사고방식에 단단히 사로잡힌 사람들이 더욱 잘 표명할 수 있었다. 샤틀랭은 이렇게 말한다.

> 예전에 이방인들은 신들을 섬기며
> 초라한 희생제물들로 사랑을 갈구했다.
> 그것들은 당연히 쓸모없었으나
> 그럼에도 유익하고 풍요로운 보답이 있었고
> 커다란 수확과 높은 은혜를 가져왔다.
> 실제로 그러한 것이다. 사랑과 겸손한 존경의 일들은
> 어디에서 이루어지건,
> 천국과 지옥을 꿰뚫기에 충분하다.

중세풍의 생활 한가운데 가끔 르네상스의 목소리가 울려 퍼진다. 1446년, 아라스의 무예 시합에서 필립 드 테르낭(Philippe de Ternant)은 관례를 깨고 '신심의 작은 기', 즉 경건한 문구나 그림을 그린 띠를 두르지 않고 나타났다고 한다. 이런 악행에 라 마르슈는 분수를 모르는 자만으로 보고, "나는 절대 찬성할 수 없다"고 말했다. 그뿐만이 아니다. 테르낭이 몸에 지니고 있던 표어 문구는 더

욱 대담했다. "나는 내 욕망을 충족할 수 있기를 바란다. 그 밖에는 어떤 좋은 것도 구하지 않는다." 이것은 16세기의 자유사상가 가운데 가장 과격한 이들의 강령이지 않은가!

사람들은 실생활에 나타난 이와 같은 이교주의를 고전문학에서 꺼내올 필요가 없었다. 그들은 이것을 자신들의 중세 문화의 보물 《장미 이야기》에서 찾을 수 있었다. 이교의 세계는 바로 중세 문화의 선정적인 표현 속에 있었다. 여러 세기 동안 비너스나 사랑의 신 큐피드는 이곳을 은신처로 하여 단순한 수사학에 머물지 않는 칭송을 받아 온 것이다. 장 드 묑은 위대한 이교도였다. 고대 이교의 신들의 이름이 예수나 마리아의 이름과 뒤범벅되어 있기 때문에 그렇다는 뜻이 아니다. 13세기 이래 그의 작품이 수많은 독자에게 이교주의의 학교가 된 것은, 그가 대담하게도 그리스도가 말하는 지복(至福)의 이미지와 아울러 지상의 쾌락을 장려했기 때문이었다. 그는 창세기 6장 6절, "땅 위에 사람 지으셨음을 한탄하사 마음에 근심하시고"를 빌려, 이 말의 참뜻을 완전히 무시하고 '자연'의 입으로 말하게 한다. 작품에서 조화의 여신으로 등장하는 '자연'은, 사람들이 낳고 번식하라는 그녀의 명령을 무시한다며 이렇게 한탄하는데, 이보다 신을 모독하는 불경스러운 말은 이제까지 들은 적이 없었다고 해도 지나치지 않다.

> 십자가에 매달려 죽은 신이여, 나를 도와주십시오,
> 내가 사람을 만든 것을 매우 후회하고 있습니다.

놀랍게도 교회는, 특히 교의에 관해서는 순수하게 사변(思辨)적인 문제에 지나지 않는 사소한 잘못까지 언제나 경계를 늦추지 않고 엄하게 대처했음에도, 귀족의 성무(聖務)일과서 《장미 이야기》가 가르치는 일에 대해서는, 사람들의 마음에 위험한 종양을 심도록 내버려 두었다.

새로운 형식과 새로운 정신은 서로 일치하지 않는다. 다가올 시대의 사상이 중세풍 의상을 입고 있는가 하면, 중세 사상이 사포(Sappho)의 운율을 타고 신화 세계를 이끌기도 한다. 고전주의와 근대정신은 전혀 다른 것이다.

문학의 고전주의는 태어나면서 나이를 먹은 아이와 같다. 고대는 문학의 혁신에 대해 필록테테스(Philoktetes)의 화살[20] 이상의 뜻을 갖고 있지 않았다. 그런데 조형미술과 학문 사상에 대해서는 그렇지도 않았다. 이들 분야에서는 상상력과 표현의 순수함, 사물에 보이는 관심의 넓이와 깊이, 뛰어난 생활의 통제와 인간 존재를 간파하는 날카로운 통찰력처럼 고대인에게로 귀착되는 여러 특성이 단순히 의지하는 지팡이에 머무는 일은 결코 없었다. 조형미술의 경우 과장, 과잉, 왜곡, 복잡한 주름, 화염 모양의 곡선 등을 극복한 것은 고대의 공적이었다. 사고의 영역에서도 고대의 작용은 무시할 수 없을 만큼 커서 풍요로운 열매를 맺었다. 그러나 문학에서는 단순함과 순수함이 고전주의 밖에서, 아니 고전주의와는 상관없이 싹텄다. 사실은 15세기 프랑스의 많지 않은 인문주의자들이 울리는 종소리는 분명히 인문주의적인 여러 형태를 받아들이기는 했지만 결코 르네상스를 맞이할 만큼 크지 않았다. 그들의 마음가짐과 지향(志向)은 여전히 중세풍이었기 때문이다. 삶의 명암이 바뀔 때 비로소 르네상스는 온다.

죽음에 이르는 병, 현세 포기의 풍조에 점차 조수의 변화가 나타나기 시작하여 상쾌한 바람이 가득 불기 시작할 때, 오랫동안 본받을 전형으로 우러러본 고대 사람들의 영광을 마침내 자기들 것으로 만들 수 있다는 반가운 확신이 사람들 마음속에서 무르익을 때, 그때 비로소 르네상스가 온다.

---

20) 필록테테스는 헤라클레스의 방패 지기로 그의 활과 화살을 가지고 다녔다. 트로이 원정 도중에 부상을 입고 어느 섬에 남겨졌다. 나중에 헤라클레스의 활과 화살이 없으면 승리하지 못한다는 신탁을 받고 오디세우스 일행이 그를 트로이로 데리고 돌아왔다. 파리스를 비롯한 많은 트로이 장수들이 그가 쏘는 화살에 쓰러졌다고 한다. 따라서 '계기'라는 뜻일 것이다.

사료(史料) 설명

회고록, 연대기 중에서 중요한 것을 연대순으로 정리했다.

프루아사르의 연대기

프루아사르는 1333년 에노 백작령 발랑시엔에서 태어나 61년 영국으로 건너가 에노의 필리파 여왕, 에드워드 3세와 두 아들 에드워드(흑세자)와 클레런스 공작을 섬겼다. 그 뒤 뢱상부르 공 벤셀라스를 비롯하여 여러 공의 후원자로서 사제, 주교좌교회 참사회원 등으로 있으면서 생활비를 벌었다. 95년 이후 에노 백작령 시메에 은거하며 1400년까지 살았으나 그 뒤의 일은 알려져 있지 않다. 《연대기》는 4기로 나뉘어 쓰였으며, 백년전쟁에서 있었던 명예로운 모험담과 무훈을 그린 작품으로 1325년부터 1400년까지 기록되어 있다. 하위징아가 사용한 책은 19세기 끝 무렵 브뤼셀에서 나온 케르핀 데 레텐호페판(版) 25권본과 프랑스 역사협회에서 간행한 미완의 책(1899년 현재, 1385년 항(項)까지. 현재에 이르기까지 미완) 11권이다.

생드니의 수도사 연대기

원문 라틴어. 전 43권. 샤를 6세 치하인 1380년에서 1416년까지 기록하고 있다. 글쓴이는 불명. '왕의 비서'였다는 증언이 있지만 이것은 지금까지 생 드니 수도원에서 편찬되던 《프랑스 대연대기》를 쓰는 자가 왕국사 편찬관의 칭호를 얻고 있었다는 점을 나타낼 뿐이다. 19세기 중엽, 《프랑스 국사 미간행 사료 초서》에 대역 6권본으로 간행되었다.

장 주베날 데 위르생의 샤를 6세사(六世史)

장 주베날은 1388년 파리에서 태어났다. 아버지 장은 파리 대관(代官) 등의 요직에 있었다. 이 가문은 오를레앙 공을 편들었기 때문에 1418년 부르고뉴군의 파리 정벌 때 푸아티에로 옮겼다. 아버지 장은 푸아투의 고등법원장이 되었다. 아들 장은 아버지를 도운 뒤 1431년 보베의 주교, 44년 랑의 주교, 49년에는 랭스 대주교가 되어 교회 및 왕국의 정치에 깊이 참여했다. 《샤를 6세사》는 1380년에서 1430년까지를 포함하며, 프랑스어로 쓰였다. 1416년까지의 기술은

《생드니의 수도사 연대기》에 대부분 의존하고 있지만 18년의 사건을 중심으로 하는 아르마냐크파(派)와 부르고뉴파의 대립을 그리고 있는 대목은 그 자신과 측근의 견문에 입각한 것으로 제1급 사료의 가치를 지니고 있다. 하위징아가 사용한 책은 19세기 중엽 미쇼편(編)《프랑스사(史) 관계 회고록 신집(新集)》제2권에 수록된 것이다.

앙게랑 드 몽스트를레의 연대기

몽스트를레는 14세기 끝 무렵에 피카르디의 귀족 집안에서 태어나 생포르 공을 섬겼고, 1435년 아라스 평화회의에 참석한 뒤, 캉브레에 살면서 44년에는 그 시의 대관(代官)이 되었다. 2권으로 된 그의《연대기》는 프루아사르가 쓴 연대기의 후편으로 1400년부터 44년까지를 기록했다. 19세기 중엽, 두에 다르크가 교정하고 프랑스 역사협회에서 간행한 6권본이 나와 있다.

파리의 한 시민의 일기

이것은 1405년부터 49년까지의 사건을 알리고 있다. 글쓴이는 불명. 아르마냐크파와 부르고뉴파 대립의 파도에 씻기는 파리의 동정을 반영하여 제1급 사료의 가치를 지닌다. 본문에서 '파리의 한 시민'이라고 나오는 증언은 모두 이에 의한다. 하위징아는 19세기 끝 무렵 파리 역사협회에서 간행한 튜테편의 1권본을 사용하고 있는데, 1929년에 마리편주(編註)의 1권본이 나와 있다.

조르주 샤틀랭의 연대기

샤틀랭은 1404, 5년 또는 1415, 6년에 플랑드르의 아루스 백작령에서 태어나 루뱅에서 공부한 뒤, 1434년 이후 부르고뉴 공 가문의 비호 아래로 들어가 대공 가문과 프랑스 왕가 사이에서 절충하는 역할을 맡았고, 56년에는 고문관의 지위에 올랐다. 이 무렵부터《연대기》집필을 시작했다. 67년 발랑시엔에 은거했으나 73년 호담공 샤를은 그에게 공가(公家) 역사편찬관 칭호를 주었다. 그는 1475년에 죽은 것으로 추정된다.《연대기》의 기술은 1419년부터 74년에 걸쳐 있다. 이 책은 사실적 정보와 뛰어난 묘사, 당대의 인물과 주요 사건에 대한 날카로운 평가에 그 가치가 있다. 그는 살아 있을 때 이것을 공표하지 않았으며, 죽은 뒤 많은 부분이 흩어져 없어졌다. 현재까지도 단편적으로밖에 간행되지 않고 있다. 대체로 전체의 3분의 1 분량으로, 19세기 중엽 브뤼셀에서 출판된 케르핀 데 레텐호페판 《저작집》에 일괄 수록되어 있다.

올리비에 드 라 마르슈의 회고록

라 마르슈는 1425년 무렵 부르고뉴 공작령의 귀족 집안에 태어나 공가의 시동으로서 순조롭게 출셋길을 달려 일찍부터 샤를레 백작, 뒷날의 호담공 샤를에게 중용되었다. 샤를이 낭시 전투에서 죽은 뒤 공작의 후계자인 마리와 그녀의 남편인 오스트리아의 막시밀리안 대공을 섬기며, 미남공 필립의 교육을 맡았다. 1492년 이후 은퇴하여 1502년에 죽었다. 1435~67년과 1467~88년 두 기간 동안의 일화를 다룬 《회고록》 2권은 1490년 즈음 완성되었으나, 67년 이후 부분은 메모 단계에 머물고 있다. 19세기 끝 무렵, 프랑스 역사협회판으로 4권본이 나왔다.

장 드 루아의 일기

이것은 17세기 이후 《욕지거리 연대기》로 알려져 독자들의 호기심을 자극했다. 글쓴이에 대해서는 왕성한 논쟁이 있었으나 19세기 끝 무렵에 《프랑스 역사협회 총서》로서 《일기》 2권본을 간행한 만드로는, 글쓴이를 파리 재판소의 서기이자 부르봉 공을 섬기던 시민이라고 추정했다. 《일기》의 날짜는 1460년부터 83년까지이다.

장 몰리네의 연대기

몰리네는 1435년 플랑드르의 브로뉴에서 태어나 파리에서 공부한 뒤 1464년 즈음 부르고뉴 공인 샤를의 궁정에 들어가 궁정시인이자 연대기 작가인 샤틀랭의 비서가 되었다. 샤틀랭이 죽자 후임자로서 1474년부터 1506년까지 연대기를 계속 기술했다. 1501년 발랑시엔의 교회 참사회원이 되어 1507년에 죽은 것으로 추정된다. 《연대기》는 19세기 전반, 뷔송에 의하여 5권본으로 간행되었는데 여기에는 빠진 부분이 많이 있다.

하위징아 생애와 《중세의 가을》

하위징아의 고국에서

흐로닝언 여행

1966년 9월 27일 아침, 나는 암스테르담에서 네덜란드 북부의 중심 도시 흐로닝언으로 가는 기차를 탔다. 하위징아의 고향을 내 눈으로 직접 보기 위해 계획한 네덜란드 여행의 마지막 일정이었다.

공교롭게도 네덜란드에는 며칠 전부터 늦가을 같은 흐리고 추운 날이 계속되고 있었다. 기차는 헬데를란트에서 프리슬란트의 든바다를 따라 뻗어 있는 저지대를 북으로 달렸다. 이 근처는 전형적인 낙농의 땅이다. 이따금 보이는 평지림(平地林) 말고는 가도 가도 끝없는 꼴밭이 펼쳐졌다. 이렇다 할 특징도 없는 농가와 축사, 풀어놓은 소와 말 떼. 아무리 달려도 같은 경치만 되풀이되었다. 나는 이제껏 이렇게 따분한 여행을 해본 적이 없었다. 창밖으로 보리밭이나 황무지가 나타나면 신기했고, 소가 오줌만 눠도 재미있었다. 하물며 소가 뛰거나 서로 뿔을 맞대고 있기라도 하면 손뼉을 치고 싶을 정도였다.

《중세의 가을》에서 하위징아는 부르고뉴의 필립 르 봉이 릴에서 대(對) 터키 십자군 원정에 앞서 맹세를 했을 때 홀란트와 젤란트 등 네덜란드의 여러 지방이 서약에 가장 적게 참가했다고 말한다. 그는 또 "홀란트에서 기사도 정신은 이미 오래전에 사라졌다"고 말하면서 네덜란드인 조상의 환상이 없는 생활 태도를 언급했다. 부르고뉴 공국 시대, 내가 여행한 프리슬란트는 아직 그 훗날의 네덜란드에는 포함되지 않았으나 이 지방의 단조로운 경치를 바라보면서 어쩐지 하위징아가 한 말을 알 수 있을 것 같았다. 혹독할 뿐만 아니라 이처럼 변화 없는 풍토에서는 원래 활발하고 진취적인 인간이 아니고서야 견딜 수 없는 것이 아닐까? 이와 같은 기질은 인내심이 강한 항해자, 진득하고 꼼꼼한 상인으로서의 네덜란드 사람을 어느 정도 설명하고 있는 것 같다.

하지만 그들이 변화나 흥분을 필요로 하지 않았던 것은 아니다. 그들은 땅이 낮기 때문에 도시 건물을 높게 세웠다. 물론 네덜란드만 교회가 다른 집들을 제압하고 높이 솟아 있거나 제전과 행사가 화려한 것은 아니다. 그러나 같은 것이라도 네덜란드에서는, 평상시의 생활 환경으로 보아 사람들에게 색다른 자극과 기쁨을 준 것이 아니었을까. 이를테면 같은 네데를란트라도, 플랑드르를 포함한 벨기에와 네덜란드는 사람들의 기풍이 상당히 다르다. 네덜란드인이 더 둔하고 거칠다. 그 모습을 확인한 건 암스테르담의 유명한 호텔 '포트 반 클레브'의 식당에서였다. 이곳 식당의 명물은 쇠고기 스테이크로, 19세기부터 구웠다고 한다. 내가 주문하자 4,840,769장 째라며 기념 카드를 주었다. 이 식당의 종업원들이 주문을 받는 방식은 색다르다. 바짓가랑이까지 내려오는 길고 하얀 앞치마를 허리에 감고 걷은 모습은 보기에도 우스꽝스럽지만, 손님의 주문을 받으면 그 순간 종이 깨질 듯한 큰 소리로 안쪽의 요리사에게 전달한다. 그러면 요리사도 이에 못지않은 큰 소리로 응답을 한다.

이러한 어이없는 식당은 네덜란드 말고는 본 적이 없다. 사람들은 엄청나게 먹어대고 게다가 독한 맥주를 마구 마신다. 네덜란드인은 유럽에서도 맥주를 많이 마시는 민족으로 알려져 있는데, 커피 또한 이에 뒤지지 않을 것이다. 사람들은 도시에 살면서도 시골티를 버리지 않는다. 네덜란드도 북으로 갈수록 이 경향이 강한 것 같다. 네덜란드인이란 하위징아의 섬세함과는 질적으로 다른 사람들인 듯싶었다. 그러나 반대로, 하위징아의 섬세한 성격의 절반을 차지하는 꼼꼼함이나 강인한 논리성을 보충 설명하는 부분은 바로 그런 네덜란드인의 성격이 아닐까 생각한다.

흐로닝언은 프리슬란트주(州)의 수도로서 인구 14만 5천 명이 산다. 상공업의 지방 중심지로, 오래된 한자(hansa, 상인조합)의 도시이다. 대학 건설은 17세기 초로 거슬러 올라가고 중세 끝 무렵(15세기)의 교회도 있다. 시내는 바다로 이어지는 운하로 둘러싸여 있고 거룻배나 갖가지 색의 관광 보트가 떠 있다. 거리는 아름답고 활기에 넘치며, 가게 분위기도 생기가 돈다.

하위징아의 생가를 방문하려고 나는 시내의 중심 광장 프로테 마르크트에 있는 관광안내소를 찾았다. 그곳이라면 네덜란드가 낳은 금세기 최대의 역사가 이름쯤은 알고 있을 것이라 생각했기 때문이었다. 그러나 그 기대는 어긋났다. 젊은 담당자는 매우 죄송하다는 표정으로 구(舊)흐로닝언대학 교수 중에 하위징아라는 이름은 처음 듣는다고 대답했다. 하지만 그는 친절하게 대학으로 가는 길을 자세히 알려주었다.

대학은 중심 광장에서 5분도 채 걸리지 않는 곳에 있었다. 과연 고풍스럽고 당당한 모습이었다. 그러나 나를 맞으러 나온 수위는 물론, 접수원까지도 하위징아의 이름을 몰랐다. 나는 익숙하지 못한 네덜란드어 발음으로 몇 번이고 하위징아의 이름을 댔으나 소용없었다. 마침내 사람들은 대학의 살아 있는 사전이라고 일컬어지는 학생 담당 직원 에프몬트 씨에게로 나를 데리고 가주었다. 내 직업과 용건을 들은 그의 태도는 호의와 정중함으로 가득 차 있었다. 그러나 이 사람도 하위징아를 몰랐고, 대학의 옛 직원 명단을 보고 나서야 세계적으로 유명한 이 대역사가의 이름을 찾아냈다. 예언자는 고국에서 받아들여지지 않는다고 하더니, 역사가 하위징아도 마찬가지인 모양이었다. 아니면 꼼꼼하고 실리적인 이 나라 사람들은 문화사가(文化史家)에게는 별로 관심이 없는지도 모른다.

흐로닝언을 방문한 이튿날, 나는 하위징아의 자필 스케치집 《조국의 역사》를 구하기 위해서 암스테르담의 헌책방이란 책방은 모조리 찾아다녔다. 그 방면에 정통한 나이 많은 어느 책방 주인은 나에게 말했다. "그것은 매우 진기한 겁니다. 내 생각으로는 19세기 중엽에 나온 책일 겁니다. 당신은 1949년이라고 하는데 나는 그보다 1세기 전이라고 생각해요."

아무튼 흐로닝언대학의 학생 담당 직원 에프몬트 씨는 내게 하위징아에 대해서 말해 줄 적당한 두 사람을 찾아서 연락해 주었다. 그 한 사람인 판핀텔 씨는 마침 집에 있어서 내가 찾아오기를 기다리고 있다는 것이었다. 그는 올해 72세. 흐로닝언대학의 명예교수로서 근대사 전문가이며, 하위징아가 흐로닝언에서 교편을 잡고 있었을 때 그의 학생이었던 사람이다. 멀리서 온 손님에게 스승에 대해 이야기하는 것은 무엇보다도 기쁜 일이었으리라. 나는 마침내 이야기를 주고받을 사람을 찾아낸 것이다.

판핀텔 교수가 말하는 하위징아

판핀텔 교수의 집은 대학에서 5분 남짓 걸리는 거리에 있었다. 시내를 흐르는 운하와 마주한 길가의 그다지 특징 없는 집이었다. 도로를 향한 1층 서재로 안내를 받았는데 거기에서는 운하가 바로 눈앞에 보이고, 배들이 천천히 오가는 모습도 보였다. 이 도시에 동화된 것 같은 네덜란드대학 교수의 생활과 마찬가지로 대학 건물 또한 그러했다. 흐로닝언은 독일풍이라 그런지 조금 엄숙한 분위기가 있다. 그러나 하위징아가 마지막까지 근무했던 레이덴대학의 건물은 운하를 따라 서 있는 민가에 섞여 구별이 되지 않았다. 16세기에 세워져 네덜란드에서 가장 오래된, 그리고 세계적으로 유명한 레이덴대학의 모습이 그러한 것이다. 나는 거기에서 네덜란드대학과 교수의 시민성을 느낄 수밖에 없었다.

판핀텔 교수는 키가 크고 백발이 성성한 기품 있는 노신사였다. 72세의 명예교수인데도 이야기하는 솜씨나 동작은 현역 정교수 못지않았다. 근대사 전문가이지만 《기사도》라는 저서도 있었다. 독일어와 영어 가운데 어느 것이 편하겠느냐는 독일어 질문에 나는 후자를 선택했다. 곧 영어로 말하기 시작한 그의 이야기는 조금도 막히는 데가 없었다. 하위징아도 바로 그러했다. 그는 영어, 프랑스어, 독일어, 이탈리아어, 스페인어, 러시아어 등 모르는 게 없는 어학의 대가였다. 이는 네덜란드가 처한 국제적 환경 덕분인데, 하위징아는 네덜란드가 유럽 여러 나라 사이에서 차지하고 있는 중간적 지위를 적극적인 중개자 역할로 이해한다. 다른 나라 말을 자유롭게 구사한다는 점은 벨기에나 스위스 사람과 같은 이중 언어 국민도 마찬가지이다. 그러나 네덜란드인은 그들의 민족 감정을 유감없이 발휘할 수 있는 모국어를 가지고 있다. 이 모국어라는 독자적인 기반을 가지고 각국 언어에 통달한 네덜란드 국민은 유럽의 동서를 잇는, 없어서는 안 될 접합점이라고 하위징아는 강조하는 것이다.

앞서 말한 바와 같이 판핀텔 교수는 하위징아가 흐로닝언대학에 있었을 때의 제자이다. 게다가 하위징아가 한동안 라이덴대학에 있었을 때는 그의 동료이기도 했다. 학문에 대해서는 스위스의 케이기, 인물에 대해서는 최근에 세상을 떠난 파르켄부르크가 최적의 인물이라고 말하면서도, 그가 말하는 하위징아에는 제1인칭이 갖는 설득력이 강하게 느껴졌다. 이야기는 하위징아의 생가와 그 뒤에 이사한 곳에서 시작하여 저술과 재혼, 그리고 나치에 의한 탄압에까지 이르렀다. 여기에서는 먼저 하위징아라는 인물 이해의 전제로서 그에 대한 나치의 탄압을 살펴보기로 한다.

1940년, 독일의 네덜란드 점령과 함께 레이덴대학은 폐쇄된다. 42년, 하위징아는 다른 네덜란드의 저명인사와 함께 스헤르토헨보스 근처의 성(聖) 미히에르스헤스테르 강제수용소에 수용된다. 수용소에 관여한 독일인 중에는 하위징아를 아는 사람도 있었는데, 그는 이 위대한 역사가 수용을 독일의 수치로 보았다. 그는 하위징아를 풀어주고자 노력했고 마침내 중립국 스웨덴의 개입을 얻는 데에 성공하여 3개월 뒤에 하위징아가 석방될 수 있게 했다. 그는 몇 안 되는 친구들과 함께 70세 생일을 축하한 뒤, 새로운 거처인 암스테르담 근처의 데 스테이크로 가서 1945년 2월 1일 죽을 때까지 그곳에 머물렀다. 데 스테이크는 암스테르담 동쪽의 독일 국경과 가까우며 언덕이 많은 곳이다. 이곳은 하위징아가 고른 땅이 아니라, 영향력이 큰 그를 네덜란드의 중심에서 격리하기 위하여 점령군이 그의 거처로 지정한 장소였다.

일반적으로 섬세한 감수성이 풍부한 문화사가로 여겨지고, 인간적으로도 논쟁을 일으켜 격론을 즐기는 유형과는 인연이 멀었던 하위징아가 70세를 넘은 고령과 그에 따른 신체적 장애에도 어째서 이처럼 가혹한 취급을 받아야 했는지 누구나 의아하게 생각할 것이다. 나도 전부터 품고 있던 이 의문을 핀텔 교수에게 물어보았다.

일반적으로 말하자면 그것이 점령군에 비협조적이었던 모든 네덜란드 저명인사들의 운명이었다고 교수는 대답했다. 그러나 곧 이어서 다음과 같은 일화를 이야기해 주었다. 하위징아가 레이덴대학의 학장으로 있던 1933년, 레이덴대학에서 영국, 프랑스, 독일, 이탈리아 등의 학생회의가 개최되었다. 이 회의에 참가한 독일 대표단의 지도자 슈페르는 자타가 공인하는 반(反)유대주의자였는데, 그는 연설하면서 부활제마다 행해졌다는 유대인의 영아(嬰兒) 살해 이야기를 했다. 하위징아는 슈페르를 딴 방으로 불러 이 설화가 지어낸 이야기라는 점을 지적하고, 그런 줄 알면서도 이야기를 했는지 물었다. 이에 대한 대답은 "그렇다"였다. 하위징아는 "거짓말인 걸 알면서도 중상하는 사람을 대학에 둘 수 없다"며 슈페르에게 돌아가라고 명령했다. 이에 독일 대표단은 슈페르와 함께 독일로 돌아갈 수밖에 없었다.

핀텔 교수는 회의 접대역을 맡고 있었기 때문에 일의 경과를 처음부터 끝까지 모두 지켜보았다고 한다. 그의 해석에 의하면 이 사건으로 하위징아가 나치에게 미움받기 시작했으며, 같은 해에 베를린대학에서 했던 강연, 특히 1935년에 발표된 문명비평과 정치비판을 겸한 《내일의 그림자 속에서》가 결정적으로 그를 나치에게 바람직하지 않은 사람으로 만든 것이다.

하위징아는 모든 사람이 인정하는 온후한 학자였으나, 에라스뮈스의 전통을 이어받은 도덕가이며 진실의 왜곡에 대해서는 단호한 태도를 꺾지 않았다. 핀텔 교수가 말해 준 일화는 나에게 큰 감명을 주었다. 진리에 한 몸을 바친 하위징아, 이것은 이제까지 알려지지 않았던 하위징아의 다른 면이었다. 그러나 이것이야말로, 하위징아라는 사람과 그의 학문을 알기 위해서 가장 중요한 점이라고 깊이 마음에 새기며 나는 석양의 흐로닝언을 뒤로했다.

역사의 길

성장

1872년 12월 7일, 요한 하위징아는 흐로닝언대학의 생리학교수 데르크 하위징아의 둘째 아들로 태어났다. 그의 집안은 16세기 이래, 흐로닝언 근처 하이싱헤에 면면히 이어온 재세례파(再洗禮派) 집안으로 대대로 많은 재세례파 설교사나 장로를 배출하고 있다. 요한의 아버지 데르크도 성직자가 되기 위해 정규 세미나 교육을 받았으나 성직에 사명을 느끼지 못했기 때문에 의학, 수학, 자연과학으로 방향을 바꾸었다. 그러나 그는 평생 역사와 문학을 애호했다.

요한보다 두 살 위인 장남 야곱은 아버지의 양면적 재능을 이어받아 의사가 되었으나 마찬가지로 역사와 문학에 흥미를 보였다. 우리의 주인공 요한은 아버지나 형과는 달리 자연과학에 흥미도 재능도 보이지 않았고 논리적·철학적 재능조차 전혀 없는 것처럼 보였다. 훗날 그는 자신의 소년 시절을 회상하며 자신과 그의 아들에 이어진 '정신적 반맹(半盲)'성에 대해 말했는데, 이것은 그가 어렸을 때부터 역사적인 것에 대하여 남다른 흥미를 느꼈다는 것과 부모가 보인 뚜렷한 특성을 비교해서 언급한 것이다. 하위징아는 그 뒤에도 자신의 청년 시절 비논리적·몽상적 성격을 거듭 강조하고 있는데 이것은 문자 그대로 받아들이기보다 언제나 그를 둘러싸고 있던 대조적인 환경과의 비교를 통해 해석되어야 한다.

하위징아는 철이 들기 전에 생모를 잃었는데 그것이 하위징아에게 어두운 그림자를 드리운 흔적은 없다. 새어머니의 애정이 그것을 씻어주었던 것이다. 아무튼 그는 경건하고 교양이 풍부하며 모자람 없는 가정에서 자랐다고 볼 수 있다.

이와 같은 가정에서 그가 어떻게 소년·청년 시절을 보냈는가는 그가 죽기 1년 전쯤에 아른헴 근처의 데 스테이크에서 엮은 짧은 회상록 《나의 역사의 길》에 생생히 기록되어 있다. 이야기를 나눌 친구는 물론, 참조할 문헌도 없는 이 유배소에서의 기록은 인상적인 스케치 또는 수필 양식을 띠고 있는데, 그렇기 때문에 그의 반평생의 특징을 생생하게 그려내고 있다. 참고로 이 자서전은 그의 레이덴대학 시절(1915~45년) 초기에서 끝난다.

회상은 하위징아가 7세 무렵에 흐로닝언에서 본 축제 광경에서 시작된다. 이 축제에서 흐로닝언대학 학생 단체가 가장행렬을 했는데, 이는 1506년 동(東)프리슬란트 백작 에드차르트의 흐로닝언 입성을 재현한 것이었다. 그것은 하위징아가 《중세의 가을》에서 몇 차례고 서술한 중세 기사들의 아름다운 행렬이며, 그는 거기에서 본 것 하나하나를, 사람들의 옷차림과 소지품이며 선명한 색채에 이르기까지 전부 기억하고 있다. 그날은 바람이 얼마나 셌는가, 행렬이 그의 집 근처에 이르렀을 때 바람에 날려 깃대가 부러지고, 날아간 깃발이 기사에게 엉겨 붙어 버렸다는 이야기 등을 자세히 기록하고 있다.

초등학교 시절에 교감 나이펠 씨의 조카인 나이펠 선생이 네덜란드 역사에 대한 최초의 관심을 심어준다. 이 관심과 연결되는 것으로, 형 야콥과 함께 열중했던 귀족의 문장(紋章) 수집이나 옛 동전 수집—그중에는 경건왕 루이의 은화도 있다—이 있었다. 그러나 귀족의 문장은 이름 없는 서민 출신인 어린 하위징아에게 열등감을 심어주었고, 수집한 옛 동전은 용돈이 떨어진 형이 몰래 팔아버리고 나중에 사과한다.

초등학교 시절에 뿌리내린 역사에 대한 흥미가 김나지움(중등교육기관) 시절에는 다른 흥미로 바뀐다. 역사와 함께 평생토록 하위징아를 붙잡고 놓지 않았던 언어학에 대한 흥미였다. 흔히 그렇듯이 라틴어와 모국어 단어의 비교가 그 계기가 되었는데, 고전 언어만이 하위징아를 매혹하는 것은 아니었다. 그의 흥미를 더 강하게 끈 것은 헤브라이어, 아라비아어로, 그 흥미를 북돋아준 선생은 신학 학위논문을 준비할 때의 역사 교사 헤르만스였다. 처음에 재미있어하던 학생 가운데 마지막까지 선생의 과외 수업을 따라간 것은 하위징아뿐이었다.

하위징아는 이때의 사정을 담담하게 말하고 있는데, 16, 7세에 헤브라이어와 아라비아어에 숙달했다는 것은 그의 뛰어난 어학 재능을 말해 주는 둘도 없는 증거이다. 그는 대학 때 슬라브 언어학에 열중하여 슬라브계 학생 이상의 능력을 드러냈고, 산스크리트를 배워 인도·유럽 비교언어학에 강한 관심을 가지게 되는데, 이런 언어에 대한 관심은 그가 평생토록 지녔던 흥미이며 그것이 그의 역사 연구에 있어서 방법상의 특징을 이루게 되었다. 그는 언어에 대한 관심을 역사의 관심과 연관시켜 신화학과 민족학을 연구했다. 그 계기를 마련해준 사람은 생리학 교수이자 역사에 큰 관심을 가지고 있던 아버지로, 그는 아들을 위하여 대학 도서관에서 F. 막스 뮐러[1]나 E.B. 타일러[2]의 저서를 대출해주었다.

김나지움 시절의 하위징아는 아라비아어에 열중하여 셈 언어학 전문가가 되려고도 생각했으나 그러려면 레이덴대학 말고는 배울 장소가 없었다. 레이덴으로의 유학은 경제적으로 어렵고 또 셈 언어학으로는 생계도 막연했다. 게다가 그는 고향 흐로닝언에 큰 애착을 가지고 있었다. 그는 '네덜란드 문학'을 지망하기로 하고 흐로닝언대학으로 갈 결심을 한다. 1891년, 하위징아 18세 때의 일이었다.

대학 시절

'네덜란드 문학'은 고전과 동양을 제외한 유럽의 역사, 언어, 문학을 포함하며 폭이 매우 넓고 또 선택의 자유가 있는 학과였다. 그는 여기에서 중세 라틴어를 가까이하고 비교언어학과 옛 프리슬란트어 강의에 관심을 보였는데, 훗날 역사가로서의 진로에 결정적 역할을 한 법제사가(法制史家) 블로크 교수에게는 그다지 관심을 보이지 않았다. 대학생활은 그에게 지적인 향수(享受)에 지나지 않았

---

1) 1823~1900. 독일 태생. 영국의 동양학자, 언어학자.
2) 1832~1917. 영국의 인류학자, 민족학자.

다. 몇몇 강의에 열성을 보인 것도 그 수업이 그의 지적인 관심을 끌었기 때문으로, 그는 오히려 젊은 날의 정열이 향하는 대로, 말하자면 동호인 활동에 몸을 맡기는 경우가 많았다.

그를 사로잡은 것은 예술에 가장 큰 가치를 두고 학문보다는 인생의 진실을 중요시하며 정치를 가볍게 여기는 '80년대 운동'이었다. 그는 그것을 큰 잘못이라고 말하는데, 학생 시절 내내 그 어떤 신문도 읽지 않았기 때문이다. 예술가는 그나 그의 동료들에게 반신(半神)과 같은 존재였으며, 그는 에드거 앨런 포, 로버트 루이스 스티븐슨, 단테 가브리엘 로제티에 푹 빠져 살았다. 이 무렵의 심적인 상황을 설명하면서 하위징아는 말한다. "20세가 다 되도록 나는 고칠 수 없는 공상가, 백일몽에 사로잡힌 인간이었다. 의학과 친구들이 실습을 하고 있을 때, 나는 저녁에 그들과 다시 모이기 전까지 대개 혼자서 어딘지 모르는 교외를 헤매고 다녔다. 이러한 산책을 할 때면 나는 으레 어떤 황홀 상태에 빠졌다. 그것은 회상해도 이름을 붙일 수 없는 것으로, 서술하는 것은 더더욱 어려운 일이다." 친구나 그 자매들과 그리그나 브람스의 가곡을 즐긴 것도 그 시절이었다. 그러나 그 자신은 평생토록 음악을 듣는 사람 이상은 되지 못했다.

1893년 10월, 근면한 학생이라고는 할 수 없었던 하위징아도 졸업에는 지장 없이 네덜란드어, 역사, 지리의 교원 자격을 취득한다. 그러나 학위논문 집필 자격을 얻으려면 아직 공부한 일도 없는 산스크리트를 해야 했다. 이미 셈계(系) 언어와 비교언어학을 배운 그에게 산스크리트는 고통이 아니라 매력이었다. 게다가 다행스럽게도 교수는, 나중에 레이덴대학으로 옮겨 네덜란드 유일의 산스크리트 학자라는 평을 얻은 스파이엘이었다. 그는 스파이엘 아래에서 인도의 종교 사상과 신비주의를 배우기 위해 우파니샤드 연구에 몰두한다. 1895년, '우등'은 아니었지만 학위논문 집필자격 시험에 합격하여 같은 해 10월, 당시 언어학의 메카 라이프치히로 유학을 간다.

라이프치히대학 진학이 반드시 성공적인 것은 아니었다. 그는 라이프치히에 너무도 많은 것을 기대했고 너무 크게 손을 벌렸다. '인도·유럽어에서의 빛과 소리의 지각(知覺)'이 연구 주제였으나 그때 그 주제는 미개척 분야였고 그도 이를 위한 준비가 부족했다. 그러나 그의 슬라브언어 연구는 이 유학 중에 시작하여, 나중에는 슬라브계 학생을 훨씬 뛰어넘는 성적으로 교수 레스키엔의 특별대우를 받을 정도였다. 이듬해인 1896년 3월, 하위징아는 반년 간의 라이프치히 유학을 끝마치고 귀국한다. 고국으로 돌아온 뒤 하위징아는 앞서 말한 인도·유럽어학 연구를 추진했으나 결국 실패하여 주제를 고대 인도 연극론으로 바꿔 1897년 5월, '네덜란드 문학' 학위를 받았다.

　라이프치히 유학을 포함한 하위징아의 대학생활은 두 가지 점에서 앞으로 그에 대한 연구가 나아갈 길을 보여주고 있다. 첫 번째는 그가 순수한 언어학에서 언어 표현을 통해 본 인간 생활로 흥미를 옮겼다는 점이고, 두 번째는 그 학위 논문 안에 후년의 《호모 루덴스》로 집약되는 '놀이'의 문화적 의의가 의식되어 있다는 점이다. 그러나 하위징아의 대학생활은 아직도 일반적인 의미의 놀이 경향이 강했다. 그것은 형 야콥과 정신과 의사가 된 평생의 친구 파르켄부르흐 등과 함께 기획한 당대의 네덜란드 화가 전람회 개최 등에 나타나 있다. 이 기획은, 하위징아가 라이프치히 유학 때문에 직접 관계하지 않았던 고흐의 소묘전(素描展)으로는 대성공을 거두었지만 마지막에는 누구 하나 참관하는 사람 없이 막을 내렸다. 마침내 하위징아에게도 진지하게 생활을 생각해야만 하는 때가 온 것이다.

취직과 결혼

　그 무렵까지 하위징아는 장래의 직업에 대해서 진지하게 고민해본 적이 없었다. 때가 되면 문제는 저절로 해결될 거라고 느긋하게 생각하고 있었다. 그러나 실제로는 아무 일도 일어나지 않았고, 학위를 따기 직전의 겨울, 그는 걱정하는 부모와 함께 학교 직원록을 뒤적이면서 할렘시의 시민학교[3]에 취직할 곳이 있다는 것을 알았다. 뒷날 대학교수가 된 연상의 경쟁자가 있었음에도 하위징아는 흐로닝언대학 은사 블로크의 추천으로 무난히 이 지위를 얻는다. 1897년 봄의 일로, 가을 신학기까지 그는 이제껏 소홀했던 역사 공부에 열중한다.

　이때부터 하위징아는 그가 흐로닝언대학에 취직하는 1905년까지 할렘의 시민학교에 역사 교사로 재직한다. 처음에는 아래 두 학급(12~14세)을 맡아서 스물한 시간 수업을 했다. 학교 특성상 학생들은 인문 과목보다 이과에 흥미를

---

3) 5학급으로 된 김나지움, 12세부터 17세의 학생을 수용, 실업학교의 일종.

가졌으며 무엇보다도 축구로 머리가 가득 차 있었다. 학생들이 따분해하는 오후 수업에는 칠판 가득 그림을 그려서 아이들의 관심을 집중시켰다. 소묘는 어렸을 때부터의 특기로, 그의 빠른 손놀림과 만화풍 기법은 일찍부터 학생들 사이에서 평판이 자자했다. 나중에 그가 미국으로 여행했을 때 미국의 한 동료는 "당신이라면 미국에서 1년에 10만 달러는 손쉽게 벌 수 있다"며 경탄했다고 한다. 지금은 희귀본이 된 소묘집 《조국의 역사》를 보면 이 말이 결코 겉치레가 아님을 알 수 있다.

그러나 만화로 학생의 관심을 이어가는 데에도 한계가 있었다. 15세부터 17세의 상급학급에서는 다른 노력이 필요했다. 네덜란드 역사에 대한 깊은 지식이 없는 것 또한 그의 고민거리였다. 하지만 프랑스 대혁명에는 열정을 쏟아, 미슐레나 칼라일을 마음속에 두면서 라비스 랭보가 함께 엮은 개설에 수록된 올라르의 혁명사를 바탕으로 강의했다. 졸업 직전의 학생들과는 사회주의나 철학까지도 논했다.

이렇게 해서 하위징아는 역사 교사가 되었다. 역사는 어렸을 때부터 그가 마음속 깊이 애착을 느끼던 과목이라, 그는 직무에 충실히 임했다. 그러나 아직 진짜 역사 연구자가 아니었고 또 그렇게 될 생각도 없었다. 그의 마음을 사로잡고 있는 것은 여전히 언어학과 산스크리트였다. 청년시대의 불안정한 심리가 직업과 학문의 분열로 채워졌기 때문이었을까? 그는 이때 심한 조울증 징조를 나타냈다. 때로는 침체상태가 2, 3주씩 계속되었다. 그는 그것이 겉으로 드러나거나 정상에서 이탈하는 일이 없도록 될 수 있는 대로 자제했으나 그만큼 괴로움도 컸다.

이 고통에서 구해준 것이 마리 핀센티아 스호렐과의 결혼(1902년 3월)이었다. 조울증 발작이 그친 하위징아는 마리와 함께 바흐, 슈베르트, 모차르트, 베토벤, 브람스의 음악을 들으며 즐거운 시간을 보냈다. 그들은 궁합이 잘 맞는 부부였다. 만약에 마리가 12년 뒤 네 아이를 두고 일찍 죽지만 않았다면 하위징아는 매우 축복받은 삶을 누렸을 것이다. 그의 자서전에는 그가 젊은 아내의 죽음을 얼마나 슬퍼했는지에 대해서 거의 언급된 바가 없다. 그것은 신혼의 행복에 관해서 많은 이야기를 하지 않은 것과 마찬가지이다. 그는 자진해서 이야기하는 것, 특히 사생활이나 사적인 감정을 이야기하는 것을 좋아하지 않았다. 그러나 문제는 오히려 그가 만년에 맞이한 두 번째 아내, 훌륭한 부인이기는 했으나 끝내 마음을 터놓을 수 없었던 가톨릭 신자인 아내의 권고로 이 자서전이 집필되었다는 점에 있지 않을까? 아무튼 중요한 것은 이 12년 동안의 결혼생활 사이에 하위징아의 만년 행보를 결정하는 모든 변화가 일어나고 있었다는 사실이다.

역사가가 되다

변화는 갑자기 일어나지 않았다. 결혼 이듬해에는 암스테르담대학의 강사 자리를 얻어 인도불교에 대한 강의를 시작한다. 인도학 전문가로서의 진로가 확보된 것처럼 보였다. 그러나 바로 이때, 하위징아는 지난 몇 년 동안 어렴풋이 느꼈던 어떤 모순을 분명히 깨닫기 시작했다. 그는 인도학과 비교언어학에 정열을 가지고는 있었다. 하지만 인도는 어차피 그에게 머나먼 이국이다. 그 머나먼 인도에 가서 직접 조사를 할 정도로 그의 정열은 강하지 않았다. 또한 인도에 대한 정열에 제동을 거는 다른 정열이 차차 그의 마음을 강하게 사로잡기 시작했다. 하위징아는 그것에 대해 말이 없지만, 먼저 행복한 결혼생활이 무의식중에 다른 정열을 깨웠다고 보아도 아주 틀리진 않을 것이다. 한편으로 결혼 직후에 브뤼주에서 본 옛 네덜란드 예술 전람회가 조국의 역사에 대한 끓어오르는 관심을 불러일으켰다는 것은 하위징아가 스스로 인정한 사실이다. 그는 마침내 어렸을 때 품었던 역사에 대한 관심으로 되돌아온 것이다.

하지만 그것은 아직 전문적인 연구 방향을 띤 것이 아니라, 오히려 하위징아의 타고난 예술적 감각이 더 우세한 단계였다. 한편 그는 몇 년의 경험으로 자신이 교직에 알맞은 성격이 아니라는 것을 통감하고, 이미 1900년 무렵부터 교사를 대신할 직업을 찾고 있었다. 문서관(文書館)이나 박물관 근무도 생각했을 뿐만 아니라 지원도 해 보았다. 그러나 번번이 떨어지던 차에 흐로닝언대학의 네덜란드사 교수 부세마케르가 레이덴대학으로 전직하게 되었다. 줄곧 하위징아의 진로 상담을 해 준 옛 스승인 흐로닝언대학의 블로크는, 지금이야말로 타고난 역사학의 사명으로 돌아가야 한다고 말하며 부세마케르의 후임 지원을 권했다.

블로크는 방법의 엄밀성으로 유명한 와이츠 이래 정통파 독일 법제사학의 전통을 짊어진 역사가였다. 게다가 그는 고지식한 외골수였다. 무엇이 그로 하여금 하위징아 같은 딜레탕트(호사가)에게 그토록 애착을 느끼게 했는가. 이에 대해서는 확실히 알려져 있지 않다. 하위징아의 겸손한 태도에도, 또 명백한 딜레탕트적 기질과 방황에도 불구하고 역사에 대한 남다른 소질과 감각이 그 외골수 교수의 마음을 사로잡았다고 생각하는 것이 이 의문에 유일한 해답이리라.

그런데 하위징아는 이제까지 산스크리트 또는 인도 학자였다. 따라서 역사학 교수 자리를 얻기 위해서는 그에 합당한 능력을 증명해야 했다. 하위징아는 할렘 시민학교장의 호의로 급료를 반감하는 대신 담당 시간을 절반으로 줄였다. 그리고 모든 여가를 블로크가 근무했던 할렘시 역사를 연구하며 보냈다. 하위징아는 당시 미개척 분야였던 그 연구의 매력에 사로잡히고 말았다. 1905년에는 연구 성과의 일부를 발표하고 이듬해 〈할렘시(市)의 성립〉을 완성했는데, 이것은 철저한 사료 연구에 입각한 제1급의 중세의 법제사적·경제사적 연구로, 지금까지 독립된 것으로 여겨지던 할렘시법(市法)이 스헤르토헨보스시(市)를 매개로 루반시(市)의 시법에 유래한 것이라고 증명한 획기적인 업적이었다.

하위징아는 말년에 이 기간 동안의 연구를 회상하면서 "그것은 결사의 도약이었다"고 말했는데, 그 말은 하위징아의 오랜 학문적 방황의 종말을 의미하는 것이기도 했다. 그는 역사가가 된 것이다. 〈할렘시의 성립〉의 일부를 발표한 1905년, 블로크는 망설이는 교수회나 대학 관리위원회의 뜻을 누르고 하위징아의 교수 임명을 결정했다. 우리는 이 외골수 노교수의 안목과 제자에 대한 한결같은 애정에 하위징아보다도 더 감사해야 할 것이다.

할렘시 역사 연구를 무대로 이루어진 산스크리트–인도 학자로부터 중세 역사가로의 '결사 도약'은 하위징아를 철저하게 단련시켰다. 그를 냉혹한 전문가로 바꾸었다는 뜻은 아니다. 그는 여전히 온화한 친구, 좋은 남편, 그리고 역시 딜레탕트 기질을 잃지 않은 학자였다. 그는 자서전에서 "나는 마지막까지 진정한 전문가가 될 수 없었다"고, 또한 "나에게는 일정한 연구 계획이 없으며 단지 하나의 연구 과정에서 떠오른 새로운 주제를 차례로 추적했을 뿐이다"라고 말한다. 따라서 그는 학위논문을 집필하는 젊은 연구가가 주제 상담을 청하는 것을 무척 난처해했으며, "자네는 남에게 어떻게 아내를 골라야 하는가를 상담하는 것과 같다"고 말하여 교묘하게 학위논문 집필자를 격퇴했다는 동료의 이야기에 크게 감동하기도 했다.

그러나 그것만으로는 《중세의 가을》, 《호모 루덴스》 저자로서의 하위징아의 비밀이 설명되지 않는다. 그는 할렘시 역사의 연구를 통해서 역사학의 가장 기본적인 작업 방식을 몸에 익혔다. 그리고 나서 흐로닝언대학에 있는 동안 네덜란드 역사를 연구하고, 할렘 역사의 법제적 사료 편찬이라는 지루하고 기초적인 작업을 수행했다. 그는 후년의 문화사적 연구와는 질이 다른 이런 종류의 일이라도 일단 시작만 하면 곧 걷잡을 수 없는 매력을 느끼고 마는 것이다. 다른 사람이라면 전문적 수련 또는 직업적 필연이라고 느낄 일에서도 취미를 찾아낼 줄 아는 사람이었다. 이런 뜻에서 그는 행복한 전문적 딜레탕트라고 할 수 있다.

이 점에서 간과할 수 없는 것은 그가 흐로닝언대학에 취임하면서 한 강연이다. 역사 방법론에 관한 강연으로, 유명한 람프레히트 논쟁을 다뤘다. 그는 람프레히트의 발전단계론을 '소박한 역사적 실념론(實念論)'이라고 일컫고, 이것을 비판한 빈델반트, 리커트, 지멜, 에두아르트 마이어의 설에 가담했다. 그는 평생 '역사 법칙'에 부정적이었으나 역사의 이론적 문제에 대해서는 명확하게 입장을 정해야만 했다. 이 강연으로 시작되는 이론적 연구에서, 그의 유명한 역작 〈문화사의 과제〉(1926년 강연, 29년 논문집 수록)를 비롯한 몇 가지 논문이 나왔다.

주지하다시피 그는 역사에서 비합리적 요소의 역할을 높이 평가했다. 그러나 그는 어디까지나 인도주의적, 합리적 정신의 계승자로서 역사에 작용하는 비합리적인 요소를 어떻게 합리적으로 파악할 것인가에 대한 방법의 발견에 심혈을 기울였다. 그 결과 그가 다다른 '문화형태론'의 방법에는 비판의 여지가 남아 있다. 하지만 그를 단순한 예술적 직관에 의존하는 비합리주의 역사가로 생각한다면 그의 본질을 잘못 보는 것이다. 논리나 개념의 명석성에 대한 요구는 이미 그가 비교언어학에 심취한 이래 한시도 그를 떠난 일이 없었다. 그가 많은 강연 첫머리에서 주제의 의미를 설정하는 습관, 특히 《호모 루덴스》 1장에 전개된 '놀이'와 '진지함'의 개념 설정을 보면 이런 점을 한눈에 알 수 있다.

흐로닝언 시절은 명저 《중세의 가을》의 구상이 탄생한 시기이기도 하다. 이 구상이 무르익어서 저술의 형태를 취하는 것은 라이덴 시절 초기였으나 흐로닝언 시절이야말로 역사가 하위징아의 주요 특징 대부분이 형성된 시기라고 말할 수 있다.

《중세의 가을》

《중세의 가을》이란 도대체 어떤 책인가? 하위징아는 그 속에서 무엇을 말하려고 했는가? 이것은 이 책의 독자가 온 세계에 있다는 사실에도 불구하고 의외로 대답하기 힘든 문제이다.

중세문화에 대한 만가(輓歌)

그 이유의 하나는 아마도 이 책이 한눈에 알 수 있는 구성을 가지고 있지 않기 때문이다. 물론 이 책은 저마다 특징 있고 아름다운 주제에 따라 22개의 장으로 구성되어 있다. 그러나 "세계가 좀 더 젊었던 5세기 전에는, 인생에서 일어나는 일이 지금보다 훨씬 뚜렷한 모습을 보이고 있었다. 기쁨과 슬픔 사이, 행복과 불행 사이의 틈은 우리 시대보다 더 컸던 것 같다. 모든 사람의 체험에는 기뻐하고 슬퍼하는 어린아이의 마음에서 엿볼 수 있는 천진성과 절대성이 사라지지 않았다"로 시작하는 제1장 '격렬한 생활의 사상' 첫대목을 읽는 사람은 이내 이 책의 포로가 되어 차례로 펼쳐지는 선명한 중세 사회의 가장행렬에 마음을 빼앗기고 만다. 책을 다 읽으면 취기와도 같은 흥분을 느끼며, 주마등처럼 서둘러 지나간 저 아름다운 행렬은 과연 무엇이었던가 하고 스스로 묻지 않을 수 없으리라. 그때 그는 새삼 《중세의 가을》이라는 표제의 뜻을 생각하게 될 것이다.

《중세의 가을》이란 무엇인가? 동양인에게 가을은 현란한 단풍에 물든 결실의 계절이다. 하위징아도 이와 비슷한 뜻을 생각한 것 같다. 처음에 그가 마음속에 둔 이미지의 중심에는 중세 끝 무렵을 장식한 불후의 화가 반에이크와 그 제자들의 회화가 있었다. 그는 이 예술이 꽃핀 부르고뉴 네덜란드의 14, 15세기 사회를 '부르고뉴의 세기'로서 그려내고자 했다.

그러나 동양 사람의 계절 감각과 서유럽의 계절 감각 사이에는 공통적인 요소와 함께 어떤 인상의 차이가 있다. 우리에게도 가을은 결실임과 동시에 만물이 시들어가는 전조이다. 그러나 작물의 차이와 계절이 짧은 점으로 말미암아 적어도 네덜란드의 가을은 우리의 가을보다도 조락(凋落)의 느낌이 강하다. 하위징아가 직접 감수한 영어 번역 제목에서는 '웨이닝(waning)', 즉 '조락'을 사용하고 '가을'을 사용하지 않았다. 프랑스어 번역에는 '데클랑(déclin)', 즉 '쇠퇴'가 쓰이고 있다.

이에 대해서는 무엇보다도 네덜란드어 제1판의 머리말이 분명하게 말해 주고 있다. "이때(14, 15세기)에 중세문화는 일생의 마지막 시간을 살면서 마치 꽃이 활짝 피고 완전히 자란 나무처럼 가지가 휠 정도로 열매를 맺었다. 낡은 사고(思考)의 온갖 형태가 만연하여 살아 있는 사상의 핵을 덮어 감싼다. 여기에서 하나의 풍요로운 문화가 시들고 죽음으로 경직된다—이것이 뒤에 이어질 글의 주제이다." 생물과의 유추로 설명하는 결실과 죽음의 주제이다. 만화경과도 같은 중세문화의 무르익은 모습을 이야기하면서, 하위징아의 마음은 이윽고 찾아올 죽음의 예감으로 무겁다. "이 책을 쓰고 있을 때, 시선은 마치 석양의 깊은 하늘로 빨려 들어가는 것 같았다. 단, 그 하늘은 피처럼 빨갛고 시커먼 잿빛 구름이 무겁게……." 그러나 그것은 당연한 일이다. '쇠퇴해가는 것, 시들어가는 것, 말라가는 것에 언제나 눈을 빼앗기기 쉬운 사람의 저술에는 자칫 너무 진할 정도로 죽음이 그림자를 드리우고 있기' 때문이다. 이런 뜻에서 《중세의 가을》은 애석하기 짝이 없는 중세문화에 바친 하위징아의 만가(輓歌)였다.

네덜란드어 제1판의 머리말을 바탕으로 보자면 《중세의 가을》의 모티프는 대략 아래와 같다. 그 무렵 하위징아는, 나중에 말하는 어느 정도의 정당한 이유에서, 문화의 발전을 생물의 생장과의 유추로 파악하는 것이 좋다고 생각했다. 그러나 독일어 초판이 나온 1923년에는 이 점에 대해서 조금 생각을 바꿨다. "이 책을 썼을 때 저자는 역사의 한 시기를 사계절에 비기는 위험에 대해서 지금만큼 자각하지 못했다. 그러기 때문에 이 표제는 서술 전체의 분위기를 재현하는 상징적 표현이라고 해석해 주기를 바란다." 가을이라고 하는 계절의 특징 하나하나를 너무 자상하게 중세 끝 무렵 문화의 여러 상황에 맞추어서 생각하지 말라는 주의이다. 우리도 어딘지 슬픈 가을 분위기만을 기대하며 이 책을 읽어서는 안 된다. 인간의 문화는 생물의 생성과는 비교가 되지 않을 정도로 복잡한 양상을 지니고 있다.

교차하는 모티프

《중세의 가을》을 이해하기 어렵게 하는 두 번째 이유는 서술의 초점이 분산되어 있다는 점이다. 이 점에 대해서는 앞에 적은 두 머리말에서 공통된 설명을 볼 수 있는데, 여기에서는 보다 더 자세한 네덜란드어 제1판의 머리말을 인용하기로 한다. 앞에서도 언급한 바와 같이 "이 저술의 출발점은 반에이크와 그 제자들의 예술을 보다 더 잘 이해하고 싶다, 시대의 생활 전반과 관련하여 파악하고 싶다는 바람에 있었다. 부르고뉴 사회, 이것이 내 눈으로 파악하고 싶었던 통일체였다. (……) 따라서 처음에 의도한 바에 따르면 책 체목은 '부르고뉴의 세기'가 될 예정이었다." 그러나 고찰이 계속됨에 따라 이와 같은 한정은 불가능해진다. 왜냐하면 부르고뉴 문화의 통일성을 이야기할 수 있는 범위가 반드시 크진 않기 때문이다. 일반적으로 프랑스 문화는 부르고뉴 문화의 역사적 전제이며, 프랑스 문화를 배경에 두지 않고서는 부르고뉴 문화를 논할 수 없다. 그렇기 때문에 《중세의 가을》은 부르고뉴 문화만의 발달과 쇠퇴의 서술이 아니라 동시에 프랑스 문화의 그것이기도 하다. 말하자면 '이원(二元) 구성'을 취할 수밖에 없게 된 것이다. 이 이원적 구성이 전경(前景)과 후경이라는 형태로 통일될 수 있는 것이었다면 초점의 분산은 피할 수 있었을 것이다. 하지만 '네덜란드 문화가 독자적인 존재 의의를 주장'할 수 있는 것은 '신앙생활과 예술 분야에 있어서만'이며, 다른 많은 영역에서는 늘 프랑스와 부르고뉴, 파리와 디종, 파리와 플랑드르나 브라반트의 여러 도시 사이를 오가야만 한다. 여기에 당초 예상된 서술의 긴밀한 통일성이 느슨해진 커다란 이유가 있었다. 게다가 네덜란드—부르고뉴의 독자적인 영역의 하나, 즉 신앙생활에 관해서는 위에서 말한 지리적 한정을 훨씬 뛰어넘어 독일도 넣을 수밖에 없게 된다.

《중세의 가을》의 매력

이러한 초점의 분산을 하위징아는 "변명이 허용되지 않는 점일 것이다"라고 말하고 있는데, 확실히 《중세의 가을》이 독자를 매료하면서도 어떤 어리둥절한 인상을 느끼게 하는 이유는 그 때문일 것이다. 그러나 이러한 결점에도 우리가 매료되는 이유는 무엇일까? 중세인의 삶의 숨결을 그대로 전하는 노래나 갖가지 일화, 그것을 그려내는 고도로 시각적인 필치가 《중세의 가을》의 매력이라는 데에는 이론이 없을 것이다. 그리고 그와 같은 훌륭한 서술을 낳은 하위징아의 수법의 비밀도 주목해야 한다. 하지만 그 이상으로 주목해야 할 점은 초점의 분산에도 개의치 않는 서술의 내적인 통일성 또는 긴밀성이다. 이것을 이해하려면 하위징아가 《중세의 가을》의 구상을 얻은 발단으로 되돌아가서 생각할 필요가 있다.

하위징아의 자서전은 그간의 사정을 대략 다음과 같이 전하고 있다. "자세한 점까지 확실하진 않지만, 《중세의 가을》의 구상이 머리에 떠오른 순간은 지금도 분명히 기억하고 있다. 이상하게도 언제였는지는 정확하게 알지 못한다. 그러나 그것은 불꽃처럼 머릿속에 떠올랐다. 1906년과 1909년 사이, 아마도 1907년의 일이었을 것이다. 아내가 어린아이들을 돌보는 데에 열중하고 있던 오후의 한때, 나는 그땐 아직 개발되지 않았던 흐로닝언 교외로 곧잘 산책하러 갔었다. 담스테르디프의 운하나 그 근처를 산책하던 어느 날, 아마도 월요일이라고 생각하는데, 갑자기 중세 끝 무렵을 와야 할 것의 알림이 아니라 지나가는 것의 쇠퇴로 파악하면 어떨까 하는 생각이 떠올랐다. 이 생각은 당시 내가 심취해 있던 반에이크와 그 동시대 사람들의 미술을 특히 마음속에 둔 것이었다. 그땐 이 화가들을 북방 르네상스의 선구자로 이해하고 있었으므로 내 생각은 그것에 정면으로 대립하는 것이었다. (……) 1909년 블로크가 교직 25주년 축하모임에 나를 초청해 주었을 때 나는 그에게 이 연구에 대한 계획을 대충 이야기했다. 왜냐하면 블로크가 이쯤에서 무엇인가 큰 연구를 발표하라고 권했기 때문이었다. 그해 나는 대학에서 '부르고뉴 문화'를 강의했다. 그러나 샤틀랭이나 프루아사르의 광범한 비망록이나 연대기 연구에 시간을 빼앗기는 사이에 '흐로닝언 대학사'의 일까지 맡고 말았다. 그 때문에 이 구상을 다시 진지하게 다룰 수 있었던 것은 레이덴대학으로 옮긴 1915년 이후의 일이었다."

그런데 문제는 중세 끝 무렵의 문화를 '와야 할 것', 즉 르네상스의 전사(前史)로 보지 않고 중세문화의 종말로 파악한다는 접근이다. 하위징아는 네덜란드어 제1판의 머리말에서 독특한 방법으로 이 점을 설명하고 있다.

"대체로 사람들은 새로운 것의 기원을 과거에서 찾고자 한다. 새로운 사상,

새로운 생활의 형태가 어떻게 태어나서 후세에 어떻게 빛을 냈는가를 알고 싶어하는 것이다. 사람들은 어느 시대나 그다음 시대에 약속된 것을 숨기고 있다고 보고, 제일 먼저 그것을 알고 싶어 한다. 중세문화에서 근대 문명의 싹을 찾으려는 노력이 얼마나 열심히 이어졌는가. 그 열성은 대단하며, 중세 정신의 역사는 르네상스의 앞 단계인양 여겨진 감이 있다. 한때는 죽은 시대, 경직된 시대라고 여겨지던 중세가, 실은 이미 새로운 것이 태어나고 있던 시대, 모두가 다가오는 완성을 지향하던 시대였다고 여겨지게 된 것이다."

이 인용이 긴 이유에는 나름의 이유가 있다. 왜냐하면 여기에 《중세의 가을》의 기본적 접근을 설명하는 내용이 있을 뿐만 아니라, 나아가 중세문화 일반을 파악하는 그의 독특한 구상이 나타나 있기 때문이다.

간단히 말하자면 하위징아는 여기에서 중세, 르네상스 연구의 지배적 경향에 대해서 도전하고 있는 것이다. 이 지배적 경향은 명저 《이탈리아 르네상스의 문화》로 알려진 부르크하르트에서 시작되었다. 부르크하르트는 르네상스 정신을 중세 정신으로부터 엄격히 구별했다. 전통적 사회 관념, 즉 교회 교의의 구속이나 계급적 신분 의식으로부터의 이탈, 실리와 실력을 중시하는 현실주의가 르네상스를 특징짓는 근대정신의 싹이었다. 그것은 문학이나 예술에서는 구애받지 않는 사실주의, 자연주의로 나타난다. 반대로 부르크하르트 이후의 연구자들은 이 기준을 가지고 중세에 임하여 중세문화 속에 르네상스의 선구, 전조(前兆)를 찾으려고 했다. 그 결과 중세의 여러 시기에 온갖 아류 르네상스가 발견되었을 뿐만 아니라, 중세는 르네상스를 준비했기 때문에 그 모든 악으로부터 면죄를 받게 된다.

이것은 언뜻 보기에 당연한 일처럼 보이지만, 실은 이상한 일이다. 역사학은 랑케 이후로 발전의 학문이라 규정되고, '진보'라는 선악의 가치 판단에서 자유로워야 한다고 여겨져 왔다. 이것이 독일 정통사학의 관점으로, 그 영향은 19세기에서 20세기의 유럽 역사학 전반에 미쳤다. 그런데 이와 같은 연구 경향은 르네상스의 기원을 탐구한다고 하면서 어느 틈에 르네상스를 중세문화가 다다라야 할 가치 목표로 대치하고 말았다. 연구가 도달한 이러한 자기모순은 단순한 비판을 해봤자 효과가 없다. 비판과 함께 적극적으로 연구 방향을 부여해야만 비판으로서의 효과를 갖는다. 바로 이 적극적 주장을 담은 것이 하위징아의 중세 말기론이었다.

앞서의 긴 인용에 이어 하위징아는 말한다.

"그러나 새로운 삶의 탄생을 밝히는 데에 열중한 나머지, 역사에서도 자연과 마찬가지로 죽음과 탄생이 보조를 맞추고 있다는 점을 쉬이 잊어버리게 되었다. 낡은 문화의 여러 형태가 죽어 없어진다. 그때 같은 땅에서 새로운 문화가 양분을 빨아 이윽고 꽃을 피운다."

이 말은 같은 시대의 같은 사회 안에 죽음과 탄생, 쇠퇴와 번성의 두 국면이 단지 함께 존재할 뿐만 아니라 서로 인과적으로 관계하면서 존재할 수 있다는 것을, 생물과의 유추로 훌륭하게 시사한 것이다. 문화의 발전을 생물과의 대비로 설명하는 관점은 유기체사관으로서 인류의 지적 발전의 낮은 단계에서 늘 볼 수 있으며, 통속적인 역사론에도 끊임없이 얼굴을 내밀고 있다. 이렇게 볼 때 하위징아 자신이 이와 같은 유추적인 설명의 위험성을 깨닫고 나중에 그것을 지운 것은 옳은 일이다. 그러나 부르크하르트 이후의 연구가 빠져 있던 방법상의 미로에서 연구를 구해내기 위해서는, 하위징아가 사용한 생물과의 유추를 단순한 논리를 넘어선 사물의 본질에의 직관을 유도하는 것으로 평가할 수 있으리라.

중세 사실주의론

하위징아의 통설 비판은 앞에서 말한 바와 같이 적극적인 주장을 포함하는 것이었다. 그것은 바로 통설을 믿는 사람들이 사실주의와 자연주의를 르네상스 정신의 주요 특징의 하나로 생각하고, 동시에 중세문화의 적극적 평가에 끌어들이려고 한 것에 대한 해석이다. 그러나 하위징아에 의하면 이 정신은 소모된 중세 정신이 그 참다운 삶의 입김인 상징화의 기능을 상실했을 때 낳는 퇴폐에 지나지 않는다. 눈에 보이는 모든 것을 하나하나 보이는 그대로 묘사하려는 경향이 중세 끝 무렵의 모든 문자나 조형미술을 특징짓고 있다. 얀 불프만은 설교하면서 성자의 세밀 묘사에 여념이 없었고, 파리대학의 학장이며 중세 끝 무렵 최고 학자이자 건전한 정통 정신의 뛰어난 대표자인 젤슨도 마찬가지였다. 중세 끝 무렵의 독특한 신학자이자 신학에 관해서 중세 으뜸가는 다작자(多作者)이기도 했던 카르투지오회 수도사 드니의 지옥 묘사 등, 무엇 때문에 그런 세부 묘사가 필요한지 궁금하게 한다. 샤틀랭이나 특히 프루아사르의 수다스러운 말도 그렇다. 음악까지도 새나 짐승의 울음소리, 자연이 내는 소리를 재현하느라 음악 자체의 조화를 깨지만 아랑곳하지 않는다. 반에이크의 불후의 명작을 장식하는 현미경적 세부 묘사도 같은 정신에서 나온 것이다. 다만 그의 경우 〈롤랭 재상의 성모〉에서 보는 바와 같이 그 처리가 몹시 예술적이기 때문에 세부 묘사가 불러일으키기 쉬운 번잡함을 피하고 오히려 어떤 미묘한 느낌을 자아내는 데에 성공한 것이다.

그러나 세부 묘사에 전형적으로 나타나는 중세 끝 무렵의 사실주의는 시각적 형상에 강한 집착을 보이는 중세 정신의 마지막 형태로, 르네상스 정신과는 아무런 관계가 없다. 르네상스의 특징을 사실주의라고 파악한다면, 그 사실주의는 중세 사실주의의 번잡한 세부 묘사를 대담하게 버린 관념론의 정신 위에서만 성립된다.

이상이 하위징아의 속된 사실주의론에 대한 비판인데, 이것은 《중세의 가을》 여러 곳에서 온갖 대상에 대해 말하고 있고, 또한 스위스 바젤에서 한 강연 '르네상스와 리얼리즘'에서 간결하게 요약되었다. 이 사실주의 문제와 함께 중요한 하위징아의 통설적 중세—르네상스관(觀)의 비판은 마찬가지로 르네상스의 사상이라고 여겨지는 고전주의, 고전에 대한 동경과 그 모방의 이해에도 관계하고 있다. 새로운 정신은 단순히 고전의 모방에서 생겨난 것이 아니다.

"미래는 고전주의에 있었던 게 아니다. 고전에 사로잡히지 않는 곳, 말하자면 사람의 힘을 더하지 않은 자연에 미래가 약속되어 있었던 것이다. 라틴어법을 흉내 내고, 고전을 끌어들이려는 노력은 오히려 저해 원인으로 작용했다. 내용과 형식이 모두 단순한 시인들이야말로 근대 시인이었다. 비록 그들은 아직 중세의 도식을 따르고 있었지만 그것은 문제가 아니었다. 비용, 코카야르, 앙리 보데, 샤를 도를레앙, 또 《성 프란체스코회 수도사가 된 연인》의 작자가 그들이다."

이것은 《중세의 가을》 제22장 새로운 형식의 도래에서 하위징아가 말하고 있는 것인데, 같은 장 마지막 부분에는 지금까지 말한 하위징아의 고전주의론을 정리한 대목이 있다. 그 일부를 인용해 본다.

"고전주의와 근대정신은 전혀 다른 것이다. 문학의 고전주의는 태어나면서 나이를 먹은 아이와 같다. 고대는 문학의 혁신에 대해 필록테테스의 화살 이상의 뜻을 가지고 있지 않았다. 그런데 조형미술과 학문사상에 대해서는 그렇지도 않았다. 이들 분야에서는 상상력과 표현의 순수함, 사물에 보이는 관심의 넓이와 깊이, 뛰어난 생활의 통제와 인간 존재를 간파하는 날카로운 통찰력처럼 고대인에게로 귀착되는 여러 특성이 단순히 의지하는 지팡이에 머무는 일은 결코 없었다. 조형미술의 경우 과장, 과잉, 왜곡, 복잡한 주름, 화염 모양의 곡선 등을 극복한 것은 고대의 공적이었다. 사상의 영역에서도 고대의 작용은 무시할 수 없을 만큼 커서 풍요로운 열매를 맺었다. 그러나 문학에서는 단순함과 순수함이 고전주의 밖에서, 아니 고전주의와는 상관없이 싹텄다."

중세문화론과 12세기 문화

중세 끝 무렵 또는 르네상스에 관한 하위징아의 통설 비판은 지금까지의 이야기로 충분할 것이다. 우리는 그 속에서 하위징아의 날카롭고 균형 잡힌 역사 감각을 발견할 수 있다. 그러나 독자 중에는 하위징아의 학문적 공헌은 잘 알겠지만, 거기에 있는 것은 오직 부정적인 견해뿐으로 도대체 그가 중세문화를 어떻게 평가하고 있었는지가 분명치 않다는 불만을 품은 사람이 많을 것이다. 중세 끝 무렵의 정신을 장식하는 세부 묘사의 트리비얼리즘(쇄말주의), 늙은 여자의 짙은 화장과도 같은 허식과 과장의 악함은 하위징아가 생명이 고갈된 문화의 죽음이라 여기고 배척하는 것이다. 이런 뜻에서 하위징아는 확실히 중세 끝 무렵 정신을 부정함으로써 르네상스 정신을 드러내는 데에 성공했다. 그러나 중요한 것은 바로 이러한 부정을 통해 그가 중세를 고대와 르네상스의 시녀 지위로부터 해방시킨 점이다. 하지만 이것은 고대와 르네상스의 위대함을 정당하게 평가하면서 중세를 그 독특한 가치로 평가하기 위한 전제이다. 하위징아는 반동적인 중세 예찬을 일삼는 당파적인 중세주의자가 아니다. 그렇다면 그는 중세문화에 어떠한 적극적인 평가를 내렸는가?

유감스럽지만 《중세의 가을》에 그것을 단적으로 나타내는 대목은 없다. 당연한 일이지만 거기에는 무너져가는 중세 정신의 모습이 있을 뿐이고, 하위징아가 진정한 중세 정신이라고 생각하는 것은 다만 부정의 형태를 통해서 이야기될 수밖에 없다. 다시 말하면 그것은 우리가 이제까지 보아온 끝없는 세부 묘사, 과장과 과잉을 특색으로 하는 중세 사실주의의 비판 등을 통해서 간접적으로 제시되는 데에 지나지 않는 것이다. 여기서 한 예를 보기로 한다. 《중세의 가을》 제18장 예술과 삶에는 다음과 같은 말이 있다. "중세 끝 무렵의 프랑스 부르고뉴 문화는 화려한 장식이 아름다움을 압도하는 문화였다. 저물어가는 중세기의 예술은 중세 끝 무렵의 정신, 자기 여정을 마지막까지 다 걸어간 정신을 충실히 반영한다. 앞에서 우리가 중세 후기 사고의 뚜렷한 특징의 하나로 보았던 것, 즉 생각할 수 있는 한 철두철미하게 이미지로 그려내고, 형태를 지닌 모든 상념의 한없는 계열로 정신을 채우는 것 또한 이 시대 예술의 본질이기도 했다. 어떤 것도 형태를 부여하지 않고, 이미지로 그려내지 않으며, 꾸미지 않고 그냥 내버려 두는 일이 없도록 예술 또한 노력했던 것이다. 플랑브아양 고딕은 예배 후의 언제 끝날지 모르는 오르간 연주와 비슷하다. 그것은 모든 형태를 자기분해하고, 각 부분에 한없이 공을 들이며, 선이라는 모든 선에 반대선을 긋는다. 생각이 형태에 의해 거리낌 없이 거칠게 초과 성장해 버린 것이다. 화려한 세부가 모든 표면과 선을 공격한다. 이 예술을 지배하고 있는 '빈 공간 공포증'은 한 시대의 지식이 종말에 가까웠음을 나타내는 특징으로 간주될 수도 있다."

그렇다면 '자기 여정을 마지막까지 걸어간 정신'이란 처음에는 어떠한 것이었는가? 화려한 장식에 압도된 아름다움, 형상에 뒤덮인 이념, 이 아름다움과 이념의 원래 모습은 어떠한 것이었는가?

하위징아에게 있어 "참다운 봉건제 시대, 꽃피는 기사도의 시대는 이미 13세기에 끝나 있었다." 때문에 참다운 중세 정신은 당연히 그 이전에서만 찾아볼 수 있다. 그런데 이 13세기 이전을 다룬 하위징아의 연구는 많지 않다. 이것은 하위징아 연구자가 한결같이 한탄하는 사실이다. 다행스럽게도 그가 12세기를 주제로 한 강연이 3개 있는데, '전(前) 고딕기(期)의 정신'이라는 이름으로 존 오브 솔즈베리, 피에르 아벨라르를 다룬 것이다. 양적으로는 얼마 되지 않지만, 질적으로는 하위징아의 주요 연구 영역의 하나로 보기에 충분하다.

하위징아에게 12세기는 중세 전체를 통틀어 가장 경탄스러운 시대이다. "만약에 서구 그리스도교 문화가 결국 어느 시대에 그 형식을, 그 '형태'를 결정했느냐고 묻는다면 12세기를 들지 않을 수 없다. 12세기는 달리 예를 들 수 없을 정도로 창조적, 조형적인 시대였다(아벨라르)." 이 시대에는 다채롭고 생기 넘치는 학생 라틴시가 있었고, 뒤를 이어 속어로 쓴 연애시가 태어난다. 엄격하게 짜인 문체의 무훈시(武勳詩)가 노래되는가 싶으면 그 속에서 세련된 기사 이야기가 성장한다. 기사도를 날실로, 궁정문화를 씨실로 삼는 지적인 사회가 배경이 된다. 로마네스크 건축이 유례없이 진지하고 숭고한 예술을 전개했는가 하면, 이윽고 그것은 화려한 고딕으로 옮아간다. 이 건축을 장식하는 조각과 스테인드글라스의 아름다움은 지금도 우리가 샤르트르 대성당에서 찬탄하는 바이다.

도시생활은 여러 곳에서 부흥하고, 유럽 곳곳으로 퍼져나간다. 새로운 수도회도 생겨난다. 전통을 자랑하는 베네딕트 수도회(가장 큰 대표는 클뤼니 수도회)와 나란히 카르투지오회, 아우구스티누스회, 그리고 특히 시토회와 프레몽트레회가 생겨나고 번영한다. 농업이 몹시 빠르게 진보했을 뿐만 아니라, 그 힘은 변경지대로의 왕성한 식민운동으로 나타나 서유럽 가톨릭 세계를 확대한다. 기사도와 수도제의 바탕에 있는 금욕사상은 서로 손을 잡고 종교 기사단을 만들어 십자군을 뒷받침한다. 신앙 자체도 새로운 표현 형식, 곧 새로운 신비주의를 낳아 성(聖) 베르나르의 강력한 감화 아래 서유럽 일대에 보급된다. 11세기에는 수도원을 중심으로 하던 학문과 교육이 사교 성당 부속학교로 그 중심을 옮겨 갔고, 이윽고 현대에 이르기까지의 연구와 교육 형식을 결정하는 대학이 생겨나게 된다.

"이처럼 많고 다양한 문화의 창조와 형식이 한 시대에 집중되어 있는 예는 12세기에서만 볼 수 있다." 물론 모두가 12세기의 산물은 아니고, 신의 평화운동,[4] 그레고리우스 개혁,[5] 십자군 등 11세기에 태어나 12세기에 꽃 피울 준비를 한 것도 포함되어 있다. 노르만족의 영국과 남이탈리아로의 원정과 건국, 그리고 서유럽의 정치적·사회적 체계를 형성하는 봉건제 확립도 11세기의 현상이다. 12세기는 그때까지 300년 동안에 유럽에서 일어난 일 모두가 한꺼번에 개화하여 풍요로운 열매를 맺은 시대인 것이다. 요컨대 "유럽 문화를 어느 세기와 비교해 보아도 12세기만큼 보편적이고, 물질적·정신적 재보(財寶)의 교류가 원만하게 진행된 세기는 달리 없다."

하위징아의 12세기 유럽에 대한 이러한 규정은 하버드대학의 고(故) 해스킨스 교수의 명저 《12세기의 르네상스》(1927년)에서 시작하는 것으로 보아도 좋지

---

4) 10, 11세기에 교회를 중심으로 일어난 전쟁 방지운동.
5) 교황 그레고리우스 7세를 기념하여 그의 이름이 붙여진 가톨릭교회의 혁신운동.

만, 하위징아는 해스킨스가 12세기 문화에 대한 고전문화의 영향을 중요시하는 것을 비판하고 12세기 유럽 문화를 중세 자체의 발전으로서 이해하려고 한다. 그리고 12세기가 갖는 이 창조성은 오늘날 더욱더 높이 평가되고 있다(예를 들면 클라겟, 포스트, 레이놀즈 편 《12세기의 유럽과 근대사회의 기초부여》 위스콘신대학 출판부, 1961년)고 말해도 좋다.

하위징아는 이와 같이 12세기가 지니는 창조성에 놀라움을 금치 못하면서도, 거기에 어떤 불안정성과 혼란이 있다는 것을 간과하지 않았다. 이 불안정성과 혼란을 한 단계 높은 통일까지 올려놓아 균형과 질서를 부여한 것이 13세기였다. '13세기가 한 일은 정통주의의 승리'였던 것이다. 교회야말로 승리자이며, 모든 문화적 활동과 활력은 교회 안에 확보되고 사회의 손을 통해서 작용한다. 여기에서 중세문화의 완성을 보게 되는 것이다.

이상적인 중세인의 이미지

하위징아가 12, 13세기를 중세 정신의 최고조기로 인정하고 있다는 것은 위의 설명으로도 분명하다. 그렇다면 그는 이 중세 정신 최고조기의 무엇에, 어떠한 인물에 최고의 가치를 부여했는가? 이 점은 《중세의 가을》이 13세기를 정면으로 다루고 있지 않으므로 명확한 대답은 얻을 수 없다. 한편 그는 '전(前) 고딕기(期)의 정신' 속에서 이 정신을 대표하는 많은 사람들을 논하고 있다. 그 가운데에는 그가 높이 평가하고 있을 뿐만 아니라, 특히 강한 친근성을 보이는 몇몇 인물이 있다. 이 한두 가지 예를 보아두면 그가 무엇을 중세의 정신적·문화적 가치라고 생각하고 있었는가를 아는 데에 참고가 될 것이다.

엘로이즈와 주고받은 편지 때문에 중세 문화인 중에서 아마도 가장 널리 알려진 피에르 아벨라르는, 하위징아가 '전 고딕기의 정신'의 한 주제로서 논하고 있음에도, 위에서 말한 한두 사람에게는 속하지 않는다. "그는 그의 인생을 통하여 마음 밑바닥으로부터 불타오르는 것 같은 칭찬이나 거친 증오를 일깨울 만한 인물, 누구 하나 그에게 무관심할 수 없는 그러한 인물이었다. 그는 빛나는 정신으로, 날카로운 기지로, 여러 방면의 재능으로, 또 개성에 숨은 극단적인 모순으로써 사람을 자극하지 않고서는 못 배기는 사람이었다." 그러나 "그는 어떤 지적인 멋쟁이였다. 그는 기상천외한 일을 사랑하고 남을 놀라게 하거나 화나게 하는 것을 좋아하며, 근본적으로 부정적 정신의 소유자였다."

하위징아는 그를 칭찬하면서도 자기와는 다른 사람으로 생각했다. 앞서 말한 12세기 신비주의의 대표자, 12세기 서유럽 정신세계의 왕자(王者)로 불리며, 상스 공회의(1141년)에서 아벨라르에게 삼위일체론을 철회하게 한 성 베르나르(클레르보의 베르나르) 또한 하위징아가 친근함을 느낄 수 있었던 유형은 아니다. 성 베르나르는 하위징아에게 있어 '정신적 폭군'이었다. 오히려 성 베르나르와의 논쟁에 패하여 전성기의 클뤼니 수도원의 막을 내려야 했던 클뤼니 수도원장인 피에르 신부야말로 하위징아 가까이에 선 12세기 정신의 대표자였던 모양이다. 하위징아가 피에르 신부에 대해서 말할 때면 그는 늘 진심 어린 공감을 담아 이야기하고 있다. '즐거운 엄격함과 엄격한 즐거움에 싸인' '왕후와 같은 풍모'를 가진 피에르 신부야말로 코란을 비롯한 아라비아 학문의 라틴어역 사업을 일으킨 진정한 인도주의자이며, 성 베르나르와의 논쟁으로 실의와 곤궁의 밑바닥으로 떨어진 아벨라르에게 마지막 비호를 주고, 아벨라르가 죽은 뒤에는 감동 없이 읽을 수 없는 편지를 엘로이즈에게 보내 그녀를 위로한 사람이었다.

피에르 신부는 적의와 증오가 소용돌이치고 편견과 당파심으로 일그러진 현대의 우리가 중세를 돌아보면서 언제나 떠올릴 수밖에 없는 사람이다. 이런 뜻에서는 하위징아가 전기(傳記)를 바친 에라스뮈스도 다시 떠올릴 만한 인물임에 틀림없으나, 피에르 신부에게는 하위징아가 인간성의 가장 고귀한 것으로 여겼던, 에라스뮈스에게는 없는 것처럼 보이는 '마음의 따뜻함'이 있었다. 하위징아의 《에라스뮈스전(傳)》의 성공 비밀이, 하위징아가 에라스뮈스 안에서 자기 자신을 발견한 데에 있는 것이 아닌가 하는 물음을 받았을 때 하위징아는 이를 부정하고, 에라스뮈스는 자신과 다른 인간임을 말한 적이 있었다. 그가 에라스뮈스에게 위화감을 품은 것과 같은 이유가 아마도 그를 피에르 신부에게로 다가가게 한 게 아니었을까?

아무튼 피에르 신부와 함께 하위징아가 친근감을 느낀 또 다른 12세기 인물이 있다. 바로 '전 고딕기의 정신'에서 아벨라르와 나란히 논한 존 오브 솔즈베리이다. 존은 12세기의 르네상스를 장식하는 학자들 중에서도 한층 걸출한 신부이며, 아마도 중세 전체를 통틀어 최고 학자로 손꼽힐 것이다. 그는 영국 태생으로 프랑스에 유학하여 앞서 말한 아벨라르나 샤르트르학파의 거장들에게서 배우고, 이윽고 캔터베리 대사교 토마스 베케트의 비서가 되었다. 토마스가 순교한 뒤에는 샤르트르로 가서 사교로서 삶을 마쳤다. 그의 위대한 학식과 눈부신 교회 정치상의 업적에 대해서 이야기하는 것이 지금의 목적은 아니다. 하위징아가 그를 어떻게 보아왔는가가 문제이다. "존 오브 솔즈베리란 사람을 한마디로 나타내려면 나는 그를 엄숙한 미소를 띠고 있는 사람이라고 말할 것이다." 하위징아는 존에 대한 평론 첫머리에서 이렇게 말했다. 이것은 탁월한 형용인데, 그와 동시에 '근본적으로 부정적인 정신'의 소유자인 아벨라르와 달리 존이 '모든 일에 긍정적'이라고 말한 것은 그의 정신적 특성을 잘 표현한 말이라 할 수 있다. 존은 '조금 소극적이기는 하지만 늘 기쁜 듯한 기분과 활발하고 명랑한 태도'를 지닌 사람으로, 토마스와 함께 영국에서 추방당했을 때에도 이 태도는 변하지 않았다. 그는 같은 시대의 뛰어난 성직자에게서 곧잘 보이는 '기사적 성직자' 유형에 속하며, 항상 사나이답고 성실하며 용감하고 중세에 흔히 있는 한숨 섞인 탄식이나 그 밖의 과장된 표현을 좋아하는 유형에는 속하지 않는다. 그는 당대 제일의 고전학자였으나 고전학자이기 이전에 이미 로마인과 같은 의연함과 절도를 갖추고 있었다. 수사를 위한 수사를 싫어하고, 아무 일에나 최상급 형용사를 쓰기를 거부한 것도 그의 특징이었다. 그는 친구에 대한 신의가 두터웠고 주인에 아첨하지 않았으며 정치를 논할 때에는 폭군 추방도 망설임 없이 주장했다. 그가 영국인이면서도 맥주보다 포도주를 좋아하고, 맥주로는 빵이 목에 걸린다는 사치도 오히려 그의 인간성에 친근감을 느끼게 한다.

이러한 존의 면모를 전하는 하위징아의 필치는 꽤 즐거워 보인다. 1935년 나치의 검은 구름이 위협적인 모습으로 네덜란드 국경에 밀려왔을 때, 하위징아는 한 세대에 경종을 울리는 책 《내일의 그림자 속에서》를 써서 그 속표지에 "사람들은 이 책 때문에 나를 비관주의자라고 부를지 모른다. 그러나 나는 다만 내가 낙천주의자라고만 대답하리라"라고 적었다. 이 말을 적은 하위징아의 마음속에 있었던 이는 아마도 존 오브 솔즈베리였을 것이다.

또한 하위징아는 존을 '전 고딕기의 정신'의 전형으로 골랐다. 존의 자유롭고 활달한 정신은 스콜라철학의 지나치게 정돈되고 답답한 체계로 들어가기를 거부했고, 스콜라철학과 더불어 13세기의 승리자가 될 신비주의와도 인연이 없었다. 하위징아가 존을 이렇게 규정할 때, 우리는 하위징아가 가장 귀중한 중세 정신의 가치를 어디에서 구하고 있었는지를 상상할 수 있을 것이다.

내면적 이해를 위한 구성

하위징아의 중세 정신 이해가 위와 같다면 중세 끝 무렵의 문화가 비판의 대상이 되는 것은 당연한 일이다. 그러나 《중세의 가을》은 이러한 뜻에서 말기 중세문화를 단죄하기 위한 책이 아니다. 그는 발전의 정점을 넘어선 문화가 어쩔 수 없이 걷게 되는 과정을 애석한 마음으로 묘사하는 것이다. 그뿐만이 아니다. 어떤 문화에도 시대를 뛰어넘어 남는 가치가 있다. 하위징아는 그것을 꼼꼼하게 거두어들이는 데에 힘쓰고 또 그것이 어떻게 가능했는가를 묻는다. 동시에 낡은 문화가 생명을 고갈시켜가는 바로 그 땅에서 새로운 정신이 다른 곳으로부터 자극을 받거나 옮겨 심어지지 않아도 자라는, 이 불가사의한 인간문화의 생명 현상을 조명하려는 것도 《중세의 가을》이 의도하는 바이다. 그래서 우리는 다시 한번 처음 목적으로 돌아가 이 책을 어떻게 이해할 것인가에 대해서 생각해 보고자 한다.

앞서 나는 《중세의 가을》이 한눈으로 알 수 있는 구성을 가지고 있지 않다고 말했다. 그러나 여기에는 물론 그 나름대로의 구성이 있다. 그 구성과 거기에 담긴 주제를 다루는 방법, 이것이 지금 문제가 되는 점이다. '격렬한 생활의 사상'이라는 제목의 제1장은 전체 도입부이다. 거기에서는 낭만적인 중세 예찬은 물론, 중세를 무지와 몽매, 곤궁과 비참의 시대로 생각하는 현실주의도 모두 순식간에 무장해제시키는 듯한 중세 사회의 양극성, 이 양극성에서 생기는 끊임없는 긴장이 여러 실례를 통해 이야기된다. 원색으로 그려진 번쩍번쩍 빛나는 중세 사회의 이미지이다.

이어 '아름다운 생활을 바라는 마음'이라는 제목의 제2장이 나온다. 여기에 이 책의 모든 구성을 부각시키는 기본적인 주제가 언급된다. 첫머리는 "어느 시대나 아름다운 세계를 동경한다"는 말로 시작된다. 하나의 큰 단락을 통해 하위징아는 이 주제를 해설한다. "보다 아름다운 세계를 바라는 마음은 어느 시대나 먼 목표를 바라보며 이상적인 삶에 이르는 세 갈림길을 찾아냈다. 첫째는 밖으로 통하는 속세를 바라는 길이다. ……수준 높은 위대한 문명들은 모두 이 길을 걸었다. ……세계의 개선과 완성을 목표하는 두 번째 길로 접어드는 것은 오래도록 막히고 말았다. 중세는 이를 거의 알지 못했다. ……이 의식은 18세기에 들어서야 겨우 나타났으므로, 르네상스 시대는 아직 이 의식을 몰랐고 왕성한 삶에 대한 긍정은 온갖 욕망 충족에서 나오는 것에 지나지 않았다. ……보다 아름다운 세계로의 세 번째 길은 꿈을 꾸는 일이다. 이것은 가장 손쉬운 길이지만, 그 목표는 언제나 먼 곳에 있다. 현실은 절망스러울 만큼 비참하고 현세를 버리는 길도 험난하다. 하다못해 겉치레라도 아름다움으로 삶을 꾸미자. 밝은 공상의 꿈나라에서 살며, 이상의 매력으로 현실을 중화시키자."

이 길은 언뜻 보기에 문학상의 주제에 지나지 않아 보인다. 그러나 실은 '다른 두 길과 마찬가지로 공동생활의 형식과 내용에 관련'되어 있다. 한편 반대로 다른 두 길에도 꿈이 결여되어 있는 것은 아니다. 하지만 현세 포기의 길에서는 바로 그것이 이 세상의 포기이기 때문에 이 세상의 생활 형태나 사회 구조의 개조가 문제가 되는 일은 없고, 다만 그것에 '초월적인 덕(德)이 주입되는' 것에만 관심을 쏟는다. 여기에는 꿈과 현실 사이의 긴장관계가 거의 없다. 현세 개조의 길에서 꿈은 애당초 현실과 엄격히 구별된다. 그러나 현실에서 꿈에 이르는 길은, 적어도 주관적인 관점에서 보면 그 길이가 짧기 때문에 둘은 가끔 서로 겹쳐지고 둘 사이의 긴장관계는 오히려 희박해진다.

하지만 꿈의 길은, 현실을 포기하거나 개조하는 일 없이 다만 그것을 예술의 모습으로 바꾸려고 한다. '생활 자체를 아름다움으로써 높이고 사회 자체를 놀이와 형태로 채우고자 하는' 것이다. '놀이와 형태'는 현실이 아니므로 이 길을 걸으려고 하는 사람은 현실과의 일정한 거리를 의식함과 동시에, 스스로 현실 속에 설정하는 꿈, '놀이와 형태'의 세계에서 마치 그것이 현실인 양 살아가는 세련된 생활기술이 요구된다. 그러나 그것을 할 수 있는 이는 정신적으로도 '선택된 한 줌의 사람들'뿐이며 또 경제적으로도 '비싸게 먹히는 즐거움'이다. '따라서 아름다움의 꿈을 공동생활의 형태로 실현하려는 노력에는, 마치 원죄와도 같은 귀족주의의 낙인이 찍히게' 되는 것이다.

하위징아는 말한다. "우리는 이제 가까스로 서야 할 시점에 접근했다. 중세 끝 무렵의 문화는 바로 이 시각 안에서 파악해야 할 문화이다. 이상(理想)의 형태로 장식된 귀족주의 생활, 생활을 비추는 기사도 로맨티시즘의 인공조명, 원탁의 기사 이야기 차림으로 모습을 바꾼 세계 등, 이것이 고찰되어야 할 문제인 것이다." 즉 하위징아는 세 번째 길을 따라서 중세 끝 무렵의 문화 사상을 뚜렷이 하려는 셈이다. 세 번째 길이란 꿈의 길, 보다 정확하게는 꿈과 놀이의 길이다. 꿈이란 꿈꾸어진 이상이며, 놀이란 이 이상을 현실의 틀 안에 설정하고자 하는 프로그램과 규칙이다. 생활은 놀이나 유희가 된다. 이리하여 온갖 공동체의 생활의례는 꿈과 놀이의 실현 형태가 되는 것이다. 중세 끝 무렵의 문화는 유난히 이 접근에 적합한 경우였다. 언뜻 보기에 무의미하고 불합리해 보이는 그 무렵 사람들의 행위나 형식도, 이렇게 접근하면 하나하나 그들에게 절실한 뜻이 있었던 까닭이 이해된다. 《중세의 가을》이 지닌 매력의 근본은 이와 같은 중세인의 의식과 그 행위의 내면적 이해에 있는 것이다.

그런데 하위징아는 이와 같은 기본 입장에 서서 꿈과 놀이라는 세 번째 길의 다양성을 제3장 '계층 사회 개념'부터 제10장 '목가적인 삶의 꿈'까지 일관해서 추구한다. 이어 제11장 '죽음의 이미지'부터는 죽음과 종교, 신앙생활의 여러 형태가 새로운 중심 주제가 된다. 이제 꿈과 놀이는 배경으로 물러나는 것처럼 보인다. 그러나 '꿈과 놀이'란 연구 대상인 동시에 하나의 방법적 개념이다. 사회적 또는 단체적인 이상과 그 추구를 위한 프로그램과 규칙이 이번에는 신앙생활의 여러 형태를 분석하기 위한 방법으로 활용되고 있다. 제18장 이후로는 생활 형식의 예술화가 아니라 예술 그 자체가 다루어지는데, 하위징아는 여기에서, 지금까지 분석된 세 번째 길을 좇는 생활의 여러 형식이 예술에서 어떻게 표현되어 왔는가를 지켜보려 하고 있다. 이런 뜻에서 마지막의 여러 장은 단순한 예술론이 아니라 꿈과 놀이의 방법으로 분석된 중세 끝 무렵의 생활 형식, 문화 형식의 결론에 해당하는 것이다. 한창때를 지나 상징화의 기능을 잃고 오직 시각적 경향을 따라온 중세 정신이 낳은 예술 형식, 중세적 사실주의와 자연주의가 논의되는 것은 그 때문이다.

방법 개념으로서의 '꿈과 놀이'
꿈과 놀이의 형식을 가지고 역사를 논하는 데에는 어떠한 뜻이 있는가? 아까도 잠깐 언급했지만, '놀이'가 하위징아의 《중세의 가을》에 필적하는 대저(大著) 《호모 루덴스》의 중심 주제인 만큼, 다음 절에서도 다시 한번 생각해 보기로 한다. 여기서 말해두고 싶은 것은, 하위징아는 왜 이와 같은 특수한 역사 분석의 방법을 사용하게 되었는가 하는 점이다.

인간의 의지, 감정, 심리 등이 인간과 그 사회적 행동에 커다란 작용을 미치는 것은 우리 모두 경험을 통해 잘 알고 있다. 역사에서도 마찬가지다. 그러나 역사를 움직이는 이들 요소를 객관적으로 파악하기란 어려운 일이다. 그래서 역사 연구에서는 먼저 객체적으로 파악하기 쉬운 법률이나 제도, 정치나 경제 등에 착안하고, 의지, 감정, 심리 등 파악하기 어려운 요소는 객체적으로 파악된 것과의 관련을 보고 간접적으로 설명하게 된다. 이것이 과학적인 역사학의 상도(常道)이다. 또한 정도(正道)이기도 할 것이다. 그러나 그것으로 역사가 샅샅이 해명되는 것은 아니다. 하지만 이 과학적 방법은 자칫 필요하고 충분한 방법이라고 오인되어, 때로는 주관적이고 비합리적인 역사의 요소를 마치 객관적인 것으로써 모두 설명할 수 있다는 착각을 낳는다. 그러나 객관적으로 여겨지는 것 자체가, 끊임없이 인간의 주체적인 요소의 작용을 받으면서 형성되어 가는 것이므로 이른바 과학적·객관적 방법에는 분명한 한계가 있다. 그래서 이 방법을 보충할 것이 필요하게 되고, 하위징아는 바로 그러한 것으로 '꿈과 놀이'의 방법을 구상한 것이다.

하위징아가 꿈과 놀이에 남다른 관심을 보였다고 해서 그를 로맨티시즘의 역사가, 비합리주의의 역사가로 생각하는 것은 잘못된 관점이다. 그는 꿈과 놀이의 역사적 형식을 앎으로써 인간과 인간 집단의 행위가 지닌 역사적 의미를 가늠하려고 했다. 그때 연상(聯想)이나 감정이입에 의한 사물의 이해가 크게 작용하는 것은 불가피한 일이다. 그것이 자의적인 주관에 빠지지 않기 위해서는 역사가(歷史家) 본인이 자기 주관을 넘어서 당시 사람들의 의식이나 심리에 접근할 필요가 있다. 그러기 위해서는 그 시대의 유물적(遺物的) 사료(유물이나 그에 준하는 문서 사료 등)뿐만 아니라 연대기, 각서, 서한, 송사(頌辭) 등의 서술 사료, 더 나아가서 시가, 이야기, 소설 등의 문학작품에 이르기까지의 자료를 검토하여 거기에 작용하고 있는 시대정신의 형식을 명백히 할 필요가 있다. 이 점에서 하위징아는 타의 추종을 불허하는 사료를 연구하여 보통 쓰레기 축에도 못 끼는 재료에서 보물을 찾아낸 것이다.

그러나 그 시대의 사료 분석만으로 무엇이 그 시대정신의 양식인가를 알기에는 부족하다. 시대를 넘고, 지역을 넘은 종횡(縱橫)의 검토만이 그 부족을 보충

할 수 있다. 학생 시절 이래 하위징아의 학문적 방황은 여기에서 큰 열매를 맺었다. 특히 그가 인도·유럽어뿐만이 아니라 셈계(系) 언어까지 배우고, 문법론에서 의미론까지 공부한 것은 후년의 연구에 큰 도움이 되었다. 말뜻이나 개념 규정에 기울인 그의 면밀한 주의를 읽는 사람은, 그가 높은 뜻에서 과학적 역사가였다는 점에 어떠한 의문도 가지지 않을 것이다. 이 바탕 위에 그의 유례없이 풍부한 감정과 감각이 자유롭게 날아올라 부르크하르트의 《이탈리아 르네상스의 문화》에 필적하는 《중세의 가을》을 쓰게 한 것이다.

《호모 루덴스》의 철학

《호모 루덴스》

《중세의 가을》은 하위징아의 이름을 좁은 네덜란드 국경을 넘어 유럽은 물론 온 세계에 전했다. 그 번역본을 가지지 않은 나라가 거의 없다고 해도 지나친 말이 아니다. 《중세의 가을》은 의심할 바 없는 하위징아의 대표 저서이다. 출판된 1919년에 하위징아는 만 47세로, 그야말로 한창 일할 나이였다. 이후 그의 논문, 저서, 평론 등에서의 활약은 정말 눈부시다. 미국도 두 번이나 여행하며, 그 문명에 대한 독특하고 따뜻한 이해에 넘치는 관찰을 평론 형태로 냈고, 인도와 자바에도 갔다. 에라스뮈스의 평전이나 《문화사로의 길》[6]에 수록된 여러 논문, 몸통만으로 끝난 12세기 연구(그중 '전 고딕기의 정신'에 대해서는 이미 말했다), 그 밖에 수많은 문명 비평적 논문과 강연도 그때의 작업물이다. 그러나 이러한 다채로운 일들 중에서 《중세의 가을》과 나란히 주목받는 것은 《내일의 그림자 속에서》(1935년)와 《호모 루덴스》(1938년)이다.

이 두 저서 가운데 양이나 질에서 《중세의 가을》에 견줄 만한 노작(勞作)은 후자이다. 그리고 《중세의 가을》이 어떤 역사 서술 책이라고 한다면 《호모 루덴스》는 방법론적 색채가 강한 연구서이다. 하위징아는 이미 1933년에 레이덴대학 학장 연설에서 '문화에서의 놀이와 진지함의 경계에 대해서' 논했는데 이것

---

6) 1930년에 발표된 독일어 번역 논문집.

은 《호모 루덴스》 집필의 서곡이었다. 그러나 사실을 말하자면 이 강연의 골자는 이미 《중세의 가을》 곳곳에서 발견할 수 있는 것으로, 기본적 본질을 이루는 동시에 방법론을 형성하고 있는 것이었다. 앞에서 언급한 '보다 더 아름다운 세계로의 세 가지 길' 안에서 제시된 '꿈과 놀이'가 그것이다. 하위징아는 《호모 루덴스》에서 '놀이'의 본질과 표현 형태를 역사의 모든 과정 속에서, 자료가 허용하는 한 세계적인 규모로 추구한다. 그 결과 얻은 결론은 놀이가 문화를 낳고 지탱한다, 놀이를 상실한 문화는 붕괴한다는 것이었다. 그렇다면 이와 같이 문화의 본질적인 조건이 되는 놀이란 도대체 어떠한 것인가?

'놀이'의 철학

하위징아에 의하면 '놀이란 어느 확실히 정해진 시간, 공간의 범위 안에서 이루어지는 자발적인 행위 또는 활동'이다. 그것은 자발적으로 받아들여진 규칙에 따른다. 그 규칙은 일단 받아들여지면 절대적인 구속력을 갖는다. 놀이의 목적은 행위 그 자체 안에 있다. 긴장과 기쁨의 감정을 수반하고, 또 '일상생활'과는 '별개의 것이다'라는 의식이 뒷받침되어 있다. 이러한 놀이―그것은 유희라고 보다 더 좁게 한정해도 좋다―의 본질은 우리가 알고 있는 어떤 종류의 놀이에도 통하지만, 특히 연극을 생각하면 이해가 빠를 것이다.

연극은 제사에서 생겨났고 제사의 원리는 '놀이'이기도 하다. '제사란 결국 무엇을 나타내는 일, 극적으로 표현해서 나타내는 일'이다. 곧 사물을 형상화해서 이미지를 만들어냄으로써 현실을 대신할 것을 낳는 행위이다. 시간이 지나서 계절의 성제(聖祭)가 다시 돌아오면, 공동체는 자연의 삶 속에서 일어나는 여러 위대한 일들을 신에게 바치는 행사로써 연기를 하고 축하한다. 그것은 계절의 교체와 변화를 나타내고 있으며, 성위(星位)의 상승이나 하강, 오곡의 성장과 결실, 인간이나 동물의 탄생·생활·죽음 등이 매우 풍성한 상상력으로 개조되어 극적 연기의 형태로 신들의 관람을 위해 제공되는 것이다. 이처럼 제사는 유희의 한 전형으로서 지금 말한 연극의 근원을 이루는 것이다.

이러한 유희―제사의 관행에서 "인간은 표현된 일을 다시금 현실화하여 세계 질서가 유지되는 것을 돕는다." 그리고 거기에 "원시적인 집단 제도의 형태가 잡히면 이 제사―유희라는 형식 안에 유지되고 있던 질서가 그 공동사회 자체가 되어간다."

유희는 단순하고 분명한 형태에서 복잡하고 언뜻 보기에 유희라고 구별할 수 없는 것으로 변해간다. 그 본질을 유지하면서 형태를 바꾸어가는 것이다. 거기에서 "제사는 최고의 진지함과 더없이 성스러운 엄숙함이라고 부를 만한 것이었다. 그런데 그것이 동시에 유희가 된다는 것은 왜 그런 것인가?" 이것이 유희를 문화의 본질 조건으로 설명하기 위한 핵심이다. 하위징아는 여기에서 어린이의 유희, 운동, 연극, 연주 등을 예로 들며, 유희가 일단 이것들과 대립하는 진지함과 단순히 맞서는 것이 아니라, 오히려 함께 존재할 수 있다고 지적하고, 이 생각에 덧붙여서 "제식(祭式), 주술, 전례(典禮), 성사(聖事), 밀의(密儀) 등의 관념이 모조리 유희 개념 영역에 속한다"는 점을 지적한다. 이때 그가 인용하는 플라톤의 대화편 《법률》의 말은 이를 이해하는 데에 백광(白光)과도 같은 시사를 준다.

플라톤에 의하면 인간은 신의 유희 도구로서 만들어졌다. 따라서 사람들은 가장 아름다운 유희를 유희하면서 살아야 한다. 전쟁은 평화를 위하여 잘 처리되어야 할 진지한 작업이지만, 전쟁 자체에는 참으로 엄숙, 진지라고 부를 만한 '유희'도 '교육'도 없다. 평화의 삶이야말로 중요하다. 이를 위해서는 '봉헌식을 할 때에도 노래하고 춤을 출 때에도 유희를 하면서 살아가는 것'이 필요하다. "그러면 인간은 신들의 마음을 누그러뜨리고 달래어 은총을 받아, 적을 막고 싸워서 이길 수 있는 것이다."

유희의 이와 같은 이해는 유교의 예악(禮樂) 개념과도 통하는 것인데, 여기에서 우리는 소박한 뜻의 유희에서 뜻이 깊은 유희로의 통로를 찾을 수 있지 않을까 한다. 이것을 만약에 놀이의 철학이라고 이름 지을 수 있다면, 우리는 이 철학을 통해 여러 문화의 유희성, 일상생활의 틀이나 골격을 이루는 법률과 제도의 여러 형태는 물론 학문이나 예술, 나아가서는 정치나 전쟁에 이르기까지 인간의 생활과 행위, 한마디로 인간 문화 안에서 유희의 요소를 발견할 수 있을 것이다. 만약에 인간의 문화가 이처럼 유희에서 생기고 유희에 뒷받침되고 유희의 요소를 간직하고 있다면, 문화가 유희의 성격을 잃는다는 것은 말하자면 그 근원으로부터 멀어진다는 뜻이다. 근원을 잃은 것이 퇴폐에 빠질 수밖에 없다면, 유희 정신을 잃은 문화는 붕괴의 연못에 직면하는 것이라는 하위징아의 말도 이해할 수 있을 것 같다. 그는 《호모 루덴스》의 마지막 장 현대문화의 유희적 요소에서 말하고 있다. "참다운 문화는 유희 내용을 가지지 않고서는 계속 존재할 수 없다. 문화가 자제와 극기를 전제로 하기 때문이다. 그것은 그 문화만의 것인 미래에의 지향을 궁극적인 최고의 것으로 간주하지 않는 능력이다. 요컨대 문화란 자발적으로 승인한 일정한 한계 속에 성립되는 능력이다. 어떤 의미에서 문화는 지금도 상호 약속 하에 규칙에 따라 유희되기를 바라고 있다."

놀이와 진지함, 유희 정신을 부정하는 사람

유희와 문화의 관계를 이해하려면 하위징아가 내놓은 또 하나의 설명을 볼 필요가 있다. 그에 의하면 유희 또는 놀이는 진지함과 제정신, 즉 독일어의 에른스트와 대립하는 말이다. 물론 유희는 어린이의 놀이나 운동, 도박의 예에서 보듯이 최고도의 긴장과 진지함을 가지고 이루어지며, 그런 뜻에서 성실함·진지함과 서로 맞서는 것이 아니다. 음악 연주자는 신성한 감동에 젖어 있고, 제사 집행자는 성인과의 가장 엄숙한 교류에 마음이 점령되어 있다. 무엇이든 '놀이'는 '진지함'과 함께 존재하고 있다. 그러나 이러한 의미로 유희를 하는 사람은 누구나 일반적인 의미로 '진지'하다고 여겨지는 일상생활의 과정을 잠시 중단하고 '놀이'의 특유한, 각각의 프로그램과 규칙에 따라 행동하고 있다는 것을 자각하고 있다. 이런 뜻에서 놀이와 진지함은 영원토록 대립과 화해의 과정을 되풀이하는 것이다.

다시 말하면 놀이와 진지함, 허구와 현실 사이에는 언제나 일정한 거리를 둔 긴장관계가 있고, 이 긴장관계 위에서만 참다운 문화가 유지된다. 만약에 이 거리가 최종적으로 소멸하면 긴장관계는 더 이상 발생하지 않고, 문화는 생명의 용수철을 잃게 될 것이다. 유희가 진지함을 뒤덮을 때 인간은 존재 기반을 잃을 것이고, 진지함이 놀이를 허용하지 않으면 인간은 정신과 이상을 상실한 '물건'이 될 것이므로.

하위징아는 《호모 루덴스》 제11장 유희 현상하에서 본 문화와 시대의 변천에서 이 대립과 긴장관계 변화를 역사적으로 바라보고 있는데, 여기에서 르네상스 정신과 인문주의에 대해서 한 말이 흥미롭다. 그는 르네상스 정신을 진지함이 결여된 경박한 것으로 보는 견해를 물리치고, "미켈란젤로나 레오나르도 다 빈치보다 진지한 인물을 생각하는 것은 거의 불가능하다"고 말했다. 그러나 고대를 모범으로 삼으며 그 고귀하고 아름다운 형식을 추구하는 르네상스의 정신태도는 여전히 놀이의 그것이었다. 한편 일반적으로 르네상스 이상으로 진지하다는 관념과 쉽게 연관되는 인문주의는, 그럼에도 놀이 정신으로 가득 차 있었다. 그렇기 때문에 신성한 문제를 말할 때의 에라스뮈스의 태도를 루터나 칼뱅은 참을 수 없었다고 한다.

하위징아는 이어서 기술과 사업의 세기인 19세기가 기술의 발전을 문화의 향상으로 오인하여 사업과 이념의 냉철함이 놀이 정신을 죽였다고 보고, 진지함이 일방적으로 놀이를 이겨 결국 참다운 문화를 메마르게 하는 과정의 첫머리를 보려고 한다. 그 관점은 나름대로 뜻이 있지만, 보다 더 흥미로운 것은 진지함이 놀이를 집어삼키고 허구와 현실의 거리가 소멸하는 인문주의와 종교개혁 정신과의 관계에 예시된 일면이다.

하위징아는 진지함과 놀이가 절대 서로 부정적이 아님을 강조하지만, 그 둘이 절대로 서로 허용할 수 없는 지점이 하나 있다. 그것은 진지함이 원래 뜻을 넘어 '대드는 태도'가 된 상태이다. 이것을 다른 말로 표현하면 '광열(狂熱)' 또는 '열광'의 정신 상태이다. 이것은 진지함의 극한이며, 모든 유희는 가장 정신적인 것조차 이 정신 상태와 조화를 이룰 수 없다. 그것은 열성분자의 정신이며 유희의 규칙을 무시하고 적군과 아군, 흑과 백 말고는 판단을 가질 수 없는 정신이다.

유희 정신과 관용, 깨우친 마음

종교개혁의 열광으로부터는 종교전쟁이 아닌 다른 귀결은 있을 수 없었다. 종교전쟁은 그 희생을 통해서 사람들에게 관용의 정신을 일깨웠다. 관용의 정신은 놀이의 정신, 자제와 규칙을 깨우친 마음으로 통한다. 그런데 그 뒤, 그리스도교가 더 이상 지배력을 가질 수 없게 된 19세기에는 이를 대신해서 이데올로기가 등장했다. 이데올로기도 또한 관용의 적이며 열광의 친구이다. 이데올로기는 그 자체가 하나의 허구임에도 신봉자는 자신이 유희를 하고 있다는 의식을 받아들일 여유가 없고, 따라서 거리를 두고 사물을 보는 여유도 없다. 이데올로기는 문화와 깊은 관계로 결합되어 문화라고 오인된다. 이데올로기 사이의 대립이 얼마나 화해의 가능성을 남기지 않는지, 같은 이데올로기의 분열이 어떠한 비관용적인 적의와 증오를 불러일으키는지 오늘날 그것을 모르는 사람은 없다. 여기에는 문화가 자랄 여지가 없는 것이다.

만약에 이데올로기가 갖는 이 문화 불모성이 허구와 현실의 유착, 진지함의 극한 상태인 광열(狂熱)이 유희 정신을 삼켜버린 결과라고 한다면, 하위징아의 강령, "유희의 정신이 결여된 문화는 붕괴한다"는 승인을 받은 것이다.

이와 같이 본다는 것은 우리가 이미 하위징아의 '현대문명의 진단'이라는 부제가 붙은 《내일의 그림자 속에서》의 영역 한가운데에 서 있음을 의미한다. 물론 이 현대문명 비판서에는 위에서 다 말하지 못한 몇 가지 논점이 포함되어 있다. 그러나 현대문명의 비판과 진단의 가장 중요한 논리적 전제는 이미 《호모 루덴스》의 철학 안에 들어 있다.[7] 그리고 하위징아가 현대문명의 비판을 거의 염세주의로 도배했으면서도 자신을 낙관주의자라고 말한다면, 그 이유는 오직 "그 어떤 문화도 마음의 따뜻함 없이는 오래도록 존재할 수가 없다"고 한 말에서 찾을 수 있을 것이다. '마음의 따뜻함'은 관용의 정신이며 자제와 규칙을 가지고 유희하기를 터득한 사람의 정신이다. 그것은 곧 이데올로기의 허구성에 대해서 항상 깨어 있는 마음을 갖는 정신이다. 하위징아는 '광열'과는 거리가 먼 '깨우친 마음'의 사람이며, 《내일의 그림자 속에서》에서 사람들에게 널리 이 입장을 호소한 것이다.

이상에서 하위징아의 《호모 루덴스》를 보며 그 바탕에 있는 유희 정신의 철학적 해설을 시도하고 《내일의 그림자 속에서》에서 제시된 그의 현대문명론까지 살펴보았다. 유희 정신과 관용, 그리고 깨우친 마음은 하위징아의 현대문명론 밑바탕에 있는 관념이다. 그러나 이 근본 관념을 통한 현대 이데올로기 문화 또는 현대문화의 이데올로기적 성격의 해명은 그 자체로 하나의 독립된 논문이 필요할 것이다. '내일의 그림자 한가운데에' 서서 그 설명을 생략하면 어정쩡한 인상을 면치 못하지만 어쩔 수 없다. 왜냐하면 이 해설의 목적은 《중세의

---

7) 마지막 장 '현대문화의 유희 요소.'

가을》의 기본 관점을 뚜렷이 하는 데에 있기 때문이다. 그러나 이 기본 관점은 단지 《중세의 가을》에 머물지 않고 《호모 루덴스》나 《내일의 그림자 속에서》에 이르는 그의 학문적 노작(勞作) 전체에 공통되는 것이며, 다시 그것을 넘어 그의 실천적인 관점으로 이어지는 것이다. 이것이 특히 강조하고 싶은 하위징아론의 요점이다. 이로써 종래의 하위징아론에 빠져 있던 이 점이 얼마간 보충되었다면 그의 '호모 루덴스의 철학'에서 본 현대 이데올로기론의 생략도 허용될 것이다.

부르고뉴 공국, 역사와 전통

《중세의 가을》의 무대

사람들에게 흔히 부르고뉴란 이름은 유명한 포도주 산지라는 것 이상의 이미지는 주지 못할 것이다. 전문 역사가들에게도 부르고뉴는 정체를 파악하기 힘든 까다로운 연구대상이다. 하물며 무엇 때문에 하위징아가 《중세의 가을》의 주요 무대를 여기서 찾았는가 하는 점에 관해서는 대부분의 하위징아 연구서에 아무것도 기록되어 있지 않다. 부르고뉴와 《중세의 가을》의 관계가 너무나 뚜렷하기 때문이 아니라 오히려 그 반대이기 때문이다.

따라서 우리는 부르고뉴란 무엇인가, 왜 하위징아가 이곳을 《중세의 가을》의 무대로 골랐는가에 대해서 먼저 이해를 해두어야 한다. 그러기 위해서는 상당히 길고 복잡한 설명이 필요하므로, 이야기의 맥락을 잡아놓기 위해서 간단한 결론을 먼저 적기로 한다.

여기에서 문제가 된 부르고뉴가 오늘날 프랑스의 지방명으로 남아 있는 부르고뉴와 관계가 있다는 점은 두말할 필요가 없다. 정확하게는 14세기 후반에서 15세기 후반에 걸쳐 존립했던 발루아 왕가의 지족(支族)인 부르고뉴 공작령을 가리킨다. 그곳은 오늘날 부르고뉴라고 불리는 지방을 넘어 현재의 벨기에와 네덜란드, 아르투아, 에노, 피카르디를 포함한 북프랑스의 일부에 미치며, 그 중간에 있는 로렌이나 알자스 일부, 뤽상부르(룩셈부르크) 공작령, 림부르크 공작령을 포함하고, 캉브레나 리에주와 같은 사교령(司敎領)에 대한 사실상의 지배권을 가진 역사적 구성체이다.

디종을 중심으로 하는 원래의 부르고뉴는 이 역사적 대부르고뉴 성립의 출발점이다. 그러나 하위징아가 다룬 대부르고뉴의 중심은 발전 과정에서 차차 북쪽으로 이동하여 반 이상이 플랑드르와 브라반트, 곧 오늘날의 벨기에로 옮아간다. 강, 브뤼주, 예페르, 안트베르펜은 이 북부 부르고뉴의 경제적 중심이며, 브뤼셀은 정치의 중심, 부르고뉴 공들의 궁정이 있던 장소이다.

부르고뉴 공작령의 북방으로의 이동, 이곳을 중심으로 한 대부르고뉴의 통일과 조직의 시도가 그때까지 유력한 도시들이 서로 경쟁하던 북부 부르고뉴—그 주요 부분이 훗날 네덜란드가 된다—에 어떤 통합을 만들어 공통된 정치적 운명을 자각시키는 단서를 주었다. 하위징아의 조국 네덜란드의 싹은 이와 같은 대부르고뉴의 발전 속에서 준비되었다. 그때까지 네덜란드는 벨기에와 함께 명목상 신성로마제국에 속하는 백령(伯領)이나 공령(公領)을 한데 모은 데에 지나지 않았다. 하위징아는 오라녜 공 빌렘이 이끌었던 네덜란드 독립전쟁(1568~1648년)을 조국 형성의 가장 중요한 계기로 생각하지만, 그것을 넘어 14, 15세기의 부르고뉴 공들이 이룬 대부르고뉴 건설을 네덜란드 국민성 형성에 결정적 의미를 갖는 것으로 평가한다. 즉 부르고뉴 공국의 역사는 네덜란드 역사에서 빠질 수 없는 전제였다. 여기에 그가 평생 대저(大著)의 무대로서 부르고뉴를 고른 궁극적인 이유가 있다.

그러나 북부 부르고뉴—편의상 네덜란드라고 해도 좋다—사람들에게는 애당초 남의 나라 사람에 지나지 않는 부르고뉴 지배자들이 어떻게 해서 네덜란드에 공통된 정치적 운명을 자각시킬 수 있었던가. 15세기의 부르고뉴 공들이 단지 왕 호칭만 없는 왕자(王子)였고 디종이나 브뤼셀의 궁정이 유럽 제일의 성대함과 우아함을 자랑했다는 점이 이에 대한 충분한 대답이 될 것이다. 분명히 이것은 문제의 핵심을 찌른 대답이다. 그러나 부르고뉴 공국 1세기 동안의 번영을 봉건시대 끝 무렵의 일반적 혼란—영프 100년 전쟁(1337~1453년), 아르마냐크파—부르고뉴파의 내란(1410~1435년, 장미전쟁(1455~1485년), 신성로마제국의 분열 사태—의 산물로 이해한다면 공국의 번영만으로는 문제의 충분한 해답이 되지 않을 것이다. 부르고뉴 공들의 권력 뒤에는 이 권력에 역사적 정통성을 부여하는 발루아 왕가를 뛰어넘는 오래된 전통의 힘이 있다. 부르고뉴 공령의 중심이 북쪽으로 이동했다 하더라도 공령의 전통적 중심은 여전히 디종이나 본을 중심으로 하는 남부에 남아 있었고, 여기에는 궁정이나 묘소, 공령 전체의 재판이나 사법의 중심이 있었다. 한마디로 말하자면 남부라기보다는 원래의 부르고뉴가 갖는 역사적 전통이 발루아가(家) 부르고뉴 공들의 존귀한 혈통과 함께 그들의 지배에 무게를 실어 주었고, 이것 없이는 네덜란드 사람들의 조국 의식도 일어날 수 없었던 것이다. 이 역사적 전통을 찾아 그것이 부르고뉴 공가의 발전에 미친 작용을 뚜렷이 하는 일이 다음 과제이다. 그것은 우리를 저 멀리 중세사의 발단으로까지 되돌아가게 한다.

지리적 경관

부르고뉴의 역사를 더듬기 위해서는 먼저 그 지리적 경관을 확인해 둘 필요가 있다.

14, 15세기의 발루아계(系) 부르고뉴 공령의 역사적 중심은 앞서 말했듯이 남부 부르고뉴였다. 이것은 크게 4개 지방으로 이루어져 있다. 디종을 수도로 하여, 본, 샬롱쉬르손 등의 유명 도시를 포함하는 원래의 부르고뉴이다. 동부에는 손강을 경계로 부르고뉴 백령(伯領)이 있고 오래된 사교(司敎) 도시 브장송이 그 중심이다. 이 백령은 1384년에 공가의 소유로 돌아갔으나 부르고뉴의 남부에는 작은 마콩 백령, 서부에는 느베르 백령이 있어 각기 14, 15세 무렵에 공가에 귀속되었다.

이상의 네 지방이 남부 부르고뉴를 이루고 있는데 동쪽은 스위스, 서쪽은 베리 공령과 브르봉 공령, 북쪽은 샹파뉴 백령과 로렌 공령(신성로마제국의 로트링겐 공령), 남쪽은 사보이 공령(신성로마제국령)에 한정된 지역이다. 지형적으로 말하자면 동부에는 쥐라산맥이 거의 북동에서 남서로 뻗어 있고, 서부에는 중앙산악지대가 북으로 이어지는 모르방 산지와 코트도르 언덕이 있다. 북부에는 알자스의 보주 산지와 랑그르 고지가 있기 때문에 열려 있는 곳은 남쪽뿐이다.

보주 산지에서 시작하여 쥐라산맥이나 코트도르 언덕에서 나오는 지류가 합쳐진 손강이 이 산지 사이에 디종을 중심으로 하는 손 분지(盆地)를 만들고, 남쪽의 열린 부분을 지나 론강으로 흐른다. 합류점이 리옹이다. 참고로 말하자면 프랑스의 유명한 하천은 갈론강을 빼고는 모두 부르고뉴 산지에서 시작되거나 그 산지를 지나 대서양으로 흐른다. 즉 루아르강은 중안 산악지대에서 시작하여 거의 부르고뉴 서단을 따라가다가 모르방 산지에서 흐르는 물과 만나 서쪽으로 흐르고, 모제르강은 부르고뉴 동북단의 보주 산지에서, 센강은 모르방 산지에서 발원한다.

이와 같이 부르고뉴는 손 분지(盆地)를 품은 산간 지방인데, 이 지형이 예부터 부르고뉴를 프랑스 안에서 하나의 특수한 세계로 만들어왔다고 볼 수 있다. 그러나 부르고뉴의 산들은 동쪽의 쥐라산맥—중앙부에 동서로 잘린 곳이 있다—을 제외하고는 일반적으로 낮고 완만하여 교통을 심하게 방해할 정도는 아니었다. 모르방 산지가 최고 900미터 정도로, 산간에는 물길을 이용해서 예부터 교통이 열려 있다. 이를테면 북쪽의 샹파뉴나 일 드 프랑스에서 에스파냐의 산티아고 데 콤포스텔라로 향하는 순례길은 모르방 산지의 베즐레나 오툉을 지나 랑그도크의 르퓌에 이르러, 툴루즈를 거쳐 피레네 서부로 향한다. 마르세유로 빠지는 론강은 예로부터 상업 간선이며 론, 손의 합류점 리옹은 로마시대 이래 이 간선에 따른 도시로 발전했다. 또한 리옹은 동서남북으로 향하는 중세 상업로의 분기점으로, 북으로 향하는 것은 손강을 따라 디종에 이르고 다시 센의 원류(源流)를 따라서 샹파뉴로 빠져 파리로 향한다. 이탈리아에서 아오스타의 계곡을 지나 대(大)생베르나르 고개를 넘는 고대 로마의 간선도로는 레망 호수의 북쪽 기슭을 지나 쥐라산맥의 갈라진 틈으로 빠져 디종과 브장송으로 향한다. 브장송을 지난 길은 랑그르의 고지를 지나 샹파뉴에 이르고 다시 북방 상업의 중심지인 플랑드르에 다다른다. 이렇게만 보아도 부르고뉴가 산이 많은 별천지였다고는 하지만 고대 이래 남북 간선도로가 가로지르고 있어서 바깥세계와의 접촉에 지장이 없었음을 알 수 있다.

부르고뉴에서는 오늘날 디종, 샬롱, 마콩 등의 주요 도시를 중심으로 온갖 상업이 영위되고 있는데, 중요한 전통 상업은 소 사육을 중심으로 한 산지의 목축, 손강의 단구(段丘)를 중심으로 거의 전 지역에 이르는 포도 재배, 그리고 쥐라 산지의 암염 채굴이다. 부르고뉴는 중세시대부터 식도락의 천국이며, 부르고뉴 사람들은 가르강튀아처럼 대식가로 알려져 있다. 포도주 만들기는 중세 이래 이 나라의 가장 중요한 사업으로, 페트라르카는 아비뇽의 추기경들이 부르고뉴 와인 때문에 로마로 돌아가기를 싫어했다고 나무랐다. 지금도 디종 서쪽의 코트도르 언덕과 부르고뉴 남단의 보졸레 언덕은 좋은 술의 산지로 유명하다.

부르고뉴의 산지는 그다지 높지 않으나 완만하게 크고, 오베르뉴 지방과 함께 땅이 낮은 프랑스의 다른 지방과는 차별된 경관을 갖고 있다. 활엽수로 덮인 산지의 가을은 특히 아름다워 포도의 결실과 함께 부르고뉴의 가을을 장식한다.

게르만시대부터 카페왕조 성립까지

부르고뉴의 이름은 게르만의 한 부족 부르군트족=부르군디오네스에서 유래한다. 부르군트인은 처음에 발트해(海) 남쪽 바닷가에 살고 있었는데, 이윽고 비스툴라 하류 유역을 거쳐, 라인의 지류 마인강 부근으로 옮겨 라인 강변의 도시 보름스를 중심으로 나라를 세웠다. 세력이 커지자 로마가 반격을 했으며, 그중에서도 로마 장군 아에티우스는 훈족을 용병으로 써서 이를 멸망시켰다(435~37년). 이때의 기억이 나중에 서사시 《니벨룽겐의 노래》(제1부)의 주제가 되었다. 살아남은 부르군트족은 로마인에 의해서 사보이 지방으로 이주를 강요당했다. 그 뒤 로마 세력이 쇠퇴하는 틈을 타서 다시 한번 중세 부르고뉴 지방 일대를 차지하는 왕국을 만들었고, 그 남부는 프로방스 지방의 중간에까지 이르렀다. 그동안 그들은 아리우스파(派)에서 가톨릭으로 개종하고 유명한 군도바트 법전(부족법 법전)을 만들었다(6세기 초). 그러나 이윽고 클로비스 휘하에서 북프랑스에 세력을 폈던 프랑크 왕국과 싸우게 되고, 534년 패하여 프랑크 왕국에 병합되었다.

6세기 중엽 제1차 메로빙거 프랑크 왕국의 분할 때 부르군트는 프랑크인의 지배하에 다시 왕국으로 독립했고, 그 영역의 남쪽은 거의 프로방스 전체에 미쳤을 뿐만 아니라 알프스를 넘어 이탈리아의 아오스타 계곡까지 이르렀고, 서쪽으로는 부르고뉴 산지를 넘어 중북부 프랑스의 오를레앙이나 샤르트르에 미쳤다.

메로빙거 프랑크의 부르군트 왕국은 샤를 마르텔의 통일(8세기 전반)로 해소되고 이후 카롤링거 프랑크(정식으로는 751년 피핀의 등극 이후)의 한 지방이 된다. 샤를마뉴, 경건왕 루이의 치세를 거친 뒤, 베르됭 조약(843년)에 의해서 프랑크 대제국이 경건왕 루이의 세 아들에게 분할되었을 때 부르군트는 이탈리아와 함께 장남 로타르의 나라 로타링기아(로트링겐, 로렌이란 이름의 기원)의 일부를 이루게 되었다. 로타링기아에는 부르군트=부르고뉴 지방과 함께 알자스 로렌, 네덜란드 및 이탈리아가 속해 있었는데, 부르군트가 네덜란드와 같은 왕국에 속한 것은 중세 부르고뉴 공국 역사에 중요한 뜻을 가지게 되었다. 이와 동시에 기억해야 할 일은 로타링기아가 장남 로타르의 나라이며 샤를 대제 이후 로마제국의 제관(帝冠)이 이 나라에 계승되었다는 점이다.

제관을 잇는 로타링기아가 누린 이 특권적 지위는, 그 뒤 유럽 역사의 발전이 앞서 말한 베르됭 조약으로 성립한 동(東)프랑크(독일)와 서(西)프랑크(프랑스)를 중심으로 진행되었고, 게다가 870년 메르센 조약에 의해 론강 부근까지의 로타링기아가 동서 프랑크 사이에 분할되었기 때문에 사람들의 관심에서 멀어진 경향이 있다. 그러나 부르고뉴 지방 호족(豪族)은 메르센 조약에 의한 분할 뒤에도 사보이, 프로방스 지방을 통일해서 부르군트의 왕호(王號), 때로는 로마 황제 칭호를 쓰며 이탈리아 왕국과 나란히 구(舊)프랑크제국 독립의 일부를 이루고 있었다. 마침내 962년, 동프랑크를 이어받은 오토 1세가 신성로마제국을 일으킴에 따라 제관은 영원히 부르군트와 이탈리아를 떠났다.

그러나 부르군트 왕국(아를 시가 중심이므로 아를 왕국이라고도 불린다)은 이 시기에도 살아남아, 자손이 없던 왕국의 마지막 지배자 루돌프 3세(1032년 죽음)가 점차 종속관계를 심화시키고 있던 독일 잘리에르 왕조의 신성로마제국 황제 콘라트 2세에게 유언으로 그 나라를 물려줄 때까지 독립을 유지했다.

이렇게 해서 부르군트는 11세기 전반에 독립된 정치적 단위를 내려 놓았지만, 그때까지 부르군트 지방 중에서 론강과 손강의 서쪽은 거의 모두 서프랑크(프랑스)에 귀속되고 손강 동쪽, 곧 그 뒤의 부르군트 자유백령(自由伯領)(프라이 그라프샤프트, 프랑슈콩테)은 신성로마제국령이 되었다. 하지만 여기서도 잊어서는 안 될 일은 신성로마제국에 속했던 부르군트가 역시 왕국(독일왕의 겸령(兼領))으로서 통합을 유지했고, 더욱이 변경이라 효과적인 통제가 미치지 않아 여전히 반(半)독립상태였다는 점이다. 이 지방 가운데 프로방스는 13세기 중엽에 프랑스 루이 9세의 동생 앙주가(家)의 샤를이 백작 상속녀와 결혼함으로써 프랑스에 귀속하게 된다.

이렇듯 옛 부르군트 왕국 및 그 지방은 신성로마제국과 프랑스 사이에 분할되지만, 부르고뉴 공국에 관계되는 발루아가(家)는 손강 서쪽의 부르고뉴와 그 동쪽의 부르고뉴 자유백령(프랑슈콩테) 둘이다. 그러나 후자는 발루아계 부르고뉴 공가(公家)가 처음 손에 넣은 것으로 그때까지, 곧 13세기 후반에 이르기까지 프랑스 역사에서 문제가 되는 것은 손강 서쪽인 전자뿐이다.

카페왕조시대의 부르고뉴

샤를마뉴의 프랑크제국(정확히는 로마제국)은 베르됭과 메르센 두 조약을 거쳐 급속한 해체 과정을 겪는데, 이 과정은 노르만족, 마자르족, 사라센족의 침입에 의해서 더욱 빨라진다. 이 해체 과정 속에서 독일과 프랑스가 태어나게 되는데, 새로운 국가의 기초를 마련하는 데는 주로 각 민족의 공통된 재앙이었던 외부 민족의 침입에 대한 방위가 계기였다.

프랑스의 경우 가장 큰 문제는 노르만족의 침입이었으며, 초대 왕조 카페가(家)가 왕위를 얻은 것은 결국 카페가가 카롤링거의 후손보다 더 효과적으로 노르만족을 방어할 수 있었기 때문이다. 888년 파리 백작 외드가 카롤링거를 대신해서 국왕에 선출되어 위그 카페가 카페왕조의 프랑스를 세울 때까지 약 1세기 동안, 서프랑크의 왕위는 카롤링거와 로베르 가문 사이에 거의 교대로 점령된다. 로베르 가문은 대머리왕 샤를이 노르만족 방어를 위하여 네우스트리아(루아르강 중하류 지역) 변경백작으로 임명한 로베르 르 폴을 조상으로 하는 집안으로, 앞서의 파리 백작 외드는 그의 아들이다.

파리 백작 외드가 왕으로 선출된 888년 무렵 노르만족이 부르고뉴에 침입했는데, 구(舊) 부르군트 왕가의 일족으로 오탄의 백작이었던 리샤르 르 쥐스티시에가 이를 격퇴하여 부르고뉴 일대를 평정하고 부르고뉴 공령을 건설했다. 그의 아들 라울은 921년에 공령을 상속한 뒤 923년에는 프랑스 국왕으로 선출되었다. 이것은 라울의 실력과 함께 그가 로베르 가문의 국왕 로베르 2세의 사위로서 유서 있는 가계와 인연을 맺었기 때문이다.

987년 위그 카페가 왕위에 오르자 1세기에 걸친 카롤링거와 로베르 가문의 다툼은 끝나고 로베르 가문이 카페왕조로서 1328년까지 프랑스에 군림하게 된다. 위그 카페는 앞서 말한 부르고뉴 공작 라울이 죽은 뒤(936년), 둘째 아들 앙리에 공령을 상속하게 했으나 그 뒤 부르고뉴 공령은 한두 가지 경로를 통해 카페가 일족에 의해 1361년까지 통치된다. 카페가에서 갈라져 나온 혈족이 계속해서 지배한 공령은 전체 프랑스 중 부르고뉴뿐이며, 부르고뉴는 이런 점에서 다른 프랑스의 제후령 가운데 특별한 위치를 차지했었다고 볼 수 있다.

카페왕조가 끊어진 뒤 그 혈족인 발루아가가 대신 왕위를 이어받게 되는데, 부르고뉴 공령도 카페 혈족의 부르고뉴 공가 단절 뒤에는 발루아 일족이 그 뒤를 잇는다. 이와 같이 부르고뉴 공령은 프랑스의 중세사 내내 지배 왕조의 일족이 통치하여 마치 친왕령(親王領)과 같은 특수한 지위를 유지한다. 이것은 우리의 주제인 발루아가 부르고뉴 제후의 행동을 이해할 때 언제나 기억해 두어야할 사항이다. 그러나 공령이 발루아 제후의 시대로 넘어가기 전에 우리는 카페왕조시대의 부르고뉴 공령 역사의 다른 측면에 잠깐 눈을 돌릴 필요가 있다.

중세문화에서 부르고뉴의 위치

중세 프랑스 역사 속에서 부르고뉴를 특징짓는 것은 왕가와의 밀접한 관계만이 아니다. 그 이상으로 중요한 점은 부르고뉴가 중세의 대부분 동안 유럽 종교문화의 중심지였다는 사실이다.

9, 10세기 유럽이 노르만, 마자르, 사라센의 침공으로 고민했다는 것은 앞서도 말했다. 프랑스에서 이 재앙으로부터 비교적 안전했던 곳은 특수한 지리적 조건의 보호를 받은 부르고뉴였다. 이 시대에는 방어력이 부족한 교회나 수도원은 침입의 희생이 되기 쉬웠으므로 프랑스 각지에서 부르고뉴로 교회의 보물을 옮기거나, 수도사가 그 보물과 함께 옮겨와 사는 일이 많았다. 가장 유명한 예는 루아르 하구와 가까운 대서양의 누아르무티에섬 수도원의 수도사들이 수호성인 성 필리베르의 성유골(聖遺骨)을 받들고 손 강변의 투르뉘까지 몇 년의 방랑 끝에 도착한 사건(875년)이다.

투르뉘의 성 필리베르 수도원 교회는 원래 2세기 끝 무렵 투르뉘에서 순교한 소아시아 사람인 성 발레리안에 바친 예배당이었는데, 이 사건이 있은 뒤에는 성 필리베르 교회라고 불리게 되었다. 이 교회는 손 강변의 높은 지대에 세워진 로마네스크 건축(12세기 준공)으로 성 필리베르의 유골은 성당 본당에, 성 발레리안의 유골은 지하 예배당에 안치되어 있다. 완전한 형태로 남은 부르고뉴 로마네스크의 대표적 예로 가장 아름다운 로마네스크 사원의 하나로 꼽는다.

마찬가지로 노르만족 침입과 관계가 있어 유명해진 사원은 베즐레의 성 마들렌 성당과 오퇭의 주교좌성당이다. 두 성당 모두 모르방의 산지에 있는데, 무훈시(武勳詩)로 노래한 부르고뉴의 백작 지라르 드 루시용의 사적(事蹟)과 관계가 있다. 베즐레는 9세기 중엽 지라르가, 그가 건립한 수도원이 노르만족에 의해 파괴되자 현재 베즐레가 있는 작은 언덕 위에 성 마들렌 성당(수도원 부설 교회)을 세웠을 때 생겼다(878년). 현재의 사원은 12세기 중엽에 재건하고, 19세기 중엽에 비오레 공작에 의해 복원된 것인데 이것 또한 로마네스크 사원의 걸작으로 특히 본당 출입구 정면을 장식하는 '성령을 주는 그리스도'는 로마네스크 조각의 최고 걸작이다. 고립된 작은 언덕에 서 있는 베즐레는 부르고뉴 산지를 조망하기에 뛰어나며, 그 웅대한 경관은 보는 이의 가슴에 잊을 수 없는 인상을 남긴다.

중세를 통하여 베즐레는 프랑스 제일의 순례지 가운데 하나였다. 여기에서 동남으로 내려가는 오래된 길을 따라가면 중요한 순례지의 하나인 오퇭이 나온다. 오퇭은 로마시대 이래의 오래된 도시지만 그 주교좌성당 생라자르는, 사라센족의 약탈을 피하려고 마르세유에서 가지고 온 성 라자르의 유골을 안치하기 위해 앞서 말한 지라르 드 루시용이 세웠다. 역시 로마네스크 양식이며, 장식 돌조각의 예술적 가치도 가치려니와 그 수와 표현의 다양성 면에서 볼 때 프랑스 굴지의 것이다.

로마네스크 예술에 관해서 부르고뉴는 프랑스 제1의 보고라고 해도 좋은데, 이는 외부 민족 침입 시대의 부르고뉴 위치와 관계되는 바가 크다. 로마네스크는 가장 중세다운 문화를 낳은 12세기 르네상스의 예술적 표현이다.

그건 그렇고, 중세의 부르고뉴를 특징짓는 종교문화는 위에서 말한 외부민족 침입의 결과로써 생긴 것만은 아니다. 8세기 이래 서유럽 일대를 풍미한 성 베네딕트 수도원이 보급되기 이전의 프랑스에서는 동방 시리아계(系가 지배적이었다. 그 중심은 남프랑스 칸의 앞바다에 있는 레랭섬과 루아르강 중류지역의 투르였으나 이 두 곳에서 배운 성 패트릭이 아일랜드에 포교한 뒤에는 반대로 유럽이 아일랜드 선교사의 포교를 받게 되었다. 그 결과 생겨난 수도원이 스위스의 상트 갈렌, 북이탈리아의 보비오이며, 프랑스에서는 뤽세이유가 그 중심이었다. 뤽세이유는 부르고뉴 북부,

보주 산지의 남단에 있고, 성 콜룸바누스가 6세기에 세운 수도원이 지금도 남아 있다(단 현재의 건물은 13세기 이후).

이와 같이 부르고뉴는 프랑스 최고(最古)의 수도원 문화가 번창한 땅인데, 우리 주제에 보다 더 깊은 관계가 있는 것은 10세기 이후 프란시스칸과 도미니칸의 탁발수도회가 생겨나는 13세기 전까지 유럽의 정신생활을 지도한 두 대수도회의 활동이다. 클뤼니와 시토이며, 모두 부르고뉴에서 생겨났다.

클뤼니는 코트도르 언덕과 보졸레 언덕을 잇는 샤롤레 산지 속 분지에 있다. 909년(또는 910년), 아키텐의 기욤 공(公)이 여기에 수도원을 세워 로마 법왕권 말고는 어떤 권력에도 복종하지 않는 자유수도원으로 삼았다. 클뤼니는 성 베네딕트 계율을 엄격히 준수하여 당시의 타락한 수도 생활에 새 바람을 불어넣었다. 성 오돈, 성 마이율, 성 오딜론, 성 위그, 피에르 사교 등 대대로 유능한 사람을 수도원장으로 얻음으로써 그 감화는 유럽 전역에 미치고, 전성기인 12세기 전반에는 직속 지수도원(支修道院)만 600개 이상, 수용한 수도사는 1만 명을 넘었다. 간접적으로 속하는 것까지 합하면 수천의 수도원이 클뤼니 아래에 있었다고 하니까 수도원장의 지위는 로마법왕 다음이고 정신적 권위는 가끔 그것을 뛰어넘기도 했다. 성 위그에 의해서 시작되어 피에르 사교 시대에 완성된 클뤼니 대성당은 르네상스시대에 로마의 성 베드로 대성당이 생기기 전까지 유럽에서 가장 성대한 건축물이었다. 7기(基)의 탑, 5개의 본당, 2개의 트랜셉트[8]를 가졌고, 회당의 가장 긴 부분은 171미터(로마의 성 베드로 대성당은 186미터)에 이르렀다. 대혁명시대에 매각, 해체되었기 때문에 현재 남아 있는 것은 겨우 탑 2기에 지나지 않지만, 미국의 건축 고고학자 코난트 씨의 복원도로 지난날의 위용을 엿볼 수 있다.

교회 건축 이상으로 주목해야 할 것은 클뤼니에 의해서 시작된 모(母)수도원과 지(支)수도원으로 이루어진 수도회 조직이다. 이것은 클뤼니를 중심으로 한 집권적인 조직으로, 그 운영을 통해서 클뤼니는 온 유럽의 수도 생활, 아니 종교생활의 중심이 되었으며, 클뤼니가 위치한 부르고뉴는 유럽 종교생활의 중심지가 되었다.

---

8) 십자형 교회당에서 본당과 부속 건물을 연결해 주는 공간.

그러나 클뤼니가 일으킨 수도 생활의 혁신은 클뤼니의 번영과 사치와 함께 보다 엄격한 수도 생활을 바라는 새로운 움직임을 유도할 수밖에 없었다. 클뤼니의 지수도원, 부르고뉴 북단 몰렘의 수도사 로르는 그곳을 탈출하여 디종 남쪽 시토에 새로운 수도의 땅을 찾아 머물렀다(1098년). 이것이 12세기 동안에 클뤼니를 능가한 시토 수도회의 시작이다. 시토 수도회의 발전에 가장 공헌한 사람은 12세기 서유럽 정신계의 왕자로서, 부르고뉴에 맞닿은 남부 샹파뉴에서 클레르보 수도원을 운영한 성 베르나르이다.

이와 같이 부르고뉴는 11, 12세기를 중심으로 유럽 최대라고 일컬어지는 2개의 수도회를 가짐으로써 프랑스뿐만 아니라 유럽 전체의 종교생활, 나아가 학예의 중심이 되었다. 그 지위는 파리를 중심으로 하는 일 드 프랑스가 카페왕조의 상승에 힘입어 새로운 문화의 중심으로 성장할 때까지 흔들리지 않았다. 고딕시대 유럽 문화의 중심이 일 드 프랑스라면 로마네스크시대의 중심은 부르고뉴라고 할 수 있다. 이러한 부르고뉴의 지위가 왕권과 뗄 수 없는 공령으로서의 부르고뉴의 지위를 높이는 결과가 되었다.

발루아가(家)시대의 부르고뉴

카페에서 발루아로

카페왕조시대에 카페가의 일족이 부르고뉴 공령을 소유해 왔다는 사실은 앞서 말한 바이다. 300년이 넘는 이 기간 동안 공령은 봉건 소유의 영지 구입이나 몰수, 봉건관계의 정비를 통해 조직을 긴밀하게 하고 도시나 시장을 보호해서 상업의 번영을 꾀했기 때문에 내부적으로 큰 발전을 이룩할 수 있었다. 디종, 특히 샬롱쉬르손은 국제상업의 중심지가 되었고 부르고뉴 쪽에서는 포도주와 양모가 그 담보물이 되었다. 한편 카페 종가와의 혼인도 여러 차례 이루어져 서로의 관계도 긴밀했다. 이 시기의 막바지에 가까운 외드 4세(재위 1315~49년) 시대에는 신성로마제국에 속하는 프랑슈콩테의 세금을 징수해 발루아 공가시대의 대부르고뉴 공령의 기초가 완성되었다.

1361년, 카페계(系) 부르고뉴 공가의 마지막 대표자였던 필립 드 루브르가 적자(嫡子) 없이 일찍 세상을 떠났다. 선량왕 장 2세―그는 백년전쟁 전기의 푸아티에 전투에서 영국군의 포로가 되어 한때 영국에 있었으나 이때에는 몸값을 마련하기 위해 석방되어 프랑스에 있었다―는 서둘러 디종으로 가서 부르고뉴 공령의 상속을 요구하고, 막내 필립(뒤에 담대공이라고 불렸다)을 위해 부르고뉴 본령(本領)을 확보했다. 그러나 프랑슈콩테와 아르투아는 일찍 세상을 떠난 부르고뉴 공의 미망인이자 플랑드르 백령의 상속인 마르그리트 드 플랑드르에게 남겨졌다.

담대공 필립

이리하여 부르고뉴 본령은 발루아 왕가의 친왕령(親王領)이 되어 부르고뉴의 발루아시대가 시작되는데, 장 2세가 부르고뉴를 후계자 없는 공령으로서 왕령에 편입하지 않고 둘째 아들을 위해 친왕령으로 둔 것에 대해서는 일화가 하나 전해지고 있다. 푸아티에 전투에서 프랑스군이 대패했을 때 장 2세의 맏아들 샤를(뒤의 5세)은 재빨리 도망갔는데 막내 필립은 끝까지 부왕 곁에 머물러 몸소 그 위험을 물리쳤다. 필립은 이때의 행동으로 뒤에 담대공이라 불리게 되었으며, 장 왕은 이 일로 말미암아 그에게 마음이 기울어 그 마음씨에 보상하고자 한 것이다. 이것이 그를 위해 친왕령을 창설한 이유이다. 참고로, 친왕령은 아직 그 성격이 분명치 않은 제도이다. 13세기 전반, 루이 8세 시대에 후계자 루이 9세의 동생들을 위해 처음 설치한 것으로, 필립 2세 시대(1180~1223년) 이래 급속히 진행되어온 왕령 집중책에 거스르는 인상을 준다. 학자는, 상속받을 적자가 없을 때면 자동으로 다시 왕령이 되는 것이 친왕령이라며, 시대에 거스르는 듯한 친왕령의 인상을 설명했다. 그러나 그것이 처음으로 명시된 것은 친왕령 창설 뒤 반세기가 지난 1284년의 일로, 칙령에 의하지 않고 고등법원의 재정(裁定)으로 이루어졌다. 게다가 이 원칙조차도 언제나 지켜진 것은 아니었다. 장 2세가 필립을 위해 창설한 부르고뉴 친왕령은 남성뿐만 아니라 여성 상속도 인정하고 있어서 일반적인 봉건 제후령과 다를 바 없었다.

그런데 새로운 부르고뉴 공가의 창시자 담대공 필립은 곧잘 형 샤를 5세를 도와서 영국군의 구축에 임했기 때문에, 둘 사이는 긴밀했다. 당시 이 새로운 공령이 나중에 프랑스를 존망이 걸린 위급한 수렁으로 몰아넣으리라고는 아무도 예상하지 못했다. 오히려 구(舊)부르고뉴 공의 미망인 마르그리트가 영국왕 에드워드 3세의 아들 에드몬드와 약혼했을 때 플랑드르를 잃을까 봐 두려워한 샤를 5세는 법왕 우르바노 5세를 설득하여 이 약혼을 취소시키고—이 혼인은 근친 관계 때문에 법왕의 특별한 허락이 필요했다—오히려 마르그리트를 담대 공 필립에게 짝지어 주었을(1369년) 정도였다. 이것은 프랑스의 외교적 승리다. 이로 인해 부르고뉴는 1384년 플랑드르 백작이 죽은 뒤 당시 프랑스에서 가장 부유한 지방이었던 플랑드르와 함께 프랑슈콩테, 아르투아, 누베르, 루테르의 여러 백령(伯領)을 추가하기에 이르렀다. 여기에서 대부르고뉴시대가 시작되는 것이다.

1380년, 샤를 5세가 죽고 어린 샤를 6세가 뒤를 이었을 때 이를 보좌한 대담 공 필립의 지위는 한층 무거워졌다. 그는 1남 1녀를 각기 에노, 홀란트, 젤란트 의 상속권을 갖는 바이에른의 비텔스바흐가(家)의 자녀와 혼인을 시키고, 다른 두 딸을 오스트리아의 합스부르크 왕가와 사보이 공가로 시집보냈다. 게다가 필 립은 그 지위를 이용하여 샤를 6세로부터 갖가지 정기 녹봉, 증여 등을 얻었으 므로 필립 치세 말년에는 수입의 절반이 이런 종류의 배당에서 나온다고 일컬 어질 정도였다.

이러한 필립의 권세를 다른 형제가 묵인할 리 없었다. 유약하고 광기의 징후 를 나타낸 국왕의 보좌권을 둘러싼 다툼이 되풀이되었고, 1392년 국왕이 진짜 광인이 되자 싸움은 더욱 격렬해졌다. 원칙대로 하자면 광기를 띤 국왕에게는 섭정이 필요하다. 하지만 필립의 형제들은 그것을 허용하지 않았고, 대신 국왕 고문회의를 설치했다. 그러나 그것은 누가 이 회의의 수석을 차지할 것인가 하 는 새로운 다툼을 자아냈을 뿐이었다. 참고로 이 국왕을 목욕시키기 위해서는 12명의 신하가 악마로 분장해서 도망 다니는 국왕의 옷을 억지로 벗겼다고 한 다. 이 이야기는 《중세의 가을》에도 나온다.

용맹공 장과 루이 도를레앙

1404년, 담대공 필립이 죽고 그 아들 용맹공 장이 뒤를 이었다. 필립이 살아 있을 때 정년에 이른 광기 어린 국왕의 동생 오를레앙 공 루이는, 당연한 권리 로서 이미 고문회의의 수석을 요구하고 있었다. 루이는 문장이 뛰어나고 정치적으로도 유능했기 때문에 필립이 죽은 뒤 용맹공 장은 이 사촌동생을 가장 두려운 경쟁 상대로 보았다. 둘은 궁정 안에서 다투었을 뿐만 아니라 영국, 독일에도 저마다 도움이 될 만한 밀접한 관계를 만들고자 노력했다. 그때 장이 랭커스터가(家)의 헨리 4세와 손을 잡은 것은 백년전쟁 제2기의 초두로, 아쟁쿠르 전투(1415년)에서 프랑스가 참패하는 원인이 된다. 장은 동시에 플랑드르의 백작으로서 플랑드르 여러 도시의 오랜 반(反)프랑스 감정을 선동했고, 또 플랑드르와 영국의 거래계약을 만들어 만일 영프전쟁이 일어날 경우에 영국이 플랑드르의 중립을 약속하게 하는 데에 성공했다. 이제 프랑스는 사실상 2개로 나뉘었고, 시인 장 드 몽트뢰이유는 "프랑스를 지배하는 것은 사람의 앎이 아니라 운명의 여신이다"라며 한탄했다.

일이 진행되면 대립하는 둘 중 어느 한쪽은 상처를 입기 마련이다. 악마에 홀린 용맹공 장은 자객을 고용하여 루이 도를레앙을 살해했다(1407년). 그는 이 사실을 인정했음에도 신학자 장 프티로 하여금 이것을 자연법과 신의 뜻에 입각한 폭군 살해라고 주장하게 했다.

루이 도를레앙 암살이 부르고뉴, 오를레앙의 대립을 단숨에 발화점까지 끌고 가지는 않았다. 용맹공 장이 왕가를 누르고 민중의 환심을 사는 데에 성공했기 때문이다. 그러나 그것도 잠깐, 오를레앙 쪽은 후계공(後繼公) 샤를의 큰아버지 아르마냐크 백작을 중심으로 왕태자를 옹호하여 반항 조직을 갖추었다. 이리하여 사건이 생기고 나서 3년이 지난 1410년, 이른바 아르마냐크 대 부르고뉴의 내란이 일어났다. 두 파는 서로를 비난하고 테러에 테러로 응수했다. 파리는 두 파 쟁탈전의 중심지가 되었고, 부르고뉴파가 파리를 점령했을 때 아르마냐크파에 대한 테러는 특히 잔학하기 그지없었다. 당시는 교회 분열의 시기이기도 했으므로 아르마냐크파는 아비뇽파, 부르고뉴파는 로마파로 나뉘어 서로 파문을 되풀이했다. 외국 세력과의 동맹도 더욱 열심히 이루어져 영국 왕 헨리 4세는 이 대립에서 가장 큰 이익을 얻었다. 헨리 4세의 뒤를 이은 헨리 5세(재위 1413~22년)는 처음부터 부르고뉴파로, 그는 부르고뉴의 중립을 사들이자 갑자기 프랑스로 쳐들어가(백년전쟁 제2기 개시), 왕태자를 옹호하는 아르마냐크 세력에 크나큰 타격을 가했다(아쟁쿠르 전투). 이 싸움 끝에 헨리 5세는 말한다. "승리는 나의 힘에 의한 것이 아니다. 신이 프랑스 사람에게 벌을 내린 것이다."

아쟁쿠르의 승리는 헨리 5세의 것이었을 뿐만 아니라 중립한 부르고뉴의 것이기도 했다. 용맹공 장은 왕태자의 어머니 이자보를 자기 진영으로 포섭하고 샹파뉴의 트루아를 중심으로 북프랑스 대부분을 지배했다. 1418년에는 파리를 지배하에 넣고 왕태자와 새로운 협정을 맺으려고 했다. 1419년 9월 10일, 두 사람이 센과 그 지류 욘강의 합류점인 몽트뢰 다리 위에서 만나려고 했을 때 용맹공 장은 아르마냐크의 자객 손에 쓰러졌다. 말하자면 루이 도를레앙의 복수로, 두 파는 1대 1의 균형을 확보한 셈이다. 그러나 실제로는 이런 이치가 통할 리 없다. 그들의 항쟁은 프랑스에 최악의 상태를 가져왔다. 1세기가량 뒤에 한 수도사는 프랑수아 1세에게 용맹공 장의 두개골 구멍을 가리키며 말했다. "폐하, 이것이야말로 영국이 프랑스로 침입한 구멍입니다."

몽트뢰의 교섭이 결렬되자 부르고뉴파는 단독으로 영프 사이에 트루아 조약을 맺었다. 왕태자의 왕위 계승권을 빼앗아 그 권리를 샤를 6세의 딸 카트린과 결혼한 헨리 5세에게 주었고, 그는 프랑스 국왕의 섭정이 되었다. 더욱이 헨리 5세와 샤를 6세는 1422년 연이어 죽었기 때문에 프랑스의 왕관은 헨리 5세의 아들 헨리 6세에게 넘어가 그는 영국, 프랑스 두 나라의 왕이 된다.

선량공 필립―공국의 전성기

암살된 용맹공 장을 이어 등장한 것은 선량공 필립(재위 1419~67년)이다. 그의 50여 년에 걸친 치세는 발루아계(系) 부르고뉴 공국에 최대 번영을 꽃피웠고 그의 궁정은 중세 끝 무렵 유럽 문화의 중심이 되었다. 《중세의 가을》의 중심 무대이다.

그는 트루아 조약 뒤 약 15년 동안은 영국과의 연계를 유지했으나 양자의 관계는 그 기간 동안에 냉각 일로를 걷는다. 이유는 영국의 인기가 떨어진 점과 네덜란드를 둘러싼 영국, 부르고뉴의 이해 대립이었다. 필립은 영국의 승리를 도와 영국의 프랑스 지배에 다리를 놓아주기는 했지만 민중은 영국에 호의를 보내지 않았고, 한편 그 자신의 프랑스 통치에 대한 발언권은 억제되었다. 그때 프랑스를 지배한 것은 어린 왕 헨리 6세를 섭정한 베드포드 공과 그의 동생 글로스터 공이었다. 형은 정치를 보는 눈을 가지고 있었으나 동생에게는 그런 눈이 전혀 없었다. 프랑스 정치에서 소외된 필립이 동방으로 눈을 돌려 부르고뉴 공국의 발전을 추구하려고 했을 때 네덜란드 문제가 일어났다.

부르고뉴 공가는 1369년의 플랑드르 진출 이래 인접하는 브라반트(신성로마제국령)와 리에주 사교령의 동쪽에 접하는 림부르크 공령 영유를 노리고 있었다. 이것들은 이미 담대공 필립의 말년에 그의 동생 집안이 소유한 것으로 되어 있었는데 용맹공 장은 당시의 영유권자 장 4세를 에노, 홀란트, 젤란트, 프리슬란트의 여자 백작 자클린과 결혼시키는 데에 성공했다. 그런데 그녀는 남편이 싫어서 영국군에게로 달려가 글로스터 공의 보호를 받았고 이어 그와 결혼했다. 이것은 부르고뉴와의 제휴를 중요시하는 베드포드 공의 의도에 위배되는 어리석은 계책이었다. 그 뒤 선량공 필립은 끊임없이 글로스터 공의 책임을 추궁하여 마침내 자클린으로 하여금 그 소유지 영유권을 포기하게 했다(1433년). 한편 브라반트는 부르고뉴 지족(支族)의 단절에 의해서 공가에 귀속하게 되었다.

이때는 또한, 잔 다르크가 구국 영웅으로서 프랑스 해방의 기적을 이룩한 시기(1429~31년)이다. 선량공 필립은 잡힌 잔을 영국으로 인도한다는 기록할 만한 한 가지 일을 제외하고는 일관해서 영국에서 프랑스로 변화하는 데 힘썼다. 그 결과 생긴 것이 아라스 조약(1435년)이었다. 그 조약은, 이듬해에 일어난 베드포드 공의 죽음도 겹쳐서, 영프 간의 전국(戰局)을 결정적으로 프랑스에 유리하게 만들었는데 그 중심은 부르고뉴 공과, 잔의 도움으로 랭스에서 맺은(1429년) 샤를 7세와의 화약이었다.

이 평화조약의 조인에는 유럽의 거의 모든 나라가 참가했으며, 그 성대함만으로 부르고뉴의 높은 지위를 뒷받침한다. 이 화평으로 선량공 필립이 얻은 것은 막대했다. 샤를 7세는 영프전쟁에서 부르고뉴의 중립을 확보하기 위해 몽트뢰에서의 용맹공 장 암살을 사죄하고 그의 명복을 빌기 위하여 몽트뢰는 물론 온 유럽에 교회당과 성당 건립을 약속했다. 필립은 또한 그 자신 1대에 한해서 국왕에의 신종례(臣從禮)를 면제받고 파리고등법원(프랑스 국왕 직속의 최고법정) 12인의 구성원 임명권을 얻었다. 그 밖의 일로는 마콩, 오세르, 불로뉴의 세 백령과 솜강과 플랑드르 사이의 왕령, 이 모든 지역에 대한 국왕의 과세권을 획득했다. 솜강과 플랑드르 사이의 왕령은 국왕 측이 다시 사들일 수 있는 것으로 규정되었는데 그 액수는 40만 금크라운이라는 막대한 금액이었다.

실제로는 아라스 조약이 그대로 이행된 것은 아니었다. 속죄 항목은 실현되지 않았고 국왕을 대신하는 과세의 징수는 많은 장애물에 부딪쳤다. 게다가 필립이 바라던 최대의 것인 국왕의 최고고문역도 실현되지 않았다. 영국군을 프랑스로부터 쫓아낸 샤를 7세는 '신하운(臣下運)이 좋다'는 별명이 나타내는 바와 같이 유능한 고문단을 가지고 있었으며, 필립이 야심을 밀어붙이게 두지 않았다. 이렇게 양자의 관계는 다시 냉각되었고, 샤를 7세의 아들(장래의 루이 11세)이 아버지와 다투고 부르고뉴로 도망치자 결정적인 것이 되었다.

아무튼 선량공 필립은 이제 프랑스 국왕의 신하라기보다는 사실상 독립한 한 나라의 주인이었고 치세 후반부터 거의 계속 머물렀던 브뤼셀 궁정은 당시 유럽의 외교 중심지가 되었다. 그때까지 지리적으로는 하나의 유기체이면서, 명목상 프랑스와 독일 양쪽에 분속(分屬)되고 그 내부에서는 도시와 봉건 지배자의 대립이 끊이지 않았던 네덜란드 지방이 민족적 자각을 가지게 된 것은 그의 빛나는 오랜 치세가 있었기 때문이다. 이것은 《중세의 가을》을 이해하는 데에 있어 꼭 기억해야 할 점이다.

필립은 경험 많고 교활한 정치가였으나 한편으로는 순수하게 중세 기사의 이상을 따라 살아온 사람이기도 하며, 십자군은 평생의 소원이었다. 그가 플랑드르, 솜강 사이의 왕령 재구입에 응한 것은 십자군 비용 마련하기 위해서였다. 이를 위해 그는, 강하게 반대한 후계자 샤를과 다투게 되어 치세의 마지막을 괴로움 속에 보내게 된다.

호담공 샤를—공국의 몰락

선량공 필립을 이은 것은 그의 아들 호담공 샤를(재위 1467~77년)이다. 발루아가(家) 4명의 부르고뉴공은 저마다 별칭을 가지고 있는데 호담공만은 이 별칭이 좋은 뜻이 아니란 점과 부르고뉴에 대립하는 프랑스 쪽에서 붙인 이름이라는 점에서 다른 것들과 구별된다. '앞뒤를 가리지 않음', '만용', '돌진'을 뜻하는 이 별칭은 프랑스왕 루이 11세와 다투어 급속한 파멸을 초래한 그의 행위에 딱 어울리는 말이다.

부르고뉴 본령(本領)과 네덜란드는 구(舊)로트링겐 왕국, 즉 삼분된 카를 대제 제국의 중심부에 속한다. 이 유서 있는 지위는 사람들의 기억에서 쉽게 사라지지 않았다. 선량공 필립이 부르고뉴 본령과 네덜란드를 연결하는 일대 회랑(回廊)을 프랑스와 신성로마제국 사이에 만들려고 했을 때 그의 머릿속에는 이미 구로트링겐 왕국 부흥의 꿈이 싹트고 있었다. 그는 스스로를 '서유럽 대공'이라고 부르기를 좋아했고, 일반적으로 황제나 국왕만이 쓰는 '신의 자비에 의한'이라는 타이틀을 붙였으며, 또 그들에게만 어울리는 기사단(금양모(金羊毛) 기사단)을 창설했다. 사실 그는 합스부르크의 황제 프리드리히 3세와 자주 왕호(王號)에 대해서 교섭을 가졌다. 황제는 마지못해 브라반트왕의 칭호를 인정하려고 했으나 이것은 필립이 바라는 바가 아니었다. 황제와의 교섭을 단념한 그는 나라의 내부 통일과 내실에 힘을 쏟으며 각 지방마다 회계원이나 지방 법정을 설치했을 뿐만 아니라 그것을 넘는 전국적인 조직 창설을 시작했다. 공(公)의 궁정회의와 나란히 '대자문회의'도 만들어졌고, 1463년에는 부르고뉴에서 처음으로 삼부회(三部會)도 소집되었다. 네덜란드 사람들은 조세 징수를 두려워하여 삼부회에는 호의적이 아니었으나 그들이 예부터의 분립주의를 넘어선 국민의식을 느낀 데에는 필립의 이러한 집권 정책이 계기가 되었다.

선량공 필립의 시대에 생긴 왕국 의식은 그의 아들 샤를에 이르러 더욱 노골적인 형태를 취하기 시작했다. 그는 아버지보다도 한층 기사적 성격이 강한 인물이었으나 그만큼 신중하지 못했다. 필립은 여전히 프랑스인으로서의 의식을 강하게 가지고 있었으나 샤를은 프랑스야 어떻게 되든 상관이 없었다. "한 사람의 국왕 아래에 있는 프랑스보다는 6명의 왕을 가진 프랑스가 좋다"고 말하기를 주저하지 않았던 샤를은 국왕에 대해 한 조각의 경외심도 가지지 않았다. 그는 황제 프리드리히 3세에게 집요하게 로마 왕, 즉 황제 명목의 지위를 요구했다. 그의 일생은 프랑스를 넘는 왕국의 지위를 부르고뉴에서 획득하는 일에 매달려 있었다. 이 목적을 추구하는 그의 태도는 악마에 사로잡힌 사람 같았다. 아무튼 그의 야망과 무모하고 성급한 추구가 그와 그의 공국을 파멸시키고만 것이다.

호담공 샤를의 시대에는 영프 백년전쟁이 이미 끝나고, 그 뒤에 영국에서 일어난 장미전쟁이 프랑스 왕가와 부르고뉴 공국의 대립과 얽혀, 유럽의 국제관계를 장식한 시대였다. 이 시대에 샤를이 상대한 이는 루이 11세였다. 루이는 아버지 샤를 7세와 다투고 선량공 필립의 궁정으로 피신하여 한때 그의 비호를 받으며 생활했으나 왕위에 오른 루이는 필립의 은근한 희망에 반대하여 부르고뉴에게는 적일 뿐이었다. 그는 미신을 깊이 믿었고 성유물(聖遺物) 수집에 열중한 중세인이었으나 한편으로는 호담공 샤를과 정반대인 현실정치가였다. 터무니없는 명예심에 가득 차 전쟁 말고는 사는 보람이 없는 것처럼 보이는 샤를과 달리, 루이가 가장 싫어한 것은 전쟁이었다. 끝까지 매수가 불가능하다고 여겨졌을 때에만 그는 전쟁에 호소했다. 샤를과 루이만큼 성질이 다른 인물이 역사의 큰 무대를 움직인 일은 이제까지 한 번도 없었다.

샤를과 루이의 다툼은 루이의 즉위(1461년) 뒤 이내 시작되었다. 1465년에 '공익동맹'이라는 전쟁이 일어난다. 이것은 루이 11세가 부왕 샤를 7세의 유력한 고문관들을 모조리 면직시킨 데에 대한 불만에서 시작된 것이나 사실은 국왕의 집권 정책에 저항한 대제후들의 봉건 반동에 지나지 않았다. 그 명(名)과 실(實)의 차이가 이보다 심한 것은 없다고 일컬어지는데, 이 반란 주모자 가운데 샤롤레 백작 샤를, 곧 후년의 호담공 샤를이 있었다.

루이 11세는 봉건 제휴 사이의 연락이 갖추어져 있지 않은 점을 틈타 반항을 각개 격파하여 그해 안에 반란을 처리했다. 그때의 조치가 이미 현실정치가로서의 루이의 특징을 나타내고 있다. 그는 철저하게 상대방을 짓누르지 않고 불만을 가진 제후에게는 영지를 주고, 왕국의 개조 등을 약속하여 적당히 타협한 것이다. 그 뒤 봉건 제후들의 합동 전선에 대한 열기가 식을 때를 노려 한번 주었던 영지를 차례로 거두어들인 것이다. 봉건 제후가 바라는 왕국 개조 같은 건 물론 손도 대지 않았다.

그런데 이 성공에 마음을 놓은 루이 11세는 그 뒤로 평생 동안 단 한 번의 실수를 저질렀다. 리에주 시민을 선동하여 남몰래 부르고뉴 공 샤를에 대한 반란을 꾸미게 했을 때의 일이다. 충분한 경계도 부하도 없이 루이는 샤를의 영지인 베르망두아의 페론으로 갔다. 루이의 리에주에 대한 비밀공작을 탐지한 샤를은 다짜고짜 루이를 체포해 버렸다(1468년). 격정가인 샤를이 얼마나 화를 냈는가는 연대기 작가인 코민이 전하는 바와 같지만, 국왕을 체포하기는 했어도 처치가 난감했다. 결국 그는 국왕에게 몇 가지 양보를 약속하게 하고는 석방해 버렸다. 그러나 루이는 강제된 약속을 지킬 사람이 아니다. 이 일이 있은 뒤 샤를은 오로지 루이에 대한 보복을 생각하며 이를 갈았다.

같은 해인 1468년, 샤를은 요크가(家)의 영국 왕 에드워드 4세의 누이동생 마가렛과 결혼한다. 그때까지 그는 랭커스터가(家)의 지지자였던 것이다. 국왕 루이 11세는 에드워드 4세를 왕위에 오르게 하면서 그 뒤의 냉대에 화를 내어 프랑스로 도망해 온 '국왕 제조기' 워릭 백작과 짜고 랭커스터가의 복위(復位)를 꾀하여 1470년 이에 성공했다. 쫓긴 에드워드 4세는 네덜란드로 피하여 샤를에게 보호를 청했다. 샤를은 이를 도와 이듬해인 1471년에 다시 에드워드를 영국으로 쳐들어가게 해서 랭커스터가를 물리쳤다. 1474년, 샤를과 에드워드 사이에는 프랑스 분할의 밀약이 성립된다.

이듬해, 에드워드는 약속대로 대군을 거느리고 칼레에 상륙했다. 그러나 생각했던 샤를의 행동은 전혀 일어나지 않았다. 기회를 엿보고 있던 루이는 에드워드와 교섭하여 7만 5천 크라운을 지불하고 해마다 5만 크라운의 연금을 약속하여 에드워드를 철수시키는 데에 성공했다(피키니 조약, 1475년). 샤를은 에드워드의 변심에 화를 냈으나 나쁜 것은 샤를 쪽으로, 그는 여러 방면의 부르고뉴 확대 정책에 쫓긴 데다가 군자금이 모자라 필요한 용병을 갖추지 못하여 때에 맞는 원조를 에드워드에게 줄 수 없었던 것이다. 피키니 조약은 영국왕의 프랑스 왕위 청구에 대하여 마지막 결론을 낸 것으로, 백년전쟁은 이로써 마지막 해결을 얻었다고 할 수 있다. 이때 루이가 한 말은 그의 성격을 잘 드러낸다. "전쟁만큼 위험한 수단은 없다……다른 일은 잘못되어도 나중에 바로잡을 수 있다. 그러나 전투에 패하면 그것을 보상할 방법은 없다."

루이의 양보는 물론 부르고뉴 공 샤를의 야망을 억제하기 위한 것이었다. 샤를은 아버지 선량공 필립이 시작한 부르고뉴 본령과 네덜란드를 잇는 회랑의 완성을 노리고 있었다. 로렌, 알자스, 샹파뉴 획득이 그 목적이었다. 이미 1469년, 그는 스위스의 맹약자단(盟約者團)[9]과의 싸움으로 자금이 궁했던 황제 지기스문트로부터 알자스 영유권을 사들이고 있었다. 1473년에는 네덜란드의 헬레 공령도 정복하고 있었는데 이 둘은 모두 내부 분열이 심하여 통치하기 어려운 지방이었다. 한편 샤를은 호화로운 궁정 유지와 여러 방면에서의 전쟁이나 외교 때문에 재원을 탕진하여 재정 위기에 처해 있었다. 그에게 융자하려고 하는

---

9) 스위스 연방의 기원을 이루는 주연합체.

이탈리아나 플랑드르의 금융업자도 줄어들었고 융자를 하려는 사람들은 이미 5할을 넘는 고리를 요구하는 실정이었다. 로트링겐 왕국 복구라는 장대한 계획은 이미 그 뿌리부터 무너져가고 있었다.

영국 왕 에드워드 4세와 프랑스의 분할을 꾀한 1474년은 샤를의 전성기였다. 같은 해 끝 무렵부터 운명은 역방향으로 치달았다. 이해에 샤를은 라인의 도시 노이스 공략에서 최초의 군사적 차질을 경험했다. 또한 알자스에서는 이미 루이 11세의 원조를 얻은 반란이 일어났고 황제 지기스문트는 예상과 달리 알자스 환수를 요구하며 빚을 갚았다. 이것 또한 루이 11세의 조종에 의한 것이었다. 뿐만이 아니라 로렌 공도 이미 루이의 동맹에 응해 있었고, 샤를의 남방 침략 정면에 선 스위스의 맹약자단에도 루이의 손길이 뻗어 있었다. 샤를이 가는 곳마다 루이 11세가 쳐놓은 그물이 있었다. 루이는 '만능의 거미'라는 별명을 얻었는데, 샤를은 이제 루이가 쳐놓은 그물에 걸린 벌레에 지나지 않았다.

거미줄에 걸린 벌레는 몸부림을 치면 칠수록 죽음을 재촉한다. 이런 벌레나 다름없는 샤를은 루이 11세의 부추김을 받아 스위스의 맹약자단에 대한 공격을 감행하여 세 번에 걸쳐 격전을 벌였다(1476~77). 이로써 그가 얻은 것은 군대의 상실뿐이었다. 그럼에도 그는 이어서 로렌의 중심도시 낭시에서 공성전(攻城戰)을 벌여 전투 중에 어이없는 죽음을 맞게 된다.

발버둥 치는 샤를을 냉정하게 지켜보던 루이 11세는 이때 갑자기 행동을 개시하여 프랑슈콩테를 제외한 부르고뉴 본령, 피카르디, 아르투아를 빼앗았다. 샤를은 19세 되는 딸 마리 말고는 자식이 없고 또 루이의 침입에 대항할 만한 조직도 없었다. 루이는 마리를 왕태자와 결혼시키려 했으나 마리는 합스부르크의 막시밀리안(훗날의 황제)을 골라 둘의 결혼은 1477년에 이루어졌다. 부르고뉴 공령의 상속문제는 1482년의 아라스 조약으로 정해졌는데, 이로써 루이가 얻은 것은 아르투아를 제외한 정복지뿐으로, 나머지는 마리와 함께 합스부르크가 소유로 돌아갔다. 루이로서는 호담공 샤를의 부르고뉴를 타도하고 프랑스의 통일을 회복한 것만으로 충분했다.

이렇게 해서 담대공 필립과 함께 시작된 발루아계 부르고뉴 공국의 역사는 끝났다. 이 공국은 중세 끝 무렵의 유럽에 한층 두드러진 화려한 색채를 더하는 것이기는 했지만 이전의 로트링겐 왕국과 마찬가지로 역사의 특수한 조건에 의해서 일시적으로 유지된 것에 지나지 않았다. 영프 간의 백년전쟁과 영국의 장미전쟁 자체가 봉건제에서 절대주의로 넘어가는 과도기의 모순에서 생긴 산물이다. 절대주의의 형성이 궤도에 오름과 동시에 그 존재의 이유도 시기도 함께 끝난다. 그것은 바로《중세의 가을》축소판인 것이다.

공국의 경제 배경

부르고뉴 공국이 과도기 현상인 이유를 보다 더 깊게 이해하려면 이 나라의 유지에 필요했던 재정을 살펴볼 필요가 있다.

1384년 담대공 필립의 플랑드르 영유 이래 부르고뉴 공국의 정치 중심이 점차 네덜란드로 옮아간 데에 대해서는 앞서 말했다. 그것은 네덜란드가 당시 유럽 상업의 일대 중심으로서 부르고뉴 본령과 비교할 수 없는 경제적 중요성을 지니고 있었기 때문이다. 공국의 수입 가운데 직할령, 관세, 일반 과세로 이루어지는 경상수입은 토지에 대한 부대 의무나 도시에 부과되는 어용금 등의 임시 수입에 비해 균형을 잃고 적은 액수로 줄어들고 있었는데, 이 임시 수입의 75퍼센트는 네덜란드로부터 얻었다. 경상수지도 부르고뉴 본령이 차지하는 비율은 불과 5퍼센트에 지나지 않았다. 이렇듯 발루아계 부르고뉴 제후 시대의 전체 재정은 이상한 팽창을 나타내고 있었다. 담대공 필립의 평균 연수입과 지출은 각각 34만 파운드, 32만 4천 파운드이지만 호담공 샤를은 77만 3천 파운드, 76만 1천 파운드로 거의 두 배에 이르렀다.

이것은 주로 부르고뉴 공가시대의 네덜란드가 평화와 조성책에 의해서 커다란 번영을 이룩했기 때문이다. 담대공 필립이 플랑드르를 영유했을 때 브뤼주, 강, 예페르 등의 도시는 전란으로 황폐했고 운하와 항만은 흙모래에 묻히고, 인구 감소는 도시와 농촌을 가리지 않았다. 그러나 담대공 필립에서 선량공 필립의 치세 후반에 이르는 반세기 동안에 도시의 재건, 항만, 운하의 수복이 진행됨과 동시에 대규모 간척에 의한 농지 증설도 이루어져 네덜란드는 다시 지난날의 활기를 되찾았다.

그러나 이 기간 중에 주목되는 것은 플랑드르 여러 도시의 쇠퇴였다. 브뤼주, 강, 예페르의 번영은 양모공업에 바탕을 두고 있었다. 그런데 백년전쟁을 거치면서 플랑드르 양모공업의 원료 공급지인 영국에서는 자국의 양모공업을 강력하게 조성하여 수출 양모의 반을 소모하게 되었다. 한편 플랑드르 상인 대신 이탈리아 상인의 영국 원모 시장 진출이 현저하여, 재개된 플랑드르 양모공업은 영국 양모를 구할 수 없자 에스파냐의 카스틸라에서 공급되는 원모로 겨우 유지되었다. 가장 큰 타격을 입은 곳은 브뤼주였다. 하지만 브뤼주는 아직은 이베리아반도 무역을 바탕으로 하는 상업으로 살 수 있었다. 호담공 샤를의 말년에 이르기까지 브뤼주는 알프스 이북 최대의 상업 중심지였다. 그러나 강은 농산물 시장에서 활로를 찾아야만 했고, 그것조차 가질 수 없었던 예페르는 왕년의 활기찬 모습으로 돌아가지 못했다. 브뤼주도 호담공 샤를의 조성(助成)에 의존되는 바가 컸기 때문에 그의 갑작스러운 죽음은 도시 번영의 종말을 의미했다. 16세기가 되자 브뤼주와 해항 슬뢰스를 연결하는 스핀 운하는 흙모래로 메워져 간조 때에는 마차가 그 위를 횡단했다고 한다. 15세기 끝(1494년)의 조사는 브뤼주시의 약 4만 5천 가옥이 버려졌음을 나타내고 있다.

플랑드르 도시, 특히 브뤼주의 쇠퇴는 브라반트의 도시 앤트워프의 흥륭과 상반된 관계에 있었다. 앤트워프는 영국의 모직물 시장이 되었고, 한자 상인도 이탈리아의 상선도 이곳을 활동 근거지로 삼았다. 독일과의 거래는 14세기 초두이래 이루어지고 있었기 때문에 15세기 이후의 앤트워프는 눈부시게 번성하여이 세기 전반에서 16세기 전반에 이르는 1세기 동안에 세대수가 두세 배 증가했다.

번영의 중심은 이동했으나 부르고뉴 공국의 재정적 기초인 네덜란드의 지위는 발루아 공가시대 내내 변하지 않았다. 네덜란드의 부(富)를 바탕으로 해서부르고뉴 제후, 특히 선량공 필립과 호담공 샤를의 화려한 궁정이 브뤼셀과 디종에 건설되었다. 그때의 상황은 올리비에 드 라 마르슈, 샤틀랭, 코민의 회고록에 의해 전해지고 또《중세의 가을》에도 그려져 있다. 그러나 호화 궁정은 부르고뉴 공국을 로트링겐 왕국으로까지 높이고자 하는 부르고뉴 제후의 꿈을 나타내고 있다. 정치, 군비에 필요한 비용은 그 이상으로 막대한 것이었다. 적의 매수, 동맹관계 유지는 모두 아낌없이 쓰는 돈의 위력에 의존했다. 게다가 봉건기사군은 연간 40일 이상의 자비 종군에 복종하지 않고 봉급에 기댔다. 더욱이기사군은 군대의 주요 부분을 구성하지 않게 되고 다른 것은 모두 용병에 의존했다. 이 모두를 충족하기 위해서는 네덜란드의 번영으로도 충분하지가 않았다. 호담공 샤를 시대에 무거운 세금에 대한 불만은 네덜란드 일대에 퍼져 있었다. 공은 도시이건 자기 신하이건 돈을 꿀 수 있는 모든 사람으로부터 돈을 꾸었고, 마지막에는 이탈리아의 메디치가(家)를 제외하고는 융자에 응하는 사람도 없어지는 형편이었다. 참고로 메디치가는 호담공 샤를의 갑작스러운 죽음으로 막대한 손실을 입게 된다.

샤를은 그 별명처럼 무모한 돌진으로 스스로 무너졌으나 그럼에도 발루아계(系) 부르고뉴 제후의 사업은 아주 없어진 것은 아니었다. 이 시대에 네덜란드의 민족의식이 싹튼 것은 앞서 말한 바와 같다. 영국에서는 17세기에 이르기까지 네덜란드를 부르고뉴라고 부르는 습관이 남아 그 통일성은 합스부르크가(家)의 네덜란드 영유에 의하여 더욱 강화되었다. 벨기에, 네덜란드의 두 국민은 외래 지배자에 대한 반항을 통해서 국민적 단결과 독립을 쟁취했는데, 국민적 집단이 만들어진 단서는 중세에서 근대에 걸쳐 일어난 부르고뉴 공국의 일화에 의해 얻은 것이었다.

해설을 쓰는 동안 머릿속에서 여러 이미지가 오가고 있다. 칸이나 브뤼주의 운하에 그림자를 드리우는 플랑드르의 집들, 반에이크와 그 유파의 그림, 플랑드르와는 분위기가 다른 디종의 엄숙한 모습. 지금은 정신병원이 된 부르고뉴 공가 묘소의 샹몰 수도원 자리. 거기에 있었던 화려한 묘와는 대조적인 울부짖는 여인의 적적한 그림자. 본의 시료원(施療院)의 번쩍이는 지붕들. 부르고뉴의 역사는 결국 하나의 일화에 지나지 않는다. 그러나 거기에서 생겨난 문화의 이미지는 사람을 몹시 매료한다. 《중세의 가을》이란 제목은 매우 적절한 이름이다.

하위징아 연보

1872년   12월 7일, 요한 하위징아(Johan Huizinga)는 흐로닝언대학 생리학 교수 데르크 하위징아의 둘째 아들로, 흐로닝언에서 태어났다. 생모 야코바 톤켄스는 2년 뒤에 죽음. 그 2년 뒤에 새어머니 헤르만나 마르하레타 데 코크가 들어왔다.

1891년(19세)   9월, 흐로닝언대학 문학·철학부 네덜란드 문학과에 입학했다. 이해에 칼 란프레히트의 《독일사》 제1권이 출판되어, '란프레히트 논쟁'이라 불리는 역사학 방법론에 관한 논쟁에 불이 붙었다.

1895년(23세)   가을, 학위논문 집필 자격시험에 합격, 학위논문집 준비를 위해 이듬해까지 겨울 학기를 라이프치히대학에서 보냈다.

1897년(25세)   5월, 옛 인도 연극에 관한 논문(전집 제1권 수록)으로 학위를 받았다. 할렘 시민학교에서 역사를 가르치게 되었다.

1902년(30세)   3월, 미델부르흐 시장 딸 마리 핀센티아 스호렐과 결혼했다. 여름, 브뤼헤에서 열린 옛 네덜란드 회화 전람회에서 받은 감명이 한층 그의 마음을 중세 끝 무렵의 세계로 향하게 했다. 윌리엄 제임스의 《종교 체험의 다양한 모습》, 에밀 말의 《13세기 프랑스에서의 종교미술》이 출판되었다. 말은 고딕에 있어서의 자연주의를 확인하고 있다.

1903년(31세)   다음해에 걸쳐서 2년 동안, 암스테르담대학 강사를 지내고, 바라문교와 불교에 대해 강의했다. 미술사가 루이 크라조의 에콜 뒤 루브르에서의 강의록(1887~1896) 출판이 완결되어, 부르크하르트 학파의 지배에 대한 반발이 여기에 유력한 발언권을 얻었다. 크라조는 유럽 르네상스가 고딕의 직계라고 주장했다.

1905년(33세)   하를렘 시사(市史)에 관한 연구 성과, 논문 〈하를렘시의 성립〉(전집 제1권 수록)으로 8월, 흐로닝언대학 외국사 및 국사학 교수에 취임했다. 11월 4일, 취임 연설 〈역사 사고에서의 미적 요소〉(전집 제7권 수록). 지난해, 미국에서 강연한 람프레히트는 랑케 이래의 전통사학을 옹호하는 일파에 대해 논진을 폈다. 하위징아의 취임 연설은 람프레히트 비판 쪽에 서는 것이었다.

1907년(35세) 하를렘 법제사료 편찬 일을 전임자로부터 물려받았다.

1911년(39세) 《하를렘시의 법원(法源)》 출판. 논문 〈우리나라의 국가의식 성립 전사(前史)에서〉(전집 제2권 수록) 발표. 이 무렵부터 《중세의 가을》을 구상하기 시작한다.

1914년(42세) 흐로닝언대학 300주년 기념 출판으로, 19세기의 《흐로닝언대학사》를 출판했다(전집 제8권 수록). 이해에 아내와 사별, 네 아이가 남겨졌다. 7월, 제1차 세계대전이 시작되었다. 네덜란드는 중립을 고수한다.

1915년(43세) 1월, 라이덴대학 외국사 및 역사지리학 교수가 되었다. 27일, 취임연설 〈사적(史的) 생활의 이상에 대하여〉(전집 제4권 수록). 하인리히 뵐플린의 《예술사의 기초개념》이 출판되었다. 뵐플린은 빌헬름 보링거와 함께, 그리스 르네상스 양식이 우월하다는 생각을 시정하고, 중세미술 양식의 복권을 확인했다.

1916년(44세) 이해부터 1932년까지 종합문화잡지 〈데 히츠(안내)〉의 편집 기고를 맡게 된다. 네덜란드 왕립과학아카데미 회원이 되었다. 《중세의 가을》을 위한 작업의 일부 논문 〈그 시대에 살고 있었던 반에이크의 예술〉(전집 제3권 수록)을 발표했다.

1918년(46세) 《미국의 인간과 대중》(전집 제5권 수록)을 출판했다. 미국 대중사회 연구, 나아가서는 현대문명 비평 분야가 여기에서 개척되었다. 또한 미국은 그 전해에 대전에 참전했다. 11월, 제1차 세계대전이 끝난다. 막스 드보르자크가 《고딕조각과 회화에서의 이상주의와 자연》을 발표하여, 자연주의를 이탈리아 르네상스의 공적으로 보는 부르크하르트 학파의 기본 가정 중 하나가 여기에서 부정되었다.

1919년(47세) 《중세의 가을》(전집 제3권 수록)을 출판했다.

1920년(48세) 논문 〈르네상스의 문제〉(전집 제4권 수록) 발표. 1월, 국제연맹이 성립되었다.

1923년(51세) 《중세의 가을》 독일어 번역본이 뮌헨에서 출판되었다.

1924년(52세) 런던의 출판사가 기획한 《네덜란드의 위인들》 총서의 1권으로 평전 《에라스뮈스》(전집 제6권 수록)를 영역본과 동시에 출판했다. 《중세의 가을》 영역본이 런던에서 출판되었다.

1925년(53세) 그로티우스가 죽은 뒤 300년을 기념해서 〈휘호 그로티우스와 그의 시대〉(전집 제2권 수록)를 비롯 한 편을 더 썼다.

1926년(54세) 논문집 《논고 10편》을 출판했다. 미국을 여행했다.

1927년(55세) 《생활하는 미국, 생각하는 미국》(전집 제6권 수록)을 출판했다. 평생의 친구를 추모하여 《얀 베트의 생애와 업적》(전집 제6권 수록)을 출판했다. 《중세의 가을》 스웨덴어 번역본이 스톡홀름에서 출판되었다.

1929년(57세) 왕립과학아카데미 역사·문학부문 주석(主席)이 된다. 논문 〈문화사의 과제〉(전집 제7권 수록), 〈르네상스의 리얼리즘〉(전집 제4권 수록)을 발표하여, 이른바 '람프레히트 논쟁'과 르네상스 문제'에 대한 견해를 분명히 밝혔다. 논문집 《문화사의 방법에 의한 조사》를 출판했다.

1930년(58세) 3월부터 4월에 걸쳐 파리 소르본에서 강의 〈부르고뉴 공국, 프랑스와의 관계와 네덜란드 국민의 기원〉(전집 제2권 수록). 《중세의 가을》 에스파냐어 번역판이 마드리드에서 출판되었다. 이듬해에 걸친 겨울, 네덜란드령 인도를 여행했다. 지난해에 일어난 경제공황의 물결이 네덜란드에도 미쳐, 북유럽 3국과 네덜란드는 오슬로 블록(경제권)을 형성했다.

1932년(60세) 라이덴대학 교수단 의장을 맡았다. 1월, 케른에서 강연 〈17세기 네덜란드의 문화〉(그 뒤 1941년에 가필해서 출판했다. 전집 제2권 수록). 논문 〈선량공 필립의 마음의 모습〉(전집 제2권 수록) 발표. 《중세의 가을》 프랑스어판이 파리에서 출판되었다.

1933년(61세) 왕립과학아카데미 회장이 되었다. 1월, 히틀러가 독일 수상이 되었다. 같은 달에 베를린에서 2개의 강연을 했다. 〈서·중앙 유럽의 중개자로서의 네덜란드〉(전집 제2권 수록), 〈부르군트. 로만 민족과 게르만 민족 관계의 하나의 위기〉(전집 제2권 수록). 논문 〈전(前) 고딕의 정신, 존 오브 솔즈베리〉(전집 제4권 수록) 발표. 2월, 라이덴대학 창립 358주년 기념 학장 연설 〈문화에 있어서의 놀이와 진지함의 경계에 대해서〉(전집 제5권 수록). 마침내 내정에 불안의 빛이 짙어져 강력한 정권을 대망하는 소리가 높아졌다. 10월, 독일이 국제연맹을 탈퇴했다.

1934년(63세) 에스파냐의 산탄데르에서 열린 국제하계대학에서의 강의 〈역사과학의 현황에 대하여〉(1937년, 가필해서 《역사의 과학》이란 제목으로 출판. 전집 제7권 수록). 8월, 히틀러가 독재정권을 잡았다. 국제연맹 지적협동 국제기관이 편집한 문집에 기고 〈줄리안 반 다에의 편지〉(전집 제6권 수록).

1935년(63세) 《내일의 그림자 속에서》(전집 제7권 수록)를 출판했다. 1937년까지, 독일(스위스), 에스파냐, 영국, 스웨덴, 이탈리아, 노르웨이, 헝가리, 체코슬로바키아, 프랑스에서 각국 언어로 번역·출판되었다. 네덜란드 문학협회에서 강연 〈아벨라르〉(전집 제4권 수록). 앙리 피렌의 죽음을 애석하게 여겨 추도문을 썼다(전집 제6권 수록). 이해의 지방 선거에서 네덜란드 나치당과 공산당의 세력이 커졌다. 사회민주당은 종래의 국제주의 노선을 바꾸어 국내 민주세력의 통일전선 결성 쪽으로 움직였다. 나치당의 세력이 쇠퇴했다.

1936년(64세) 국제연맹 지적협동 국제위원회 위원이 되었다. 에라스뮈스가 죽은 뒤 400년에 즈음하여 로테르담에서의 강연 〈에라스뮈스가 말하는 바보에 대해서〉(전집 제6권 수록), 그 밖의 일을 했다. 이해에 에스파냐에 내란이 일어났다.

1937년(65세) 재혼을 했다. 《중세의 가을》 헝가리어판이 부다페스트에서 출판되었다. 앙리 피렌의 《마호메트와 샤를마뉴》가 출판되었다.

1938년(66세) 국제연맹 지적협동 국제위원회 부의장을 맡았다. 《호모 루덴스》(전집 제5권 수록)를 출판했다. 1951년까지 독일(출판 네덜란드), 포르투갈, 헝가리, 스웨덴, 핀란드, 영국, 프랑스 등 각국 언어로 번역·출판되었다. 5월에 빈에서 있을 예정이었으나 정세 악화로 중지된 강연의 초고 〈인간과 문화〉(독일어 원문, 전집 제7권 수록)가 스톡홀름에서 출판되었다. 9월, 뮌헨 회담이 열렸다.

1939년(67세) 9월, 제2차 세계대전이 시작되었다. 11월 19일, 라디오 연설 〈중립과 자유, 진리와 문화〉(전집 제7권 수록).

1940년(68세) 2월, 라이덴대학에서 강연 〈전세기 끝 무렵까지 유럽 역사에 있어서의 애국심과 국가주의〉(같은 해 출판, 전집 제4권 수록). 논문 〈문명의 회복을 위한 조건〉(전집 제7권 수록), 《중세의 가을》 이탈리아어판이 피렌체에서 출판되었다. 5월 10일, 독일군이 침공하여 5일 동안의 전투 뒤 네덜란드군은 항복했다. 11월, 라이덴대학은 사실상 폐쇄되었다.

1942년(70세) 8월, 인질로 스헤르토헨보스 근교 강제수용소에 감금되었다. 10월, 석방되어 암스테르담 근처 작은 마을 데 스테크에 거주하도록 강제되었다. 그해 일본군이 네덜란드령 동인도에 침입했다.

1943년(71세) 데 스테크에서 자서전 《나의 역사의 길》(전집 제7권 수록)이 그가 죽은 뒤에 출판되었다.

1947년 《나의 역사의 길》 독일어 번역본이 바젤에서 출판되었다. 이를 전후해서 원본도 출판되었다.

1948년 1953년까지 《전집》이 하를렘의 티엔크 위링크사(社)에서 간행되었다.

이희승 맑시아

고려대학교 불어불문학과 대학원에서 불문학 석사 학위를 받았다. 19세기 사실주의와
자연주의의 과도기적 사조에 대해 연구하였다. 공쿠르 문학상 창립자인 공쿠르 형제의
문학을 한국에서 처음으로 심도 있게 연구하고, 그들의 소설 《필로멘느 수녀》를 또한
국내 최초로 번역하였다.

세계사상전집088
Johan Huizinga
HERFSTTIJ DER MIDDELEEUWEN

중세의 가을

요한 하위징아/이희승 맑시아 옮김
동서문화창업60주년특별출판
1판 1쇄 발행/2016. 11. 30
1판 2쇄 발행/2023. 2. 1
발행인 고윤주
발행처 동서문화사
창업 1956. 12. 12. 등록 16-3799
서울 중구 마른내로 144(쌍림동)
☎ 546-0331~2 Fax. 545-0331
www.dongsuhbook.com
＊
ISBN 978-89-497-1603-9 04080
ISBN 978-89-497-1514-8 (세트)